ESTUDOS DE DIREITO E SEGURANÇA

COORDENADORES
JORGE BACELAR GOUVEIA
Professor da Universidade Nova de Lisboa; Doutor e Mestre em Direito
RUI PEREIRA
Professor Convidado da Universidade Nova de Lisboa; Mestre em Direito

ESTUDOS DE DIREITO E SEGURANÇA

AUTORES
ANDRÉ INÁCIO
ANTÓNIO REBELO DE SOUSA
ANTÓNIO SILVA RIBEIRO
ARMÉNIO MARQUES FERREIRA
BEJA SANTOS
CARLOS GAMEIRO
CATARINA SARMENTO E CASTRO
HELENA MORÃO
JORGE BACELAR GOUVEIA
JORGE SILVA CARVALHO
JOSÉ MANUEL MEIRIM
MANUEL MONTEIRO GUEDES VALENTE
MIGUEL LUÍS FERREIRA SOARES
NUNO PIÇARRA
PAULO SOUSA MENDES
RUI PEREIRA
SÉRGIO DIAS BRANCO
VASCO FRANCO E ARNALDO JOÃO
VIRIATO SOROMENHO MARQUES
VITALINO CANAS
VIZELA CARDOSO

ESTUDOS DE DIREITO E SEGURANÇA

AUTORES
JORGE BACELAR GOUVEIA
(jbg@fd.unl.pt)
RUI PEREIRA

EDITOR
EDIÇÕES ALMEDINA, SA
Avenida Fernão de Magalhães, n.º 584, 5.º Andar
3000-174 Coimbra
Tel.: 239 851 904
Fax: 239 851 901
www.almedina.net
editora@almedina.net

PRÉ-IMPRESSÃO • IMPRESSÃO • ACABAMENTO
G.C. – GRÁFICA DE COIMBRA, LDA.
Palheira – Assafarge
3001-453 Coimbra
producao@graficadecoimbra.pt

Março 2007

DEPÓSITO LEGAL
256188/07

Os dados e as opiniões inseridos na presente publicação
são da exclusiva responsabilidade do(s) seu(s) autor(es).

Toda a reprodução desta obra, por fotocópia ou outro qualquer processo,
sem prévia autorização escrita do Editor,
é ilícita e passível de procedimento judicial contra o infractor.

NOTA PRÉVIA

Os estudos que neste momento são dados à estampa – reunidos sob o título genérico "Estudos de Direito e Segurança" – são um dos bons resultados já visíveis do Curso de Pós-Graduação e Mestrado em Direito e Segurança que a Faculdade de Direito da Universidade Nova de Lisboa, com a colaboração do Observatório da Segurança, Criminalidade Organizada e Terrorismo, lançou durante este ano de 2006, correspondendo na maior parte dos casos a textos de apoio que puderam ser fornecidos aos estudantes que o têm frequentado em grande número e igual entusiasmo.

Cremos que por isso também se justifica enaltecer e agradecer a disponibilidade dos autores desses estudos na sua divulgação rápida a fim de poderem ser usados, agora, por um público mais alargado, assim contribuindo para o aprofundamento das questões sensíveis e difíceis que actualmente se colocam nestes complexos temas do Direito e da Segurança.

Oxalá este novo passo editorial permita estimular mais estudos científicos neste novo sector do conhecimento, infelizmente tantas vezes reduzido por deploráveis extremismos, que importa combater, procurando-se uma nova harmonia entre a liberdade e a segurança, num contexto internacional que os novos terrorismos modelaram de forma indelével.

Os Coordenadores do Curso de Pós-Graduação e Mestrado
em *Direito e Segurança*

Jorge Cláudio de Bacelar Gouveia
Rui Carlos Pereira

Lisboa, 9 de Novembro de 2006.

O CRIME ORGANIZADO E O SEU PAPEL NO INCREMENTO DO TERRORISMO SALAFISTA

ANDRÉ INÁCIO*

INTRODUÇÃO

Sempre atento às novas realidades técnicas e legais, comprando políticos e operadores de justiça, contando com a conivência de entidades bancárias, o crime organizado tornou-se uma realidade inultrapassável no actual modelo económico mundial.

O desaparecimento dos capitais que injecta no mercado poderia originar um colapso económico.

Aliás, a complexidade e dimensão da criminalidade organizada tem vindo a crescer com o passar dos anos, atingindo valores tais que a soma dos seus lucros globais equivaleria, conforme cálculos do FMI, em termos de PIB a torná-la, se fosse um Estado, a oitava potência mundial.

A recente ligação com o terrorismo de pendor salafista incrementou a sua dimensão como ameaça, ao mesmo tempo que permitiu àquele atingir a dimensão "em rede" que actualmente se lhe reconhece.

É sobre esta "trágica aliança" que nos iremos debruçar.

Mas, porque sem fundos as células terroristas não subsistem, perdendo-se nomeadamente a operacionalidade, e porque esses fundos carecem de estruturas organizadas de angariamento, dissimulação e distribuição, importa também perceber como se financia actualmente o terrorismo.

Existem formas legais e ilegais de obtenção de fundos; formas legais e ilegais de fazer circular esses fundos e por fim aplicações legais e ilegais desse capital.

Vejamos pois como se processa essa complexa e pouco difundida ente nós, teia de interesses.

---

* Inspector da Polícia Judiciária.

CAPÍTULO I
O CRIME ORGANIZADO, TENTATIVA DE CONCEPTUALIZAÇÃO

Conforme já tivemos oportunidade de referir[1], a criminalidade organizada é certamente a mais nefasta das formas de crime e a mais prejudicial à sociedade no seu todo.

Poderá definir-se o crime organizado como *"o ilícito praticado por um grupo de dimensão considerável, dedicado a uma actividade criminal contínua, durante longo período de tempo"*. Sendo que esse grupo apenas pode proliferar com a cooperação activa e voluntária de um número de elementos responsáveis na sociedade.

Historicamente, o crime organizado tem satisfeito necessidades marginais da sociedade, funcionando como uma válvula de segurança, por assegurar a satisfação de carências ilegítimas, contribuindo assim de alguma forma para a "estabilidade" da sociedade.

São exemplos dessas actividades o jogo clandestino, as redes de imigração ilegal e a exploração da prostituição.

São também inúmeros os exemplos de situações em que a criminalidade organizada se prontificou a estar ao serviço de governos, auxiliando-os a ultrapassar problemas que não teriam solução dentro do quadro legal.

Assim, uma primeira ideia se deve registar: a concupiscência entre este tipo de crime e algumas franjas da sociedade e nomeadamente com o poder político.

Importa, no entanto, identificar outros elementos característicos do crime organizado, como sejam a capacidade de internacionalização, a prática de acto gerador de elevados proventos e, por fim, o objectivo de investir tais proventos, aplicando boa parte deles na economia legítima.

Resulta do exposto que actualmente não existe grande diferença comparativamente com uma qualquer estrutura empresarial, excepto quanto ao objecto e aos recursos disponíveis.

Efectivamente também a criminalidade organizada funciona em mercado, compete no mercado e apresenta uma clara componente económica. Diferencia--se, no entanto, pelo recurso à violência e *pela actuação* no mercado ilegal.

Quanto mais presente se encontrar o estatuto de violência, menor será a necessidade de se lhe recorrer de facto. Só a permanência dessa característica permite o bom desenvolvimento da sua actividade – devido à respeitabilidade assegurada por parte dos outros grupos criminosos.

---

[1] *"As Novas Ameaças Difusas e a Reacção da União Europeia"*. Texto inserido em colectânea de Auditores de Defesa Nacional, em publicação.

Ao nível da criminalidade organizada a consagração de um grupo ocorre pela ideia de impunidade – ser inatacável pela Justiça. Esse é mais um motivo para o recurso à corrupção política, de forma a assegurar a consolidação da organização.

São naturalmente escassos os estudos disponíveis nesta matéria: o simples facto de se investigar pode originar conflitos com o meio com consequente perigo de morte para o investigador.

Também o recurso a fontes é dificultado pelo risco que daí adviria para o investigador académico, o que conduz a uma maior dedicação à delinquência de rua que ao crime organizado, quer da parte da Criminologia quer da parte do Direito Penal.

Ainda assim é já possível traçar um quadro bastante real do crime organizado e das actividades que compreende.

CAPITULO II
RAMOS DE ACTIVIDADE

São inúmeros os campos de actuação do crime organizado, aos quais se encontram subjacentes duas características: a *violência imanente* e a *ilegalidade por excelência*.

As actividades desses grupos variam, e por vezes acumulam, inúmeros tipos de ilícito como o tráfico de droga, de armas, de tabaco e de pessoas; a venda de protecção; a extorsão a comerciantes, os crimes informáticos, o furto e receptação de obras de arte e, por necessidades de duas ordens de grandeza – dissimulação da proveniência ilícita e introdução dos fluxos financeiros no circuito legal – o branqueamento de capitais.

Ainda que de uma forma sumária vale a pena deixar uma nota sobre cada um dos ramos de actividade.

O *tráfico de droga* – onde se destacam os cartéis da Colômbia, as tríades chinesas e os grupos da África Austral, bem como as respectivas redes de distribuição que actuam na Europa, funcionando Portugal como uma autêntica plataforma giratória.

Na União Europeia, todos os anos se multiplica a quantidade de droga apreendida – com espectaculares resultados da DCITE[2] no ano de 2006 – mas cada vez é também mais elevada a quantidade de droga aí consumida, ao mesmo tempo que se diversificam as rotas de acesso.

---

[2] Direcção Central de Investigação do Tráfico de Estupefacientes da Polícia Judiciária.

O *tráfico de armas* – provavelmente a única matéria que consegue ser ainda mais difícil de investigar do que a Droga, na medida em que os negócios dos Estados – venda no mercado paralelo – se confundem muitas vezes com os interesses dos criminosos.

Efectivamente, num mundo dominado por conflitos regionais, a venda de armas revela-se um enorme e lucrativo negócio, muitas vezes justificador do despoletar de conflitos em países, sobretudo se ricos em recursos naturais, a quem se fornecem de seguida armas por via ilícita.

Quanto ao *tráfico de pessoas* – problema histórico nos EUA e em Espanha, com a imigração clandestina mexicana e do Magreb respectivamente – atingirá actualmente um dos seus picos na Europa devido à desagregação da Europa de Leste e aos conflitos na África. Veja-se a situação calamitosa nas Canárias.

Existem dois tipos de actividade neste ramo, as *redes de prostituição* – com sujeição a coacção das mulheres, muitas delas menores – e as de *operários ilegais*, todos com documentação falsa e que se tornam autênticos escravos nas mãos dos angariadores, o que sucede aliás também com as prostitutas.

Em Portugal, os imigrantes clandestinos são oriundos sobretudo dos países de leste e das ex-colónias, existindo também uma razoável margem de cidadãos brasileiros em situação ilegal.

O *contrabando de tabaco* – embora actualmente tenha menor expressão, não pode deixar de ser considerado pelos valores, muito elevados que atinge. Mais uma vez os interesses de grandes multinacionais se confunde com os do crime organizado, conforme assumiu uma empresa norte-americana ao decidir compensar monetariamente vários países da União Europeia, entre os quais Portugal, pelas receitas fiscais perdidas com esse mercado paralelo.

A *venda de protecção* – onde os "protegidos" são de facto verdadeiros escravos dos protectores, e por vezes alvos de vinganças por parte de outros bandos rivais desse. Tudo indica que podem estar a ocorrer no nosso país quer ao nível da comunidade chinesa quer da ucraniana.

O *crime informático* – cujas principais áreas de intervenção são as *telecomunicações* – utilizadas para defesa própria e dissimulação da actividade, e ainda na exploração fraudulenta desses serviços; os *meios electrónicos de pagamento*, através da falsificação de cartões de crédito e do comércio na Internet e por fim o *acesso ilegítimo a alvos pré-definidos* para sabotagem ou obtenção de dados confidenciais.

O *mercado ilegal de obras de arte* – que atinge actualmente valores multimilionários em obras roubadas por encomenda e posteriormente canalizadas para compradores privados na Europa e nos EUA.

Existe uma base de dados internacional, no seio da Europol, a qual contém cerca de seiscentos e oitenta mil objectos de arte furtados, sendo que todos os meses se lhe acrescentam mais duas mil obras furtadas.

Por fim, o *branqueamento de capitais* – trata-se da lavagem das receitas provenientes de todas as restantes actividades ilícitas, recorrendo para tal ao sistema financeiro de forma a converter o dinheiro ilícito em lícito.

O branqueamento ocorre de várias formas, nomeadamente através de investimento imobiliário (Algarve e Sul de Espanha por exemplo) ou negócios ruinosos (o exemplo de discotecas e bares sem clientes e que no entanto apresentam facturação expressiva).

Naturalmente que nada disto é possível sem que ocorra corrupção do poder político, bem como a cumplicidade de entidades bancárias. A máfia italiana foi a mais consolidada das estruturas criminais a actuar a este nível, mas não será a única que controla Governos, ou pelo menos parte deles.

Se o crime organizado constitui de *per si* uma das mais poderosas ameaças, as relações detectadas com o novo terrorismo de expressão salafista vieram dar-lhe um novo enfoque.

CAPÍTULO III
RELAÇÕES COM A AL-QAEDA

O atentado às torres gémeas é o exemplo clássico da capacidade de organização por parte da al-Qaeda e a prova provada das suas ligações ao crime organizado.

Efectivamente, os suicidas que perpetraram o atentado entraram nos Estados Unidos com documentos falsos, ali residiram, movimentaram dinheiro "limpo", pagaram cursos de pilotagem de aeronaves e por fim compraram bilhetes para os respectivos aviões.

Em vésperas desse atentado, dois suicidas introduziram-se no Afeganistão e eliminaram o líder da Aliança do Norte, General Ahmed Massoud, recorrendo para entrar nesse país a passaportes belgas falsos.

Estamos, pois, no domínio dos denominados *crimes instrumentais,* ou seja, aqueles ilícitos sem os quais não seria possível cometer o crime posterior e de maior dimensão. Tratam-se dos ilícitos que asseguram a logística da operação.

De facto, quando se aborda a questão do terrorismo transnacional é necessário considerar três tipos de ilícitos diferentes: os *crimes de resultado,* que são naturalmente os atentados ou outros actos puramente terroristas; os *crimes instrumentais,* que se destinam a assegurar o apoio logístico e/ou financiamento dos grupos terroristas; por fim, uma tipologia não totalmente definida, os *crimes de fronteira*, que enquadram nomeadamente os crimes de sequestro com pedido de resgate, mas que terminam com a morte das vitimas, ou os assaltos a bancos para obtenção de dinheiro mas onde ocorrem mortes.

Quanto aos crimes instrumentais, não podem deixar de merecer a maior atenção por parte das autoridades e nomeadamente da investigação criminal, por constituírem a base que permite proceder à execução dos crimes de terrorismo propriamente ditos.

São exemplos deste tipo de ilícitos, a falsificação de cartões de crédito/débito e as consequentes fraudes com eles cometidos, o furto/falsificação de documentos de identificação pessoal incluindo passaportes, o recurso a correios para a entrega de dinheiro e/ou documentos a operacionais em outros países ou a extorsão.

Acresce que é exactamente neste tipo de ilícitos que ocorre a relação mais estreita entre as organizações terroristas e a criminalidade organizada transnacional, a qual há décadas que se vem equipando com os recursos técnicos e humanos para satisfazer essas necessidades logísticas.

De facto, tais ilícitos carecem de estruturas organizadas especializadas, área em que o crime organizado actua desde sempre.

Desde a falsificação de documentos, à circulação de pessoas, até ao financiamento das operações – que vai dos tráficos à extorsão, passando por algumas multinacionais e ONG's, e ainda pelo branqueamento de capitais –, é necessário existir toda uma rede bem estruturada, com especialistas em cada área, prontos a actuar de forma concertada e em tempo útil.

Refira-se que anualmente são furtados milhares de documentos de identificação em branco, de vistos a bilhetes de identidade e passaportes, furtos esses que ocorrem em Embaixadas e edificios consulares, um pouco por todo o Mundo.

Para além disso as acções terroristas necessitam de armamento e explosivos, os quais são obtidos também pelo recurso ás redes de criminalidade organizada.

A prática de *crimes de fraude*, nomeadamente com recurso a cartões de crédito e/ou débito, que permitem o desvio de enormes massas de dinheiro, carecem de conhecimentos e tecnologia que o crime organizado à muito domina e que põe actualmente ao serviço do Terrorismo.

Por fim, não se pode deixar de realçar o papel da corrupção – instrumento por excelência do crime organizado – que mina as mais diversas instituições, um pouco em todos os Estados. É dessa forma que se consegue a aprovação de diplomas legais menos claros, os quais asseguram vias de fuga ao criminoso. Desde naturalmente que este se faça representar por um dos escritórios de Advogados do "círculo" que elaborou o projecto da lei.

Mas a corrupção consegue muito mais do que isso, pode emperrar ou mesmo parar o aparelho preventivo/repressivo, seja ao nível das entidades reguladoras de mercado seja das próprias autoridades judiciárias e judiciais.

Pode, pois, dizer-se que o crime organizado e o terrorismo salafista estão hoje em dia absolutamente interligados, por força dos seus interesses comuns de desestabilização dos Estados e de obtenção de lucros.

Questão relacionada com esta funesta aliança e pouco tratada é a do financiamento do terrorismo, fenómeno cuja dimensão abarca desde o assegurar a logística de células adormecidas até ao acompanhamento de familiares de mártires e de detidos, um pouco por todo o Mundo.

CAPÍTULO IV
FINANCIAMENTO DO TERRORISMO

A questão do financiamento do terrorismo, sendo uma velha questão, veio ganhar nova acuidade com o surgimento da al-Qaeda e dos actos terroristas de pendor transnacional que lhe estão associados.

Em pleno mês de Agosto, o Reino Unido lançou um alerta vermelho para os voos internacionais ao mesmo tempo que desmantelou uma célula terrorista que se preparava para fazer explodir pelo menos uma dezena de aviões em plenos céus, recorrendo para tal a explosivo líquido[3].

Lateralmente às detenções e às medidas preventivas levadas a cabo nos aeroportos internacionais, deu-se início a um importante trabalho de pesquisa relativamente ao financiamento de toda a operação. Foram assim congeladas inúmeras contas bancárias e estão a proceder-se a perícias financeiras de forma a tentar detectar o rasto deixado pelo dinheiro, apurando as pessoas, singulares e/ou colectivas, envolvidas nessa operação de financiamento.

Já o referimos, mas não é demais recordar: as acções terroristas carecem de uma logística tão variada, como seja a aquisição de armas e munições, o arrendamento de infra-estruturas para armazenamento e alojamento, bem como apoio do mais diverso[4], nomeadamente apoio às famílias dos suicidas e dos detidos.

Tudo isto acarreta elevados custos, os quais são suportados por várias formas, desde o apoio estatal, ao recurso a financiamentos por parte de particulares e de empresas, algumas das quais foram inclusive constituídas com esse fim.

---

[3] Sobre Explosivos Líquidos, ver por exemplo El Pais de 11 de Agosto de 2006.

[4] Por todos: Financement du terrorism, Michael Dantinne, Vincent Seron. Revue de Droit Pénal et de Criminologie, Bruxelles, n.6 (Juin 2003).

Também os proventos de actividades ilícitas como o narcotráfico[5], o contrabando, o rapto e sequestro mediante resgate ou a extorsão são formas de financiamento.

Assim, sabe-se hoje que o financiamento do Terrorismo Global ocorre quer através do recurso a dinheiro lícito, quer a dinheiro ilícito, pelo que importa tomar medidas de combate contra a utilização de dinheiro para fins ilícitos, bem como contra o branqueamento de capitais.

Está actualmente demonstrado que o *mecenato do terrorismo existe*. Trata-se de uma realidade mundial incontornável.

CAPÍTULO V
FONTES DE FINANCIAMENTO

Conceptualmente pode considerar-se como financiamento do terrorismo toda e qualquer actividade de disponibilização ou obtenção de fundos, efectuada de forma directa ou indirecta, com o objectivo de os mesmos virem a ser aplicados em actos terroristas.

São inúmeras as fontes de financiamento entretanto identificadas, as quais podem ser agrupadas em duas categorias, as fontes legais e as ilegais em consonância com a forma como são obtidos os proventos económicos.

CAPÍTULO V-A
FONTES LEGAIS

Sendo a actividade terrorista, qualquer que seja o tipo de terrorismo, absolutamente ilícita tal não significa que o seu financiamento não possa ocorrer a partir de fundos cuja proveniência é lícita. De facto, existem empresas, perfeitamente implantadas nos respectivos mercados, cotadas em bolsa e que operam *"de factum"* no seu ramo de actividade, mas que aplicam parte dos seus lucros no financiamento da causa terrorista islâmica.

Referimo-nos nomeadamente a multinacionais petrolíferas ou de construção civil. Algumas dessas empresas foram constituídas de raiz há décadas com o objectivo de financiar a partir do exterior a causa palestiniana.

---

[5] The DEA Perspective. Crime and Justice International, Chicago, V.19, n.69 (January 2003).

São contratados grandes escritórios internacionais de Advogados e/ou de Contabilidade para disseminar o dinheiro, aplicando-o em produtos financeiros e operações internacionais.

Outra forma de disseminação da origem desses capitais é a transferência e aplicação em países terceiros, de formas tão diversas como o investimento em cooperativas de habitação ou o apoio a Organizações Não Governamentais (ONG). O objectivo é sempre o de fazer chegar o dinheiro às células operacionais sem levantar suspeitas.

Recorde-se a propósito que, na sequência do *11 de Setembro de 2001*, se constatou que o volume de contas e de aplicações financeiras nos Estados Unidos, cujos titulares estavam de alguma forma conotados com actividades ou apoio a grupos terroristas, era elevadíssimo. O próprio Ossama bin-Laden seria responsável por um montante muito expressivo de investimentos financeiros, sendo que esse dinheiro foi uma das formas de financiar a operação.

Importa ter presente que os *cem maiores fundos de acções dos EUA investem entre quinze e vinte e três por cento das suas carteiras de títulos em empresas que negoceiam regularmente com países financiadores do terrorismo*.[6]

O total de aplicações americanas nessas empresas, entre as quais se encontram algumas das multinacionais emblemáticas, ascende a cerca de cento e noventa mil milhões de dólares[7].

Conforme foi sobejamente noticiado, foram detectados movimentos no mercado de capitais americano nos dias que precederam o 11 de Setembro, sobretudo em empresas ligadas aos sectores dos transportes aéreos, seguros e energia, como nunca haviam ocorrido anteriormente e não se tornaram a repetir depois desse atentado.

Pode pois dizer-se que, de alguma forma, a bolsa de Nova Iorque contribuiu com boa parte do financiamento do ataque.

Outro exemplo, bem mais próximo de nós, é o da célula entretanto desactivada, ou pelo menos fortemente desmantelada, que captava investidores milionários muçulmanos com simpatia pela *Jihad* em vários países, para aplicarem elevados montantes num fundo imobiliário destinado à construção de moradias de luxo no sul de Espanha.

A investigação levada a cabo permitiu apurar que a posterior venda dessas moradias, a qual era assegurada naturalmente por gente ligada à célula, garantia o encaixe do dinheiro investido bem como uma percentagem de lucro, sendo que o remanescente era encaminhado para financiamentos de células da al-Qaeda.

---

6 DevestTerror.org.

7 The DEA Perspective. Crime and Justice International, Chicago, V.19, n.69 (January 2003).

Recorde-se que, também no nosso país, foi notícia a possível ligação de uma insti-tuição bancária particular a um grupo fundamentalista islâmico – os *Tábliq Jamat* – supostamente radicado em Portugal, bem como a actividades de branqueamento de capitais.

Mas não são apenas grandes empresas que desviam parte dos seus lucros para a causa terrorista, outra forma de financiamento legal é o recurso a donativos, seja pela esmola, o *zakat,* obtido à entrada das mesquitas, que no caso concreto é depois desviada para a causa, ou, pelas doações a determinadas ONG's islâmicas das quais parte dos fundos é desencaminhada.

Outra forma detectada de financiamento é a que decorre de empréstimos aparentes, que de facto são donativos, de montantes elevados a particulares. Quem empresta sabe de antemão a que fins se destinam esses fundos.

CAPÍTULO V-B
FONTES ILEGAIS

Quanto às *fontes ilegais* de *financiamento,* este tipo de ilícitos é praticado de forma estruturada e transnacional, nos casos de actividades ligadas a um dos tipos de tráfico, ou, de forma isolada e autónoma, por células adormecidas espalhadas pelo Mundo, que necessitam de subsistir ou de preparar um ataque.

Têm sido detectadas e desmanteladas um pouco por todo o Mundo, células da al-Qaeda, sendo que muitos dos seus membros foram conotados com a prática de crimes de delito comum, burla, roubo, extorsão, como forma de financiar o grupo. Na sua forma mais elaborada esses grupos desmantelados integram um ou dois indivíduos de células diferentes, que se agrupam e trabalham em conjunto, dividindo os proventos pelas respectivas células.

Assim as fontes ilegais de financiamento abarcam toda uma panóplia de receitas, com as mais diversas origens, desde os proventos de actividades relacionadas com os vários tipos de tráficos (droga, armas ou seres humanos), ou, ao nível do denominado micro financiamento, as receitas obtidas por via de raptos, sequestros, extorsão, burlas informáticas, contrafacção de CDs e até assaltos à mão armada.

CAPÍTULO V-C
OS FLUXOS FINANCEIROS

O financiamento do terrorismo comporta valores extremamente expressivos mas de rasto difícil de ser seguido.

A detecção dos fluxos financeiros vê-se comprometida não apenas pela enorme variedade de receitas possíveis mas também, pela enorme variedade de meios disponíveis para a sua circulação. Mais uma vez existem formas legais e ilegais para a movimentação do dinheiro.

Desde as transferências electrónicas e o recurso ao offshore, logo utilizando os recursos legais, até aos meios ilegais ou informais.

É exemplo o recurso a ONGs, que pelos fins humanitários que se propõem conseguem facilmente a angariação de fundos expressivos, sucede que em alguns casos já detectados, parte desses fundos são desviados para a causa terrorista.

Também as empresas de fachada, que não tem actividade real mas apresentam contabilidade organizada são uma forma identificada de circulação de dinheiro.

Por fim o recurso ao milenar sistema *hawala,* utilizado inicialmente pelos comerciantes na Índia e que é, de todos os sistemas, o mais seguro na medida em que não existe uma circulação efectiva do dinheiro. Ocorre um depósito junto de um particular num determinado ponto do globo, fornecendo o receptor uma "senha". Posteriormente, o levantamento de montante igual ocorre num outro local, junto de outro particular, por um outro indivíduo a quem foi dada a conhecer a "senha".

Obtidas que foram as receitas, e entregues que foram nos seus destinatários, importa por fim perceber como se aplicam os fundos.

Assim como as formas de financiamento podem ser legais ou ilegais, também o fim a que se destinam essas receitas poderá ser ou não legal.

CAPÍTULO V-D
FINS DOS FINANCIAMENTOS

Um olhar atento pela actividade de grupos terroristas como o *Hizballah* ou o *Hamas* remetem-nos desde logo para o importante trabalho desenvolvido em matéria de construção de escolas, apoio a familiares de mártires e de acompanhamento de detidos. Todas estas actividades são naturalmente de pendor *legal* embora muitas vezes financiadas com verbas de origem ilegal.

Mas existem outro tipo de actividades como o financiamento de movimentos ambientais e de juventude ou até de solidariedade internacional, que também, em muitos casos, obtêm financiamentos por servirem, ainda que de forma indirecta, a causa.

Tratam-se de acções que tem como objectivo uma maior infiltração na população, permitindo a disseminação da mensagem de forma velada, no sentido de justificar o injustificável – a sua luta por direitos cuja legitimidade não cabe aqui discutir mas pelos meios que serão sempre injustificáveis.

Quanto aos fins *ilegais,* conforme já referimos no início, são dos mais variados, desde a implementação de campos de treino, a toda a logística de sobrevivência das células e à execução dos atentados, passando pela obtenção e manutenção de meios de comunicação e pela importante máquina de propaganda.

CAPÍTULO VI
BRANQUEAMENTO DE CAPITAIS

Questão diferente do financiamento do terrorismo mas que com ela não deixa de estar relacionada, é a do *branqueamento de capitais,* conjunto de operações que se destinam a "dissimular a origem ilícita dos fundos" permitindo introduzir no mercado legal as enormes verbas provenientes do crime organizado, que são então aplicadas em actividades económicas legais.

São inúmeras as formas de se processar o branqueamento de capitais, sendo a bibliografia nesta matéria muito rica. Escusamo-nos pois de proceder, no presente artigo, à sua descrição exaustiva. Ainda assim fica a nota de que tal actividade comporta três fases distintas entre si, *colocação, transformação e integração, ou,* na terminologia do GAFI *placement, layring e integration.*

A primeira fase, de *colocação,* representa a entrada dos fluxos financeiros, normalmente dinheiro vivo, no sistema financeiro, o que pode ocorrer por via de instituições financeiras tradicionais ou por outras vias.

Quanto à segunda fase, *transformação,* implica a realização de inúmeras operações, distanciando assim o dinheiro da sua entrada inicial no mercado financeiro. Visa naturalmente impedir o *"paper trail"* ou seja o conjunto de elementos documentais que possibilitam à investigação, a reconstituição dos movimentos financeiros que ocorreram.

Por fim, a terceira fase, *integração,* que representa o investimento, a aplicação do dinheiro já "limpo". Tal operação comporta uma séria de possibilidades, da aquisição de imóveis, ao investimento no mercado de valores mobiliários.

O branqueamento, quando associado exclusivamente ao crime organizado recorre normalmente a empresas de fachada, avultados investimentos imobiliários em nome de familiares, sendo que as técnicas são quase ilimitadas.

Os seus beneficiários não resistem a ostentar os seus fartos proventos, sendo que tais sinais exteriores de riqueza acabam por despertar a atenção das autoridades.

Ora no caso do terrorismo a situação é bem mais complexa:

Ao contrário do *dealer,* o terrorista é um indivíduo discreto, que vive sem ostentações, utilizando casas e carros alugados – veja-se o caso do Sheik Omar, residente numa modesta vivenda no subúrbio de Londres, arrendada para o efeito. Essa vida austera a que se impõem contribui para dificultar o trabalho da investigação.

CONCLUSÃO

A criminalidade organizada tem vindo a desempenhar um importante papel na satisfação de necessidades marginais da sociedade, disseminou-se pelo mundo e pode ser considerada pioneira da globalização.

Encontra-se apetrechada com os melhores recursos técnicos e humanos, recrutando especialistas nas várias áreas do saber, de forma a estar sempre na primeira linha das novas tecnologias.

Actualmente o Crime Organizado movimenta quantias muito superiores ao PIB da maior parte dos países em que opera.

O seu relacionamento com o terrorismo de cariz salafista, recentemente detectado, vem potenciar as duas realidades, transformando-se essa aliança numa tremenda ameaça para o modelo de sociedade que conhecemos.

A criminalidade instrumental indispensável à logística e subsistência da al-Qaeda vive das técnicas apuradas pelas redes de Criminalidade Organizada, desde a obtenção de documentação falsa até ao financiamento das estruturas.

O financiamento do terrorismo é uma questão complexa e que carece de actuações concertadas por parte das diversas entidades ligadas à segurança e defesa.

Por todo o exposto, o controlo efectivo dos fluxos financeiros, nomeadamente das transferências electrónicas internacionais, é um instrumento fundamental no combate a este tipo de crime.

Torna-se pois imperioso que sejam tomadas medidas urgentes nesta área, as quais passam pelo fim dos territórios de fiscalidade privilegiada – Os Centros offshore, utilizados pelo crime organizado, mas também pelo controlo efectivo do que se passa nos bancos ao nível do "private-bank".

Os denominados Territórios de Fiscalidade Privilegiada, ou "Centros offshore", são parte integrante e indispensável das operações de branqueamento de capitais.

Esses "paraísos fiscais" têm como características comuns uma legislação financeira e comercial extremamente liberal que garante o segredo bancário, uma ausência de controlo cambial, ausência ou pouco expressiva tributação bem como uma organização bancária bem estruturada.

O recurso a estes paraísos permite, por via da confidencialidade, a fuga a imposto relativo a rendimentos de actividades licitas, mas também o camuflar de operações financeiras bem como as origens de fluxos financeiros provenientes de actividades ilícitas,

Para se ter uma ideia da dimensão da actividade offshore recordam-se alguns números:

O Liechtenstein tem uma população de cerca de 24.000 habitantes e contempla um total de mais de 30.000 firmas aí registadas.

Todos os dias são introduzidos, por via electrónica, um biliões de dólares no circuito legal.

Os montantes resultantes do branqueamento de capitais equivalem a cerca de 2 a 5% do PIB Mundial[8].

Mais uma vez se recorre ao trágico exemplo do atentado de Nova Iorque, para recordar que só através do recurso à circulação de dinheiro por offshore e respectivo depósito em contas de bancos dos Estados Unidos, foi possível fazer chegar o capital necessário para que os suicidas do 11 de Setembro de 2001 vivessem naquele país e ali efectuassem a sua formação como pilotos, cumprindo por fim a sua missão.

Quantos mais atentados terão de ser cometidos para que as entidades envolvidas, dos governos aos grandes Bancos, entendam a dimensão da ameaça e como tal se tornem menos permeáveis, por forma a que se aperfeiçoem e cumpram os articulados legais, identificando e punindo todos os directa ou indirectamente ligados com estas actividades?

BIBLIOGRAFIA

ANDRADE, John, Acção Directa, Hugin, 1999.

DANTINNE, Michael e Vnicet Seron, "Financement du Terrorism" Revue do Droit Penal et de Criminologie, Bruxelles, n.6, Juin 2003.

DEA "The DEA Perspective", Crime and Justice International, Chicago, V.19, N.69, January 2003.

DIAS, Jorge Figueiredo e ANDRADE, Manuel da Costa, "Criminologia, o Homem delinquente e a sociedade Criminogena, Coimbra Editora, 2ª Reimpressão, Julho de 1997.

---

[8] Dados do FMI, Viena, 2000.

GARRIDO, Vicente e outros, "Princípios de Criminologia" Tirant lo Blanch

GODINHO, Jorge Alexandre Fernandes Godinho "Do Crime de Branqueamento de Capitais, introdução e Tipicidade", Almedina, 2001.

MANNHEIM, Herman, "Criminologia Comparada", Gulbenkian, 2 volumes.

KERCHOVE, Gilles e Anne Weyemble, «Vers un Espace Judiciare Penal Europeen, Estudos Europeus, edição da Universidade de Bruxelas, 2000.

WHITE, Jonathan R. Terrorism Crime and Justice International, Chicago, V.19, n.º 70, 2003.

RUGGIERO, Vincenzo "Crime and Markets, Essays in Anti-Criminology" Oxford.

SANTOS, Cláudia Maria Cruz, "O Crime de Colarinho Branco, (da origem do conceito e sua relevância criminológica à questão da desigualdade na administração da Justiça Penal)", Coimbra Editora, Junho de 2001.

SANTOS, Loureiro dos, General, "Segurança e Defesa na Viragem do Milénio", Publicações Europa América

SANCHEZ, C. Aránguez, "El Delito de Blanqueo de Capitales" Marcial Pons

SILVA, José Manuel Braz da, "Os Paraísos Fiscais", Almedina, 2000.

VÁRIOS, "Direito Penal Económico e Europeu, Textos Doutrinários", Coimbra Editora, 1999, 2 volumes.

VÁRIOS, "Estudos em homenagem a Cunha Rodrigues", Volume I, Coimbra Editora, 2002.

VÁRIOS, "Blanqueo de dinero y corruption en el sistema bancário", Projecto Grotius, Ediciones Universidad Salamanca, 2002.

MONOGRAFIAS

"COUNCIL OF EUROPE. EUROPEAN COMMITTEE ON CRIME PROBLEMS", Estrasburgo, 2000.

FBI, "The FBI Perspective", Crime and Justice International, Chicago, 2003.

MATEUS, João Miguel Ramos, "O fenómeno que veio de Leste", Tese de pós-graduação em Criminologia 2001/2002

RAIMUNDO, Mariana, "Relatório da 4ª Reunião de peritos sobre crime organizado e mercados públicos", Lisboa, PJ, 2001.

PERIÓDICOS

ANTUNES, Manuel Ferreira Antunes, Banditismo, Criminalidade Violenta, Terrorismo, Investigação Criminal e método, Aspectos criminológicos. Boletim do Ministério da Justiça, Lisboa, Vol.322, Janeiro 1983.

DAVIS, Kevin, "Legislation against the financing of terrorism: pitfalls and prospects", Journal of Financial Crime, London, V.10, n.º 3, (janeiro 2003), p. 269-274.

FRANCO, Alberto Silva, "Globalização e Criminalidade dos Poderosos", Revista Portuguesa de Ciência Criminal, ano 10, fasc.2, Coimbra, Abril/Junho 2000.

MORRISON, Shona, «*Approaching organised crime: where are we now and where are me gooing?*», *Crime and Justice International*, Chicago, V. 19, n.° 72 (Abril 2003) p. 4-10.

VAN CAMP, R., *Lutte contre la criminalité organisée au niveau européen: nouvelles technologies*, Agon, Louvain-la Neuve, ano 8, n.° 30 (Jan-Fev-Mar 2001) p. 5-11.

POLÍTICA DE DESENVOLVIMENTO
E SISTEMAS DE INFORMAÇÕES

ANTÓNIO REBELO DE SOUSA*

1. Das relações de interdependência à escolha de uma estratégia consistente de desenvolvimento económico

1.1. *Das Vantagens Competitivas Dinâmicas*

Não se apresenta possível definir os contornos a que deve obedecer um sistema de informações sem se saber, previamente, qual a política de interna-cionalização da economia nacional que se pretende prosseguir, qual o tipo de política de cooperação a implementar, enfim, qual o modelo de desenvolvi-mento que se pretende pôr em prática (envolvendo, por conseguinte, objectivos estratégicos, horizonte temporal retido, políticas e instrumentos de execução das políticas).

Para a compreensão dos modelos de desenvolvimento alternativos importa proceder ao diagnóstico da situação de partida e bem assim ao estudo das diver-sas contribuições analíticas que, dos clássicos aos nossos tempos, têm vindo a emergir.

Se se concluir que os diversos modelos convencionais (no plano da Teoria Política do Desenvolvimento Económico e, mais especificamente, no domínio do comércio internacional) apresentam grandes limitações – desde o modelo clás-sico (inalterabilidade da dotação de factores e da fronteira de possibilidades de produção, não se entrando em linha de conta com o progresso tecnológico), ao modelo marxista (discutibilidade da Lei da Baixa tendencial da Taxa de Lucro e da

---

* Doutor em Economia e Professor do Instituto Superior de Ciências Sociais e Políticas e da Universidade Lusíada de Lisboa.

teoria das crises cíclicas do capitalismo, para além das debilidades da Escola Ortodoxa do Comércio Internacional e das Teses da "Monthly Review"), ao modelo neo-clássico liberal puro (questão da automaticidade dos mecanismos reequilibradores do mercado), passando pela Teoria de Base de Exportação (de inspiração Keynesiana) e pelo Modelo Estruturalista (em muitos casos, perpetuador de políticas proteccionistas e de excessiva intervenção do Estado na economia) –, então ter-se-á que recorrer a um modelo explicativo alternativo.

A teoria das Vantagens Competitivas Dinâmicas pretende responder a esse desafio, procurando explicar a evolução das economias (e, por conseguinte, o próprio desenvolvimento das estruturas produtivas) a partir de variáveis explicativas que não correspondem a valores absolutos, mas antes a rácios ou taxas de variação.

O comportamento do PIB seria, por conseguinte, explicado a partir da taxa de variação do "stock" de capital (ou da F.B.C.F. – Formação Bruta de Capital Fixo), da oferta de mão-de-obra ou do Coeficiente de Intensidade Capitalística.

De acordo com esta perspectiva dinâmica, uma economia A poderá apresentar um PIB $_{\text{p.c.}}$ superior a uma economia B, resultando essa situação de A dispor de um "stock" de capital, de uma oferta de mão-de-obra e de um coeficiente de intensidade capitalística superiores ao de B.

Todavia, se as taxas de crescimento do "stock" de capital, da oferta de mão-de-obra e do coeficiente de intensidade capitalística se apresentarem significativamente superiores em B, então B poderá ultrapassar A, em termos de PIB $_{\text{p.c.}}$, a prazo.

Tão ou mais importante do que conhecer o nível de desenvolvimento de um país é compreender a sua dinâmica desenvolvimentista.

Por outro lado, não se apresenta possível definir uma estratégia de desenvolvimento sem se sintonizar as principais variáveis explicativas da internacionalização das economias.

Se atendermos ao modelo explicativo da intensidade do comércio bilateral da autoria de LAFAY (Gérard Lafay), chegamos à conclusão de que a distância geográfica (proximidade), a adjacência e as diferenças de nível de desenvolvimento deverão ser as principais variáveis a considerar.

A partir deste patamar de produção teórica afigura-se possível concluir da relevância dos blocos de integração económica, tendo por base níveis de desenvolvimento que não se apresentam excessivamente diferenciados (dentro da Região considerada).

Em resumo, importa retirar do que se disse as seguintes ideias fundamentais:

a) Dadas as limitações dos modelos convencionais, importa enveredar por uma <u>nova Teoria das Vantagens Competitivas Dinâmicas</u>;

b) Tal significa que se torna necessário privilegiar uma dinâmica desenvolvimentista, baseada no progresso tecnológico, na formação de mão-de--obra qualificada e no aumento do coeficiente de intensidade capitalística (procurando-se, simultaneamente, ultrapassar a problemática resultante do que se convencionou designar de indivisibilidades tecnológicas);

c) Importa atender à formação de Blocos de Integração Económica, ajustando-se a política desenvolvimentista de internacionalização das economias a essa realidade contemporânea;

d) No caso concreto de Portugal, importa não apenas fazer assentar a estratégia desenvolvimentista num modelo coerente, como também seleccionar, criteriosamente, os sectores mais dinâmicos, apostando-se, simultaneamente, na Europa e compreendendo-se o desafio ibérico.

1.2. *De um Modelo de Desenvolvimento Consistente*

Se adoptarmos a metodologia de HOLLIS CHENERY, podemos, desde logo, considerar quatro tipos distintos de estratégias desenvolvimentistas:

a) a correspondente ao modelo de especialização primária ($T0>0,10$ e $P0>0,07$);

b) a do modelo de substituição de importações ($T0>0,10$ e $P0 <-0,07$);

c) a do modelo de desenvolvimento equilibrado ($-0,10<T0<0,10$ e $-0,07<P0<0,07$);

d) a do modelo de especialização industrial e de diversificação de serviços ($T0<-0,10$ e $P0<-0,07$).

Das estratégias alternativas consideradas a que se mostra mais adequada à economia portuguesa é a quarta (modelo de especialização industrial e de diversificação de serviços), dadas as limitações das restantes (a de especialização primária – dificuldade numa maior diversificação da oferta e na obtenção do "shortage point" e do "commercialization point" –, a do modelo de substituição de importações – recurso ao proteccionismo e ciclo infernal inflação / desinflação / inflação – e a do modelo de desenvolvimento equilibrado – difícil de conciliar com ritmos elevados de expansão da actividade produtiva), dando-se prioridade aos seguintes sectores:

a) turismo (em fase de expansão);

b) saúde e turismo de saúde (expansão potencial / actividade motora de uma quarta "revolução industrial");

c) têxteis, vestuário e calçado (sectores tradicionais, em fase de decadência, mas em relação aos quais é possível apostar numa política arrojada de marcas e numa especialização intra-sectorial);

d) indústria de papel e de pasta de papel (em fase de maturidade);

e) componentes de electrónica (expansão potencial, embora condicionada pelas oportunidades de investimento na Europa de Leste);

f) serviços financeiros (em fase de maturidade / especialização intra-sectorial);

g) "software" e "near-shore" ("out-sourcing") – em fase de expansão;

h) vinhos de qualidade (especialização intra-sectorial).

Para a implementação de um modelo de desenvolvimento consistente de especialização industrial e de diversificação de serviços – assente nos sobreditos sectores prioritários – importa ter em conta a Teoria dos Três Diamantes do Bem-Estar.

1.3. *Dos Três Diamantes do Bem-Estar*

Numa perspectiva macroeconómica (ligada à estratégia desenvolvimentista), os factores determinantes de um desenvolvimento consistente são:

– a concretização de uma política económica e financeira que actue favoravelmente ao nível da componente psicológica do investimento (confiança);

– a modernização de sectores tradicionais com vantagens competitivas (modernização);

– a negociação de parcerias estratégicas, numa perspectiva não apenas de especialização inter-sectorial, como também de especialização intra-sectorial (parcerias estratégicas);

– a realização de aplicações em infraestruturas de enquadramento (investimento);

– a efectivação de um esforço relevante ao nível da educação e da formação profissional (formação);

– a aposta em sectores de ponta, incorporadores de novas tecnologias (investigação cientifica).

Afigura-se, por conseguinte, indispensável pôr em andamento uma estratégia de NOVO DIAMANTE (macroeconómico), assente em seis variáveis estratégicas fundamentais; a confiança, a modernização, as parcerias estratégicas, o investimento, a formação e a investigação.

Mas o NOVO DIAMANTE (Macroeconómico) deverá articular-se com o o NOVO DIAMANTE EMPRESARIAL (microeconómico), o qual assentaria, por sua vez, nas seguintes variáveis fundamentais: parceria estratégica, forma de implantação, adaptação às condições locais, investigação ("Research & Dvelopment"), organização empresarial e políticas por produto e segmentadas.

Todavia, quer a estratégia do NOVO DIAMANTE, quer a do Novo Diamante Empresarial deverão estar orientadas para a obtenção de níveis cada vez mais elevados de Bem-Estar, tornando-se, para o efeito, necessário atender ao padrão de desenvolvimento (em ligação com o Novo Diamante macro-económico), à dinâmica de desenvolvimento (em ligação com o Novo Diamante Empresarial), à questão da "Good Governance" / Estabilidade, às estruturas participativas dominantes, ao grau de mobilidade social e às estruturas existentes no campo da Saúde e da Segurança Social (Teoria da Relatividade Eco-nómica).

Deste modo, para que o Diamante da Relatividade Económica "funcione" (vide, a este propósito, Quadro I), no sentido da melhoria do nível de Bem-Estar, afigura-se necessário que se verifique uma evolução positiva em termos de "Good-Governance" (governo eficaz e transparente), do aprofundamento dos mecanismos de participação democrática, de uma maior mobilidade social (incluindo a abertura a novos valores culturais), da satisfação de necessidades sociais básicas, de uma mais intensa dinâmica de desenvolvimento e de um mais elevado padrão de desenvolvimento.

O triângulo Internacionalização, Bem-Estar e Competitividade deve "funcionar" de uma forma articulada, que o mesmo é dizer que os Três Diamantes (o Novo Diamante – ND, o Novo Diamante Empresarial – ND e o Diamante da Relatividade Económica – DRE) deverão estar inter-ligados (vide Quadro I).

A Teoria da Relatividade Económica está, por conseguinte, subjacente ao DRE, implicando a melhoria do nível de Bem-Estar, a adopção de políticas de desenvolvimento e macroeconómicas eficazes (ND) e bem assim a criação de condições propiciadoras de uma gestão empresarial dinâmica (N.D.E.).

QUADRO I
Os três diamantes do bem-estar

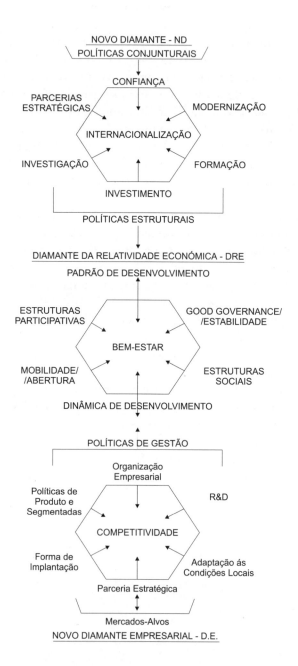

1.4. **Da compatibilização da política macroeconómica com as políticas de cariz social e com a microeconomia**

Do que se disse resulta que, para haver equilíbrio num mundo em globalização, é, absolutamente, indispensável ter em conta a Teoria dos Três Diamantes do Bem-Estar, que o mesmo é dizer, a Teoria segundo a qual a Teoria da Relatividade Económica (entendida como teoria que tem por objectivo a maximização da Função Bem-Estar Social Dinâmica, sujeita às restrições decorrentes da caracterização estrutural da sociedade, em múltiplos domínios) está inter-ligada às Políticas de Desenvolvimento e Macroeconómicas (ND) e aos progressos registados em matéria de gestão empresarial (NDE).

Um governante deve ter a percepção dos principais problemas que se colocam à empresa, sendo sensível à microeconomia; um empresário deve compreender as tendências da economia nacional e internacional, sendo sensível à macroeconomia.

Empresários e responsáveis pela definição e execução da política económica-financeira de um país devem ter a percepção dos movimentos tendenciais da sociedade, nas suas múltiplas vertentes.

Tal significa que se apresenta indispensável a procura permanente de uma compatibilização da política macroeconómica com as políticas de cariz social e com a microeconomia.

Se o Estado é o lapidador do Novo Diamante Macroeconómico e o empresário o lapidador do Novo Diamante Empresarial (microeconómico), o cidadão é o lapidador do Diamante da Relatividade Económica.

E só depois de os três lapidadores articularem entre si um projecto global estaremos em condições de falar num Modelo Consistente de Sociedade, numa Política de Desenvolvimento, numa Política Económica e numa Estratégia para a Economia.

Sem um projecto global não se apresenta, também, possível pensar numa Estratégia de Internacionalização, nem tão pouco em Interesses Estratégicos de um País e, por conseguinte, numa Política de Informações que possa ser implementada por um Sistema de Informações.

Exemplificando, como é possível fornecer informações sobre as potencialidades existentes, a nível empresarial, para as empresas de um País A num dado país B se não se souber até que ponto este último é ou não estrategicamente relevante para A ou, ainda, sem se ter uma noção sobre as prioridades sectoriais de A?

Como é possível definir uma estratégia para a política de cooperação se não se souber qual a relevância atribuída à cooperação, em termos de estratégia de desenvolvimento e de internacionalização da economia?

Claro que poderá sempre afirmar-se que quem recolhe e fornece as decisões não é quem define os objectivos e a estratégia.

Mas, apresenta-se mais fácil – e está-se em condições de ser mais eficiente – se se tiver alguma sensibilidade para a compreensão do conjunto de problemas que condicionam ou que condicionaram a decisão.

Descendo da teoria à realidade e pensando no caso concreto português, o modelo de desenvolvimento a aplicar deveria ser de especialização industrial e de diversificação de serviços.

Os sectores estratégicos reconduzir-se-iam aos têxteis, vestuário e calçado (sectores tradicionais em decadência, mas que, ainda, apresentam um forte peso na economia nacional, em relação aos quais importaria implementar uma política inovadora de marcas), a indústria de papel e de pasta de papel (indústria em situação de maturidade), a indústria de componentes de electrónica (em expansão potencial)[1], o turismo (em expansão), os serviços financeiros (em situação de maturidade – aposta na especialização intra-sectorial), os vinhos de qualidade (especialização intra-sectorial) e o da saúde e do turismo de saúde (em expansão)[2].

A Política Económica a prosseguir estará não apenas condicionada pela estratégia desenvolvimentista, como também pelos compromissos assumidos no quadro da União Económica e Monetária Europeia.

O modelo político – económico – social de desenvolvimento (e, por conseguinte, a estratégia desenvolvimentista), condicionado pelas nossas parcerias históricas (políticas, económicas e culturais), aponta para o triângulo Europa – América – África.

É com base neste enquadramento que se afigura possível definir, por exemplo, uma política de cooperação e uma política de informações (ou, se se quiser, norteadora de um Sistema de Informações).

---

[1] O mesmo poderá, até certo ponto, dizer-se da indústria de "software" e das actividades de "near-shore".

[2] O Turismo de Saúde e, de um modo geral, o sector da saúde poderão vir a constituir actividades de ponta, no contexto de uma IV Revolução Industrial.

2. A Política de Cooperação como instrumento de uma política consistente de internacionalização da economia portuguesa

2.1. As "esquinas" da política de cooperação portuguesa no pós-25 de Abril

A partir da consideração dos principais aspectos caracterizadores da evolução da política de cooperação em Portugal, afigura-se possível distinguir as diferentes "esquinas" por que a mesma passou, no decurso das últimas décadas.

A primeira fase (de tipo "revolucionário") quedou-se pela criação de um Gabinete Coordenador para a Cooperação e de uma Comissão de Coordenação das Negociações que pouco ou nada tinham a ver com a eventual existência de uma política de cooperação, entendida no sentido de ajuda ao desenvolvimento.

O próprio Instituto para a Cooperação Económica (criado, ainda, na fase correspondente aos Governos Provisórios) estava longe de permitir a concretização de uma política consistente de ajuda ao desenvolvimento.

Com a primeira "esquina" da política de cooperação, em finais de 1979, é criada a Direcção-Geral da Cooperação e é aprovada uma Lei Orgânica do Instituto para a Cooperação Económica (que ficou sujeito à tutela conjunta do Ministério dos Negócios Estrangeiros e do Ministério das Finanças).

À DGC foi afectada a coordenação das acções bilaterais e multilaterais de cooperação nos domínios sócio-cultural, científico e tecnológico e ao ICE foi atribuída a coordenação e o apoio às actividades de assistência técnica e de cooperação bilateral e multilateral nos domínios técnico-económico, financeiro e empresarial com os PVD's (Países em Vias de Desenvolvimento).

Estava, finalmente, encontrado um primeiro figurino – ainda que incipiente – de orgânica de funcionamento da cooperação portuguesa.

Em 1985, viriam a ser institucionalizados dois órgãos de consulta no MNE, a saber, a Comissão Interministerial para a Cooperação e a Comissão Consultiva para a Cooperação.

De alguma forma, em 1991, surge a segunda "esquina" da política de cooperação portuguesa, com a readesão de Portugal ao CAD – Comité de Auxílio ao Desenvolvimento, facto este que contribui para o reconhecimento, a nível internacional, de um "estatuto de maioridade", sendo, ainda, de salientar que foi, também, criado, nesse mesmo ano, o Fundo para a Cooperação Económica, organismo este subordinado à dupla tutela MNE / MF (tal como já sucedera com o ICE) e que tinha como objectivo a aplicação de medidas práticas de promoção da cooperação empresarial (prevendo-se, nomeadamente, a possibilidade de concessão de incentivos – ainda que "modestos" –, de apoio à bonificação de taxas de juro e bem assim de financiamentos – só praticados num ou noutro caso muito particulares).

O ICP[3] assumia, entretanto, as funções de planeamento, coordenação, acompanhamento e avaliação da política de cooperação, competindo-lhe, simultaneamente, articular todas as acções desencadeadas pelos demais departamentos estatais na área da ajuda ao desenvolvimento.

Em 1997 – 99, surge uma terceira "esquina" da política de cooperação, iniciando-se uma reforma do sector tendo em vista, numa primeira fase, a inventariação dos recursos disponíveis, iniciando-se, nomeadamente, os primeiros esforços de programação global, quer através da elaboração de programas integrados de cooperação, quer através da negociação de programas trienais com os nossos parceiros prioritários.

Numa segunda fase, a referida reforma visava uma efectiva orçamentação de recursos e o controle de custos e da execução de programas (Programa Integrado de Cooperação).

Em termos institucionais, surgia a APAD – Agência Portuguesa de Apoio ao Desenvolvimento, vocacionada para o apoio à cooperação empresarial, sendo, ainda, certo que se reorientava a política de cooperação para a abordagem CDF[4], tendo o Acordo de Cooperação Cambial celebrado com Cabo Verde constituído um bom exemplo dessa viragem.

Mais recentemente, o Executivo saído das eleições de Março de 2002, enveredou por um caminho diferente, tendo fundido o ICP e a APAD, criando o IPAD – Instituto Português de Apoio ao Desenvolvimento[5].

As atribuições do IPAD são vastíssimas, compreendendo desde a apresentação ao órgão da tutela das "orientações relevantes para a definição da política de cooperação e de ajuda pública ao desenvolvimento", à preparação dos "programas trienais e anuais de cooperação e de ajuda pública ao desenvolvimento", passando por "assegurar a articulação com as autoridades dos países beneficiários" e bem assim "o financiamento dos projectos directamente elaborados pelo Instituto", pela "avaliação dos resultados da execução dos programas e projectos de cooperação", por garantir a representação portuguesa na CPLP, por prestar apoio à CIC"[6] e por assegurar "a representação e a participação do Estado português nas actividades das organizações internacionais relacionadas com a cooperação".

---

[3] Instituto de Cooperação Portuguesa, criado pelo Decreto-Lei n.º 60/94 de 24 de Fevereiro.

[4] Comprehensive Development Framework.

[5] Decreto-Lei n.º 5/2003 de 13 de Janeiro.

[6] CIC – Comissão Interministerial para a Cooperação.

Em síntese, o IPAD era um quase mini-Ministério da Cooperação[7] dependente, todavia, do MNE, esvaziando de conteúdo, em certa medida, o papel a desempenhar pelo Secretário de Estado da Cooperação (que podia ser substituído pelo Presidente do Instituto) e retirando influência, no domínio da cooperação, ao M.F.

Em termos de decisão política, a lógica subjacente é a da centralização ou concentração no MNE.

Em termos operacionais, a lógica é a da concentração no IPAD (que é mais do que uma super-Direcção-Geral), juntando numa entidade aspectos que se prendem com a cooperação institucional e com a cooperação empresarial.

O M.F. passa a desempenhar um papel lateral, envolvendo parte da cooperação financeira, sobretudo no que se refere a negociações da dívida, uma vez que, no atinente a novos apoios financeiros, está condicionado pelos programas e projectos de ajuda que venham a ser aprovados pelo IPAD.

2.2. *A Nova Abordagem CDF – "Comprehensive Development Framework"*

Tal como foi exposto, em 1997, por James WOLFENSOHN, Presidente do Grupo do Banco Mundial, a única forma de se conseguir romper com o "círculo vicioso da pobreza" consiste na concretização do que se convencionou designar de "Comprehensive Development Framework" – CDF.

De acordo com esta nova abordagem, pretende-se adoptar uma perspectiva global e globalizante (ou, se se preferir, integrada e integradora) de política de cooperação, tornando-se indispensável actuar, simultaneamente, em sete áreas distintas, bem como intervir, concomitantemente, a quatro níveis diferenciados.

Assim, as áreas prioritárias em que se tornaria indispensável actuar conjugadamente seriam as seguintes:

– "good-governance" (governo eficaz e transparente);
– sistema judicial forte e independente;

---

[7] Uma análise mais aprofundada dos Estatutos do IPAD permite-nos concluir que o mesmo está mais próximo de ser uma super-Direcção-Geral do que um mini-Ministério, dada a grande dependência desta estrutura de actos que devem ser praticados pelo MNE, não gozando da autonomia administrativa e de decisão política preconizada, por exemplo, por Veiga Simão para uma futura Agência de Desenvolvimento da Cooperação (vide Simão, José Veiga; Oliveira, Jaime da Costa in "Potencialidades da Cooperação para a Competitividade", Associação Industrial Portuguesa, Agosto de 2002).

– sistema financeiro forte (capaz de canalizar poupanças para o tecido produtivo e de assegurar a conciliação de alguma autonomia da política monetária com a adopção de uma política de estabilidade cambial, com recurso às "sterilized interventions" do Banco Central);
– Educação e Formação;
– Sistema de Saúde eficiente;
– Infraestruturas de Enquadramento que permitam atingir mínimos de Bem-Estar Social (envolvendo, nomeadamente, o saneamento básico, os transportes e as telecomunicações);
– Meio-Ambiente.

Mas, para além da necessidade de se actuar nestas áreas, afigura-se indispensável intervir a quatro níveis diferenciados, a saber:

– o da negociação da Dívida Externa (e, por vezes, da Dívida Pública), criando-se, para o efeito, um "Trust Fund" n.º 1;
– o da negociação e implementação de um Programa de Ajustamento Estrutural, com criação de um "Trust Fund" n.º 2;
– o da concretização de uma Política de Estabilização Macroeconómica consistente, o que implica a definição de objectivos de convergência nominal (e a criação de uma Facilidade de Crédito a Curto Prazo);
– o das reformas institucionais.

A abordagem CDF articula-se com a Teoria dos Três Diamantes do Bem--Estar e, muito em particular, com a Teoria da Relatividade Económica.

E é, precisamente, a partir da sobredita teoria dos Três Diamantes do Bem--Estar que se torna possível compreender o novo Índice de Desenvolvimento Humano Dinâmico (IDH-D).

2.3. *De um Novo Conceito de Índice de Desenvolvimento Humano: o IDH–D*

O IDH, tal como foi concebido, apresenta diversas limitações, não entrando, por exemplo, em linha de conta com as desigualdades entre os homens e as mulheres, com os diferentes níveis de graus de pobreza (i.e., com os graus de assimetrização das sociedades), com o progresso tecnológico, com a "componente vantagem competitiva" (elementos dinâmicos) e com a "componente democrática" (grau de participação política).

Deste modo e tendo em vista a necessidade de se ir ao encontro de um novo indicador de desenvolvimento que – não pondo em causa a estrutura do IDH e,

Política de Desenvolvimento e Sistemas de Informações

por conseguinte, aceitando as suas virtualidades – procure atender às desigualdades entre os homens e as mulheres, aos factores de assimetrização, aos elementos dinâmicos do processo evolutivo das sociedades e à componente de democraticidade, propõe-se um índice (o IDH-D) com a seguinte composição:

QUADRO II
(composição do IDH-D)

1 – esperança de vida à nascença	ponderação	-0,20
2 – Educação 2.1. – Taxa de alfabetização dos adultos 2.2. – Taxa de escolarização combinada	" "	-0,08 -0,17
3 – PIB p.c. (p-p-c.)	"	-0,25
4 – Índice de desenvolvimento ajustado ao género	"	-0,075
5 – percentagem de pessoas que vivem com um rendimento inferior a 50% valor médio e taxa de desemprego de longa duração (mais de 12 meses)	"	-0,05
6 – exportações de alta e média tecnologia em percentagem das exportações totais e receitas de "royalties" e direitos de licenças por 1000 pessoas	"	-0,05
7 – taxa média de variação nos últimos cinco anos, do coeficiente de intensidade capitalística e do PIB	"	-0,075
8 – grau de participação política	"	-0,05

Trata-se de um índice mais completo do que o IDH, em que o peso relativo das componentes 4 a 8 (componentes novas introduzidas no novo índice ajustado) é de, apenas, 30%, mantendo a estrutura anteriormente existente uma ponderação significativa (70%).

Tal fica a dever-se, fundamentalmente, ao reconhecimento de que a composição – estrutura do IDH, na sua forma inicial, compreende um conjunto de factores caracterizadores do grau de desenvolvimento económico de significativa relevância, não fazendo, por conseguinte, sentido que, com a integração de novas componentes, se altere radicalmente a sua natureza.

Por outro lado, importa reconhecer que a ponderação atribuída às novas componentes (que passariam a integrar o Índice de Desenvolvimento Humano – Dinâmico) se apresenta, necessariamente, discutível, tanto mais que a importância relativa atribuída ao papel da mulher na sociedade, às assimetrias na repartição dos rendimentos, ao progresso tecnológico e ao grau de participação política depende do conceito subjectivo de bem-estar de cada um.

De qualquer forma está, obviamente, subjacente ao conceito de bem-estar adoptado neste estudo uma concepção de "felicidade" que se articula com o que se convencionou designar de "padrões ocidentais", concepção essa, por conseguinte, não neutral e que condiciona o "Campo de opções" em matéria de modelos e de estratégias alternativas de desenvolvimento económico.

Sublinhe-se, ainda, que em relação à componente 5, se optou por se considerar, apenas, dois aspectos referentes ao IPH-2, pelas seguintes razões fundamentais:

- em primeiro lugar, o IPH-1 sobrepõe-se, em larga medida, ao IDH (que integra o essencial da estrutura do novo índice);
- em segundo lugar, porque as restantes componentes do IPH-2 também, de alguma forma, são repetitivas ou representam uma sobreposição parcial em relação ao sobredito IDH.

No que se refere à componente 6, não foram consideradas todas as subcomponentes do Índice de Realização Tecnológica, uma vez que, no que se refere à parcela correspondente às "qualificações humanas", existe, também aí, uma sobreposição parcial ao IDH, sendo certo estar ultrapassada a sub-omponente atinente à difusão de inovações antigas[8], apresentando-se, por outro lado, de interesse limitado no tempo a sub-componente "anfitriões da internet".

A componente 7 está intimamente associada à concepção de vantagens competitivas e deve ser relacionada com a evolução dinâmica de variáveis explicativas do crescimento económico.

Finalmente e no que concerne à componente 8, o ideal corresponderia à obtenção de uma média ponderada dos índices de liberdades civis, de direitos políticos, de corrupção do Estado e de qualidade da burocracia, com base na metodologia adoptada pela Freedom House e pelo International Country Risk Guide, respectivamente.

Em alternativa, poder-se-ía utilizar o Índice de Liberdades Civis (eventualmente, em conjunto com o índice de Direitos Políticos).

Refira-se que o IDH-D, como índice dinâmico que se pretende que seja, deverá, naturalmente, sofrer, no futuro, alterações, sendo, inclusive, previsível e

---

8 Compreende os telefones (cabo e móvel) para 1000 habitantes e o consumo de electricidade (KW-hora "per capita").

Política de Desenvolvimento e Sistemas de Informações 37

desejável que a ponderação das correspondentes 1 a 3 vá diminuindo, aumentando o peso relativo das restantes e podendo mesmo ser incorporadas novas componentes.

Em qualquer caso, o IDH-D, sendo uma aplicação prática da Teoria da Relatividade Económica e da teoria dos Três Diamantes do Bem-Estar, dá-nos uma perspectiva mais global e globalizante do grau de desenvolvimento das economias, abarcando uma grande variedade de elementos caracterizadores dos diversos níveis de Bem-Estar.

2.4. *Da necessidade de um Novo Conceito de Política de Cooperação para Portugal, articulado com uma Nova Concepção de Serviço de Informações*

A eficácia da política de cooperação portuguesa está, em boa verdade, condicionada por múltiplos factores, com destaque para os seguintes:

- a necessidade de ser concebida como uma das políticas relevantes, coerente com as restantes opções essenciais do Executivo;
- a existência de uma "unidade estratégica" da política de cooperação, o que implica uma só entidade coordenadora, com estruturas eficazes (capazes de conciliar "unidade de acção estratégica" com a descentralização na "intervenção no terreno");
- a definição criteriosa das orientações e dos objectivos a que deverá obedecer a política de ajuda ao desenvolvimento, quer em termos geográficos, quer em termos sectoriais;
- a criação de condições propiciadoras de uma cooperação empresarial que propicie uma internacionalização da economia portuguesa que maximize as vantagens competitivas dinâmicas;
- a utilização eficaz de instrumentos da maior importância como, por exemplo, o crédito de ajuda, o capital de risco, o micro-crédito ou os micro-financiamentos;
- a escolha das parcerias mais adequadas, numa perspectiva de internacionalização, procurando-se, nomeadamente, maximizar as sinergias decorrentes de complementaridades existentes entre organismos públicos e privados;
- a existência de meios humanos, técnicos e financeiros adequados aos objectivos e às estratégias a prosseguir (distinguindo-se, de uma forma clara, a cooperação empresarial da institucional);
- o controlo rigoroso e a monitorização / fiscalização da aplicação dos recursos disponíveis e dos programas de cooperação a concretizar

(adoptando-se, sempre que necessário, o princípio da concentração, ao nível do número de países objecto da ajuda e do número de projectos);
– a utilização de instrumentos e de processos / meios de cooperação eficientes, procurando-se ir ao encontro dos interesses dos países receptores e concedendo-se uma relativa autonomia no acompanhamento e execução de projectos às Embaixadas e às Agências / Delegações existentes, a nível local.

Sendo a política de cooperação um dos instrumentos da internacionalização e do desenvolvimento (estratégico) das economias, importa realçar que é, também, uma das componentes da estratégia do Novo Diamante (quer ao nível das parcerias estratégicas, quer, ainda, ao nível da investigação), como em termos microeconómicos, das estratégias de Novo Diamante Empresarial (condicionando a organização empresarial e a política de gestão, em muitos sectores).

Paralelamente, importa sublinhar que Portugal deveria adoptar, tal como preconizado por James Wolfensohn, uma estratégia integrada e integradora, na linha dos desenvolvimentos ocorridos em 1997-98.

A experiência de cooperação cambial iniciada com Cabo Verde, em Março de 1998, aquando da celebração do Acordo de Cooperação Cambial – ACC, constituiu um bom exemplo dessa nova abordagem.

O sobredito Acordo tinha como principal objectivo a criação de condições propiciadoras da convertibilidade do escudo caboverdeano, optando-se, numa primeira fase, pela paridade fixa ao escudo português ("Peg" unilateral).

Os principais traços caracterizadores do referido Acordo foram os seguintes:

– em primeiro lugar, privilegiou a adopção de mecanismos indirectos e não de mecanismos artificiais, tendo em vista, como se disse, a criação de condições propiciadoras da convertibilidade do escudo caboverdeano;
– em segundo lugar, deu-se prioridade à redução da dívida pública (criando-se, inclusive, um "Trust Fund" n.° 1), condição necessária a uma significativa diminuição das despesas orçamentais e, por conseguinte, do rácio défice do SPA[9] / PIB, bem como à concretização de políticas de estabilização macroeconómicas conducentes ao gradual respeito de critérios de convergência nominal semelhantes aos definidos ao nível da U.E:M.);
– em terceiro lugar, considerou-se da maior importância a definição e concretização de um Programa da Ajustamento Estrutural, em sintonia com

---

[9] SPA – Sector Público Administrativo.

o B.M., procurando-se canalizar, de forma adequada, os apoios financeiros necessários à formação e qualificação de mão-de-obra, à expansão e melhoria das infraestruturas de transportes, à transformação qualitativa das infraestruturas de saúde, bem como nas áreas habitacional e das telecomunicações;
– em quarto lugar e no quadro do acompanhamento das políticas de estabilização macroeconómica e do Programa de Ajustamento Estrutural, não foram esquecidos os aspectos atinentes às reformas institucionais e ao processo de privatizações, sem, todavia, se ter posto em causa o princípio do integral respeito pela soberania nacional.

Mais especificamente, para assegurar a concretização de políticas consistentes de estabilização macroeconómica foi estabelecida, por Protocolo celebrado entre o Governo português e o Governo caboverdeano, a criação de uma Comissão do Acordo de Cooperação Cambial – COMACC, tendo, também, na mesma oportunidade, sido assinado um Protocolo relativo à Facilidade de Crédito (prevendo a possibilidade de um apoio de curto prazo do Tesouro português ao Banco de Cabo Verde até ao limite máximo de 9 milhões de contos[10]).

Paralelamente, a preocupação com a questão do desenvolvimento estrutural conduziu à celebração, em 22 de Setembro de 1999, de um Protocolo que previa a criação de um Grupo de Trabalho, o qual deveria elaborar sobre esta matéria um relatório até ao final do referido ano.

Tratava-se de uma primeira experiência inspirada na abordagem CDF e que poderia vir a inspirar outras experiências.

Saliente-se que a nossa presença se faz sentir em, praticamente, toda a economia caboverdeana, da Banca aos Seguros, passando pelas telecomunicações, pela indústria transformadora e pela construção.

A estratégia portuguesa em relação a Cabo Verde deverá ser de continuar a privilegiar a criação de condições para a implementação de um modelo de especialização industrial e de diversificação de serviços (turismo e serviços financeiros), sabendo-se como se sabe que, naquele país, o factor produtivo trabalho não apresenta grandes problemas em termos de indivisibilidades tecnológicas, podendo enveredar-se pela utilização de unidades produtivas localizadas numa economia semi-periférica como "plataformas" de exportação (ou de reexportação) com a incorporação de valor acrescentado e em condições competitivas, a nível internacional.

---

[10] Correspondente a cerca de 45 milhões de euros.

Por outro lado, Cabo Verde pode inserir-se numa estratégia que permita a Portugal desempenhar um papel de interlocutor privilegiado, para certos efeitos específicos, da U.E. e da NATO.

Também a Guiné-Bissau poderá ser objecto de uma abordagem CDF, em que Portugal e a França assumam uma posição de parceiros privilegiados. Tal, todavia, só poderá vir, verdadeiramente, a concretizar-se quando se verificarem, naquele país, pressupostos que apontem para um mínimo de estabilidade político-social-militar, o que, ainda, não sucedeu.

No que se refere a São Tomé e Príncipe, a "estratégia de intervenção" portuguesa deveria, também, passar por um ACC (à semelhança do que sucedeu com Cabo Verde), o que implicaria a criação de um "Trust Fund" n.º 1 para a redução da dívida externa do país e de um "Trust Fund" n.º 2 para apoio a um Programa de Ajustamento Estrutural[11].

Simultaneamente, dever-se-ía enveredar por um "peg" unilateral da moeda São Tomense ao euro, procurando-se aplicar políticas de estabilização macroeconómicas que tivessem como elemento de referência o Pacto de Estabilidade, tal como estabelecido para a "zona do euro".

Tal implicaria a criação de uma Comissão de Acompanhamento do ACC, criando-se uma Facilidade de Crédito para apoio de curto prazo à Balança de Pagamentos, sendo certo que, para o caso concreto de São Tomé e Príncipe, não se apresentaria necessário estabelecer um "plafond" superior a 5 milhões de euros.

Ainda no que concerne a São Tomé e Príncipe, a "estratégia de intervenção" portuguesa deverá passar pela aposta num adequado desenvolvimento do sector primário, ligado à criação de alguma indústria agro-alimentar, bem como no sector turístico e no sector energético (plataformas petrolíferas):

No que se relaciona com Angola e uma vez solucionada a questão da dívida externa angolana a Portugal – em relação à qual se registaram, ultimamente, avanços significativos –, a "estratégia de intervenção" deveria assentar nos seguintes vectores principais:

- negociação de um ACC no quadro da EU, podendo o nosso País desempenhar um papel de interlocutor, particularmente, relevante nesse processo;
- acompanhamento – e, porventura, criação de condições para a realização de investimentos nacionais – da situação existente nos sectores petrolífero, diamantífero e financeiro;

---

[11] Um dos aspectos interessantes do caso de São Tomé tem que ver com o facto de os montantes necessários para os "Trust Funds" se apresentarem, significativamente, inferiores aos do exemplo caboverdeano.

– aposta no que se convencionou designar de "actividades intermédias" – as quais não interessam, particularmente, às grandes potências –, com destaque para os sectores dos transportes, distribuição e construção (para além do sector agro-alimentar e alimentar, propriamente dito).

No atinente à "estratégia de intervenção" em Moçambique, Portugal deveria preocupar-se, no futuro, com a consolidação da presença portuguesa nos sectores financeiro e turístico, procurando manter ou afirmar uma presença relevante em sectores "nodais" da economia moçambicana, com destaque para os da energia, transportes e gestão de portos e aeroportos.

Tal como no caso angolano, Portugal poderia vir a pertencer a um conjunto restrito de Países que lideraria a negociação de um CDF (com o apoio do BM e do FMI), podendo o mesmo vir a contemplar o conjunto de países da SADC (e no pressuposto de a sua concretização vir a ter lugar no quadro da U.E.):

Portugal deveria, também, definir uma "estratégia de intervenção" asiática assente no aproveitamento de um património histórico-político-cultural em Macau e em Timor Lorosae, na certeza de que teria sempre que contar com parcerias consistentes (sendo certo que os britânicos e os alemães estariam sempre em posição privilegiada, a par, naturalmente, dos nossos aliados americanos).

Mas, se, em termos de política de cooperação estão definidas as nossas opções estratégicas[12], importa, ainda, ter presente as principais apostas a realizar no domínio da internacionalização da economia portuguesa.

É aí que as teses de Lafay (sobre a relação entre intensidade do comércio bilateral e a proximidade geográfica e até mesmo a adjacência) conduzem a considerar mercados como o Espanhol uma prioridade.

Daí que, para a implementação de um Serviço de informações que contribua para a concretização de uma política de cooperação e de internacionalização da economia portuguesa dinâmica, se torne indispensável o acesso a dados actualizados sobre a situação existente nos supra-mencionados países, tornando-se, ainda, necessário dispor das indispensáveis fontes ("informativas") em Bruxelas, bem como em algumas capitais europeias.

Tal implicaria a aceitação da tese de acordo com a qual seria conveniente uma maior descentralização funcional ao nível dos Serviços de informações, com o aproveitamento das estruturas próprias de organismos integrantes do Sistema de

---

[12] A "opção Brasil" deve ser pensada de uma forma articulada com a estratégia a definir para a CPLP – Comunidade dos Países de Língua Portuguesa, sendo de realçar que a política de cooperação portuguesa deveria dar prioridade, em termos geográficos, no Continente Africano, aos Palop e ao Magrebe.

Cooperação e do Sistema de Apoio à Internacionalização da Economia Portuguesa[13].

2.5. *De uma Proposta de Nova Política de Cooperação*

A primeira questão prévia que poderemos colocar consiste em se saber se se pretende enveredar por uma política de cooperação que tenda a privilegiar a ajuda multilateral, que aponte para a exclusividade da ajuda desligada, enfim, para um "apoio desinteressado" aos países da "periferia subdesenvolvida".

Se assim for, não se apresenta necessária uma estrutura pesada no domínio da cooperação, sendo, manifestamente, suficiente uma reduzida Direcção-Geral da Cooperação, no âmbito do MNE, a qual poderia contar com um número estrito de técnicos operacionais.

Neste quadro não faria qualquer sentido a aposta na cooperação empresarial, a qual deverá ser reconduzida a um mero apoio à internacionalização das nossas empresas, no contexto mais geral da actividade tutelada pelo Ministério da Economia.

De alguma forma, a mais-valia que poderia representar junto dos nossos parceiros europeus (e do eixo euro-atlântico) a presença portuguesa nos Palop e no Brasil tenderia, inexoravelmente, a desaparecer, deixando a política de cooperação de constituir um instrumento relevante da nossa estratégia de desenvolvimento e de defesa / segurança interna (em termos que nos dissessem especificamente respeito e não em termos de uma política global europeia de cooperação, em que o papel de Portugal viesse a ser diluído).

Se, em alternativa, se pretender continuar a privilegiar a ajuda bilateral (sem prejuízo de uma "componente" multilateral forte), apostando-se numa concepção de "cooperação interessada" – instrumento da estratégia de internacionalização da economia portuguesa –, então já faria sentido enveredar por um outro tipo de estrutura, atribuindo-se, inclusive, outra relevância à "cooperação empresarial".

Nesta perspectiva, faria, plenamente, sentido avançar para uma abordagem global e globalizante (ou, se se preferir, integrada e integradora) país a país, privilegiando-se, naturalmente, os Palop.

Como se justificaria, também, a existência de uma entidade, dotada de autonomia administrativa e financeira, que, para além da concessão de apoios e de

---

[13] Quer o Sistema de Cooperação, quer o Sistema de Apoio à Internacionalização da Economia Portuguesa deveriam ser concretizados a partir de uma estratégia desenvolvimentista consistente para a economia portuguesa.

incentivos, tivesse uma política consistente em relação ao crédito de ajuda, funcionasse como empresa de "capital de risco" e exercesse, com eficácia, a actividade de gestora de participações em unidades tidas como de "interesse estratégico" para a política de cooperação e de internacionalização da economia portuguesa.

Assim, o modelo a adoptar (em termos de Sistema de Cooperação) poderia ter como ponto de partida a criação de um Ministério da Cooperação – MC, dotado de duas Direcções-Gerais, a saber, uma destinada à Cooperação Institucional e outra orientada para a Cooperação Financeira (Quadro III).

QUADRO III
Sistema de cooperação proposto para uma estratégia de aposta numa cooperação – instrumento da internacionalização.

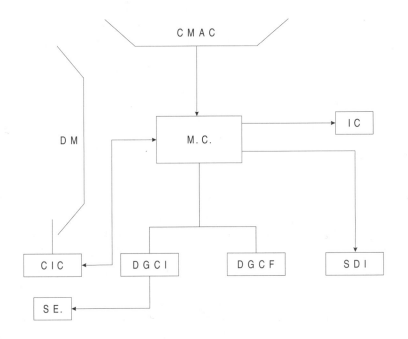

NOTA: CMAC – Conselho de Ministros para Assuntos da Cooperação
       DM   – Departamentos Ministeriais
       CIC – Comissão Interministerial para a cooperação.
       SE   – Secretariado Executivo.
       IC   – Instituto Camões
       MC – Ministério da Cooperação.
       DGCI – Direcção-Geral da Cooperação Institucional.
       DGCF – Direcção-Geral da Cooperação Financeira.
       SDI – Sociedade de Desenvolvimento Internacional.

A primeira teria as atribuições que, no passado, pertenceram ao ICP (Instituto da Cooperação Portuguesa), enquanto que a segunda desempenharia, de alguma forma, as funções atribuídas (apenas na vertente relativa à Cooperação) à DGAERI (Direcção-Geral dos Assuntos Europeus e Relações Internacionais).

A Direcção-Geral da Cooperação Institucional – DGCI – compreenderia, fundamentalmente, os seguintes departamentos ou Direcções: a) a do Planeamento, Programação e Avaliação[14]; b) a dos Assuntos Bilaterais; c) a dos Assuntos Comunitários e Multilaterais; d) a dos Serviços de Apoio à Sociedade Civil e de Ajudas de Emergência; e) a da Cooperação Político-Militar.

A Direcção-Geral de Cooperação Financeira compreenderia, essencialmente, quatro Direcções, a saber: a) a da Negociação da Dívida com os PVD's (e, em particular, com os Palop); b) a de Acompanhamento de Apoios Estado a Estado; c) a de Acompanhamento da Ajuda Multilateral; d) a de Acompanhamento de Acordos de Cooperação Monetária e Cambial.

As sobreditas direcções deveriam integrar um reduzido número de quadros técnicos, actuando de forma articulada com as embaixadas junto dos países beneficiários da ajuda (bem como em ligação permanente com os organismos de cooperação multilateral), aplicando os princípios da descentralização e da delegação de poderes (no respeito das linhas traçadas nos respectivos programas de cooperação e das prioridades políticas definidas pelo Executivo).

Por outro lado, o IC (Instituto Camões) passaria a depender do MC, criando-se, ainda uma Agência para o Desenvolvimento da Cooperação ou uma Sociedade de Desenvolvimento Internacional – SDI (vide Quadro III), a qual deveria ter a seu cargo a cooperação empresarial.

A SDI – que poderia e deveria contar com delegações em países beneficiários tidos como estratégicos – deveria não apenas financiar as empresas nacionais interessadas em investir nos PVD's (de acordo com as prioridades geográficas e sectoriais definidas pelo MC), como também gerir participações em empresas estratégicas e desempenhar, na prática, as funções de uma empresa de "capital de risco".

A adopção de um Sistema de Cooperação deste tipo permitiria encarar com algum optimismo a nossa "intervenção" – enquanto país – na negociação de CDF's com os Palop, possibilitando, ainda, uma maior capacidade negocial junto não apenas dos países beneficiários da ajuda, como também dos nossos parceiros europeus, desde que se verificassem alguns pressupostos essenciais, com realce para os seguintes:

---

[14] Teria, também, a seu cargo a coordenação das acções a empreender ao nível dos diversos Ministérios, acompanhando o funcionamento da CIC – Comissão Interministerial de Cooperação.

Política de Desenvolvimento e Sistemas de Informações   45

- a existência de um Programa de Cooperação consistente, abarcando os países beneficiários, de acordo com uma perspectiva integrada e integradora e procurando maximizar, a prazo, sinergias que ajudem, por sua vez, a maximizar as vantagens competitivas da economia portuguesa;
- uma negociação prévia atempada com o M.F. das dotações orçamentais com que poderia vir a contar o MC, dispondo este último de uma grande autonomia no atinente à afectação de recursos postos à sua disposição;
- uma adequada articulação entre o MC e o Ministério da Defesa – MD no que se refere à cooperação político-militar, devendo este último dar, também, conhecimento prévio e atempado dos meios postos à disposição do M.C.;
- uma eficaz articulação entre o MC e os Serviços de Informações existentes no país, a fim de os centros de decisão política disporem de todas as informações necessárias à formulação de "estratégias de intervenção" consistentes;
- a percepção dos sectores (e das actividades) tidas como prioritários numa estratégia de maximização do aproveitamento dos factores de competitividade, de acordo com o conceito de "Novo Diamante" atrás explicitado, o que permitiria optimizar as condições de internacionalização da economia portuguesa, num quadro internacional em mutação permanente.

Paralelamente, importa sublinhar que Portugal deveria retirar das diversas experiências existentes, em termos de política de cooperação, ensinamentos importantes, a saber:

- da experiência americana, a ideia de que a política de cooperação deve incorporar uma vertente empresarial particularmente dinâmica;
- da experiência japonesa, a necessidade de existência de mecanismos adequados de controle e de avaliação, bem como de uma política informativa dirigida ao cidadão comum que explique, de forma clara e transparente, os objectivos que se pretende atingir e a estratégia que se pretende implementar;
- da experiência inglesa, o exemplo da "Commonwealth", o qual (com algumas adaptações indispensáveis) poderia, de alguma forma, inspirar uma intervenção mais eficaz ao nível da CPLP;
- da experiência holandesa, o princípio da descentralização, com grande autonomia das embaixadas no acompanhamento (e na concretização) de projectos e, até, de programas de cooperação;
- da experiência espanhola, a grande diversidade de instrumentos de política de cooperação, com destaque para os micro-créditos;

- da experiência francesa, a adopção de uma concepção global e globalizante de política de cooperação e a introdução de reformas tendentes a uma maior descentralização dos serviços e à obtenção de "ganhos de eficiência", a partir da substituição de uma concepção assente na ajuda – projecto por uma outra assente na ajuda – programa;
- da experiência alemã, a manutenção de uma orgânica de funcionamento que assenta na existência de um Ministério da Cooperação e a importância atribuída à cooperação técnica;
- da experiência sueca, a relevância atribuída às preocupações sociais e ambientais e bem assim a importância conferida à abordagem regional.

O novo Sistema de Cooperação conduz, inexoravelmente, a uma transformação profunda no Sistema de Informações (vertente externa), levando à utilização dos responsáveis pela cooperação nas Embaixadas e nas delegações da SDI como parte integrante do que designo de Mecanismos de Intervenção Paralelos (MINPARS's) – vide a este propósito, Quadro IV.

Só adoptando um novo Sistema, uma nova orgânica de funcionamento e – mais relevante, ainda – uma nova filosofia de política de cooperação será possível contribuir para uma internacionalização eficaz da economia portuguesa.

E, mais significativo do que dispor de factores produtivos (trabalho e capital) abundantes, afigura-se ter uma dinâmica de crescimento maior do que as outras economias, i.e., mais importante do que uma análise na base das vantagens comparativas (tal como conhecida em termos convencionais) é enveredar por uma análise assente nas vantagens competitivas dinâmicas e na estratégia do "Novo Diamante".

QUADRO IV
Articulação política de cooperação / sistema de informações

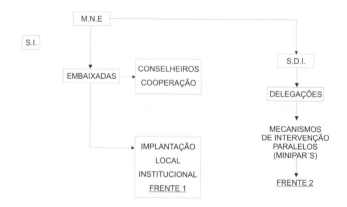

BIBLIOGRAFIA

SOUSA, António Rebelo de – "Da Teoria da Relatividade Económica Aplicada à Economia Internacional e às Políticas de Cooperação" Universidade Lusíada Editora, 2004.

CATROGA, Eduardo – "Políticas Estruturais e Estratégia de Desenvolvimento" in "A Engenharia e a Tecnologia ao Serviço do Desenvolvimento de Portugal", Ed. Verbo, Nov. 2000.

LAFAY, Gérard; HERZOG, Colette; FREUDENBERG, Michael; UNAL-KESENCI, Deniz – "Nations et Mondialisation", Ed. Económica.

MATEUS, Abel – "Do ajustamento estrutural ao relançamento do crescimento" in CABRAL, Francisco Sarsfield; TAVARES, Luís Valadares; MATEUS, Abel – "Reformar Portugal – 17 estratégias de mudança", Oficina do Livro, 2003.

MATEUS, Abel; ANTUNES, António; MEDE, Maria Filomena – "Cenários Macroeconómicos" in "A Engenharia e a Tecnologia ao Serviço do Desenvolvimento de Portugal: Prospectiva e Estratégia, 2000-2020", Editorial Verbo, Novembro de 2000.

GÉNÉRAUX, Jacques –"Introduction à la Politique Économique" Ed. Seul, 1997.

TEULON, F. – "L'Etat et la Politique Économique", Ed. PUF, 1998.

KEBABJIAN, Gérard – "Politique Économique", Ed. Seuil, 1992.

PLANEAMENTO ESTRATÉGICO E DE FORÇAS

António Silva Ribeiro*

1. Utilidade

A História de Portugal comprova que, quando faltou um planeamento estratégico claramente formulado e bem direccionado para objectivos nacionais relevantes e materializáveis, ou não existiu um planeamento de forças sólido e bem elaborado, o país reagiu de improviso às iniciativas militares contrárias, não revelou capacidade para modelar os desafios externos que afectaram os seus interesses e, por isso, sofreu grandes prejuízos, cujas consequências perduraram no tempo.

O planeamento estratégico articula com coerência os meios nacionais de natureza política, económica, psicossocial e militar, no espaço e no tempo de acção para, em situações de disputa internacional, materializar os objectivos nacionais. O planeamento de forças é o processo pelo qual, em âmbito militar, se estabelecem requisitos de meios, baseados numa avaliação das necessidades de defesa nacional, e se edificam e estruturam forças militares, dentro das limitações orçamentais. Por outras palavras, o planeamento de forças serve o planeamento estratégico, ao edificar e estruturar os meios militares com a dimensão, a composição e a organização adequadas para as Forças Armadas contribuírem para materializar os objectivos nacionais, face aos desafios estratégicos do ambiente de segurança e às limitações de recursos.

As decisões que são tomadas em determinado momento sobre os planeamentos estratégico e de forças, têm influência fundamental nas estratégias de defesa nacional e militar nas décadas seguintes. Por isso, a sua qualidade constituirá um investimento poderoso na construção do futuro do país. Todavia, tomar as

---

* Capitão-de-mar-e-guerra, Chefe da Divisão de Planeamento do Estado-Maior da Armada.

melhores decisões no quadro dos planeamentos estratégico e de forças numa sociedade democrática, é um processo difícil, que leva tempo e exige especialistas em estratégia e planeamento[1]. Uns e outros necessitam de lidar com complexos factores de decisão, níveis de decisão e execução, princípios e regras da estratégia, modelos de acção estratégica, provas da estratégia etc. Para esse efeito, e porque é grande a diversidade de ideias, conceitos, opiniões e diferentes pontos de vista a considerar, a confusão será reduzida pela utilização de um modelo destinado a organizar os elementos essenciais da estratégia no quadro do desenvolvimento dos processos de planeamento estratégico e de forças.

Porque o planeamento estratégico se destina a construir o futuro do país perante problemas difusos e eventualidades prolixas, verifica-se uma grande incerteza e uma considerável margem de desacordo a respeito das estratégias de defesa e militar a adoptar, e da forma como devem ser edificadas e estruturadas as forças militares para satisfazerem requisitos de defesa mal conhecidos. Infelizmente, poucas vezes se tem uma única resposta correcta. Com frequência aplicam-se diferentes, porém válidos, argumentos a opções totalmente distintas, cada uma das quais depende dos objectivos nacionais que se visam e das hipóteses assumidas sobre os problemas e as eventualidades que se colocam ao país. Muitas vezes têm de ser feitas opções difíceis, baseadas em informações limitadas e num futuro incerto. Esta tendência acentua-se quando os responsáveis políticos e estratégicos se concentram num só factor de decisão, que consideram mais relevante para os seus interesses específicos, como é o caso do orçamento, sem tentarem explorar, de forma equilibrada, todas as dimensões dos elementos essenciais da estratégia. Nestas circunstâncias, para se elaborarem as estratégias de defesa e militar, e se edificarem e estruturarem as Forças Armadas que a realidade actual exige e as possibilidades do futuro carecem, é vantajoso estabelecer de um modelo de planeamento estratégico e de forças que ajude os estrategistas e os planeadores a formular as perguntas adequadas, a apreciar a dinâmica complexa da estratégia e a tratar de forma compreensiva os importantes factores presentes na tomada de decisão estratégica.

---

[1] Conforme referem Henry Barlet, G. Paul Holman e Timothy E. Somes em «The Art of Strategy and Force Planning», *Strategy and Force Planning*, 4ª ed., Naval War College, Newport, 2004, p. 17, os especialistas que participam no planeamento estratégico e no planeamento de forças, provêm de diversas disciplinas académicas e experiências de trabalho, alguns deles com conhecimentos específicos no campo da geopolítica, outros, com ampla experiência no campo da economia, da diplomacia ou na administração pública. Muitos deles ocuparam, durante anos, cargos operacionais militares. Alguns sentem-se mais identificados com conceitos abstractos, enquanto outros preferem conceitos práticos. O desafio consiste em equilibrar as diferentes perspectivas, de forma a elaborar as melhores estratégias de defesa e a desenvolver as capacidades adequadas para materializar os objectivos nacionais.

Embora reconhecendo que os interesses das diferentes organizações, os comportamentos burocráticos e as políticas sectoriais têm um papel importante em todas as escolhas estratégicas, o modelo apresentado por Liotta e Lloyd[2] tem sido muito útil na formulação dos requisitos de defesa e militares, e na avaliação das opções alternativas de estratégia e de forças. Este modelo adopta a abordagem descendente do planeamento, que começa com os interesses e objectivos nacionais, e continua com avaliações detalhadas, que ajudam os responsáveis pelas decisões a seleccionarem as futuras estratégias de defesa e militar. Evidencia os principais factores que devem ser considerados nos processos, e representa um compromisso entre a complexidade da realidade e a necessidade de simplicidade, como forma de facilitar o entendimento sobre os planeamentos estratégico e de forças. O modelo de Liotta e Lloyd é uma ferramenta que pode ser usada como: guia para desenvolver estratégias alternativas e forças futuras; ajuda para avaliar os argumentos dos estrategistas e dos planeadores; ponto de partida para desenvolver aproximações alternativas para estruturação das decisões dos planeamentos estratégico e de forças.

2. Elementos

O modelo de planeamento estratégico e de forças de Liotta e Lloyd foi sistematizado em opções estratégicas e opções de forças. Pela análise do fluxograma do modelo, verifica-se que a secção das opções estratégicas engloba a identificação dos interesses nacionais, dos objectivos nacionais e da estratégia de defesa nacional, incorporando os instrumentos tradicionais do poder nacional (político, económico, psicossocial e militar). À esquerda do fluxograma, são evidenciados os factores que afectam o ambiente de segurança presente e futuro, considerando problemas e eventualidades. À direita do fluxograma, são evidenciados os factores que são meios e influências na estratégia de defesa nacional: os aliados e amigos; as organizações internacionais; e os actores não estatais. O fluxograma também evidencia que as limitações de recursos e a tecnologia são factores críticos que, frequentemente, enformam e, por vezes, distorcem e condicionam, o desenvolvimento da estratégia de defesa nacional.

As opções de forças surgem na secção inferior do fluxograma, onde a estratégia militar, a directiva orçamental e de programação, e as capacidades militares existentes e desejadas, determinam o dimensionamento e a selecção das

---

[2] Liota, P. H. e Richmond M. Lloyd, *Strategy and Force Planning*, 4ª ed., Naval War College, Newport, 2004, pp. 1-16.

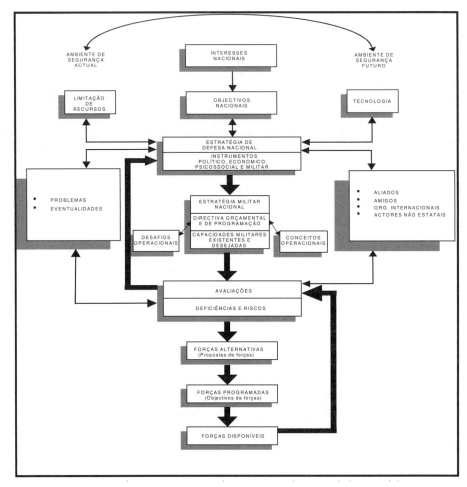

Fluxograma do Modelo de Liotta e Lloyd

forças. Os desafios operacionais que as forças poderão enfrentar e os conceitos operacionais emergentes para ultrapassar esses desafios, influenciarão a estratégia militar, a directiva orçamental e de programação, e as capacidades militares existentes e desejáveis. As opções das forças também englobam avaliações qualitativas e quantitativas da capacidade das forças disponíveis para apoiar a estratégia de defesa nacional, a fim de superar os problemas e explorar as eventualidades. As deficiências e riscos são encontrados em resultado da aplicação de limitações orçamentais específicas à aquisição de meios. As escolhas alternativas de forças (propostas de forças) são avaliadas para lidar com as deficiências e reduzir os riscos, programando forças para o futuro. À medida que estas forças são edificadas, tornam-se disponíveis para apoiar a estratégia.

As linhas a cheio no modelo ilustram o "porquê" e o "como" as avaliações são uma parte essencial dos planeamentos estratégico e de forças, visto que, através delas, se unem as opções sobre a estratégia e sobre as forças. Na realidade, tais linhas traduzem circuitos de realimentação do processo de planeamento estratégico e forças, que jogam um papel importante, sobretudo quando as opções estratégicas e as opções de forças tendem a entrar em conflito. Poderiam ter sido identificados outros circuitos de realimentação e outras relações entre elementos do modelo, evidentes na prática. Contudo, foram omitidas por motivos de simplificação da figura.

3. Opções estratégicas

As assumpções básicas, os cenários e as limitações que são introduzidos na identificação dos interesses nacionais e dos objectivos nacionais, e na formulação da estratégia de defesa nacional, estabelecem o rumo das sucessivas decisões dos planeamentos estratégico e de forças. Por isso, é essencial que as opções estratégicas sejam claramente definidas, antes do desenvolvimento das opções de forças.

A formulação da estratégia de defesa nacional é uma tarefa difícil, porque requer pesquisa e reflexão sobre muitos factores interrelacionados, nomeadamente os problemas a superar e as eventualidades a explorar, os interesses e os objectivos dos nossos aliados, amigos e contrários, as limitações dos nossos recursos humanos e materiais, e a tecnologia que esperamos ter disponível no horizonte temporal do planeamento estratégico. Apesar do esforço despendido nessa pesquisa e reflexão, e nos trabalhos de formulação que se seguem, por vezes é necessário alterar os nossos objectivos nacionais, quando se torna evidente que não podemos materializá-los com a estratégia de defesa nacional escolhida e as forças militares disponíveis.

3.1. *Interesses nacionais*

No mais alto nível de abstracção, os interesses nacionais constituem a fonte de onde derivam os objectivos nacionais e a estratégia integral do Estado. Os interesses nacionais constituem os desejos e as necessidades mais importantes da nação. Por isso, normalmente perduram no tempo e atraem amplo apoio dos cidadãos. Os interesses nacionais vitais são, geralmente, expressos em termos de sobrevivência e de bem-estar. Nesse sentido, a preservação da integridade territorial, da liberdade, da independência, das instituições políticas, dos valores e da honra, são fundamentais para a sobrevivência de qualquer país. A manutenção do bem-estar económico e da qualidade de vida do povo, também são interesses nacionais vitais, bem como a sobrevivência dos aliados e amigos, a quem cada país está unido por laços históricos, políticos, económicos e culturais. Nem sempre é possível encontrar os interesses nacionais plasmados de forma evidente e simples em documentos específicos. Porém, é possível identificá-los nos textos e nos discursos feitos pelos líderes políticos.

3.2. *Objectivos nacionais*

Enquanto os interesses nacionais definem os desejos e as necessidades básicas que fundamentam a reacção de um país, os objectivos nacionais servem a execução da estratégia nacional e, consequentemente, dos interesses nacionais. Muitas vezes são referidos como política nacional ou fins nacionais, porque traduzem as metas específicas que um país procura materializar, a fim de promover, apoiar ou defender os seus interesses nacionais. Esta relação, por um lado, evidencia a necessidade de conciliação dos objectivos nacionais relativamente aos interesses nacionais. Por outro lado, mostra que a coerência entre ambos, exige que os estrategistas envolvidos na sua identificação, observem grande disciplina e rigor intelectual, para que não surjam objectivos nacionais sem o devido respaldo nos interesses nacionais, nem interesses nacionais sem os correspondentes objectivos nacionais relevantes e materializáveis.

Se os interesses nacionais não se alteram radicalmente de governo para governo, os objectivos nacionais podem variar profundamente. Por outro lado, é necessário identificar objectivos nacionais detalhados e estabelecer a sua prioridade em cada região ou situação específica onde estiverem em jogo os interesses nacionais. Com excessiva frequência os objectivos nacionais estabelecidos são vagos, mal orientados, demasiado ambiciosos, deficientes ou inoportunos. Todavia, é fundamental que sejam bem direccionados e claramente formulados, para que se possa planear como serão materializados.

3.3. *Estratégia de defesa nacional*

A estratégia de defesa nacional é o plano principal para materializar os objectivos nacionais, mediante a articulação, no tempo e no espaço, de meios políticos, económicos, militares, e psicossociais[3], isto é, os instrumentos básicos do

---

[3] Conforme referem Bartlet et, al., ob. cit., p. 20, os meios disponíveis para levar a cabo a estratégia de defesa nacional teoricamente comprometem a totalidade dos recursos do

poder nacional. As opções estratégicas incluídas nesse plano, indiciam de que maneira um país utiliza esses meios para materializar os objectivos nacionais. Estas opções estratégicas e as hipóteses assumidas a respeito das mesmas, fornecem um guia e estabelecem limites para as decisões de nível mais baixo. Por isso, nestes níveis da estratégia, os instrumentos do poder nacional são mais prescritivos. Por exemplo: a estratégia económica explica como modificar a taxa de crescimento de um país; a estratégia diplomática descreve como agir nos fora internacionais; a estratégia psicossocial indica como degradar a coesão do contrário; a estratégia militar revela como serão utilizados os meios militares. Tudo isto para modelar o ambiente de segurança, obter influência internacional, dissuadir agressões, defender o país e vencer as guerras que não podem ser evitadas[4]. O modelo da figura mostra, de forma explícita, que a estratégia militar nacional surge da estratégia de defesa nacional e a apoia. Desta forma, a abordagem descendente aos planeamentos estratégico e de forças, permite que a estratégia de defesa nacional estabeleça os limites pelos quais serão tomadas as sucessivas decisões para escolha das forças militares.

3.4. *Estratégia militar nacional*

A estratégia militar nacional deve surgir dos objectivos nacionais e da estratégia de defesa nacional. As mudanças significativas ocorridas no ambiente internacional criam a necessidade de reanalisar todos os elementos da estratégia militar nacional. Para auxiliar tal revisão, por vezes é útil ver os elementos desta estratégia como opções fundamentais sobre linhas de acção alternativas. Estes elementos, ou descritores, determinam de que maneira pensamos utilizar os nossos meios militares, a fim de materializar os nossos objectivos nacionais. Algumas destas opções fundamentais são: uma estratégia de coligação *versus* uma estratégia autónoma; dissuasão *versus* imposição; forças pré-posicionadas *versus* projecção de força; forças flexíveis para uso global *versus* forças adaptadas a cada região; forças

---

país. Na prática, no entanto, os estrategistas e planeadores de forças pensam em três conjuntos de ferramentas básicas. Os instrumentos económicos do poder nacional incluem acordos comerciais, ajuda estrangeira, disponibilidade de capital, impostos, gastos públicos e subsídios. Os meios diplomáticos compreendem os alinhamentos, as alianças, as coligações *ad-hoc*, os tratados, os bons ofícios, as sanções e negociações de qualquer classe e complexidade imagináveis. Os meios militares incluem todo o tipo de poder armado. Porém, importa igualmente considerar outros instrumentos de natureza cultural, informática e psicológica, com crescente capacidade de influenciar o comportamento de outros.

[4] Ibid, p.19 e 20.

56   *Estudos de Direito e Segurança*

de reserva *versus* forças do activo. O grau de modificação da estratégia militar nacional devido a estes e outros parâmetros, influenciará, em grande medida, os tipos (dimensão, composição e organização) das forças militares requeridas no futuro.

3.5. *Directiva orçamental e de programação*

Evidentemente que, como os objectivos nacionais que qualquer Estado deseja materializar excedem sempre os recursos disponíveis, é forçoso optar entre objectivos opostos e alternativos, que se excluem mutuamente. Os Ramos das Forças Armadas concorrem por recursos com outros órgãos governamentais, com órgãos não governamentais e entre si, sobretudo nos países democráticos e em tempo de paz. Consequentemente, os planeamentos estratégico e de forças implicam uma ponderada distribuição de recursos, que resulta da necessidade de decidir que linhas de acção são mais importantes, estabelecendo prioridades. Por isso, o processo dos planeamentos estratégico e de forças pode ser considerado como um problema de atribuição de recursos. Em Portugal a Lei de Programação Militar (LPM), que identifica as forças programadas, é o resultado do Ciclo Bienal de Planeamento de Forças (CBPF), cujo objectivo é decidir como os recursos limitados devem ser distribuídos entre prioridades militares que competem entre si. A Directiva Ministerial de Defesa Militar (DMDM) é o passo inicial do CBPF, onde o MDN estabelece medidas políticas destinadas a regular, para o próximo biénio, mas com horizonte de 6 anos, eventualmente extensível a 18 anos, os orçamentos e os programas do Estado-Maior General das Forças Armadas (EMGFA) e dos Ramos das Forças Armadas.

No Estado há cinco diferentes níveis de distribuição de recursos, que afectam a quantidade dos disponíveis para a defesa. Vamos analisar de seguida os dois primeiros níveis, onde são tomadas as decisões sobre as orientações orçamentais a incluir na DMDM. Os três restantes níveis serão descritos na etapa do planeamento de forças, quando se seleccionarem as forças alternativas.

No mais alto nível consideram-se os recursos totais que o país dispõe, e a forma como devem ser distribuídos entre os sectores público e privado. Este processo é uma parte integrante da escolha da estratégia integral e da atribuição de recursos para operacionalizá-la. O debate, neste nível, centra-se nas prioridades nacionais (tanto internas como internacionais), em termos de crescimento económico, emprego, inflação, orçamento e balanças comerciais, e produtividade geral da economia.

O segundo nível de atribuição de recursos ocorre entre os programas de defesa e os alheios à defesa (sociais), dentro do orçamento nacional. A premência dos objectivos políticos, económicos, psicossociais e militares, a considerar pela estratégia de defesa nacional, exerce uma influência significativa nas decisões sobre a atribuição de recursos neste nível. Por isso, os planeadores de defesa devem articular as suas necessidades legítimas, a fim de satisfazer os objectivos de defesa nacional e, de maneira realista, avaliar a disponibilidade de recursos para a defesa nacional no futuro. Com excessiva frequência os planos de defesa nacional assumem que os orçamentos serão incrementados no futuro, para corrigir as deficiências actuais. Porém, o que se verifica em tempo de paz é a diminuição dos orçamentos de defesa nacional, em resultado de sentimentos contra a guerra, ou de esforços para reduzir a inflação. Consequentemente, os planos de modernização ou reequipamento das Forças Armadas são atrasados.

3.6. *Capacidades existentes e desejadas*

No final da década de 90 do século XX, os planeamentos estratégico e de forças deixaram de estar focalizados ameaça, para adoptarem um processo mais exigente do ponto de vista conceptual, mas operacionalmente necessário: as capacidades. Em parte, esta alteração traduziu um reconhecimento das múltiplas dinâmicas que tornavam o ambiente de segurança bem mais complexo e difícil que durante a guerra-fria. O envolvimento das forças militares no combate ao terrorismo a partir de 2001, intensificou a necessidade estratégica de forças militares mais ligeiras, flexíveis, móveis e prontas, capazes de operar um amplo conjunto de capacidades. Por isso, Portugal, como os seus aliados, passaram a reflectir nos respectivos sistemas de forças e dispositivo, as tendências orientadoras dos desafios e conceitos operacionais, bem como o processo contínuo para melhoria das capacidades das forças militares existentes e para alcançar as desejáveis. Na melhor das expectativas estas influências operacionais orientam a estratégia militar nacional, o orçamento e os programas, e o entendimento das capacidades existentes e desejáveis do sistema de forças e do dispositivo de forças. Complementarmente, a estratégia militar nacional, a directiva orçamental e de programação, e as capacidades existentes e desejadas, forçam o refinamento dos conceitos operacionais e os caminhos para ultrapassar os desafios operacionais. O modelo da figura apresenta setas com duplo sentido, evidenciando as múltiplas influências e interdependências da estratégia militar, da directiva orçamental e de programação, e das capacidades existentes e desejadas, relativamente a desafios e conceitos operacionais.

4. Opções de forças

Após a formulação das estratégias de defesa nacional e militar nacional, é necessário avaliar a nossa capacidade para levar a cabo tais opções estratégicas, com base na disponibilidade de forças militares, face aos problemas e às eventualidades previstas. Estas avaliações podem ter várias formas, desde os tratamentos analíticos detalhados das forças contrárias, até aos julgamentos intuitivos sobre os valores não quantificáveis da guerra. Seja qual for a sua forma, qualquer avaliação das opções estratégicas deve incluir, de alguma maneira, certos elementos essenciais: objectivos, estratégias, problemas, eventualidades, riscos e forças disponíveis. A norma fundamental é, simplesmente, reflectir sobre se as Forças Armadas servem a estratégia de defesa nacional e a estratégia militar, de tal forma que, considerados os problemas e as eventualidades, os objectivos nacionais sejam atingidos com riscos aceitáveis.

As deficiências identificadas por esta avaliação geral, com frequência são descritas como riscos militares. É possível reduzi-los mediante uma selecção judiciosa de forças alternativas. Nestas circunstancias, torna-se evidente que as decisões finais relativas a que forças deverão ser incluídas na próxima LPM, estão condicionadas pelos objectivos nacionais, pela estratégia de defesa nacional, pela estratégia militar nacional, pela directiva orçamental e de programação e pelos riscos assumidos por não se ter investido em ocasiões anteriores. Tais decisões podem conduzir, ou dar mais importância, por exemplo, a um melhoramento da prontidão à custa da modernização das armas, ou à edificação de forças especiais, em prejuízo de outras forças.

Todo o processo de escolha de forças deveria ser dinâmico, a fim se adaptar às evoluções do ambiente de segurança em permanente mudança. Os diferentes elementos para o planeamento de forças são considerados em graus variados, tanto dentro como fora do Ministério da Defesa Nacional (MDN). O processo deve consolidar-se, pelo menos, de dois em dois anos, na preparação dos planos de forças para os anos seguintes.

4.1. *Desafios*

Uma tarefa essencial para o estrategista e o planeador de forças é avaliar o ambiente de segurança, em termos de desafios estratégicos resultantes de problemas a superar e de eventualidades a explorar no futuro, evidenciando, de forma completa, a natureza de tais factores, a probabilidade de que se produzam, e as consequências para os interesses nacionais. Em definitivo, tais julgamentos levam a outras decisões sobre como edificar e estruturar as forças, e de que maneira aplicá--las em todo o espectro de conflito.

4.2. *Actores*

Um aspecto muito importante é a avaliação da medida em que a nossa estratégia se ligará à de outros actores, quer seja através de alinhamentos amplos, de alianças específicas como a NATO, de segurança colectiva ou cooperativa através de organizações internacionais como a ONU, ou de coligações *ad hoc*. As contribuições esperadas dos aliados ou de países amigos são muito importantes para a nossa estratégia e para a nossa atribuição de recursos limitados. A influência de outros actores não estatais tem adquirido uma crescente importância.

A complexidade de tais ligações inevitavelmente coloca a questão da efectividade de tais relações, bem como a divisão de trabalho e a assunção geral de responsabilidades estratégicas. As capacidades, intenções, circunstâncias e vulnerabilidades de outros países, organizações internacionais e outros actores não estatais, devem ser levadas em consideração, porque nem sempre alinham com os nossos interesses e objectivos nacionais. Na realidade, os seus interesses e objectivos nacionais estarão sempre em primeiro lugar, e apenas quando forem compatíveis com os nossos poderemos esperar incorporação de forças aliadas para cumprir com os nossos objectivos nacionais! Ao fazer-se a contagem das forças, só devem ser incluídas as susceptíveis de empenhamento operacional atempado e efectivo. Por outro lado, estas avaliações são críticas para a determinação fundamental entre uma estratégia autónoma e multilateral.

4.3. *Forças disponíveis*

Outro dado importante no processo de avaliação necessária à definição das opções de forças, é a descrição das forças militares que estarão disponíveis para emprego em conflitos futuros. Estas forças incluem: as forças existentes (no activo e na reserva)[5]; forças programadas para estarem operacionais durante o período de interesse; as contribuições de forças que podem ser esperadas por parte de aliados e amigos em situações específicas.

As forças existentes fornecem um ponto de partida inicial para se realizarem incorporações e abates. Devido aos extensos prazos de vida útil e de obtenção de grande parte dos sistemas de armas, as forças existentes formam, inevitavelmente, uma parte substancial do sistema de forças no futuro. Por isso, como o nosso sistema de forças não se constrói do nada em cada ano, as decisões para a modernização das forças são tomadas, em geral, na margem. Desta maneira, ainda

---

[5] Não incluem as forças programadas para desactivação.

que os objectivos nacionais e as estratégias de defesa nacional e militar nacional determinem a nossa selecção das forças, também é verdade que as forças existentes condicionam, em grande medida, as estratégias actuais e a nossa capacidade para responder às contingências presentes[6] (objectivos militares específicos).

Os planeadores operacionais costumam enfatizar o emprego, a prontidão e a sustentação, visto que, no seu trabalho, devem considerar apenas as forças actualmente existentes. Os planeadores de forças tendem a concentrar-se nas novas estratégias e conceitos operacionais, na adaptação das organizações, na investigação e desenvolvimento, na modernização e nas questões do sistema de forças do futuro, já que o seu objectivo é criar forças capazes de apoiar as estratégias de defesa nacional e militar e os objectivos nacionais futuros. Ambas as perspectivas são importantes, e os melhores estrategistas e planeadores de forças são aqueles que encontram o equilíbrio entre as forças operacionais existentes e o investimento em capacidades futuras. Com efeito, as forças operacionais têm um efeito determinante na nossa capacidade de superar problemas e explorar eventualidades. O custo de as equipar, operar e manter é em prejuízo da modernização. Por isso, o equilíbrio entre modernizar as forças existentes para aumentar a sua prontidão actual, e edificar novas forças para aumentar a capacidade futura, é o assunto chave sobre como se devem empregar recursos limitados.

4.4. *Avaliações*

Como se explicou nas três alíneas anteriores, as avaliações nos planeamentos estratégico e de forças compreendem uma complexa série de análises que consideram os desafios estratégicos, bem como as nossas capacidades militares e as de aliados e amigos. Os resultados destas avaliações destinam-se a identificar as deficiências das forças disponíveis e a indicar os riscos inerentes aos programas de forças correntes. Este processo de avaliação conduz a decisões que, eventualmente, farão uma redistribuirão de verbas entre diferentes programas dos Ramos das Forças Armadas, dentro da directiva orçamental e de programação estabelecida, com o objectivo de corrigir as deficiências, através da realização de modificações nas diversas aquisições de armas, pessoal, operações, manutenção, investigação e

---

[6] As unidades navais, em especial, são o exemplo destas realidades. Um navio, depois de tomada a decisão de o construir, demora entre 5 e 8 anos a incorporar a esquadra. Depois tem, normalmente, 30 anos de vida útil. Caso seja sujeito a um programa de extensão de serviço, poderá manter-se operacional durante 40 a 45 anos. Por isso, é interessante imaginar como será a situação mundial ao longo desse tempo, e perspectivar como poderá contribuir para a segurança do país num horizonte tão alargado de tempo.

desenvolvimento, e outros programas de apoio. Os programas revistos são utilizados como base para o futuro sistema de forças.

Ao realizar estas avaliações os planeadores devem formular as seguintes questões:

- O que queremos fazer? (objectivos nacionais);
- Como planeamos fazê-lo? (estratégia de defesa nacional e estratégia militar nacional);
- A que fazer face? (problemas e eventualidades);
- Quais os recursos disponíveis? (próprios e de outros actores);
- Quais são os desajustes? (riscos, deficiências, resultados imprevistos, bloqueios culturais);
- Porque queremos fazer isto? (interesses estratégicos desejados e impostos);

Tanto as avaliações qualitativas como as quantitativas são úteis para comparar estratégias e forças opostas. Entre os factores qualitativos encontram-se elementos tais como a liderança, a doutrina, o treino, o moral, a logística, as informações, a tecnologia e a iniciativa. Os factores quantitativos incluem a ordem de batalha, o poder de fogo, a mobilidade, a sobrevivência, a precisão, o alcance e os efeitos das armas, e um conjunto de outras quantidades mensuráveis. Para avaliar os factores quantitativos utiliza-se a contagem[7], a modelação[8] e os jogos de guerra[9].

---

[7] A contagem do tipo e número de forças opostas tem utilidade limitada, mas é necessária. São usados métodos de contagem estática e atrição dinâmica. Naturalmente surgem problemas sobre que forças devem ser contadas, se as comparações devem ser simétricas (forças iguais) ou assimétricas (forças que se opõem), como é que a contagem dobrada pode ser evitada, como devem ser contabilizados os aspectos organizacionais, como devem ser tratadas as diferenças do poder de fogo e de mobilidade, e como devem ser encaradas as mudanças de estratégia. Existem várias técnicas para lidar com esta complexidade.

[8] Os modelos de situações de combate são usados para determinar a capacidade das forças militares executarem as suas missões específicas. A eficiência das armas individuais e as tácticas são testadas. O modelo analítico permite estender os resultados da sua investigação até interacções complexas entre muitos sistemas de armas. De facto, os modelos reduzem a extrema complexidade da natureza dos combates para uma relativamente simples forma matemática. Embora isto possa mobilizar significativamente o entendimento de qualquer pessoa para a relação de causa feito, pode também encobrir a verdadeira complexidade e incerteza, que sempre existirá na realidade da guerra. Contudo, usados com cuidado, os modelos analíticos são ajudas indispensáveis para avaliar as capacidades militares.

[9] Os jogos de guerra introduzem o elemento das decisões humanas nas avaliações. São simulações de operações militares envolvendo duas ou mais forças opostas, conduzidas usando regras, dados e procedimentos imaginados para traduzir uma situação verdadeira ou assumida da vida real. A guerra simulada fornece um meio de ganhar experiência, identificar erros ou insuficiências,

Durante todo o processo de avaliação há sempre o perigo que o mau julgamento sobre as assunções e as limitações estratégicas não seja tomado na devida conta. É especialmente importante ter em consideração que, normalmente, são feitos julgamentos subjectivos na formação e na aplicação de todas as avaliações quantitativas, e que ninguém deve ser tentado a equacionar a validade do futuro pela precisão dos resultados. Em todo o caso, as avaliações, ao incorporarem o elemento humano, os simuladores político – militares, os jogos de guerra e os exercícios, oferecem ao planeador de forças e ao estrategista conhecimentos úteis para a sua tarefa.

4.5. *Deficiências e riscos*

Através das avaliações quantitativas e qualitativas podem ser identificadas as deficiências das nossas estratégias de defesa nacional e militar nacional, ou do nosso sistema de forças, que evidenciam a necessidade de assumir riscos, até serem viáveis as melhorias nas forças.

O risco é um termo ambíguo, com intrincadas definições. No âmbito dos planeamentos estratégico e de forças o risco é traduzido pela a diferença entre os fins desejados (objectivos nacionais) e o que pode ser atingido através dos meios disponíveis no espaço e tempo possível para acção (estratégias e forças). Esta definição torna evidente a inevitabilidade do confronto de opiniões entre estrategistas, planeadores e responsáveis pela política de defesa nacional, no diz respeito aos riscos. Não podem ser calculados com precisão e a sua avaliação é sempre subjectiva. Em todo o caso, para escolher as forças militares com realismo e eficiência, é preciso analisar, avaliar e gerir os riscos.

A análise dos riscos envolve a identificação e a quantificação dos factores que afectam o resultado desejado. Em particular, a probabilidade de derrota e a consequência da derrota devem ser analiticamente postas em causa, se vários níveis de risco estão para ser avaliados e geridos.

---

e melhorar técnicas sem os prejuízos de um conflito real. Os jogos de guerra proporcionam valiosas tomadas de consciência sobre a capacidade e o emprego das forças planeadas. As simulações político-militares podem mostrar a verosimilhança das várias estratégias, e testar a sua confrontação em cenários particulares. A eficiência das forças que estão sob análise e os tipos do seu emprego, podem ser avaliados neste quadro dinâmico que envolve elementos de manobra, oportunidades e limitações humanas. Convirá notar que, em cada jogo de guerra, acontece apenas uma das muitas sequências possíveis de decisões e de acontecimentos. O facto de que não só as forças amigas como as inimigas são jogadas apenas por um dos lados, deve também dar muito que pensar, antes das conclusões serem traçadas.

A avaliação dos riscos deve considerar quais são as implicações totais das deficiências identificadas. Para isso, é preciso decidir como são medidos e descritos os riscos. A medição dos riscos pode incluir a rapidez do sucesso, a capacidade de realizar vários empenhamentos simultâneos e a probabilidade de sucesso. Em cada caso o significado de sucesso deve ser definido. A descrição dos riscos evidencia as áreas que requerem atenção em termos de programação de acções.

Para minimizar os efeitos dos riscos é necessário geri-los. Por isso, e no caso de existirem incertezas cruciais, é preciso procurar informações adicionais, que contribuam para reduzir os riscos antes de se decidir sobre uma linha de acção. Os orçamentos poderão contribuir para diminuir os riscos do insucesso. Pode-se reajustar os recursos entre as áreas de missão, aceitando maiores riscos em algumas delas, a fim de reduzir os riscos noutras. Por fim, no nível mais alto do planeamento estratégico, um país pode aceitar elevados níveis de risco associado à sua segurança, com a finalidade de atingir outros objectivos na área do bem-estar.

4.6. *Forças alternativas e programadas*

O passo seguinte do planeamento de forças consiste em seleccionar, entre as forças alternativas, o número, o tipo e a combinação de capacidades militares necessárias para corrigir as deficiências das nossas forças, e minimizar os riscos, sem esquecer que se deve manter o equilíbrio entre os níveis de força e o realismo orçamental. Em Portugal este passo é realizado, de dois em dois anos, na preparação da LPM. Embora a força programada se encontre condicionada do ponto de vista orçamental, a nossa esperança é que ela cumpra, de acordo com o que se espera, com os aspectos mais críticos da estratégia militar nacional.

O CBPF é um mecanismo formal usado no MDN para definir os programas que serão orçamentados na LPM. Este documento mostra claramente como o investimento na defesa será distribuído nos próximos 6 anos, podendo alcançar um horizonte temporal de 18 anos. Embora o projecto de LPM seja o resultado final de um longo e envolvente processo realizado no MDN, não deve ser olhado como uma proposta definitiva das escolhas para as forças militares do futuro. A análise e o debate político na Assembleia da República, e o debate público à volta da enorme quantidade de decisões que moldam o futuro das forças militares nacionais, jogam papel significativo no planeamento de forças. Assim, a programação de forças militares deve ser encarada no seu contexto mais amplo, envolvendo o Governo, a Assembleia da República, os órgãos de comunicação social, as universidades e os cidadãos, entre outros públicos de interesse.

Nesta etapa existem três níveis gerais de atribuição de recursos financeiros. O primeiro ocorre quando se estabelece a parcela de cada Ramo das Forças Armadas no Orçamento da Defesa. Neste momento vêm à tona as preocupações sobre as missões e as tarefas, nomeadamente como devem ser atribuídas as verbas de defesa em todo o espectro do conflito? Como se deveria dar apoio aos elementos da estratégia militar nacional, tais como a presença no exterior, a projecção de força e os conflitos regionais? Quais são as necessidades de cada comando conjunto e específico? A prontidão actual ou a modernização futura são uma prioridade essencial?

A definição das prioridades de defesa tem um efeito importante na quantificação daquelas parcelas. Dentro de cada Ramo deve realizar-se uma segunda distribuição de recursos, entre cada uma das rubricas orçamentais. Neste ponto, a questão será quanto dinheiro deve ser atribuído ao pessoal, à operação e manutenção, e ao investimento. O último nível de atribuição de recursos ocorre quando se levam a cabo as opções das forças alternativas, dentro das áreas de missão de cada Ramo e entre elas. As unidades do Exército devem organizar-se em brigadas ou divisões? Deveriam ser pesadas, médias ou ligeiras? Deveria a Marinha pôr maior ênfase nas capacidades centradas em redes ou nas plataformas? Quais deveriam ser as prioridades entre submarinos, mobilidade estratégica ou transporte anfíbio? Deveria a Força Aérea modernizar as aeronaves de combate, ou o transporte aéreo estratégico? Quais deveriam ser as proporções entre as forças do activo e da reserva?

5. Realimentação e iteração

A caracterização do modelo de planeamento estratégico e de forças de Liotta e Lloyd foi feita passo a passo, segundo cada elemento. Porém, isso não significa que o processo de operacionalização seja sequencial ou rígido. Na realidade, os elementos são considerados em graus diversos, por diferentes grupos de estrate-gistas e planeadores em momentos distintos. Em todos os níveis existe realimentação e iteração, essenciais para assegurar um tratamento integral de todos os elementos. As linhas grossas na parte superior da figura enfatizam a necessidade da realimentação e iteração para definir as opções estratégicas. As avaliações aos desafios, aos actores e às forças disponíveis podem indicar a necessidade de revisitar a escolha inicial da estratégia de defesa nacional, para satisfazer melhor os objectivos nacionais. Também podem evidenciar a necessidade de rever os objectivos de defesa nacional para assegurar que não se procura fazer mais do que a estratégia pode conseguir com os recursos e a tecnologia disponíveis.

As linhas grossas na parte inferior da figura indicam a necessidade de reavaliar, depois da selecção das forças programadas, a capacidade das forças disponíveis para levar a cabo a estratégia militar nacional. A avaliação das forças alternativas ajuda a determinar a escolha mais eficaz e eficiente dentro dos limites dos recursos.

As avaliações constituem o vínculo entre as opções estratégicas e as opções de forças. As limitações ou deficiências de uma estratégia militar só podem tornar-se evidente, depois de determinar as forças necessárias para executá-la. Quando existe uma má combinação entre a estratégia e as forças, devem ajustar-se as forças, reforçar a estratégia, modificar os objectivos ou aceitar riscos adicionais? André Beaufre caracteriza este dilema como o maior desafio do planeador de forças: «O problema militar mais difícil de resolver é estabelecer um sistema de segurança, tão pouco dispendioso quanto possível em tempo de paz, capaz de se transformar rapidamente numa força poderosa em caso de perigo de agressão»[10].

Frequentemente factores políticos, burocráticos e organizacionais obscurecem os importantes elementos racionais das decisões dos planeamentos estratégico e de forças. Face à presente dinâmica do ambiente de segurança e à crescente competição por recursos escassos, escolher as melhores estratégias de defesa nacional e as forças militares mais adequadas, é uma tarefa mais relevante que nunca. Erros cometidos hoje produzirão estratégia e forças mal adaptadas às necessidades futuras do país.

Devido às complexidades envolvidas e a numerosas incertezas que tornam difícil uma avaliação precisa, raramente são possíveis escolhas claras. Consequentemente, as decisões finais são frequentemente tomadas em ambiente de negociação política e de justificação organizacional. Por isso, os envolvidos nestas decisões de defesa nacional devem recorrer ao auxílio de aproximações racionais, à medida que consideram os numerosos elementos de planeamento e tentam produzir juízos atempados e fundamentados sobre as escolhas complexas da estratégia de defesa nacional, da estratégia militar e das forças militares. Para além disso, é essencial que os decisores políticos comuniquem, clara e concisamente, o seu pensamento aos cidadãos.

BIBLIOGRAFIA

BARLET, Henry; Holman, G. Paul; Somes, Timothy E., "The Art of Strategy and Force Planning", *Strategy and Force Planning*, 4ª ed., Naval War College, Newport, 2004.
BEAUFRE, André, *Strategy for Tomorrow*, Nova Iorque, Crane, Russak, 1974.

---

[10] Beaufre, André, Strategy for Tomorrow, Nova Iorque, Crane, Russak, 1974, p. 71.

Directiva Ministerial para o Planeamento Militar, Despacho N.º 125/MDN/2000, de 26 de Junho.

Lei de Defesa Nacional e das Forças Armadas, N.º 29/82, de 11 de Dezembro.

Lei Orgânica de Bases da Organização das Forças Armadas, N.º 111/91, de 29 de Agosto.

LIOTTA, P. H.; Lloyd, Richmond M., *Strategy and Force Planning*, 4ª ed., Naval War College, Newport, 2004.

PIRES, BRIG. Lemos; Godinho, CMG Martins; Bispo, GEN Jesus; Geraldes, COR, *Linha de Investigação sobre Sistemas de Planeamento no Âmbito da Política de Segurança e Defesa*, Instituto de Defesa Nacional, Lisboa, 1989/90.

RIBEIRO, António Silva, "Procedimentos do Planeamento Estratégico de Defesa Nacional", *Anais do Clube Militar Naval*, Vol. CXXIV, Outubro-Dezembro, 1994, pp. 813-84.

RIBEIRO, António Silva, "Contributo para o Estudo de Alteração ao Método de Planeamento de Força Militar", *Anais do Clube Militar Naval*, Vol. CXXVI, Abril-Junho, 1996, pp. 211-217.

O SISTEMA DE INFORMAÇÕES DA REPÚBLICA PORTUGUESA[1]

Arménio Marques Ferreira*

1. Breve apresentação do SIRP

O Sistema de Informações da República Portuguesa (SIRP) é uma estrutura orgânica de serviços públicos que tem por incumbência, em regime de exclusividade e no quadro democrático do Estado de direito, a produção de informações necessárias à salvaguarda da independência nacional e à garantia da segurança interna.

O SIRP é constituído por:

- Um órgão de condução superior, inspecção, superintendência e coordenação: Secretário-Geral do SIRP;
- Dois serviços de informações de natureza operacional: Serviço de Informações Estratégicas de Defesa (SIED) e Serviço de Informações de Segurança (SIS);
- Dois órgãos de fiscalização, de emanação externa: Conselho de Fiscalização do SIRP, eleito pela Assembleia da República e Comissão de Fiscalização de Dados do SIRP, nomeada pelo Procurador-Geral da República;

---

* Mestre em Ciências Jurídicas pela Faculdade de Direito da Universidade de Lisboa; Membro fundador do OSCOT.

[1] Este texto, que corresponde quase inteiramente ao apontamento usado para apoio da prelecção, em 31 de Maio de 2006, ao Curso de Mestrado em Direito e Segurança, organizado pela FDUNL e pelo OSCOT, sofreu aditamentos pontuais decorrentes da aprovação pela Assembleia da República, em Setembro de 2006, da Proposta de Lei n.º 83/X que estabelece a nova Orgânica do Secretário-Geral do SIRP, do SIED e do SIS.

68 *Estudos de Direito e Segurança*

– Um órgão interministerial de Consulta e coordenação: Conselho Superior de Informações, presidido pelo Primeiro-Ministro.

As bases gerais do SIRP encontram-se definidas na Lei Quadro n.º 30/84, de 5 de Setembro, alterada pelas Leis n.os 4/95, de 21 de Fevereiro, 15/96, de 30 de Abril, e 75-A/97, de 22 de Julho, e pela Lei Orgânica n.º 4/2004, de 6 de Novembro.

2. As informações na óptica do Estado de Direito

2.1. *Introdução*

Prescindindo das metáforas com que, por vezes, se atribui ao mistério do tempo bíblico o início das "informações" ou se faz de algumas operações medievais a fonte avulsa da espionagem a meias com a insídia ou a conjura, a existência de serviços de informações, com suficiente consistência orgânica para assumirem função própria em regime de missão permanente, terá começado no século XVI, em Inglaterra, sob a direcção de *Sir* Francis Walsingam, quando reinava Isabel I[2].

As informações militares foram, porém, a fonte mais apurada do desenvolvimento desta matéria. A maior parte dos autores só as considera verdadeiramente institucionalizadas a partir de 1855[3], também no Reino Unido, no âmbito da afirmação da Grã-Bretanha como potência colonial.

Pode compreender-se, a partir das concepções de Carl von Clausewitz, herdeiro da teoria da guerra moderna iniciada com Napoleão, a razão por que as informações militares ascenderam tão tarde a estatuto próprio. Clausewitz morreu em 1831, apenas três anos depois da invenção do telégrafo por Morse e, sobretudo, trinta e cinco anos antes do carregamento das armas pela culatra. Para Clausewittz, a arte da guerra era sobretudo a arte da manobra, determinada pelo objectivo da superioridade numérica na batalha pelo menos até à irreversibilidade da ventura do lance. Extraídas da sua obra[4], que o tornou mais famoso do que as campanhas

---

[2] O segredo, ao envolver os serviços desta natureza, não permite teses definitivas, mas tem sido essa a hipótese mais pacífica. Cfr. Pedro Cardoso, *As Informações em Portugal*, Gradiva, Lisboa, 2004, pág. 146.

[3] Cfr. Ben-Israël, Isaac, *Philosophie du Renseignement: Logique e Morale de L'Espionage,* L´ Éclat, Paris, 2004, pág. 26.

[4] Foi consultada a tradução francesa: *De la Guerre*, Minuit, Paris, 1975.

militares em que participou, são dele as seguintes observações: "Uma grande parte das informações é recheada de contradições, outra é inexacta e a maior parte suscita reserva... ". Segundo esta intelecção, sendo a guerra sempre uma ocorrência em condições de relativa incerteza, as informações só servem para aumentar a incerteza.

Isto explica por que, afinal, à falta de clássicos mais frescos, a teoria das informações se obrigue a recuperar, para preenchimento dos mitos em que as tradições se desobrigam, a memória arquivada de Sun Tzu; porém, se muito nos diz quanto à estratégia, pouco nos diz quanto às informações.

O que é obrigatório constatar é a falta de produção doutrinária nesta área. Só desde há poucas décadas tem surgido a enunciação escassa de uns tantos princípios e alguma teoria, necessários mas escassos para dissipar o sempiterno estigma que constrange o trabalho das informações e para esvaziar o mito que as desfigura.

2.2. *Recorte do objecto*

As informações que aqui importa considerar, como objecto, não são meras notícias mais ou menos contextualizadas. São antes elementos de conhecimento sistematizados em quadros interpretativos, através de critérios que sobrepõem a estrutura de sentido à relação causal. São produzidas através de um método próprio e preservadas da atenção e conhecimento de terceiros[5]. O seu destino é o de integrarem os trabalhos preparatórios das disposições e determinações dos decisores políticos. Alguns resultados intermédios podem entretanto revelar-se úteis para difusões selectivas, no âmbito das relações de cooperação com serviços congéneres ou demais forças e serviços de segurança.

As informações apresentam assim dois traços distintivos essenciais:

– Um método próprio;
– Um regime de segredo.

A produção segundo método próprio engloba, em sentido amplo[6], tarefas de recolha e operações, com planeamento prévio, de pesquisa de dados ou

---

[5] Cfr. Gregory F. Treverton, *Reshaping National Intelligence for na Age of Information*, Cambridge 2001, no sentido de que, pelo novo paradigma emergente a partir do termo da "guerra fria", os serviços de informações prosseguem uma visão inteligente das situações em ordem à sua valoração qualitativa, perdendo o "segredo" a sua anterior importância heurística, cabendo-lhe agora um papel mais predicativo das intelecções do que dos dados.

[6] Considerado em sentido restrito, o método é apenas o conjunto de técnicas, aproximações e modelos que, conjuntamente com outros dois domínios, o dos tópicos (factos, observações,

notícias, desenvolvidas através de um acervo de fontes e meios na sua maior parte específicos, e incorpora depois tarefas de análise[7] simples e matricial desses dados e notícias para formação de quadros predicativos que, finalmente, ficarão disponíveis como produto ou como material recorrente para novas iterações do ciclo metodológico[8].

Os dados e notícias não são tecnicamente informações, embora também não sejam informação sem significado; são informação antes do significado, mas já indiciam sentido na justificação da sua segmentação e selecção, o que confere às tarefas de pesquisa uma dignidade própria que emula a das tarefas de análise e que justifica a exigência de especial formação técnica dos seus agentes, obrigados a fazer no terreno, apesar do planeamento prévio, observações e avaliações em tempo escasso.

O segredo, que permite a preservação do conhecimento de terceiros, mesmo na fase de pesquisa de dados, visto que também aqui a observação não preservada pode alterar o objecto observado, é igualmente um traço distintivo das informações e tem por enquadramento jurídico o regime do "segredo de Estado".

Embora de referência antiga[9], o regime do segredo de Estado é de formulação recente na ordem jurídica. A orientação tradicional[10] era a de deixar ao executivo[11] a fixação do seu âmbito e, embora, a partir de 1886, o código penal (art. 153.°) sancionasse a sua violação, a lei não o definia.

---

notícias, dados), e o das teorias (hipóteses, explicações), formam a estrutura da filosofia da informação.

[7] O termo "análise" no léxico das informações, por referência ao ciclo metodológico do seu processamento, tem afinal um significado que se liga ao reforço dos processos de síntese, em distonia com o processo de análise por fragmentação próprio da epistemologia de herança grega.

[8] As tarefas de análise relevam de juízos complexos que se alimentam de uma experiência pericial cultivada, incorporando processos de racionalidade sobretudo de natureza abdutiva, de que os analistas de informações justamente se arrogam.

[9] Já as Ordenações Afonsinas disso davam conta, na compilação de um asserto de D. Diniz: "...Qualquer que abrir nossa carta... na qual sejam conteudas algumas coisas de segredo...que morra porém." (L.II, T. CXXIII).

[10] A génese da figura do segredo de Estado é por vezes atribuída às circunstâncias dos vários teatros de guerra no século XX mas, verdadeiramente, "o uso do segredo como instrumento de condução da política ocorreu paralelamente ao desenvolvimento do Estado-nação..." como refere J. A. Teles Pereira em "O Segredo de Estado e a Jurisprudência do Tribunal Constitucional", in *Estudos em Homenagem ao Conselheiro José Manuel Cardoso da Costa*, Coimbra, 2003, pág. 771 e ss.

[11] Segundo PEDRO CARDOSO, as primeiras manifestações de secretismo nos negócios e actos de Estado datam de 1385, sob impulso das medidas de D. João I, e terão activamente contribuído para a preparação da vitória na batalha de Aljubarrota e para a conquista de Ceuta. Depois, com D. João II, o regime do segredo de Estado passou a abranger também as cartas de marear, os roteiros

O Sistema de Informações da República Portuguesa

A partir de 1955, com o compromisso de preservar os segredos que passámos a partilhar no âmbito da OTAN (o segredo de Estado é contemplado na 1.ª edição do Regulamento de Segurança da OTAN, de 8 de Março de 1955), começou a dar-se mais atenção a esta matéria; porém, só em 1988, é que são aprovadas, por Resolução do Conselho de Ministros[12], as primeiras Instruções para a Segurança Nacional, Salvaguarda e Defesa das Matérias Classificadas (SEGNAC 1).

Hoje, o quadro normativo do segredo de Estado compreende as disposições da Lei n.º 6/94, de 7 de Abril[13], e dos artigos 343.º do Código Penal e 137.º do Código do Processo Penal. Ao nível constitucional o segredo de Estado é referido no art. 164.º, alínea q), que estabelece sobre a matéria reserva absoluta de competência legislativa da Assembleia da República, e no art. 156.º, alínea d)[14], que salvaguarda, do direito de conhecer dos Deputados no âmbito do seu poder de fazer perguntas ao Governo[15], as matérias sujeitas a segredo de Estado.

O segredo de Estado é uma das modalidades do regime público do segredo, a par do segredo de justiça, que merecem referência directa no texto constitucional. O segredo de Estado tem a seu favor dois importantes traços de regime directamente consagrados a nível constitucional; o segredo de justiça é mencionado no art. 20.º, n.º 3, da Constituição, mas todo o seu regime decorre da lei ordinária; não resulta daí, porém, que o segredo de Estado beneficie de uma supra-ordenação geral em relação ao segredo de justiça. O primeiro visa salvaguardar a classificação de matérias cuja divulgação prejudicaria os superiores interesses do Estado; o segundo visa proteger o êxito da investigação criminal, a descoberta da verdade e, acessoriamente, a honra e bom nome do arguido[16], no

---

e os relatos feitos pelos escrivães de bordo. A partir de 1536, com o estabelecimento em Portugal do Tribunal do Santo Ofício e a introdução, por D. João III, da figura da censura prévia, que se manteve até 1821, o regime do segredo de Estado descaracterizou-se.

[12] Resolução n.º 50/88, de 3 de Dezembro de 1988.

[13] Pode ver-se em J. A. Teles Pereira, ob. cit., pág. 778 a 781, aspectos da concatenação do regime da Lei n.º 6/94 e da lei do SIRP.

[14] Esta disposição foi introduzida pela revisão constitucional de 1989, ficando a integrar então a alínea c) do art. 159.º

[15] A exempção face ao direito de conhecer dos administrados é mais extensa e pode ter por fundamento o regime previsto para as matérias relativas à segurança interna e externa (cfr. art. 268.º, n.º 2, da Constituição).

[16] Perfilha-se aqui a ideia, não unânime na doutrina, de que a teleologia do segredo de justiça não é, em primeira linha, a protecção da honra do arguido; a tutela do direito à honra é antes directamente realizada pelas tipificações dos crimes de difamação e de injúria, funcionando o princípio da presumível inocência do arguido apenas como recorte de relevância positiva para o seu não afastamento.

domínio circunstancial do inquérito em processo penal. É verdade que no âmbito do processo judicial o segredo de Estado parece beneficiar de apanágio mais forte, porque só poder ser afastado se nisso o Governo consentir ou o autor da classificação das matérias que o justificam proceder, nos termos legais, à sua desclassificação, enquanto que o segredo de justiça pode ser afastado pela autoridade judiciária que presidir à respectiva fase processual; mas isso decorre da distinção dos objectos, com os consequentes regimes autónomos de titularidade e tutela, e não de qualquer hierarquização relativa da qual pudessem decorrer, em certa circunstâncias, efeitos consumptivos.

Para além dos seus traços distintivos, constituídos pelo método próprio e pelo regime de segredo, o que dá natureza específica a estas "informações" é serem produzidas para outrem sem que nelas o produtor incorpore desígnio. Na sua pureza teórica o estatuto do produtor tem assim, de modo intransitivo, o exclusivo de pesquisar e examinar dados, e deles extrair conclusões sem a interferência de interlocuções externas às matrizes de análise. As informações são, assim, a única actividade técnica de procura da verdade no domínio da acção política e, havendo nelas propósito, é só o subliminar de uma deontologia.

O aproveitamento das informações para o planeamento da intervenção que elas suscitem não faz parte do seu ciclo metodológico. A intervenção obedece já à segmentação da realidade segundo outra articulação e, embora caiba às informações juízos de prognose que incorporam avaliações de graus de ameaça, a acção que esta possa requerer é de nova ordem: obedece a juízos de oportunidade, planeamento, mobilização de meios e decisão, que pode abranger, quase sempre abrange, vectores políticos.

Como resultante final, a partir de uma *verdade significante*, isto é, de uma verdade substancial emancipada das regras da prova[17] mas potencialmente generativa de desenvolvimentos hipotéticos verosímeis, o que as informações procuram dar ao poder que delas legitimamente dispõe é afinal uma posição de vantagem por antecipação. É esse o seu paradigma fundador e a sua justificação matricial; só por isso é que se aceita a especificidade do método e a excepcionalidade do regime de segredo. Mas, tal paradigma supõe forçosamente, sobretudo no segmento que se refere à posição de vantagem, a existência de um referencial de antagonismo na perspectivação das intenções de um adversário que, associadas a uma capacidade, se podem transformar numa ameaça. É este o imperativo mais sensível: sendo certo que as informações procuram extrair, do ruído cruzado que nos cerca, o seu sentido ordenado, o imperativo é o de saber distinguir sempre, na elaboração de

---

[17] A que, diferentemente, está sujeita a investigação criminal para ser judicialmente relevante.

O Sistema de Informações da República Portuguesa

quadros predicativos em que as informações se consubstanciam, os antagonismos dissolventes ou de ruptura, a combater, dos antagonismos criadores de valor político por meio dos quais a democracia se amplia e desenvolve.

Os serviços de informações num Estado de direito democrático inscrevem-se necessariamente nos limites da instrumentação jurídica expressa e oferecem-se, neutros, à tutela do poder democraticamente estabelecido, segundo a visão de que as informações, ao darem significado, emancipam da conjuntura e, ao criarem conhecimento com exclusão de terceiros, conferem poder[18].

O Estado de direito é uma realidade processual de tarefa permanente. A democracia, ao proceder no limiar da instabilidade, permite-se organizar a sociedade num quadro de abertura, mas, por isso, de grande vulnerabilidade. A superioridade moral da democracia não contém informação sobre a realidade mas informação para a realidade. Estamos em contingência na ordem da cultura e, por isso, a segurança é aqui devedora das epistemologias cartesianas para a pesquisa do exacto real que, por circunstância, é susceptível de juízo de critério.

O Estado de Direito actual é um sistema de instituições com poderes limitados, reticulares, capazes de absorver a custo suportável a insegurança, dado estrutural da sua organização. Não havendo uma única instância de concentração de poder, o inimigo não tem senão um alvo distribuído para atacar; mas isto traz também, a partir dessa indeterminação, um agravamento da insegurança.

Ora a segurança é um valor juridicamente integrante da Constituição em sentido material, ao pressupor a própria existência do Estado, abarcando tanto a dimensão interna como a externa; nesta formulação, o conceito de segurança dilata-se e absorve, no plano instrumental, uma noção ampla de defesa[19] face a agressões e ameaças, ainda que indeterminadas, contra o interesse nacional.

Neste quadro de contingência, as informações de segurança nacional têm vindo a ganhar crescente importância, sobretudo desde 1989, com o fim da "guerra fria". Tem-se assistido à reestruturação[20] dos serviços de informações

---

[18] Este poder tem sempre por contorno os limites do princípio democrático, ao abrigo de uma ideia de democracia militante e defesa da Constituição, de que se encontram algumas expressões na doutrina constitucional alemã. Cfr. Erhard Denninger, "Streitbare Demokratie und Schutz der Verfassung" in *Handbuch des Verfassungs Rechts*, Berlim, 1994.

[19] Numa perspectiva de enquadramento integrado de actividades e de políticas, para o desiderato da segurança nacional, ver Joaquim Aguiar, *A Política de Defesa Nacional como Política Pública Interdepartamental*, INA-IDN, Lisboa,1989, pág. 72.

[20] O movimento recente de reestruturação dos serviços de informações tem sido acompanhado de um discurso reconduzido às tradições da esquerda política, através da alusão à necessidade de combater as condições de insegurança que, hoje, atinge mais as pessoas das classes desfavorecidas que não dispõem de meios para organizar a sua defesa privada.

em todos os países e, sobretudo desde 11 de Setembro de 2001, ao seu reapetrechamento.

3. O Sistema de informações em Portugal

3.1. *Introdução*

Após a instauração do actual regime democrático e até à criação do SIRP, em 1984 (Lei Quadro n.° 30/84, de 5 de Setembro), o Estado português esteve desprovido, excepto no sector das informações militares, de serviços de informações organicamente estruturados. O Serviço de Informações Militares, por seu turno, produzia informações necessárias ao cumprimento das missões militares incluindo a garantia da segurança militar, mas não dispunha de enquadramento legal para o seu efectivo controlo democrático[21].

3.2. *As informações militares*

A primeira estrutura orgânica especializada no tratamento de informações, em Portugal, nasceu com a legislação que se sucedeu à implantação do regime republicano.

Mas, a partir de 1918, com a ditadura de Sidónio Pais, a perversão policial das informações deu início a uma longa obnubilação que teve por sucessivas etapas a criação da Polícia de Defesa Política e Social e da Polícia de Vigilância e Defesa do Estado, em 1933, dos Serviços de Informações da Legião Portuguesa, em 1938, da Polícia Internacional e de Defesa do Estado, em 1945, e a sua transformação em Direcção-Geral de Segurança, em 1969.

Os desígnios das diversas ditaduras degradaram, assim, as informações ao nível da sua instrumentalização policial. No campo militar, as informações, embora imunes ao estigma dessa perversão civil, viram-se contudo constrangidas à estagnação, até à integração de Portugal na OTAN, em 1949.

A partir do início da década de 50 do século passado, com a nossa participação na OTAN, retomou-se o trabalho das informações militares e criou-se

---

[21] O primeiro relatório do Conselho de Fiscalização dos Serviços de Informações, publicado no *Diário da Assembleia da República, II série*, n.° 97, de 22 de Junho de 1988, faz, no 3.° parágrafo do seu n.° 3, o seguinte comentário: "... não era exigível que, de um momento para o outro, os serviços de informações, que com a extinção da PIDE/DGS, haviam sido assumidos pelos Serviços Militares, pudessem passar para os serviços criados pela Lei 30/84..."

uma verdadeira técnica de estado-maior que permitiu sistematizar e desenvolver aspectos doutrinários e de procedimento.

Durante a guerra colonial, entre 1961 e 1974, foram criados serviços de centralização e coordenação de informações, em Angola e Moçambique, que, embora de natureza civil, alimentaram-se sobretudo da técnica de produção de informações desenvolvida pelos militares e foram orientados para o trabalho das informações de contra-subversão em sintonia com o esforço militar.

Logo após a revolução de 25 de Abril de 1974, as informações militares foram temporariamente coordenadas pela Segunda Divisão do Estado-Maior-General das FA que funcionalmente substituiu o anterior Secretariado-Geral da Defesa Nacional. No ambiente revolucionário em curso, que então se vivia, registou-se a tentativa, frustrada, de criação de um Departamento Nacional de Informações, destinado à coordenação das informações estratégicas. Pouco tempo depois, na sequência dos acontecimentos de 11 de Março de 1975, foi extinta a Segunda Divisão do EMGFA e foi criado, através do Decreto-Lei n.º 250/75, de 23 de Maio, o Serviço Director e Coordenador da Informação (SDCI), na dependência directa do Conselho da Revolução, tendo como objectivo coordenar os programas de pesquisa de informações dos diversos órgãos militares, funcionando sob regulamento próprio aprovado pelo Conselho da Revolução.

Mas, em 21 de Maio do ano seguinte, o SDCI, criticado pela contaminação política a que se expôs e pela práticas policiais arbitrárias que adoptou, é extinto pelo Decreto-Lei n.º 385/76, transitando todos os seus documentos e arquivos para a Segunda Divisão do Estado-Maior-General das Forças Armadas, com efeitos reportados a 26 de Novembro de 1975. Esta Segunda Divisão passou a ser designada, a partir de Junho de 1977, por Divisão de Informações (DINFO).

Apesar destas vicissitudes, a actividade das informações militares ocupou de certo modo, até 1984, o vazio do panorama das informações em Portugal, institucionalizando e concentrando as várias vertentes: estratégicas, de defesa e de segurança. A Lei n.º 30/84, porém, ao criar formalmente um Serviço de Informações Militares[22], veio obrigar à sua reestruturação, que o Decreto-Lei n.º 226/85, de 4 de Julho, efectivamente operou.

Este Decreto-Lei assume a precedente existência de um Serviço de Informações Militares, englobando elementos dispostos ao longo de toda a estrutura das Forças Armadas, define, como seu objecto, as informações de natureza estratégico-miliar, organizacional, táctica e logística, com interesse para a

---

[22] Art. 13.º, alínea *e*).

segurança e actuação das Forças Armadas[23] e comete à Divisão de Informações do EMGFA o papel de principal órgão orientador, para a coordenação de estado-maior, das actividades de informação e contra-informação.

O Serviço de Informações Militares veio depois a ser extinto pelo Decreto--Lei n.º 254/95, de 30 de Setembro, que criou o Serviço de Informações Estratégicas de Defesa e Militares (SIEDM), na sequência das alterações à Lei Quadro do SIRP, aprovadas pela Lei n.º 4/95, que estabeleceram a concentração da competência para a produção de informações em dois serviços: o referido SIEDM e o Serviço de Informações de Segurança (SIS), ambos na dependência do Primeiro-Ministro, o primeiro através do Ministro da Defesa e o SIS através do Ministro da Administração Interna. Operou-se assim uma fusão, no SIEDM, das atribuições cometidas anteriormente ao SIED e ao SIM, perspectivando as Forças Armadas como estrutura francamente sujeita ao quadro democrático, na prossecução de uma unidade de doutrina relativa à produção de informações para a estratégia de defesa e para a estratégia militar.

Os níveis táctico e operacional de actuação das Forças Armadas continuaram no entanto a fazer sentir a necessidade de manutenção de estruturas internas especializadas na recolha e processamento de informações a esses níveis. Foi assim criado, pelo Decreto-Lei n.º 48/93, de 26 de Fevereiro, no âmbito do Centro de Operações das Forças Armadas (COFAR), a Divisão de Informações Militares (DIMIL), vindo a DINFO a ser progressivamente desactivada, até ser de facto extinta em 1998.

A Lei n.º 4/95, ao aditar um n.º 2 ao artigo 6.º da Lei n.º 30/84, admitiu, entretanto, essa necessidade de existência de órgãos autónomos de produção de informações militares, delimitadas agora pela sua natureza operacional específica, no âmbito das necessidades internas de funcionamento e do desempenho das missões conferidas às Forças Armadas.

A última reformulação do sistema de informações, feita pela já citada Lei n.º 4/2004, manteve a autonomia das informações militares, delimitando-as agora como as necessárias ao cumprimento das missões específicas das Forças Armadas e à garantia da segurança militar, mas integrando-as de modo mais terminante no SIRP, ao mandar aplicar-lhes todos os princípios gerais do sistema e ao submetê--las, de modo expresso e extenso, aos poderes do Conselho de Fiscalização e à

---

[23] Manteve-se, até à publicação do Decreto-Lei 254/95, de 30 de Setembro, alguma ambiguidade quanto ao alcance do disposto no seu artigo 3.º, que parecia cometer ao SIM competência para a produção de informações sempre que os alvos fossem militares, abrangendo matérias como as relativas a subversão, espionagem, terrorismo e sabotagem que, essencialmente, deveriam caber à segurança interna.

O Sistema de Informações da República Portuguesa

Comissão de Fiscalização de Dados do SIRP[24], tal como resulta do disposto no n.º 2 do art. 34.º da actual Lei do SIRP.

3.3. Antecedentes do SIRP

A tentativa mais remota de constituição de um sistema de informações em Portugal, que não alcançou contudo concretização legal, ganhou impulso por despacho, de 1977, do Presidente da República. Foi constituído um grupo de trabalho que, de entre várias versões, subscreveu a que parece ter alcançado mais aceitação no sentido da criação, na dependência da Presidência da República, de um serviço único de informações de âmbito nacional, com a designação de Serviço de Informações da República (SIR).

Mas a cultura das informações não lograva, então, o estatuto de dignidade com que a instalação do regime democrático ainda em curso já, justamente, se auto-contemplava. O lastro estigmatizante da instrumentalização, pelos desígnios políticos da ditadura, que a polícia política do regime anterior tinha dado às informações, toldava a intelecção de alguns sectores políticos, avessos à distinção, neste campo, entre o instrumento e os fins.

Faltava ainda maturidade para conceber as informações ao serviço de uma noção de segurança nacional que antecipasse a avaliação da ameaça a partir de um quadro por elas subscrito. As imediatas circunstâncias históricas promoveram todavia essa maturidade. A consolidação do novo regime arrostava perturbações que o quadro da democracia não podia comportar. Desde Fevereiro de 1975, a designada "rede bombista do Norte"[25] desencadeou várias acções violentas de natureza terrorista, que continuaram até Abril de 1977, das quais resultaram três mortos e danos materiais avultados. Depois, a partir de Abril de 1980, as "forças

---

[24] Anteriormente a lei apenas previa a exígua competência do Conselho de Fiscalização para apreciar, com vista à verificação do princípio da exclusividade, os relatórios de actividades do trabalho de informação operacional específica das Forças Armadas, podendo apenas suscitar a clarificação de situações junto do Ministro da Defesa Nacional (cfr. o n.º 5 do art. 8.º da Lei 30/84, na redacção conferida pela Lei n.º 15/96, de 30 de Abril).

[25] Esta designação tornou-se corrente para caracterizar a actuação do movimento terrorista de extrema-direita surgido em Portugal logo após a revolução de 1974 com o autodenominado ELP/MDLP (exército de libertação de Portugal/movimento democrático de libertação de Portugal). Na mesma época surgiu também, conotado com a extrema-direita mas com pouca expressão como grupo terrorista, o CODECO (comandos operacionais para a defesa da civilização ocidental).

populares 25 de Abril" desenvolveram uma actividade terrorista[26] que provocou vários mortos e que se manteve até 1991.

De um ponto de vista da segurança interna a situação apresentava tal perturbação que grupos de terrorismo internacional ousaram actuar no nosso país, recordando-se o atentado contra a Missão diplomática de Israel em Lisboa, em 1979, o assassinato, na região de Lisboa, de um diplomata turco e da sua mulher, em 1982, o ataque à Embaixada da Turquia, em 1983, de que resultaram sete mortos, pelo exército revolucionário arménio, e o assassinato, pela organização terrorista líbia de Abu Nidal, no mesmo ano, do representante da Organização para a Libertação da Palestina, num hotel do Algarve onde decorria uma reunião da Internacional Socialista.

Neste quadro de acontecimentos foi constituída uma comissão presidida pelo Professor Doutor Mota Pinto[27] que, a partir de um anteprojecto elaborado no Ministério da Defesa, com ampla assessoria técnica da DINFO, apresentou um projecto para a constituição de um sistema de informações que o Governo propôs à Assembleia da República e que veio a servir de base à Lei Quadro do SIRP (Lei n.º 30/84).

O SIRP foi assim criado em 1984 através desta Lei Quadro, posteriormente alterada pelas Leis n.º 4/95, de 21 de Fevereiro, 15/96, de 30 de Abril, 75-A/97, de 22 de Julho e 4/2004, de 6 de Novembro.

À data da sua criação, o SIRP compreendia três serviços de informações distintos:

- O Serviço de Informações Estratégicas de Defesa (SIED);
- O Serviço de Informações Militares (SIM);
- O Serviço de Informações de Segurança (SIS).

Integravam ainda a orgânica do sistema o Conselho de Fiscalização dos Serviços de Informações (órgão de fiscalização externa dependente da Assembleia da República), o Conselho Superior de Informações (órgão interministerial de consulta e coordenação, presidido pelo Primeiro-Ministro) e a Comissão Técnica

---

[26] Cuja ocorrência influenciou a publicação da primeira lei antiterrorista com punição autónoma dos actos preparatórios dos crimes terroristas (lei n.º 24/81, de 20 de Agosto); para mais desenvolvimento, ver Rui Pereira, *Terrorismo e Insegurança – A Resposta Portuguesa*, Separata da Revista do Ministério Público, n.º 98, Lisboa, 2004, pág. 80 e 81.

[27] Pode ver-se a composição desta comissão e a indicação de algumas sugestões de trabalho então formuladas, em Ramiro Ladeiro Monteiro, Subsídios para a História Recente das Informações em Portugal, in *Informações e Segurança, Estudos em Honra do General Pedro Cardoso*, Coordenação de Adriano Moreira, Lisboa, 2004, pág. 462 e 463.

(órgão de assessoria permanente do Conselho Superior de Informações, dirigida por um Secretário-Geral nomeado pelo Primeiro-Ministro).

No desenvolvimento desta Lei Quadro foram publicadas as leis orgânicas do SIED, do SIS e o diploma de reestruturação do SIM (respectivamente, Decretos--Lei n.ºs 224/85, 225/85, e 226/85, de 4 de Julho).

Dos três serviços criados, o SIS foi efectivamente implantado com a tomada de posse do seu primeiro Director-Geral, em 1986, e o início efectivo da actividade operacional em 1987, e o SIM manteve a sua anterior fisionomia, integrado na estrutura orgânica das Forças Armadas, continuando a ocupar de facto a área funcional das informações estratégicas de defesa, por lacuna de implantação do SIED que, apesar de ver publicada a sua lei orgânica, nunca foi efectivamente constituído.

A versão inicial da lei do SIRP veio depois a ser alterada pela Lei n.º 4/95, de 21 de Fevereiro, passando o sistema comportar apenas dois serviços de informações: o Serviço de Informações Estratégicas de Defesa e Militares (SIEDM) e o Serviço de Informações de Segurança (SIS), ditos serviço "externo" e serviço "interno", respectivamente, de acordo com as designações correntes na comunidade das informações.

O SIS manteve-se pois sem alterações e o novo serviço criado, o SIEDM, no fundo repetia o quadro de atribuições do anterior SIED acrescido agora da área das informações militares, de que resultava a formal extinção do SIM, na prática já desactivado a partir da publicação do Decreto-Lei n.º 48/93, de 26 de Fevereiro, que criou a Divisão de Informações Militares (DIMIL).

O SIEDM veio então a ser efectivamente implantado a partir da publicação da sua lei orgânica em 30 de Setembro de 1995 (Decreto-Lei n.º 254/95), sem que tenha sido dirimida a sobreposição parcial de atribuições em relação à DIMIL, sobretudo no campo das informações relativas à segurança militar.

O sistema apresentou desde bem cedo algumas debilidades e disfunções.

A concentração no SIEDM das informações militares afastava dos Comandos das Forças Armadas o tratamento das informações de nível táctico, sem justificação e com prejuízo das missões operacionais; o motivo da inclusão das informações militares no SIRP era o de as submeter à fiscalização externa mas, em desarmonia, consentia-se o tratamento das informações processadas por outras forças e serviços (como a GNR, PSP, PJ e SEF) que organizavam sem constrangimentos os seus departamentos de informações funcionalmente orientados, fora do SIRP, para a realização das suas atribuições; por outro lado, a sujeição de algumas informações a dois processamentos descoordenados, o do SIEDM, integrado no SIRP e o da DIMIL, subordinada directamente aos comandos militares, gerava uma turbação do alcance de resultados e, mesmo, contrariava frontalmente o princípio da exclusividade, sempre consagrado em todas as sucessivas versões do artigo 6.º da lei do SIRP ainda que, na alteração introduzida pela Lei n.º 4/95, se tenha ressalvado, de modo intencionalmente restritivo, as informações militares de natureza operacional específica.

A escassa produção aparente de informações militares, que os felizes tempos de paz não comprometeram, facilitaram a sobrevivência do sistema sem sobressaltos, até à recente alteração operada pela Lei n.º 4/2004.

Mas as debilidades e disfunções eram mais amplas e atingiam outras áreas das informações, em campos que, infelizmente, não beneficiam do mesmo espírito de paz franca.

A aparente exclusividade outorgada aos serviços de informações integrados no SIRP nunca contribuiu, nem podia, para a implantação de uma verdadeira cooperação entre todas as forças e serviços de segurança. Por isso, sempre que algum acontecimento de especial dimensão gerava sobressalto de insegurança nestas áreas, renovava-se a tentativa de requalificar a cooperação entre forças e serviços no campo das informações: são exemplo disso a criação de estruturas informais de diálogo e cooperação de que, a mais conhecida por ter sido referida nos *media*, é a Unidade de Cooperação Anti-Terrorista (UCAT), criada logo após o atentado terrorista de 11 de Setembro de 2001.

Porém, em parte pelo vazio decorrente da tardia implantação do SIEDM mas, sobretudo, a parir do termo da "guerra fria", com a consequente mudança do paradigma da ameaça à segurança nacional no espaço geo-estratégico da nossa inserção, a par da acentuação transnacional das ameaças de natureza assimétrica à segurança interna, vinha-se desenvolvendo alguma discussão sobre o modelo do sistema de informações assente na existência de dois serviços, um "externo" e outro "interno"[28].

Militavam a favor da manutenção dos dois serviços os argumentos de que assim se evitavam tentações hegemónicas potencialmente degenerativas das informações e de que assim se fomentava o aperfeiçoamento dos métodos de trabalho, que supunham procedimentos específicos em razão das diferentes atribuições.

A favor da unificação das informações num só serviço procedia o alegado interesse de recentrar o sistema na directa dependência do Primeiro-Ministro,

---

[28] Desenvolveu-se uma *arcana praxis* de cometer ao serviço "externo" a exclusividade da pesquisa fora de território nacional, à revelia do modelo orgânico que distingue os serviços por competências temáticas e não geográficas; tal prática, porém, tem-se revelado desajustada ao crescente pendor transnacional da origem das ameaças à segurança interna, não só no que respeita ao terrorismo mas também à criminalidade organizada.

eliminando as distintas tutelas ministeriais intermédias, e também o ganho de eficácia pela concentração de meios e recursos. Acrescentava-se, dentro desta linha de argumentação, as vantagens do reforço de uma cultura institucional mais consistente, motivadora de técnicos e dirigentes, e da apresentação de uma instância única no diálogo com serviços estrangeiros congéneres. Os defensores da unificação procuravam entretanto rebater o argumento do risco de tentação hegemónica que a unificação propiciaria; na verdade, a tentação, que a História recente tem mostrado, é mais a do empolamento externo dos serviços de informações a partir do pressuposto da automática relevância da informação que produzem, do que uma tendência assumida por ambição.

No cruzamento das ideias em debate chegou a ser anunciada, pelo Primeiro--Ministro, a criação, em 2002, de uma estrutura coordenadora dos dois serviços, com a designação de Autoridade Nacional de Informações (ANI). Pouco depois, o Partido Comunista Português apresentou na A.R. um projecto próprio noutro sentido. A ANI não chegou porém a ser criada e o projecto do PCP não chegou sequer a ser agendado.

Finalmente, como saldo deste debate, o Governo propôs à Assembleia da República o modelo que acabou por ter acolhimento e consubstanciação nas alterações à lei do SIRP introduzidas pela Lei n.° 4/2004.

3.4. *Quadro actual do SIRP*

O SIRP tem actualmente uma clara estrutura bipolar unificada por um vértice de condução superior, inspecção, superintendência e coordenação. Esta solução acolhe o saldo positivo do debate sobre a unificação ou preservação da autonomia dos serviços de informações, que se verificou, como noutros países, sobretudo a partir de Setembro de 2001.

A solução adoptada foi a de manter a autonomia funcional de cada um dos serviços e de permitir a fusão de estruturas comuns nas áreas de gestão, colocando ambos os serviços sob a directa dependência do Secretário-Geral, atribuindo toda a condução superior a um só órgão, na directa dependência do Primeiro-Ministro, e recolocando assim todo o sistema no âmbito central do aparelho do Estado. As informações militares, por seu turno, foram claramente integradas no âmbito dos mesmos princípios gerais e sujeitas à fiscalização do sistema.

Mantêm-se como órgãos do SIRP, o Conselho de Fiscalização emanado da Assembleia da República, a Comissão de Fiscalização de Dados, emanada da Procuradoria-Geral da República e o Conselho Superior de Informações, com a composição agora redefinida.

3.5. *Estrutura e atribuições do SIRP*

Ao SIRP compete assegurar a produção de informações necessárias à salvaguarda da independência nacional e à garantia da segurança interna, como dispõe sumariamente o art. 2.°, n.° 2, da lei do SIRP.

Um dos pólos é constituído pelo Serviço de Informações Estratégicas de Defesa (SIED) e o outro pelo Serviço de Informações de Segurança (SIS). O vértice de condução superior, inspecção, superintendência e coordenação é constituído pelo Secretário-Geral do SIRP, equiparado a Secretário de Estado, dependente do Primeiro-Ministro, de quem recebe determinações directas. Cabe por seu turno ao Primeiro-Ministro, directamente ou através do Secretário-Geral, manter especialmente informado o Presidente da República acerca dos assuntos referentes à condução da actividade do SIRP.

Ao Secretário-Geral compete, principalmente, conduzir superiormente, através dos respectivos directores, a actividade do SIED e do SIS e garantir a sua articulação com os demais órgãos do sistema.

O SIED é dirigido por um director[29], coadjuvado por um director-adjunto, e tem como missão a produção de informações que contribuam para a salvaguarda da independência nacional, dos interesses nacionais e da segurança externa do Estado Português.

A independência nacional e alguns aspectos da segurança externa do Estado têm acolhimento constitucional no âmbito do conceito de defesa nacional[30],

---

[29] O SIEDM teve como directores-gerais, sucessivamente, os Embaixadores António Monteiro Portugal, Vasco Bramão Ramos e Joaquim Caimoto Duarte. Após a sua transformação em SIED, tem actualmente como director o diplomata João da Câmara.

[30] Com o constitucionalismo liberal, como também aconteceu com as principais constituições europeias da época, foi institucionalizada em Portugal a designação de "Ministério da Guerra"; só em 1950, é que a expressão "guerra" passou a ser substituída por "defesa", acompanhando a própria transfiguração do modelo de Estado que o rescaldo das duas guerras mundiais acelerou: a guerra deixou de ser aceite como um meio corrente de os Estados prosseguirem os seus objectivos políticos a partir da 1.ª guerra mundial e, com o final da 2.ª guerra mundial e a aprovação da Carta das Nações Unidas, o Direito Internacional estabeleceu o dever geral de evitar o recurso à guerra, excepcionando os actos que revestissem natureza defensiva; foi a partir desta fórmula que os Estados começaram a adoptar o conceito de "defesa", passando a ideia de "defesa nacional", em termos de actividade permanente, a assumir-se como único ideal mobilizador no plano da defesa da soberania (restringida garantísticamente aos elementos do Estado, por força dos termos consagrados no n.° 1 do art. 7.°, da Constituição, que impõem implicitamente a abstenção do uso da força para resolver situações designadas por vezes de "agressão indirecta", como são as de natureza ideológica, diplomática ou económica).

É neste quadro, a nosso ver, que deve ser restritivamente interpretado o disposto na primeira parte do n.° 5 do art. 275.° da Constituição, considerando que os compromissos militares

O *Sistema de Informações da República Portuguesa* 83

consagrado no art. 273.°, simultaneamente abrangente da causa existencial histórica do Estado e da sua causa de destino. Porém, a noção de segurança externa tem vindo a evoluir; não se confina já à clássica ideia de "segurança colectiva", de pendor militar no contexto estratégico dos blocos da "guerra fria", nem à mais recente de "segurança global", de teor político-militar na apologia das democracias ocidentais; procura-se hoje, na condensação dos multiculturalismos que prosperam, um conceito de "segurança cooperativa", baseada na criação de condições de confiança com outros Estados para uma aproximação em matérias de segurança, no âmbito da qual é importante a actuação dos serviços diplomáticos e presumível a relevância dos serviços de informações.

O SIS é igualmente dirigido por um director[31], coadjuvado por um director-adjunto, e tem como missão a produção de informações que contribuam para a salvaguarda da segurança interna e a prevenção da sabotagem, terrorismo, espionagem e subversão do Estado de direito constitucionalmente estabelecido.

A nível constitucional, a segurança interna tem expressa referência no art. 272.°, n.° 1, tomada como objecto das funções de polícia. Pode ver-se neste asserto normativo a clara intenção de deferência à actuação preventiva, planeada a partir das informações, em detrimento da acção repressiva a partir do domínio da força, própria da acção militar; a segurança interna está assim vedada à actuação das forças militares, salvo nos casos excepcionais de estado de sítio ou estado de emergência, declarados na forma prevista na Constituição.

Os serviços integrados no SIRP estão sujeitos, no desenvolvimento das suas actividades, aos princípios da tipicidade funcional e da contenção operacional (só podem produzir informações através das competências formalmente outorgadas em conexão com as suas atribuições específicas e são proibidas as actividades que envolvam ofensa ou ameaça aos direitos, liberdades e garantias dos cidadãos, nomeadamente em matéria de utilização da informática), com a prerrogativa do princípio da exclusividade (é proibido que outros serviços prossigam actividades e objectivos idênticos aos dos previstos na lei do SIRP).

---

internacionais do Estado Português não podem incluir o desenvolvimento de acções militares de natureza estratégica não defensiva.

A delimitação do objecto do SIEDM é, porém, mais vasta: as informações estratégicas de defesa, a cuja missão é chamado, transcendem o domínio das ameaças de "agressão directa" (acções de natureza armada, geradoras de violência) para abrangerem também a linha defensiva contra as ameaças externas de "agressão indirecta" aos interesses nacionais fundamentais.

[31] O SIS teve como directores-gerais, sucessivamente, os Doutores Ramiro Ladeiro Monteiro, Daniel Viegas Sanches, Rui Carlos Pereira, José Teles Pereira, Margarida Blasco e, actualmente, Antero Luís; com excepção dos primeiro e terceiro, os restantes provieram directamente da magistratura.

A consagração do princípio da exclusividade, no sentido que os trabalhos preparatórios da lei fornecem, teve duas justificações: uma, claramente expressa, partiu da ideia de que, sendo as informações uma área sensível, só a exclusividade podia centrar, delimitar e, assim, garantir a eficácia da fiscalização externa; outra, subliminar, procurou suprir as restrições em matéria de instrumentos legais de pesquisa (proibição absoluta de intercepção de comunicações[32], de uso de meios próprios da actividade policial e forte limitação do uso da informática) através de uma exclusividade de domínio expressamente outorgada.

Nenhuma das justificações alcança porém a substância dos problemas que constrangem hoje os serviços de informações e os fazem esgotar, a nível exíguo, as virtualidades dos procedimentos de análise por défice de pesquisa. A exclusividade não supre a falta de instrumentos legais de pesquisa que continua a desqualificar os serviços no âmbito da cooperação com serviços congéneres, apetrechados regularmente de tais meios. Por outro lado, a exclusividade legalmente atribuída, é parcialmente alegórica porque, por natural imposição das suas atribuições, todas as outras forças e serviços, de defesa ou de segurança, forçosamente organizam, para apoio operacional e táctico das actividades, repartições ou departamentos dedicados às informações, nalguns casos formalmente assumidos nas suas leis orgânicas, não sujeitos à sindicância externa dos órgãos que fiscalizam o SIRP, apesar desse tratamento operacional das informações ser mais potencialmente alusivo a dados pessoais e crítico para os direitos individuais.

No âmbito do SIRP funciona, como ficou referido, o Conselho Superior de Informações, órgão interministerial[33] de consulta e coordenação em matéria de informações, presidido pelo Primeiro-Ministro e composto pelos Vice-Ministros, Ministros de Estado e da Presidência, Defesa Nacional, Administração Interna, Justiça, Negócios Estrangeiros e Finanças, e onde têm assento também os Presidentes dos Governos Regionais, o Chefe do EMGFA, o Secretário-Geral do SIRP e dois deputados designados pela A.R.

Ao Conselho Superior de Informações compete principalmente aconselhar e coadjuvar o Primeiro-Ministro na coordenação dos serviços de informações,

---

[32] Embora sob regimes com diversas gradações garantísticas a possibilidade de realização de escutas telefónicas pelos serviços de informações é uma tendencial generalidade; na Europa, para além de Portugal, há excepções apenas na Bélgica, Espanha e Itália; porém, mesmo nestes últimos, com uma singular excepção em Espanha, é admitida a utilização da figura do «agente infiltrado» que é potencialmente mais intrusivo, em relação aos direitos individuais, do que as escutas telefónicas.

[33] O n.º 1 do art. 18.º da Lei do SIRP continua assim a defini-lo mas, com a nova composição resultante da Lei n.º 4/2004, o Conselho ganha agora uma vertente institucional significativa ao dar também assento a dois deputados.

O Sistema de Informações da República Portuguesa

pronunciar-se sobre matéria de informações e propor a orientação da actividade dos serviços.

3.6. *Nova composição orgânica do SIRP*

No desenvolvimento do novo modelo que a Lei Quadro do SIRP passou a consagrar depois das alterações introduzidas pela Lei Orgânica n.° 4/2004, a Assembleia da República aprovou na generalidade, em 21 de Setembro de 2006, o novo dispositivo orgânico dos serviços de informações, consubstanciado num quadro regulador uno que engloba a organização e funcionamento do Secretário--Geral, do SIED e do SIS.

São aglutinadas estruturas comuns na área dos recursos humanos, das tecnologias de informação e da segurança, e é criado um departamento comum de finanças e apoio geral, todos sob a directa dependência do Secretário-Geral; assim, cada serviço de informações fica doravante mais centrado nas actividades operacionais e no seu múnus específico de produção de informações.

A nova orgânica prevê agora o funcionamento de um único conselho consultivo, para aconselhamento do Secretário-Geral, que a ele preside, sem embargo de distinguir a composição do conselho consoante o âmbito de atribuições dos dois serviços de informações que integram o SIRP. Mas, como nota singular da importância dada à vertente de coordenação que a direcção unificada do SIRP pressupõe, os directores e directores adjuntos de ambos os serviços participam sempre no conselho consultivo independentemente do âmbito da reunião.

O novo dispositivo orgânico é mais circunstanciado e, assim, mais habilitador do que as anteriores leis orgânicas relativamente ao acesso a dados e informações contidos em ficheiros de entidades públicas e amplia o dever de colaboração por forma a abranger as entidades privadas no contexto de relações contratuais com o Estado. De modo inovador o novo dispositivo orgânico prevê a possibilidade de actuação operacional de funcionários e agentes sob identificação pessoal e profissional codificada ou sob identidade alternativa, e a utilização de meios materiais e equipamentos com análoga possibilidade de referência codificada ou alternativa.

Internamente, cada um dos serviços de informações pode conter até seis departamentos operacionais e um centro de dados. A lei prevê também a possibilidade de criação, por portaria, de novas direcções regionais e delegações; encontram-se já criadas e a funcionar as direcções regionais do Porto, Faro, Funchal e Ponta Delgada.

4. A fiscalização do sistema

O legislador de 1984 instituiu os serviços de informações sob a moldura de sistema, na prossecução de dois desideratos: o de articular exclusividades[34], apenas permeáveis à cooperação de modo estritamente instrumental a essas delimitações[35], para redução de eventuais desregramentos hegemónicos em matérias sensíveis para o Estado e para os cidadãos, e o de suprir, de vez, o défice de controlo externo da actividade dos serviços, sempre protegida pelo relativo silêncio do segredo de Estado.

A fiscalização obedece assim a uma coerência mais vasta, decorrente da própria ideia de sistema, que supõe uma coordenação organizada, interiorizando vectores de auto-controlo, de que é possível surpreender os seguintes traços principais:

- A origem parlamentar da lei orgânica do sistema, no âmbito da actual reserva legislativa absoluta[36];
- A obrigatoriedade de audição, em sede de comissão parlamentar, do Scretário-Geral indigitado para o SIRP[37];
- A proibição do exercício de poderes ou actos próprios dos tribunais, das funções policiais ou de procedimento penal, pelos funcionários dos serviços integrantes do SIRP[38];
- A fiscalização por parte da Assembleia da República, através dos mecanismos gerais de fiscalização previstos no art. 162.° da Constituição, que a Lei do SIRP, expressivamente ressalva[39];
- Finalmente, a fonte de legitimação de que emanam os órgãos de fiscalização criados, a saber, o Conselho de Fiscalização do SIRP, eleito pela Assembleia da República, e a Comissão de Fiscalização de Dados do SIRP, designada pelo Procurador-Geral da República[40].

---

[34] Cfr. o n.° 1 do art. 6.° da Lei 30/84. A própria distribuição de tutelas dos dois serviços de informações por dois ministérios distintos, feita pelos arts. 19.° e 20.° da lei do SIRP antes da sua última alteração, parecia arvorar um traço de regime discutivelmente reservado à Assembleia da República, contrastando com a normal reserva de exclusividade outorgada ao Governo em matéria respeitante à sua própria organização e funcionamento.

[35] Cfr. o art. 4.° e, de modo reflexo mas incisivo, o art. 5.°, n.° 1, da Lei do SIRP.

[36] art. 164.°, alínea q), da Constituição.

[37] Art. 15.°, n.° 3, da Lei do SIRP.

[38] Art. 4.° da Lei do SIRP.

[39] Art. 7.°, n.° 1, *in fine*.

[40] Arts. 8.° e 26.° da Lei do SIRP.

O Sistema de Informações da República Portuguesa

A fiscalização directa da A.R. pode ser exercida, nomeadamente, através de interpelações ao Governo, de perguntas e pedidos de informação dirigidos aos membros do Governo ou outros responsáveis do SIRP e de comissões de inquérito, enquanto formas genéricas de indagação.

A fiscalização externa específica é exercida pelos referidos Conselho de Fiscalização e Comissão de Fiscalização de Dados, e constitui um traço fundador da filosofia do sistema no modelo que, desde a versão inicial, foi adoptado.

4.1. *Conselho de Fiscalização*

Este Conselho é composto por três cidadãos de reconhecida idoneidade, eleitos pelo Parlamento, para um mandato de quatro anos, por voto secreto e maioria qualificada.

Cada membro do Conselho goza de imunidade civil, criminal e disciplinar pelas opiniões emitidas, segundo um regime idêntico ao dos deputados, salvas as excepções decorrentes da Lei do SIRP[41], e só pode ser destituído por deliberação da Assembleia da República, tomada nos mesmos termos da eleição, sem prejuízo do direito individual de renúncia ao mandato mediante declaração escrita apresentada ao Presidente do Parlamento.

No exercício das suas funções o Conselho fiscaliza a actividade do Secretário-Geral e dos serviços de informações, e acompanha as relações destes com outros serviços e entidades.

Teve como primeiro presidente o Dr. Mário Montalvão Machado que, após segundo mandato, cessou funções sem que a Assembleia da República elegesse o seu substituto; seguiu-se assim um período, desde 1995, sem efectivo preenchimento do Conselho até 17 de Dezembro de 1998; nessa data foi eleito o Prof. Doutor José Faria da Costa que não completou o mandato, tendo sido substituído em 1999 pelo Professor Carlos Costa Barral. Em 2004 foi eleito o Prof. Doutor Jorge Bacelar Gouveia.

4.2. *Comissão de Fiscalização de Dados*

A fiscalização dos centros de dados é exclusivamente exercida por uma comissão constituída por três magistrados do Ministério Público, designados pelo Procurador-Geral da República.

---

[41] Por força da especificidade das funções a lei comete-lhes expressamente especiais deveres de respeito pelo segredo de Estado e de sigilo, mantendo-se tais deveres mesmo após a cessação do respectivo mandato.

Esta Comissão está por isso vocacionada para actuar de acordo com a especial natureza das atribuições do Ministério Público, cujo escopo fundamental é o da defesa, de modo independente, da legalidade democrática.

A exclusividade desta atribuição justifica-se por força da especificidade de tratamento dos dados pessoais pelos serviços de informações e decorre da própria formulação constante dos artigos 25.º e 26.º da actual Lei do SIRP, em harmonia com a previsão da Lei n.º 10/91, de 26 de Outubro, que criou a Comissão Nacional de Protecção de Dados Informatizados (CNPDI)[42], com competência geral para fiscalização de todos os dados pessoais informatizados, mas que, no seu art. 3.º, excluiu os ficheiros dos serviços de informações.

Os centros de dados nos serviços de informações são arquivos de memória dinâmica que registam dados directos de pesquisa ou informações elaboradas com vista à sua permanente recuperação mercê das potencialidades informáticas de rápido acesso aos ficheiros e tratamento de grande volume de informação.

A questão da informatização de dados pessoais[43] começou a colocar-se em Portugal sobretudo[44] a partir dos trabalhos preparatórios da Constituição de 1976. A protecção dos dados pessoais face à informática mereceu, desde logo, consagração constitucional no art. 35.º, sofrendo depois a evolução introduzida pelas sucessivas revisões até ao recente aditamento, feito em 1997, do seu actual n.º 7 que estende a tutela, dantes apenas conferida aos dados processados informaticamente, aos dados pessoais constantes de ficheiros manuais. Estende-se portanto, agora, também aos ficheiros manuais de dados, a competência fiscalizadora desta Comissão.

No exercício das suas funções a Comissão procede a verificações periódicas dos programas, dados e informações, fornecidos sem referência nominativa, cabendo-lhe exercer acção penal em caso de violação dos direitos, liberdades e garantias consignados na Constituição e na lei, dando conhecimento ao Conselho de Fiscalização do SIRP de todas as irregularidades ou violações verificadas.

A primeira Comissão foi presidida pelo Vice Procurador-Geral Dr. Dias Bravo, substituído mais tarde pelo actual presidente, Vice Procurador-Geral Dr. António Agostinho Homem.

---

[42] Hoje designada Comissão Nacional de Protecção de Dados (CNPD), de acordo com a Lei n.º 67/98, de 26 de Outubro.

[43] Deve entender-se por dado pessoal "qualquer informação, de qualquer natureza e independentemente do respectivo suporte, incluindo som e imagem, relativa a uma pessoa singular identificada ou identificável" (art. 3.º da Lei n.º 67/98)

[44] Embora já antes de 25 de Abril de 1974 se tenham levantado algumas vozes críticas relativamente às bases do projecto de registo nacional de identificação que veio a dar origem à Lei n.º 2/73, de 10 de Fevereiro.

5. Relações do SIRP com outros sistemas

5.1. *Âmbito interno*

No âmbito interno, o SIRP integra, por intermédio do SIS, o Sistema de Segurança Interna[45], através do Conselho Superior de Segurança Interna, órgão interministerial de consulta e coordenação, presidido pelo Primeiro-Ministro.

5.1. *Âmbito internacional específico – países de língua oficial portuguesa*

No quadro das relações com os países de língua oficial portuguesa foi criado, em Outubro de 1998, o Fórum Lusófono de Informações que, no âmbito da segurança interna, congrega actualmente a cooperação de serviços congéneres de oito países.

5.2. *Âmbito internacional, em especial da União Europeia*

No plano internacional, o SIRP relaciona-se privilegiadamente com serviços, grupos e estruturas que por natureza assumem estatuto reservado, embora os *media* tenham já referido, no âmbito da colaboração multilateral, sobretudo nas áreas europeia, transatlântica e do Mediterrâneo:

- O Clube de Berna, que integra os principais serviços de informações de segurança da Europa;
- O CTG/GAT (Grupo Contra-Terrorismo), organismo de natureza operacional criado no âmbito do Clube de Berna;
- O GTT/WGT (Grupo de Trabalho do Terrorismo), integrado no III Pilar (Justiça e Administração Interna) da União Europeia e em que participam vários serviços de informações e órgãos de polícia criminal;
- A Comissão designada, no quadro da estrutura civil da OTAN, pelo acrónimo AC/46;
- O SITCEN (Joint Situation Centre), no âmbito do II Pilar (Política externa, Segurança e Defesa) da UE, formado por células analíticas permanentes para apoio do Alto Representante para a Política Externa de Segurança e de Defesa da UE.

---

[45] Artigos 11.°, n.° 1, alínea *c*) e 14.°, n.° 2, alínea *g*), da lei de segurança interna (Lei n.° 20/87 de 12 de Julho).

Há quem defenda[46], face à necessidade de unificar processos técnicos e legais de cooperação, a criação de uma estrutura de coordenação das informações a nível europeu, paralela à estrutura policial de cooperação (EUROPOL). O caminho da integração política e jurídica carece de meios institucionais que compensem o impacto da livre circulação de pessoas no âmbito de uma União Europeia "de segurança".

A criação de uma estrutura europeia de informações tem deparado, porém, com a resistência de vários Estado membros que, por recearem uma progressiva interferência no âmbito da produção nacional de informações, têm procurado manter a EUROPOL como veículo privilegiado do fluxo de informações no âmbito da cooperação instituída. Pode-se dizer que a resistência à integração reflecte de modo acrescido as dificuldades sentidas nas relações de cooperação; são afinal questões que só mudam de nível mas não de natureza e que se articulam com a própria *ipseidade* de cada Estado por força do ambiente "moralmente" íntimo, de que o regime jurídico de segredo é sintoma e não quadro de causa, em que as informações se processam.

Na verdade, há mesmo um traço genético nas informações que lhes retiram alguma vocação de partilha; na medida em que o método que as produz não é o da ostentação objectiva da prova mas o da reserva das fontes, os Estados nunca têm a garantia de que a partilha opere sempre contrapartidas fidedignas.

Há no entanto uma nova consciência da necessidade de cooperação que se começou a definir a partir de Setembro de 2001, e que se reforçou, na Europa, com os atentados terroristas de Março de 2004, em Madrid, e com as detenções de suspeitos de terrorismo no Verão passado, em Londres.

Na opinião pública tem-se desenvolvido um processo interpretativo sobre a natureza e intensidade dos riscos de vitimação pelo terrorismo que obriga a fixar uma das prioridades mais altas para o combate a essa ameaça. Neste tipo de criminalidade, em que a probabilidade da aplicação de pena não é dissuasora, as medidas de protecção supõem um tipo de prevenção em que as informações têm papel principal. Acresce que também a criminalidade altamente organizada e a proliferação de meios de destruição massiva, em potencial simbiose com o terrorismo, se exprimem por uma ameaça interna com extensas componentes externas para cujo combate só a cooperação entre serviços de informações pode ser eficaz.

No actual quadro de redução das ameaças militares tradicionais, tende a considerar-se que a *intelligence* deve ser, face à natureza assimétrica das novas

---

[46] Cfr. Rui Pereira, *A Produção de Informações de Segurança no Estado de Direito Democrático*, Separata da "Revista de Ciência e Cultura", série especial, Universidade Lusíada, Porto, 1998, pág. 38 e 39.

ameaças[47], a base das políticas de segurança e de defesa[48]. Não é, porém, pensável que o modelo de aliança como o que criou a OTAN possa servir de inspiração para dar forma aos processos de cooperação no campo das informações: são métodos de nível e de empenhamento distintos embora, como muitos defendem, a eficácia da *intelligence* reclame que as estruturas de produção de informações acompanhem directamente as políticas que preconizam e as próprias fases operacionais que as desenvolvem. Não é esse, todavia, o alcance teleológico da produção de informações no âmbito do SIRP, o que mais realça a heterogeneidade de matrizes conceituais dos serviços de informações da União Europeia.

A proposta de criação de uma Agência Europeia de Informações chegou a ser formulada, em Fevereiro de 2004, mas não obteve acolhimento favorável por parte dos Ministros do Interior ou da Administração Interna dos Estados membros.

Por isso, numa abordagem realista, aos processos de *intelligence* que procurem desenvolver sinergias de cooperação requer-se uma permanente avaliação colectiva das ameaças, a perfeita delimitação dos âmbitos partilháveis e, dentro destes, uma constante *monitorização* operacional das acções a par da protecção e reserva das fontes.

A União Europeia não alcançou ainda, com os seus actuais 25 membros e em breve 27, um estádio de integração que viabilize a constituição de um Serviço de Informações de estatuto central, capaz de cultura própria que sublime a diversidade de interesses, métodos, formas organizativas e compromissos externos dos vários serviços nacionais.

Será ainda, por alguns anos, esta dificuldade de criar capacidades de *intelligence* verdadeiramente europeias, como base de uma moderna política de segurança e de defesa apta a perceber e avaliar as ameaças, que manterá em défice o pretendido desenvolvimento de uma verdadeira Política Europeia de Segurança Comum.

BIBLIOGRAFIA NACIONAL

BORGES, Mafalda de Sampaio, *O SIRP – Um Sistema de Apoio à Decisão*, C.D.N., Setembro de 2005, inédito, Biblioteca do Instituto de Defesa Nacional.

---

[47] O quadro sinóptico das novas ameaças, que tem vindo a ser apresentado pelas autoridades europeias, comporta, em especial, o terrorismo, a proliferação das armas de destruição massiva e a criminalidade organizada, na perspectiva da segurança interna; acrescem, para compleição do quadro das novas ameaças, os conflitos regionais e o fracasso dos Estados, no plano externo.

[48] Neste sentido, ver Helena Carrapiço, *As Informações na União Europeia*, in Política Internacional, II série, n.° 30, Junho de 2006, pág. 100.

CARDOSO, Pedro, *As Informações em Portugal*, 2.ª ed., Gradiva/IDN, Lisboa, 2004.

CARRAPIÇO, Helena, *As Informações na União Europeia*, in Política Internacional, II série, n.º 30, Jubnho de 2006.

CARVALHO, Jorge, *A Segurança Nacional e os Serviços de Informações – O Caso Português e a Perspectiva de Cooperação Internacional em Matéria de Informações*, Lisboa, 2004.

CHITAS DE BRITO, Joaquim, *Os Instrumentos para a Luta Anti-Terrorista; Avaliação das Condições de Exercício do Sistema de Informações da República*, in Revista Militar, 54.º vol., n.º 4, 2002.

MOREIRA, Adriano (coord.), *Informações e Segurança*, Prefácio, Lisboa, 2004.

MOREIRA, Adriano (coord.), *Notas sobre o Segredo de Estado*, in Revista de Ciências Políticas, n.º 5, Lisboa, 1987.

NOGUEIRA, José Manuel Freire, *Pensar a Segurança e Defesa*, Cosmos, Lisboa, 2005.

PAULO DE ALMEIDA, João, *O Sistema de Informações como Instrumento da Estratégia Total: o Caso Português*, IAEM, Lisboa, 2002.

PEREIRA, J. A. Teles, *O 11 de Setembro e o debate sobre o modelo de Serviços de Informações em Portugal*, separata da Revista do Ministério Público, n.º 89, Lisboa, 2002.

PEREIRA, J. A. Teles, *O Segredo de Estado e a Jurisprudência do Tribunal Constitucional*, separata, Coimbra Editora, 2003.

PEREIRA, Rui, *A Produção de Informações de Segurança no Estado de Direito Democrático*, Separata da "Revista de Ciência e Cultura", série especial, Universidade Lusíada, Porto, 1998.

PEREIRA, Rui, *Informações e Investigação Criminal*, separata da obra "I Colóquio de Segurança Interna" Almedina e ISCSPI, Lisboa.

PEREIRA, Rui, *Terrorismo e Insegurança – A Resposta Portuguesa*, Separata da Revista do Ministério Público, n.º 98, Lisboa, 2004.

PINTO, Renato Marques, *As Informações na Idade da Informação*, in Revista Militar, 53.º vol., n.º 4, 2001.

ROGEIRO, Nuno, *Guerra em Paz – A Defesa Nacional na Desordem Mundial (Parte V – Informações e Segurança como Esforço de Defesa)*, Hugin, Lisboa, 2002.

SIMÕES, Pedro, *Os Serviços Secretos em Portugal*, Prefácio, Lisboa, 2002

VALENTE, Manuel Monteiro Guedes (Coord.), *I Colóquio de Segurança Interna*, Almedina, Lisboa, 2005

ESTRANGEIRA

BECKET, Henry, *The Dictionary of Espionage*, Stein and Day, 1986

BEN-ISRAËL, Isaac, *Philosophie du Renseignement: Logique e Morale de L'Espionage*, L´ Éclat, Paris, 2004.

CAVENDISH, Anthony, *Inside Intelligence*, Collins, Londres, 1990

CONSTANTINIDES, George, *Intelligence and Espionage: an Analytical bibliography*, Westview Press, 1983

DEWERPE, Alain, *Espion – Une Anthropologie Historique du Secret d'État Contemporain*, Gallimard, Paris, 1994.

E. BARNER, *História dos Serviços Secretos*, Europa-América,1975

FALIGOT, Roger, *Histoire Mondiale du Renseignement*, Robert Laffont, Paris.

HENRI, Brigitte, *Le Renseignement: un Enjeu de Pouvoir*, Paris ,1998

Keagle, James (ed.), *Intelligence: Policy and Process*, Westview, 1985

LAFFIN, John, *Brasseys Book of Espionage*, Brasseys, Londres, 1996.

PETIT, D. Pastor, *Diccionario enciclopedico del Espionage*, Editorial Complutense, Madrid.

SETH, Ronald, *Encyclopedia of Espionage*, New English Library, londres, 1972.

TREVERTON, G. F. , *Reshaping National Intelligence for an Age of Information*, Cambridge University Press, 2001.

VÁRIOS AUTORES, *Transparence et Secret*, Seuil, Paris, 2001.

WEST, Nigel (ed.), *The Faber Book of Espionage*, Londres, 1993.

SEGURANÇA ALIMENTAR E CONSUMIDORES

Beja Santos*

1. Os actores e os lugares

1.1. *O novo consumidor*

1.1.1. *Razões de sucesso da sociedade de consumo*

A sociedade de consumo tem sucesso em três coisas ao mesmo tempo. Primeiro, assegura, melhor que qualquer outra forma de organização social até hoje conhecida, o acesso de um grande número de pessoas a níveis de vida e de conforto sempre em progressão, mesmo com evidentes e até acentuadas disparidades sociais. Segundo, valoriza a livre escolha individual. Terceiro, a sociedade de consumo é de um pragmatismo total (não só neutraliza as críticas que lhe são dirigidas como faz delas pontos de apoio para redimencionar o seu desenvolvimento).

1.1.2. *Como vivemos hoje a sociedade de consumo*

Nunca trabalhámos tanto como hoje, e não devemos iludir-nos com a redução do tempo de trabalho, que é compensado pela bi-actividade dos casais, ganchos, biscates e actividades complementares.

A entrada na vida activa está oficial e estatisticamente retardada e vivemos o desencanto da sociedade de consumo como crianças mimadas, pelo menos por três razões. A primeira, é que deixámos de ter consciência da melhoria das condições de vida, porque esta se tornou cada vez menos espectacular. A segunda, tem a ver com o facto de queremos doravante tudo e ao mesmo tempo (mais dinheiro e mais tempo livre, mais garantias sociais e mais salário directo, comprar mais barato nas

---

* Assessor Principal do Instituto do Consumidor; Professor do Ensino Superior.

96   *Estudos de Direito e Segurança*

grandes superfícies e a manutenção do pequeno comércio das cidades e vilas). A terceira, prende-se com a perda da noção do tempo e a impaciência daí resultante. Não só queremos tudo de uma só vez, mas queremos tudo imediatamente.

1.1.3. *Breve historial das cinco fases da sociedade de consumo*

O primeiro período (1950-1968) marca a passagem da penúria à abundância. O consumo torna-se um verdadeiro projecto de sociedade. É a partir dos 50 que o rendimento real dos Estados industrializados começa a crescer a ritmo nunca visto: o poder de compra duplica, o volume dos bens de consumo e serviços é ainda maior, tendo-se conjugado uma taxa de natalidade vigorosa e registado um aumento da esperança de vida. Igualmente, o Estado Providência começa a dar os seus frutos. A família dita os seus comportamentos, os modos de vida são semicolectivos e começa a massificação dos consumos e lazeres, sem prejuízo da hierarquização social.

O segundo período (1968-1973) é o da contestação da abundância, e é contemporâneo do começo dos anos de inflação. Nesta fase, os agregados familiares aumentam a poupança para evitar a desvalorização do seu património. Estão consolidadas as políticas sociais e assiste-se à redução das desigualdades. Os primeiros sinais inquietantes do modo de regulação fordista são dados por ganhos de produtividade menos rápidos. Será uma das causas principais, senão a primeira, da longa crise estrutural das economias ocidentais que os aumentos substanciais dos produtos petrolíferos irão amplificar em dois momentos da década de 70. A sociedade move-se por um processo reivindicativo em prol do igualitarismo. Em diferentes níveis começa a questionar-se se é melhor ser ou ter, viver escravo da profusão dos objectos ou sofrer a frustração de não poder adquiri-los. É o momento histórico da saturação das necessidades de equipamento doméstico. A profusão das coisas e o aumento do nível de vida desembocaram numa aspiração prioritária à liberdade individual. A tendência emergente, e que vai vigorar a partir daí, é a identificação dos bens de consumo para o indivíduo que os utiliza.

O terceiro período (1974-1990) é ditado pelo consumo individualista. A partir de 1973, o primeiro choque petrolífero provocou um significativo abrandamento do crescimento económico, com algumas repercussões sobre o consumo. O ponto mais relevante que permite compreender a tendência para a uniformização dos modos de consumo reside na formidável transformação sociodemográfica dos empregos. As mudanças foram, antes de mais, de natureza quantitativa: redução drástica do número de agricultores, declínio da classe operária e, em contrapartida, aumento considerável do sector terciário. O decréscimo de importância do fordismo levou também ao declínio das práticas identificadoras de pertenças colectivas em benefício de compras personalizadas que estimulam a

Segurança Alimentar e Consumidores

capacidade de cada um escolher os seus objectos de predilecção. Deixou de ser problema produzir em grandes quantidades objectos indiferenciados, visto que os ganhos de produtividade passaram a ser menos rápidos e os robôs substituíram os trabalhadores não qualificados. Deu-se uma inflexão do Estado Providência dado que nem os salários nem as despesas de protecção social puderam progredir ao mesmo ritmo do passado. Emergia o toyotismo como novo princípio geral de organização do trabalho. Em que difere o fordismo do toyotismo? À minimização das qualificações exigidas na produção fordista o toyotismo respondeu com uma organização inteligente à base de operadores polivalentes. Em suma, o toyotismo é uma organização de produção adaptada a uma profunda mudança do modo de consumo. As séries curtas e a diferenciação das gamas passaram a fundamentar o individualismo.

O quarto período (1991 até finais do século) corresponde ao chamado "consumo avariado" e aos modos de tranquilizar as múltiplas preocupações que passaram a atravessar a sociedade. Os consumidores tornaram-se inquietos e estas inquietações tornaram-se o elemento determinante dos seus comportamentos a dois títulos: precaução na gestão do seu orçamento e uma modificação estrutural na dimensão imaterial das suas expectativas. Este imaterial irá desenvolver-se à volta dos paradigmas da saúde, do ecológico, dos comportamentos de compra diferidos com mudanças abruptas nas principais rubricas das despesas familiares. Um segmento da população começou a preocupar-se com a solidariedade, com a autonomia e a responsabilidade. Deu-se uma inflexão na lógica do mercado: o duradouro substituiu o efémero, o reciclável destronou o descartável, o familiar ganhou popularidade face ao individual e o mesmo se dirá do personalizado face ao anónimo e da precaução face ao risco. Saúde passou a significar muitas coisas ao mesmo tempo: organização da prevenção, autocuidados, culto da forma, cosmetização da existência, mobiliário ergonómico, alicamentos.

Deu-se igualmente uma aproximação entre os mercados étnicos, regionais e globais, e passou-se do individualismo exacerbado a um individualismo prudente (ou seja, o consumidor passou a saber esperar e a diferir as suas compras). Segmentos de mercado como o dos seniores saíram definitivamente da sombra, também associados à solidariedade familiar, aos novos pobres e reformados, aos novos serviços para idosos, a novos produtos financeiros e a uma nova concepção da gestão dos riscos. Em meados da década, um consumidor com foros de auto-suficiência, a agilizar-se na sociedade pós-industrial, encontrou uma nova maneira de pensar a ligação entre a esfera doméstica e a esfera profissional.

O quinto período (a vigorar no presente século) vê aparecer o consumidor-empreendedor, dotado de três características: é capaz de conciliar na esfera privada uma parte crescente de compromissos profissionais; utiliza, para fins pessoais, uma panóplia de utensílios reservados até então ao campo profissional; gere cada vez mais o seu universo doméstico de maneira profissional. Reside aqui a génese dos novos modos de vida a que nenhum sector da actividade económica se pode alhear. Passa-se a viver num tempo em que coexistem normalmente várias classes de rendimento. O poder de compra global progride mas já não oculta as suas disparidades e tornou-se prática corrente a pluriactividade, o segundo emprego, o "gancho" e o biscate.

Há quem fale em "era do acesso", onde em vez de se ter a propriedade física se tem a concessão das coisas ou se é proprietário por conta de outrem. Os escritórios estão-se a tornar cada vez mais em "locais de trabalho para viver", devido à interpenetração da vida pessoal e profissional. Passámos das grandes séries para o "por medida". Mudaram as classes etárias (até porque temos hoje os pré-seniores e vários grupos de seniores) e é fundamental saber comunicar directa e precisamente com cada uma delas. Daí o marketing relacional, o geomarketing e a fidelização da clientela.

Depois das turbulências da insegurança alimentar dos anos 90, o consumidor-empreendedor investe mais no "capital saúde" e a alimentação também ganhou multifuncionalidade. A era do consumidor-empresário, baseada na conectividade dos locais, dos tempos e das funções desdobra quase até ao infinito os campos de concorrência entre todos os produtos e todos os serviços. Mas, a partir de agora, a informação tem um duplo valor acrescentado: serve para prevenir e serve para curar. Previne objectivamente as compras, confere-lhes valor, dá-lhes garantias, dificulta a espiral do endividamento. Cura, intensificando a cidadania, levando à adopção de um novo consumo (trabalhar-se-á e consumir-se-á ao mesmo tempo), quanto mais lugar o consumo ocupa na nossa vida mais necessário ele precisa de ser reflectido de forma interdisciplinar.

1.1.4. *Os múltiplos sentidos da segurança*

A segurança na mitologia contemporânea

Não basta dizer que nunca como hoje se comeu tão seguro. O medo e o pânico alimentar mobilizam as massas, seja nas repercussões da crise das vacas loucas, na controvérsia em torno dos OGM, nos sucessivos pânicos envolvendo o uso indevido de antibióticos, na comercialização ilícita de hormonas como promotores de crescimento, desde os frangos com dioxinas que nunca mais se deixou de falar em dioxinas, surgiram depois os nitrofuranos... é um sucesso mediático de catástrofe que preenche os espaços deixados pela pneumonia atípica, os derrames do Prestige, o inusitado atentado terrorista. A segurança é o reflexo defensivo face à acidentalidade, desenvolvendo cumulativamente um fenómeno mitológico onde cabem o bioterrorismo, o medo do contágio por envenenamento alimentar, a catástrofe ecológica, a pandemia. A mitologia desenvolve uma teia gigantesca de respostas, que vão desde as empresas de segurança, as técnicas de autodefesa, até à protecção civil e à espiral dos seguros.

Da sociedade de risco ao mercado da segurança

Vivemos num mundo mais seguro mas mais arriscado. Na sociedade de risco procura-se identificar as práticas e comportamentos indutores de acidente ou perda de segurança. A aceleração tecnológica, a escolha múltipla e a complexidade comportamental tornaram cada vez mais difícil o sucesso na adopção de políticas públicas contra o risco (caso da segurança rodoviária, saneamento urbano ou a prevenção dos riscos naturais). Um produto ou uma tecnologia são imprevistamente confrontados com a dura realidade de perigos que ninguém suspeitava: assim aconteceu com o amianto, as chuvas ácidas ou os CFC. As sociedades adoptaram mecanismos de controlo (caso do princípio de precaução) ou de vigilância para evitar a propagação dos riscos (controlo do sangue para que não se repita o drama do sangue contaminado). Estes mecanismos esbarram com a percepção sociocultural do risco: há resistências e deficiências nas campanhas de prevenção, há estigmatizações e até mesmo uma tolerância injustificada em situações de risco (despenalização de certas drogas ou a não aceitação de baixos teores de alcoolemia no caso português).

O direito do consumidor à saúde e segurança

O direito à segurança, na perspectiva do consumidor, prende-se com a protecção eficaz e o quadro de garantias contra produtos, processos de produção e serviços que, quando utilizados em situações normais e previsíveis, venham a representar uma qualquer forma de perigo para a saúde e segurança. A gestão do risco (previsão e prevenção) deverá organizar uma cultura de segurança na perspectiva do consumidor, para o alertar para um bem de consumo deteriorado, para a detecção de equipamento avariado, de um serviço defeituoso ou, acima de tudo, para um uso que seja adequado (contrariando assim o acidente). O legislador, as autoridades competentes, os operadores económicos, a comunidade científica e os consumidores acabam por estar todos envolvidos na identificação dos requisitos de segurança e na natureza da informação mais adequada que se deve prestar aos consumidores. A política dos consumidores ganhou notoriedade devido a questões relacionadas com a segurança: basta recordar o caso da talidomida, do pó de talco com hexaclorofeno, do óleo de colza tóxico, das vacas loucas, dos acidentes nos parques aquáticos, dos episódios envolvendo imitações perigosas, ftalatos nos brinquedos, balizas que matam, bombas de Carnaval... As autoridades investigam a segurança, estabelecem garantias para o quadro normativo, procedem a ensaios comparativos, recorrem a sistemas de alerta, procuram obter informações completas acerca de acidentes domésticos.

Do mercado da segurança à segurança alimentar

O conceito de segurança compreende múltiplos domínios: o sanitário, o nuclear, o rodoviário, a segurança pública, a protecção dos dados pessoais, a protecção civil, a segurança infantil... há quem trate como sinónimos segurança e qualidade, o que não é verdade. O objectivo da segurança é implementar um sistema de protecção que permita fazer face aos perigos que ameaçam as pessoas ou bens. A segurança sanitária é muitas vezes entendida como a protecção contra os riscos que põem em causa a integridade física ou a saúde das pessoas. Também aqui temos uma confusão entre segurança sanitária e segurança das pessoas. A segurança sanitária pode ser entendida como uma segurança das pessoas contra os riscos associados a escolhas terapêuticas, aos actos de prevenção, de diagnóstico e de cuidados, ao uso de bens e produtos de saúde, assim como intervenções e decisões das autoridades sanitárias. Em consequência, a segurança sanitária inclui no seu âmbito não apenas as actividades de prevenção e cuidados mas também os bens e produtos que visam a terapêutica, o diagnóstico e a prevenção, e até alimentos e vectores de saúde como o ar ou a água. Por isso, a segurança alimentar deve ser encarada como um subconjunto da segurança sanitária. O objectivo da segurança alimentar é proteger a saúde das pessoas contra as ameaças associadas aos alimentos. A qualidade é outra coisa. Ela pode ser definida como a aptidão para satisfazer as necessidades do utilizador. A procura do utilizador ou do consumidor contribui para definir o que representa um bom ou satisfatório nível de qualidade. Para os produtos de consumo corrente (com excepção dos medicamentos), a noção de qualidade integra a de segurança, desde que o produto seja usado em condições normais e previsíveis. Para o medicamento, a qualidade é um elemento de segurança. Há diferentes tipos de enquadramento da qualidade: regulamentação, determinação de exigências essenciais ou normas. No domínio alimentar, a política de qualidade começou por ter um objectivo económico: a procura de produtos de excelência (sobretudo na dimensão organoléptica) por um certo número de consumidores. Esta procura autoriza custos de produção superiores à média que podem ser repercutidos nos preços. As produções de qualidade (caso dos produtos tradicionais) podem trazer soluções para regiões economicamente desfavorecidas. Observe-se, porém, que a noção de qualidade nos produtos alimentares apresenta muitas vezes aspectos que podem ser contraditórios: a qualidade sanitária, nutricional, organoléptica e de serviço para o consumidor.

A segurança, hoje, num alimento não diverge da de qualquer outro produto. Por isso se recorre à traçabilidade que é a possibilidade de acompanhar, em todas as fases da cadeia, o caminho que ele percorre desde a sua origem até à utilização final.

1.1.5. *Tendências do consumo em Portugal*

O cenário sócio-económico

Portugal é um país periférico que tem vindo progressivamente a inflectir para uma economia de serviços, tendo aumentado o número de pressões externas sobre o seu mercado de consumo a nível da importação e da adaptação tecnológica, da circulação de capitais, e daí as transformações operadas na atmosfera social, na confiança e no sistema de valores dos consumidores.

A natureza do desejo e da necessidade é hoje semelhante, pela intensidade e conteúdo, em Lisboa, Budapeste, Dublin ou Estocolmo. Em todo o caso, não é simétrica, dada a fragilidade a muitos níveis da sociedade de consumo em Portugal. De acordo com os indicadores e os estudos, o consumidor português aufere de melhores indicadores de desenvolvimento humano comparativamente há três décadas atrás, mas as turbulências no sistema económico e financeiro introduziram uma centrifugação das classes médias tradicionais, exacerbaram assimetrias, revolveram o tecido urbano, fizeram emergir grupos sociais em grande dificuldade, redesenhando a pobreza, o conforto e o bem-estar.

Pela sua abertura, Portugal mostra os mesmos indicadores da revolução demográfica que toda a Europa (mais velhos e menos crianças), com as consequentes inflexões na área do consumo: aumento da esperança de vida e a problematização aguda do financiamento e das prestações de serviço nos sectores da saúde e segurança social; reformulação da família, com a coexistência de quatro gerações. Mas também dispõe de indivíduos mais exigentes a nível de informação, aspirando viver em melhor estado de saúde e usufruindo de mais tempo livre.

A nova atitude do lazer imbrica com o novo quadro do trabalho, as novas hierarquias sociais e o novo relacionamento entre o indivíduo e a colectividade. O sistema de valores actualmente dominante é percorrido pelos vínculos de multipertença (o debate europeu, a afirmação local e regional, os paradigmas da globalização, da saúde e da forma, os valores da transparência e o primado da ética face ao político, à empresa, aos negócios, à condenação da irresponsabilidade nas transacções...). Portugal é um país onde se continuam a afirmar os valores femininos que têm um peso significativo na construção da lógica do mercado de consumo. Registe-se, por último, que o poder de compra globalmente não regrediu, mas está condicionado a todos os níveis pela atmosfera social, o que determina, aliás de acordo com os estudos de mercado, a atitude prudente que agora preside ao consumo.

As despesas

As despesas familiares dos portugueses mudaram de natureza e orientação, um pouco à semelhança de toda a Europa. Primeiro, com as transferências a nível do consumo familiar, com a propensão crescente para reduzir os custos na alimentação, vestuário, calçado e equipamento doméstico convencional. Verifica-se um aumento de despesas com os encargos habitacionais, transportes e comunicações, o endividamento ainda dá sinais de controlo e as lógicas da oferta e da procura são bastante afins às conhecidas na União.

Por exemplo, a composição dos formatos comerciais, as técnicas promocionais, as preocupações com a ética no consumo e o ambientalismo, as atitudes de preocupação da opinião pública com os serviços de interesse geral e a dupla cultura de abertura aos valores globais e o afeiçoamento ao primado do étnico/ /local (crescimento do estatuto "glocal").

O poder de compra está recombinado e não cessa de se reconstituir, com uma atmosfera social nem sempre entusiasmada, tendo crescido os temores com a ameaça de perda de poder aquisitivo (com ou não associada à perda da fonte de rendimento).

Enquanto a lógica da oferta se perfila com hiperescolha, uma permanente inovação, um marketing festivo, um serviço que acompanha um produto, a responsabilidade social como imagem da ética empresarial, o consumidor adoptou uma atitude de circunspecção, de exigência e racionalidade, desde a escolha da seguradora à mudança de automóvel, passando pela decisão do seu pacote de férias. Daí as suas despesas serem, simultaneamente, de decisão individual ou reflexo dos encargos familiares podendo envolver os mesmos mercados (caso da saúde, da cultura, da comunicação ou da educação).

Portugal dispõe de facetas do mercado de consumo extremamente ousadas (telemóveis ou utilização de serviços ATM), recuadas (cibercomércio, equipamento informático, vendas à distância ou alimentação processada) e outras com níveis de mediana europeia (cosmética, parque automóvel, linhas de produtos de luxo, por exemplo).

Tendências

Acompanhando a diminuição relativa do orçamento familiar, assiste-se a uma consolidação do consumo de produtos frescos, a par da desestruturação das refeições em certos meios urbanos, mas mesmo aí acompanhada de práticas de alimentação equilibrada (disparou o consumo de sopas, saladas e fruta).

Depois de uma década de ascensão, o mercado do fast-food (do hambúrguer à pizza, passando por toda a linha do take-away) tende a estabilizar e mesmo a recuar. A linha do "saudável" (queijo magro, águas minerais, cereais e fibras, lacticínios conotados com a saúde, complementos alimentares) conhece uma lenta progressão, até porque os preços são mais elevados que os produtos correntes.

Os alimentos da quarta e quinta gama não têm sido alvo de grande entusiasmo e os produtos biológicos continuam enquistados nos mesmos nichos de mercado. A tendência para comprar em grandes superfícies não abranda e, sempre que inquiridos, os portugueses reclamam mais centros comerciais, a despeito de uma atitude, também corrente na Europa, de se continuar a lutar por baixas de preços, promoções e reduções, e a querer manter as prorrogativas do comércio local.

O vestuário tem hoje também um peso relativo nos encargos familiares, e a tendência orienta-se para o funcional e o descartável. Enquanto na alimentação ainda não se regista um grande fenómeno de responsabilização do agro-alimentar (o anti-transgénico é um movimento contestatário mínimo), na roupa há já um sentimento que tende a alastrar quanto à preocupação com as condições de fabrico. Seja como for, continuam a um bom ritmo as compras de produtos de marca em centros comerciais, e o fenómeno "outlet" está marcado pela compra do produto de marca em condições muito vantajosas.

Na linha "saúde e beleza" a cosmética masculina está em alta, mas inúmeros produtos de higiene têm também acusado crescimento. A procura de medicamentos conhece duas evoluções: uma associada à atmosfera social e aos factores de envelhecimento, outra orientada para os autocuidados. Os diferentes observatórios de saúde têm chamado a atenção para o consumo galopante de tranquilizantes e antidepressivos, bem como de analgésicos, anti-inflamatórios, antitússicos...

Os encargos com a habitação podem ser observados a diferentes níveis: encargos associados directamente ao crédito, mobiliário e decoração e equipamento ligado às novas funções (comunicação, entretenimento, cultura e trabalho). Associado às preocupações de saúde e de funcionalidade doméstica, tem-se assistido ao crescimento inusitado de despesas com equipamento de cozinha, utensílios de fogão e uma revisão alargada dos sistemas de iluminação (como resultado das campanhas de sensibilização para a conservação de energia).

O parque automóvel é, inquestionavelmente, moderno, e parece não conhecer saturação. Factores como a segurança (o airbag), a tendência para comprar veículos mistos também não tem abrandado, tal como mercado de duas rodas (a tendência "motard" instalou-se em Portugal).

Os consumos culturais cresceram por todo o País: teatro, variedades, ópera, música clássica e ligeira, DVD e respectivo aluguer, imprensa segmentada e especializada e os grandes grupos de media lançaram-se deliberadamente na venda de produtos culturais. Os jogos vídeo e os media electrónicos contribuem para a euforia da cultura acessível.

O mercado dos lazeres revolucionou-se com o time-sharing, o turismo sénior, o agro-turismo, o desporto amador, radical, e outras dimensões descentralizadas da sociedade lúdica. Os portugueses viajam mais dentro do País (como, aliás, comprovam inúmeras publicações conotadas com o conhecimento das culturas regionais, da gastronomia e outros patrimónios). Os chamados "destinos de massas" têm ganho projecção com as companhias de baixo preço e o embaratecimento dos pacotes para as Antilhas, Brasil, Tailândia e Norte de África.

A poupança deu lugar a uma nova forma de consumo e hoje o produto financeiro está assumido como um investimento a prazo para o indivíduo e para a família. Inúmeras publicações fomentam e sensibilizam para este novo fenómeno, que tem o seu futuro ligado às grandes perplexidades que pairam sobre o Estado Providência.

2. A alimentação e a segurança

2.1. *A comida, entre o material e o imaginário*

"Comer, o que é?" trata-se, seguramente, uma das perguntas em que qualquer resposta será sempre tecnologica e sociologicamente ajustável ao meio em que se inquire, culturalmente flexível, na medida em que comer é um acto universal, grupal e individual, e politicamente temida, porque nenhum poder político sobrevive a uma população atemorizada por vírus alimentares incontrolados. A despeito de toda a complexidade das respostas, procurar-se-á elaborar uma "grelha" onde caibam elementos satisfatórios para a resposta implícita a este desafio de saber o que é comer.

Primeiro, somos omnívoros, como mais ninguém no reino animal. No plano biológico, o ser humano não pode retirar apenas de um só tipo de alimentos todos os elementos nutritivos de que tem necessidade. Precisamos de variedade, o alimento assume uma função social e identitária, preferimos o açucarado e temos aversão ao amargo. Graças aos alimentos, descobrimos a convivialidade.

Segundo, a comida é estatutária. É feita de gostos e desgostos (caracóis, coxas de rã, insectos, queijos azuis, por exemplo, são alimentos-prazer ou alimentos--repulsa, consoante a parte do Globo onde se consomem). Há, igualmente, interdições alimentares baseadas em considerações dietéticas, filosóficas, éticas ou religiosas. "Estatuto" significa aqui a existência de códigos, e mesmo com a democratização da sociedade de consumo não é descabido dizer que cada um come segundo a sua condição (da cozinha à arte culinária há marcas culturais e rituais iniciáticos indisfarçáveis, que começam nos livros de cozinha e vão até às regras de etiqueta à mesa).

Terceiro, a comida é um valor da civilização, a despeito do que se cozinha ser efémero e de um livro de receitas não ser uma obra-prima indiscutível. Acresce que as sociedades de abundância alimentar acabaram com a incerteza do abastecimento mas não acabaram com as grandes desigualdades, se bem que tenham modificado os seus comportamentos alimentares (gordura já não é formosura, e basta pensar na anorexia e bulimia para perceber que longo é o estendal de argumentos entre a diabolização e a racionalização alimentar). A comida nas sociedades industrializadas passou a ser tão barata que é necessário "chicotear" os consumidores com pseudo-inovações, tipo alimentos de baixas calorias ou, mais recentemente, os alimentos funcionais (estes últimos quase equiparados a produtos-milagre, já que reivindicam um impacto nutricional positivo devido à presença de um constituinte particular ou pela eliminação de componentes indesejáveis).

Quarto, o alimento é um material biológico frágil (que o digam as vacas loucas, os frangos com dioxinas, ou as múltiplas manifestações de toxinfecções alimentares). O alimento contém água em elevada percentagem, está sujeito à acção das enzimas, das bactérias, rancifica, perde propriedades, degrada-se facil-mente. Daí a alquimia, os prodígios da "tecnocozinha", a evolução das técnicas de conservação, até porque aumenta progressivamente a distância entre os locais de produção e os locais de consumo. Insista-se na questão de que a indústria alimentar prefere mais incrementar que inovar, pois o consumidor pode aceitar rupturas drásticas como a digitalização ou a aeronáutica mas é muito mais lento a mudar quando se trata do que come.

2.2. *A nova essência da fileira alimentar*

Quinto, se bem que a alimentação seja cada vez mais segura, a agricul-tura intensiva desencadeou vulnerabilidades, como sejam os riscos sanitários de natureza biológica, química ou alérgica. Vivemos presentemente num período de incerteza, por um lado devido à complexidade das cadeias de abastecimento e, por outro, porque não se pode praticar o risco zero na alimentação. Com efeito, este risco zero poderia até ser perigoso a prazo na alimentação, como se evidencia com o decréscimo da imunidade de um norte-americano relativamente a um europeu e deste relativamente a um africano. Quando falamos de insegurança alimentar, não devemos esquecer a água, vector privilegiado de micróbios. Actualmente, só os países mais industrializados podem dar-se ao luxo de dispor de redes de saneamento satisfatórias.

Sexto, as crises alimentares não só têm a ver com as novas relações entre o homem e a natureza, como obrigaram a incorporar a alimentação no conceito de "consumo responsável" associado a uma agricultura "razoável", onde se procura a promover a preservação ambiental e o respeito pela biodiversidade. Igualmente, são desenvolvidos estudos sobre os padrões alimentares mais correctos (caso da dieta mediterrânica) e equaciona-se abertamente alimentação e saúde. Veja-se, a propósito, que já há livros dedicados à temática saúde e alimentação, que permitem aos doentes aprofundar conhecimentos, e a partir daí procurar aconselhamento junto dos profissionais de saúde para saberem optimizar o papel da alimentação na prevenção ou tratamento de doenças como a diabetes, a gota, as doenças renais ou do aparelho digestivo.

Sétimo, as crises alimentares introduziram uma exigência política em torno dos alimentos seguros, trouxeram para a ribalta a multifuncionalidade da agricultura e o bem-estar animal, e, enfim, a alimentação não só passou a ser vista como o todo da fileira alimentar como a própria segurança alimentar fez convergir medidas de política em múltiplas áreas do conhecimento (ambiente, globalização, bem-estar animal, tratamento integrado dos contaminantes, consolidação do Direito Alimentar, introdução na União Europeia de uma nova filosofia "do estábulo à mesa" acompanhada de um rigoroso programa político de análise de riscos, onde é útil realçar a convocação de todos os parceiros envolvidos, desde a comunidade científica até aos consumidores). Em suma, operou-se uma reviravolta de 180 graus, em que a alimentação, a dietética, a restauração, os valores étnicos, a saúde e o agroalimentar passaram a ser considerados como fracções de uma mesma questão: tal como temos direito à liberdade, a constituir família e a ter um trabalho, a alimentação sã e segura passou a ser um indiscutível património da humanidade e um dos direitos humanos.

2.3. *Uma alimentação que dê prazer e seja sustentável*

2.3.1. *É ainda possível uma outra forma de nos alimentarmos?*

A alimentação biológica, por muitos méritos que lhe queiramos reconhecer, é uma parte minúscula das soluções que se podem encontrar ao modelo dominante da agricultura intensiva que prepondera nos nossos modos de produção. A generalidade dos cientistas mostra-se favorável a uma agricultura mundial respeitadora dos equilíbrios naturais e da saúde para todos. Isto significará, mesmo a nível da Organização Mundial do Comércio, respeitar a identidade na diversidade, tratar a alimentação como uma relação vital entre o espaço, as relações sociais, a exploração agrícola de dimensão humana e as grandes orientações do desenvolvimento sustentável (que estão categoricamente em oposição com a perda de diversidade da flora, da fauna, e o empobrecimento da diversidade dos microorganismos que fazem a riqueza do subsolo). Esta alimentação é uma escolha de sociedade, corresponde ao direito dos povos à sua soberania alimentar e à negação da lógica do sistema alimentar encarado como a única e exclusiva finalidade de produzir mercadorias que dão pelo nome de "produtos alimentares".

Uma outra alimentação é ainda possível, desde que se reeduque o gosto como consequência de uma distribuição à escala humana, com uma restauração colectiva que aposta em alimentos frescos e onde se pratique a segurança alimentar à luz dos princípios da traçabilidade. Se é verdade que o futuro da agricultura está nas mãos dos consumidores, passou a ser fundamental instituir novas formas de comunicação entre os agricultores, os ambientalistas, os industriais, os distribuidores, a comunidade científica e os consumidores. Os consumidores portugueses estão condicionados às políticas da União Europeia, pelo que, com os outros diferentes intervenientes, temos que aprender a encontrar respostas para as seguintes questões: Qual a relação entre a qualidade e o preço nos alimentos? Que esperam os cidadãos, na actualidade, do sector agrícola e da produção agrícola moderna? Em que é que o sector agrícola difere de outros sectores da economia? Estaremos ou não dispostos a diversificar o nosso modelo agrícola? Estará o comércio retalhista capacitado para responder às expectativas dos consumidores quanto a alimentos seguros, nutritivos, e menos subsidiados? Como conciliar a concorrência mundial e produção de alimentos de melhor qualidade?

2.3.2. *As grandes questões da qualidade alimentar na Europa*

Primeiro, o que é um alimento de qualidade? Deverá obedecer a critérios de segurança (parâmetros rigorosos de higiene, níveis legais de resíduos de pesticidas e outros contaminantes, preparação à base de tecnologias legalmente autorizadas...), nutricionais, de informação, ecológicos, sensoriais ou organolépticos (aparência, gosto, odor, sabor...) e valor (ou seja, a relação qualidade-preço é determinada pela quantidade de elementos nutritivos que o consumidor recebe por quilograma de alimentação). Tudo conjugado, a qualidade é subjectiva e objectiva, tornando-se indispensável cruzar os diferentes tipos de critérios para fugir à noção padronizada de um produto barato com parâmetros de qualidade autorizados. Segundo, o consumidor deve olhar o alimento a partir do sector agrícola, e não a partir da embalagem. Se os consumidores querem preferencialmente qualidade, não se deixando deslumbrar só pelo factor preço, deverão contribuir para a obtenção de respostas em domínios tão amplos como: o cultivo sustentável dos solos, a não fertilização abusiva dos mesmos, o respeito pelo bem-estar animal, o controlo rigoroso dos antibióticos de uso animal, entre outros. Terceiro, é importante reconhecer a especificidade do sector agrícola no conjunto das actividades económicas e não o tratar como a ponta-de-lança da indústria agroquímica. O produto alimentar é um bem privado e a qualidade alimentar é um bem público. Quarto, é imperioso investir num modelo agrícola europeu assente na diversidade. É curioso como quase toda a gente critica a política agrícola comum centralizada, mas poucos são os que preconizam uma inflexão para a agricultura de pequena escala. Com efeito, a PAC centralizada desvirtuou as motivações dos pequenos agricultores, incitando-os a modos de produção que não são ecologica ou socialmente sustentáveis. Os agricultores cultivam hoje cereais recorrendo a numerosos adubos artificiais e a irrigações altamente dispendiosas e a prazo teremos os nossos solos empobrecidos. Se queremos suster esta progressiva redução da biodiversidade, impõe-se intervir nos ecossistemas e apostar num modelo de agricultura sustentável, o que exige uma opinião pública preparada para pagar condignamente o preço do desenvolvimento sustentável. Quinto, tem que se abrir caminho a uma parceria que introduza melhorias na relação entre os agricultores e os consumidores. Prevalece hoje a impressão de que os consumidores pagam por três vezes cada um dos seus produtos agrícolas: as subvenções aos agricultores para os encorajar a uma produção intensiva; as ajudas directas e as ambientais para minorar os efeitos da produção intensiva; e, finalmente, os produtos que compram no supermercado. Para se reorientarem os objectivos da política agrícola comum, esse diálogo entre agricultores e consumidores deve negociar uma produção sustentável a longo prazo, o que pressupõe um entendimento nos seguintes pontos: privilegiar os alimentos frescos, evitar os transportes a longa distância e reduzir o modelo exportador europeu. A União Europeia deverá reduzir igualmente o escoamento dos seus excedentes a preços artificiais que acabam por asfixiar as pequenas agriculturas da Europa de Leste. Por último, importa que o princípio de base que sustenta a política agrícola se oriente para a compensação financeira aos agricultores que produzam bens públicos, entendidos como os que preservam o ambiente e a natureza. Sexto, a Europa tem que escolher entre a lógica do hipermercado e dos monopólios e a da diversidade na distribuição, ou seja, estarmos dominados pelo capitalismo financeiro do tipo Carrefour e Lidil, que se move exclusivamente por critérios económicos, ou por uma distribuição onde se encontrem produtos frescos, respeitadores do ambiente, com denominação de marca, e onde se escoem os produtos da agricultura prudente, autênticos depósitos culturais do nosso património gastronómico. Sétimo, os consumidores devem preparar-se para intervir nas negociações da globalização e da Organização Mundial de Comércio, para se tornarem aptos num debate que permita conciliar a concorrência mundial e a produção de géneros alimentícios de grande qualidade. A única coisa que interessa ao pensamento neoliberal é a livre circulação das mercadorias, e só muito abaixo na sua lista de prioridades é que aparecem a preservação ambiental, a biodiversidade, os interesses dos consumidores, a política social. Os consumidores pretendem uma abordagem mais integrada da qualidade alimentar, pelo que os trabalhos do Codex Alimentarius deverão também ter em consideração factores legítimos da segurança dos consumidores e a promoção das práticas leais no comércio alimentar.

Em síntese, uma agricultura sustentável carece de distribuidores e consumidores responsáveis. Temos que passar a examinar as consequências que tal decisão venha a acarretar: no bem-estar animal, nas justificações tecnológicas, nas considerações éticas, na segurança alimentar, nas decisões de compra. Muito provavelmente, iremos todos aprender a compatibilizar as qualidades que queremos: o "bom, bonito e barato" em que se entronizou o produtivismo, ou a diversidade alimentar, com alimentos mais saudáveis, provenientes de uma agricultura sustentável. Será uma aprendizagem muito dura, pois pode até acontecer que o futuro nos reserve a surpresa de querermos vários padrões de qualidade, e até se pretenda comer barato com menos saúde para canalizar dinheiro para coisas insignificantes, em termos de qualidade de vida. Haverá certamente razões surpreendentes entre modos de produção, distribuição e consumo responsáveis e irresponsáveis, praticados pelos diferentes grupos sociais, em diferentes contextos.

2.3.3. Prodígios da "tecnocozinha"

O dossiê alimentar tornou-se simultaneamente sensacionalista (dada a eclosão imprevisível de crises sanitárias, como ilustra a da febre aftosa) e alvo de novos temores alimentares por parte dos consumidores, em função da metamorfose vertiginosa das tecnologias, da progressiva industrialização da produção e do agro-alimentar, bem como da aceitação de uma química que, para uns, é responsável por muitos males e, para outros, facilita a democratização do consumo alimentar. Vimos igualmente que a concentração das unidades de produção, a internacionalização da economia, a gestão global conduzida pelas multinacionais, o alongamento e a opacidade dos circuitos de produção e distribuição têm dificultado a identificação e o tratamento sectorial dos problemas (não há respostas simples quando o alimento é investimento, produção, indústria, cultura, antropologia, psicologia...).

Estamos e continuaremos a estar confrontados com uma inquietação para a qual ninguém tem actualmente resposta: Até que ponto o que se come é seguro? Até que ponto os alimentos no mercado contribuem para a saúde e não para a doença? Não há ninguém que não saiba que eliminar todo e qualquer risco é uma utopia. Não existe "risco zero", há riscos imediatos (caso de uma toxinfecção devido a uma contaminação microbiológica) que decorrem da qualidade dos ingredientes ou de uma deficiente manipulação higiénica, e há os riscos a longo prazo, que abarcam cocktails explosivos de ingredientes ou técnicas que, numa determinada conjuntura, parecem inofensivos (e por isso foram autorizados), havendo ainda a considerar as práticas lesivas para o ambiente sanitário que não são devidamente equacionadas pelos controladores da qualidade (caso das dioxinas nos frangos belgas).

Comida que vem do esgoto? O que é facto que se fabricaram rações com resíduos de animais, se adubaram (e adubam) terrenos de cultivo com dejectos e águas inquinadas, e que pouco ou nada se sabe sobre os sabores preparados nas provetas dos laboratórios... pois bem, vamos agora procurar aflorar em que se baseia essa "tecnocozinha" de que tanto se fala. Esgoto não será, resta saber se não há alternativa para estes feitiços da química.

2.3.4. Os Artifícios do Agro-alimentar

Mais de metade dos alimentos industriais que podemos adquirir em qualquer estabelecimento contêm aromas, a maior parte deles artificiais. Sem esta incorporação, a comida pré-fabricada não teria qualquer gosto. O iogurte de morango, o peixe gratinado utracongelado, os guisados enlatados, os snacks, seriam irremediavelmente insípidos. É este o universo onde pontificam os aromas: a insipidez ou a química.

Tenha-se, em primeiro lugar, em conta os alimentos industriais. Os ingredientes das receitas estão ultracongelados ou em conserva, são preparados em gigantescos autoclaves, e poucos são os alimentos a quem é interditada a aromatização (as excepções, como se sabe, recaiem sobre o vinho, alguns sumos, a cerveja, os alimentos para bebés, entre outros). Em princípio, qualquer género alimentício está regulamentado por um código de utilização, no qual se precisam as categorias de aromas autorizados. Na "tecnocozinha", o maior sonho é redescobrir e conferir exactamente ao produto alimentar o seu gosto original (será por coincidência que se fala na "receita da avó", ou nos "sabores de antigamente"?). Nem tudo é fácil, e a lista de insucessos é enorme. Há categorias de alimentos em que, inclusivemente, é preciso introduzir correcções no gosto para reproduzir, aproximadamente, o gosto original. Tome-se o exemplo de um creme de cogumelos, preparado e conservado de maneira a ser rapidamente servido, e que de modo algum poderá ter a frescura aromática do seu equivalente. Gostamos, mas sabemos que há diferenças.

Por onde passa, então, o prodígio da "tecnocozinha"? O gosto provém daquilo a que se chamam os "compostos voláteis", presentes em quantidade variável em todos os alimentos, quer se trate de ervas ou condimentos, fruta ou carne. Calcula-se em cerca de 200 o número de moléculas diferentes produzidas em média por um alimento, das quais só uma pequena parte corresponde ao seu aroma (daí a necessidade da "tecnocozinha" os identificar rigorosamente). Há especialistas em aromática que identificam e formulam os compostos voláteis de um alimento. Como operam? A partir das matérias-primas de origem vegetal ou animal, estes especialistas fabricam extractos que se assemelham aos sabores de origem. Os concentrados podem ser extraídos directamente dos produtos, utilizando-se solventes ou processos de destilação, mas também pela biotecnologia ou por processos enzimáticos e culturas de microorganismos (estes últimos, são muito úteis para reproduzir o gosto de alimentos, como o queijo).

2.3.5. *Agricultura sustentável e consumo alimentar responsável*

Em direcção a uma agricultura sustentável

As catástrofes alimentares, associadas às crises agrícolas e à perda de confiança dos consumidores, têm a sua génese num produtivismo delineado pelo sector agro-alimentar assente nos seguintes pressupostos: uma agricultura intensiva estreitamente ligada à indústria com uma produção largamente excedentária e uma elevada rentabilidade que resulta do encurtamento do ciclo de produção e dos baixos custos da alimentação destinada aos animais. É sobre estes modos de produção que devemos reflectir.

Estamos hoje confrontados com duas visões do sistema de produção agrícola: ou integrar as explorações cada vez mais numa fileira com carácter industrial, o que conduzirá ao desaparecimento da agricultura tradicional, ou procurar uma via que privilegie as criações extensivas de grande qualidade, respeitadoras do ambiente e do bem-estar animal, procurando equacionar mercados mais localizados com a tendência exportadora dos mercados industriais. Uma agricultura sustentável seguramente que assentará na segunda via, com grande impacto na agricultura da União Europeia, como seja o aumento da produção em oleaginosas, o fim da importação de produtos de substituição dos cereais, a reorientação dos métodos de produção, e um maior peso da participação da agricultura biológica.

Esta reorientação estratégica estabilizaria o mercado, desde que a Política Agrícola Comum (PAC) passasse a privilegiar a agricultura extensiva, ao invés da agricultura intensiva, se adoptasse o modelo de produção para superar o actual défice em alimentos de proteína vegetal, e, não menos importante, se integrasse inequivocamente o princípio da precaução na produção de alimentos. A opinião pública sabe muito bem que a BSE não é mais que a ponta visível do icebergue e que as dioxinas, os PCB, as hormonas, os antibióticos de uso indiscriminado, os OGM e numerosas outras substâncias perigosas para a saúde continuam associadas aos métodos de produção intensiva, pelo que é fundamental introduzir uma nova política na alimentação animal.

Não chega reestruturar as fileiras alimentares e incentivar os investimentos numa agricultura de qualidade. Importa convocar a comunidade científica, os transformadores e os distribuidores, e lançar um vasto plano de acções de educação e sensibilização dos consumidores. Por exemplo, a qualidade alimentar é hoje um tema que causa embaraço a toda a gente, já que é praticamente impossível dizer-se que este ou aquele queijo industrial tem falta de qualidade, este ou aquele produto de confeitaria, chocolate, óleo, ou pizza, é um produto qualitativamente menos satisfatório. Impõe-se discutir o que é que permite fabricar produtos menos caros a nível dos custos de matérias-primas, da utilização de um ou mais ingredientes, da incorporação de aditivos, do peso do custo da embalagem e dos sistemas de controlo da qualidade. É através do exame daquilo que se tira ou substitui na preparação de um alimento industrial que se deve pôr a reflectir o consumidor, designadamente no tocante à qualidade nutricional dos alimentos que, em muitos casos, é deficitária, porque o consumidor aceita comprar o "bom, bonito e barato", em prejuízo de alimentos nutricionalmente mais vantajosos. Igualmente, chegou o momento de conferir um papel essencial à educação alimentar na escola. Com efeito, a escola é também um espaço de aprendizagem para a construção da saúde e prevenção das doenças associadas a uma alimentação errada. O sistema educativo deverá contemplar uma ampla reflexão sobre temas como o equilíbrio alimentar e nutricional das refeições, a descoberta dos sabores e o papel social das refeições, bem como a tomada de consciência dos desafios do desenvolvimento sustentável através da alimentação.

2.3.6. *De uma agricultura sustentável para um consumo responsável*

Os consumidores, depois das crises agrícolas e das catástrofes alimentares, têm também que assumir as suas responsabilidades, optando entre uma agricultura sustentável e rentável ou uma agricultura a duas velocidades, o que passa por decisões de compra entre produtos de qualidade, oriundos de uma agricultura sustentável ou produtos industriais, oriundos da agricultura intensiva. Os consumidores têm que aceitar que compram "bom, bonito e barato" contribuindo para o excesso de nitratos, farinhas animais com OGM, antibióticos cada vez mais poderosos na alimentação animal, alimentos coloridos com uma alta incorporação de aditivos alimentares. Chegou o momento de introduzir a componente ambiental e a preocupação com a saúde dos consumidores, se acaso de pretender estar do lado da agricultura sustentável. Não é por teimosia "anti-globalização" que se discutem os OGM como uma séria ameaça ambiental. Não podemos levianamente reduzir a biodiversidade, só porque os colossos do agroalimentar nos prometem um Terceiro Mundo mais bem alimentado (o que é fortemente contestado por conceituados especialistas). Com efeito, é bom que não se iluda que os OGM não têm riscos comprovados para a saúde humana, mas os riscos ambientais são, no mínimo, uma incógnita, no actual estado dos conhecimentos, e pergunta-se porque é que teimosamente se pretende abrir a caixa de Pandora, possibilitando a transmissão descontrolada de genes por polinizações, o aparecimento de insectos resistentes às plantas transgénicas e o desaparecimento de insectos úteis.

Em consequência, compete aos consumidores, e sobretudo à opinião pública, decidir que tipo de agricultura durável pretendemos, com que custos ambientais, com que rendimentos para os agricultores, com que tipo de empobrecimento ou valorização dos recursos do solo, água, qualidade das paisagens, saúde animal e humana. Será que estaremos à espera de uma nova catástrofe alimentar, o anúncio da deterioração maciça dos lençóis freáticos, um novo ciclo de infecções animais, para que a comunidade internacional aceite um novo quadro para a agricultura, em que se produza mais com menos dano ambiental? O debate está aberto, e bom seria que a comunidade científica, os decisores políticos, os agricultores, os distribuidores e os consumidores iniciassem conjuntamente um corajoso debate: quais são os sistemas de produção possíveis para preparar as bases de uma agricultura sustentável?

2.3.7. *Como se chegou à rebelião das mesas*

Sempre houve alimentos inquinados e/ou tóxicos, sempre houve que prevenir as toxinfecções alimentares, e a história da sociedade de consumo está atravessada por inquietações à mesa: aditivos alimentares, resíduos de pesticidas, contaminantes metálicos, carne com hormonas... mas nos anos 90 essas inquietações tornaram-se em flagelos, obrigando a grandes inflexões de mentalidade. Vejamos o que se passou.

Em primeiro lugar, ganhou-se consciência de que a alimentação massificada tem benefícios mas tem também custos indesejáveis (será o caso dos promotores de crescimento).

Segundo, o consumidor sabe que é muito limitada a sua actuação no risco alimentar. É a comunidade científica que estabelece o que é consumível e o que não é, o consumidor espera da comunidade científica informações sobre uma

eventual associação entre a doença das vacas loucas e a doença de Jacob-
-Creuzfeld, por exemplo.

Terceiro, o consumidor sabe que a qualidade dos alimentos diverge consoante a óptica de quem a aprecia: a qualidade para um agricultor poderá não
coincidir com a do armazenista e a deste não coincidirá com a do consumidor.
Daí a alimentação ser alvo de múltiplas abordagens, fazendo intervir inúmeros
actores.

Quarto, vivemos numa época onde parece pontificar o individualismo
prudente e os comportamentos camaleónicos no consumo. A partir dos anos 90 é
incontestável que o consumidor aprendeu a diferir as suas compras, especializou-
-se em promoções, havendo quem procure nos alimentos a mais moderna
tecnologia, como também cresce a propensão para os alimentos tradicionais, há
tendências de mercado orientadas para uma alimentação saudável, étnica, biológica e até ecológica. Como pano de fundo, temos uma agricultura em que a
qualidade tem o seu expoente máximo no preço, é pouco diferenciada e intrinsecamente competitiva, é apoiada pela investigação científica, cuja dinâmica assenta
na redução do valor acrescentado e na progressiva utilização de biotecnologias.

Após a eclosão dos grandes flagelos alimentares, o cientista, o agricultor e o
decisor político descobriram que, em todas as circunstâncias, passou a ser
necessário dizer a verdade e com oportunidade, sem hostilizar os dois tipos de
agricultura baseados na massificação e nos nichos de qualidade.

2.3.8. *A favor de um contrato à mesa*

Quinto, os diferentes intervenientes estão hoje confrontados com um
contrato de cidadania em torno da alimentação e dos grandes princípios da
nutrição. Se é verdade que o mercado passou a ser governado pelos consumidores,
não nos devemos alhear de que as biotecnologias fizeram aparecer novos actores
económicos e grandes empresas da química de ponta.

Doravante, o novo registo da qualidade alimentar passa por aceitarmos
que o solo é um recurso frágil e ainda mal conhecido; que as excessivas homo-
geneização e uniformização só temporariamente embaratecem os alimentos
dos países ricos, isto enquanto se agravam todos os problemas dos países em
desenvolvimento. Só o diálogo e o princípio da precaução podem levar a uma
sábia combinação entre as normas de saúde pública, o respeito pela saúde
ambiental e o reconhecimento de que o consumidor tem direito não somente à
informação do que come, mas também a saber a proveniência dos alimentos e das
substâncias que ingere.

Diálogo significa um compromisso de opiniões envolvendo os cientistas
(a diligência científica abarca, nesta acepção, as ciências químicas, físicas e bioló-

Segurança Alimentar e Consumidores   115

gicas) empenhados no respeito pela pessoa humana e todos aqueles que têm a seu cargo um campo cultivado ou os que estão à frente de um restaurante ou de uma casa de pasto e as populações que cimentam a sua convivialidade através da comida e do gosto pela mesa.

3. A segurança alimentar e os consumidores

3.1. *Fundamentos dos riscos e temores alimentares*

Nas crises de confiança alimentar, nem sempre são de leitura imediata os dados que permitem distinguir o que é objectivo e manipulado, quais as raízes dos temores e o papel da desinformação. Com a nova política comunitária de segurança alimentar, importa esclarecer como é que a rastreabilidade (ou traçabilidade) pode contribuir para a gestão política das crises e favorecer uma boa comunicação de riscos. Vamos tentar clarificar alguns destes aspectos.

Primeiro, a voz do povo nem sempre está em sintonia com as opiniões da comunidade científica. Os nitratos na água de abastecimento são um bom exemplo: para a opinião pública e os órgãos de comunicação social são um veneno terrível; para a comunidade científica, o consumo de nitratos é totalmente inofensivo no ser humano. O decisor político tem, no entanto, medo da reacção dos movimentos ambientalistas, para já não falar do aspecto ridículo de anunciar, décadas depois de se terem adoptado leis para controlar os nitratos, que se cometeu um erro colossal com um preço incalculável.

Por vezes, o decisor político anuncia a verdade a um órgão de comunicação social e cava a sua sepultura. Em 1988, a então Ministra da Saúde do Reino Unido, deixou claro, durante uma entrevista televisiva, que a maior parte dos ovos que estavam a ser comercializados no país tinham salmonelas e recomendou aos consumidores que se abstivessem de os comer crus. Eclodiu a crise, a avicultura anunciou que estava a caminhar para a bancarrota, a ministra foi demitida e a opinião pública pareceu sossegar com o anúncio governamental de um plano de auxílio. O problema continua a ser hoje muitíssimo grave, mas deixou de ser uma questão prioritária a nível dos pânicos alimentares.

Há contaminações alimentares longínquas que nunca nos tocam, devido à ausência de práticas alimentares com esse tipo de preparações. Os acidentes mortais com listeriose, designadamente em França, Suíça e Estados Unidos, e que estão associados ao consumo de queijos preparados com leite cru deixam-nos insensíveis: longe da vista, longe do estômago. Igualmente, os OGM suscitam temores, quando envolvem o genoma humano, mas não nos inquietam a nível do hortícola e do florestal, isto sem prejuízo de as plantas transgénicas porem questões muito delicadas quanto aos equilíbrios ambientais do futuro.

Segundo, convém não esquecer que é a dose que faz o veneno (Paracelso). Fala-se muito sobre intoxicações bacterianas mas refere-se com menos frequência que os alimentos enriquecidos com vitaminas também pode intoxicar. Basta tomar em doses excessivas as vitaminas A e D e temos um quadro de cefaleias, vómitos e perturbações da coordenação psicomotora. A vitamina A, tomada em excesso, é neurotóxica na criança e no adolescente, e extremamente nociva nas grávidas. Não se deve minimizar o sofrimento associado às contaminações alimentares, mas há que não iludir os factos preponderantes: as bebidas alcoólicas têm um efeito devastador na esperança de vida, enquanto que a taxa de mortalidade associada ao consumo acidental de alimentos tóxicos é diminuta se bem que no imaginário colectivo ela tenha uma considerável expressão destruidora.

Terceiro, nunca a mesa foi tão glocal como hoje, ou seja, o alimento que tem um papel decisivo na construção da nossa identidade individual e social, interfere na globalização e na produção local. Somos educados a pensar os alimentos nos seus efeitos ideais e a entender que existem riscos. Um queijo azul pode ser uma delícia em França e em Itália e uma abominação no Sudeste Asiático; as coxas de rã ou os caracóis são deliciosos petiscos em países da Europa Central e abominados no Reino Unido e nos EUA. Como as regras culinárias são verdadeiras regras de vida, dependem de parâmetros morais, religiosos e culturais. Daí a ascensão dos alimentos tradicionais, sem prejuízo da boa imagem das empresas globais (o azeite de Moura e a vitela de Arouca podem coexistir com o fast food da Mc Donald's).

Quarto, a política de segurança alimentar dinamizou o direito a estar informado. Nada nos aterroriza mais que a hipótese de um contágio (febre aftosa, vacas loucas, gripe das galinhas...). Daí os Estados dotarem-se de transparência e exigirem aos operadores económicos mais transparência, a par de um sistema preventivo com as seguintes dimensões: hierarquização dos riscos, adopção de dispositivos que permitam eliminar ou minimizar a probabilidade do aparecimento de perigos; elaboração de manuais de gestão de crise nas empresas, caso a caso e o estabelecimento de procedimentos de formação e auditoria com a finalidade de aperfeiçoar a eficácia deste dispositivo.

O direito de estar informado, na percepção da opinião pública, passa pelos rótulos e pela publicidade. O rótulo é uma informação que tem múltiplos benefícios, convindo ir eliminando os inconvenientes. Referimo-nos ao facto de a informação poder criar ou aumentar uma angústia surda acerca do progresso tecnológico ou, noutros casos, levar à mais completa indiferença. A informação e a desinformação são assuntos para decisores políticos, empresas e jornalistas. No caso das dioxinas, alguns órgãos de comunicação social empolaram a percepção

Segurança Alimentar e Consumidores 117

social do risco; no passado, a comunidade científica, ao dar crédito aos trabalhos do biólogo Elie Metchnikoff contribuiu para a desinformação acerca do iogurte, sem prejuízo da sua imagem de grande salubridade.

Quinto, quando falamos de riscos e temores alimentares de que é que estamos a falar? Trata-se de um discurso polivalente onde cabem o risco sanitário associado às contaminações e aos envenenamentos, o risco nutricional devido a um desequilíbrio ou a uma sucessão de desequilíbrios alimentares, os riscos de identidade (já que os alimentos são indissociáveis de ritos sociais e culturais) e os riscos ecológicos e éticos (já que podemos pôr em causa os OGM e as consequências ambientais de certas técnicas produtivas, bem como a clonagem).

Sexto, que segurança dar ao consumidor numa atmosfera de inquietações alimentares? O pânico ganha dimensão mediática, envolve priões e vibriões, micróbios, OGM, dioxinas, vírus de toda a ordem. Como primeira evidência, convém destacar que a segurança alimentar pressupõe que o consumidor esteja alertado quer quanto a erros alimentares comuns, quer quanto a práticas higiénicas deficientes que o vulnerabilizam para o risco. Falamos concretamente na desestruturação das refeições. O consumidor deverá ser informado que o grau zero do risco não existe em alimentação e que um regime diversificado é o melhor instrumento para o equilíbrio metabólico.

A segurança alimentar é uma subclasse da segurança sanitária que compreende as actividades de prevenção e cuidados, os bens e os produtos com objectivos de terapêutica, diagnóstico do prevenção, pelo que se lhe deve atribuir a verdadeira dimensão que ela comporta: a protecção das pessoas contra as ameaças a que está exposta a saúde pela ingestão de alimentos. A segurança é incompatível com a abstenção.

3.2. *Antecedentes da política de segurança alimentar europeia*

I

Desde a fundação das Comunidades Europeias, e até 1985, data em que foi publicado o Livro Branco referente à realização do mercado interno, a legislação alimentar europeia pautou-se exclusivamente pelas preocupações de saúde pública, verticalizando-se o quadro legislativo, produto a produto. Tratava-se de legislação dispersa, não integrada, elaborada e adoptada ao sabor dos acordos políticos, sem identificação de responsabilidades ao longo de toda a fileira e sem nenhum propósito de visão integrada, desde a concepção do alimento até à mesa do consumidor. A primeira jurisprudência que fez superar os falsos entraves de saúde (e que constituíam modalidades de proteccionismo) ocorreu com o

Acórdão de Cassis de Dijon, em 1977. Segundo esta jurisprudência, nenhum Estado Membro podia, doravante, criar dificuldades à circulação de alimentos, desde que eles gozassem de uma autorização num Estado de origem (princípio do reconhecimento mútuo).

Essa filosofia passou a imperar na nova abordagem da normalização, delineada nos anos 80. Entendeu-se que as directivas que incorporavam especificações técnicas dificultavam a sua aprovação. Com a nova abordagem, a harmonização das legislações limitar-se-ia a estabelecer as exigências essenciais a que deviam corresponder os produtos para circularem na então Comunidade.

No Livro Branco (de 1985), considerou-se que, a partir de então, a acção legislativa devia orientar-se para directivas "horizontais" sempre que o objectivo prioritário de proteger a saúde e a segurança dos consumidores estivesse em jogo.

Na sequência dos primeiros incidentes relacionados com as vacas loucas, houve a preocupação de reformular a legislação alimentar da União Europeia, e assim surgiu o Livro Verde sobre os princípios gerais da legislação alimentar da União Europeia, em 1997. Neste documento destinado a preparar um grande debate público sobre a legislação alimentar, procurou-se analisar em que medida a legislação satisfazia as necessidades e as expectativas de produtores, fabricantes, distribuidores e consumidores. Como tinham sido detectadas anomalias nos sistemas de controlo e inspecção, pretendeu-se analisar tais sistemas, tendo sido apontados seis objectivos básicos para uma futura legislação: um elevado grau de protecção da saúde pública e da segurança do consumidor; a livre circulação de mercadorias; um corpo legislativo assente em dados científicos e na avaliação de riscos; a melhoria da competitividade da indústria europeia; a responsabilização da indústria através da auto-análise (HACCP), com controlos oficiais eficazes e o estabelecimento uma legislação coerente ao longo de toda a cadeia "do prado ao prato".

O Livro Verde começa por observar o carácter fragmentário da legislação e as dificuldades da sua adaptação à inovação. Os acidentes alimentares recentes davam conta que a segurança alimentar e a saúde dos consumidores requeriam uma abordagem mais coerente e transparente, abarcando a saúde pública, os interesses dos consumidores, a lealdade das práticas comerciais e novos controlos oficiais.

Existia, na época, uma enorme dispersão de directivas sobre a higiene, o que era reconhecido como um entrave a uma resposta rápida para detectar uma situação de risco, invertendo-a com celeridade. Insistia-se na abordagem horizontal da legislação, desencadeada pelo Livro Branco de 1985, tendo a Comissão identificado três áreas em que o princípio do reconhecimento mútuo não podia por si só obstar a efeitos adversos no mercado interno (auxiliares tecnológicos, adição de vitaminas e minerais aos produtos alimentares e aos suplementos dietéticos).

Entrando directamente na revisão da legislação existente, a Comissão propôs-se rever várias medidas que poderiam ser tomadas para racionalizar o simplificar a legislação comunitária, começando pela definição de produto alimentar, produção primária, racionalização da legislação sobre a higiene alimentar, uma maior flexibilidade no modo como os princípios HACCP são concebidos e aplicados. Depois, a Comissão confirmou que deixaria de apresentar propostas de legislação vertical, entregando à livre iniciativa dos operadores a questão das normas e da certificação da qualidade.

Entendeu-se que a informação do consumidor era de grande importância no contexto da segurança alimentar, tendo sido propostas novas medidas na rotulagem dos alimentos, caso dos alimentos novos e da rotulagem nutricional. A Comissão confirmou pugnar por um elevado nível de protecção sem quaisquer cedências na segurança alimentar.

A situação, entretanto, precipitou-se com a crise das vacas loucas e dos frangos com dioxinas, e com o alarmismo motivado por uma eventual presença de organismos geneticamente modificados nos alimentos. A Comissão foi forçada a adoptar medidas políticas sobre a segurança alimentar, de acordo com a gravidade da situação. Surgia assim, em Janeiro de 2000, o Livro Branco sobre a segurança dos alimentos, propondo alterações de fundo ao quadro legal existente, como se passa a enumerar.

1.º) Entendia-se que a criação de uma Autoridade Alimentar Europeia era a resposta mais adequada à necessidade de garantir um nível elevado de segurança alimentar. Esta Autoridade passaria a ser incumbida da elaboração de pareceres científicos independentes, da gestão de sistemas de alerta rápido, do diálogo com os consumidores sobre questões de segurança alimentar e da comunicação com as respectivas agências nacionais.

2.º) A legislação passaria a ser encarada na nova lógica "do prado ao prato". Para a pôr em prática, o Livro Branco apresentava mais de 80 medidas distintas. Consequentemente, seria proposto um novo quadro jurídico abrangendo toda a cadeia alimentar, atribuindo claramente à indústria, aos produtores e distribuidores o primeiro nível de responsabilização pela segurança alimentar. A política de segurança alimentar basear-se-ia doravante em pareceres científicos e no princípio da precaução, a aplicar sempre que necessário. O sector da alimentação animal seria o primeiro a ser revisto.

3.°) O controlo da segurança alimentar seria o primeiro a ser reformulado na base da equidade que deve garantir o mesmo nível de protecção em toda a Comunidade. Pretendia-se um quadro comunitário para o desenvolvimento e a gestão dos sistemas de controlo nacionais.

4.°) A Comissão propôs-se promover um diálogo com os consumidores para incentivar a sua participação na nova política de segurança alimentar.

Passando ao desenvolvimento das questões atrás enunciadas, a abordagem global integrada "da exploração agrícola até à mesa", a rastreabilidade dos alimentos para consumo humano e animal, a política alimentar mais coerente, eficaz e dinâmica aparecem como linhas de força e a base da nova política foi enunciada como a "análise dos riscos". Um comentário mais detalhado sobre a análise dos riscos merece aqui destaque. A análise dos riscos é um processo analítico há muito usado para fornecer informações sobre os perigos e os efeitos indesejáveis. A análise dos riscos é utilizada em domínios tão distintos como a energia nuclear, a medicina do trabalho, a segurança pública, os seguros ou a indústria química. Antes de ser consagrada no Livro Branco como ferramenta fundamental, a análise dos riscos já era utilizada em domínios como os aditivos, os pesticidas e os medicamentos veterinários.

A análise dos riscos é necessária, considerando que a alimentação implica riscos que não podem ser totalmente eliminados, já que não existe o risco zero. Esta ferramenta permite elaborar um processo de decisão estruturado baseado em dados científicos que assenta em três elementos: a avaliação, a gestão e a comunicação dos riscos. A avaliação é uma ponderação científica sobre a existência de um perigo potencial que também representa um risco. Por isso, esta avaliação passa por diferentes etapas: inventariação dos perigos, sua caracterização, avaliação da exposição e determinação do risco.

Importa distinguir perigos de riscos: um perigo não representa sempre um risco. Com base na avaliação científica do risco, tomam-se medidas (prevenção, controlo, interdição...) para reduzir este risco à mais ínfima espécie, gerindo-o. Durante a análise do risco, é preciso comunicar continuamente a questão dos perigos e quais os factores que determinam o risco. Os interessados nesta comunicação são a comunidade científica, as autoridades, as empresas e os consumidores. A comunicação do risco não se faz num sentido único das autoridades para os consumidores, como muitas vezes se pensa, mas através de uma troca interactiva e contínua das informações e de pontos de vista entre os indivíduos envolvidos durante o processo da análise dos riscos.

A recolha e a análise de informações são elementos fundamentais da segurança alimentar. Podem incluir dados provenientes de controlos realizados ao longo da cadeia alimentar humana e animal, das redes de vigilância de doenças, de investigações epidemiológicas e de análise laboratoriais. A Comissão dispõe de inúmeras informações provenientes das redes de controlo e vigilância da saúde pública, dos planos de vigilância das zoonoses e dos resíduos, dos sistemas de informação no sector agrícola, entre outros. Impunha-se a coordenação destas fontes de informação, explorar toda a informação disponível, integrar os sistemas de recolha de dados e proceder à respectiva análise. Não menos importante é a informação científica proveniente dos pareceres das redes científicas.

Apresentada esta ferramenta fundamental como a base da segurança alimentar europeia, será também útil reflectir sobre as competências da Autoridade Alimentar. Esta instância responde pela avaliação e comunicação dos riscos. Não é demais insistir que a Autoridade formula pareceres científicos baseados na recolha e análise das informações e garante informações transparentes destinadas à opinião pública e sustentadas nos respectivos pareceres. A Autoridade não tem competências na gestão dos riscos (isto é, não prepara a legislação nem inspecciona ou procede a qualquer modalidade de controlo dos géneros alimentícios).

Segundo o Livro Branco, a Autoridade tem como objectivo contribuir para um nível elevado da protecção dos consumidores. O seu trabalho baseia-se nos melhores conhecimentos científicos, é independente dos interesses industriais e políticos e trabalha em estreita colaboração com os organismos científicos nacionais.

Passando aos aspectos regulamentares, o Livro Branco anuncia um novo quadro jurídico para a segurança alimentar, contemplando a alimentação animal, a saúde e o bem-estar dos animais, uma abordagem coordenada da higiene alimentar, o estabelecimento e controlo de novos valores para contaminantes e resíduos, um reforço de medidas para regulamentar os novos alimentos (sobretudo os produzidos a partir de organismos geneticamente modificados) e legislação que envolve aditivos e aromatizantes alimentares, os materiais destinados a entrar em contacto com alimentos, entre outros.

O controlo oficial dos géneros alimentícios mereceu um capítulo autónomo no Livro Branco, anunciando que se iriam reformular as diversas disposições em matéria de controlo e declarando que tal matéria deve compreender todas as etapas da produção. O controlo de aplicação aparece muito claramente descrito: "A responsabilidade pela produção de alimentos seguros é partilhada entre os operadores, as autoridades nacionais e a Comissão Europeia. Aos operadores compete respeitar as disposições legislativas e minimizar os riscos por sua própria iniciativa. Às autoridades nacionais compete garantir que as normas de segurança dos alimentos sejam respeitadas pelos operadores. Estas autoridades devem estabelecer sistemas de controlo para garantir a observância das regras comunitárias e, se for necessário, impor a sua aplicação. Os sistemas em questão devem ser desenvolvidos a nível comunitário" (in Livro Branco, cap. 6.º, § 88). Nestes termos, é expressamente referido que se irá definir um quadro comunitário para os sistemas nacionais de controlo.

No tocante à informação dos consumidores, a Comissão entende que se devem reforçar os mecanismos da rotulagem e da publicidade, dos alimentos dietéticos, dos complementos alimentares e alimentos enriquecidos, das alegações de saúde, das funcionais e nutricionais. Finalmente, a Comissão prevê definir uma política nutricional global e coerente, a partir da recolha de dados sobre os regimes alimentares e a situação nutricional existente.

3.3. *O que significa o princípio da precaução*

Este princípio, que decorre do Direito do Ambiente, procura prevenir situações de risco nos contextos em que as informações científicas são incompletas ou em que subsistem dúvidas sobre os efeitos possíveis quanto à associação "ambiente, saúde humana, animal ou vegetal". Recorde-se que o princípio da precaução já vigora nos acordos da Organização Mundial de Comércio no tocante ao ambiente ou saúde. A precaução utiliza-se essencialmente no quadro da gestão de riscos, mas não deve confundir-se com o elemento de prudência que os cientistas aplicam na avaliação dos dados científicos. Quando uma acção de aplicação deste princípio é tida por indispensável para a boa gestão dos riscos, as medidas a tomar terão em conta os seguintes factores: devem ser proporcionais ao nível de protecção visado; não introduzir discriminação na sua aplicação; ser coerentes com as medidas já tomadas em situações similares; basear-se num exame de vantagens e encargos decorrentes da acção ou da ausência de acção; serem reexaminadas à luz de novos dados científicos; serem capazes de atribuir a responsabilidade de produzir as provas científicas necessárias para permitir uma avaliação mais completa do risco.

Em 2001, nascia, em Portugal, a Agência para a Qualidade e Segurança Alimentar. Convirá reflectir se a doutrina preconizada no Livro Branco publicado pela Comissão Europeia, em 2000, de que se fez uma síntese, se identificava com os propósitos nucleares para esta primeira instância nacional. Com efeito, a AAE teria esta Agência como seu ponto focal no tocante a pareceres científicos, na gestão do sistema de alerta rápido e na comunicação dos riscos a produtores, distribuidores e consumidores. Do mesmo modo, competiria à Agência transpor para o direito nacional o novo quadro jurídico em que assentam os princípios da segurança alimentar, como também o princípio da precaução preconizado deveria ser automaticamente contemplado na esfera de acção da Agência. Há quem se tenha interrogado se a Agência portuguesa iria nascer capacitada para ser uma autoridade alimentar nacional e se gozaria de total independência para fazer executar o princípio da precaução, acolher as instâncias científicas que possam emitir pareceres independentes e autónomos, dialogando com produtores, distribuidores e consumidores quanto ao modo como deverá ser assimilado o quadro jurídico em que se sustenta a qualidade e a segurança alimentar. Esta questão é de princípio, já que tem que ficar muito bem esclarecido que a gestão de riscos no tocante às medidas de inspecção, verificação e controlo é feita em total autonomia, e fora do quadro de funcionamento da Agência. Com efeito, não é deontologicamente aceitável que tal instância proceda horizontalmente à análise dos riscos, convindo demarcar o que deve ser diálogo com produtores, distribuidores, consumidores e comunidade científica com o quadro de medidas de inspecção e controlo que devem ser praticadas noutra esfera de acção e sem confusão de estatutos, pessoas, instalações e competências. Infelizmente não foi esse quadro de independência e rigor que se implantou em Portugal.

4. Alguma legislação básica sobre a segurança alimentar

Decreto-Lei n.º 425/99, de 21 de Setembro
(tem em anexo o Regulamento da Higiene dos Géneros Alimentícios

A higiene dos géneros alimentícios compreende as medidas necessárias para garantir a sua segurança e salubridade em todas as fases após a produção primária. Todas as empresas do sector alimentar deverão cumprir estas regras.

Ficam abrangidas todas as instalações onde sejam preparados, transformados, fabricados, embalados, armazenados, transportados, distribuídos, manuseados ou vendidos os géneros alimentícios destinados aos consumidores. Ficam igualmente abrangidos os locais onde são preparados, tratados ou transformados os géneros alimentícios, nomeadamente as cozinhas. De igual modo, estão sujeitas as instalações amovíveis, temporárias e de venda automática, nomeadamente os veículos para venda ambulante, as tendas de mercado, etc.

As normas da higiene incluem as caixas de carga de veículos de transporte e contentores.

Esta legislação abarca outras matérias como sejam o transporte a granel, o transporte de óleos e gorduras em navios, o transporte de açúcar bruto, a higiene pessoal e a formação dos manipuladores.

Decreto-Lei n.º 67/98, de 18 de Março (Normas Gerais de Higiene)

Autocontrolo: as empresas do sector alimentar devem identificar todas as fases das suas actividades de forma a garantir a segurança dos alimentos, tendo em conta os cinco grandes princípios que são: a análise dos potenciais riscos alimentares nas operações dos sector alimentar; identificação das fases das operações em que podem verificar-se riscos alimentares; determinação dos pontos críticos para a segurança dos alimentos; definição e aplicação de um controlo eficaz e de processos de acompanhamento dos pontos críticos; revisão periódica dos temas anteriores.

Códigos de boas práticas de higiene: as autoridades deveram promover e apoiar a elaboração de códigos voluntários que serão notificados à Comissão Europeia.

As autoridades competentes para o exercício do controlo oficial devem verificar se as empresas do sector alimentar aplicam e cumprem os procedimentos de higiene e de segurança alimentar adequados. Estas inspecções comportarão uma avaliação geral dos riscos potenciais em matéria de segurança alimentar ligados ao exercício das actividades da empresa. A Direcção Geral da Fiscalização e Controlo da Qualidade Alimentar é a Autoridade Nacional responsável pelo controlo oficial da higiene dos géneros alimentícios.

Decreto-Lei n.º 193/88, de 30 de Maio
(materiais e objectos destinados a serem postos em contacto com os alimentos)

Estes materiais e objectos devem ser produzidos em conformidade com as boas regras de fabrico a fim de não cederem aos géneros alimentícios constituintes que ou apresentem um perigo para a saúde humana, ou provoquem uma modificação inaceitável da composição dos géneros alimentícios ou uma alteração das respectivas características organolépticas.

Compete ao Governo tomar as disposições a que devem obedecer certo tipo de materiais e objectos, por exemplo, limite global de migração dos constituintes para os géneros alimentícios; limites específicos de migração de certos constituintes; critérios de pureza de substâncias e matérias a utilizar no fabrico de alimentos.

Decreto-Lei n.º 28/84, de 28 de Janeiro
(delitos antieconómicos e contra a saúde pública)

Aos crimes previstos neste diploma é aplicável subsidiariamente o Código Penal.

Os crimes previstos neste diploma contemplam a admoestação, a multa e a dissolução. Independentemente de outras penas acessórias.

O encerramento temporário do estabelecimento poderá ser ordenado por um período mínimo de um mês e máximo de um ano, quando o agente tiver sido condenado em pena de prisão superior a seis meses. Para além deste encerramento temporário deste estabelecimento, a lei contempla o encerramento definitivo.

Este diploma abarca o abate clandestino, a fraude sobre mercadorias, os crimes contra a genuinidade, qualidade ou composição dos géneros alimentícios, a detenção de quaisquer substâncias ou utensílios que possam ser usados na falsificação e define e classifica género alimentício anormal. Assim, considera-se anormal o género alimentício que, sendo ou não susceptível de prejudicar a saúde do consumidor, não seja genuíno, não se apresente em perfeitas condições ou não satisfaça as características analíticas legalmente fixadas. Os géneros alimentícios anormais classificam-se em falsificados, corruptos, avariados e com falta de requisitos.

Decreto-Lei n.º 560/99, de 18 de Dezembro
(rotulagem, apresentação e publicidade dos géneros alimentícios)

Rotulagem é o conjunto de menções e indicações respeitantes ao género alimentício que figuram quer sobre a embalagem, quer em letreiro ou documento que se refira ao respectivo produto.

Data da durabilidade mínima é a data até à qual se considera que os géneros alimentícios conservam as suas propriedades específicas nas condições de conservação apropriadas.

Data limite de consumo é a data a partir da qual não se pode garantir que os géneros alimentícios facilmente perecíveis, do ponto de vista microbiológico, estejam aptos para consumo.

O diploma define quais as menções obrigatórias nas rotulagem, os critérios aplicáveis à data de durabilidade mínima, o que se deve escrever na data limite de consumo, a lista de ingredientes, o modo de indicação da quantidade dos ingredientes (atenção, houve recentemente legislação que obriga a indicar todos os alergenos, independentemente do seu valor percentual), o modo de apresentação da rotulagem. Este modo de apresentação da rotulagem acaba por enquadrar a comunicação publicitária respectiva. Assim, as indicações a figurar na rotulagem não podem enganar o consumidor, nomeadamente quanto às características do género alimentício, sugerindo que o género alimentício possui características ou atribuindo propriedades ou efeitos que ele não possua.

Regulamento n.º 178/2002, de 28 de Janeiro
Cria a Autoridade Europeia para a Segurança dos Alimentos
e estabelece procedimentos em matéria de segurança dos géneros alimentícios

1. Considerações gerais sobre o Regulamento: procura superar, harmonizando, as legislações alimentares dos Estados membros, que mostram disparidades nos conceitos, princípios e procedimentos das legislações alimentares; inclui requisitos referentes aos alimentos para animais, sempre que se destinem a animais produtores de géneros alimentícios; estabelece as componentes para reduzir, eliminar ou evitar riscos para a saúde (avaliação, gestão e comunicação de riscos); consagra um sistema exaustivo de rastreabilidade nas empresas do sector alimentar e do sector dos alimentos para animais; define a Autoridade como entidade científica independente de parecer, informação e comunicação dos riscos, incluindo os diferentes tipos de OGM; a Comissão continua a ser plenamente responsável pela comunicação das medidas de gestão dos riscos; é criado um sistema de alerta rápido aperfeiçoado e alargado, abrangendo os géneros alimentícios e os alimentos para animais.

2. Definições: o Regulamento estabelece um elevado número de definições, como as de "risco" (uma função da probabilidade de um efeito nocivo para a saúde e da gravidade desse efeito, como consequência de um perigo), "perigo" (um agente biológico, químico ou físico, presente nos géneros alimentícios ou nos alimentos para animais, com potencialidades para provocar um efeito nocivo para a saúde), "rastreabilidade" (capacidade de detectar a origem e de seguir o rasto de um género alimentício) ou, ainda, "legislação alimentar" (disposições legislativas, regulamentares e administrativas, que regem os géneros alimentícios, abrangendo todas as fases de produção, transformação e distribuição).

3. Análise dos riscos: a fim de alcançar o objectivo geral de um elevado nível de protecção da vida e da saúde humanas, a legislação alimentar basear-se-á na análise dos riscos. A componente "avaliação dos riscos" fundamentar-se-á nas provas científicas disponíveis e será realizada de forma independente; a componente "gestão dos riscos" terá em conta os resultados da avaliação dos riscos. Define-se o princípio da precaução como a faculdade de se adoptarem medidas provisórias de gestão dos riscos nas situações em que persista incerteza a nível

científico ou enquanto se aguardam outras informações científicas que permitam uma avaliação mais exaustiva dos riscos. Estas medidas devem ser reexaminadas dentro de um prazo razoável, consoante a natureza do risco para a vida ou a saúde. A legislação alimentar tem como objectivo a protecção dos interesses dos consumidores e visa sobretudo prevenir práticas fraudulentas ou a adulteração dos géneros alimentícios.

4. Responsabilidades na segurança alimentar: os operadores devem assegurar, em todas as fases, que os géneros alimentícios ou os alimentos para animais preenchem os requisitos da legislação alimentar; os Estados membros porão em vigor esta legislação e procederão ao controlo e à verificação da obser-vância dos requisitos legislativos por parte dos operadores. Para tal, manterão um sistema de controlos oficiais, estabelecendo regras relativas às medidas e sanções aplicáveis às infracções à legislação alimentar e em matéria de alimentos para animais.

5. Atribuições e tarefas da Autoridade Europeia para a Segurança dos Alimentos (AESA): a AESA deverá fornecer pareceres científicos e apoio técnico e científico à legislação e políticas comunitárias em todos os domínios que interessem à segurança alimentar. A Autoridade, a Comissão e os Estados membros deverão cooperar no sentido de promover uma coerência efectiva entre as funções de avaliação, gestão e comunicação dos riscos. São órgãos da Autoridade: o Conselho de Administração, o Director Executivo, o Fórum Consultivo, o Comité Científico e painéis científicos (aditivos alimentares, aditivos para animais, fitossanidade, OGM, produtos dietéticos, nutrição e alergias, riscos biológicos, contaminantes da cadeia alimentar, saúde e bem-estar animal). O Comité e os painéis científicos serão responsáveis pela formulação de pareceres.

6. Sistema de alerta rápido: a fim de desempenhar da melhor forma as suas atribuições de vigilância dos riscos sanitários e nutricionais dos géneros alimentícios, a AESA passa a ser destinatária das mensagens que circulem no sistema de alerta rápido. Os Estados membros notificarão, através deste sistema, sobre qualquer medida que adoptem para restringir a colocação no mercado de géneros alimentícios ou alimentos para animais.

7. Criação de redes de organismos nos domínios de competência da AESA: a criação destas redes tem por objectivo facilitar um quadro de cooperação científica através da coordenação das actividades, intercâmbio de informações, elaboração e execução de projectos comuns.

O RISCO DA INFORMAÇÃO
EM AMBIENTE ELECTRÓNICO

CARLOS GAMEIRO*

A comunicação é, foi sempre e cada vez mais será, factor fundamental para o desenvolvimento e evolução das pessoas e da sociedade em geral. Ao longo dos anos, a tecnologia evoluiu, os meios de comunicação foram diversificando e aumentando as suas capacidades, e a humanidade ficou mais próxima. A massificação das infra-estruturas e artifícios como telefones e sistemas de comunicação fixos ou móveis, rádio, televisão e satélites de comunicação são um exemplo claro desta situação.

Neste âmbito, o computador pessoal quando integrado ou com acesso a infra-estrutura de comunicações foi uma dos recursos de maior valor no passado recente e de inequívoca afirmação futura. O computador tornou-se uma ferramenta de trabalho (e também de lazer), essencial na comunidade mundial indissociável dos cidadãos e organizações.

Esta simbiose de Homem e Sistema de Informação e Comunicação (SIC), amplia as capacidades humanas ao ponto de determinadas tarefas poderem ser parcial ou integralmente entregues aos computadores, assistindo-se a cada dia que passa a uma diluição da fronteira entre o Homem e a Máquina nos mais variados domínios de actividade.

Tradicionalmente, as organizações sempre dedicaram grande atenção aos seus activos financeiros e patrimoniais, mas pouca atenção aos activos de informação. Actualmente a informação assumiu importância vital em todo o tipo de actividade, marcada pela dinâmica da globalização, permanentemente on-line, de

---

* Coronel do Exército e Chefe de Departamento de Segurança Electrónica do Gabinete Nacional de Segurança.

tal forma que não há organização que não dependa dos SIC. Tal situação implica que o grau de protecção e preocupação com a informação tenha crescido consideravelmente dentro deste ambiente integrado e global.

Como qualquer urbe que ao desenvolver-se e expandir-se poderá ter problemas com o aumento da criminalidade, uma rede de computadores também poderá padecer do mesmo mal. Tal como os cidadãos, as organizações do estado ou privadas migram para a Internet, o crime também segue nesta direcção. Tal como é mais fácil, rápido e barato realizar transacções de todo o tipo de activos via Internet, também é mais fácil, mais rápido e barato roubar por esta via.

A tecnologia utilizada pelos criminosos digitais, está presente desde o inicio da Internet e é constantemente aperfeiçoada e refinada. Ao contrário das empresas e organizações, que têm dificuldade em trocar experiências e informação e fogem a investimentos na segurança, a experiência e tecnologia e investimento dos piratas informáticos transcendem os limites físicos dos países. Por outro lado, estão disponibilizadas muitas ferramentas com fácil consulta e execução. As técnicas de invasão estão cada vez mais acessíveis para estes actores na Internet, permitindo que agressores com conhecimentos técnicos limitados possam efectivar ataques cada vez mais bem sucedidos.

Na medida em que aumentam exponencialmente o número de novos actores no ciberespaço (segundo definição da UNESCO é um novo ambiente humano e tecnológico de expressão, informação e transacções económicas, constituído por pessoas de todos os países, de todas as culturas e línguas, de todas as idades e profissões fornecendo e requisitando informação; uma rede mundial de computadores interligada pela infra-estrutura de telecomunicações que permite à informação em trânsito ser processada e transmitida digitalmente praticamente em tempo real), sejam utilizadores domésticos, escolas, empresas ou os próprios Estados, os riscos decorrentes da falta de conhecimento e informação sobre segurança com a consequente tomada de medidas de protecção para minimizar o impacto, aumentam consideravelmente.

O risco pode ser definido como a probabilidade de uma ameaça explorar vulnerabilidades, podendo causar perdas ou prejuízos num recurso ou grupo de recursos ou de bens tangíveis ou não tangíveis (como a reputação, por exemplo que não é quantificável, mas que poderá acarretar graves consequências). Desta forma, os riscos são determinados pela combinação das ameaças, vulnerabilidades e valor dos recursos ou bens, estes medidos com base no impacto destes recursos ou bens nas actividades da organização, onde impacto se traduz como os resultados de um incidente (casual ou propositado) inesperado.

As reflexões sobre a segurança e consequentes formas de implementação é um tema que tem requerido a atenção dos responsáveis desde sempre. No entanto,

O *Risco da Informação em Ambiente Electrónico*

a partir dos anos sessenta, período em que se observou a proliferação dos computadores, as questões da segurança depararam não só com os problemas anteriores, essencialmente processuais, mas também com problemas e vulnerabilidades de nível técnico, de normalização e de infra-estruturas e acima de tudo de pessoas.

Na última década, têm sido desenvolvidos por várias nações e organizações, esforços para responder à ameaça de ataques contra os SIC.

Em Fevereiro de 2003, a Casa Branca divulgou a Estratégia Nacional para Segurança do Ciberespaço (National Strategy to Secure Cyberspace), um documento delineando uma abordagem sustentada e multifacetada para salvaguardar as tecnologias de comunicações vitais para a nação. A estratégia foi desenvolvida após a consulta a autoridades em todos os níveis do governo, especialistas do sector privado e outros cidadãos interessados. O texto abaixo reflecte o plano de acção delineado para proteger os sistemas complexos, interligados e informatizados, vitais para a sociedade.

A Estratégia Nacional para Segurança do Ciberespaço articula cinco prioridades nacionais:

1. Sistema nacional de respostas para a segurança do ciberespaço;
2. Programa nacional para redução das vulnerabilidades e ameaças à segurança do ciberespaço;
3. Programa nacional de sensibilização e formação para a segurança do ciberespaço;
4. Segurança do ciberespaço no governo;
5. Cooperação de segurança nacional e internacional do ciberespaço.

No que diz respeito a esta última, o seu objectivo é consubstanciado nos seguintes vectores:

1. Aumentar os esforços de contra-informação, no espectro do ciberespaço;
2. Melhorar os recursos para identificação da origem dos ataques e a resposta aos mesmos;
3. Melhorar a coordenação para responder aos ataques digitais dentro da comunidade de segurança nacional;
4. Trabalhar com a indústria e organizações internacionais para promover o diálogo e a parceria entre os sectores público e privado internacionais concentrados em proteger as infra-estruturas críticas e promover uma "cultura de segurança" global;
5. Incentivar o estabelecimento de redes de vigilância e alerta nacionais e internacionais para detectar e evitar ataques à medida que aparecerem;

6. Incentivar outras nações a aderir à Convenção do Conselho da Europa sobre a Cibercriminalidade e/ou garantir que as suas leis e procedimentos sejam no mínimo tão abrangentes.

O grupo dos oito emitiu uma declaração com as medidas/princípios fundamentais para protecção das infra-estruturas dos países. Para o G-8 as infra-estruturas da informação são uma parte essencial. Portanto, para que se obtenha uma protecção adequada os países devem garantir que as infra-estruturas da informação estão salvaguardadas de danos e de ataques. Uma efectiva protecção inclui a identificação de ameaças, redução das suas vulnerabilidades, minimizando os danos e o tempo de recuperação. É fundamental que sejam identificadas as causas e origens para que estas sejam analisadas por peritos e/ou investigadas pelas autoridades policiais. Uma efectiva protecção também requer comunicação, coordenação e cooperação nacional e internacional entre todos os interessados: a investigação e desenvolvimento, a indústria e o comércio, os sectores académicos, privado e as entidades governamentais, os órgãos de protecção da infra-estrutura e as autoridades. A realização desses esforços deve levar em conta a segurança da informação e as leis aplicáveis em matéria de assistência jurídica mútua e protecção da privacidade. É desejável que os países considerem os seguintes princípios no desenvolvimento de uma estratégia de redução dos riscos para as infra-estruturas, devendo os países adoptar, no mínimo, as seguintes medidas:

1. Os países devem contar com redes de alerta de emergência para vulnerabilidades, ameaças e incidentes do ciberespaço;
2. Os países devem aumentar a sensibilização dos interessados para facilitar compreensão da natureza e alcance de suas infra-estruturas essenciais e do papel que cada um deles deve desempenhar para protegê-las;
3. Os países devem examinar as suas infra-estruturas e identificar interdependências mútuas, melhorando a protecção dessas infra-estruturas;
4. Os países devem promover parcerias entre os interessados, tanto do sector público como do privado, para trocar e analisar informação sobre as suas infra-estruturas críticas, de modo a prevenir, investigar e reagir a danos ou ataques às mesmas;
5. Os países devem criar e manter redes de comunicação de crise e aplicá-las experimentalmente a fim de manter sua segurança e estabilidade em situações de emergência;
6. Os países devem assegurar que as políticas sobre disponibilidade de dados levem em conta a necessidade de proteger infra-estruturas informáticas essenciais;

O *Risco da Informação em Ambiente Electrónico*

7. Os países devem facilitar a monitorização de ataques às infra-estruturas essenciais e, quando apropriado, o fornecer informação pertinente a outros países;

8. Os países devem proporcionar formação e realizar exercícios para melhorar suas capacidades de resposta. Devem testar os planos de continuidade e contingência no caso de ataques a uma infra-estruturas, encorajando a participação dos interessados em actividades semelhantes;

9. Os países devem assegurar-se de que contam com legislação adequada, como as delineadas na Convenção do Conselho da Europa sobre crimes do ciberespaço, de 23 de Novembro de 2001, com pessoal treinado para investigar ataques a infra-estruturas essenciais, para accionar judicialmente os seus autores e para coordenação de investigações com outros países, na medida do possível;

10. Os países devem participar na cooperação internacional, quando apropriado, a fim de proteger infra-estruturas essenciais, mediante o desenvolvimento e a coordenação de sistemas de alerta de emergência, partilhando e analisando informação sobre vulnerabilidades, ameaças e incidentes, coordenando, de acordo com as leis nacionais, as investigações de ataques a essas infra-estruturas.

11. Os países devem promover a investigação e o desenvolvimento internacional e encorajar a aplicação de tecnologias de segurança, certificadas de acordo com padrões internacionais.

Na União Europeia, no Conselho Europeu de Estocolmo, realizado em 23-24 de Março de 2001, estabeleceu nas suas conclusões a necessidade de elaboração de uma estratégia global de segurança das redes electrónicas, incluindo acções práticas de execução. O conjunto de medidas descritas a seguir é o contributo da Comissão Europeia, para a protecção das infra-estruturas críticas:

1. Sensibilização: deve ser lançada uma campanha pública de informação e educação e devem ser promovidas as melhores práticas;

2. Sistema Europeu de Alerta e Informação: os Estados Membros devem reforçar as suas equipas de resposta a emergências informáticas (CERT) e melhorar a coordenação entre elas. A Comissão irá examinar com os Estados Membros o modo de organizar a nível europeu a recolha de dados, a análise e o planeamento de respostas avançadas para as actuais e novas ameaças à segurança;

3. Apoio tecnológico: o apoio à investigação e desenvolvimento no domínio da segurança dever ser um elemento chave do 6º Programa

Quadro e estar integrado numa estratégia mais vasta de melhoria da segurança das redes e da informação;

4. Apoio à normalização e certificação orientadas para o mercado: as organizações europeias de normalização são convidadas a acelerar os seus trabalhos sobre interoperabilidade. A Comissão continuará a apoiar as assinaturas electrónicas e o desenvolvimento do IPv6 e do IPSec e avaliará a necessidade de uma iniciativa no plano jurídico para o reconhecimento mútuo de certificados. Os Estados Membros devem efectuar uma revisão de todas as normas de segurança nesta matéria;

5. Quadro jurídico: a Comissão criará um inventário das medidas nacionais que foram tomadas em consonância com a legislação comunitária neste domínio. Os Estados Membros devem apoiar a livre circulação de produtos de cifra. A Comissão irá propor legislação relativa à cibercriminalidade;

6. Segurança nas administrações: os Estados Membros devem incorporar soluções de segurança eficazes e interoperáveis nas suas actividades de administração em linha e concursos públicos electrónicos. Os Estados Membros devem recorrer às assinaturas electrónicas quando oferecem serviços públicos. A Comissão reforçará os seus requisitos de segurança nos seus sistemas de comunicações e informação;

7. Cooperação internacional: a Comissão reforçará o diálogo com organizações e parceiros internacionais sobre segurança das redes e da informação.

Em jeito de conclusão, torna-se claro, mesmo para os mais cépticos, que a segurança dos sistemas de informação deve ser uma elevada prioridade para qualquer Estado.

Com o aumento da dependência das tecnologias de informação e comunicação (TIC), todas as infra-estruturas vitais são potencialmente vulneráveis a qualquer espécie de ataque externo (imagine-se a consequência de um ataque ao sistema de gestão e operação de comunicações móveis, de gestão de tráfego aéreo e ferroviário, de distribuição de energia eléctrica, etc.).

A primeira prioridade deve ser a procura objectiva na avaliação das ameaças reais. Neste sentido é fundamental a adopção de metodologias e processos que permitam, sem redundância e em determinado contexto, caracterizar e identificar os riscos que podem afectar os recursos importantes.

É imperioso que as seguintes questões sejam profundamente consideradas: O que queremos proteger? O que é necessário proteger? Qual a probabilidade de um ataque? Quem pode conduzir o ataque? Qual o prejuízo se for bem sucedido?

Qual o tempo de reposição? Que acções deverão ser tomadas antes e depois de um ataque?

Acções como, subornar alguém no interior da organização, criar informação falsa, manipular informação ou lançar armas lógicas maliciosas contra SIC ligados às infra-estruturas de comunicação globais, podem ter efeitos devastadores não apenas numa organização, mas na sociedade em geral. As invasões são particularmente atractivas, porque podem ser lançadas de qualquer parte do globo sem deixar rasto e porque muitos dos conceitos de como explorar os atributos e fluxos de segurança estão amplamente divulgados de forma gratuita na Internet.

Há ainda que ter em conta também, que a diversidade de legislação em diferentes países, que em alguns casos poderá não entender como crime informático o que noutro é tido como tal.

Já na vertente de quem tem responsabilidades na protecção dos activos, a defesa não é barata e não é facilmente obtida. São necessários amplos recursos para desenvolver ferramentas, processos e procedimentos para assegurar a disponibilidade e a integridade da informação e garantir a sua confidencialidade quando esta é requerida e ainda o não repúdio.

São também necessários avultados recursos adicionais para desenvolver guias de orientação para desenhar sistemas e software de modo a garantir que os SIC podem operar em ambientes complexos.

As organizações e/ou nações devem investir seriamente na capacidade de protecção e recuperação dos processos e funções vitais e assim demonstrar que os seus sistemas de informação são robustos e resistentes aos ataques, desencorajando os atacantes.

O atingir dos objectivos de protecção, passa por uma política concertada entre o Estado, as organizações e o cidadão/utilizador. O Estado deverá proporcionar mecanismos que garantam o aconselhamento e capacidade de intervenção ao nível da segurança. A criação de organismos que identifiquem em todo o momento o tipo de riscos e as medidas técnicas para lhes fazer face.

Por outro lado devem ser implementados, no seio das organizações, estruturas de segurança que promovam um variado leque de controlos de segurança, que na prática passam por acções aos nível dos procedimentos e políticas, formação e sensibilização das pessoas e configurações técnicas que visem limitar os danos provocados através das vias de acesso lógico, com o objectivo de:

- Conhecer os riscos associados à organização;
- Estabelecer um conjunto equilibrado de requisitos de segurança em conformidade com os riscos identificados;

- Transformar os requisitos de segurança em procedimentos a serem adoptados em toda a organização;
- Estabelecer laços de confiança na correcção e efectividade dos mecanismos de segurança adoptados;
- Garantir que os riscos residuais são mantidos em níveis toleráveis;
- Integrar os esforços de todas as áreas da organização na procura de uma visão combinada sobre a confiança nos sistemas.

Poderíamos dizer que a SEGURANÇA em razão dos seus custos deveria escrever-se:

$$\text{“}\ \underline{\$}\ \underline{€}\ GURANÇA\ \text{”}$$

Lisboa, 27 de Setembro de 2006.

POLÍCIAS MUNICIPAIS:
PASSADO RECENTE, PRESENTE E FUTURO[1]

CATARINA SARMENTO E CASTRO*

I. INTRODUÇÃO

Fonte de algumas críticas e de várias confusões, o nascimento das polícias municipais com a natureza que hoje lhes reconhecemos − de polícia de cariz fundamentalmente administrativo à qual estão vedadas as actividades de segurança interna em geral, salvo as que o seu estatuto timidamente prevê, e dependentes de órgãos municipais dotados de verdadeira autonomia − tem o seu arranque com a revisão constitucional de 1997 que no artigo relativo ao poder local (237.°) introduz um n.° 3 no qual, de forma inovadora, se estabeleceu o seguinte:

> "As polícias municipais cooperam na manutenção da tranquilidade pública e na protecção das comunidades locais".

Quase 10 anos volvidos desde a introdução da norma que as constitucionaliza e 6 anos após a entrada em funcionamento das primeiras polícias municipais ao abrigo da lei então vigente − a Lei n.° 140/99, de 28 de Agosto, depois substituída pela Lei n.° 19/2004, de 20 de Maio − e diluída que foi a reacção negativa inicial à sua criação, importa explicar o caminho percorrido e reflectir sobre a direcção que tomam estas polícias.

---

* Mestra em Direito e Assistente da Faculdade de Direito da Universidade de Coimbra.

[1] O presente texto destina-se a servir de guia aos estudantes da pós-graduação/mestrado em Estudos Avançados em Direito e Segurança, da Faculdade de Direito da Universidade Nova de Lisboa e do Observatório de Segurança, Criminalidade Organizada e Terrorismo.

II. O PASSADO RECENTE DAS POLÍCIAS MUNICIPAIS

Apenas com os actuais contornos as polícias municipais podem ser consideradas um fenómeno recente. Sem que seja necessário recuar muito no tempo, já encontramos, nos anos 90, e ainda antes da revisão constitucional atrás assinalada, municípios dotados de serviços de polícia municipal.

Legislação aprovada antes da revisão da Constituição de 1997 admitia já a criação de serviços de polícia municipal, todavia, no anterior contexto constitucional e legal, a estes serviços cabia somente o desempenho de funções de polícia administrativa em sentido restrito[2]. Deste modo, segundo o normativo então regulador da matéria – a Lei n.º 32/94, de 29 de Agosto –, competiria aos municípios, no exercício de funções de polícia administrativa, fiscalizar o cumprimento das leis e dos regulamentos que disciplinam matérias relativas às atribuições das autarquias e à competência dos seus órgãos (art. 1.º), podendo para o efeito criar serviços de polícia especialmente vocacionados para o exercício dessas funções (art. 3.º, n.º 1).

As competências dos serviços municipais de polícia restringiam-se, então, à mera fiscalização da legalidade e à elaboração do auto de notícia de infracção (art. 4.º, n.º 1), e tinham como justificação constitucional a 1.ª parte do n.º 1 do artigo 272.º da Constituição que hoje, como então, estabelece:

> "A polícia tem por funções **defender a legalidade democrática**, e garantir a segurança interna e os direitos dos cidadãos[3]."

Vale a pena reproduzir aqui as competências atribuídas aos serviços de polícia municipal pela Lei n.º 32/94, de 29 de Agosto. Nesse contexto, o seu artigo 4.º determinava:

> "1 – As competências dos serviços municipais de polícia restringem-se à mera fiscalização da legalidade e à elaboração do auto de notícia de infracção.
>
> 2- Compete, em especial, aos serviços municipais de polícia:
>
> a) Verificar a conformidade entre a utilização de bens ou a fruição de serviços prestados e as normas aplicáveis;
>
> b) Verificar as condições de utilização das licenças atribuídas por órgãos do município;

---

[2] Sobre a distinção entre polícia administrativa em sentido amplo e polícia administrativa em sentido restrito pode ver-se o que escrevemos mais adiante, no ponto respeitante às competências das polícias municipais. Para mais desenvolvimentos poderá ler-se: CASTRO, Catarina Sarmento e, *A questão das polícias municipais*, Coimbra Editora, Coimbra, 2003.

[3] Sublinhado nosso.

Polícias Municipais: Passado, Presente e Futuro   139

c) Fiscalizar o exercício da actividade cinegética nas zonas de caça sociais de que os municípios ou empresas municipais sejam concessionários;

d) Fiscalizar o cumprimento das deliberações dos órgãos do município e das disposições legais e regulamentares sobre o ordenamento, a segurança e comodidade do trânsito, quando essa competência não esteja exclusivamente cometida a outros órgãos ou entidades;

e) Participar no serviço municipal de protecção civil;

f) Providenciar pela guarda das instalações municipais;

g) Cooperar, no âmbito dos seus poderes, com os demais serviços do município e com quaisquer outras entidades públicas que o solicitem, designadamente as forças de segurança, nos termos da lei;

h) Elaborar autos de notícia de contra-ordenação e de contravenção;

i) Instruir processos de contra-ordenação, nos termos do regime que regula aquele tipo de ilícito, mediante delegação da câmara municipal."

Com a revisão da Constituição de 1997, o texto do renovado artigo 237.º, significativamente incluído no Título "Poder local", e sob a epígrafe "descentralização administrativa", passa a admitir que a lei potencie a criação de serviços municipais vocacionados para o desempenho de funções de polícia que podem, agora, ir além do até então admitido pelo anterior quadro constitucional e, consequentemente, pelo quadro legal, passando a ser possível que as polícias municipais se dediquem, a par das tradicionais competências de polícia administrativa *stricto sensu*, a tarefas atinentes à *"manutenção da tranquilidade pública e (na) protecção das comunidades locais"*.

O deferimento de competências de segurança a corpos municipais de polícia não é, todavia, novidade do final de século XX: muito antes do actual dispositivo constitucional, ainda na vigência da Constituição de 1933, já eram concedidos aos municípios poderes de polícia que eram então considerados poderes de segurança de pessoas e bens[4]. Acontece que o exercício destes poderes "municipais" de polícia nada mais era do que o desempenho de funções na dependência do governo: o "magistrado administrativo", e depois o presidente da câmara, era representante do governo nas circunscrições administrativas locais, e funcionava como órgão local do Estado[5]. Até à Constituição de 1976, as funções de polícia, nomeadamente de polícia de segurança, eram funções exercidas em representação

---

[4] CAETANO, Marcello, *Manual de Direito Administrativo*, Vol. I, 10.ª Edição, 4.ª Reimpressão, Almedina, Coimbra, 1990, p. 328 e 330.

[5] AMARAL, Diogo Freitas, *Curso de Direito Administrativo*, Vol. I, 2.ª Edição, Almedina, Coimbra, 1994, p. 317 ss.; CAUPERS, João, *A Administração Periférica do Estado*, Aequitas/Editorial Notícias, Lisboa, 1994, p. 386.

do Estado, e não por verdadeiros órgãos duma Administração que fosse dotada de características de autonomia, i.e., de autogoverno, de capacidade de exercício de tarefas sob responsabilidade própria, e de autodeterminação.

Assim, só depois da revisão constitucional de 1997 estes serviços municipais reúnem a característica de dependerem de órgãos municipais verdadeiramente autónomos, com a possibilidade do desempenho de (algumas) funções de segurança, o que os torna objecto da nossa especial atenção.

III. O REGIME DAS POLÍCIAS MUNICIPAIS

Sendo o actual diploma regulador das polícias municipais a Lei n.º 19/2004, de 20 de Maio, o fundamental do seu estatuto fora já estabelecido pela mencionada Lei n.º 140/99, de 28 de Agosto, que a antecedera, e que o novo diploma em muito reproduziu.

Através da nova lei, o legislador procedeu à revisão do regime e forma de criação das polícias municipais, introduzindo pequenos ajustamentos, na sua maioria pouco significativos. Esta nova lei teve origem no Projecto de Lei n.º 366/IX e respondia, embora tardiamente, ao previsto no artigo 21.º da lei então em vigor que determinava a sua revisão dois anos após a sua aplicação concreta.

Na exposição de motivos anexa ao projecto podia ler-se: "as alterações propostas não configuram, minimamente, qualquer inversão ou revolução legislativa neste regime, antes procuram aprofundar os mecanismos legais necessários a uma instalação e funcionamento eficiente destes departamentos autárquicos".

1. Criação das polícias municipais

No termos da Lei n.º 19/2004, a criação das polícias municipais é feita por deliberação da assembleia municipal, sob proposta da câmara municipal (art. 11.º). Não foi definida qualquer obrigatoriedade na sua criação, pelo que os órgãos municipais são hoje livres de determinar a sua constituição. A Lei n.º 5-A/2002, de 11 de Janeiro, que procede à primeira alteração do quadro de competências e do regime jurídico de funcionamento dos órgãos dos municípios e das freguesias (Lei n.º 169/99, de 18 de Setembro), e os republica, também estabelece, no artigo 53.º, n.º 4, alínea a), que compete à assembleia municipal, sob proposta da câmara, deliberar sobre a criação e a instituição em concreto do corpo de polícia municipal, nos termos e com as competências previstos na lei.

Polícias Municipais: Passado, Presente e Futuro   141

No âmbito do novo quadro constitucional foram até à data criadas 33 polícias municipais[6], muito embora outros municípios hajam anunciado essa intenção[7]. Lisboa e Porto também dispõem de polícia municipal, embora sujeitas a um regime especial[8].

---

[6] As Deliberações das Assembleias Municipais que criaram polícias municipais e que foram ratificadas por Resoluções do Conselho de Ministros, ainda em **2000**, foram: **Braga** e **Sintra**, Deliberações de 17 de Abril, **Guimarães**, de 17 de Maio, **Póvoa de Varzim**, de 25 de Maio, **Gondomar**, de 5 de Junho, **Aveiro**, de 6 de Junho, **Amadora, Coimbra, Paços de Ferreira** e **Vila do Conde**, de 7 de Junho, **Gaia**, de 8 de Junho, **Oeiras**, de 12 de Junho, **Maia**, de 5 de Julho, **Cascais**, de 31 de Julho, e **Matosinhos**, de 3 de Agosto, todas de 2000. As Resoluções do Conselho de Ministros que lhes deram eficácia são as Resoluções n.º 124/2000 (Maia), de 11 de Outubro, n.º 125/2000 (Gondomar), n.º 126/2000 (Matosinhos), n.º 127/2000 (Póvoa de Varzim), n.º 128/2000 (Paços de Ferreira), n.º 129/2000 (Vila do Conde), n.º 130/2000 (Aveiro), n.º 131/ /2000 (Cascais), todas de 12 de Outubro, n.º 132/2000 (Vila Nova de Gaia), n.º 133/2000 (Guimarães), n.º 134/2000 (Sintra), n.º 135/2000 (Coimbra), n.º 136/2000 (Oeiras), todas de 13 de Outubro, e n.º 138/2000 (Amadora), n.º 139/2000 (Braga), ambas de 17 de Outubro. Foram ratificadas em **2002** as Deliberações das Assembleias Municipais que criaram as polícias municipais de **Cabeceiras de Basto**, de 30 de Junho de 1999, de **Paredes**, de 3 de Junho de 2000, de **Santo Tirso**, de 5 de Junho de 2000, da **Trofa**, de 8 de Junho de 2000, de **Vila Nova de Poiares**, de 13 de Junho de 2000, de **Felgueiras**, de 19 de Junho de 2000, de **Fafe**, de **Valpaços**, e de **Viseu**, todas de 30 de Junho de 2000, de **Marco de Canaveses**, de 3 de Julho de 2000, da **Figueira da Foz**, de 7 de Julho de 2000, de **Vila Nova de Famalicão**, de 8 de Setembro de 2000, de **Vieira do Minho**, de 29 de Setembro de 2000, de **Loulé**, de 10 de Novembro de 2000, de **Lousada**, de 24 de Novembro de 2000, de **Celorico da Beira**, de 9 de Dezembro de 2000, de **Albufeira**, de 29 de Março de 2001, de **Boticas**, de 25 de Setembro de 2001. As Resoluções que as ratificaram foram, respectivamente, as Resoluções n.º 20/2002, de 30 de Janeiro (Cabeceiras de Basto), n.º 29/2002, de 9 de Fevereiro (Paredes), n.º 19/2002, de 30 de Janeiro (Santo Tirso), n.º 18/2002, de 29 de Janeiro (Trofa), n.º 23/2002, de 2 de Fevereiro (Vila Nova de Poiares), n.º 32/2002, de 14 de Fevereiro de 2002 (Felgueiras), n.º 31/2002, de 13 de Fevereiro (Fafe), n.º 33/2002, de 14 de Fevereiro (Valpaços), n.º 44/2002, de 13 de Março (Viseu), n.º 81/2002, de 12 de Abril (Marco de Canaveses), n.º 14/2002, de 28 de Janeiro (Figueira da Foz), n.º 34/2002, de 15 de Feve-reiro (Vila Nova de Famalicão), n.º 25/2002, de 2 de Fevereiro (Vieira do Minho), n.º 60/2002, de 23 de Março (Loulé), n.º 87/2002, de 22 de Abril (Lousada), n.º 24/2002, de 2 de Fevereiro (Celorico da Beira), n.º 17/2002, de 29 de Janeiro (Albufeira), e n.º 30/2002, de 9 de Fevereiro (Boticas).

[7] É, *v.g.*, o caso de Loures. Essa referência pode ser encontrada no sítio *Web* do município: «hyperlink "http://www.cm-loures.pt/gp...PoliciaMunicipal.asp"»).

[8] Tal como acontecia na lei anterior, o artigo 21.º da Lei n.º 19/2004 também estabeleceu a necessidade de um regime especial para as polícias municipais de Lisboa e do Porto. Na sua redacção, este veio a diferir pouco do anterior, mas fê-lo de forma subtil, ao fugir ao sentido do artigo 22.º da Lei n.º 140/99 que sob a mesma epígrafe estabelecia que "as Polícias Municipais de Lisboa e do Porto poderão beneficiar de um regime transitório por um período não superior a cinco anos". Manteve-se a previsão do regime especial, mas a diferença de fundo está na aceitação, pela Lei n.º 19/2004, de que o regime especial não será apenas transitório: sê-lo-á assumidamente.

Os corpos de polícia municipal de Lisboa e do Porto, em efectivo desempenho de funções

De acordo com o disposto na lei (art. 11.º, n.º 1), a deliberação de constituição duma polícia municipal aprovará o respectivo regulamento, que fixa as competências e o âmbito territorial de actuação das polícias municipais (art. 12.º), aprovando igualmente o seu quadro de pessoal. A sua produção de efeitos ficará, contudo, dependente de ratificação por resolução do Conselho de Ministros (art. 11.º, n.º 2).

Intervêm, assim, na criação da polícia municipal, duas entidades administrativas distintas (uma da Administração Autónoma e outra da Administração Estadual directa), embora desempenhando papéis com peso muito diferente: aos órgãos municipais cabe a iniciativa (câmara municipal) e a criação efectiva (assembleia municipal) da polícia municipal, mas a eficácia dessa decisão fica dependente do governo.

Relativamente à criação das polícias municipais, uma outra nota assume importância: nos termos do disposto no artigo 1.º, n.º 2, da Lei n.º 19/2004, "as polícias municipais têm âmbito municipal e não são susceptíveis de gestão associada ou federada"[9].

2. Área de actuação

A competência territorial das polícias municipais **coincide com a área do município** (art. 5.º, n.º 1), **não podendo, por norma, os seus agentes actuar fora do território municipal** respectivo (art. 5.º, n.º 2). O regulamento de cada polícia municipal deverá definir, em concreto, a respectiva área de actuação (art. 12.º, n.º 2).

No quadro actual, quase todos os regulamentos que aprovaram a criação das polícias municipais estabeleceram como âmbito territorial de actuação todo o território municipal, sem excluir qualquer freguesia, e sem reservar a sua actuação à área urbana municipal. Excepciona-se o caso do Município de Albufeira que limitou a actuação da polícia municipal à área geográfica correspondente às

---

há vários anos, são constituídos por oficiais e agentes da Polícia de Segurança Pública requisitados à respectiva Direcção Nacional pelos municípios de Lisboa e do Porto.

Actualmente, é a Portaria n.º 275/90, de 12 de Abril, que estabelece o elemento distintivo do fardamento dos elementos da PSP que prestam serviço nas polícias municipais de Lisboa e do Porto, determinando que o boné destes seja revestido com uma fita com as cores da cidade, assim se distinguindo do modelo de fardamento aprovado para os elementos da PSP pela Portaria n.º 810/89, de 13 de Setembro.

[9] Para mais desenvolvimentos: CASTRO, Catarina Sarmento e, *A questão das polícias municipais,* Coimbra Editora, Coimbra, 2003, p. 360 e ss.

freguesias de Albufeira e da Guia, deixando de fora 3 outras freguesias Apesar desta quase generalizada opção regulamentar, que se compreende, acreditamos que a prática tenha ditado uma incidência muito diferenciada. Isso mesmo indiciam os regulamentos de Coimbra, Gondomar e Marco de Canavezes, que definem que a actividade da polícia municipal, terá maior relevo na zona geográfica correspondendo às freguesias com maior concentração populacional, ou, como no município de Braga, que privilegia a área territorial do perímetro urbano da cidade.

A regra do n.° 2 do artigo 5.° que proíbe a actuação dos agentes da polícia municipal fora da área do seu município sofre hoje uma excepção que constitui uma novidade relativamente ao que fora determinado em matéria de competência territorial pela Lei n.° 140/99. Nesta lei estabelecia-se simplesmente a proibição genérica de actuação fora do território municipal respectivo, sem que qualquer excepção estivesse fixada. No actual quadro normativo passaram a estar previstas, e bem, duas excepções: as situações de flagrante delito, e as situações de emergência de socorro, neste caso quando a actuação seja requerida pela autoridade do município em que as operações de emergência de socorro deverão tcr lugar. De facto, fazia pouco sentido que numa situação de flagrante delito a polícia municipal não pudesse continuar, *v.g.*, uma perseguição na sequência de um flagrante delito, em virtude de barreiras geográficas e administrativas, ou ficasse impedida de auxiliar a polícia do município vizinho, ou os respectivos ógãos de protecção civil, em caso de emergência.

3. Dependência orgânica e funcional

As polícias municipais actuam na dependência hierárquica directa do presidente da câmara (art. 6.°), podendo este, no exercício dos seus poderes, dirigir-lhes ordens e instruções, mas também, naturalmente, directivas e recomendações. Deste modo, o comandante da polícia municipal dependerá ele próprio do presidente da câmara, independentemente da sua proveniência. Esta relação hierárquica, tal como o já mencionado modo de criação destas polícias, confirma o seu cariz municipal – descentralizado –, afastando-se qualquer conotação com os organismos da Administração local (desconcentrada) do Estado.

Já as outras polícias – tomamos aqui como exemplo, a Guarda Nacional Republicana e a Polícia de Segurança Pública – integram a Administração Estadual (directa), constituindo as respectivas brigadas territoriais e comandos metropolitanos, regionais e de polícia, exemplo de serviços territorialmente desconcentrados (periféricos ou locais) da Administração Estadual central, sujeitos à hierarquia governamental (i.e., estão sob direcção do Governo, nos termos

144   *Estudos de Direito e Segurança*

genéricos do art. 182.º da CRP), encontrando-se vinculadas à prossecução de interesses públicos de carácter nacional.

4. Competências das polícias municipais

As competências das várias polícias diferem em grande grau, atendendo ao tipo de funções que lhes estão maioritariamente atribuídas: função de polícia judiciária ou funções de polícia administrativa em sentido amplo, e dentro destas, funções de polícia de segurança, ou de polícia administrativa em sentido restrito. Em qualquer dos casos, a actividade de polícia tem por objecto a conduta das pessoas singulares ou colectivas.

No exercício da função de polícia judiciária os corpos de polícia tem por missão investigar delitos, descobrir infracções, levar a cabo diligências para prová-los reunindo provas, descobrir os seus autores, proceder à sua detenção e entrega às autoridades[10]. É uma actividade auxiliar da justiça penal – da repressão penal – exercida pelas entidades administrativas que em virtude do exercício dessa actividade podem ser consideradas órgãos de polícia criminal[11]. Ainda que se possa entender que o exercício de competências atinentes a esta actividade policial também contribuiu para a prevenção da criminalidade, o exercício de funções de polícia judiciária é, de forma directa e imediata, uma actividade de repressão da criminalidade.

O n.º 5 do artigo 3.º da Lei n.º 19/2004 veda expressamente às polícias municipais o exercício de competências próprias dos órgãos de polícia criminal. Ainda assim, estas devem praticar "os actos cautelares necessários e urgentes para assegurar os meios de prova, nos termos da lei processual penal, até à chegada do órgão de polícia criminal competente"[12].

Se a actividade de polícia judiciária tem por objectivo fundamental e directo a repressão penal, já a actividade de polícia administrativa (em sentido amplo) é uma actividade de cariz imediatamente preventivo, que visa a prevenção do

---

[10] O art. 55.º n.º 2, do CPP estabelece como funções de polícia judiciária "colher notícias dos crimes e impedir quanto possível as suas consequências, descobrir os seus agentes, e levar a cabo os actos necessários e urgentes destinados a assegurar os meios de prova". Acerca da investigação criminal estabelece a respectiva lei de organização: "a investigação criminal compreende o conjunto de diligências que, nos termos da lei processual penal, visam averiguar a existência de um crime, determinar os seus agentes e a sua responsabilidade, descobrir e recolher provas, no âmbito do processo" (art. 1.º da Lei n.º 21/2000, de 10 de Agosto).

[11] Veja-se: CASTRO, Catarina Sarmento e, *A questão das polícias municipais*, FDUC, Coimbra, 1999, p. 97 ss.

[12] Artigo 4.º, n.º 1, alínea *f)*.

perigo, sendo este entendido como a situação de facto ou comportamento com probabilidade suficiente para, pelo decurso normal dos acontecimentos, causar, num determinado tempo um dano para bens jurídicos[13].

Como tivemos já oportunidade de escrever, o perigo depende da noção de probabilidade, implica um juízo "ex-ante", uma avaliação de prognose da qual possa concluir-se que no momento da actuação policial existia uma forte probabilidade da ocorrência do dano, podendo presumir-se que uma lesão viria a acontecer. Deve, por isso, ser possível estabelecer-se um nexo causal entre a situação ou comportamento potencialmente lesivos e o potencial dano. Por seu lado, a probabilidade deve ser apreciada segundo critérios objectivos tomando como referência a apreciação que seria feita por um agente informado, experiente, razoável e prudente na mesma situação[14].

A prevenção dos perigos que caracteriza as funções de polícia administrativa em sentido amplo difere, todavia, quanto aos bens jurídicos que visa proteger.

Destacam-se, por um lado, as tarefas de polícia de segurança pública, ou seja que visam a segurança dos cidadãos entendida como segurança de pessoas e bens perante ameaças ilícitas e violentas de terceiros, onde incluiríamos a actividade de defesa da tranquilidade pública constitucionalmente permitida aos municípios nos termos do disposto no n.º 3 do artigo 237.º da Constituição. As tarefas de segurança pública são, por sua vez, consideradas tarefas de segurança interna, sendo abrangidas pela cláusula do n.º 1 do artigo 272.º da CRP que determina que

> "A polícia tem por funções (...) garantir a segurança interna e os direitos dos cidadãos".

Deste modo, podemos considerar que os municípios participam das tarefas de segurança interna quando desenvolvem actividades tendentes à manutenção da tranquilidade pública e à protecção das comunidades locais, de acordo com o constitucionalmente previsto (art. 237.º, n.º 3, da CRP), embora estas, e apenas estas, lhes estejam permitidas[15].

Por outro lado, são também tarefas de polícia administrativa em sentido amplo a prevenção de perigos para outros bens jurídicos vários legalmente protegidos como a saúde, o ambiente, o património cultural, os recursos cinegéticos,

---

[13] CASTRO, Catarina Sarmento e, *A questão das polícias municipais*, FDUC, Coimbra, 1999, p. 43 ss.

[14] KNEMEYER, Franz-Ludwig, *Polizei- und Ordunungsrecht*, C.H. Beck, 6.ª Edição, Munique, 1995.

[15] Veja-se o texto do n.º 4 do artigo 2.º da Lei n.º 19/2004: "As atribuições dos municípios previstas na presente lei são prosseguidas sem prejuízo do disposto na legislação sobre segurança interna e nas leis orgânicas das forças de segurança".

etc, etc, que caracterizaríamos como tarefas de polícia administrativa em sentido restrito, e que em muitos casos constituem as tarefas das várias polícias especiais, enquadráveis na cláusula constitucional que determina incumbir às polícias "defender a legalidade democrática".

Dentro das tarefas de polícia administrativa em sentido amplo, às polícias municipais são fundamentalmente atribuídas tarefas características da actividade de polícia administrativa em sentido restrito, mas também algumas tarefas de polícia de segurança.

Nos termos do artigo 1.º, n.º 1, da Lei n.º 19/2004,

> "As polícias municipais são serviços municipais especialmente vocacionados para o exercício de **funções de polícia administrativa**".

A Lei n.º 19/2004, no artigo 3.º, considerou funções de polícia administrativa as funções de

> *"a)* Fiscalização do cumprimento das normas regulamentares municipais;
> *b)* Fiscalização do cumprimento das normas de âmbito nacional ou regional cuja competência de aplicação ou de fiscalização caiba ao município;
> *c)* Aplicação efectiva das decisões das autoridades municipais".

Nas outras funções enumera:

> *"a)* Vigilância de espaços públicos ou abertos ao público, designadamente de áreas circundantes de escolas, em coordenação com as forças de segurança;
> *b)* Vigilância nos transportes urbanos locais, em coordenação com as forças de segurança;
> *c)* Intervenção em programas destinados à acção das polícias junto das escolas ou de grupos específicos de cidadãos;
> *d)* Guarda de edifícios e equipamentos públicos municipais, ou outros temporariamente à sua responsabilidade;
> *e)* Regulação e fiscalização do trânsito rodoviário e pedonal na área de jurisdição municipal".

As competências constantes do artigo 4.º da Lei n.º 19/2004, confirmam a predominância das tarefas de polícia administrativa *stricto sensu*:

> *"a)* Fiscalização do cumprimento dos regulamentos municipais e da aplicação das normas legais, designadamente nos domínios do urbanismo, da construção, da defesa e protecção da natureza e do ambiente, do património cultural e dos recursos cinegéticos;

Polícias Municipais: Passado, Presente e Futuro 147

b) Fiscalização do cumprimento das normas de estacionamento de veículos e de circulação rodoviária, incluindo a participação de acidentes de viação que não envolvam procedimento criminal;

c) Execução coerciva, nos termos da lei, dos actos administrativos das autoridades municipais;

d) Adopção das providências organizativas apropriadas aquando da realização de eventos na via pública que impliquem restrições à circulação, em coordenação com as forças de segurança competentes, quando necessário;

e) Detenção e entrega imediata, a autoridade judiciária ou a entidade policial, de suspeitos de crime punível com pena de prisão, em caso de flagrante delito, nos termos da lei processual penal;

f) Denúncia dos crimes de que tiverem conhecimento no exercício das suas funções, e por causa delas, e competente levantamento de auto, bem como a prática dos actos cautelares necessários e urgentes para assegurar os meios de prova, nos termos da lei processual penal, até à chegada do órgão de polícia criminal competente;

g) Elaboração dos autos de notícia, autos de contra-ordenação ou transgressão por infracções às normas referidas no artigo 3.º;

h) Elaboração dos autos de notícia, com remessa à autoridade competente, por infracções cuja fiscalização não seja da competência do município, nos casos em que a lei o imponha ou permita;

i) Instrução dos processos de contra-ordenação e de transgressão da respectiva competência;

j) Acções de polícia ambiental;

l) Acções de polícia mortuária;

m) Garantia do cumprimento das leis e regulamentos que envolvam competências municipais de fiscalização.

2 – As polícias municipais, por determinação da câmara municipal, promovem, por si ou em colaboração com outras entidades, acções de sensibilização e divulgação de matérias de relevante interesse social no concelho, em especial nos domínios da protecção do ambiente e da utilização dos espaços públicos, e cooperam com outras entidades, nomeadamente as forças de segurança, na prevenção e segurança rodoviária.

3 – As polícias municipais procedem ainda à execução de comunicações, notificações e pedidos de averiguações por ordem das autoridades judiciárias e de outras tarefas locais de natureza administrativa, mediante protocolo do Governo com o município.

4 – As polícias municipais integram, em situação de crise ou de calamidade pública, os serviços municipais de protecção civil".

O leque de competências hoje legalmente definido difere muito pouco do traçado pela lei de 1999. Assinale-se apenas que a Lei n.º 19/2004 passou a prever (alínea *c)* do n.º 2 do artigo 3.º) a intervenção das polícias municipais em programas destinados à acção destas polícias junto das escolas ou de grupos específicos de cidadãos, consagrando de modo expresso a sua participação em programas do tipo "Escola segura", "Comércio seguro" ou "Apoio 65 – idosos em segurança".

Os poderes a exercer por cada polícia municipal não têm de coincidir com todo o leque admitido pela Lei n.º 19/2004. O seu artigo 12.º, n.º 1, esclarece que "Das deliberações dos órgãos municipais que instituem a polícia municipal devem constar, de forma expressa, a enumeração das respectivas competências", podendo o regulamento da polícia municipal excluir algumas delas, ainda que a lei possibilite o seu exercício. Na prática, os regulamentos actualmente existentes não excluíram competências, mas nalguns casos foi dado especial ênfase a algumas delas. Foi o caso de Braga, de Boticas, de Celorico da Beira, de Cabeceiras de Basto, de Fafe, de Gondomar, de Marco de Canaveses e de Vila Nova de Famalicão, cujos regulamentos tratam em artigos específicos as competências nos domínios da circulação rodoviária e do estacionamento de veículos, bem como no âmbito da edificação e urbanização. Os regulamentos de Albufeira e de Loulé destacaram apenas este último aspecto, e o de Fafe reservou artigos especiais para aqueles dois primeiros domínios, bem como para competências de defesa da natureza, do ambiente e dos recursos cinegéticos.

Algumas competências do município em matéria de polícia constam, *v.g.*, do artigo 64.º da Lei n.º 169/99 (relativo às competência da câmara municipal), republicada pela Lei n.º 5-A/2002, de 11 de Janeiro:

"deliberar sobre o estacionamento de veículos nas ruas e demais locais públicos" (n.º 1, alínea *u)*); "proceder à captura, alojamento e abate de canídeos e gatídeos" (n.º 1, alínea *x)*); algumas das quais em matéria de licenciamento e fiscalização: "conceder licenças... designadamente para construção, reedificação, utilização, conservação ou demolição de edifícios, assim como para estabelecimentos insalubres, incómodos, perigosos ou tóxicos (n.º 5, alínea *a)*); "ordenar, precedendo vistoria, a demolição total ou parcial ou a beneficiação de construções que ameacem ruína ou constituam perigo para a saúde ou segurança das pessoas" (n.º 5, alínea *c)*).

5. Poderes de autoridade

A Lei atribui aos agentes de polícia municipal poderes de autoridade.

Nalguns casos o seu uso traduz-se na possibilidade da emissão de ordens cuja desobediência, desde que tais ordens sejam legítimas, é punida com a pena prevista para o crime de desobediência (art. 14.º, n.º 1). Assim, *v.g.*, o art. 4.º do Código da Estrada, sob a epígrafe "Ordens das Autoridades", determina que "o utente deve obedecer às ordens legítimas das autoridades com competência para regular e fiscalizar o trânsito, ou dos seus agentes, desde que devidamente identificados como tal". Os elementos das polícias municipais podem, ao abrigo desta disposição, dar ordens com a finalidade de regular o trânsito ou de fiscalizar a obediência às respectivas normas.

Os poderes de autoridade traduzem-se ainda na possibilidade de solicitar a apresentação de documentos de identificação necessários ao exercício de funções de fiscalização (art. 14.º, n.º 2), de proceder à identificação de infractores (art. 14.º, n.º 2) no exercício das suas funções de fiscalização ou para elaboração dos autos, de proceder à identificação de suspeitos de crimes cujo cometimento verifiquem directamente (art. 3.º, n.º 4), podendo, neste caso, proceder à sua revista, e à sua condução à autoridade judiciária ou órgão de polícia criminal competentes (art. 3.º, n.º 4). A possibilidade agora concedida aos agentes de polícia municipal de identificar (e revistar) suspeitos de crimes cujo cometimento verifiquem directamente (e não em qualquer caso) é uma novidade da Lei n.º 19/2004. A Lei n.º 140/99 apenas possibilitava às polícias municipais a identificação de infractores, no âmbito do direito contra-ordenacional (art. 14.º, n.º 2).

O actual quadro legal regulador das polícias municipais prevê o uso de meios coercivos pelos agentes de polícia municipal, designadamente de arma de fogo, desde que utilizados na estrita medida das necessidades decorrentes do exercício das suas funções, da sua legítima defesa ou de terceiros (art. 16.º, n.º 1, da Lei n.º 19/2004). Os meios a utilizar deverão estar previstos na lei, o que exclui, *v.g.*, a utilização das algemas que sendo um meio coercivo, não viu a sua utilização ser contemplada na lei.

Se o interesse público determinar a indispensabilidade de meios coercivos não autorizados ou não disponíveis para a polícia municipal, os agentes deverão solicitar a intervenção das forças de segurança territorialmente competentes (art. 16.º, n.º 2).

Os agentes de polícia municipal, quando em serviço, podem ser portadores de arma fornecida pelo município (art. 17.º, n.º 1), devendo a câmara municipal manter um registo actualizado das armas distribuídas e dos agentes autorizados a serem portadores das mesmas (art. 17.º, n.º 2).

6. Relação com a Administração Estadual central

Constituindo as polícias municipais exemplo de serviços dependentes de órgãos municipais pertencentes à Administração Autónoma, e por isso, com autonomia relativamente à Administração Estadual, ficam isentas de qualquer tipo de obediência hierárquica estadual, não estando sujeitas a ordens ou instruções do Estado – seja do seu órgão de governo máximo, seja de outros órgãos ou serviços que nele desempenhem funções de polícia (como o governador civil, a Guarda Nacional Republicana, a Polícia de Segurança Pública ou a Autoridade de Segurança Alimentar e Económica). Integrando a Administração Autónoma, exclui-se também a sujeição das polícias municipais a uma relação de superintendência através da qual pudessem ser obrigadas a seguir directivas, recomendações ou prioridades de actuação definidas pela Administração do Estado.

A ausência de poder de direcção (hierarquia) e de orientação (superintendência) do Estado relativamente às autarquias locais pode justificar-se pelo autogoverno destas – que implica a eleição dos órgãos das autarquias locais pelo seu próprio substracto pessoal – pela sua autodeterminação – caracterizada pela prossecução de interesses próprios específicos da comunidade em causa (que gerem sem orientação) –, e pela capacidade de exercício de tarefas sob responsabilidade própria (com definição legal de atribuições próprias, realizadas sob controlo reduzido). Mas estas marcas de autonomia não desoneram a Administração Estadual de controlar a Administração Autónoma, com o fim de garantir o interesse público geral (art. 266.°, da CRP), bem como a necessária eficácia e unidade de acção da Administração Pública (art. 266.°, da CRP)[16]. Assim, nos termos da Constituição (art. 242.°, n.° 1, da CRP), a Administração Autónoma local, no caso, os municípios e respectivos órgãos e serviços, ficam sujeitos a meros poderes de tutela da legalidade – excluindo-se a tutela de mérito que aferisse da bondade e oportunidade das decisões municipais –, poderes que são assim descritos:

> "a tutela administrativa sobre as autarquias locais consiste na verificação do cumprimento da lei por parte dos órgãos autárquicos e é exercida nos casos e segundo as formas previstas na lei".

A lei das polícias municipais veio determinar que a verificação do cumprimento das leis e dos regulamentos por parte dos municípios, em matéria de organização e funcionamento das respectivas polícias municipais, competiria aos membros do governo responsáveis pelas áreas das finanças e das autarquias locais.

---

[16] Veja-se, para mais desenvolvimentos, MOREIRA, Vital, *Administração Autónoma e Associações Públicas*, Coimbra Editora, Coimbra, 1997.

Em virtude do especial cariz da actividade em questão, a lei consagrou um controlo especial por parte do governo relativamente às polícias municipais que vai além dos poderes de tutela previstos na lei geral sobre as autarquias locais. O membro do governo responsável pela administração interna, por iniciativa própria ou mediante proposta do membro do governo responsável pelas autarquias locais, pode determinar a investigação de factos indiciadores de violação grave de direitos, liberdades e garantias de cidadãos praticados pelo pessoal das polícias municipais no exercício das suas funções policiais. Em texto escrito após a revisão constitucional de 1997, mas anterior à aprovação da Lei das polícias municipais de 1999, a Inspecção-Geral da Administração Interna havia já alertado que "se o legislador ordinário vier a fixar para as polícias municipais competências e possibilidades de intervenção do tipo das previstas para as forças de segurança, nomeadamente com utilização de meios de coerção armados, é de admitir a ocorrência de situações de conflito com os direitos, liberdades e garantias fundamentais dos cidadãos"[17]. A Lei possibilitou, de facto, às polícias municipais o uso de meios coercivos, designadamente de arma de fogo, assim como o desempenho de algumas funções em matéria de segurança, daí a previsão deste especial regime.

Não se pense, pelo que atrás fica escrito, que a relação das polícias municipais com a Administração Estadual se resume às tradicionais relações de tutela entre esta e a Administração Autónoma que aquelas representam. O já referido artigo 237.º, n.º 3, da Constituição, esclarece-o bem ao determinar que haverá entre elas também uma relação de cooperação. Desta relação, pela sua especialidade, cuidaremos no ponto seguinte.

7. Cooperação com as forças de segurança

O tipo de relação especial que se estabelece entre as polícias municipais e as forças de segurança – dissemo-lo já – foi definido pelo n.º 3 do art. 237.º da Constituição ao estabelecer que

> "As polícias municipais cooperam na manutenção da tranquilidade pública e na protecção das comunidades locais"[18].

---

[17] As palavras são de OLIVEIRA, Alberto Augusto A. de, "As futuras polícias municipais: enquadramento da actividade inspectiva", *Controlo externo da actividade policial*, Inspecção-Geral da Administração Interna, 1998, p. 175 (189) e ss. O texto está disponível na página da Internet da IGAI (www.igai.pt).

[18] Veja-se ainda o artigo 2.º, n.º 2, da Lei n.º 19/2004.

Esta relação de cooperação deve ser entendida como uma situação de paridade: polícias municipais e forças de segurança não se encontram numa relação de supra-infra ordenação, na qual as forças de segurança, ou mesmo o ministro de que dependam, estejam em posição de dar ordens ou emitir instruções a cada uma das polícias municipais, antes se encontrando em pé de igualdade. A paridade implica ausência de subordinação, i.e., de poder de direcção ou mesmo de orientação, não se devendo considerar que uma das partes desempenhe um papel dominante.

Disto mesmo é reflexo o disposto no n.º 3 do artigo 2.º da Lei das polícias municipais, quando estabelece que esta cooperação se exerce "no respeito recíproco pelas esferas de actuação próprias", o que evidencia a impossibilidade de ingerência em competência alheia, *v.g.*, através de ordens ou instruções das forças de segurança às polícias municipais, mas, mais ainda, reforça a regra geral de proibição da actuação fora do âmbito das competências respectivas, *v.g.*, não se admitindo a participação das polícias municipais em tarefas atribuídas de modo exclusivo às forças de segurança, ainda que em exercício de funções de modo subordinado.

Uma relação de cooperação estabelece-se entre diferentes entidades com personalidade jurídica própria (é uma relação inter-administrativa/intersubjectiva), sendo que a essas pessoas colectivas são por lei distribuídas distintas atribuições (fins) e aos seus órgãos diferentes competências (poderes funcionais). Estes têm diferentes interesses específicos/"individuais" a servir: no caso das polícias municipais, os interesses próprios das comunidades locais; no caso das forças de segurança (ou de órgãos com poderes de polícia integrando a Administração Estadual), os interesses gerais/nacionais.

A relação de cooperação entre o Estado e as autarquias locais estabelece-se em virtude da coexistência de interesses nacionais e interesses locais numa mesma matéria, a da segurança. Estão em causa interesses de uma entidade (e comunidade) que se encontram em interconexão com interesses de outra entidade (e comunidade), devendo ser articulados.

A articulação/harmonização pretende não prejudicar o interesse "individual" de cada uma, contribuindo para evitar contradições, incompatibilidades ou interferências que possam prejudicar o resultado comum.

Nos termos da lei, cabe ao presidente da câmara e aos comandantes das forças de segurança com jurisdição na área do município articular a actuação de cada uma das polícias (art. 6.º, n.º 2, da Lei n.º 19/2004). Em boa verdade, é do entendimento entre estes e do seu espírito de diálogo, de cooperação e entreajuda, que em muito dependerá, na prática, o funcionamento articulado destas polícias, evitando-se sobreposições, operações de sentido inverso, ou até vazios de actuação.

Esta articulação poderá, todavia, não ter quaisquer frutos se não existir ainda um efectivo canal de comunicação que ligue o presidente da câmara e o comando da respectiva polícia municipal. Uma boa plataforma – mas nunca a única – para a comunicação/articulação entre os vários intervenientes parece poder ser o funcionamento efectivo dos conselhos municipais de segurança, onde, apesar de por lei não estar necessariamente presente o comandante das polícias municipais – que o presidente da câmara sempre representaria – parece imprescindível que aquele possa participar[19].

A cooperação entre as polícias municipais e as forças de segurança tem lugar, nomeadamente, nos exemplos da lei, "através da partilha da informação relevante e necessária para a prossecução das respectivas atribuições e na satisfação de pedidos de colaboração que legitimamente forem solicitados" (artigo 2.º, n.º 2, da Lei das polícias municipais).

IV. QUE FUTURO PARA AS POLÍCIAS MUNICIPAIS?

Feito um levantamento do passado recente das polícias municipais, analisada a sua actual situação jurídica, verificado o estado da sua criação, deixamos algumas questões de cuja resposta poderá depender o seu caminho. Qualquer antevisão do futuro das polícias municipais passará pela análise do percurso até à data palmilhado, dela se esperando que seja possível retirar conclusões para o que há--de vir: do leque disponível, quais as competências efectivamente exercidas? De entre estas, quais as que mais ocupam o efectivo das polícias municipais? A sua actuação modificou qualitativamente ou quantitativamente o trabalho das forças de segurança? Como se efectiva, na prática, a cooperação entre as forças de segurança e as polícias municipais? Quais as áreas de maior sobreposição no exercício de competências?

Às questões juntam-se algumas notas finais.

No que respeita à criação das polícias municipais, importaria perguntar se não faria sentido definir em concreto as condições da sua criação, tornando-a mesmo, em alguns casos, obrigatória para alguns municípios, com a consequente reconfiguração das funções das forças de segurança presentes no município, e

---

[19] Participam neste conselho, os municípios (através do presidente da câmara), as freguesias, as polícias nacionais, o MP, os organismos de assistência social, a entidade que desempenhe funções equivalentes ao "projecto vida", as associações económicas, sindicais e patronais, os serviços de protecção civil e bombeiros, e cidadãos de reconhecida idoneidade, de acordo com o previsto na Lei n.º 33/98, de 18 de Julho.

afastando, noutras situações, a possibilidade da sua instituição, sempre em função das características do município em causa. Esta medida, a nosso ver, também contrariaria a ideia errada de que a polícia municipal seria uma polícia de segunda ordem, dispensável, já que facultativa.

Mas de todas, a questão mais importante é a da cooperação efectiva entre as polícias municipais e as outras polícias, que desde logo evite duplicações ou vazios de actuação. A articulação da actuação pode de modo especial ser feita através do conselho municipal de segurança, mas actual legislação reguladora dos conselhos municipais de segurança – a Lei n.º 33/98, de 18 de Julho – não contempla a necessária participação dos comandantes das polícias municipais, o que apenas se pode compreender por esta lei ter sido aprovada antes da lei que em 1999 veio regular pela primeira vez a criação das polícias municipais no novo contexto constitucional. Impor-se-á, assim, resolver o problema e dar aos comandantes das polícias municipais um lugar de direito nessa entidade, mesmo sabendo que estas polícias sempre estariam representadas pelo presidente da câmara.

Outro aspecto a ter em devida conta é a sujeição destas polícias à *accountability*: Inspecção-geral de Finanças e Inspecção-geral da Administração do Território mantêm relativamente às polícias municipais as competências de fiscalização da legalidade (tutela) de que já dispunham quando estas eram meros serviços de polícia administrativa aprovados ao abrigo da Lei n.º 32/94, e que se encontram genericamente previstos relativamente aos órgãos e serviços da administração autónoma local nas respectivas leis de organização e funcionamento. Mas a Lei das polícias municipais abriu a porta à fiscalização da actividade destas polícias pela Inspecção-geral da Administração Interna, na medida em que, como refere o artigo 10.º, n.º 2, da Lei n.º 19/2004, "Sem prejuízo dos poderes de tutela previstos na lei geral sobre as autarquias locais, compete ao membro do Governo responsável pela administração interna, por iniciativa própria ou mediante proposta do membro do Governo responsável pelas autarquias locais, determinar a **investigação de factos indiciadores de violação grave de direitos, liberdades e garantias de cidadãos** praticados pelo pessoal das polícias municipais no exercício das suas funções policiais"[20]. Importaria, por isso, clarificar este poder de fiscalização, desde logo fazendo caber inequivocamente estas polícias no leque de entidades que ficam sujeitas aos poderes da IGAI, definindo os termos dessa fiscalização[21].

---

[20] Sublinhado nosso.

[21] A Lei de Organização e de Funcionamento da IGAI foi aprovada pelo Decreto--Lei n.º 227/95 de 11 de Setembro, com as alterações introduzidas pelo Decreto-Lei n.º 154/96 e pelo Decreto-Lei n.º 3/99, respectivamente, de 31 de Agosto e de 4 de Janeiro. Para mais desen-

BIBLIOGRAFIA SOBRE AS POLÍCIAS MUNICIPAIS EM PORTUGAL

CASTRO, Catarina Sarmento e, *Competências dos serviços de polícia municipal*, CEFA, Coimbra, 2002.

CASTRO, Catarina Sarmento e, *A questão das polícias municipais*, Coimbra Editora, Coimbra, 2003.

CASTRO, Catarina Sarmento e, "Regime jurídico das polícias municipais", *Conferências da IGAI* – 2002/2003, Lisboa, 2004, p. 77 e ss.

CLEMENTE, Pedro José Lopes, "A polícia municipal em Portugal", *Polícia Portuguesa*, n.º 127, Janeiro/Fevereiro 2001, p. 2 ss.

CLEMENTE, Pedro José Lopes, *Da polícia de ordem pública*, Governo Civil de Lisboa, 1998.

COIMBRA, David Rosa, "O processo de criação e implementação das polícias municipais", *Revista de Administração Local*, n.º 172, Julho-Agosto, 1999, p. 503 ss.

COSTA, Ivo Jorge Magalhães da, *O novo regime jurídico das polícias municipais: uma polícia administrativa ao serviço da comunidade local*, ISCPSI, 2002.

OLIVEIRA, Alberto Augusto A. de, "As futuras polícias municipais: enquadramento da actividade inspectiva", *Controlo externo da actividade policial*, Inspecção-Geral da Administração Interna, 1998, p. 175 e ss.

OLIVEIRA, Cândido, "La gestion administrative des risques au Portugal", *Annuaire Européen d'Administration Publique*, Vol. XXIV (*L'Administration et la gestion administrative des risques en Europe*), 2001, p. 273 e ss. e p. 653 e ss.

VALENTE, Manuel Monteiro Guedes, "Enquadramento jurídico das polícias municipais: do quadro constitucional ao quadro ordinário", *Estudos em homenagem ao Professor Germano Marques da Silva*, Almedina, pp. 249-278.

VALENTE, Manuel Monteiro Guedes, *Teoria geral do direito policial*, Tomo I, Almedina, Coimbra, 2005, pp. 22-47.

---

volvimentos sobre a relação da IGAI com as polícias municipais poderá ler-se: CASTRO, Catarina Sarmento e, "O regime jurídico das polícias municipais", *Conferências da IGAI - 2002/2003*, Lisboa, 2004, p. 77 e ss., e OLIVEIRA, Alberto Augusto A. de, "As futuras polícias municipais: enquadramento da actividade inspectiva", *Controlo externo da actividade policial*, Inspecção-Geral da Administração Interna, 1998, p. 175 e ss.

RESPONSABILIDADE JURÍDICO-PENAL DOS JORNALISTAS POR VIOLAÇÃO DO SEGREDO DE ESTADO: CONTRIBUTO PARA O ESTUDO DO TEMA SEGURANÇA E COMUNICAÇÃO SOCIAL*

HELENA MORÃO**

SUMÁRIO: Introdução. 1. Comunicação Social vs Segurança: 1.1. Fundamento constitucional da liberdade de comunicação social e direito de acesso às fontes de informação; 1.2. O segredo de Estado enquanto restrição do direito fundamental à informação. 2. Responsabilidade penal dos jornalistas por violação do segredo de Estado: 2.1. O dever de sigilo dos jornalistas; 2.2. Os crimes cometidos através da comunicação social: inconstitucionalidade material do regime de agravamento da pena; 2.3. O tipo incriminador da Violação de segredo de Estado; 2.3.1. Conceito material de segredo de Estado e desvalor da acção; 2.3.2. Perigo concreto e desvalor do resultado; 2.4. Problemas especiais de comparticipação criminosa: a execução nos crimes cometidos através da comunicação social; 2.4.1. Autoria e participação: a conjugação das leis da comunicação social com o Código Penal; 2.4.2. Comparticipação por omissão: a responsabilidade do director; 2.4.3. Delimitação negativa de responsabilidades; 2.4.4. Os limites da cumplicidade. 3. Aspectos processuais penais: 3.1. A importância do art. 32 da Lei de Imprensa; 3.2. Depoimentos e interrogatórios de jornalistas.

---

* O presente estudo corresponde, nos seus traços essenciais, à conferência proferida em Outubro de 2006, no âmbito do *Curso de Estudos Avançados em Direito e Segurança (Pós-Graduação e Mestrado)*, organizado pela Faculdade de Direito da Universidade Nova de Lisboa e pelo Observatório de Segurança, Criminalidade Organizada e Terrorismo.

** Assistente da Faculdade de Direito da Universidade de Lisboa. Mestre em Ciências Jurídico-Criminais.

INTRODUÇÃO

O tema da *Segurança e Comunicação Social* pode ser abordado através de múltiplas perspectivas jurídicas essenciais. Todavia, num curso de estudos avançados em *Direito e Segurança*, em que a matéria do *segredo de Estado* desempenha um papel curricular tão relevante enquanto *instrumento de segurança*, uma formação especializada em matérias de segurança não ficaria seguramente completa sem o estudo da responsabilidade penal dos jornalistas pela sua violação.

1. Comunicação Social versus Segurança

1.1. Concretizando o *princípio do Estado de Direito democrático* (art. 2.º), a Constituição consagra enquanto direito, liberdade e garantia o *direito fundamental à informação* no seu art. 37.º, n.º 1[1].

Esta posição subjectiva engloba no seu âmbito três vertentes essenciais: os direitos *de informar, de se informar* e *de ser informado*, constituindo dominantemente as duas primeiras uma manifestação *activa* e a última uma dimensão *passiva* do exercício do direito à informação.

A liberdade de informação assume, na perspectiva constitucional, uma dimensão democrática fundamental, permitindo aos cidadãos a *participação na vida política* e no *controlo do exercício dos poderes públicos*[2].

Consciente da importância do papel que a comunicação social pode desempenhar na garantia desse direito[3], o legislador constituinte aprofundou os direitos à informação dos jornalistas, através da tutela da *liberdade de comunicação social*,

---

[1] Sobre esta matéria, consulte-se Maria Eduarda Gonçalves, *Direito da Informação*, Coimbra, 1994, p. 24; Luís Brito Correia, *Direito da Comunicação Social*, Vol. I, Coimbra, 2000, pp. 629 e ss.; Jónatas Machado, *Liberdade de Expressão – Dimensões Constitucionais da Esfera Pública no Sistema Social*, Coimbra, 2002; pp. 472 e ss.; Alberto Arons de Carvalho, António Monteiro Cardoso e João Pedro Figueiredo, *Direito da Comunicação Social*, Lisboa, 2003, pp. 67 e ss.

[2] Desta forma, o art. 48, n.º 2, da Constituição, concretiza: "Todos os cidadãos têm o direito de ser esclarecidos objectivamente sobre actos do Estado e demais entidades públicas e de ser informados pelo Governo e outras autoridades acerca da gestão dos assuntos públicos"; e o art. 268, n.º 2, regula o *princípio da administração aberta*.

[3] Nesta perspectiva, Luís Brito Correia, *op. cit.*, p. 493, fala em três funções da imprensa: a *de informação* ("de divulgação de notícias sobre os acontecimentos da vida política, económica e social"), a *de integração* ("de divulgação de opiniões de modo que possibilita a congregação de opiniões individuais em correntes de opinião, ajuda as pessoas a formarem as suas próprias opiniões e a reunirem-se para a realização de objectivos comuns") e a *de controlo* ("de verificação, crítica e denúncia de eventuais abusos por parte dos governantes).

designadamente consagrando um instrumento essencial estreitamente conexo com a sua actividade: o *direito dos jornalistas ao acesso às fontes de informação* (art. 38.º, n.º 2, alínea b):

> O direito de acesso dos jornalistas às fontes de informação constitui um corolário imprescindível do direito do público a ser informado. Na verdade, para que este direito seja assegurado, é necessário que os jornalistas possam recorrer activamente à busca de informações, ou seja, que façam investigação jornalística.
>
> Para que esta função seja cumprida de modo adequado, é indispensável que o jornalista não se limite à informação que lhe é oferecida, mas que se empenhe na procura de factos desconhecidos, muitas vezes porque outros os pretendem manter ocultos.
>
> Com efeito, se o jornalista se limita à informação oficial, facilmente se converte num porta-voz do Poder, tanto mais que este recorre cada vez mais a outros jornalistas, que o assessoram na elaboração de informações, fornecidas de forma e em ocasiões escolhidas, de modo a obter efeitos favoráveis aos seus interesses.
>
> Para não cair nestas armadilhas, o jornalista deve procurar as suas próprias fontes de informação, de modo a poder confrontar a informação oficial. Só que, para isso, é necessário que lhe seja facultado o acesso a essas fontes, sem o que dificilmente poderá descobrir e comprovar os factos que pretende investigar.[4]

Nesta linha de orientação, o art. 8.º, n.º 2, do Estatuto do Jornalista[5], prescreve que, para efeitos do exercício das faculdades reguladas nos arts. 61.º a 63.º do Código de Procedimento Administrativo (obtenção de informações, consulta de processos e passagem de certidões), o interesse dos jornalistas considera-se sempre legítimo, e, no n.º 1 do art. 20, estabelece-se uma sanção contra-ordenacional para casos de recusa injustificada de acesso às fontes de informação, a aplicar pela Entidade Reguladora para a Comunicação Social[6].

1.2. Todavia, quando necessário à salvaguarda de outros interesses constitucionalmente protegidos, como as *tarefas fundamentais do Estado* de *garantia da independência nacional* – art. 9, alínea a) – e de *garantia da segurança*[7], o *segredo de*

---

[4] Alberto Arons de Carvalho, António Monteiro Cardoso e João Pedro Figueiredo, *op. cit.*, p. 96.

[5] Aprovado pela Lei n.º 1/99, de 13 de Janeiro.

[6] Art. 20, n.º 5, do Estatuto do Jornalista, em conjugação com o n.º 3 do art. 2 da Lei n.º 53/2005, de 8 de Novembro: "A partir da entrada em vigor da presente lei, as referências feitas à Alta Autoridade para a Comunicação Social constantes de lei, regulamento ou contrato, consideram-se feitas à ERC".

[7] O *direito fundamental à segurança*, previsto no art. 27, n.º 1, da Constituição, como condição de exercício da liberdade, confere aos cidadãos um direito à protecção dos poderes

160 *Estudos de Direito e Segurança*

Estado pode surgir como *restrição necessária*, constitucionalmente fundada, das liberdades de informação e de comunicação social[8].

O *princípio do arquivo aberto*, previsto no art. 268, n.º 2, da Constituição, contempla, precisamente o limite da "segurança interna e externa"[9] e o n.º 3 do art. 8 do Estatuto do Jornalista reconhece expressamente o segredo de Estado como limite ao acesso dos jornalistas a documentos administrativos classificados.

Assumindo, assim, natureza restritiva de direitos, liberdades e garantias, o regime geral do segredo de Estado, estabelecido na Lei n.º 6/94, de 7 de Abril, deve ser interpretado à luz de uma ideia de *concordância prática* entre os interesses constitucionalmente tutelados referidos, que procura conferir-lhes *máxima eficácia*, sem prejudicar o *núcleo essencial* constitutivo de cada um (art. 18 da Constituição).

Em obediência a este princípio orientador, o art. 1, n.º 1, da Lei do Segredo de Estado rejeita uma classificação ampla ou indefinida de matérias, estabelecendo que o "regime do segredo de Estado (...) obedece aos princípios de excepcionalidade, subsidiariedade, necessidade, proporcionalidade (...), bem como ao dever de fundamentação", não podendo ser aplicado "quando, nos termos da Constituição e da lei, a realização dos fins que ele visa seja compatível com formas menos estritas de reserva de acesso à informação" (n.º 3).

O dever de fundamentação da classificação implica a indicação dos "interesses a proteger" e dos "motivos" e "circunstâncias" que a justificam (art. 5), só podendo ser "abrangidos pelo segredo de Estado os documentos e informações cujo conhecimento por pessoas não autorizadas é susceptível de pôr em risco ou de causar dano à independência nacional, à unidade e integridade do Estado e à sua segurança interna e externa" (art. 2, n.º 1), risco e danos esses que "são

---

públicos, surgindo, deste modo, a *garantia da segurança* como *tarefa fundamental do Estado*, nos termos do art. 9, alínea b), da Lei Fundamental. Cfr. Luís Fiães Fernandes e Manuel Guedes Valente, *Segurança Interna – Reflexões e Legislação*, Coimbra, 2005, pp. 14-15 e 30-31.

[8] Sobre este assunto, Adriano Moreira, "Notas sobre o segredo de Estado", *Revista de Ciência Política*, 1.º semestre de 1987, n.º 5, pp. 31 e ss.; Mário Torres, "Segredo de Estado e Processo Penal", *Revista do Ministério Público*, n.º 50, 1992, pp. 99 e ss.; Jorge Bacelar Gouveia, "Segredo de Estado", in *Estudos de Direito Público*, Vol. I, Cascais, 2000, pp. 101 e ss.; J. A. Teles Pereira, "O segredo de Estado e a jurisprudência do Tribunal Constitucional", in *Estudos em Homenagem ao Conselheiro José Manuel Cardoso da Costa*, Coimbra, 2003, pp. 769 e ss.; e, numa perspectiva de Direito Comparado, Pablo Santolaya Machetti, "El control de los secretos de Estado – La experiencia en Derecho Comparado", *Poder Judicial*, n.º 40, 1995, pp. 57-83.

[9] V. ainda a anterior redacção do número n.º 1 do art. 35, que vigorou a partir da Revisão Constitucional de 1989, antes de ser alterada em 1997: "Todos os cidadãos têm o direito de tomar conhecimento dos dados constantes de ficheiros ou registos informáticos a seu respeito e do fim a que se destinam, podendo exigir a sua rectificação e actualização, *sem prejuízo do disposto na lei sobre segredo de Estado* e segredo de justiça" (itálico nosso).

avaliados caso a caso em face das circunstâncias concretas, não resultando automaticamente da natureza das matérias a tratar" (art. 2, n.º 2).

De referir ainda, no âmbito da mesma lógica de excepcionalidade, que o acto de classificação estabelece um prazo máximo de 4 anos para a duração ou revisão do segredo de Estado (art. 6), que as "matérias sob segredo de Estado são desclassificadas quando se mostre que a classificação foi incorrectamente atribuída ou quando a alteração das circunstâncias que a determinaram assim o permita" (art. 4, n.º 1) e que do acto (necessariamente fundamentado, de acordo com o n.º 4 do art. 8 do Estatuto do Jornalista) que indefira o acesso a qualquer documento com fundamento em segredo de Estado cabe impugnação graciosa ou contenciosa (art. 14).

2. Responsabilidade penal dos jornalistas por violação do segredo de Estado

2.1. O segredo de Estado não significa para os jornalistas apenas uma *proibição de acesso às fontes de informação*, como também uma *proibição de divulgação* quando tenham tido conhecimento (licita ou ilicitamente) de matérias classificadas no exercício das suas funções: o art. 10, n.º 1, da Lei do Segredo de Estado, sujeita-os também, nesse caso, ao dever de sigilo[10].

Importa assim estudar os contornos essenciais de uma eventual responsabilidade jurídico-penal, quando incorram na violação desse dever, como sucedeu nos conhecidos casos *Watergate* e *GAL*, em que os jornais *The Washington Post* e *El Mundo*, respectivamente, publicaram informações consideradas cobertas pelo segredo de Estado.

2.2. Quando perpetrado através da imprensa ou da televisão, o *crime de violação de segredo de Estado*, previsto no art. 316.º do Código Penal, sofre um *agravamento da pena*, fundado na amplificação da lesão do bem jurídico que o meio utilizado proporciona, ao permitir que a revelação da matéria reservada atinja um âmbito alargado e indeterminado de destinatários.

Efectivamente, de acordo com o n.º 1 do art. 30.º da Lei de Imprensa, a "publicação de textos ou imagens através da imprensa que ofenda bens jurídicos penalmente protegidos é punida nos termos gerais"[11], mas, de acordo com o

---

[10] Cfr. Luís Brito Correia, *Direito da Comunicação Social*, p. 516.

[11] Lei n.º 2/99, de 13 de Janeiro. V. também, em sentido idêntico, os arts. 65, n.º 1, da Lei da Televisão (Lei n.º 32/2003, de 22 de Agosto) e 64, n.º 1, da Lei da Rádio (Lei n.º 4/2001, de 23 de Fevereiro, alterada pelas Leis n.º 33/2003, de 22 de Agosto, e 7/2006, de 3 de Março).

162   *Estudos de Direito e Segurança*

n.º 2, sempre "que a lei não cominar agravação diversa, em razão do meio de comissão", o que é o caso, "os crimes cometidos através da imprensa são punidos com as penas previstas na respectiva norma incriminatória, elevadas de um terço nos seus limites mínimo e máximo"[12], estabelecendo a Lei da Televisão um regime análogo no seu art. 65, n.º 2.

Paradoxalmente, a Lei da Rádio não contém qualquer agravamento similar, tendo-se gerado, no caso do crime previsto no art. 316.º do CP, "uma situação injustificada de maior rigor no que se refere à imprensa"[13] e à televisão.

Uma vez que esta diferenciação não tem sustento em qualquer fundamento racional, já que a potencialidade lesiva da revelação do segredo através da rádio é idêntica ou talvez até, em certos casos, superior, por violação do princípio constitucional da igualdade "pode ter-se como materialmente inconstitucional aplicar ao mesmo crime quando cometido num jornal [ou na televisão] pena superior à que lhe caberia se cometido (...) na rádio"[14].

2.3. O art. 316 do Código Penal encontra-se sistematicamente inserido na Subsecção I (Dos crimes contra independência e a integridade nacionais), da Secção I (Dos crimes contra a soberania nacional), do Capítulo I (Dos crimes contra a segurança do Estado), do Título V (Dos crimes contra o Estado) da Parte Especial do Código Penal, e tem por objectivo, em sintonia com o fundamento constitucional do segredo de Estado, tutelar os *bens jurídicos* "independência nacional", "unidade", "integridade", e "segurança interna e externa" do Estado português[15].

---

[12] A epígrafe deste artigo intitula-se *Crimes cometidos através da imprensa*, substituindo-se, assim, a designação tradicional de *crimes de abuso de liberdade de imprensa*. V. Alberto Arons de Carvalho, António Monteiro Cardoso e João Pedro Figueiredo, *Direito da Comunicação Social*, p. 195; e António Monteiro Cardoso, "A autoria nos crimes cometidos através da imprensa", *Forum Iustitiae*, n.º 6, Novembro de 1999, p. 44.

Acerca do *Direito Penal da Comunicação*, cfr. Manuel da Costa Andrade, *Liberdade de Imprensa e Inviolabilidade Pessoal – Uma perspectiva jurídico-criminal*, Coimbra, 1996; e José de Faria Costa, *Direito Penal da Comunicação – Alguns escritos*, Coimbra, 1998.

[13] Alberto Arons de Carvalho, António Monteiro Cardoso e João Pedro Figueiredo, *op. cit.*, p. 195.

[14] Rui Pereira, "Direito Penal e Direito de Mera Ordenação Social da Comunicação Social", estudo inédito cedido pelo autor, p. 5.

[15] Sobre este tipo de crime, consulte-se *Actas das Sessões da Comissão Revisora do Código Penal – Parte Especial*, Lisboa, 1979, pp. 364 e ss.; *Código Penal – Actas e Projecto da Comissão de Revisão*, Ministério da Justiça, 1993, pp. 385 e ss.; Carlota Pizarro de Almeida, José Manuel Vilalonga, Luís Duarte d'Almeida e Rui Patrício, *Código Penal – Anotado*, Coimbra, 2003, pp. 322-323; e A. Medina de Seiça, anotação ao art. 316 (Violação do Segredo de Estado), in Jorge de Figueiredo Dias (org.), *Comentário Conimbricense do Código Penal – Parte Especial*, tomo III, Coimbra, 2001, pp. 115 ess.

Quando cometida através da comunicação social, a publicitação genérica de matérias reservadas preencherá em regra a modalidade de comportamento típico prevista no n.º 1, isto é, o *crime comum*, sem prejuízo da responsabilidade do jornalistas pelo *crime específico impróprio*, mais grave, previsto no n.º 3, quando se demonstre que actuou em comparticipação com pessoa que tenha violado "dever especificamente imposto pelo estatuto da sua função ou serviço, ou da missão que lhe foi conferida por autoridade competente", nos termos do art. 28 do Código Penal.

2.3.1. Todavia, o *desvalor da acção* do tipo incriminador em análise não se basta com uma qualquer divulgação pública de matérias classificadas. Pode haver divulgação de conteúdos sujeitos a segredo sem que estejamos perante uma *acção típica.*

Efectivamente, a conjugação do art. 316 do Código Penal com a Lei do Segredo de Estado e a sua interpretação à luz dos princípios constitucionais da *ofensividade* e *necessidade da pena* revela-nos que o nosso sistema juspenal adoptou um conceito *material* e não puramente *formal* de segredo de Estado[16]:

> (...) para o conceito material de segredo não é relevante a existência de uma classificação como reservada em relação a determinada matéria. Essa classificação, quando exista, traduz um mero indício de que se trata de conteúdo com dignidade para estar coberto pelo segredo. E, assim, apesar de a divulgação incidir sobre matéria formalmente reservada, isto é, à qual foi aposta a classificação, pode não haver, em termos materiais, verdadeira revelação de segredo de Estado. A determinação do segredo depende, pois, da natureza da matéria em causa (...)[17]

Assim, tendo em conta o teor do n.º 1 do art. 2 da Lei do Segredo de Estado, devem ser tidos como *atípicos* todos os comportamentos que revelem matérias classificadas, mas cujo conhecimento por pessoas não autorizadas não seja *susceptível* de pôr em risco ou causar dano à independência, unidade, integridade ou segurança nacionais[18-19].

---

[16] Sobre estes conceitos e para um confronto com a legislação penal alemã e austríaca, A. Medina de Seiça, *op. cit.*, pp. 119 e ss.

[17] A. Medina de Seiça, *op. cit.*, p. 119.

[18] Acerca da não inconstitucionalidade do tipo de delimitação do âmbito possível das matérias sujeitas a reserva efectuado pelo art. 2 da Lei do Segredo de Estado, v. Acórdão n.º 458/93 do Tribunal Constitucional (ARMINDO MENDES), *Diário da República*, I Série de 17/9/93, proferido em sede de fiscalização preventiva.

[19] Em sintonia, o n.º 2 do art. 137 do Código de Processo Penal também adopta um conceito material similar de segredo de Estado: "O segredo de Estado a que se refere o presente

Pois o segredo de Estado, de acordo com o seu fundamento constitucional, constitui uma excepção às liberdades de informação e de comunicação social, pelo que, se aquele for *ilegal*, isto é, *se o acto de classificação violar a lei*, ocultando o que não deve ocultar, não existe uma restrição legítima dos direitos em causa, nem existe materialmente segredo[20]-[21].

Isto é assim, sob pena de *inconstitucionalidade* por *desmerecimento e desnecessidade de pena*, quer se trate de *segredo de Estado por classificação*, quer se trate de *segredo de Estado por lei*, isto é, de classificação *ope legis*, como sucede no âmbito da Lei-Quadro do Sistema de Informações da República Portuguesa, em que os

---

artigo abrange, nomeadamente, os factos cuja revelação, ainda que não constitua crime, possa causar dano à segurança, interna ou externa, do Estado português ou à defesa da ordem constitucional".

V. ainda, no plano dos *crimes de natureza estritamente militar*, o crime análogo de *Violação de segredo de Estado* previsto no art. 33 do Código de Justiça Militar, que atende à colocação em perigo de *interesses militares* do Estado português.

[20] Efectivamente, de acordo com Jorge Bacelar Gouveia, "Segredo de Estado", o segredo de Estado é constituído, nos termos da Lei do Segredo de Estado, por três elementos essenciais: o "*elemento material* designa os 'documentos e informações' que ficam a pertencer ao objecto do segredo de Estado e cuja divulgação se pretende precisamente limitar"; o "*elemento subjectivo* relaciona-se com a preocupação de o conhecimento alargado dessas informações poder pôr em causa alguns dos valores fundamentais do Estado (...) requerendo-se (...) a verificação da sua perigosidade em função do respectivo conhecimento subjectivo alargado"; e o "*elemento finalístico* dá-nos conta dos valores que são protegidos com o segredo de Estado, que segundo a fórmula legal são a independência nacional, a unidade e integridade do Estado e a segurança interna e externa do Estado (...) o recorte do objecto do segredo de Estado não se dá unicamente quando estes valores fundamentais do Estado são efectivamente violados ou se preveja que o são. A LSE admite ainda a possibilidade de a não-classificação de informações ser potencialmente danosa para esses valores, não havendo contudo a certeza de que os mesmo sejam atingidos" (pp. 111-112).

[21] Repare-se que o *objecto* do segredo de Estado pode ser ilegal sem o ser segredo de Estado em si. Por exemplo, pode a informação acerca de uma conduta ilícita encontrar-se classificada porque o seu conhecimento por pessoa não autorizada coloca em perigo a segurança ou a defesa nacionais.

Cfr., a este propósito, Iñigo Segrelles de Arenaza, "El secreto de Estado ilegal – Aspectos básicos", *Cuadernos de Política Criminal*, n.º 62, 1997, pp. 425 e ss.: "Así pues, conforme a la Ley, de los dos binomios de bienes jurídicos [1.º) seguridad nacional – derecho a la información y 2.º) seguridad nacional – bien jurídico lesionado por el objeto ilegal], sólo el primero determina la legalidad e ilegalidad, en sentido estricto, del secreto de Estado. Conforme a ello, podemos decir que el ordenamiento jurídico ha resuelto el conflicto de bienes jurídicos, que en realidad constituye *un estado de necesidad*, entre seguridad nacional y derecho a la información, a favor del primero (...).

Ahora bien, la resolución de este estado de necesidad no significa *que se trate, al mismo tiempo, de una causa de justificación de la conducta ilegal en que consiste el objeto del secreto de Estado*. Es decir, el artículo 2 L.S.O. y la Constitución no justifican, en base a la seguridad nacional, la comisión de una conducta ilícita (...). Tan sólo establece una limitación a su conocimiento por razones de necesidad y, en definitiva, supervivencia. (...) El secreto de Estado no es una causa de justificación" (p. 432).

"registos, documentos, *dossiers* e arquivos dos serviços de informações" respeitantes à sua actividade operacional são declarados secretos por lei, sem necessidade de um acto formal de classificação[22].

De modo idêntico, a revelação de matérias *desclassificadas* por acto formal de desclassificação ou por não-ratificação (*revogação*) ou pelo decurso do prazo estabelecido para a duração do segredo (*caducidade*), nos termos da Lei do Segredo de Estado, também não está abrangida pelo âmbito do tipo incriminador do art. 316 do Código Penal[23].

2.3.2. Mais duvidosa é a questão de saber se está ou não englobada nesse âmbito a republicação por órgão de comunicação social de matéria classificada que haja sido, na sua totalidade, objecto de publicação anterior na imprensa e que, nessa perspectiva, é já de conhecimento público.

Mesmo que seja possível defender ainda, em certos casos, o carácter secreto desses documentos, é duvidoso que essa republicação seja susceptível de preencher o tipo incriminador da *violação de segredo de Estado*, pelo menos sempre que não se comprove uma intensificação do perigo para o bem jurídico tutelado que possa já ter sido criado pela publicação anterior.

Efectivamente, o *conceito material* de segredo de Estado projecta-se ainda, no plano da tipicidade, na exigência de um específico *desvalor do resultado*.

---

[22] Art. 32 (*Segredo de Estado*) da Lei n.º 30/84, de 5 de Setembro, alterada pelas Leis n.º 4/95, de 21 de Fevereiro, n.º 15/96, de 30 de Abril, e n.º 75-A/97, de 22 de Julho: "1 – São abrangidos pelo segredo de Estado os dados e as informações cuja difusão seja susceptível de causar dano à unidade e integridade do Estado, à defesa das instituições democráticas estabelecidas na Constituição, ao livre exercício das respectivas funções pelos órgãos de soberania, à segurança interna, à independência nacional e à preparação da defesa militar. 2 – *Consideram-se abrangidos pelo segredo de Estado os registos, documentos, dossiers e arquivos dos serviços de informações relativos às matérias mencionadas no número anterior* (...)". Itálico nosso.

De modo idêntico, o art. 5 (*Actividades classificadas*) da Proposta de Lei n.º 83/X, que visa estabelecer a orgânica do SIRP, do SIED e do SIS (disponível em *www.parlamento.pt*), dispõe mais amplamente: "1 – As actividades do Secretário-Geral, do seu Gabinete, do SIED, do SIS e das estruturas comuns são consideradas, para todos os efeitos, classificadas e de interesse para a salvaguarda da independência nacional, dos interesses nacionais e da segurança externa e interna do Estado Português. 2 – São abrangidos pelo segredo de Estado os registos, documentos e dossiers, bem como os resultados das análises e os elementos conservados nos centros de dados, do SIED e do SIS, e nos arquivos do Gabinete do Secretário-Geral, do SIED, do SIS e das estruturas comuns, respeitantes às matérias constantes da Lei Quadro do SIRP. 3 – Toda a actividade de pesquisa, análise, interpretação, classificação e conservação de informações desenvolvida no âmbito do SIRP está sujeita ao dever de sigilo, nos termos definidos pela Lei Quadro do SIRP".

V., a este propósito, Iñigo Segrelles de Arenaza, *op. cit.*, pp. 419 e ss.

[23] Assim, A. Medina de Seiça, *op. cit.*, p. 121.

Deste modo, o crime do art. 316 exige ainda, para a sua consumação, a verificação de um *resultado típico*, que se traduz numa colocação em perigo efectiva (e não apenas potencial como sucede no plano da acção típica) de "interesses do Estado Português relativos à independência nacional, à unidade e à integridade do Estado ou à sua segurança interna", pelo que, sem a existência de um tal *perigo concreto*, apenas poderá haver punição por *tentativa*.

2.4. Os crimes cometidos através da comunicação social revestem-se de algumas especificidades em matéria de *comparticipação criminosa*[24].

Efectivamente, os processos de publicação, de emissão televisiva ou radio-fónica envolvem necessariamente diversos intervenientes, pelo que não é evidente discernir quem é que executa o facto por si mesmo, nos termos do art. 26, 1ª proposição, do Código Penal, num caso, por exemplo, de violação do segredo de Estado através da comunicação social, que é o que agora nos ocupa.

Desta forma, os n.ºs 1 e 2 do art. 31.º da Lei de Imprensa procedem a essa concretização da *execução singular*, esclarecendo que autor é o criador do texto ou imagem cuja publicação divulga a matéria classificada ou, no caso de publicação não consentida, quem a tenha promovido.

As Leis da Televisão e da Rádio contêm disposições análogas nos seus arts. 65, n.º 4, e 64, n.º 3, respectivamente.

2.4.1. O n.º 1 do art. 31 ressalva contudo o "disposto na lei penal", pelo que não é impossível, uma vez respeitada a *definição fundamental de execução* nos crimes cometidos através da comunicação social, configurar outras hipóteses de autoria e participação, nos termos dos arts. 26 e 27 do Código Penal.

Assim, será *autor mediato* quem instrumentalizar o criador do texto ou imagem ou o promotor da sua publicação não consentida, *co-autor* aquele que "tomar parte directa" na criação do texto ou imagem ou na promoção da sua publicação não consentida, *instigador* o que "determinar" o criador do texto ou

---

[24] Sobre este tema e acerca do anterior *sistema de responsabilidade sucessiva* ou *"en cascade"*, que suscitou dúvidas de inconstitucionalidade quanto à responsabilidade criminal do director como cúmplice e como substituto do autor desconhecido, em face dos princípios da *presunção de inocência*, da *pessoalidade* e da *culpa*, cfr. José de Faria Costa, "Aspectos fundamentais da problemática da responsabilidade objectiva no Direito Penal português", in *Estudos em Homenagem ao Prof. Doutor J. J. Teixeira Ribeiro*, Vol. III, 1983, pp. 383 e ss.; Manuel António Lopes Rocha, "Sobre o modelo da responsabilidade sucessiva nos crimes de imprensa – Alguns problemas", in *Estudos em Homenagem ao Prof. Doutor Eduardo Correia*, Vol. III, Coimbra, 1984, pp. 1 e ss.; Alberto Arons de Carvalho, António Monteiro Cardoso e João Pedro Figueiredo, *Direito da Comunicação Social*, pp. 208 e ss.; António Monteiro Cardoso, "A autoria nos crimes cometidos através da imprensa", pp. 42 e ss.

imagem ou o promotor da sua publicação não consentida[25] e, finalmente, *cúmplice* quem "prestar auxílio material ou moral" à criação do texto ou imagem ou à promoção da sua publicação não consentida.

2.4.2. Os arts. 31, n.º 3, da Lei de Imprensa, 65, n.º 3, da Lei da Televisão, e 64, n.º 2, da Lei da Rádio, estabelecem ainda a responsabilidade dos directores ou equivalentes que não se oponham, podendo fazê-lo através de acção adequada, à comissão de crime através da comunicação social.

Como o revelam a epígrafe e a sistemática do preceito da Lei de Imprensa, esta omissão do dever de controlo dos conteúdos publicados ou emitidos consubstancia uma modalidade de *comparticipação omissiva*, isto é, de responsabilidade pela execução principal, mas a título de omissão[36], e, enquanto tal, *subsidiária* relativamente aos institutos comparticipativos activos.

Embora a lei não qualifique esta figura, nem resolva assim a relevante discussão dogmática que divide a literatura penalista entre a *co-autoria* (do agente que, infringindo um dever de actuar, omite, isto é, se abstém de impedir que outro co-autor realize o facto através de um fazer positivo) e a *cumplicidade por omissão*, resolve parcialmente, no entanto, no âmbito dos crimes cometidos através da comunicação social, uma das suas mais importantes consequências práticas desse debate científico: a *atenuação obrigatória da pena*, ou seja, este comparticipante é punido com a pena fixada para o autor reduzida de um terço nos seus limites mínimo e máximo.

2.4.3. Se o conteúdo da publicação, por natureza dirigido a destinatário indeterminado, não constituir instigação pública a um crime (art. 297.º do Código Penal), o que dificilmente será o caso quando se trate de divulgação de segredo de Estado através da imprensa, a responsabilidade por comparticipação que estudámos sofre uma importante restrição.

De acordo com o n.º 4 do art. 31.º da Lei de Imprensa, as "declarações correctamente reproduzidas, prestadas por pessoas devidamente identificadas" responsabilizam exclusivamente quem as tiver proferido e não também, por exemplo, o autor do texto em que se inserem ou o director da publicação, e, nos termos do n.º 5, também os artigos de opinião responsabilizam apenas o seu autor, "desde que (…) devidamente identificado".

---

[25] Acerca da instigação como forma de participação e não de autoria, v. a nossa dissertação de mestrado *Da Instigação em Cadeia – Contributo para a dogmática das formas de comparticipação na instigação*, Coimbra, 2006, pp. 27 e ss.

[26] Discorda-se assim de Alberto Arons de Carvalho, António Monteiro Cardoso e João Pedro Figueiredo, *op. cit.*, p. 210, na medida em que afirmam que se trata responsabilidade por um crime *autónomo* de omissão.

Já as Leis da Televisão e da Rádio não contêm qualquer disposição similar. De acordo com Alberto Arons de Carvalho, António Monteiro Cardoso e João Pedro Figueiredo, "a aplicação daquele regime seria difícil, dada a impossibilidade de comprovar a identificação de terceiros que intervêm em emissões em directo pelo telefone"[27].

Todavia, quando haja possibilidade de identificação ou quando os intervenientes sejam jornalistas perfeitamente identificados, deve aquela norma ser aplicada por analogia *in bonam partem* aos crimes praticados através de emissão televisiva ou radiofónica, por não ser neste âmbito diversa a *ratio decidendi*.

2.4.4. Uma outra importante delimitação negativa da comparticipação é estabelecida no n.º 6 do art. 31.º da Lei de Imprensa, que isenta de responsabilidade penal "todos aqueles que, no exercício da sua profissão, tiveram intervenção meramente técnica, subordinada ou rotineira no processo de elaboração ou difusão da publicação"[28].

Preocupando-se, desta forma, com o problema dos limites da *cumplicidade*, o legislador estabeleceu, de forma inovadora, no âmbito dos crimes cometidos através da comunicação social, um regime para a *vexata quaestio* dos *comportamentos neutrais*[29].

3. Aspectos processuais

3.1. Do ponto de vista *processual penal* e sem prejuízo das *regras específicas de competência territorial* estabelecidas nos arts. 38 da Lei de Imprensa, 82 da Lei da Televisão e 74 da Lei da Rádio para os crimes cometidos através da comunicação social, cumpre destacar a *alternativa processual* criada para substituir o *anterior regime substantivo* de responsabilização do director enquanto autor do texto ou imagem de autor desconhecido[30].

Assim, de acordo com o art. 32 da Lei de Imprensa, se a identidade do autor do escrito ou imagem for desconhecida, o director é notificado para a declarar no

---

[27] *Op. cit.*, p. 212, nota 82.

[28] Todavia, este regime só é aplicável às emissões televisivas e radiofónicas se ao agente não "for exigível a consciência do carácter criminoso do seu acto", nos termos dos arts. 65, n.º 5, da Lei da Televisão e 64, n.º 4, da Lei da Rádio.

Mais uma vez, temos sérias dúvidas quanto à justificação racional desta diferenciação de regime em face do *princípio constitucional da igualdade*, pelo que poderá estar aqui em causa uma *inconstitucionalidade material* do tipo da analisada anteriormente a propósito do agravamento de pena nos crimes cometidos através da comunicação social.

[29] Acerca dos antecedentes legislativos deste preceito, v. Manuel António Lopes Rocha, "Sobre o modelo da responsabilidade sucessiva nos crimes de imprensa", pp. 27 e ss.

[30] Cfr., *supra*, nota 24.

inquérito. Se o não fizer, incorre no crime de desobediência qualificada (art. 348, n.º 2, do Código Penal), e, se mentir, declarando falsamente que a não conhece ou indicando como autor quem o não tiver sido, incorre no crime de falsidade de testemunho (art. 360 do Código Penal), sem prejuízo da eventual responsabilidade pelo crime de denúncia caluniosa (art. 365 do Código Penal)[32]

Diferentemente e uma vez que "a voz ou a imagem permitirão, em regra, identificar mais facilmente quem proferiu as palavras, que materializaram a ofensa aos bens penalmente tutelados"[33], nas Leis da Televisão e da Rádio não se prevê qualquer regime similar.

3.2. Finalmente, no que se refere à matéria de *depoimentos* e *interrogatórios* em processo penal instaurado por crime de violação de segredo de Estado através da comunicação social, cumpre distinguir os diferentes contextos em que pode intervir o jornalista.

Assim, se o jornalista for ouvido na qualidade de arguido goza, no âmbito das suas garantias de defesa, do *direito ao silêncio* (arts. 32.º, n.º 8, da Constituição, 61.º, n.º 1, alínea c), e 343.º, n.º 1, do Código de Processo Penal).

Se for testemunha e das suas respostas puder resultar responsabilização criminal, também se pode recusar a responder (art. 132, n.º 2, do Código de Processo Penal).

Se for testemunha e for inquirido sobre factos abrangidos pelo segredo profissional pode escusar-se a depor ao abrigo do *direito à protecção do sigilo profissional*, que a Constituição tutela no seu art. 38, n.º 2, alínea b), em nome da garantia do direito à informação[34].

Efectivamente, o direito de não revelar a origem da informação é essencial para a tutela da relação de confiança que o jornalista mantém com a fonte de informação, que lhe pode ter fornecido elementos apenas sob o pressuposto de

---

[32] V. António Monteiro Cardoso, "A autoria nos crimes cometidos através da imprensa", p. 44: "Numa abordagem superficial deste regime, pode facilmente considerar-se esta solução injusta ou inadequada. Porém, deve ponderar-se que ela vem substituir um sistema em que o director respondia como autor do escrito não assinado.

A não se ter consagrado uma solução do tipo da que foi adoptada, pelos escritos anónimos responderia apenas o director, não como presumido autor, mas somente com fundamento na omissão do dever de controlo do conteúdo do periódico, ficando impune o autor anónimo.

Julgamos que, na ponderação dos direitos em colisão nesta matéria, não pode prevalecer uma espécie de direito à impunidade do anónimo, mantido à custa de um 'culpado de substituição', o director do periódico".

[33] Alberto Arons de Carvalho, António Monteiro Cardoso e João Pedro Figueiredo, *op. cit.*, p. 212.

[34] Cfr. Alberto Arons de Carvalho, António Monteiro Cardoso e João Pedro Figueiredo, *op. cit.*, pp. 110 e ss.

que a sua identidade não seria revelada, permitindo a obtenção de novas informações e a divulgação de matérias que de outro modo poderiam nunca chegar ao conhecimento público.

Nos termos do art. 135 do Código de Processo Penal, ressalvado pelo n.° 1 do art. 11 do Estatuto do Jornalista, o direito ao sigilo profissional pode, todavia, ceder, ainda que legitimamente invocado, quando o tribunal superior entender, ouvido o organismo representativo dos jornalistas, que há um interesse preponderante de realização da justiça no caso concreto[35], tendo o jornalista a *obrigação de prestar depoimento com quebra do sigilo profissional*, sob pena de incorrer na prática do crime de desobediência simples (art. 348, n.° 1, do Código Penal)[36].

Finalmente, se o jornalista for testemunha e tiver conhecimento de factos que constituam ainda segredo de Estado não pode ser inquirido sobre eles, mas terá que prestar depoimento, se o Ministro da Justiça não confirmar a classificação invocada (art. 137 do Código de Processo Penal)[37-38].

---

[35] De acordo com o Acórdão n.° 7/87 do Tribunal Constitucional, *Diário da República*, I Série de 9 de Fevereiro de 1987, proferido em sede de fiscalização preventiva: "A questão estará, pois, em saber se a restrição aqui estabelecida constitui uma 'agressão desproporcionada' ao segredo profissional garantido aos jornalistas.

E a resposta parece dever ser negativa, dados os valores em favor dos quais o segredo profissional dos jornalistas é sacrificado e as cautelas de que se faz rodear a quebra do segredo".

[36] Repare-se que no *Anteprojecto de Revisão do Código de Processo Penal* elaborado pela *Unidade de Missão para a Reforma Penal*, disponível em *www.mj.gov.pt*, propõe-se uma clarificação do conceito de "interesse preponderante" previsto do n.° 3 do art. 135, passando-se a ter em conta, nomeadamente, "a imprescindibilidade do depoimento para a descoberta da verdade, a gravidade do crime e a necessidade de protecção de bens jurídicos".

A Proposta de Lei n.° 76/X, disponível em *www.parlamento.pt* pretende circunscrever ainda mais esse conceito no caso específico do sigilo profissional dos jornalistas, através da alteração do n.° 3 do art. 11 do Estatuto do Jornalista: "A revelação das fontes de informação apenas pode ser ordenada pelo tribunal, de acordo com o previsto na lei processual penal, quando tal seja necessário para a investigação de crimes graves contra as pessoas, incluindo, nomeadamente, crimes dolosos contra a vida e a integridade física, bem como para a investigação de *crimes graves contra a segurança do Estado* ou de casos graves de criminalidade organizada, desde que se comprove que a quebra do sigilo é fundamental para a descoberta da verdade e que as respectivas informações muito dificilmente poderiam ser obtidas de qualquer outra forma" (itálico nosso). Projecta-se ainda um regime análogo em matéria de buscas em órgãos de comunicação social (n.ºs 7 a 9 do art. 11).

[37] Veja-se o lugar paralelo no art. 182 do Código de Processo Penal.

[38] De acordo com A. Medina de Seiça, anotação ao art. 316 (Violação do Segredo de Estado), p. 122, trata-se de um caso em que a violação da proibição de revelar matérias sob reserva se encontra *justificada*, por força da necessidade de salvaguarda de outros interesses relevantes conexos com o exercício da acção penal, pois "a ausência de confirmação não significa sempre que os factos invocados não constituem, afinal, segredo, mas ainda que, conquanto o sejam, a sua revelação em processo penal é legítima".

OS SERVIÇOS DE INFORMAÇÕES DE PORTUGAL: ORGANIZAÇÃO E FISCALIZAÇÃO[1]

JORGE BACELAR GOUVEIA[2]

SUMÁRIO:

I. O ENQUADRAMENTO HISTÓRICO-POLÍTICO

1. A III República Portuguesa
2. A Constituição Portuguesa e a segurança do Estado
3. A dificuldade de implantar a actividade de informações do Estado

II. A CRIAÇÃO E O DESENVOLVIMENTO DO SISTEMA DE INFORMAÇÕES DA REPÚBLICA PORTUGUESA

4. A lenta criação e posterior desenvolvimento dos serviços de informações
5. A configuração actual do Sistema de Informações da República Portuguesa
6. O quadro legislativo do Sistema de Informações da República Portuguesa
7. A natureza e os princípios estruturantes do Sistema de Informações da República Portuguesa
8. A orgânica do Sistema de Informações da República Portuguesa

---

[1] Texto-síntese da palestra proferida em Bucareste (Roménia), no Palácio do Parlamento, em 18 de Outubro de 2006, no âmbito da III Conferência dos Órgãos Parlamentares de Controlo dos Serviços de Informações dos Estados da União Europeia, organizada pelo Parlamento da Roménia.

[2] Presidente do Conselho de Fiscalização do Sistema de Informações da República Portuguesa. Doutor em Direito e Professor da Universidade Nova de Lisboa.

III. A FISCALIZAÇÃO DO SISTEMA DE INFORMAÇÕES DA REPÚBLICA PORTUGUESA

9. A fiscalização dualista da actividade dos serviços de informações
10. O Conselho de Fiscalização do Sistema de Informações da República Portuguesa como principal órgão de fiscalização
11. O Conselho de Fiscalização do Sistema de Informações da República Portuguesa e as informações militares
12. O Conselho de Fiscalização do Sistema de Informações da República Portuguesa e a conexão do SIRP com outros organismos
13. A relação do Conselho de Fiscalização com a Comissão de Fiscalização de Dados do Sistema de Informações da República Portuguesa
14. Uma panorâmica geral da actividade do Conselho de Fiscalização do Sistema de Informações da República Portuguesa

I. O ENQUADRAMENTO HISTÓRICO-POLÍTICO

1. A III República Portuguesa

Com a implantação da III República, após a Revolução de 25 de Abril de 1974 e a aprovação da actual Constituição da República Portuguesa de 1976 (CRP), Portugal entrou num novo período da sua história, libertando-se de um regime autoritário e fascizante de direita, que tinha uma forte inspiração nacionalista e que prevaleceu durante 48 anos (de 28 de Maio de 1926 a 24 de Abril de 1974).

Gradualmente foram sendo estabelecidas as diversas estruturas de democratização do país, simultaneamente que se concedeu a independência política às antigas colónias portuguesas – hoje os Estados independentes de Angola (11 de Novembro de 1975), Cabo Verde (5 de Julho de 1975), Guiné-Bissau (24 de Setembro de 1973), Moçambique (25 de Junho de 1975) e São Tomé e Príncipe (12 de Julho de 1975)[3].

De então até aos nossos dias, muitos dos procedimentos e das práticas institucionais foram sendo mudadas, tendo sido provavelmente a adesão de Portugal à Comunidade Económica Europeia (agora União Europeia), em 1 de Janeiro de 1986, a reforma que mais profundamente transformaria Portugal, modernizando a economia, qualificando a sociedade e os seus recursos e abrindo o país a novos espaços e a novas culturas.

O próprio texto da CRP, aprovado em 2 de Abril de 1976, já conheceu 7 revisões constitucionais, as quais alteraram bastante a sua versão original. As datas das revisões constitucionais havidas foram as seguintes: 1982, 1989, 1991, 1997, 2001, 2004 e 2005[4].

---

[3] Para uma apreciação geral sobre este período constitucional revolucionário, bem como os seus reflexos nas colónias portuguesas africanas que na altura alcançariam a independência política, v. JORGE BACELAR GOUVEIA, *Manual de Direito Constitucional*, I, Coimbra, 2005, pp. 135 e ss.

[4] Sobre as diversas revisões da Constituição Portuguesa de 1976, que sensivelmente modificaram a sua versão inicial, v. JORGE BACELAR GOUVEIA, *Manual...*, I, pp. 482 e ss.

174   *Estudos de Direito e Segurança*

2. A Constituição Portuguesa e a segurança do Estado

Com a aprovação de um texto constitucional democrático, tributário de uma forte concepção de Estado de Direito[5], naturalmente que a segurança não podia deixar de se reflectir no conjunto das opções constitucionais que foram sendo feitas, ora no momento inicial, ora mais tarde aquando das diversas revisões constitucionais posteriores.

É assim que a segurança do Estado está presente em diversos dos preceitos constitucionais, com essa verificação se comprovando bem a importância constitucional e democrática de tão relevante desígnio[6].

A manifestação mais geral do relevo do objectivo da segurança é alcançada num dos preceitos introdutórios do articulado constitucional, no qual se estabelece, com clareza, que duas das tarefas fundamentais do Estado são:

- "Garantir a independência nacional e criar as condições políticas, económicas, sociais e culturais que a promovam"[7];
- "Garantir os direitos e liberdades fundamentais e o respeito pelos princípios do Estado de Direito Democrático"[8].

Mas esta é uma preocupação que também aflora, agora mais especificamente, em disposições constitucionais atinentes aos direitos fundamentais das pessoas, não apenas se associando o direito à segurança com o direito à liberdade[9], em contexto da intervenção restrita do Direito Penal e do Direito Processual Penal, *bem como se esclarecendo que outros direitos fundamentais* – além daquele direito fundamental à liberdade e à segurança – *são susceptíveis de limitação em nome de finalidades de segurança do Estado pela alusão ao segredo de Estado e à investigação criminal[10]*.

Do mesmo modo, a parte organizatória da CRP, enquanto estatuto jurídico do poder político, se mostra sensível aos aspectos da segurança, indexando a actividades e organizações

---

[5] Cfr. o art. 2.º da CRP.

[6] Sobre a segurança do Estado e a sua projecção constitucional, v. PEDRO SIMÕES, *Os Serviços Secretos em Portugal – Os Serviços de Informação e a Comunicação Social*, Lisboa, 2002, pp. 50 e ss.

[7] Art. 9.º, al. a), da CRP.

[8] Art. 9.º, al. b), da CRP.

[9] Como expressamente se afirma no art. 27.º, n.º 1, da CRP: "Todos têm direito à liberdade e à segurança".

[10] O art. 268.º, n.º 2, da CRP, limitando o direito à *open file Administration*, invoca a necessidade da protecção daqueles bens: "Os cidadãos têm também o direito de acesso aos arquivos e registos administrativos, sem prejuízo do disposto na lei em matérias relativas à segurança interna e externa, à investigação criminal e à intimidade das pessoas".

específicas – às Forças Armadas[11] e à Polícia[12] – as dimensões, respectivamente, externa e interna da segurança do Estado.

Pensando particularmente na actividade de informações como instrumento de segurança do Estado, *só a partir de 1997, com a aprovação da IV revisão constitucional, é que tal realidade seria constitucionalizada,* ainda que apenas no plano meramente organizacional, dizendo-se que a legislação em causa é da autoria da Assembleia da República, não do Governo e muito menos de outras entidades legislativas não estaduais[13]: *é da reserva absoluta de competência legislativa da Assembleia da República legislar sobre o "Regime do sistema de informações da República e do segredo de Estado"[14].*

Claro que a relevância constitucional da actividade de produção de informações do Estado não adquire apenas uma importância formal e organizatória, desde logo porque a sua admissibilidade em Estado de Direito, se bem que numa certa configuração genérica, fica sendo constitucionalmente aceite.

Simplesmente, essa relevância é ainda primacialmente organizatória, situando-se aquelas normas numa linha de exercício legislativo na definição do Sistema de Informações da República Portuguesa (SIRP), quanto à sua essência, em favor do Estado, através da Assembleia da República, que se deve revelar num tipo especial de acto legislativo, que é a lei orgânica[15].

3. A dificuldade de implantar a actividade de informações do Estado

Contudo, se é verdade que em 30 anos Portugal avançou rapidamente na modernização e aperfeiçoamento das suas estruturas políticas, económicas, sociais

---

[11] Competindo-lhes, nos termos do art. 275.º, n.º 1, da CRP, a "A defesa militar da República", consistindo a defesa nacional, nos termos amplos em que o art. 273.º, n.º 2, da CRP, a concebe, em algo de muito equiparável à ideia comum de segurança externa: "A defesa nacional tem por objectivos garantir, no respeito da ordem constitucional, das instituições e das convenções internacionais, a independência nacional, a integridade do território e a liberdade e a segurança das populações contra qualquer agressão ou ameaça externas".

[12] Actividade policial que beneficia de um estatuto constitucional próprio no art. 272.º da CRP, em cujo n.º 1 se prescreve que "A polícia tem por funções defender a legalidade democrática e garantir a segurança interna e os direitos dos cidadãos".

[13] Como é o caso em Portugal, sendo um Estado unitário politicamente regionalizado, com Regiões Autónomas, que também dispõem de competência legislativa. Cfr. JORGE BACELAR GOUVEIA, *Manual de Direito Constitucional*, II, Coimbra, 2005, pp. 965 e ss.

[14] Art. 164.º, al. q), da CRP.

[15] Quanto ao regime constitucional das leis orgânicas, v. JORGE BACELAR GOUVEIA, *Manual...*, II, pp. 1237 e ss.

176   *Estudos de Direito e Segurança*

e culturais, não é menos verdade que o mesmo ritmo não se aplicou a todas essas importantes reformas.

Estamos a pensar precisamente na trajectória seguida para a criação – legislativa e institucional – da actividade de informações de Estado, que se foi desenvolvendo com dificuldades, incompreensões, recuos e avanços, além de algumas dúvidas existenciais quanto ao modelo institucional a seguir[16].

Havia um grande trauma a vencer, trauma psicológico, trauma histórico e trauma político: a necessidade de criar serviços de informações do Estado, mas tal nunca podendo significar qualquer regresso ao passado, protagonizado que foi pela actividade de informações levada a cabo por duas instituições que tinham ficado com as cicatrizes do horror do regime do Estado Novo autoritário, derrubado na madrugada de 25 de Abril de 1974: eram elas a PIDE – a Polícia Internacional de Defesa do Estado – e a DGS – a Direcção-Geral de Segurança[17], esta substituindo aquela na passagem de Oliveira Salazar a Marcello Caetano no lugar central do sistema político, que era para a anterior Constituição de 1933 o cargo de Presidente do Conselho de Ministros.

E tudo se agravava ainda mais pela ideia – que actualmente se vai tornando crescentemente mais nítida, à medida que os estudos históricos também avançam – de que a actividade da PIDE-DGS nem sequer era primordialmente de informações do Estado, mas fundamentalmente de controlo e de perseguição dos opositores do regime político de então.

Prova mais evidente dessa dificuldade foi o próprio facto de o reconhecimento constitucional específico da actividade de informações do Estado só ter sido feito em 1997, ainda que anteriormente essa mesma actividade se pudesse legitimar com base em instrumentos legislativos, sendo certo que no plano constitucional haveria sempre um mínimo de fundamento jurídico ao nível mais abstracto da protecção da segurança do Estado.

---

[16] Para um percurso histórico da actividade de informações do Estado, desde a fundação de Portugal até aos nossos dias, v. PEDRO CARDOSO, *As informações em Portugal*, 2ª ed., Lisboa, 2004, pp. 19 e ss.; VIZELA CARDOSO, *As informações em Portugal*, in AAVV, *Dicionário Jurídico da Administração Pública* (direcção de JORGE BACELAR GOUVEIA), III suplemento, Coimbra, 2006, pp. 1 e ss.

Especialmente PEDRO CARDOSO (*As informações em Portugal*, pp. 19 e ss.) distingue três períodos: 1.º período – da fundação de Portugal (1143) até ao início dos Descobrimentos (1415); 2.º período – dos Descobrimentos até à independência do Brasil (1822); 3.º período – desde esta data até à descolonização pós-25 de Abril de 1974, particularmente a independência de Angola (1975).

[17] Cfr. PEDRO SIMÕES, *Os Serviços...*, p. 85.

II. A CRIAÇÃO E O DESENVOLVIMENTO DO SISTEMA DE INFORMAÇÕES DA REPÚBLICA PORTUGUESA

4. A lenta criação e posterior desenvolvimento dos serviços de informações

Não é por isso de espantar que a criação dos serviços de informações em Portugal, mais tarde densificado na ideia consolidada de um sistema de informações, não tivesse sido uma prioridade da democracia política e económica implantada em Portugal[18] na sequência da Revolução de 25 de Abril de 1974[19].

Verdadeiramente, só a partir da década de 1980, é que se assumiria a vontade política da criação de um serviço de informações internas – o Serviço de Informações de Segurança (SIS) – e tendo ficado para alguns anos mais tarde a criação de um serviço de informações externas – o Serviço de Informações Estratégicas de Defesa (SIED).

Mas sendo esse um caminho que tem sido feito com alguma tergiversação, justifica-se distinguir *quatro períodos na evolução da actividade dos serviços de informações em Portugal*:

a) 1.º período (1974-1984): de ausência de serviços de informações, com

---

[18] Para o que muito terá contribuído também um certo jeito de a comunicação social portuguesa encarar este assunto da actividade da produção de informações do Estado. Cfr. o trabalho de PEDRO SIMÕES, *Os Serviços...*, pp. 91 e ss.

[19] Sobre a criação e a evolução dos serviços de informações em Portugal em geral, v. PEDRO SIMÕES, *Os Serviços...*, pp. 36 e ss.; RAMIRO LADEIRO MONTEIRO, *Subsídios para a história recente das informações em Portugal*, in AAVV, *Informações e Segurança – estudos em honra do General Pedro Cardoso*, Lisboa, 2003, pp. 459 e ss.; ANTÓNIO PINHEIRO e ANTÓNIO PARADELO, *Segurança e Defesa em Portugal*, in AAVV, *Pensar a Segurança e a Defesa* (coordenação de JOSÉ MANUEL FREIRE NOGUEIRA), Lisboa, 2005, pp. 253 e ss.; ARMÉNIO MARQUES FERREIRA, *O Sistema de Informações da República Portuguesa*, in AAVV, *Dicionário Jurídico da Administração Pública* (direcção de JORGE BACELAR GOUVEIA), III suplemento, Lisboa, 2006, pp. 4 e ss.; VIZELA CARDOSO, *As informações...*, pp. 14 e ss.

a ocupação desse espaço vazio por parte dos serviços de informações militares[20];

b) *2.° período (1984-1995)*: de criação do Sistema de Informações da República Portuguesa (SIRP), apoiado na previsão legal do Serviço de Informações Estratégicas de Defesa (SIED), do Serviço de Informações de Segurança (SIS) e no Serviço de Informações Militares (SIM), mas só o segundo e o terceiro efectivamente funcionando;

c) *3.° período (1995-2004)*: de criação apenas de dois serviços de informações, mantendo-se o Serviço de Informações de Segurança, e o Serviço de Informações Estratégicas de Defesa e Militares (SIEDM) alterando parcialmente a sua natureza, ao incluir atribuições no domínio das informações militares, além de se ter operado a sua criação efectiva, sem esquecer ainda a transformação do Sistema de Informações Militares (SIM) na Divisão das Informações Militares (DIMIL) em 1993;

d) *4.° período (2004-....)*: de aproximação da actividade dos dois serviços de informações – o SIED e o SIS – através da criação do cargo do Secretário-Geral do Sistema de Informações da República Portuguesa (SGSIRP), incumbido da coordenação das suas actividades, com a faculdade da partilha de serviços administrativos comuns àqueles dois serviços, sem ainda olvidar a perda nas atribuições do SIED das informações militares, remetidas ao âmbito da DIMIL.

Numa palavra: *o momento actual corresponde, na história político-constitucional democrática do Portugal da III República, ao 4.° período, justificando-se uma explicação mais minuciosa dos diversos elementos do Sistema de Informações da República Portuguesa.*

5. A configuração actual do Sistema de Informações da República Portuguesa

A situação que hoje se vive é radicalmente diversa daquela que foi sendo percorrida ao longo destas três décadas de regime democrático, sob a égide da CRP.

Do ponto de vista da opinião pública portuguesa, entendimento reforçado depois do 11 de Setembro de 2001, a importância da actividade de informações

---

[20] Cfr. a opinião de ARMÉNIO MARQUES FERREIRA, *O Sistema de Informações...*, p. 5.

Os Serviços de Informações de Portugal: Organização e Fiscalização 179

do Estado passou a ser encarada com mais determinação, num sinal de amadurecimento do relevo a dar à protecção dos valores do Estado.

Noutra perspectiva, a versão actual da Lei-Quadro do Sistema de Informações da República Portuguesa (LQSIRP) confirma esta mesma importância, tendo sido introduzidas – por acção da Lei Orgânica n.° 4/2004, de 6 de Novembro – profundas alterações com vista a melhorar a eficiência da produção de informações, ao mesmo tempo reforçando os poderes de fiscalização sobre essa mesma actividade, assim se explicando o tal 4.° período assinalado, dessas alterações se salientando estas *quatro* mais significativas:

- *a centralização da coordenação da actividade de informações*, até então directamente tutelada por Ministros sectoriais, *ao nível do próprio Primeiro-Ministro*, ao actuar por intermédio de um Secretário-Geral, por ele livremente nomeado e exonerado;
- *a condução da actividade de cada um dos serviços de informações* – o SIED e o SIS – *atribuída ao Secretário-Geral*, que para o efeito dispõe de um gabinete de apoio, podendo estabelecer algumas estruturas administrativas comuns àqueles dois serviços de informações, em matéria de "...gestão administrativa, financeira e patrimonial"[21];
- *a manutenção da autonomia administrativa e financeira de cada um dos serviços*[22] – o SIED e o SIS – e o reforço dos recursos financeiros e de meios humanos com vista ao aperfeiçoamento da sua actividade;
- *a exclusão das informações militares do SIRP*, embora mantendo uma conexão com a sua vertente fiscalizadora, porquanto a nova orgânica do SIRP, constante da LQSIRP, "...não prejudica as actividades de informações levadas a cabo pelas Forças Armadas e necessárias ao cumprimento das suas missões específicas e à garantia da segurança militar"[23].

Todavia este é um edifício legislativo que ainda não se encontra acabado, porquanto está neste momento em apreciação na Assembleia da República a aprovação de uma lei de organização dos serviços de informações – quer dos serviços sectoriais, quer da actividade do próprio Secretário-Geral do SIRP – que completará alguns dos aspectos de cunho organizatório que tinham ficado em aberto na última versão da LQSIRP, diploma que se prevê esteja vigente até ao final do ano de 2006.

---

[21] Art. 35.°, n.° 1, da LQSIRP.
[22] Cfr. o art. 16.° da LQSIRP.
[23] Art. 34.°, n.° 1, da LQSIRP.

6. O quadro legislativo do Sistema de Informações da República Portuguesa

Além da particular alusão constitucional que houve ocasião de assinalar, o SIRP, do ponto de vista das suas fontes legislativas, apoia-se num diploma legal fundamental, que tem a sua origem na Lei n.º 30/84, cujo objecto é, de resto, estabelecer "...as bases gerais do Sistema de Informações da República Portuguesa"[24], e que se distribui por seis capítulos:

- Capítulo I – *Princípios gerais* (arts. 1.º a 7.º);
- Capítulo II – *Fiscalização* (arts. 8.º a 13.º);
- Capítulo III – *Orgânica do Sistema* (arts. 14.º 22.º);
- Capítulo IV – *Uso da informática* (arts. 23.º a 27.º);
- Capítulo V – *Deveres e responsabilidades* (arts. 28.º a 33.º);
- Capítulo VI – *Disposições finais* (arts. 34.º a 36.º).

A versão actual – dada pela Lei Orgânica n.º 4/2004, de 6 de Novembro – não é, porém, a sua versão inicial, pois que foram vários os momentos de intervenção legislativa, os quais modificaram as opções iniciais, ao sabor dos períodos que pudemos sinteticamente retratar:

- a criação do SIRP pela Lei n.º 30/84, de 5 de Setembro (2.º período);
- a primeira alteração, dada pela Lei n.º 5/95, de 21 de Fevereiro (3.º período), que estabeleceu a obrigatoriedade do porte de documento de identificação;
- a segunda alteração, dada pela Lei n.º 15/96, de 30 de Abril (3.º período), que reforçou as competências do Conselho de Fiscalização dos Serviços de Informações;
- a terceira alteração, dada pela Lei n.º 75-A/97, de 22 de Julho (3.º período), que pontualmente alterou o modo de eleição dos membros do Conselho de Fiscalização dos Serviços de Informações;
- a quarta alteração, dada pela Lei Orgânica n.º 4/2004, de 6 de Novembro (quarto e actual período), que profundamente reconfigurou o SIRP, dando-lhe a modelação que dele hoje se conhece.

O SIRP não vive apenas, até ao momento, de uma única lei, como seria a hipótese de se pensar na suficiência da LQSIRP. É que tal acto legislativo, por ser

---

[24] Art. 1.º da LQSIRP.

Os Serviços de Informações de Portugal: Organização e Fiscalização   181

precisamente um diploma enquadrador, apoia-se na existência de diplomas específicos, para cada serviço em causa, que ainda subsistem vigentes:

- o Decreto-Lei n.º 224/85, de 4 de Julho, que criou o Serviço de Informações Estratégicas de Defesa; e
- o Decreto-Lei n.º 225/85, de 4 de Julho, que criou o Sistema de Informações de Segurança.

7. A natureza e os princípios estruturantes do Sistema de Informações da República Portuguesa

O SIRP apresenta uma orgânica consolidada, cabendo-lhe exclusivamente "...assegurar, no respeito da Constituição e da lei, a produção de informações necessárias à salvaguarda da independência nacional e à garantia da segurança interna"[25].

Contudo, a actividade do SIRP está especificamente limitada por alguns importantes princípios:

- *o princípio da constitucionalidade e da legalidade*: a actividade dos serviços de informações está sujeita ao escrupuloso respeito pela Constituição e pela lei, designadamente em matéria de protecção dos direitos fundamentais das pessoas, especialmente frente à utilização de dados informatizados, pois que "Não podem ser desenvolvidas actividades de pesquisa, processamento e difusão de informações que envolvam ameaça ou ofensa aos direitos, liberdades e garantias consignados na Constituição e na lei"[26];
- *o princípio da exclusividade*: a actividade dos serviços está rigorosamente limitada às suas atribuições, não podendo desenvolver uma actividade de produção de informações em domínio que lhe não tenha sido concedido, já que "Cada serviço só pode desenvolver as actividades de pesquisa e tratamento das informações respeitantes às suas atribuições específicas..."[27];
- *o princípio da especialidade*: a actividade dos serviços de informações reduz-se ao seu estrito âmbito, não podendo a sua actividade confundir-se com a actividade própria de outros organismos, como no domínio da

---

[25] Art. 2.º, n.º 2, da LQSIRP.
[26] Art. 3.º, n.º 1, da LQSIRP.
[27] Art. 3.º, n.º 3, da LQSIRP.

actividade dos tribunais ou da actividade policial, na medida em que "Os funcionários ou agentes, civis ou militares, dos serviços de informações previstos na presente lei não podem exercer poderes, praticar actos ou desenvolver actividades do âmbito ou competência específica dos tribunais ou das entidades com funções policiais"[28].

8. A orgânica do Sistema de Informações da República Portuguesa

De acordo com a actual versão da LQSIRP, introduzida pela Lei Orgânica n.° 4/2004, o SIRP deixou de contar com dois isolados serviços de informações e passou a ser concebido articuladamente, incorporando os seguintes órgãos:

- o Conselho Superior de Informações (CSI);
- o Secretário-Geral do SIRP (SGSIRP);
- o Serviço de Informações Estratégicas de Defesa (SIED); e
- o Sistema de Informações de Segurança (SIS).

O CSI é o órgão interministerial de consulta e coordenação em matéria de informações, sendo presidido pelo Primeiro-Ministro e dele fazendo parte os Ministros de Estado e da Presidência, os Ministros da Defesa Nacional, da Administração Interna, da Justiça, dos Negócios Estrangeiros e das Finanças, os Presidentes dos Governos Regionais dos Açores e da Madeira, o Chefe do Estado--Maior-General das Forças Armadas, o Secretário-Geral do Sistema de Informações da República e dois Deputados designados pela Assembleia da República[29].

O CSI, com uma natureza de órgão consultivo, tem competências de aconselhamento e coadjuvação do Primeiro-Ministro no âmbito da coordenação dos serviços de informações, podendo pronunciar-se sobre todos os assuntos em que tenha sido solicitada a sua opinião, sem ainda esquecer a competência para propor a orientação das actividades a executar pelos serviços de informações[30].

O SGSIRP é nomeado e exonerado livremente pelo Primeiro-Ministro, sendo equiparado a Secretário de Estado, e tem competências de condução superior dos serviços de informações, de natureza administrativa para a nomeação do

---

[28] Art. 4.°, n.° 1, da LQSIRP.
[29] Cfr. o art. 18.°, n.os 1 e 2, da LQSIRP.
[30] Cfr. o art. 18.°, n.° 5, da LQSIRP.

pessoal de informações e de natureza financeira na presidência dos conselhos administrativos dos serviços, de entre outras competências[31].

O SIED – só criado em 1995 como Serviço de Informações Estratégicas de Defesa e Militares (SIEDM)[32], mas que na versão da actual LQSIRP deixou de ter a componente militar[33] – é o organismo "...incumbido da produção de informações que contribuam para a salvaguarda da independência nacional, dos interesses nacionais e da segurança externa do Estado Português"[34].

O SIS[35] foi o primeiro serviço de informações que dentro do actual SIRP veria a luz do dia, em 1985, sendo agora concebido pela LQSIRP como "...o organismo incumbido da produção de informações que contribuam para a salvaguarda da segurança interna e a prevenção da sabotagem, do terrorismo, da espionagem e a prática de actos que, pela sua natureza, possam alterar ou destruir o Estado de Direito constitucionalmente estabelecido"[36].

---

[31] Cfr. o art. 19.º da LQSIRP.

[32] Sobre o SIEDM, v. PEDRO SIMÕES, *Os Serviços...*, pp. 86 e ss.; PEDRO CARDOSO, *As informações...*, pp. 257 e ss.

[33] Havendo a opinião, como é o caso de VIZELA CARDOSO (*As informações...*, p. 31), de que a actividade de informações militares, tanto estratégicas como operacionais e tácticas, terão ficado no exclusivo âmbito da actividade da DIMIL – Divisão de Informações Militares: "As alterações à Lei Quadro do Sistema de Informações da República Portuguesa (SIRP), introduzidas pela Lei Orgânica n.º 4/2004, de 6 de Novembro, implicaram que as Forças Armadas reassumissem as actividades de informações militares, de natureza estratégica e operacional, indispensáveis ao cumprimento das suas missões específicas, para além da das actividades de contra-informação necessárias à salvaguarda da segurança militar, devendo ainda constituir um instrumento de apoio à decisão política, no âmbito do planeamento e execução da componente militar da política de defesa nacional".

[34] Art. 20.º da LQSIRP.

[35] Sobre o SIS, v. PEDRO SIMÕES, *Os Serviços...*, pp. 55 e ss.; PEDRO CARDOSO, *As informações...*, pp. 243 e ss.

[36] Art. 21.º da LQSIRP.

III. A FISCALIZAÇÃO DO SISTEMA DE INFORMAÇÕES DA REPÚBLICA PORTUGUESA

9. A fiscalização dualista da actividade dos serviços de informações

Praticamente contemporânea da preocupação em torno da efectivação de uma actividade de informações do Estado tem sido o interesse pela existência de estruturas capazes de levar por diante a sua cabal fiscalização, não fazendo cair sobre esta melindrosa actividade administrativa do Estado qualquer sombra ou obscuridade antidemocrática.

É por isso que a criação de organismos de fiscalização do sistema de informações tem sido sempre o contrapeso da autorização democrática para a intensificação das respectivas estruturas[37]. Essa mesma intenção alimentou algumas das alterações que, na década de 90, foram feitas à LQSIRP.

Nos termos da actual LQSIRP, *a fiscalização da actividade do Sistema de Informações em Portugal, numa perspectiva específica, está atribuída a dois órgãos*[38]:

- *o Conselho de Fiscalização do Sistema de Informações da República Portuguesa* (CFSIRP); e
- *a Comissão de Fiscalização de Dados do Sistema de Informações da República Portuguesa* (CFDSIRP).

Quer isto dizer que a fiscalização externa do SIRP está cometida a dois órgãos diversos, com competências diferenciadas[39], *numa lógica dualista porque fundada em duas legitimidades separadas:*

---

[37] Sobre a fiscalização dos serviços de informações em geral, v. PEDRO ESTEVES, *Estado e informações: uma perspectiva sistémica*, in AAVV, *Informações e Segurança – estudos em honra do General Pedro Cardoso*, Lisboa, 2003, pp. 441 e ss.

[38] Sobre a fiscalização do SIRP em especial, v. PEDRO ESTEVES, *Estado e informações...*, pp. 451 e 452.

[39] No pensamento de PEDRO ESTEVES (*Estado e informações...*, p. 452), "Apesar do relativo equilíbrio entre o vector de controlo governamental e os mecanismos de fiscalização externa

Os Serviços de Informações de Portugal: Organização e Fiscalização

– *uma fiscalização político-parlamentar*, na base de uma legitimidade conferida pela Assembleia da República, que é o órgão maximamente representativo da democracia portuguesa[40]; e
– *uma fiscalização jurisdicionalizada*, na base de uma legitimidade conferida pelo Ministério Público, a partir da escolha dos seus membros pelo Procurador-Geral da República[41].

Porém, tal não quer dizer que a fiscalização não se possa fazer de outros modos:

– por um lado, há a própria *fiscalização interna*, através do auto-controlo a que a actividade de informações se submete dentro da organização do SIRP, com as suas estruturas superiores de direcção e de disciplina, sem ainda esquecer o controlo que se pode exercer, ao mais alto nível, a partir do próprio Governo e do Primeiro-Ministro;
– por outro lado, há a *fiscalização externa geral*, tanto *política* – da Assembleia da República e do Governo – como *judicial* – nos termos em que os tribunais são chamados a aplicar o Direito nos casos em que o mesmo tenha sido violado[42].

10. O Conselho de Fiscalização do Sistema de Informações da República Portuguesa como principal órgão de fiscalização

O Conselho de Fiscalização do Sistema de Informações da República Portuguesa (CFSIRP) é, nos termos da LQSIRP, o principal órgão de fiscalização do SIRP, já que se lhe atribui a seguinte finalidade para a sua acção: "O controlo

---

(parlamentar e judicial), é de ressalvar a amplitude das atribuições do Parlamento em matéria de acompanhamento, fiscalização genérica, inspecção e consultoria relativamente aos serviços de informações, sem paralelo nos sistemas democráticos conhecidos em matéria de acesso ilimitado a toda a documentação considerada necessária para o respectivo desempenho".

[40] Fiscalização que se mostra ainda evidente pela seguinte circunstância, prevista no art. 36.º, n.º 1, da LQSIRP: "A Assembleia da República pode requerer a presença do Conselho de Fiscalização, em sede de comissão parlamentar, com o objectivo de obter esclarecimentos sobre o exercício da sua actividade".

[41] Art. 26.º, n.º 2, da LQSIRP.

[42] Nos termos da parte final do n.º 1 do art. 8.º da LQSIRP, a actividade de fiscalização do CFSIRP faz-se "...sem prejuízo dos poderes de fiscalização deste órgão de soberania nos termos constitucionais".

do Sistema de Informações da República Portuguesa é assegurado pelo Conselho de Fiscalização, eleito pela Assembleia da República…"[43].

Daí que esta proeminência na função fiscalizatória que lhe está atribuída – sem obnubilar as competências (que são mais reduzidas) da Comissão de Fiscalização de Dados do Sistema de Informações da República Portuguesa, além de descritiva das amplas competências de que beneficia – sirva de critério residual de atribuição de outras competências que não tenham sido explicitadas, dentro daquela genérica atribuição de controlo do SIRP.

O CFSIRP é um órgão composto por três membros eleitos pela Assembleia da República, por maioria qualificada de dois terços dos Deputados: "O Conselho referido no número anterior será composto por três cidadãos de reconhecida idoneidade e no pleno gozo dos seus direitos civis e políticos, eleitos pela Assembleia da República por voto secreto e maioria de dois terços dos Deputados presentes, não inferior à maioria absoluta dos deputados em efectividade de funções"[44].

O mandato dos membros do CFSIRP é de quatro anos, sendo a eleição válida para esse período[45], beneficiando das necessárias imunidades para o exercício da sua função de fiscalização[46], além de sobre eles impenderem os seguintes deveres: exercer o respectivo cargo com a independência, a isenção e o sentido de missão inerentes à função que desempenham, contribuir, pelo seu zelo, a sua dedicação e o seu exemplo, para a boa aplicação da presente lei, e guardar o sigilo em relação aos elementos de que tomem conhecimento[47], nos termos da LQSIRP.

Da perspectiva do funcionamento e apoio logístico, o CFSIRP "…funciona junto à Assembleia da República, que lhe assegura os meios indispensáveis ao cumprimento das suas atribuições e competências, designadamente instalações condignas, pessoal de secretariado e apoio logístico suficientes, e inscreverá no seu orçamento a dotação financeira necessária, de forma a garantir a independência do funcionamento do referido Conselho, baseando-se em proposta por este apresentada"[48].

No âmbito do controlo do SIRP, o Conselho de Fiscalização tem amplos desígnios, definindo-os a LQSIRP do seguinte modo: "O Conselho de

---

[43] Art. 8.º, n.º 1, 1ª parte, da LQSIRP.

[44] Art. 8.º, n.º 2, da LQSIRP.

[45] Cfr. o art. 8.º, n.º 3, da LQSIRP.

[46] Cfr. o art. 11.º da LQSIRP.

[47] Cfr. o art. 12.º, n.º 1, da LQSIRP.

[48] Art. 9.º, n.º 4, da LQSIRP.

Fiscalização acompanha e fiscaliza a actividade do Secretário-Geral e dos serviços de informações, velando pelo cumprimento da Constituição e da lei, particularmente do regime de direitos, liberdades e garantias fundamentais dos cidadãos"[49].

As finalidades da actuação do CFSIRP são de natureza geral, tanto de uma perspectiva de eficiência organizativa como sobretudo de respeito pela juridicidade, sendo esta peculiarmente sinalizada pela alusão que se faz ao cumprimento dos direitos fundamentais dos cidadãos.

Quanto às suas competências, elas são hoje extensas, o que se tem explicado pela tomada de consciência da necessidade de qualquer actividade de informações, em regime democrático, ser tanto mais aceite quanto maior for a actividade de fiscalização que sobre ela incida, sendo elas as seguintes, nos termos da LQSIRP[50]:

a) "Apreciar os relatórios concernentes à actividade de cada um dos serviços de informações;

b) "Receber, do Secretário-Geral, com regularidade bimensal, lista integral dos processos em curso, podendo solicitar e obter os esclarecimentos e informações complementares que considere necessários ao cabal exercício dos seus poderes de fiscalização;

c) "Conhecer, junto do Primeiro-Ministro, os critérios de orientação governamental dirigidos à pesquisa de informações e obter do Conselho Superior de Informações os esclarecimentos sobre questões de funcionamento do Sistema de Informações da República Portuguesa;

d) "Efectuar visitas de inspecção destinadas a colher elementos sobre o seu modo de funcionamento e a actividade do Secretário-Geral e dos serviços de informações;

e) "Solicitar elementos constantes dos centros de dados que entenda necessários ao exercício das suas competências ou ao conhecimento de eventuais irregularidades ou violações da lei;

f) "Emitir pareceres com regularidade mínima anual sobre o funcionamento do Sistema de Informações da República Portuguesa a apresentar à Assembleia da República;

g) "Propor ao Governo a realização de procedimentos inspectivos, de inquérito ou sancionatórios em razão de ocorrências cuja gravidade o justifique;

---

[49] Art. 9.º, n.º 1, da LQSIRP.
[50] Art. 9.º, n.º 2, als. a) a h), da LQSIRP.

h) "Pronunciar-se sobre quaisquer iniciativas legislativas que tenham por objecto o Sistema de Informações da República Portuguesa, bem como sobre os modelos de organização e gestão administrativa, financeira e de pessoal dos respectivos serviços".

11. O Conselho de Fiscalização do Sistema de Informações da República Portuguesa e as informações militares

A reconfiguração do actual SIRP, feita com a aprovação da versão vigente da LQSIRP, através da Lei Orgânica n.º 4/2006, motivou a redefinição das atribuições do SIED em relação à actividade das informações militares.

Até à entrada em vigor daquele diploma legislativo, o SIED igualmente dispunha de atribuições nas informações militares, pois que o Decreto-Lei n.º 254/95 (que ainda estabelece a sua orgânica geral, mas estando neste ponto já derrogado) dizia que "O SIEDM é o organismo incumbido da produção de informações que contribuam para a salvaguarda da independência nacional, dos interesses nacionais, da segurança externa do Estado Português, para o cumprimento das missões das Forças Armadas e para a segurança militar"[51].

Depois da entrada em vigor da Lei Orgânica n.º 4/2004, esta dimensão da actividade de produção de informações para as Forças Armadas e de segurança militar deixou de pertencer ao SIRP, admitindo-se a existência de "...actividades de informações levadas a cabo pelas Forças Armadas e necessárias ao cumprimento das suas missões específicas e à garantia da segurança militar"[52], o que na prática tem sido exercido no limitado âmbito dos organismos da estrutura militar, fundamentalmente a DIMIL – Divisão de Informações Militares, que integra o Estado-Maior-General das Forças Armadas.

A separação da actividade de informações militares do SIED não impede, porém, que sobre ela se possa identicamente exercer a fiscalização do CFSIRP, tal como o prevê a LQSIRP: "As disposições constantes dos artigos 1.º a 6.º da presente lei, bem como as disposições relativas aos poderes do Conselho de Fiscalização e da Comissão de Fiscalização de Dados, são aplicáveis às actividades de produção de informações das Forças Armadas"[53].

---

[51] Art. 2.º, n.º 1, do Decreto-Lei n.º 254/95, de 30 de Setembro.
[52] Art. 34.º, n.º 1, da LQSIRP.
[53] Art. 34.º, n.º 2, da LQSIRP.

Os Serviços de Informações de Portugal: Organização e Fiscalização 189

12. O Conselho de Fiscalização do Sistema de Informações da República Portuguesa e a conexão do SIRP com outros organismos

Por força do princípio da especialidade, os serviços de informações não podem confundir-se com a actividade que é protagonizada por outras funções, actividades e estruturas públicas, mesmo que de um modo geral concorram para a segurança do Estado.

Só que de tal entendimento não se pode inferir que a actividade de produções que levem a cabo, dentro das atribuições próprias do SIED e do SIS, não devam ser apreciadas por outras entidades, a quem possam interessar, e delas assim tirem um máximo proveito, havendo um saudável dever de colaboração por parte do SIRP para com essas outras entidades.

É por isso que a LQSIRP estabelece importantes mecanismos de cooperação entre as diversas instituições do Estado que estão vinculadas a uma preocupação de protecção da segurança nacional, ainda que estabelecendo as devidas distâncias, em razão da natureza dessas mesmas instituições e actividades, de que cumpre dar o seguinte exemplo: "As informações e os elementos de prova respeitantes a factos indiciários da prática de crimes contra a segurança do Estado devem ser comunicados às entidades competentes para a sua investigação ou instrução"[54].

Ora, é precisamente nesta óptica da colaboração externa do SIRP que o CFSIRP assume a competência específica de conhecer tais modalidades de relacionamento, assim igualmente exercendo as suas definidas tarefas de fiscalização: "O Conselho de Fiscalização acompanha e conhece as modalidades admitidas de permuta de informações entre serviços, bem como os tipos de relacionamento dos serviços com outras entidades, especialmente de polícia, incumbidos de garantir a legalidade e sujeitos ao dever de cooperação"[55].

13. A relação do Conselho de Fiscalização com a Comissão de Fiscalização de Dados do Sistema de Informações da República Portuguesa

A Comissão de Fiscalização de Dados do Sistema de Informações da República Portuguesa (CFDSIRP) é o outro órgão de fiscalização específica do SIRP, mas que tem menos competências comparativamente àquelas que são cometidas ao CFSIRP.

---

[54] Art. 32.º, n.º 3, da LQSIRP.
[55] Art. 9.º, n.º 3, da LQSIRP.

190   *Estudos de Direito e Segurança*

No entanto, sendo composto por três magistrados do Ministério Público, designados pelo período do mandato do Procurador-Geral da República, exerce as suas competências, de um modo exclusivo, no domínio da protecção dos dados pessoais informatizados[56].

Tal como dispõe a LQSIRP, "A actividade dos centros de dados é exclusivamente fiscalizada pela Comissão de Fiscalização de Dados..."[57], fiscalização que se exerce "...através de verificações periódicas dos programas, dados e informações por amostragem, fornecidos sem referência nominativa"[58].

No caso de detecção de violação dos direitos e das regras, este organismo "...deve ordenar o cancelamento ou rectificação de dados recolhidos que envolvam violação dos direitos, liberdades e garantias consignados na Constituição e na lei e, se for caso disso, exercer a correspondente acção penal"[59].

Não obstante esta exclusividade de fiscalização que se comete à CFDSIRP, no domínio dos centro de dados e quanto ao uso da informática, é competência do CFSIRP receber a informação daquela Comissão a respeito de violações ocorridas de direitos fundamentais dos cidadãos, podendo desencadear as iniciativas que entenda por convenientes: "Das irregularidades ou violações verificadas deverá a Comissão de Fiscalização de Dados dar conhecimento, através de relatório, ao Conselho de Fiscalização"[60].

14. Uma panorâmica geral da actividade do Conselho de Fiscalização do Sistema de Informações da República Portuguesa

Deixando de lado as competências de fiscalização jurisdicionalizada, que têm um carácter mais reduzido, *interessa agora sintetizar as opções fundamentais no tocante à fiscalização político-parlamentar do SIRP, que são levadas a cabo pelo CFSIRP.*

Não integrando propriamente o SIRP, este órgão exerce as suas competências sobre a *totalidade do sistema português de informações*, não havendo espaços imunes à respectiva intervenção fiscalizadora, o que quer dizer que o

---

[56] Nos termos do art. 26.º, n.º 3, da LQSIRP, "A Comissão de Fiscalização de Dados tem sede na Procuradoria-Geral da República, que assegura os serviços de apoio necessários, sendo os seus membros designados e empossados pelo Procurador-Geral da República, aplicando-se-lhes, com as devidas adaptações, o disposto nos artigos 11.º a 13.º".

[57] Art. 26.º, n.º 1, da LQSIRP.

[58] Art. 26.º, n.º 4, da LQSIRP.

[59] Art. 26.º, n.º 5, da LQSIRP.

[60] Art. 27.º, n.º 3, da LQSIRP.

Os Serviços de Informações de Portugal: Organização e Fiscalização

SGSIRP, e o seu Gabinete, bem como o SIED e o SIS se lhe submetem sob o ponto de vista da actividade de fiscalização que empreendem.

Noutro prisma, a fiscalização do SIRP é feita com *carácter periódico*, já que os serviços de informações são obrigados a fazer-lhe regularmente chegar elementos que dizem respeito a aspectos centrais da sua actividade de informações, como as listas de processos abertos e os relatórios atinentes às suas actividades.

A *profundidade da efectivação da fiscalização político-parlamentar* é ainda evidente pelo facto de o CFSIRP poder actuar mesmo através de uma actividade de inspecção nas próprias instalações dos serviços informações, que lhe devem facultar o acesso livre, sempre que o requeira, jamais se limitando a cuidados meramente administrativos ou burocráticos.

O alcance da actividade fiscalizadora do CFSIRP não se resume finalmente a ser meramente informativo, dado que na presença de situações de violação dos direitos fundamentais ou em face de anomalias de funcionamento dos serviços tem *a possibilidade de fazer accionar os mecanismos próprios de aplicação de sanções* – pedindo inquéritos e sindicâncias – ou *propor medidas legislativas apropriadas* – dando sugestões aos órgãos legislativos competentes.

Bucareste, 18 de Outubro de 2006.

BIBLIOGRAFIA FUNDAMENTAL
SOBRE OS SERVIÇOS DE INFORMAÇÕES EM PORTUGAL

AAVV
— *Informações e Segurança Interna*, Porto, 1998

CARDOSO, PEDRO
— *As Informações em Portugal*, 2ª ed., Lisboa, 2004

CARDOSO, VIZELA
— *As informações em Portugal*, in AAVV, *Dicionário Jurídico da Administração Pública* (direcção de JORGE BACELAR GOUVEIA), III suplemento, Lisboa, 2006

FERREIRA, ARMÉNIO MARQUES
— *O Sistema de Informações da República Portuguesa*, in AAVV, *Dicionário Jurídico da Administração Pública* (direcção de JORGE BACELAR GOUVEIA), III suplemento, Lisboa, 2006

MONTEIRO, RAMIRO LADEIRO
— *Subsídios para a história recente das informações em Portugal*, in AAVV, *Informações e Segurança* – estudos em honra do General Pedro Cardoso, Lisboa, 2003, pp. 459 e ss.

SERRA, PAULA
— *DINFO – Histórias secretas do Serviço de Informações Militares*, Lisboa, 1998

SIMÕES, PEDRO
— *Os Serviços Secretos em Portugal – Os Serviços de Informação e a ComunicaçãoSocial*, Lisboa, 2002

MODELOS DE SISTEMAS DE INFORMAÇÕES: COOPERAÇÃO ENTRE SISTEMAS DE INFORMAÇÕES (APONTAMENTOS PARA APOIO)

JORGE SILVA CARVALHO*

Breve retrospectiva histórica

As Informações ou *Intelligence*, enquanto actividade desenvolvida por um conjunto de instituições especializadas, remonta, apenas, à segunda metade do século XIX. No entanto, entendida enquanto recolha de informação e notícias, tem, ao longo da história, sido desenvolvida como parte fundamental da actividade militar – em períodos de guerra, mas também em tempos de paz.

Assim, o exército romano e os seus colectores de informação, os *speculatores*, bem como as práticas medievais de utilização de espiões, informadores, de intercepção de mensagens, de falsificação de documentos oficiais e o seu uso para desinformação. Os exércitos das principais potências mundiais dos séculos XVI e XVII tinham oficiais responsáveis pela recolha de informação no terreno.

Em períodos de paz, a recolha e a utilização da informação, era também de permanente importância.

A actividade diplomática evoluiu na Itália renascentista com o duplo propósito da recolha da informação necessária à condução da política do Estado e da condução das negociações com outros Estados. A institucionalização, na Europa nos séculos XVI e XVII, deste sistema diplomático constituiu, em larga medida, uma resposta à necessidade de informação dos Estados.

---

* Licenciado em Direito, entrou para o Serviço de Informações de Segurança em 1990 e exerceu funções em diversos departamentos operacionais, tendo sido nomeado Director de Área em 1997 e Director de Serviço em 1999. Desempenha actualmente funções como Chefe do Gabinete do Secretário-Geral do Sistema de Informações da República Portugusa (SIRP).

Informações Classificadas – autonomização

O tratamento dado pelos Estados à informação que fluía pelos canais oficiais era, no entanto, indiferenciado. Esta massa de informação, recebida pelos diferentes canais, continha mais do que a informação classificada ou "secreta".

Desde sempre, que o uso de espiões e informadores faz parte das diferentes formas de exercício do poder. A expressão inglesa "spying" já é utilizada por autores ingleses desde, pelo menos, o século XIV. A intercepção de mensagens por parte dos governos é tão antiga como o uso da escrita e da sua codificação, a criptografia, na correspondência oficial. Mas foi o desenvolvimento da diplomacia europeia e dos sistemas de correio, durante a Renascença, que contribuiu para o desenvolvimento das técnicas de codificação/encriptação e, complementarmente, da cripto-análise.

Tradicionalmente, até ao século XIX, os governos tendiam a considerar como sua toda a informação existente no espaço nacional, até certo ponto "secreta". A distinção entre informação do "domínio público" e "classificada" é bastante mais recente. Os próprios diplomatas, no exercício da sua missão, distinguiam muito pouco entre métodos, abertos ou encobertos, de obtenção de informação. Por volta de 1600, a maioria das embaixadas utilizava regularmente "agentes secretos" e, no século seguinte, os próprios embaixadores eram considerados como "espiões autorizados". A separação entre diplomacia e a recolha encoberta de informação é muito posterior, embora nunca completa. A título de exemplo, ainda em 1939, o Embaixador francês em Berlim possuía fundos secretos destinados exclusivamente à compra de informação.

A diplomacia evoluiu como a instituição governamental responsável principal pela aquisição de informação externa, tendo as suas regras, privilégios e cerimonial sido estabelecidos formalmente no século XVII. No entanto, os governos europeus desde cedo começaram a desenvolver instituições destinadas à produção de informações que, embora inicialmente incipientes, começaram a suplantar o canal diplomático. Assim, a actividade diplomática foi complementada por redes governamentais de correspondentes, em graus variados de clandestinidade.

Apesar de tudo, esta situação difere, particularmente, em dois aspectos, das formas modernas de organização da actividade de informações. Em primeiro lugar, embora a actividade diplomática estivesse já bem organizada e regulada, todos os restantes sistemas de produção de informação – recolha e manuseamento – eram totalmente *ad hoc*, sem instituições permanentes. Em segundo lugar, o controlo da recolha ou pesquisa de informação e a avaliação dos resultados obtidos não eram objecto de uma abordagem especializada, separada do processo de decisão política. Para os chefes de estado e de governo da época, a actividade de informações era uma parte integrante da arte política, inseparável do exercício do poder.

O mesmo se passava com os militares. Durante séculos os quartéis-generais eram suficientes para administrar o fluxo de informação obtido em tempo de guerra. A organização e a utilização das informações eram, de certo modo, uma decisão pessoal do comandante responsável pela condução das operações, integrando-se, perfeitamente, numa lógica de comando personalizada. Mais grave, apesar das lições aprendidas sobre a importância das informações, no decurso destes conflitos, estes contribuíram muito pouco para a institucionalização da actividade de informações.

Algumas alterações surgiram, apenas, após as guerras napoleónicas. Os países europeus começaram a revelar interesse pela produção contínua e regular de informações de cariz militar, tendo-se instituído a figura do adido militar. O primeiro caso conhecido, destes adidos, foi destacado pela Prússia em 1817. O Reino Unido, por sua vez, iniciou, após a Guerra da Crimeia, uma política de nomeação regular de adidos militares junto das suas embaixadas no estrangeiro. Os seus relatórios juntamente com o aumento exponencial de fontes abertas de informação – motivado pela liberalização progressiva da imprensa e pelo desenvolvimento das técnicas de impressão que conduziu ao aumento da publicação de obras especializadas – permitiram reforçar o fluxo de informação que chegava aos diferentes governos.

Assim, já em 1830, era procedimento habitual para os governos da Prússia e da Rússia receberem sumários de informações, regulares e objectivos, produzidos por instituições do estado. É de salientar, no entanto, que não era ainda efectuada a separação das informações classificadas. A actividade de informações permanecia como um mero sinónimo de Informação.

Apenas, na fase final do século XIX se começam a notar as primeiras alterações de rumo com a paulatina identificação do termo *"Intelligence"* com uma actividade precisa e especializada, levada a cabo por instituições governamentais específicas, e separada do processo de decisão política e de definição de políticas *(decision-taking e policy-making)*. Assim, a actividade de Informações, entendida como *"Intelligence"* é uma inovação da época vitoriana.

A mudança no estatuto da actividade de Informações foi provocada pelo rápido desenvolvimento da tecnologia militar e pelo aumento da complexidade da actividade militar. Os novos exércitos dispunham cada vez mais de equipamento de combate tecnologicamente evoluído, de melhores meios de comunicações e de transporte. A actividade militar envolvia exércitos com dimensões crescentes abrangendo espaços cada vez maiores, com mais oportunidades para a ocorrência de "surpresas estratégicas" e para a obtenção de vitórias através de movimentos rápidos e da concentração de forças. As estruturas de comando tiveram de se adaptar a esta nova escala e complexidade. A resposta consistiu na criação de estruturas permanentes afectas às actividades de planeamento, mobilização e apoio ao processo de tomada de decisão pelos comandantes, as quais se encarregavam, de forma contínua, em paz ou em guerra, de reunir toda a informação disponível sobre as capacidades das suas forças armadas e de países estrangeiros, sobre a topografia, comunicações e quaisquer outros factores relevantes para a condução de um conflito. Dependiam de um fluxo constante de relatórios regulares, de informação organizada e de comunicações eficazes ou, como actualmente designaríamos C3I ou, Comando, Controlo, Comunicações e Informações.

O modelo mais marcante nesta fase da evolução foi o do estado-maior prussiano cujo conceito começou a ser desenvolvido após 1815 tendo ganhado fama de eficácia após as vitórias da Prússia sobre a Áustria e a França, respectivamente em 1866 e 1870.

Na Grã-Bretanha, após a guerra da Crimeia, e numa primeira tentativa de institucionalizar o tratamento da informação militar estratégica, foi criado, sem grande sucesso, o *"War Office Topographical and Statistical Department"*. No entanto, o movimento definitivo para a consagração da actividade de Informações, ainda no âmbito militar, tal como a concebemos iniciou-se com a criação, em 1873, do "War Office Intelligence Branch", tendo a Marinha inglesa criado o seu Comité de Informações Externas em 1882.

Nos EUA, os departamentos de informações da Marinha e do Exército (DNI e DMI) foram fundados, respectivamente, em 1882 e 1885.

Muito embora tivesse sido introduzida, na nomenclatura destas instituições, a designação de Informações, não existia ainda uma definição correcta das funções que desempenhavam, que consistiam numa mescla de actividades tipicamente de apoio ao comando e não, estritamente, dedicadas ao estudo das forças armadas estrangeiras.

A Grã-Bretanha deu um passo atrás, após a guerra Bóer, com a integração do departamento de informações do exército no, recentemente criado, cargo de Director de Operações Militares, e só restaurou a autonomia desse departamento em 1915.

O pensamento predominante neste período, independentemente de estarmos perante uma doutrina continental ou britânica, era o de desencorajar uma especialização rígida nos estados-maiores, o que também se aplicava à actividade de Informações.

Com o advento da I Grande Guerra, em 1914, e com a enorme necessidade de informações sobre os respectivos adversários, a actividade de Informações ganhou, finalmente, a posição de actividade especializada de cariz científico.

Desde essa data, a doutrina de Informações foi evoluindo paulatinamente, numa primeira fase com a autonomização do conceito de informações tácticas, posteriormente com a separação das informações estratégicas das actividades de "decision-taking e policy-making".

Foi a partir do conceito destes departamentos de Informações da marinha e do exército que se definiu o modelo das estruturas de Informações das forças armadas modernas. Assim, a título exemplificativo, os EUA criaram, em 1961, um departamento integrado de informações militares – *"Defense Intelligence Agency"* (DIA) – e o Reino Unido, amalgamou no *"Joint Intelligence Bureau"* (JIB) os três departamentos de Informações dos ramos, existentes na altura, e criou, em 1964, o "Defence Intelligence Staff" (DIS).

O Estudo, pelos militares, das forças estrangeiras, também conduziu ao desenvolvimento de **um género de actividade especializada de informações.** No entanto, a ideia inicial desenvolvida pelas estruturas militares de analisar alvos estrangeiros através da utilização de todos os dados possíveis sobre os mesmos, com o objectivo de obter informação e não de tomar decisões, continua a ser a base do que actualmente designamos por Informações de Defesa mas também das Informações Externas.

Na primeira metade do século XIX, na Europa continental, devido ao receio generalizado, dos diferentes regimes europeus, de disseminação dos efeitos da revolução francesa, desenvolveu-se o conceito de "polícia secreta" destinada a assegurar a manutenção da segurança interna. As forças policiais desses países aperfeiçoaram as técnicas de vigilância de cidadãos, de intercepção de correspondência e recorreram massivamente a informadores, que lhes permitiram desenvolver um mais apertado controlo sobre os movimentos sociais.

A primeira instituição a surgir, com este propósito, na Europa, foi a Terceira Secção da Chancelaria Imperial da Rússia, fundada em 1826, à qual sucedeu a antecessora do KGB, a Okhrana.

Após 1848, embora os motivos iniciais, relacionados com a Revolução Francesa, tivessem esmorecido, o crescimento dos movimentos comunista e anarquista, como ameaça aos regimes estabelecidos, justificaram a sua manutenção e aperfeiçoamento. Este desenvolvimento coincidiu com um período em que se verificaram enormes progressos nas técnicas de investigação criminal, sobretudo ao nível da polícia científica.

Simultaneamente, assistiu-se a uma evolução interessante com a expansão das actividades, destas polícias, para o exterior dos respectivos estados. O controlo das comunidades emigradas e dos movimentos oposicionistas no estrangeiro justificou essa evolução e, pela primeira vez, assistimos à sobreposição de actividades de "Informações", no estrangeiro, militares e de segurança interna, dos estados europeus.

Esta evolução foi sobretudo notória nos estados continentais europeus. O Reino Unido só constituiu a sua primeira força de polícia organizada em 1829 e apenas em 1883 foi criado o primeiro corpo de polícia especializada o *"Metropolitan Police's Special Irish Branch"* com o objectivo de combater o aumento do terrorismo independentista irlandês.

No início do século XX, como resposta ao aumento das actividades de espionagem estrangeira, começou a desenvolver-se, como actividade especializada, a contra-espionagem o que conduziu a criação, em 1909, do *"Secret Service Bureau"* que evoluiu, após duras lutas internas com a *"Metropolitan Police"*, em 1931, para o *"Security Service"* ou MI5. A única excepção a esta concentração da actividade de Informações de segurança interna no *"Security Service"* consistiu na manutenção, no âmbito da polícia, até 1992, das actividades de informações contra o IRA. Mesmo assim, esta mudança só se processou em resultado da ineficácia e dos excessos cometidos pela polícia britânica.

Apesar desta diferente experiência do Reino Unido, face aos restantes países da Europa continental, no que diz respeito à actuação das suas forças e serviços de segurança no âmbito da segurança interna, estas acabaram por adquirir bastante experiência nas campanhas de descolonização do império britânico e nas suas experiências na Palestina e na Malásia.

Assim, na Europa ocidental estas instituições distintas destinadas à manutenção da segurança interna emergiram paralelamente às Informações de defesa. Actualmente, o Serviço de Segurança Britânico (BSS/MI5), o Serviço de Informações de Segurança do Canadá (CSIS), o Serviço Federal de Protecção da Constituição da Alemanha (BfV), a *Direction de la Surveillance du Territoire* da França (DST) e, ainda, o *Shin Beth* de Israel, exemplificam este padrão.

Uma alternativa menos comum no mundo ocidental foi a seguida pelos EUA que mantiveram a actividade de Informações de segurança interna como um ramo especializado da estrutura nacional de polícia, a Divisão de Informações do FBI. O Canadá teve uma estrutura semelhante, com estas funções concentradas na *Royal Canadian Mounted Police* (RCMP), até à criação do CSIS em 1984.

Estas duas vertentes de desenvolvimento da actividade de informações, na Europa ocidental, marcaram a definição dos diferentes sistemas de informações e continuam presentes, na actual configuração dos diferentes sistemas, qualquer que seja a solução organizacional encontrada nacionalmente.

O binómio segurança interna e defesa nacional na actualidade – a segurança nacional

O final do século XX e o início do século XXI trouxeram grandes modificações ao panorama da segurança internacional e, consequentemente, nacional. Já muitos autores se debruçaram sobre esta questão. No entanto, gostaria de salientar que se algo mudou foi certamente o aumento exponencial qualitativo da ameaça do terrorismo e do crime organizado internacional. Consequentemente, verificou-se uma elevação dos níveis de violência a digerir pelas diversas sociedades, impondo às populações e aos respectivos governos um género novo e mais intenso de coacção psicológica. Estes dois tipos de ameaça são, ainda, potenciadas pela proliferação dos armamentos Nucleares, Radiológicos, Bacteriológicos e Químicos (NRBQ), pela actuação de alguns serviços de informações estrangeiros e pela dissolução estrutural de certos Estados soberanos – os Estados falhados.

No plano conceptual, onde estas alterações importam menos, verifica-se que a tónica é cada vez mais colocada sobre a noção de Segurança Nacional[1]. Particularmente, porque é, actualmente, cada vez mais difícil gerir a separação entre Defesa Nacional e Segurança Interna.

A legislação portuguesa dá-nos a definição de um destes conceitos, o de segurança interna. A Lei n.º 20/87 de 12 de Junho, ou Lei de Segurança Interna, no seu art. 1, n.º 1 refere que: "A segurança interna é a actividade desenvolvida pelo Estado para garantir a ordem, a segurança e a tranquilidade públicas, proteger pessoas e bens, prevenir a criminalidade e contribuir para assegurar o normal funcionamento das instituições democráticas, o regular exercício dos direitos e liberdades fundamentais dos cidadãos e o respeito pela legalidade democrática".

O mesmo diploma define, no seu art. 4 n.º 1, o âmbito territorial da segurança interna referindo que o mesmo se desenvolve "em todo o espaço sujeito a poderes de jurisdição do Estado Português", o que é particularmente limitativo.

Curiosamente, ao enunciar os fins da segurança interna, no n.º 3 do já mencionado art. 1, referindo que "As medidas previstas na presente lei visam especialmente proteger a vida e a integridade das pessoas, a paz pública e a ordem democrática contra a criminalidade violenta ou altamente organizada, desig-

---

[1] Segurança Nacional entendida aqui como a "condição da Nação que se traduz pela permanente garantia da sua sobrevivência em paz e liberdade; assegurando a soberania, independência e unidade, a integridade do território, a salvaguarda colectiva de pessoas e bens e dos valores espirituais, o desenvolvimento normal das tarefas do Estado, a liberdade de acção política dos órgãos de soberania e o pleno funcionamento das instituições democráticas", concepção adoptada pelo IDN.

nadamente sabotagem, espionagem ou terrorismo", a lei assume, indirectamente, que estes fenómenos não são exclusivamente enquadráveis no âmbito da segurança interna.

Assim, o quadro legal definido pela referida Lei de Segurança Interna, no que se refere à competência territorial, não é totalmente claro. A Lei não inclui fenómenos como o terrorismo exclusivamente na noção de segurança interna, refere sim que as medidas de segurança interna visam proteger um conjunto de bens jurídicos de um conjunto de ameaças, entre as quais o terrorismo.

A maioria dos fenómenos que podem afectar a Segurança Interna são cada vez mais de cariz transnacional ou internacional. Mesmo as actividades levadas a cabo, por grupos criminosos altamente organizados, em território nacional, têm cada vez mais a sua origem, motivação e estrutura organizativa, nomeadamente a sua direcção, no exterior. Caracterizam-se, aliás, por um elevado grau de flexibilidade e mobilidade.

É certo que muitos países possuem, ainda hoje, organizações criminosas ou de índole terrorista cuja origem, estrutura e propósitos são principalmente nacionais. No entanto, mesmo nesses casos, são cada vez maiores os indícios de ligações internacionais. Esses grupos necessitam de grande apoio logístico pelo que recorrem a outros grupos estrangeiros com especializações sectoriais, nomeadamente no domínio do armamento, da documentação, do financiamento ou do branqueamento. Sendo que no caso, por exemplo, do terrorismo de inspiração islâmica, se assiste a um fenómeno de surgimento, no seio das comunidades islâmicas nacionais, de indivíduos radicais ou extremistas, recrutados ou inspirados por estrangeiros ou não residentes nos países em questão.

Assim, é fácil de perceber que as limitações colocadas pelo conceito e pela legislação de segurança interna, e sobretudo a interpretação que delas é feito pelas próprias autoridades interessadas, não permitem um eficaz combate às principais ameaças que actualmente afectam, de forma tão severa, os bens jurídicos que a própria lei visa proteger.

Por outro lado, os Estados europeus, em geral, e Portugal, em particular, têm vindo progressivamente a partilhar a sua soberania, cedendo a favor de instituições supranacionais parte dos seus tradicionais poderes soberanos. Acresce que elementos base do conceito de estado soberano como o território (fronteiras) e cidadania/população também se encontram em mutação. Esse processo de partilha, nítido em vários sectores, é no entanto menos óbvio no que concerne às questões de segurança, particularmente em relação às informações. Mas mesmo em matéria de segurança, entendida *lato sensu*, as acções dos Estados, em geral, são cada vez menos unilaterais e progressivamente mais cooperativas.

Essa atitude não é uma atitude voluntária, antes pelo contrário, é uma

Modelos de Sistemas de Informações. Cooperação entre Sistemas de Informações

autêntica batalha de trincheiras em que os Estados vão cedendo apenas quando a isso são obrigados.

Acordos de cooperação como o que estabeleceu o Espaço Schengen exigem uma cada vez maior integração das suas estruturas de segurança, das polícias aos serviços de informações. Se ao nível policial e de justiça essa integração tem sido conseguida, no que respeita aos serviços de informações continua a ser insignificante. Tal prende-se com a concepção da actividade de informações como integrante do núcleo duro dos poderes soberanos do Estado.

Este processo parece, por vezes, um contra-senso, pois se de um lado temos ameaças de cariz internacional ou transnacional e do outro temos estados-nação com as suas limitações territoriais; e se, de um lado, temos a mobilidade e a flexibilidade, do outro temos a rigidez e o formalismo, combater o terrorismo internacional com meios meramente nacionais é uma impossibilidade nos seus termos.

O Conceito Estratégico de Defesa Nacional de Portugal (CEDN), publicado em 20 de Janeiro de 2003, veio introduzir grandes novidades no binómio segurança interna e defesa nacional. O CEDN, na sequência do que já havia sido feito nos EUA e em Espanha, optou por propor um conceito abrangente de Defesa Nacional, integrando fenómenos que, habitualmente, se inscreviam no âmbito das designadas segurança interna e nacional em sentido estrito, tais a luta contra o terrorismo, ou o crime organizado.

Esta integração tem a meu ver, aspectos positivos e negativos.

À partida, não chocará que as Forças Armadas desempenhem um papel no âmbito da segurança interna do país, se isso significar a aplicação de princípios como os da racionalidade de meios e integração de esforços. As Forças Armadas, por deterem o quase completo exclusivo de determinados instrumentos de aplicação de força, nomeadamente os meios aéreos, os meios navais, e ainda meios tecnológicos específicos, nomeadamente ao nível das comunicações, das imagens e da electrónica[2], terão, num país de escassos recursos, de potenciar a sua utilização em qualquer área onde sejam necessários.

No entanto, corremos o risco de não estarmos perante um esforço de integração de meios mas numa efectiva "militarização" da segurança.

Ao preconizar um conjunto de possibilidades de intervenção das Forças Armadas em matérias onde não está em causa a Defesa Nacional, de maneira, por vezes, não muito explícita, o CEDN deixa em branco os moldes em que essa intervenção se deverá processar.

---

[2] No fundo são as duas áreas que integram a "Signals Intelligence - SIGINT", a ELINT, ou Electronics Intelligence e a COMINT, ou Communications Intelligence, ao que acresce a IMINT, ou Imagery Intelligence.

Esta tendência para a "militarização" da segurança poderá constituir uma espécie de fuga em frente sugerida ao legislador e decisor político, num processo de regressão evolutiva para a especialização, relançando um debate já ultrapassado.

Em momentos de grande convulsão e imprevisibilidade em matéria de ameaças à segurança, a tendência é, portanto, o refúgio na instituição que é o último garante do poder coercivo do Estado soberano, as Forças Armadas.

Esta situação é, também, injusta para as Forças Armadas que se vêem trazidas para campos onde, à excepção de situações de gravidade extrema, a sua actuação será, no mínimo, ineficaz.

Da mesma forma que as Forças Armadas poderão, em situações muito localizadas, intervir em matéria de segurança interna e externa do Estado, se entendida em sentido estrito, também as autoridades civis, de segurança ou não, têm um papel preponderante a desempenhar em áreas específicas da Defesa Nacional.

Uma vez ultrapassadas estas questões dever-se-á caminhar, paulatinamente, para uma forma integrada de abordar todo o tipo de ameaças externas à segurança nacional, entendida aqui em sentido lato, enquanto aglutinadora dos conceitos de segurança interna e defesa nacional.

Sistemas e Serviços de Informações – Modelos Tradicionais

Os sistemas de informações actualmente existentes são fruto da evolução histórica das duas vertentes de desenvolvimento da actividade de informações, na Europa ocidental, no âmbito da segurança interna e da defesa. São, por lado, um produto da evolução histórica de cada país. Assim, estas marcas genéticas dos sistemas existentes criaram um cenário em que, praticamente, não existem dois sistemas semelhantes em termos das soluções organizacionais apresentadas. Raramente a pureza conceptual, mesmo no sistema de informações de referência – o britânico, foi mantida tendo, na maioria dos casos, as soluções organizacionais optado por privilegiar opções de maior racionalidade na utilização do instrumento de segurança que são os serviços de informações.

Assim, será necessário, em primeiro lugar, caracterizar os modelos típicos existentes antes das alterações introduzidas pelo final da Guerra-fria.

O modelo Britânico

Por modelo britânico designou-se um sistema possuidor três ou quatro serviços separados com funções específicas, assim:

Modelos de Sistemas de Informações. Cooperação entre Sistemas de Informações   203

– Um serviço de informações externas
– Um serviço de informações internas
– Um serviço de informações militares
– Um serviço de reconhecimento das transmissões (SIGINT)

A característica essencial deste sistema era a separação dos serviços de informações internas e externas e a existência de um serviço militar.

Reino Unido

Os órgãos de direcção, coordenação e processamento final são:

– Cabinet (Gabinete) – O Gabinete é um Conselho de Ministros restrito – cerca de 20 Ministros – e não um órgão de apoio ao Primeiro-Ministro. Nele existe um *Overseas and Defence Committee*, presidido pelo Primeiro-Ministro, que orienta as políticas externas e de defesa.

As funções de secretariado e de apoio são garantidas pelo *Cabinet Office*, dirigido pelo Secretário e do qual faz parte o *Coordinator of Intelligence and Security* (CIS) (Coordenador de Informações e Segurança), referido mais à frente.

Had Hoc Ministerial Group on Security (Had Hoc MGS)

Presidido pelo Primeiro-Ministro, é o conselho de questões de segurança. Subordinado a ele existe o *Official Committee on Security* (OCS) que supervisiona o *Security Service* (SS).

Permanent Under Secretaries Committee on Intelligence Services (PSIS)

Presidido pelo Secretário do Gabinete é constituído pelos Subsecretários permanentes dos *Foreign and Commonwealth Office* (FCO) (Ministério dos Estrangeiros e da Comunidade Britânica), *Ministry of Defence* (MOD) (Ministério da Defesa), *Departement of Trade and Industry* (Ministério do Comércio e Indústria), *Her Magesty's Treasury* (Ministério das Finanças) e pelo *Coordinator of Intelligence and Security* (CIS) (Coordenador de Informações e Segurança). Aprova os orçamentos dos serviços, supervisiona o seu funcionamento e indica as prioridades de informações (o que chamamos EEI – Elementos Essenciais de Informações).

– Joint Intelligence Committee (JIC)

Presidido pelo CIS, é constituído por um representante do FCO, pelo *Director General of Intelligence* (DGI) (Director Geral de Informações), pelo *Chief of Secret Service* (CSS) (Chefe do SIS), pelo *Director-General of Security Service* (DG) (Director Geral do SS), pelo *Deputy Chief of Defence Staff* (Intelligence) (DCDS (I)) (Adjunto do DGI), pelo *Director of GCHQ* (Director do GCHQ) e pelos Presidente e Vice Presidente do *Assessment Staff*.

Órgão extremamente importante, o JIC processa informações políticas e militares.

Dispõe dum *Assessment Staff* e de vários *Current Intelligence Groups* (CIG) que, no seu conjunto, constituem o que se designa por *Joint Intelligence Organization* (JIO).

Os CIG têm responsabilidades por áreas geográficas produzindo relatórios de informações correntes, enquanto que o *Assessment Staff* trabalha a prazos maiores.

Overseas Economic Intelligence Committee (OEIC)

Presidido por um representante do Ministério das Finanças, coordena a pesquisa e processa informações económicas, científicas e técnicas (não militares). Dele fazem parte representantes de vários departamentos civis, bem como os chefes ou directores dos vários serviços.

London Signals Intelligence Board (LSIB)

Presidido pelo Chefe do SIS é constituído pelos Directores dos vários serviços. Criado em 1941, durante a II Guerra Mundial, superintende as actividades do SIGINT, principalmente do GCHQ mas também dos órgãos militares. Para este último efeito, dispõe do *London Signals Intelligence Committee* (Defence) (LSIC(D)).

Coordinator of Intelligence and Security (CIS)

Lugar criado em 1970 e preenchido por um elemento com longa experiência em informações, normalmente o antigo Director de um dos Serviços.

Serviços de Informações

Security Service (SS) ou MI5, dependente do *Home Office* (HO) (Ministério do Interior), responsável pelas informações de segurança.

1909

*"The Security Service is founded as the **Home Section of the Secret Service Bureau**, under Captain Vernon Kell. (See "**The creation of the Secret Service Bureau.**")*

1914

*The Home Section of the Secret Service Bureau becomes a subsection of the War Office's Directorate of Military Operations, section 5 (MO5). It is given the name **MO5(g)**.*

1916

*MO5(g) becomes **MI5** (Military Intelligence section 5).*

1929

*MI5 is renamed as the **Defence Security Service**.*

1931

*The Defence Security Service becomes the **Security Service**, the name by which it is still known today. However, many writers and journalists still use "MI5" as a short alternative to our official name.*

Secret Intelligence Service (SIS) ou MI6, dependente do FCO, responsável pelas informações externas de carácter civil, incluindo as de contra--informação.

"The origins of the Secret Intelligence Service (SIS) are to be found in the Foreign Section of the Secret Service Bureau, established by the Committee of Imperial Defence in October 1909. The Secret Service Bureau was soon abbreviated to 'Secret Service', 'SS Bureau' or even 'SS'. The first head of the Foreign Section, Captain Sir Mansfield Cumming RN, signed himself 'MC' or 'C' in green ink. Thus began the long tradition of the head of the Service adopting the initial 'C' as his symbol.

Cumming sought to ensure that the Foreign Section of the Secret Service Bureau maintained a degree of autonomy but the War Office, in particular, managed to exercise extensive control over his actions. The outbreak of the First World War in 1914 brought a need for even closer cooperation with military intelligence organisations within the War Office. The most significant manifestation of this was the virtual integration of the Foreign Section within the Military Intelligence Directorate. Thus, for much of the war, Cumming's organisation was known as MI1(c). This arrangement did not sit well with Cumming who regretted this diminution of his independence. As a naval officer he was less than pleased at appearing under the auspices of the War Office.

The debate over the future structure of British Intelligence continued at length after the end of hostilities but Cumming managed to engineer the return of the Service to Foreign Office control. At this time the organisation was known in Whitehall by a variety of titles including the 'Foreign Intelligence Service', the 'Secret Service', 'MI1(c)', the 'Special Intelligence Service' and even 'C's organisation'. Around 1920, it began increasingly to be referred to as the Secret Intelligence Service (SIS), a title that it has continued to use to the present day and which was enshrined in statute in the Intelligence Services Act 1994.

'MI6' has become an almost interchangeable title for SIS, at least in the minds of those outside the Service. The origins of the use of this other title are to be found in the late 1930s when it was adopted as a flag of convenience for SIS. It was used extensively during the Second World War, especially if an organisational link needed to be made with MI5 (the Security Service). Although 'MI6' fell into official disuse years ago, many writers and journalists continue to use it to describe SIS".

Defence Intelligence Staff (DSIS), órgão do MOD, responsável pelas informações externas de carácter militar;

Government Communications Headquarters (GCHQ), dependente do LSIB, responsável pela SIGINT.

Outros países ocidentais – França; Alemanha; Israel; Estados Unidos da América; Espanha;

França

Evolução

"Os Serviços de Informações franceses estiveram, desde o princípio deste século, centrados essencialmente na acção do *Deuxième Bureau* (2ª Repartição) do Exército.

Embora houvesse também um *Service de Renseignements Marine* e uma *Sûreté Générale* (que realizava a contra-informação interna), o *Deuxième Bureau* tinha mais meios e maior prestígio.

Em 1937, foi criada a *Direction de la Surveillance du Territoire* (DST), no Ministério do Interior, em substituição da *Sûreté Générale*. A DST, que ainda hoje se mantém, recebeu a missão essencial de "combater agentes de informações estrangeiros em França".

Após o desembarque dos Aliados em França (1944) e o regresso de De *Gaulle e do seu Governo a Paris, foi criada uma Direction* Générale des Etudes et Recherches (DGER), focada principalmente na situação interna e que chegou a dispor de milhares de agentes.

A DGER foi depois substituída pelo *Service de Documentation Extérieure et de Contre-espionnage* (SDECE), vocacionado para a produção de informações externas e proibido de fazer pesquisa em França.

Ao longo dos anos, o SDECE cresceu em pessoal e meios financeiros e criou um *Service d'Action* para realizar operações especiais no exterior, o que por vezes criou situações embaraçosas ao Governo francês. Em 1973 o SDECE conseguiu absorver a organização francesa de reconhecimento das transmissões, denominada *Groupement des Contrôles Radio-Electriques* (GCR). Quando o Conde Alexandre de Marenches foi nomeado Director-Geral, iniciou uma profunda renovação de quadros (foram despedidos metade dos cerca de 2 000 funcionários) e reestruturação dos serviços.

Em 1981, com a eleição do Presidente Miterrand, de Marenches foi substituído, o serviço passou a designar-se *Direction Générale de la Securité Exterieure* (DGSE).

Os órgãos de coordenação são os seguintes:

– **Comité Interministérielle du Renseignement (CIR)** – Presidido pelo Primeiro-Ministro e constituído pelos Ministros dos Negócios

Estrangeiros, do Interior, da Defesa, das Finanças e da Economia, define a Política de informações e estabelece prioridades de produção;
- **Comité Spécial de Contre-espionnage (CSC)** – Supervisiona acções de contra-informação;
- **Secrétariat Général de la Défense National (SGDN)** – Órgão de grande importância, apoia o Primeiro Ministro na direcção da política de defesa, coordena a preparação e entrada em execução das medidas de defesa e constitui um centro de observação das crises e dos conflitos, estudando as atitudes a ser tomadas. No domínio das informações, o SGDN assegura o Secretariado do CIR, notifica os interessados das orientações e dos planos decididos, orienta a pesquisa de notícias de interesse para a defesa, assegura a exploração das informações e controla as transferências de equipamentos considerados sensíveis."

Serviços de Informações

Direction de Sécurité du Territoire (DST), do Ministério do Interior, que faz a contra-informação interna;

História

«Le 1er mai 1899, le contre-espionnage est retiré aux militaires pour être confié au Ministère de l'Intérieur. Cette décision est la conséquence directe de l'Affaire Dreyfus qui a débuté en 1894. Le décret du 20 août 1899 crée un "contrôle général des services de la Surveillance du Territoire". Ce service, sans moyens autonomes, disparaît en 1907. Il renaît au début des années 30, avec la recrudescence des ingérences allemandes en France et l'arrivée au pouvoir de Hitler. Les décrets des 28 avril et 13 juin 1934 font renaître le "contrôle général des services de la surveillance du territoire". A partir de 1937, la Surveillance du Territoire (S.T.) se voit doter de réels moyens. Malgré la défaite de 1940, la S.T. survit en zone libre et poursuit sa mission de contre-espionnage, en arrêtant par centaines des agents allemands.

Après l'invasion de la zone libre en novembre 1942, la S.T. est dissoute par les autorités allemandes. A Londres, le commandant Dewavrin, alias Passy, crée le Bureau Central de Renseignements et d'Action (B.C.R.A.) dont la section de contre-espionnage est confiée au lieutenant Roger Warin dit Wybot. A la libération, l'ordonnance du 16 novembre 1944, signée du Général de Gaulle, donne naissance à la Direction de la Surveillance du Territoire (D.S.T.). Les policiers de ce jeune service viennent majoritairement de la S.T. d'avant guerre, de la Résistance et du B.C.R.A. Son premier directeur est Roger Wybot».

Renseignements Généraux **(RG)** do Ministério do Interior, encarregado das informações políticas, sociais e económicas internas;

Direction Générale de la Sécurité Extérieure **(DGSE)**, dependente funcionalmente do Presidente da República e administrativamente do Ministro da Defesa, que produz informações externas;

Centre de l'Exploitation du Renseignement Militaire **(CERM)**, do Ministério da Defesa, que centraliza as informações militares;

Direction de la Protection et de la Sécurité de Défense **(DPSD)**, do Ministério da Defesa, encarregada da contra-informação nas áreas da defesa e militar;

Groupe Interministérielle des Communications **(GIC)**, dependente directamente do Primeiro-ministro, que realiza escutas telefónicas.

Alemanha

Evolução

"Em 1945, quando a Alemanha se encontrava no fim da II Guerra Mundial, resistindo aos Exércitos Aliados a Ocidente e ao exército Soviético a Leste, o General Reinhard Gehlen, chefe do serviço de informações militares da frente Leste (Fremde Heer Ost-FHO), entregou-se aos americanos com o seu pessoal e arquivos.

Depois de várias semanas de negociações, as autoridades americanas chegaram a acordo com Gehlen no sentido deste continuar a produzir informações sobre a URSS e a Europa de Leste.

Assim, em Julho de 1946 foi constituída a "Organização Gehlen" (Dienstella Gehlen ou, simplesmente, Org).

Em Abril de 1949 o Governo Militar Aliado autorizou a formação de um serviço, directamente subordinado ao Chanceler (Kanzler), para a produção de informações de segurança, seguindo o modelo do MI5 britânico.

O serviço passou a designar-se *Bundesamt für Verfassungsschutz* (BfV), literalmente "Gabinete Federal de Protecção da Constituição".

Por lei de Setembro de 1950, o BfV passou para a autoridade do Ministério do Interior Federal (Bundes Ministerium des Inneren – BMI) com a missão de "pesquisar e processar informações... referentes a tendências de suspensão, alteração ou perturbação da ordem constitucional na República Federal ou num Estado". Quanto a prioridade, devia concentrar-se nos comunistas e nos elementos de extrema-direita.

Em Abril de 1956, a Org transformou-se no *Bundes Nachrichten Dienst* (BND), ou seja "Serviço federal de Informações", na dependência do Chanceler.

Entretanto, começaram a ser criados serviços militares no âmbito do Ministério da Defesa Federal (Bundes Ministerium der Verteidigung (BMVg):

- Em 1950, apareceu o serviço de informações militares, camuflado com a designação de "Instituto de Pesquisas Contemporâneas" que passou a conduzir pesquisa humana na Alemanha de Leste. Gehlen reagiu e conseguiu que um seu adjunto tomasse posse do "Instituto", agora com a designação *Amt für nachrichten der Bundeswehr* (ANB), que significa "Gabinete de Informações das Forças Armadas Federais";
- Em 1956 foi criado o *Militärischer Abschirm Dienst* (MAD), ou seja, "serviço de Segurança Militar" com a finalidade de prevenir acções de espionagem, subversão e sabotagem contra as Forças Armadas.
- Em 1956 foi também criado o *Amt für Fernmeldwesen Bundeswehr* (AFMBW), ou seja "Gabinete de Escutas Rádio das Forças Armadas Federais".

A RFA e os seus serviços de informações eram um alvo apetecido dos serviços soviéticos e dos seus países satélites, principalmente da RDA, que infiltraram ou contrataram milhares de agentes (chegou-se a referir o número de 8000!). Esta acção foi e é facilitada por haver cerca de 3 milhões de refugiados da RDA na RFA, desde o fim da II Guerra Mundial."

Situação Actual
O chefe da Chancelaria (*Chef des BundesKanzleramst* – CHBK) é o coordenador dos serviços.

Serviços de Informações:

Bundesamt für Verfassungsschutz **(BfV)** – Constitui-se como o órgão de contra-espionagem da *RFA*. Baseia-se numa organização territorial que compreende 16 *Landesamt für Verfassungsschutz* (LfV), organizados à semelhança da administração central e contando, cada um deles, com cerca de 200 efectivos. A estrutura central, por sua vez, conta com cerca de 2 300 funcionários. Não possui quaisquer competências policiais, embora as provas por si recolhidas possam ser objecto de utilização legal no âmbito de inquéritos judiciais.

Bundesnachrichtendienst **(BND)** – Procede à recolha e análise de informações provenientes do exterior e cujo conteúdo seja de importância para a *RFA*, do ponto de vista da política externa e de segurança.

Agência de Contra-Espionagem Militar (MAD)

Israel

Evolução

O sistema de informações de Israel tem as suas origens nas organizações que combatiam o Mandato Britânico na Palestina. O *Haganah*, movimento armado Sionista, dispunha do *Sherut Yodioth* (SHAI), literalmente "Serviço de Informações", que iniciou actividades a nível mundial em 1929.

O SHAI conseguiu infiltrar-se em organismos do Mandato Britânico e nas forças de guerrilha árabes, evitando que os carregamentos de armas para o *Haganah* fossem interceptados.

Outras organizações secretas judias trabalhavam também em campos bem definidos. O *Mossad le Aliyah Bet*, literalmente "Instituto para a Emigração B", facilitava a emigração ilegal de judeus para a Palestina (A "Emigração A" realizava a emigração legal, com quotas estabelecidas pelas Autoridades britânicas).

O *Rekhesh* adquiria armas para os resistentes judeus.

O *Palmach* era uma organização militar permanente cuja secção naval, *Palyam*, foi a base do serviço de informações naval.

Quando Israel se tornou independente, em 1948, foi criado um serviço de informações militar, um órgão no Ministério de Negócios Estrangeiros (para produção de informações externas) e um serviço de segurança interno. Este último foi designado *Sherut Bitachon Klali* (SHABAK), literalmente "Serviço de Segurança Geral" ou SHIN BET, as primeiras letras de Sherut Bitachon.

Em 1951, foi criado o *Mossad Letafkidin Meovychadin*, literalmente "Instituto Central de Informações e Missões Especiais", que ficou a ser conhecido apenas por MOSSAD ("O Instituto"), em substituição do órgão do Ministério dos Negócios Estrangeiros.

Em 1953, o serviço de informações militar foi reorganizado, passando a chamar-se *Agaf Modin* (AMAN), literalmente Ramo de Informações (do Estado Maior General)".

Ainda outra organização foi criada em meados da década de 60: o *Leshkat Kesher Madao* (LEKEM), destinado a produzir informações de carácter científico e técnico, especialmente no campo dos armamentos. O LEKEM estabeleceu-se junto das embaixadas e consulados israelitas, conseguindo então alguns êxitos, dos quais o mais importante foi a compra, em 1968, a um engenheiro suíço de planos de partes essenciais do caça-bombardeiro francês Mirage (depois do início da Guerra dos 6 Dias, em 1967, a França impôs um embargo).

O sistema de informações de Israel manteve-se razoavelmente secreto durante muito tempo. Mas em 1979, quando a multidão ocupou a embaixada dos EUA em Teerão, foi encontrada uma publicação da CIA intitulada *"Foreign Intelligence and Security Services: Israel"*. Tratava-se de um manual de instrução contendo muitos elementos sobre a organização e funcionamento do Sistema israelita. Partes importantes desse manual foram publicadas na imprensa."

Situação Actual

O órgão central de planeamento e coordenação é o *Va`dat Rashei Hasherutin*, literalmente "Comissão dos Chefes dos Serviços", normalmente designado apenas por VA`ADAI. É constituído pelo Director do MOSSAD (Presidente), director do AMAN, Director do SHABAK, Inspector-geral da Polícia, Director-Geral do Ministério dos Negócios Estrangeiros, Director do Centro de Pesquisa e Planeamento Político do Ministério dos Negócios Estrangeiros e os Assessores Político, Militar e Antiterrorista do Primeiro-Ministro.

Serviços de Informações

SHABAK, dependente directamente do Primeiro-Ministro, com a responsabilidade da contra-informação interna;

"Shabak, or Shin Bet, the Israeli counter-intelligence and internal security service, is believed to have three operational departments and five support departments. The current director (2003) is Avi Dichter.

Arab Affairs Department is responsibile for antiterrorist operations, political subversion, and maintenance of an index on Arab terrorists. Shabak detachments worked with Aman undercover detachments [known as Mist'aravim] to counter the uprising. This Department has also been active in countering the military wing of Hamas.

Non-Arab Affairs Department, formerly divided into communist and noncommunist sections, concerned itself with all other countries, including penetrating foreign intelligence services and diplomatic missions in Israel and interrogating immigrants from the Former Soviet Union and Eastern Europe.

Protective Security Department is responsibile for protecting Israeli government buildings and embassies, defense industries, scientific installations, industrial plants, and the El Al national airline.

Shabak monitors the activities of and personalities in domestic right-wing fringe groups and subversive leftist movements. It is believed to have infiltrated agents into the ranks of the parties of the far left and had uncovered a number of foreign technicians spying for neighboring Arab countries or the Soviet Union. All foreigners, regardless of religion or nationality, are liable to come under surveillance through an extensive network of informants who regularly came into contact with visitors to Israel. Shabak's network of agents and informers in the occupied territories destroyed the PLO's effectiveness there after 1967, forcing the PLO to withdraw to bases in Jordan.

Shabak's reputation as a highly proficient internal security agency was tarnished severely by two public scandals in the mid-1980s. In April 1984, Israeli troops stormed a bus hijacked by four Palestinians in the Gaza Strip. Although two of the hijackers survived, they were later beaten to death by Shabak agents. It appeared that the agents were acting under orders of Avraham Shalom, the head of Shabak. Shalom falsified evidence and instructed Shabak witnesses to lie to investigators to cover up Shabak's role. In the ensuing controversy, the attorney general was removed from his post for refusing to abandon his investigation. The president granted pardons to Shalom, his deputies who had joined in the cover-up (but who aided its exposure), and the agents implicated in the killings."

MOSSAD, dependente directamente do Primeiro-Ministro, com a responsabilidade das informações externas civis e militares.

História

"The Mossad was formed in December 1949 as the "Central Institute for Coordination", at the recommendation of Reuven Shiloah to Prime Minister David Ben-Gurion. Shiloah wanted a central body to coordinate and improve cooperation between the existing security services – the army's intelligence department (AMAN), the General Security Service (GSS or "Shabak") and the foreign offices "political department". In March 1951, it was reorganized and made a part of the prime minister's office, reporting directly to the prime minister. Its current staff is estimated at approximately 1,200. Its motto is *be-'éyn tahbūlōt yī pōl ʿām; ū-teshūʾāh be-rōv yoʾéts* (Hebrew: זְעוּי בורב העושתו, מע לופי תולובחת ןיאב , "Where no counsel is, the people fall, but in the multitude of counselors there is safety." – Proverbs XI, 14."

AMAN, órgão do Estado-Maior General, com a responsabilidade das informações externas e militares.

Centro de Pesquisa e Planeamento Político, órgão do Ministério dos Negócios Estrangeiros.

EUA

Evolução

"Foi só durante a II Guerra Mundial (1939-45) que os EUA organizaram um serviço de informações externas em escala mundial, o *Office of Strategic Services* (OSS). Este e os serviços de informações dos Ramos das Forças Armadas trabalhavam na área das informações estratégicas e operacionais sem uma coordenação formal que orientasse todos os esforços.

Terminada a guerra, o OSS foi extinto, sendo alguns dos seus órgãos distribuídos pelas Forças Armadas e por outros Departamentos. Mas o Presidente Truman, verificando que não tinha uma imagem completa e integrada do que se passava no Mundo, criou o *Central Intelligence Group* (CIG), como um mecanismo de coordenação com algumas funções de pesquisa.

Em 1947 o governo americano, convencido já das dificuldades de relacionamento com a URSS, decidiu alterar as estruturas superiores da defesa do país. Foi então criado o *National Security Council* (NSC), órgão de consulta do Presidente no campo da política estrangeira e de segurança nacional (termo que corresponde sensivelmente ao nosso "defesa nacional"). Foi também constituído o *Joint Chiefs of Staff* (JCS), órgão de reunião formal de 4 Chefes de Estado-Maior e do Comandante dos Fuzileiros Navais. O CIG passou a designar-se *Central Intelligence Agency* (CIA) e sofreu profundas remodelações.

O **Federal** *Bureau of Investigation* (FBI) tinha sido criado em 1908, como polícia federal encarregada de investigar casos de criminalidade específicos, incluindo a espionagem e a subversão.

Em 1939 recebeu a missão de produzir informações sobre países da América Central e do Sul, para o que criou o *Special Intelligence Service* (SIS). Depois da II Guerra Mundial o SIS foi extinto, mas o FBI continuou a manter elementos seus nas embaixadas como "adidos legais".

Os Serviços de Informações dos Ramos das Forças Armadas trabalhavam numa relativa independência, resultando em duplicações, gasto escusado de recursos e impossibilidade prática de se obter uma visão em conjunto sobre os vários tipos de ameaça militar. Em 1959, foi estabelecido um grupo de estudo que recomendou a constituição de um órgão de informações do *Department of Defense* (DoD). Em 1 de Agosto de 1961, foi criada a **Defense Intelligence Agency** (DIA), mas mantiveram-se os Serviços de Informações dos Ramos.

Também na dependência do DoD foram sendo criados outros órgãos, de carácter nacional, como a *National Security Agency* (NSA) e o *National Reconnaissance Office* (NRO), ou de carácter unicamente militar, como a *Defense Mapping*

Agency (DMA), o *Armed Forces Medical Intelligence Center* (AFMIC) e o *Defense Investigative Service* (DIS).

Além dos órgãos de informações referidos, existiam ou foram criados outros, dependentes de vários Departamentos, constituindo no seu conjunto o que se designa oficialmente por *Intelligence Community* (IC). Os principais são o *Bureau of Intelligence and Research* (INR) do *Department of State* (DoS), o *Office of Foreign Intelligence* do Departmento de Energia (DoE), o *Office of Foreign Availability* do Departamento de Comércio, o *Secret Service* e o *Office of Intelligence Support* do Departamento do Tesouro, o *Office of Intelligence – Drug Enforcement Administration* (DEA) e as *Intelligence Sections* da Guarda Costeira.

Em 1975-76 três comissões de investigação estudaram alegações de abusos por parte de órgãos da Comunidade de Informações, verificando que algumas eram verdadeiras: os serviços aproveitavam-se do privilégio do segredo para penetrar na vida privada dos cidadãos.

Em consequência, o Presidente Ford emitiu a primeira *Executive Order on Intelligence* em Fevereiro de 1976. Nesse verão o Senado estabeleceu uma Comissão de Informações (*Senate Select Committee on Intelligence*) (SSCI), seguido no ano seguinte pela Câmara dos Representantes (*House Permanent Select Committee on Intelligence*) (HPSCI)[3]."

Situação Actual

A existência de uma enorme Comunidade de Informações, os mecanismos de coordenação interna, os mecanismos de controlo e fiscalização pelo Governo e pelo Congresso fazem com que o sistema seja extremamente complexo.

Os órgãos de aconselhamento do Presidente são:
– *National Security Council* (NSC)

O órgão mais importante dos EUA no que se refere à integração das políticas interna, externa e militar na segurança nacional; ultrapassa, portanto, as meras actividades de informações, mas inclui-as. É Constituído pelo Presidente, Vice-Presidente, Secretário de Estado (Ministro dos Negócios Estrangeiros) e Secretário da Defesa, como membros votantes. Além destes, assistem às reuniões o Adjunto especial do Presidente para a segurança Nacional e o Assistente Executivo; normalmente tomam parte o Chefe do Estado-Maior General e o Director Nacional de Informações – *Director of National Intelligence* (DCI).

---

[3] Anteriormente, quando era necessário apreciar questões de informações pelo Congresso, constituíam-se Comissões Temporárias.

Da estrutura do NSC fazem parte o *Intelligence Committe* (NSCIC) que permite a direcção centralizada e a coordenação de todos os órgãos, e o *Net Assessement Group* (NAG) encarregado da interpretação final em matérias de comparação de poderes no Mundo.

President`s Foreign Intelligence Advisory Board (PFIAB)
Constituído por personalidades independentes (em 1986 eram 14), com um *Chairman* institucional, aconselha o Presidente sobre actividades globais de informações.

O director operacional da Comunidade de Informações era, até há pouco tempo (2005), o Director da CIA, com a designação de *Director of Central Intelligence Agency* (DCIA).

Com a recente criação do Director of National Intelligence (DNI) todas as competências de coordenação do Director da CIA foram avocadas por este.

O sistema de informações dos EUA integra, actualmente, 16 organizações de natureza diversa, sendo os serviços principais os seguintes:

– *Central Intelligence Agency* **(CIA)**;
– *National Security Agency* **(NSA)**;
– *National Reconnaissance Office* **(NRO)**;
– *Federal Bureau of Investigation* **(FBI)**, do Departamento da Justiça;
– *Defense Intelligence Agency* **(DIA)**, do Departamento da Defesa, que produz informações de carácter militar;
– *Army Intelligence Agency* **(AIA)**, do Exército;
– *Naval Intelligence Command* **(NIC)**, da Marinha;
– *Air Force Intelligence Agency* **(AFIA)**, da Força Aérea;

Todo este sistema funciona através de directivas e ordens provenientes dos vários escalões e resultantes do trabalho dos órgãos de coordenação e de conselho referidos.

O Presidente emite dois tipos de ordens: Executive Orders (não classificadas) e National Security Decision Directives (NSDD) (classificadas).

O NSC emite as chamadas *National Security Council Intelligence Directives* (NSCID), também em nome do Presidente.

O DNI emite directivas (DNID) para pôr em execução as NSCID.

As acções encobertas são accionadas por ordens especiais do Presidente denominadas *Finding*s.

Espanha

Evolução

"O sistema de informações espanhol actual tem as suas raízes nas estruturas do tempo de Franco. Contrariamente à opinião geral, os serviços de informações eram, então, modestos, dispersos e dispondo de fracos recursos económicos.

Em 1969, o Presidente do Governo, Almirante Carrero Blanco (que viria a ser morto num atentado da ETA) criou o *Servicio Central de Documentacion de la Presidência del Gobierno* (SECED) em consequência da situação criada pela revolta estudantil de Maio de 1968 em França. O SECED tinha por missão essencial produzir informações internas sobre os movimentos estudantis, políticos e sindicais.

Depois da morte de Franco (1975), o SECED, passou a chamar-se SDPG (foi retirado o Central à sua designação) e dispunha dum órgão executivo, o *Servicio de Coordinacion, Organizacion y Enlace* (SCOE), constituído por elementos de pesquisa, processamento e técnicos.

O SDPG coexistiu com os outros serviços de informações. Em 1976, eram os seguintes:

Division de Intelligencia do Alto Estado-Mayor, órgão director de informações e segurança das Forças Armadas, de que dependia o *Servicio de Informacion*;

Servicio de Informaciones de la Guardia Civil (SIGC), com funções no interior, no exterior;

Direccion General de Seguridad (DGS), órgão com responsabilidades em muitos campos, que dispunha duma *Jefia de Informaciones*, com pesquisa externa e interna, e dum *Comisariado Generale de Investigacion Social* (CGIS) com funções de vigilância de opositores e de contra-espionagem;

Servicio de Informaciones del Movimento Nacional (SIMN), órgão de pesquisa interior, de carácter político;

Pelo Decreto Real de 4 de Julho de 1977, foi criado o *Centro Superior de Informacion de la Defensa* (CESID), dependente do *Ministro de la Defensa*, como órgão mais alto de produção de informações externas e de segurança. O CESID substituía assim o SDPG, ficando também com algumas funções de *Servicio de Informacion do Alto Estado-Mayor*.

Em 1978, foram extintos a DGS e o SIMN passando as suas funções para o CESID e para a *Comisaria Generale de Informacion de la Policia* (CGI/CNP);

Em 1982, foram redefinidas as missões e organização geral do CESID. Este teria a responsabilidade de produção de informações externas e internas e da segurança de matérias classificadas;

Em 1986, nova remodelação foi efectuada. O CESID continuou na situação preponderante que ganhara com a absorção de parte dos meios do Servicio de

Informacion. Foi criado um *Gabinete de Analisis na Presidência del Gobierno* com a função de coordenar as informações provenientes dos três Ministérios com responsabilidades na Segurança do Estado (Interior, Defesa e Assuntos Exteriores) e de realizar o processamento final. À semelhança dos EUA, passou a ser utilizado o termo *Comunidad de Inteligência* para referir o conjunto dos órgãos de informações;

Deve notar-se que o sistema de informações de Espanha diferia da maioria dos outros países do Ocidente por ter um só serviço (CESID) com responsabilidades externas e internas, incluído no Ministério da Defesa, mas na dependência funcional do Presidente do Governo. O sistema era semelhante ao soviético, com a diferença do CESID não ter funções policiais nem responsabilidades de segurança interna nas Forças Armadas e depender do Governo e não dum Partido. Actualmente já não é assim, vários países optaram por ter um único serviço de informações – com competências de segurança interna e defesa nacional ou segurança externa – (Holanda e Canadá), por soluções híbridas (Portugal), ou por soluções de coordenação reforçada com a criação de novos órgãos integrados com missões específicas (Reino Unido e EUA);

Em 2002, o CESID foi transformado no *Centro Nacional de Inteligência* (CNI) o que correspondeu não só a uma mudança de nome mas, também, de estatuto, na medida em que se pretendia converter o CNI não só num serviço de informações unificado mas no verdadeiro centro da comunidade espanhola de informações. Por esse motivo, ao Director do CNI foi-lhe atribuído o estatuto de Secretário de Estado."

Situação Actual – Comunidade de Informações
Presidencia del Gobierno – Comisión Delegada del Gobierno para Asuntos de Inteligencia (CDGAI)
   Ministerio del Interior
   Secretaria de Estado de Seguridad
   Comité Ejecutivo Para el Mando Unificado (CEMU)
   Centro Nacional de Coordinación Antiterrorista (CNCA)
   Cuerpo Nacional de Policía
   Comisaría General de Información (CGI)
   Comisaría General de Policía Judicial
   La Guardia Civil:
   Servicio de Información de la Guardia Civil (SIGC)
   Unidad Central Operativa UCO (Policía Judicial)
   Ministerio de Defensa
   Centro Nacional de Inteligencia (CNI)
   Centro Criptológico Nacional (CCN)

Oficina Nacional de Seguridad (ONS)
Oficina Nacional de Inteligencia y Contrainteligencia
Estado Mayor de la Defensa
Centro de Inteligencia de las Fuerzas Armadas (CIFAS)
Estado Mayor del Ejercito de Tierra
Centro de Inteligencia y Seguridad del Ejercito de Tierra
Estado Mayor Operativo de la Armada
Sección de Inteligencia
Estado Mayor del Ejercito del Aire
División de Información
Ministerio de Asuntos Exteriores
Servicio Diplomático
Policías Autonómicas
Mossos D' Esquadra
División de Información
Ertzaintza
Unidad de Información y Análisis

O modelo soviético

Como já se referiu o modelo soviético caracterizava-se pelo controlo de um partido único sobre os serviços de informações, normalmente um de informações externas e internas e outro de informações militares. O primeiro teria também funções policiais e políticas, nas questões de segurança, podendo deter e interrogar pessoas. Estes serviços tinham dimensões muito superiores aos seus correspondentes nos países ocidentais.

O modelo era seguido pela URSS, pelos países do Pacto de Varsóvia, bem como por outros regimes comunistas. Mas, enquanto que na URSS o serviço "civil" estava teoricamente dependente do Conselho de Ministros e funcionalmente do Partido Comunista (em 1954, o KGB foi retirado ao Ministério dos Assuntos Internos), na generalidade dos países do Pacto de Varsóvia, bem como no caso de Cuba mantiveram-se no Ministério de Segurança do Estado, entidade normalmente responsável pelas informações externas e internas e pela tutela dos órgãos policiais.

Os sistemas de informações destes países actuaram, até meados dos anos 80, quase como meras extensões do sistema da ex-URSS. Apesar disso, os sistemas da RDA, Checoslováquia e Polónia eram competentes e com capacidade de penetração no Ocidente e Cuba permitia à URSS uma penetração fácil na América Latina e nos EUA. A Bulgária era também reconhecida como boa executante de determinadas "medidas activas" (acções especiais no exterior). A

Roménia manteve-se independente, conduzindo uma política autónoma de informações.

A lógica de extensão do sistema de informações da ex-URSS era reforçada pelos serviços soviéticos ao procurar controlar os dos seus aliados através da colocação de oficiais de ligação, na sua grande maioria do KGB, que designavam "assessores". Em fase posterior, criaram-se "Gabinetes de Ligação", do Departamento 11 da I Directoria Principal do KGB, nos Ministérios do Interior dos países aliados, com funções de aconselhamento e de ajuda na instrução, mas também de controlo.

O Sistema de Informações da República Portuguesa

Evolução Histórica

Para compreender o Sistema de Informações português é necessário descrever, mesmo que sucintamente, a sua evolução histórica; só assim se poderá compreender o legado, tanto em relação aos constrangimentos e limitações, como às potencialidades.

Antes do 25 de Abril, as informações civis asseguradas pela PIDE/DGS tinham por objectivo proteger e projectar o regime, intérprete único dos interesses do Estado no plano interno e externo. Esta polícia de natureza política era, simultaneamente, agência de informações e, sobretudo, uma arma repressiva do regime. Uma polícia secreta (acumulando funções de investigação criminal, de fronteira, de estrangeiros, e de polícia política). A coordenação na área militar estava a cargo de uma estrutura especializada do EMGFA.

Com o desmantelamento da DGS, desapareceu a única experiência de informações civis propriamente ditas.

Com o regime democrático, estabeleceu-se um corte radical com a experiência "de informações" anterior, o que é de salientar face a outras experiências semelhantes, no pós II grande guerra ou pós revoluções da esfera socialista no final da guerra-fria.

Coube às Forças Armadas e, em particular, às informações militares (DINFO) preencher de alguma forma esse vazio, procurando garantir a segurança do Estado no sentido mais lato do termo, muito para além, destaque-se, das suas competências e capacidades.

A dimensão e profundidade com que o espectro da PIDE-DGS tem pairado sobre o sistema de informações português, mesmo numa fase de plena consolidação do Estado de direito democrático, é algo que não tem paralelo em outros países que também conheceram regimes totalitários de longa duração.

O Sistema de Informações da República surgiu pela dupla via da consolidação do novo quadro constitucional e da necessidade:

13 de Novembro de 1979 – atentado contra o Embaixador de Israel (morre um agente da PSP);

07 de Junho de 1982 – atentado bem sucedido contra adido comercial turco e sua mulher;

10 de Abril de 1983 – assassinato, num hotel do Algarve, de Issam Sartawi da OLP;

27 de Julho de 1983 – assalto à Embaixada da Turquia (morre um agente PSP, a esposa do Encarregado de Negócios e cinco terroristas);

Terrorismo doméstico – FP25, de extrema-direita, etc.

Com a definição do quadro constitucional, com a revisão de 1982, e legislativo, que distinguiu com alguma clareza as matérias de defesa nacional, de segurança interna e de política externa, tornou-se possível aprovar a lei-quadro do SIRP.

A Lei 30/84 de 5 de Setembro atribuiu aos serviços de informações o encargo de assegurar, no respeito da Constituição e da Lei, a produção de informações necessárias à salvaguarda da independência nacional (informações externas) e da segurança interna (informações internas) e procurou acautelar a articulação com as informações militares, estabelecendo três serviços de informações, numa tentativa de definir um sistema de matriz britânica.

O Serviço de Informações Estratégicas de Defesa (SIED), com a missão de produção das informações necessárias a garantir a independência nacional e a segurança externa, directamente dependente do Primeiro-Ministro;

O Serviço de Informações Militares (SIM), incumbido da produção de informações necessárias ao cumprimento da missões próprias das Forças Armadas, incluindo a segurança militar, dependente do Ministro da Defesa, através do CEMGFA, e coordenado pelo Conselho de Chefes de Estado-maior.

O Serviço de Informações de Segurança (SIS), cabendo a este a produção de informações destinadas a garantir a segurança interna e necessárias a prevenir a sabotagem, o terrorismo, a espionagem e ameaças ao Estado de Direito, dependente do Ministro da Administração Interna.

Destes três serviços, apenas o SIS foi efectivamente constituído com a publicação do Decreto-Lei 225/85 de 04 de Julho

São necessários quase 10 anos para o SIRP conhecer mais algum desenvolvimento na sua concretização.

Ate lá, o vazio no campo das informações civis foi, felizmente, preenchido pelo único serviço existente, o SIS, que desenvolveu a única verdadeira "escola" de informações existentes em Portugal após a consolidação do regime democrático.

Modelos de Sistemas de Informações. Cooperação entre Sistemas de Informações 221

Em 1995, são fundidos num serviço único o SIED e o SIM e são introduzidas alterações no quadro legislativo que visaram sobretudo reforçar as competências do Conselho de Fiscalização dos Serviços de Informações e agilizar o processo de eleição dos seus titulares.

O SIRP na actualidade

A Lei Orgânica 4/2004, de 6 de Novembro, alterou a Lei-quadro do Sistema de Informações da República Portuguesa consagrada pela Lei 30/84, de 30 de Setembro. As principais alterações introduzidas foram a atribuição ao Primeiro-Ministro da tutela directa do SIRP, a refundação de um órgão, o Secretário-Geral do SIRP, com a supressão da Comissão Técnica e a autonomização das informações militares em relação às de defesa.

Fazendo uma análise comparada damos conta das principais alterações.

Atribuições gerais

O SIRP assenta essencialmente no primado da legalidade democrática, no integral respeito pelos direitos liberdades e garantias dos cidadãos e compreende actualmente uma estrutura orgânico-funcional adaptada ao cumprimento da estratégia nacional em matéria de protecção dos interesses fundamentais do Estado, contribuindo para a garantia da salvaguarda da independência nacional, da segurança, nas suas vertentes interna e externa, e potenciação de medidas preventivas contra qualquer tipo de ameaça ou agressão, atentatórias da legalidade democrática e da unidade do Estado.

Estrutura

A estrutura do SIRP mantém a existência de dois serviços de informações: o Serviço de Informações Estratégicas de Defesa (SIED) e o Serviço de Informações de Segurança (SIS). A solução adoptada por Portugal continua, na lógica do antecedente, a traduzir a preocupação fundamental de não permitir a concentração de poderes num único serviço de informações.

A actual estrutura do SIRP compreende, assim, dois órgãos de fiscalização, um órgão de consulta, um órgão de direcção superior e coordenação e dois serviços operativos a quem compete a produção de informações propriamente dita.

Órgãos de fiscalização

Para além do controlo exercido pelos tribunais, a actividade dos serviços de informações é sujeita, em primeira linha, a um rigoroso controlo, sendo competentes para fiscalizar a sua actividade, numa perspectiva generalista e, concretamente, como órgão específico do sistema de informações:

A Assembleia da República, enquanto órgão de soberania competente para a definição do quadro legal do sistema de informações, fiscaliza e garante o cumprimento da Constituição, das leis e aprecia os actos do Governo no âmbito do SIRP;

O Governo, ao qual compete também promover a tomada de medidas de carácter legislativo conducentes à melhor concretização das leis da República e, como órgão superior da Administração Pública, dirigir os serviços e a actividade dos serviços de informações e defender a legalidade democrática;

O Conselho de Fiscalização do SIRP (CF), órgão do SIRP, constituído por três cidadãos de reconhecida idoneidade eleitos pela Assembleia da República, tem como incumbência fundamental velar pelo cumprimento da Constituição e da Lei, em especial no que respeita à defesa dos direitos, liberdades e garantias fundamentais dos cidadãos;

Comparativamente ao regime jurídico anterior às alterações introduzidas, em 2004, na Lei-quadro do SIRP, as competências do actual Conselho de Fiscalização do SIRP são diferentes, na medida em que:

É do Secretário-Geral e não dos Serviços de Informações que o CFSIRP recebe os relatórios de actividades dos Serviços, bem como a lista de processos em curso em ambos os serviços;

Conhece os critérios de orientação governamental em matéria de informações através do Primeiro-Ministro e não dos ministros da tutela;

É do Conselho Superior de Informações e não da antiga Comissão Técnica, que o CFSIRP deverá obter os esclarecimentos sobre questões de funcionamento do SIRP;

As visitas de inspecção destinam-se a colher elementos sobre as actividades do Secretário-Geral e do seu gabinete, para além dos serviços de informações;

Os pareceres que o CFSIRP emita deverão incidir sobre o funcionamento do Sistema no seu conjunto;

A pedido da Assembleia da República, o CFSIRP deverá apresentar, em sessão à porta fechada, em sede de Comissão parlamentar, todos esclarecimentos sobre sua actividade, incluindo pareceres relativos ao funcionamento do sistema.

A *Comissão de Fiscalização de Dados do SIRP* substitui a Comissão de Fiscalização dos Centros de Dados, que ao contrário da actual, não era considerada órgão do SIRP.

A Comissão de Fiscalização de Dados do SIRP fiscaliza, em exclusividade, a actividade dos centros de dados dos serviços de informações;

É constituída por três magistrados do Ministério Público, designados e empossados pelo Procurador-Geral da República, os quais elegem entre si o presidente;

Deve ordenar o cancelamento ou rectificação de dados recolhidos que envolvam violação dos direitos, liberdades e garantias consignados na Constituição e na lei e, se for caso disso, iniciar a correspondente acção penal;

Quando no decurso de um processo judicial ou administrativo se revelar erro na imputação de dados ou informações ou irregularidades do seu tratamento, a entidade processadora fica obrigada a dar conhecimento do facto à Comissão Fiscalizadora de Dados.

Quanto aos órgãos de consulta

Como órgãos de consulta, existe na actual orgânica o **Conselho Superior de Informações.** Na anterior, os órgãos de consulta e apoio eram o Conselho Superior de Informações e a Comissão Técnica.

O Conselho Superior de Informações

É o órgão interministerial de consulta e coordenação em matéria de informações, é presidido pelo Primeiro-Ministro e tem a seguinte composição:
- Os Vice-Primeiros-Ministros, se os houver;
- Os Ministros de Estado e da Presidência, se os houver;
- Os ministros da Defesa Nacional, da Administração Interna, da Justiça, dos Negócios Estrangeiros e das Finanças;
- Os Presidentes dos Governos Regionais dos Açores e da Madeira;
- O Chefe do Estado-Maior-General das Forças Armadas;
- O Secretário-Geral do SIRP (que responde pelos dois directores);
- Dois deputados designados pela Assembleia da República, por maioria de 2/3 dos deputados presentes, desde que superior à maioria absoluta dos deputados em efectividade de funções;
- Além destas entidades, o Primeiro Ministro pode determinar a presença de outras entidades sempre que o considerar relevante face à natureza dos assuntos a tratar.

O Secretário-Geral do SIRP – órgão híbrido do sistema

A Lei Orgânica n.º 4/2004, de 6 de Novembro, na sua reformulação da Lei Quadro do SIRP, Lei n.º 30/84, de 5 de Setembro, criou o Secretário-Geral do SIRP, órgão até então inexistente no panorama do Sistema de Informações da República.

Na versão publicada em 1984, a Lei-quadro em referência, ainda que prevendo igualmente a figura do "Secretário-Geral" reportava-se então a um com natureza e atribuições diferentes. Com efeito, consagrava a Lei o Secretário-Geral da Comissão Técnica, ao qual competia *«assegurar o apoio funcional necessário aos trabalhos do Conselho Superior de Informações»* (n.º 5 do artigo 22.º). Tratam-se, todavia, de competências muito diferentes das atribuídas ao Secretário-Geral do SIRP.

Na actual redacção da Lei Quadro do SIRP, o Secretário-Geral é, à semelhança do que sucedia com o Secretário-Geral da Comissão Técnica, nomeado e exonerado pelo Primeiro-Ministro (alínea c do artigo 17.º), mas diferentemente deste é equiparado para todos os efeitos legais, excepto os relativos à sua nomeação e exoneração, a Secretário de Estado (n.º 1 do artigo 19.º), dispondo de um gabinete de apoio, a que se aplica o regime jurídico dos gabinetes ministeriais (n.º 2 do artigo 19.º), concretamente o Decreto-Lei n.º 262/88, de 23 de Julho. Por outro lado, atribui-lhe a Lei um vasto leque de competências próprias, elencadas no n.º 3 do artigo 19.º.

Resulta desta disciplina um estatuto ímpar na Administração Pública Portuguesa para o Secretário-Geral do SIRP, pois que se identificam elementos típicos de um membro do governo a par de outros característicos de dirigente máximo de serviço, de director-geral ou, na terminologia da Lei 2/2004, de 15 de Janeiro, na redacção introduzida pela Lei n.º 51/2005, de 30 de Agosto, de *dirigente superior de 1.º grau*. Reconhecesse-lhe, portanto, um misto de funções de membro de governo e funções administrativas superiores, o que coloca dificuldades, na medida em que o Secretário-Geral do SIRP coexiste com os directores do SIED e do SIS, cargos de direcção superior de 1.º grau, sobre os quais o primeiro exerce competências, na medida em que está incumbido, desde logo, de conduzir superiormente, através dos respectivos directores, os Serviços de Informações, como se retira da letra da alínea a do n.º 3 do artigo 19.º.

O sumariamente exposto prenuncia hibridez da figura do Secretário-Geral do SIRP, que uma análise detalhada do regime jurídico que emerge da Lei Quadro do SIRP, adiante-se, não desfaz[4].

No que respeita a competências, o artigo 19.º atribui ao Secretário-Geral do SIRP várias competências próprias, de que os Secretários de Estado não dispõem. Com efeito, os Secretários de Estado apenas exercem as competências que lhes sejam delegadas pelo Ministro (ou Primeiro-Ministro) de que depen-

---

[4] Ao mesmo tempo que o afasta diametralmente da figura do Secretário-Geral da Comissão Técnica, na medida em que este último participava somente num órgão colegial, que detinha, na redacção original da Lei Quadro do SIRP, *apenas*, a competência de *«coordenar tecnicamente a actividade dos serviços, de acordo com orientações provenientes do Conselho Superior de Informações* [e] *emitir os pareceres que lhe sejam solicitados pelo Conselho Superior de Informações»* (*cfr.* alíneas a e b do n.º 4 do artigo 22.º da Lei Quadro n.º 30/84, de 5 de Setembro). Note-se que a dita Comissão Técnica era constituída não só pelo Secretário-Geral mas, também, pelos directores dos Serviços e pelo chefe da Divisão de Informações do Estado-Maior General das Forças Armadas.

Modelos de Sistemas de Informações. Cooperação entre Sistemas de Informações   225

dem[5]. Centrada a atenção nas competências próprias do Secretário-Geral do SIRP, um misto de funções de membro de governo e funções administrativas superiores[6], temos que elas podem ser divididas em duas categorias. Neste sentido, as que surgem referidas nas alíneas a, f, g, h, i e j são típicas de um dirigente superior de 1.º grau, enquanto as demais competências fixadas nesse preceito se reconduzem ao estatuto de membro de governo, porquanto se compõem por funções de coordenação, controlo e orientação estratégica[7]. Tomemos cada um dos grupos de normas propostos.

A **alínea a do n.º 3 do artigo 19** estatui que compete ao Secretário-Geral «*Conduzir superiormente, através dos respectivos directores, a actividade do Serviço de Informações Estratégicas de Defesa e do Serviço de Informações de Segurança e exercer a sua inspecção, superintendência e coordenação, em ordem a assegurar a efectiva prossecução das suas finalidades institucionais*». Este preceito configura o Secretário-Geral do SIRP como entidade tutelar dos directores do SIED e do SIS.

Quanto à **alínea f** do mesmo n.º 3 do artigo 19.º atribui competência ao Secretário-Geral do SIRP para «*Presidir aos conselhos administrativos do Serviço de Informações Estratégicas de Defesa e do Serviço de Informações de Segurança*». Estes conselhos têm, no SIED e no SIS, competências em matéria de administração

---

[5] Neste sentido, confira-se o disposto nas sucessivas Leis Orgânicas do Governo, culminando com o preceituado no artigo 9.º do Decreto-Lei n.º 79/2005, de 15 de Abril, que consagra a orgânica do actual XVII Governo Constitucional. Na doutrina, por exemplo, AMARAL, FREITAS DO, *Curso de Direito Administrativo*, Almedina, Coimbra, 2.ª edição, 2002, pp. 244 e ss.

[6] Cfr. § II, 3.

[7] Concede-se a dificuldade em traçar a linha divisória que no texto se avança, mas partindo das posições em que a doutrina faz radicar a destrinça parece ser este o melhor entendimento. Sobre a matéria, escreve J. J. Gomes Canotilho em *Direito Constitucional e Teoria da Constituição*, Almedina, Coimbra, 7.ª Edição, 2003, p. 649: «*Não é fácil distinguir funções de governo e funções administrativas. Muito vulgares são dois critérios de distinção: (1) funções de governo no sentido de funções exercidas pelos órgãos superiores do executivo e funções administrativas identificadas com as funções desempenhadas pelos órgãos inferiores; (2) funções de governo entendidas como funções políticas livres e iniciais e funções administrativas reconduzidas a funções derivadas, executivas e heteronomamente determinadas*» e, na página 648 acrescenta: «*o governar ou o fazer política implica direcção, iniciativa, coordenação, combinação, planificação e liberdade de conformação*». Também, com interesse, sustenta Diogo Freitas do Amaral, no seu *Curso de Direito Administrativo*, Almedina, Coimbra, 2.ª Edição, 2002, pp. 45-46: «*A política tem uma natureza criadora, cabendo-lhe em cada momento inovar em tudo quanto seja fundamental para a conservação e desenvolvimento da comunidade nacional. A administração pública tem natureza executiva, consistindo sobretudo em pôr em prática as orientações tomadas a nível político. Por isso mesmo a política reveste carácter livre e primário, apenas limitada em certas zonas pela Constituição, ao passo que a administração pública tem carácter condicionado e secundário, achando-se por definição subordinada às orientações da política e da legislação*». Sobre a mesma temática, MIRANDA, JORGE, *Manual de Direito Constitucional*, Coimbra Editora, Coimbra, 2.ª Edição, pp. 27 e ss.

226   *Estudos de Direito e Segurança*

financeira, que nos serviços ditos "normais" da Administração Pública incumbem aos directores-gerais. Significa isto que o Secretário-Geral do SIRP desce ao nível e pormenor da decisão financeira típica de um dirigente superior de 1.º grau, divergindo aqui intensamente da posição de um membro do governo.

A **alínea g** do preceito em análise estatui que é competência do Secretário--Geral do SIRP *«Dirigir a actividade dos centros de dados do Serviço de Informações Estratégicas de Defesa e do Serviço de Informações de Segurança»*, o que identicamente aponta para um perfil de dirigente máximo, não obstante existir um outro funcionário incumbido de orientar os centros de dados, nomeado e exonerado pelo Primeiro-Ministro (*cfr.* artigo 23.º da Lei Quadro).

Já a **alínea h** atribui competência ao Secretário-Geral do SIRP para *«Nomear e exonerar, sob proposta dos respectivos directores, o pessoal do Serviço de Informações Estratégicas de Defesa e do Serviço de Informações de Segurança, com excepção daquele cuja designação compete ao Primeiro-Ministro»*. Deste preceito retira-se que o Secretário--Geral do SIRP dispõe de competências decisórias em toda a matéria relativa a pessoal e quanto a alguns dirigentes, que o aproximam, em certos aspectos, de um dirigente superior de 1.º grau.

A **alínea i** permite, igualmente, ao Secretário-Geral do SIRP, dependendo de opção legislativa ulterior, o exercício do nível de poder disciplinar normalmente reservado ao director-geral.

Por seu turno, a **alínea j** dispõe que é competência do Secretário-Geral do SIRP *«orientar a elaboração dos orçamentos do Serviço de Informações Estratégicas de Defesa e do Serviço de Informações de Segurança»*, dever típico de director-geral e não de membro do governo.

Mas as competências do Secretário-Geral do SIRP extravasam em muito as de um director-geral. Assim, as remanescentes competências atribuídas pelo referido artigo 19.º da Lei Quadro do SIRP – de coordenação, de tutela[8], de superintendência[9] e de orientação estratégica de um conjunto de serviços –,

---

[8] A tutela é o poder do Governo sobre a administração autónoma, nomeadamente as autarquias, e contêm poderes de mero controlo de legalidade. Muitas vezes utiliza-se a expressão *«serviços sob tutela de determinado Ministro ou Secretário de Estado»*. Neste contexto, o termo "tutela" não corresponde todavia ao sentido em que classicamente a doutrina administrativa o invoca. De qualquer modo, note-se que esses serviços, quando integrados na administração directa, estão até sujeitos ao dever de obediência hierárquica dos membros do governo. Sobre isto, AMARAL, DIOGO FREITAS DO, *Curso de Direito Administrativo...* p. 708.

[9] Em sentido próprio, superintendência é o poder máximo do governo sobre a administração indirecta (institutos e associações públicas), que compreende o *poder-dever* de emitir orientações, mas, não, dar ordens concretas sobre matérias de serviço. *Cfr.*, AMARAL, DIOGO FREITAS DO, *Curso de Direito Administrativo...*, p. 720.

Modelos de Sistemas de Informações. Cooperação entre Sistemas de Informações

aproxima em muito o órgão em estudo de um membro de governo. A vocação de um membro do governo, não obstante poder emitir ordens precisas na actividade de serviços inseridos na administração pública directa[10] – caso, do SIED e do SIS –, deve ser a coordenação dos vários serviços sob "tutela", e, bem assim, o controlo e o planeamento estratégico. Na realidade, no exercício das suas competências, os membros do governo, sejam Ministros ou Secretários de Estado, tendem a centrar-se na coordenação, controlo e planeamento estratégico, na medida em que normalmente "tutelam" vários serviços, sendo inexequível o acompanhamento detalhado da gestão de todos eles, revelando-se mesmo indesejável um tal *acompanhamento*, para assim se não esvaziarem de funções e utilidade as atribuições dos dirigentes superiores de 1.° grau. No que respeita à administração directa, a circunstância de os membros do governo se centrarem mais no planeamento estratégico, traduz sobretudo um ditame de boa gestão e não tanto uma absoluta necessidade jurídica.

Dispondo o Secretário-Geral do SIRP das competências aludidas em relação ao SIED e ao SIS coordenação, controlo e planeamento estratégico –, beneficia de outras de maior nível de aproximação à gestão quotidiana dos serviços – normalmente titularidade dos *directores-gerais* – como é o caso das que *supra* se referiram em matéria de gestão financeira (participa no conselho administrativo dos Serviços) e de gestão de pessoal (nomeação de todos os dirigentes abaixo dos directores, autorização de abertura de concursos, homologação de resultados, reclassificações, reconversões, reabilitações, etc).

O espírito da Lei Quadro do SIRP vem pois a traduzir que o Secretário--Geral do SIRP constitui, simultaneamente, "um membro de governo" especializado nos Serviços de Informações, com vocação para o planeamento estratégico e controlo das actividades dos Serviços – intermediando também os poderes do Primeiro-Ministro sobre estes –, e um seu dirigente permanente, que acompanha a actividade quotidiana desses Serviços, decidindo sobre matérias normalmente reservadas aos directores-gerais, o que o Secretário-Geral do SIRP faz em articulação com os directores do SIED e do SIS.

Por outro lado, temos que o Secretário-Geral do SIRP é destinatário potencial de delegações de competências do Primeiro-Ministro, de que depende directamente, nos mesmos termos de um Secretário de Estado (n.° 1 do artigo 19.° da Lei Quadro do SIRP e artigo 9.° da Lei Orgânica do Governo, *supra*

---

[10] Sobre a matéria, escreve J. J. Gomes Canotilho *Direito Constitucional e Teoria da Constituição...*, p. 652: «*Quanto à administração directa o Governo goza de um poder de direcção, traduzido na faculdade de proferir ordens e enviar instruções relativamente aos órgãos inferiores dessa administração*». Cfr., igualmente, AMARAL, DIOGO FREITAS DO, *Curso de Direito Administrativo...*, pp. 640 e ss.

citada). Actualmente, existe uma ampla delegação de competências (Despacho n.º 15 579/2005, de 5 de Julho, publicado no DR II Série, de 19 de Julho de 2005) em que o Primeiro-Ministro delegou no Secretário-Geral do SIRP a generalidade das competências que detinha sobre os Serviços. Significa isto que o Secretário-Geral do SIRP, além das competências próprias antes enunciadas, típicas de um director superior de 1.º grau, e das que o aproximam a um membro do governo, exerce também estas competências delegadas do Primeiro-Ministro, que de modo inequívoco evidenciam a aproximação da sua actuação a membro do governo por motivos que não se alongam, por demais evidentes.

Do acima referido vem a decorrer a complexidade da caracterização das competências do Secretário-Geral do SIRP, a sua *atipicidade* no contexto da organização político-administrativa portuguesa.

Simultaneamente, há que registar que a Lei Quadro do SIRP introduz uma inovação doutrinária, na organização nacional de segurança (Forças Amadas e Forças e Serviços de Segurança), na medida em que, a nova definição de competências do Secretário-Geral do SIRP, o coloca na óptica da noção académica de Segurança Nacional, pelas responsabilidades justapostas de segurança interna e externa e defesa nacional. Esta inovação, em Portugal, já constitui prática habitual em muitos outros sistemas de informações.

Esta solução conceptual abrangente dá corpo a uma necessidade sentida, há muito, de ultrapassar os constrangimentos teóricos e práticos dos dois conceitos legais existentes, Segurança Interna e Defesa Nacional, permitindo uma lógica de abordagem integrada das ameaças.

Os serviços de informações no mundo actual

Os serviços de informações constituem, actualmente, a primeira linha da defesa e segurança, sendo que essa realidade é bastante mais evidente para os pequenos países[11].

Num mundo em que as ameaças que afectam os interesses dos Estados assumem contornos cada vez mais indefinidos, onde o puro poder militar já não é suficiente para as combater com absoluta eficácia, nem mesmo é possível, à maioria dos Estados, manter um poder militar efectivamente dissuasor, é necessário aperfeiçoar o único mecanismo de defesa capaz de, em antecipação, lidar com essas ameaças.

---

[11] Prof. Doutor Adriano Moreira – Conferência subordinada ao tema a "Função do Estado", proferida no dia 12 de Outubro de 2002, em Coimbra, aquando da Sessão Inicial do Curso de Defesa Nacional 2003.

Modelos de Sistemas de Informações. Cooperação entre Sistemas de Informações 229

A máquina militar e a máquina policial não conseguirão ser eficazes no domínio da prevenção e da actuação pró-activa, contra ameaças como o terrorismo e o extremismo. Os serviços de informações agem em antecipação. Abordam realidades e fenómenos que, na maioria dos casos, não constituem, ainda, ameaças à segurança nacional dos Estados. Constituem, simultaneamente, a primeira linha defensiva e ofensiva dos nossos Estados Democráticos de Direito. Com duas enormes vantagens, sobretudo para os pequenos Estados, por um lado, assumem-se como um dos sectores onde podem competir com as potências e superpotências internacionais, porque como já referi o aspecto da evolução tecnológica ainda não é decisivo para os resultados finais, e por outro lado, os custos deste instrumento de segurança são infinitamente inferiores aos custos dos instrumentos militar e policial.

O que acabei de referir não significa que deva existir algum tipo de conflito positivo de competências entre estes três instrumentos[12]. Pelo contrário, a mentalidade que tem imperado até hoje, e não só em Portugal, tem privilegiado um sistema de "pequenos burgos com os seus respectivos senhores". O que se pretende defender aqui é precisamente o contrário. Estes três instrumentos são complementares e indispensáveis à nossa segurança colectiva.

Uma abordagem integrada da segurança nacional implica uma estreita coordenação e colaboração entre todas as entidades com competências directas e indirectas para o efeito.

Sempre que se atravessam situações de crise grave em matéria de segurança internacional, sobretudo quando determinada ameaça é concretizada a níveis inimagináveis, como foi o caso dos atentados de 11 de Setembro de 2001, em que tudo é posto em causa, os governos e os decisores, em geral, reagem normalmente sob pressão do choque emocional e das reacções das respectivas populações.

Alguns dos imediatos responsáveis pelo fracasso de segurança que constituiu o 11 de Setembro foram os serviços de informações.

Mas a ineficácia parcial dos serviços de informações não deveria surpreender os decisores políticos, tal como não deveriam ficar surpreendidos pela fragilidade da estrutura de segurança dos seus países.

Os processos de transição nas pesadas máquinas burocráticas, em que se tinham tornado a maioria das organizações de segurança dos EUA, e por analogia

---

[12] A propósito da delimitação de competências entre a actividade de informações e a de polícia, ver Pereira, Rui Carlos, "A produção de informações de segurança no Estado de direito democrático", separata da Revista de Ciência e Cultura da Universidade Lusíada, Série especial – Informações e Segurança Interna, Coimbra 1998, e A. Hulnick, *Intelligence and Law Enforcement: The Spies are not Cops problem*" em *International Journal of Intelligence and Counter-Intelligence*, vol. 10, n.° 3, Inverno 1997.

de muitos países europeus, a falta de motivação do poder político para novos investimentos na segurança, baseada na convicção de que no pós-Guerra Fria o nível de ameaça seria consideravelmente inferior, bem como a desvantagem natural do defensor em relação ao atacante, permitiram o impensável.

Mas, poderia ter sido de outro modo? Provavelmente. No entanto, nunca nos podemos esquecer de dois factos: a vantagem é sempre de quem tem a ofensiva, se quem defende não conhece, e se quem ataca é móvel e flexível e o defensor pesado e lento; as informações constituem a única forma de defesa avançada.

A maioria das críticas dirigidas aos serviços de informações, no período após o 11 de Setembro, incidiram sobre a deficiente comunicação e intercâmbio de informações entre as várias agências federais de informações e de segurança e entre estas e o decisor político, sobre o deficit na capacidade de análise da situação – no fundo, teria faltado quem montasse o "puzzle" correctamente.

É certo que terá existido algum deficit de análise da informação existente, bem como de comunicação entre as agências de segurança e de informações, mas concentrar as críticas do sucedido nesta perspectiva é perpetuar um erro.

O verdadeiro problema consistiu na falta de informação actual, correcta e precisa. No fundo, não existiam peças suficientes no "puzzle".

Este erro tem sido cometido sucessivamente por vários analistas de segurança, alguns dos quais a desempenhar, ou tendo desempenhado, funções em serviços de informações.

É o caso de Gregory Treverton, antigo vice-presidente do *National Intelligence Council* dos EUA. Treverton defendeu, no seu livro *Reshaping National Intelligence for an Age of Information*, que a actividade de informações já não se reduz essencialmente à descoberta de segredos, tratando-se, hoje em dia, de produzir uma compreensão qualificada do mundo, usando todo o tipo de fontes de informação[13].

Esta linha de pensamento, não sendo errada no que se refere à efectiva necessidade dos serviços de informações no mundo actual e na evolução que se antevê, é errada ao precipitadamente colocar o enfoque na informação aberta e no processo analítico. O cerne da actividade de informações, o que marca a diferença em relação ao trabalho produzido por académicos e investigadores ou pelos centros de investigação científica no âmbito das questões de segurança e de relações internacionais, é precisamente "o conhecimento dos segredos", é saber como, quem, o quê e onde, ao processo analítico competirá dizer, entre outras coisas, porquê.

---

[13] Gregory Treverton, *Reshaping National Intelligence for an Age of Information,* Cambridge 2001.

Mesmo os processos tecnológicos de recolha de informações, sendo bastante importantes, não são decisivos, como vimos com o 11 de Setembro. Quando o inimigo utiliza meios tecnológicos rudimentares, nomeadamente ao nível das comunicações e do armamento, quando o seu núcleo duro não está suficientemente infiltrado, quando os meios empregues dependem principalmente do factor humano, os meios tecnológicos são praticamente redundantes.

O próprio Treverton, com o título que propõe para uma obra, apesar de tudo importante, vem confirmar isso mesmo. Adaptar os serviços de informações a uma era de informação.

Esta adaptação poderá ser parcialmente inútil quando o mais formidável adversário com que os Estados hoje se deparam se rege por formas de actuação mais antiquadas do que a das modernas sociedades da informação, embora utilizando algumas possibilidades que elas lhes dão, na estrita medida dos seus interesses.

Assim, e apesar dos melhores esforços dos serviços de informações e das forças de segurança, os grupos terroristas continuam a penetrar nas defesas dos nossos Estados, a agir nos respectivos territórios nacionais, utilizando as possibilidades que as diferenças entre países lhes conferem.

Muitos países tentaram promover reformas ou ajustamentos dos seus sistemas de informações e dos respectivos sistemas de segurança. Estou plenamente convencido que certas reformas estruturais apenas adensarão o problema.

É o caso dos EUA. Um país com uma complicada e enredada teia de agências de informações e de segurança, a maioria delas com uma máquina burocrática pesadíssima, decidiu constituir um ministério único *(Homeland Security)* para as coordenar a todas. A concentração de um tão exagerado número de agências – superior a cem – parece ter a intenção de procurar problemas.

As informações, mais até do que a segurança, não se compadecem com a rigidez dos processos administrativos e burocráticos, pois a informação só interessa se em tempo útil.

Em Portugal, numa tentativa de introduzir alguma coordenação em matéria de segurança foi criada no âmbito do Ministério da Administração Interna (MAI), e especificamente no seio do Gabinete Coordenador de Segurança (GCS) a Unidade de Coordenação Anti-Terrorista (UCAT).

Na UCAT participam todas as entidades com competências específicas ou relevantes para a luta anti-terrorista, nomeadamente, o Serviço de Informações de Segurança, o Serviço de Informações Estratégicas de Defesa, a Polícia Judiciária e o Serviço de Estrangeiros e Fronteiras, podendo ser chamada a participar qualquer força de segurança de entre as que integram o Gabinete Coordenador de Segurança (GCS).

A constituição da UCAT constituiu efectivamente uma mais-valia no domínio da coordenação da segurança e sobretudo da coordenação entre os mundos das informações, da segurança e da investigação criminal. Haverá que continuar a aprofundar esta iniciativa, ultrapassando as dificuldades que actualmente apresenta. A UCAT possui uma limitação genética de, efectivamente, não ser um órgão de coordenação e centralização da informação sobre o fenómeno de terrorismo, nem um efectivo órgão de coordenação operacional. O desenvolvimento destas duas diferentes vertentes, a sua capacidade de coordenação operacional, talvez aproximando-a vez mais do GCS, na medida em que este se assume como uma entidade neutra em relação às tradicionais e arquilosadas disputas de competências entre as diversas forças e serviços de segurança, e a sua capacidade de coordenação e centralização da informação disponível nas diversas forças e serviços de segurança.

A UCAT, numa perspectiva evolutiva, integrando os mais altos responsáveis pela luta anti-terrorista nas entidades que a compõem deverá constituir-se como uma estrutura flexível capaz de reagir imediatamente a qualquer incidente de cariz terrorista, ocorrido ou com repercussões em território nacional.

Esta forma de integração de esforços a nível operacional parece-me ser o caminho correcto, não só para os serviços de informações como para as forças de segurança em geral.

Independentemente das eventuais reformas no seio da estrutura das informações e mesmo das forças de segurança, o princípio base deverá ser, sempre, o da mais intensa cooperação.

A perspectiva da cooperação internacional entre Sistemas de informações

Os serviços do SIRP procuram desenvolver a sua actividade de relações internacionais em sintonia com a política externa de Portugal, visando obter, através da cooperação, informações complementares numa lógica de aproveitamento de sinergias.

Portugal não se assumindo como um "país de vocação imperial" possui, no entanto, como acervo, a herança de uma presença histórica consubstanciada na sua diáspora, nas comunidades imigradas no seu território, na importância internacional da língua portuguesa e no enlace com os países de língua portuguesa.

O nosso país oscilou, na história recente, entre uma orientação da política externa de vocação atlântica e africana e uma política de pendor europeu – após a descolonização e a preparação da adesão à então CEE.

Modelos de Sistemas de Informações. Cooperação entre Sistemas de Informações 233

Esta ambivalência política foi, durante a década de 80, largamente favorável à Europa em detrimento do Atlântico e do continente africano.

Em matéria de segurança é essencial perspectivar um reequilíbrio destas três vertentes inalienáveis da sua política externa, entendendo as vantagens competitivas de a conduzir, activamente, em simultâneo e em conjunto com outras que acrescem, em alguns casos numa lógica de especialização, e que por diferentes motivos têm vindo a adquirir certa importância. As do Mediterrâneo, particularmente o Mediterrâneo ocidental, asiática e ibero-americana.

É neste contexto que se tem desenvolvido as relações internacionais, dos Serviços que integram o SIRP, nas suas vertentes multilateral e bilateral.

Na vertente multilateral, os serviços participam plenamente em várias organizações internacionais de serviços de informações, nomeadamente no âmbito da estrutura civil da Organização do Tratado do Atlântico Norte (OTAN) – o **Comité Especial AC/46**, que agrupa os serviços de informações de segurança dos países membros do tratado –, da União Europeia (UE) e outras organizações europeias específicas de serviços de informações – nas quais participam serviços de países que não são membros nem da OTAN, nem da UE –, cujo objectivo é o intercâmbio de informações e a cooperação operacional visando a segurança dos Estados-Membros.

É na União Europeia que podemos esperar mais evoluções neste cenário. Até ao momento, toda a cooperação multilateral em matéria de informações efectuada ao nível da UE, aliás como em qualquer outra organização, não é "comunitarizada". Actualmente, o único fórum da UE onde participam alguns serviços de informações dos Estados-Membros é o designado **Grupo de Trabalho Terrorismo (GTT/WGT)** do 3.º Pilar (Justiça e Assuntos Internos). Alguns outros, fruto da sua legislação nacional, participam também nas actividades da EUROPOL.

O grande problema do GTT é a sua natureza híbrida, visto que aglutina um conjunto de entidades nacionais que vão desde os serviços de informações, a polícias criminais, incluindo polícias civis e de natureza militar, bem como os serviços centrais de vários ministérios. Não é, certamente, o melhor enquadramento para se trabalhar seriamente qualquer das actividades – de informações ou policiais – e perspectiva, à partida, uma notória falta de segurança na confidencialidade dos debates. É, assim, apenas um fórum onde se debatem, de forma mais ou menos aberta, os problemas causados pelo terrorismo.

A actividade do GTT, na medida em que não é um grupo exclusivamente de serviços de informações, tem funcionado em relativa "roda livre" fruto de algumas iniciativas de delegações mais activas. *As decisões do Grupo, que foram colocadas à discussão no Conselho de Ministros JAI (Justiça e Assuntos Internos), de dia*

12 de Setembro de 2003, alinham pelas posições "euro-burocráticas" em prol da EUROPOL, misturando questões e princípios cuja discussão em Portugal seria no mínimo extremamente complicada, nomeadamente a circulação de informação, oriunda de serviços de informações, destinada a fins policiais. Por outro lado, colocam a actividade policial no epicentro do combate ao terrorismo o que constitui um sério erro de perspectiva.

A propósito da divisão de competências entre serviços de informações e serviços de polícia, é grave quando se misturam informação criminal e informações de segurança – que são neste momento as que estão em causa – e é ainda mais grave pelo facto de as entidades de natureza policial não estarem sujeitas às formas de controlo definidas nos quadros de garantias, constitucionais e legais, definidas pelos diferentes sistemas jurídicos dos Estados-Membros. Esta situação pelos problemas que levanta em sede de direitos liberdades e garantias dos cidadãos comunitários assume-se como vital para o futuro do espaço de liberdade que a UE deve constituir, colocando em causa tradições jurídicas de determinados Estados para quem a memória de um passado conturbado recente está ainda bem viva.

Na sequência do 11 de Setembro de 2001, das decisões do Conselho Extraordinário de Ministros JAI e da reunião de Chefes de Estado e de Governo da UE, que preconizavam o reforço da cooperação entre os serviços de informações dos Estados-Membros no combate ao terrorismo internacional, realizou--se uma reunião magna dos Directores dos serviços de informações de segurança do **Clube de Berna** – organização que desde a década de 60 integra os principais serviços de informações de segurança da Europa.

Nessa reunião foram intensificados, tendo em conta que os serviços já se reuniam anteriormente – desenvolvendo acções e efectuando um intercâmbio regular de informações sobre diversos aspectos das respectivas seguranças nacionais e europeia –, os processos de cooperação no combate ao terrorismo, através, nomeadamente, da criação de o designado ***Counter-terrorim Group* ou Grupo Anti-Terrorista (CTG/GAT)** de cariz operacional. Esta unidade tem como funções principais o acompanhamento, a análise, a coordenação de acções conjuntas e a reflexão sobre medidas preventivas a adoptar numa perspectiva de combate integrada ao extremismo e terrorismo internacional, particularmente o de motivação ou inspiração islâmica.

Para reforçar a eficácia do seu funcionamento, alguns países não membros da UE participam nos seus trabalhos na qualidade de observadores.

Ao nível do 2.º Pilar, referente à Políticas Externa, de Segurança e de Defesa, alguns passos foram dados no sentido positivo com o desenvolvimento do ***Joint Situation Centre* (SITCEN)**, que conta com células analíticas permanentes, para apoio às funções do Alto Representante para a Política Externa de Segurança e de

Defesa da União, Javier Solana. No entanto, em última análise as informações continuam a ser produzidas, ao nível nacional, por cada serviço participante.

Recentemente, em 2003, o CTG celebrou um protocolo de associação com o SITCEN, fornecendo elementos para a constituição de uma célula de análise de terrorismo, preenchendo assim as lacunas deste no domínio vital do terrorismo.

As propostas de institucionalização deste grupo, CTG/GAT, nomeadamente pela aproximação às instituições comunitárias, feitas por alguns serviços membros foram, no entanto, liminarmente recusadas por outros que seguindo as directivas dos respectivos governos, consideram que as questões relacionadas com os serviços de informações constituem matéria de reserva absoluta de soberania nacional, pretendendo escapar ao que designam como a "comunitarização" crescente das estruturas de segurança dos países da União.

Estas posições têm constituído um sério entrave, não só à institucionalização do grupo anti-terrorista criado pelos serviços de informações da União mas, também, à eventual proposta criação de uma entidade europeia de informações. O receio demonstrado por alguns Estados quanto à constituição de uma organização europeia de informações – uma EUROINTEL[198] – prende-se com o facto de, ao estrito controlo dos seus governos, se poder acrescentar uma progressiva interferência das organizações comunitárias. Por outro lado, instituições europeias, relativamente pouco eficazes, como a EUROPOL, também não têm interesse na criação de um órgão desse tipo e têm privilegiado a posição de que deveria todo o fluxo de informação disponível no espaço europeu ser centralizado na própria EUROPOL.

A UE vê-se assim, e para já, privada de um instrumento fundamental de combate às ameaças que crescentemente impendem sobre si, quer ao nível da segurança no espaço europeu, quer ao nível das informações estratégicas e até militares.

Paralelamente, os serviços, num esforço de alargamento da sua componente de cooperação, participam nos trabalhos de outras organizações internacionais, não especificamente de serviços de informações, em apoio das actividades do Ministério dos Negócios Estrangeiros, nomeadamente quando estão em causa matérias tais como o combate ao terrorismo e à proliferação de armamento NRBQ.

Neste âmbito, é de salientar a constituição, em 1998, por iniciativa portuguesa, do **Fórum de Informações da CPLP**, organização que reúne todos os serviços de informações do espaço lusófono.

Os serviços portugueses participam também em organizações internacionais representativas do espaço ibero-americano – o **Fórum de Serviços Ibero-americano de Inteligência (FOSII)** – e do Mediterrâneo ocidental.

Ao nível bilateral, a política de relacionamento foi conduzida tendo em conta dois objectivos, a complementaridade ao nível das informações de segurança, traduzindo-se pelo intercâmbio de informações sobre fenómenos que afectam, de forma idêntica, a segurança dos países aliados de Portugal, e a obtenção de informações fidedignas, de carácter estratégico, sobre fenómenos que constituam ameaças à segurança interna e à defesa nacional.

Determinados fenómenos de carácter transnacional ou internacional poderão de forma directa ou indirecta ter repercussões para a segurança nacional, mesmo quando aparentemente nos são totalmente alheios. Assim, a actividade das Forças Armadas Revolucionárias da Colômbia (FARC) não é, aparentemente, importante para Portugal na perspectiva da sua própria segurança. No entanto, uma deslocação de um elemento da cúpula desta organização a Portugal já poderá recair no âmbito do nosso interesse. O contexto em que se insere a actividade desse indivíduo no nosso país só será amplamente entendido se se possuir informação de cariz estratégico sobre a referida organização e sobre os seus elementos. Assim, no caso em apreço seria fundamental uma boa circulação de informação entre Portugal e a Colômbia, ou mesmo o Brasil, da mesma forma que boas relações entre esses países permitiriam facilmente a Portugal efectuar acções operacionais a seu pedido – nunca se sabe quando poderemos vir a necessitar de alguma reciprocidade de tratamento.

O alargamento dos laços de cooperação bilateral a serviços de informações de países fora da tradicional esfera de alianças em que Portugal se insere, nomeadamente a países que até há alguns anos eram considerados o adversário, senão mesmo o inimigo, deve-se à importância que passaram a ter certas ameaças e à globalização das mesmas.

Actualmente, um país, particularmente a actividade de um seu serviço de informações, pode constituir uma ameaça no âmbito da Contra-Espionagem e ser, simultaneamente, um parceiro imprescindível em matéria de Contra-Terrorismo.

Por outro lado, o alargamento desses laços de cooperação permite, tal como no estrito âmbito operacional, diversificar as fontes de informação. Muitas das ameaças que afectam a segurança de Portugal e dos seus países aliados têm origem e justificação em regiões remotas. O acompanhamento, o estudo e a análise desses fenómenos tornam-se substancialmente mais fáceis quando se consegue receber o contributo de serviços de informações de países dessas mesmas regiões.

Este alargamento coloca um problema novo em matéria de cooperação, se bem que não o seja quando analisado do ponto de vista da técnica das informações. Torna-se premente proceder a uma atenta verificação da fidedignidade dessas informações.

Não nos devemos esquecer que os serviços de informações são entidades que representam, em primeiro lugar, os interesses do próprio Estado. Mesmo os serviços de Estados aliados podem ter tendência a enviar informação que, não sendo propositadamente errada ou ambígua, é preparada com o objectivo de fazer prevalecer uma determinada posição, normalmente em consonância com as orientações preconizadas pelos respectivos Governos.

A dificuldade aumenta sensivelmente se considerarmos que muitos dos serviços de informações com quem se coopera são serviços com competências externas, estratégicas e até militares. Devido à sua mobilidade, à sua presença em território nacional, seja através de representantes acreditados oficialmente, seja através de contactos ao nível de delegações, mas principalmente devido à sua esfera de actividade – o conhecimento de informações estratégicas sobre determinadas zonas do mundo – assumem-se como complementares à actividade dos nossos serviços.

No entanto, estes serviços são serviços externos, portanto ofensivos. A sua actividade implica que devam recolher informação sobre tudo o que seja de interesse para o seu país. Conhecer os serviços interlocutores, bem como o respectivo país, assume-se como tarefa normal e de rotina.

Assim, os serviços de informações, atendendo a esta nova época das relações de cooperação, deverão tomar precauções e adaptar a sua estrutura de modo a preservar a segurança nas suas actividades e da sua informação.

Desenvolveu-se, assim uma teoria designada de "dupla camada". A actividade do Serviço desenrola-se em dois níveis, ao nível operacional em sentido estrito, onde a actividade de informações continua como sempre, de acordo com os critérios de segurança, sigilo e descrição, e ao nível dos contactos externos. Este segundo nível funcionaria como uma camada amortecedora, filtrando e analisando a informação que entra e sai do Serviço, assumindo, de forma centralizada, a maioria dos contactos com serviços estrangeiros, incluindo os de cariz operacional, nomeadamente o enquadramento e a gestão corrente de acções conjuntas com serviços congéneres.

Neste sentido, a face visível do Serviço poderia desenvolver uma relação de cooperação relativamente profícua com determinado serviço estrangeiro, enquanto que esse mesmo serviço poderia constituir um "alvo" para a outra "camada".

As vantagens desta solução são a maior protecção da actividade nuclear do serviço, a protecção também da identidade dos agentes do Serviço e a gestão centralizada das relações com o estrangeiro.

O crescimento da cooperação, a nível internacional, tem vindo a produzir não só uma mistura de intercâmbios *ad hoc* como também algumas ligações de carácter permanente. Os Oficiais de Ligação (OL's) acreditados, na sua maioria, sob cobertura diplomática, tornaram-se membros regulares das missões diplomáticas, em países amigos e neutrais.

Países com interesses comuns e aliados começaram a proceder ao intercâmbio, a nível de especialistas, de tal modo que hoje se pode afirmar que as Informações têm vindo a adquirir um estatuto comparável ao da diplomacia internacional, embora, ainda, num estado bastante embrionário (um pouco à semelhança do que sucedia com a própria diplomacia antes da sua codificação e legitimação ocorridas no séc. XVII).

A maioria dos Serviços desenvolve actualmente um relacionamento, a nível externo, de tal modo que, em muitos países, o acesso a parceiros de maior dimensão se constitui como uma das principais justificações da sua própria existência.

Os sistemas de informações nacionais estão longe de serem auto-suficientes, pelo que as informações em matérias como o terrorismo internacional, a criminalidade organizada, a proliferação e o combate ao tráfico de estupefacientes, se têm vindo a tornar numa espécie de sistema de conhecimento internacional. O resultado é uma combinação heterogénea de relacionamentos bilaterais e multilaterais de toda a espécie e com os mais variados graus de intimidade.

A razão principal para a cooperação entre Serviços de Informações é a de que existe, sempre, uma maior quantidade de informação potencialmente disponível do que aquela que um único Serviço tem capacidade para recolher.

Tal facto, aliado a um apetite insaciável e crescente pela informação, implica uma cooperação cada vez mais intensa, na qual recursos, tecnologia e conhecimentos específicos desempenham um papel fundamental.

A maioria dos Estados dispõe de capacidades únicas e específicas para a recolha de determinado tipo de informações. Por exemplo, determinadas informações apenas podem ser recolhidas por Serviços locais, com recurso aos respectivos sistemas de vigilância, pessoal e instalações.

A cooperação tem lugar, sobretudo, a nível da HUMINT – *Human Intelligence*, de tal modo que Serviços "amigos" podem cooperar no âmbito do recrutamento de fontes humanas, sobretudo atendendo às oportunidades locais, tais como o acesso a grupos alvo de refugiados ou a equipamento estrangeiro de interesse. Tais acessos encontram-se, igualmente, ligados a um outro factor de importância decisiva, a relevância da geografia local, em termos de SIGINT – *Signals Intelligence*, bem como noutros tipos de recolha através de meios técnicos.

Assiste-se, pois, a um complexo jogo, em termos de cooperação, sobretudo no que se refere a ameaças comuns, bem como a um complexo *puzzle* de trocas e intercâmbios.

Modelos de Sistemas de Informações. Cooperação entre Sistemas de Informações 239

A geografia local, bem como as especificidades próprias fundem-se em modalidades mais alargadas de operações conjuntas, divisão de tarefas e responsabilidades. Se aquele que colabora dispõe da competência técnica necessária, a sua contribuição pode ser a de assumir a responsabilidade por determinadas áreas geográficas ou assuntos. Para além desta divisão e partilha de tarefas, assiste-se, igualmente, ao intercâmbio de ideias e interpretações próprias, bem como a análises conjuntas.

A maior parte das análises dos SI é objecto de intercâmbio, sendo certo que muitos, senão mesmo a totalidade, produzem tanto para consumo interno, como para um público internacional constituído pelos seus homólogos.

Os custos inerentes, em termos financeiros e de esforço, tanto mais que aquilo que se recebe raramente se apresenta como isento de contrapartidas. Isto, para além do facto de todos os SI's entenderem que todo o trabalho alheio é merecedor de alguma reserva, para já não falar no perigo, real, que é pressentido pelos pequenos Serviços, de a cooperação, com as grandes potências estrangeiras, ser susceptível de representar uma ameaça à sua integridade, como instituições independentes. Mas, acima de tudo, existem riscos para as fontes, de tal modo que cada novo intercâmbio externo representa um novo risco, decorrente de uma possível penetração do SI estrangeiro, de um menor cuidado na utilização da informação ou em fugas para a opinião pública do material fornecido, bem como da sua utilização deliberada, como moeda de troca, no âmbito de contactos com outros SI's. É certo que as fontes podem ser dissimuladas, mas os elementos dos SI's, com se estabelece a parceria, pressionam sempre no sentido da obtenção de mais detalhes e empreendem as suas próprias extrapolações se não recebem respostas satisfatórias.

Neste âmbito, a segurança funciona como contrapeso à expansão, constituindo-se como a principal razão pela qual os muitos intercâmbios *ad hoc* são sempre marcados por uma postura pragmática e cautelosa e limitados a determinadas categorias de material.

A reputação de uma boa ou má segurança é crucial no relacionamento em termos de informações. Na medida em que aqueles a quem são concedidas informações classificadas têm que seguir estritamente as regras de segurança do originador. Além disso, a posse de informação classificada pode constituir-se como um obstáculo, tanto em termos de desclassificação, como em termos de legislativos e de liberdade de acesso à informação.

Um dos principais efeitos práticos da colaboração, ao nível das informações, é o reforço dos procedimentos de segurança. Aceitar determinados procedimentos de segurança estabelecidos, por outros, pode constituir-se como objecto de negociação em termos de informações. De tal maneira que uma uniformização, em termos de segurança, se pode constituir como um pré-requisito de uma sólida cooperação a longo-prazo. Nalguns casos, o objecto da cooperação pode mesmo ser o de influenciar terceiros a adoptarem melhores *standards* em termos de segurança.

Uma das razões pelas quais os Serviços possuem uma auréola de secretismo prende-se, muitas vezes, com esta dimensão das relações com Serviços estrangeiros.

O resultado de tudo isto é um "sistema internacional" multiforme, que vai desde uma cooperação próxima a contactos esporádicos e ocasionais, variando desde trocas bilaterais constantes a conferências internacionais alargadas.

Neste âmbito, a reputação dos Serviços, é de importância capital, tal como as relações pessoais.

A cooperação, nas suas formas mais avançadas, encontra-se na estrita dependência de indivíduos que, trabalhando nas respectivas organizações nacionais, cooperam contra inimigos comuns, confraternizam durante anos e se auxiliam mutuamente, nas dificuldades, ao longo do tempo.

Assim sendo, não é de estranhar que se testemunhe um sentimento genuíno de comunidade profissional, na qual as posições dos respectivos Serviços são tenazmente defendidas, a par de um sentido de existência de problemas comuns, para os quais se torna necessário encontrar soluções.

Num ambiente marcado pelo secretismo e muitas vezes isolado, o intercâmbio de informações, a nível internacional, desempenha um papel fundamental na manutenção da honestidade intelectual dos Serviços e daqueles que neles trabalham.

O intercâmbio de informações constitui-se, pois, como uma actividade de carácter multinacional, em que se aliam capacidades nacionais e internacionais, decorrentes da cooperação internacional estabelecida e dos respectivos resultados, de tal modo que as necessidades dos Governos encontram resposta numa mistura, em vários graus, de esforços nacionais e internacionais.

BIBLIOGRAFIA

DORRIL Stephen, *MI6: Inside the Covert World of Her Majesty's Secret Intelligence Service*, London, 2000

HERMAN Michael, Intelligence power in peace and war, Cambridge University Press, London, 1996

SMITH Michael, *New Cloak, Old Dagger*, London, 1996

WEST Nigel, *Games of Intelligence*, London, 1990

WEST Nigel, *MI5*, London, 1981

Modelos de Sistemas de Informações. Cooperação entre Sistemas de Informações

WEST Nigel, *The Friends*, London, 1988

WRIGHT Peter, *Spycatcher*, London, 1987

COLBY William E., *Honorable Men – My Life in the CIA*, New York, 1978

RALPH Edward Weber, ed., Spymasters: *Ten CIA Officers in Their Own Words*, Wilmington, 1999

JOHNSON Loch K., *Secret Agencies*, New Heaven, 1996

RICHELSON Jeffery T., *The US Intelligence Community*, Boulder, 1995

GILLIAN Tom, *CIA-Life: 10.000 Days with the Agency*, Connecticut, 1991

RIEBLING Mark, Wedge: *The Secret War between the FBI and CIA*, New York, 1994

CECILE Jean Jacques, *Le reinseignement français à l'aube du XXIe siècle*, Paris, 1998

BONNET Yves, *Mémoires d'un patron de la DST*, Paris, 2000

FALIGOT Roger e KAUFFER Rémi, *Les Maîtres espions*, Paris, 1994

FALLIGOT Roger e KROP Pascal, *La Piscine – Les services secrets français 1944-1984*, Paris, 1985

KROP Pascal, *Les secrets de l'espionnage français*, Paris, 1995

MARION Pierre, *Le pouvoir sans visage*, Paris, 1990

MARION Pierre, *La mission impossible*, Paris, 1991

OCKRENT Christine e MARENCHES Alexandre, *Dans le secret des princes*, Paris, 1986

TREVERTON Gregory, Reshaping National Intelligence for an Age of Information, Cambridge 2001

PEREIRA Rui Carlos, "A produção de informações de segurança no Estado de direito democrático", separata da Revista de Ciência e Cultura da Universidade Lusíada, Série especial – Informações e Segurança Interna, Coimbra 1998

HULNICK A., *"Intelligence and Law Enforcement: The Spies are not Cops problem"* em *International Journal of Intelligence and Counter-Intelligence*, vol. 10, n.º 3, Inverno 1997.

Sites úteis

http://www.sied.pt
http://www.sis.pt
http://www.dni.gov/
http://www.cia.gov/
http://www.mi5.gov.uk/
http://www.mi6.gov.uk/output/Page79.html
http://www.csis-scrs.gc.ca/
http://www.shabak.gov.il
http://www.mossad.gov.il/Mohr
http://www.intelligence.gov.za/
http://www.sass.gov.za/
http://www.nia.gov.za/
http://www.asis.gov.au/

http://www.asio.gov.au/
http://www.abin.gov.br/
http://www.cni.es
http://www.fsb.ru/
http://svr.gov.ru/
http://www.bnd.bund.de/
http://www.verfassungsschutz.de
http://www.interieur.gouv.fr
http://www.globalsecurity.org/intell/world/
http://en.wikipedia.org/wiki/
http://www.fas.org/irp/world/

SEGURANÇA DESPORTIVA
Alguns tópicos normativos

JOSÉ MANUEL MEIRIM*

I. PRELIMINARES

1. Abordar a segurança desportiva exige reverter ao plural.

A *segurança desportiva* (ou melhor, as *seguranças desportivas*) só pode ser apreendida de forma eficaz se tivermos bem presente que o desporto não se apresenta apenas sob uma dada veste.

O desporto é, ele mesmo, pluralidade. Espectáculo desportivo, desporto recreação, desporto rendimento, desporto profissional, desporto para jovens, actividade física para crianças, são apenas algumas das entradas possíveis para esse fenómeno omnipresente da vida moderna.

Se é assim, não será difícil antever a presença de diversos operadores neste complexo sistema: entidades públicas e organizações desportivas privadas, praticantes desportivos e outros agentes desportivos.

A segurança de quem? Do praticante desportivo? De terceiros, incluindo os espectadores, face à prática desportiva ou de algo que com ela se relaciona? A segurança de quê? Das infra-estruturas desportivas? Dos equipamentos desportivos? Dos espectáculos desportivos? Quem fiscaliza? Quem e como se sanciona o incumprimento dessas normas?

---

* Doutor em Ciências do Desporto. Professor Auxiliar Convidado da Faculdade de Motricidade Humana e da Faculdade de Direito da Universidade Nova de Lisboa. Assessor na Procuradoria-Geral da República.

II. A SEGURANÇA NA LEI DE BASES DO DESPORTO (LBD)[1]

2. Sublinhemos algumas referências da LBD que se entendem úteis para a nossa aproximação à segurança desportiva.

Em primeiro lugar, temos a afirmação de um direito fundamental: todos têm direito ao desporto, enquanto elemento indispensável ao desenvolvimento da personalidade (artigo 2.º, n.º 1).

E por desporto deve-se entender qualquer forma de actividade física que, através de uma participação livre e voluntária, organizada ou não, tenha como objectivos a expressão ou a melhoria da condição física e psíquica, o desenvolvimento das relações sociais ou a obtenção de resultados em competições de todos os níveis (n.º 2, do citado preceito).

3. Reconhecido o papel fundamental da formação desportiva, a LBD adianta que *o acesso ao exercício de actividades docentes e técnicas na área do desporto* é legalmente condicionado à posse de habilitação adequada e à frequência de formação e de actualização de conhecimentos técnicos e pedagógicos, em moldes ajustados à circunstância de essas funções serem desempenhadas em regime profissional, ou de voluntariado, e ao grau de exigência que lhes seja inerente (artigo 36.º, n.º 3).

No mesmo sentido dispõem as normas constantes do artigo 38.º, sobre princípios gerais da formação desportiva.

4. Destaquemos, agora, algumas áreas onde, de forma mais palpável, se denota uma expressa preocupação de segurança.

Em primeiro lugar, registe-se o que a LBD dispõe sobre a luta contra a violência e a intolerância racial e étnica (artigo 43.º): o Estado e os corpos sociais intermédios públicos e privados que compõem o sistema desportivo colaboram para assegurar a manutenção da ordem nas infra-estruturas desportivas e para evitar actos de violência, racismo, xenofobia e todas as demais formas de discriminação ou intolerância racial e étnica.

Segue-se a protecção dos desportistas.

Aqui temos o controlo médico-desportivo (artigo 69.º), o seguro desportivo (artigo 70.º) e a segurança social (artigo 71.º).

No capítulo das infra-estruturas desportivas o realce vai para o disposto nos artigos 80.º e 81.º.

---

[1] Lei n.º 30/2004, de 21 de Julho.

O primeiro destes preceitos (Política integrada e descentralizada) estabelece que *O Estado e os corpos sociais intermédios públicos e privados desenvolvem uma política integrada de infra-estruturas desportivas, colaborando na construção, preservação, adaptação e modernização das mesmas* (n.° 1).

Já no artigo seguinte (Intervenção pública), seu n.° 1, vem-se a referir que o Governo promove:

a) A definição de normas que condicionem a edificação de instalações desportivas, de cujo cumprimento dependerá a concessão das licenças de construção e utilização, a emitir pelos competentes departamentos públicos;

b) O incremento da construção, ampliação, melhoramento e conservação das instalações e equipamentos, sobretudo no âmbito da comunidade escolar;

c) A sujeição das infra-estruturas a construir a *critérios de segurança,* qualidade e racionalidade demográfica, económica e técnica.

O n.° 4, por seu turno, adianta que são definidos por diploma próprio o regime de instalação e funcionamento das infra-estruturas desportivas de uso público, o regime da responsabilidade técnica pelas instalações desportivas abertas ao público e actividades aí desenvolvidas e o regime de licenciamento de provas desportivas na via pública.

Por último, o n.° 6 refere que as infra-estruturas desportivas devem obedecer às normas técnicas sobre acessibilidade.

III. O DIREITO À SEGURANÇA NO DESPORTO

5. Afirmar a existência de um direito ao desporto implica, necessariamente, a expressão de um *desporto seguro.*

Essa inevitável consequência é sublinhada em diversos textos internacionais sobre a actividade física e o desporto.

Olhando a Carta Internacional da Educação Física e do Desporto, da UNESCO, de 21 de Novembro de 1978, confrontamo-nos com a afirmação de um direito ao desporto e à educação física: todas as pessoas humanas têm o direito à educação física e ao desporto, indispensáveis ao desenvolvimento da sua personalidade (artigo 1.°, 1.1).

Os equipamentos e os materiais apropriados devem ser previstos e construídos em número suficiente para permitir, *com toda a segurança,* uma participação intensiva nos programas escolares e extra-escolares de educação física e de desporto (artigo 5.°, 5.1.).

A investigação e a avaliação, em matéria de educação física e desporto, devem promover o progresso desportivo, sob todas as formas e *contribuir para a melhoria da saúde e da segurança dos participantes* (artigo 6.º, 6.1.).

Vejamos, agora, a Carta Europeia do Desporto, do Conselho da Europa[2].

Logo na apresentação do objectivo da Carta, se adianta que esta pretende levar a que os Governos adoptem as medidas necessárias a conferir a cada indivíduo a possibilidade de praticar desporto, nomeadamente, *assegurando a cada um a possibilidade de praticar desporto e de participar em actividades físicas e recreativas num ambiente seguro e saudável* [artigo1.º, I, alínea b)].

No artigo 4.º, dedicado às instalações e actividades desportivas, refere-se que *devem ser tomadas medidas para permitir uma gestão e a utilização plena das instalações, em toda a segurança* (n.º 3, *in fine*).

Na linha da Carta Europeia segue-se a Carta do Desporto dos Países de Língua Portuguesa[3].

Aí, no artigo 4.º (Instalações desportivas), seu n.º 3, estabelece-se que a construção de instalações desportivas deverá respeitar as exigências nacionais, regionais ou locais, e garantir a possibilidade de uma boa gestão *no sentido da sua plena utilização em completa segurança.*

Por seu turno, o artigo 8.º, ao referir-se aos quadros técnicos, determina-se que *os países diligenciarão no sentido de que todos os agentes ligados à prática das actividades desportivas possuam qualificações apropriadas, por forma a garantir a protecção da saúde e segurança das pessoas a seu cargo* (n.º 2).

IV. **A RESPOSTA DA ORGANIZAÇÃO PÚBLICA DO DESPORTO**

6. A referência de serviço público, na Administração Pública central, é o *Instituto do Desporto de Portugal* (IDP), criado pelo Decreto-Lei n.º 96/2003, de 7 de Maio.

O IDP tem por missão o apoio e o fomento à concepção de uma política desportiva nacional integrada, nas diversas vertentes do desporto, colaborando na criação e disponibilização das necessárias condições técnicas, financeiras e

---

[2] Aprovada pelos Ministros europeus responsáveis pelo desporto, em Rhodes (14 e 15 de Maio de 1992) e revista em 2001.

[3] O Decreto n.º 32/95 de 26 de Agosto, aprovou o Acordo de Cooperação entre a República Popular de Angola, a República de Cabo Verde, a República da Guiné-Bissau, a República Popular de Moçambique, a República Portuguesa e a República Democrática de São Tomé e Príncipe, no Domínio do Desporto, assinado em Lisboa em 20 de Janeiro de 1990.

A Carta é aprovada pelo artigo 2.º do decreto e encontra-se em anexo ao acordo.

materiais com vista a incrementar os hábitos de participação da população na prática desportiva, promovendo-a de forma regular, continuada e com níveis de qualidade elevados, *inserida num ambiente seguro* e saudável (Artigo 2.º).

Em anexo àquele diploma temos o Estatuto do IDP.

Entre as suas atribuições (artigo 3.º, n.º 1) destacamos as seguintes:

d) Propor medidas tendentes à *adopção generalizada do exame de aptidão e do controlo médico-desportivo* no acesso e no decurso da prática desportiva, respectivamente;

e) Velar pela *aplicação das normas relativas ao sistema de seguro* para os agentes desportivos;

f) *Pronunciar-se sobre as normas de segurança desportiva a observar na construção e licenciamento de empreendimentos desportivos;*

g) Exercer as competências que, em matéria de licenciamento e fiscalização, lhe são legalmente atribuídas;

h) Assegurar a valorização da qualidade dos recursos humanos do desporto e dos recursos humanos relacionados com o desporto;

O IDP conta, entre outros serviços, com uma Direcção de Serviços de Infra--Estruturas Desportivas, a quem cabe *proceder à programação, avaliação e acompanhamento das acções desenvolvidas no âmbito das infra-estruturas e equipamentos desportivos e administrar e fiscalizar as infra-estruturas e os equipamentos desportivos* (artigo 13.º, n.º 1).

À sua Divisão de Projectos compete, por exemplo (artigo 13.º, n.º 4),

a) Definir as normas a observar no âmbito do regime da responsabilidade técnica pelas instalações desportivas abertas ao público e actividades aí desenvolvidas;

b) Exercer as competências definidas por lei no âmbito do regime da responsabilidade técnica pelas instalações desportivas abertas ao público e actividades aí desenvolvidas;

e) Zelar pela observância das normas relativas às infra-estruturas e equipamentos desportivos, *em especial as referentes à prevenção da violência, à segurança e à higiene;*

f) Garantir um acesso e uma circulação facilitados a todos os utentes, incluindo as pessoas portadoras de deficiência e com mobilidade reduzida.

Por seu lado, o Centro Nacional de Medicina Desportiva *tem como objectivo promover o estado de saúde física e psíquica dos praticantes desportivos e fomentar a investigação científica nas matérias conexas com o seu objecto* (artigo 15.º, n.º 1).

248   *Estudos de Direito e Segurança*

No âmbito da investigação científica aplicada ao desporto, ao Centro Nacional de Medicina Desportiva compete promover a investigação médica, analítica e fisiológica aplicada ao desporto, preferencialmente nas áreas terapêutica e preventiva, em complemento com a investigação, designadamente, em matéria de saúde e segurança.

V. **A SEGURANÇA DAS INFRA-ESTRUTURAS DESPORTIVAS**

7. Estabelecidas que foram algumas ideias base iniciemos o nosso percurso normativo pela segurança das infra-estruturas desportivas.

Reconheça-se, em primeiro lugar, que o Estado tem vindo, desde 1997, a legislar sobre um domínio onde era patente a sua omissão, a saber, o licenciamento das infra-estruturas desportivas, bem como, se assim nos podemos exprimir, das actividades desportivas nelas desenvolvidas.

Contudo, dado esse primeiro e importante passo, cedo se percebeu que, em todos os campos onde o legislador surgiu, nasceu um enorme vazio de regulamentação e fiscalização.

8. O Decreto-Lei n.º 317/97 de 25 de Novembro[4], veio estabelecer o regime de instalação e funcionamento das instalações desportivas de uso público, independentemente de a sua titularidade ser pública ou privada e visar ou não fins lucrativos (artigo 1.º, n.º 1).

Para efeitos do diploma são instalações desportivas os espaços de acesso público organizados para a prática de actividades desportivas, constituídos por espaços naturais adaptados ou por espaços artificiais ou edificados, incluindo as áreas de serviços anexos e complementares, podendo ser agrupados em (artigo 2.º):

a) Instalações desportivas de base que constituem o nível básico da rede de instalações para o desporto, agrupando-se em recreativas[5] e formativas[6];

---

[4] Na Região Autónoma da Madeira tinha sido publicado um diploma em momento anterior à legislação nacional. Referimo-nos ao Decreto Legislativo Regional n.º 12/96/M, de 6 de Julho.

[5] Conforme o artigo 3.º, n.º 1, são instalações de base recreativas as que se destinam a actividades desportivas com carácter informal ou sem sujeição a regras imperativas e permanentes, no âmbito das práticas recreativas, de manutenção e de lazer activo.

Consideram-se instalações de base recreativas, designadamente, as seguintes (n.º 2):

a) Os pátios desportivos e os espaços elementares de jogo desportivo;

b) Instalações desportivas especializadas ou monodisciplinares[7];

c) Instalações especiais para o espectáculo desportivo[8].

---

b) Os espaços localizados em áreas urbanas e apetrechados para a evolução livre com patins ou bicicletas de recreio;

c) Os espaços urbanos e os espaços naturais adaptados para percursos de caminhada e corridas, circuitos de exercícios de manutenção e os circuitos de passeio com bicicleta de recreio;

d) Os espaços de animação desportiva informal, permanentes ou não, integrados ou complementares de instalações turísticas, ou acessórios de instalações desportivas de outros tipos;

e) Os espaços com dimensões não normalizadas, para iniciação aos pequenos jogos desportivos, incluindo os espaços de aprendizagem e recreio;

f) As piscinas cobertas e as piscinas ao ar livre, para fins recreativos, com área total de planos de água inferior a 166 m2.

[6] De acordo com o artigo 4.º, n.º 1, são instalações de base formativas as infra-estruturas concebidas e organizadas para a educação desportiva de base e para as actividades propedêuticas que garantam o acesso a níveis de actividade desportiva especializada, reunindo as seguintes características de ordem geral:

a) Polivalência na utilização, conjugadas para o exercício de actividades desportivas e afins;

b) Elevado grau de adaptação e integração, ajustado aos programas e objectivos da educação desportiva no âmbito do ensino e das actividades de formação desenvolvidas no quadro do associativismo desportivo.

Por outro lado, adita o n.º 2 do mesmo preceito, que se consideram instalações de base formativas designadamente as seguintes:

a) Grandes campos de jogos para futebol, râguebi e hóquei em campo;

b) Pistas de atletismo regulamentares;

c) Salas de desporto e pavilhões polivalentes;

d) Instalações normalizadas de pequenos jogos polidesportivos, campos de ténis e ringues de patinagem ao ar livre;

e) Piscinas de aprendizagem, piscinas desportivas e piscinas polivalentes, ao ar livre ou cobertas.

[7] Estabelece o artigo 5.º, n.º 1, que são instalações especializadas as instalações concebidas e organizadas para actividades desportivas monodisciplinares, em resultado, designadamente, da sua específica adaptação para a prática da correspondente modalidade.

Constituem instalações especializadas designadamente, as seguintes (n.º 2):

a) Salas de desporto apetrechadas e destinadas exclusivamente a uma modalidade;

b) Instalações de tiro com armas de fogo;

c) Instalações de tiro com arco;

d) Campos de golfe;

e) Pistas de ciclismo;

f) Picadeiros, campos de equitação e pistas hípicas de obstáculos;

g) Instalações para desportos motorizados;

h) Pistas de remo, pistas de canoagem e outras instalações para desportos náuticos.

[8] De acordo com o artigo 6.º, n.º 1, são instalações desportivas especiais para o espectáculo

Às instalações desportivas são aplicáveis as normas constantes do regulamento das condições técnicas das instalações desportivas a aprovar por decreto regulamentar (artigo 7.º)[9].

Por outro lado, a edificação, alteração ou adaptação dos espaços que constituem as instalações desportivas de serviço público obedecem ao Regime de Licenciamento de Obras Particulares, aprovado pelo Decreto-Lei n.º 445/91, de 20 de Novembro, alterado pelo Decreto-Lei n.º 250/94, de 15 de Outubro, e pela Lei n.º 22/96, de 26 de Julho, com as especificidades estabelecidas neste decreto-lei (artigo 8.º, n.º 1).

Os pedidos de licenciamento respeitantes à criação ou edificação de instalações desportivas de serviço público devem ser instruídos nos termos da legislação referida e ainda com os elementos que se mostrem necessários à satisfação dos objectivos previstos no presente diploma e no decreto regulamentar a que se refere o artigo 7.º (n.º 2)

9.1. Quanto ao processo de licenciamento, há que encará-lo sob duas perspectivas.

Assim, temos, por um lado, o licenciamento da construção (artigos 11.º a 13.º). Num segundo momento, temos o licenciamento de funcionamento (artigos 14.º a 18.º).

---

as instalações concebidas e vocacionadas para a realização de manifestações desportivas integrando a componente espectáculo e em que se conjugam os factores seguintes:

a) Expressiva capacidade para receber público, com integração de condições para os meios de comunicação social e infra-estruturas mediáticas;

b) Prevalência de usos associados a eventos com altos níveis de prestação desportiva;

c) A incorporação de significativos e específicos recursos materiais e tecnológicos.

Por outro lado, adianta o n.º 2, que se consideram instalações especiais para o espectáculo desportivo, designadamente, as seguintes:

a) Estádios integrando campos de grandes jogos ou pistas de atletismo;

b) Hipódromos contendo pistas de obstáculos ou de corridas;

c) Velódromos;

d) Autódromos, motódromos e kartódromos;

e) Estádios aquáticos e complexos integrando piscinas para competição;

f) Estádios náuticos e instalações integrando pistas de competição de remo ou canoagem.

[9] Dispõe, contudo, o artigo 27.º, em sede de regime transitório:

"1. No prazo de quatro anos a contar da data de entrada em vigor do presente diploma e do regulamento, serão realizadas vistorias a todas as instalações desportivas em funcionamento, ou em vias de licenciamento nos termos da lei.

2. Enquanto não for publicado o decreto regulamentar previsto no artigo 7.º mantém-se em vigor, em tudo o que não contrarie o presente diploma, o Decreto Regulamentar n.º 34/95, de 16 de Dezembro."

No que respeita ao licenciamento de construção, destaque-se a necessidade, de um parecer prévio pelo Instituto do Desporto de Portugal.

Afirma-se no artigo 11.º, n.º 1 que, sem prejuízo das excepções previstas para algumas instalações desportivas, a aprovação pela câmara municipal dos projectos de arquitectura e das especialidades relativos a instalações desportivas, carece de parecer favorável do Instituto Nacional do Desporto a emitir no prazo de 30 dias.

Quando desfavorável ou sujeito a condição, o parecer do IND é vinculativo (n.º 2).

9.2. Segue-se o licenciamento de funcionamento.

Estabelece o artigo 14.º, n.º 1, que o início das actividades nas instalações desportivas depende de licença de funcionamento a emitir pelo IND.

A emissão de licença de funcionamento é sempre precedida de vistoria, a efectuar por representantes do IND, um dos quais preside, e por um engenheiro civil, arquitecto ou engenheiro técnico civil nomeado pelo presidente do IND, quando os seus representantes não estiverem habilitados com essa formação (n.º 2).

Quando o auto de vistoria conclua em sentido desfavorável, não pode ser emitida a licença de funcionamento (artigo 16.º, n.º 3).

Quando da vistoria resultar que se encontram desrespeitadas as *condições técnicas e de segurança* a que se referem os artigos 7.º e 8.º do diploma, sem prejuízo da coima que for aplicável, a entidade responsável pela exploração da instalação desportiva será notificada para proceder às alterações necessárias (n.º 4).

10. A fiscalização do disposto neste diploma e respectiva legislação complementar incumbe ao IND, às câmaras municipais e às entidades administrativas e policiais no âmbito das respectivas competências (artigo 19.º, n.º 1).

Quando ocorram situações excepcionais ou que pela sua gravidade possam pôr em risco a segurança ou a incolumidade dos utentes, ou quando existam situações de grave risco para a saúde pública, bem como em caso de acidente ou desrespeito pelas normas expressas no diploma, deve desse facto dar-se imediato conhecimento ao IND (artigo 20.º, n.º 1).

Nesses casos, pode o IND, oficiosamente ou na sequência de solicitações de outras entidades administrativas e policiais, determinar a suspensão imediata do funcionamento da instalação até que uma vistoria extraordinária tenha lugar (n.º 2).

252 Estudos de Direito e Segurança

O artigo 21.º tipifica um conjunto de contra-ordenações, prevendo o artigo 22.º a possibilidade de poderem ser aplicadas sanções acessórias, tais como, por exemplo, o encerramento da instalação e suspensão do alvará de licença de funcionamento por um prazo de dois anos, findo o qual poderá o interessado solicitar novo licenciamento [n.º 1, alínea b)].

VI. A RESPONSABILIDADE TÉCNICA NAS INSTALAÇÕES DESPORTIVAS

11.1. Como verdadeiro complemento do Decreto-Lei n.º 317/97, veio a ser publicado o Decreto-Lei n.º 385/99 de 28 de Setembro, diploma que define o regime da responsabilidade técnica pelas instalações desportivas abertas ao público e actividades aí desenvolvidas (artigo 1.º, n.º 1)[10].

O diploma também «joga» com um núcleo de definições, presentes no seu artigo 2.º.

Ora, desde logo, sem prejuízo do disposto no artigo 17.º do Decreto-Lei n.º 317/97, de 25 de Novembro, as instalações desportivas devem ainda dispor de um responsável técnico nos termos do presente diploma, por forma a assegurar o seu controlo e funcionamento.

Este responsável técnico deve dispor de formação adequada ao exercício das funções (artigo 6.º, n.º 1) e pode ser coadjuvado por outras pessoas com a formação necessária (n.º 5).

A formação exigida ao responsável técnico, consoante a tipologia da respectiva instalação desportiva, será determinada por portaria do membro do Governo responsável pela área do desporto (n.º 2)[11].

As funções cometidas ao responsável técnico podem, em qualquer caso, ser exercidas por licenciado em estabelecimento de ensino superior na área da educação física ou desporto (n.º 3).

O responsável técnico superintende tecnicamente as actividades desportivas desenvolvidas nas instalações desportivas, competindo-lhe zelar pela sua adequada utilização (artigo 10.º).

O responsável técnico é inscrito como tal no Centro de Estudos e Formação Desportiva (actual IDP), nos termos do artigo 9.º (artigo 6.º, n.º 4).

11.2. As instalações desportivas devem dispor de um regulamento de utili-

---

[10] Excepcionam-se as instalações desportivas escolares, cujo regime de funcionamento é definido por legislação própria (n.º 2).

[11] A qual, registe-se, ainda não foi publicada, decorridos que são mais de seis anos.

Segurança Desportiva 253

zação elaborado pelo proprietário ou cessionário, contendo as normas de cumprimento a serem observadas pelos utentes (artigo 12.º, n.º 1).

Por outro lado, as instalações desportivas devem dispor de um contrato de seguro que cubra os riscos de acidentes pessoais dos utentes inerentes à actividade aí desenvolvida (artigo 13.º, n.º 1).

A admissão de qualquer pessoa à frequência de instalações desportivas fica condicionada à apresentação de exame médico que declare a inexistência de quaisquer contra-indicações para a prática da actividade física aí desenvolvida (artigo 14.º, n.º 1).

11.3. Constata-se uma séria preocupação com a venda, detenção ou cedência de substâncias dopantes.

Com efeito, estabelece o artigo 17.º que é proibida nas instalações desportivas a detenção, cedência ou venda de substâncias dopantes, nomeadamente de esteróides anabolizantes.

Por isso, todas as instalações desportivas estão sujeitas ao controlo antidopagem, nos termos do Decreto-Lei n.º 183/97, de 26 de Julho, e da Portaria n.º 816/97, de 5 de Setembro (artigo 18.º).

11.4. Não dispõe o diploma de uma menção expressa às entidades com competência fiscalizadora. Ela resultará, isso é certo, implicitamente ou por recurso às normas estatutárias, para IDP.

Quanto às sanções, o registo é contra-ordenacional (artigos 20.º e 21.º).

Prevêem-se ainda sanções acessórias (artigo 22.º, n.º 1).

VII. AS CONDIÇÕES TÉCNICAS E DE SEGURANÇA DOS ESTÁDIOS

12. Dediquemos agora a nossa atenção a um particular tipo de infra-estrutura desportiva, a saber, o estádio.

Aqui o protagonismo vai para o Decreto Regulamentar n.º 10/2001 de 7 de Junho, diploma que, de acordo com o seu artigo 1.º aprovou o Regulamento das Condições Técnicas e de Segurança dos Estádios.

13.1. Recuperando o que já adiantámos noutro local[12], e para além de

---

[12] Cf., o nosso artigo "Elementos sobre o impacto do EURO 2004 na normação pública", na *Desporto & Direito. Revista Jurídica do Desporto*, Ano I, n.º 1, Setembro/Dezembro 2003, [11-55], pp. 47-50.

254 Estudos de Direito e Segurança

importantes normas inseridas no Capítulo I, sobre disposições gerais[13], o Regulamento compreende ainda sete núcleos normativos[14].

Um primeiro (Capítulo II), respeita às condições de implantação dos estádios e suas vias de acesso.

Como exemplo do aí estatuído dê-se conta que o artigo 5.º, n.º 1, sobre as condições gerais de implantação, determina que os estádios devem ser implantados em locais que reúnam condições de plena compatibilidade com as regras urbanísticas gerais e locais, nomeadamente o plano director municipal e plano de pormenor e, em particular, em áreas que não constituam fonte de perturbação relativamente às construções vizinhas ou sejam geradoras de impactos ambientais negativos, mormente nos capítulos respeitantes às condições de circulação do tráfego[15], de poluição sonora e de integração na paisagem[16].

13.2. O Capítulo III (artigos 8.º a 10.º), respeita à *segurança de utilização.*

Neste domínio o artigo 8.º disponibiliza um conjunto de conceitos a empregar na avaliação dos critérios de segurança de utilização[17]; o artigo 9.º, por seu turno, ocupa-se das áreas da envolvente exterior dos estádios, as quais devem possibilitar o estabelecimento de um recinto periférico reservado para peões, com funções de distribuição e controlo de entradas, bem como de uma zona de permanência dos espectadores e área de escapatória e fuga em caso de emergência.

Por último, o artigo 10.º reporta-se aos percursos de evacuação e vãos de saída, estabelecendo diversos requisitos quanto a, por exemplo, portas, escadarias, rampas, patamares e corredores.

13.3. O Capítulo IV – artigos 11.º a 14.º – é dedicado aos locais para os espectadores.

---

[13] Onde se dá conta do objecto e âmbito de aplicação do Regulamento (artigo 1.º), da instrução dos projectos de construção e de remodelação de estádios (artigo 2.º), da determinação da lotação dos estádios (artigo 3.º) e da sua classificação em função desse critério (artigo 4.º).

[14] Continua a ser aplicável, como determina o artigo 3.º, e nos casos omissos, o disposto no Decreto Regulamentar n.º 34/95, de 16 de Dezembro.

[15] Veja-se, a propósito, as considerações que FAUSTO DE QUADROS tece quanto aos prejuízos sofridos por particulares junto a estádios de futebol. Cfr., *Responsabilidade Civil Extracontratual da Administração Pública*, Coimbra, Almedina, 1995, Introdução, pp. 15-16.

[16] O artigo 6.º ocupa-se das vias de acesso para permitir a realização de acções de socorro e de manutenção; o artigo 7.º tem por objecto as áreas de estacionamento de viaturas.

[17] Por exemplo, por «percurso de evacuação» entende-se todo o percurso compreendido entre qualquer ponto do estádio ou sector susceptível de ocupação compreendendo o percurso até à respectiva saída e o percurso desse ponto até ao recinto periférico exterior de permanência temporária ou às vias e caminhos de evacuação no exterior [n.º 1, alínea a)].

Para além de diversas disposições gerais a observar nos locais para a permanência de espectadores (artigo 11.º), os artigos 12.º e 13.º referem-se, respectivamente, às tribunas com lugares sentados e às tribunas de peão e zonas com lugares em pé.

Por sua vez, o artigo 14.º impõe a adopção de sistemas de controlo e vigilância, para estádios de determinadas características, constituídos por equipamento de recolha e gravação de imagens em suporte vídeo, em circuito fechado (n.º 1).

Esses estádios devem estar dotados de sistemas de controlo e contagem automática de entradas, concebidos e instalados de modo a que possam ser desactivados manualmente pelo interior e libertar os vãos de saída, quando tais dispositivos se encontrem instalados em vãos compreendidos no sistema de percursos de evacuação do estádio (n.º 3).

13.4. O Capítulo V – artigos 15.º a 21.º – regulamenta os locais para os praticantes desportivos, juízes e técnicos.

Em causa estão, desde logo, os vestiários, balneários e instalações sanitárias, bem como os acessos dos praticantes desportivos e dos árbitros ao terreno desportivo a partir dos respectivos balneários.

13.5. Por fim, o Regulamento estabelece ainda normas quanto aos locais para a comunicação social (Capítulo VI – artigo 22.º), às instalações para serviços complementares (Capítulo VII – artigo 23.º) e às instalações técnicas (Capítulo VIII – artigos 24.º a 27.º).

Destaque-se aqui a necessidade de os estádios terem de dispor de um espaço com localização central e possibilidade de controlo visual de todo o recinto, que se deve constituir como centro de comando das instalações contemplando áreas reservadas às instalações para monitorização dos sistemas de vídeo – vigilância e de controlo dos espectadores (artigo 27.º, n.º 1).

Esses estádios devem ainda prever espaços para uso das forças de segurança e serviços de bombeiros, que constituirão o centro de coordenação e segurança para as operações de monitorização dos sistemas de segurança e alerta, preferencialmente anexos ou articulados parcialmente com o centro de comando das instalações (n.º 2).

VIII. **O REGULAMENTO DE 1995**

14. Continua a desempenhar um papel determinante no domínio das condições técnicas e de segurança das instalações desportivas, o Regulamento das

256   *Estudos de Direito e Segurança*

Condições Técnicas e de Segurança dos Recintos de Espectáculos e Divertimentos Públicos, aprovado pelo artigo 1.° do Decreto Regulamentar n.° 34/95 de 16 de Dezembro[18].

Estamos perante um extenso regulamento com 264 artigos, pelo que se torna deveras oneroso entrar, neste espaço, em todos os seus pormenores normativos.

Procederemos somente ao destaque dos seus grandes capítulos.

Retenha-se, no entanto, duas ou três normas das suas disposições gerais, inseridas no Capítulo I.

Assim, dispõe o seu artigo 1.°, n.° 1, que o Regulamento tem por objecto definir as condições a que devem satisfazer os recintos para espectáculos e divertimentos públicos, com vista a proporcionar condições de utilização satisfatórias, a limitar os riscos de ocorrência de acidentes, nomeadamente de *incêndios,* a *facilitar a evacuação dos ocupantes* e a *favorecer a intervenção dos meios de socorro.*

Este triplo destaque é bem demonstrativo das principais metas a atingir com o Regulamento.

Por outro lado, na classificação dos locais dos recintos em função da utilização (artigo 2.°), encontramos espaço para os pavilhões desportivos: locais situados em edificações permanentes, fechadas e cobertas, predominantemente destinados à assistência pelo público a manifestações de natureza desportiva [n.° 1, alínea c) – local do Tipo A3].

15. Os capítulos seguintes contêm normas sobre as seguintes matérias:

- Situação e acessibilidade dos recintos (II – artigos 6.° a 13.°)
- Disposições construtivas (III – artigos 14.° a 46.°)
- Concepção e utilização dos espaços os recintos (IV – artigos 47.° a 145.°)
- Instalações técnicas (V – artigos 146.° a 185.°)
- Instalações de alarme e comando (VI – artigo 186.° a 197.°)
- Meios de extinção (VII – artigos 198.° a 215.°)
- Controlo de fumos em caso de incêndio (VIII – artigos 216.° a 249.°)
- Condições de exploração (IX – artigos 250.° a 260.°)
- Das contra-ordenações (X – artigos 261.° a 264.°)

---

[18] Emanado ao abrigo do disposto no artigo 2.° do Decreto-Lei n.° 315/95, de 28 de Novembro, e nos termos da alínea c) do artigo 202.° da Constituição. O Decreto-Lei n.° 65/97, de 31 de Março – revogou os artigos 57.° e 260.° do Regulamento (artigo 31.°).

IX. OS ESPAÇOS DE JOGO E RECREIO

16. Um outro e muito especial domínio que mereceu a atenção do legislador foi o dos espaços de jogo e recreio.

Motivado, segundo o seu preâmbulo, pelo facto de se terem registado nos últimos anos um número significativo de acidentes em parques infantis e ainda por estar em causa o *direito a brincar em segurança,* corolário do direito a brincar expresso no artigo 31.° da Convenção Internacional dos Direitos da Criança, o Decreto--Lei n.° 379/97 de 27 de Dezembro, aprovou o *Regulamento Que Estabelece as Condições de Segurança a Observar na Localização, Implantação, Concepção e Organização Funcional dos Espaços de Jogo e Recreio, Respectivo Equipamento e Superfícies de Impacte* (artigo 1.°).

17. Determina o artigo 1.° que o Regulamento estabelece as *condições de segurança* a observar na localização, implantação, concepção e organização funcional dos espaços de jogo e recreio, respectivo equipamento e superfícies de impacte, destinados a crianças, *necessárias para garantir a diminuição dos riscos de acidente, de traumatismos e lesões acidentais e das suas consequências.*

18. As normas regulamentares são, depois, sistematizadas em mais outros seis capítulos.

O Capítulo II dedica-se aos espaços de jogo e recreio.

O artigo 4.° firma uma obrigação geral de segurança:

Os espaços de jogo e recreio não podem ser susceptíveis de pôr em perigo a saúde e segurança do utilizador ou de terceiros, devendo obedecer aos requisitos de segurança constantes do Regulamento.

Seguem-se disposições sobre a localização e implantação (artigo 5.°), a acessibilidade (artigo 6.°), a protecção contra o trânsito de veículos (artigo 7.°), a protecção contra efeitos climáticos (artigo 8.°), a protecção dos espaços (artigo 9.°), as condições de proximidade e visibilidade (artigo 10.°) e a concepção e organização funcional (artigos 11.° a 14.°).

19. O Capítulo III ocupa-se dos equipamentos e superfícies de impacte.

Inicia-se também com a afirmação de uma obrigação geral de segurança (artigo 15.°):

Os equipamentos e superfícies de impacte destinados aos espaços de jogo e recreio, quando utilizados para o fim a que se destinam ou outro previsível atendendo ao comportamento habitual das crianças, não podem ser susceptíveis de pôr em perigo a saúde e a segurança do utilizador ou de terceiros, devendo, quando colocados no mercado e durante todo o período da sua utilização normal e previsível, obedecer aos requisitos de segurança constantes do diploma.

A Secção I prende-se com a segurança dos equipamentos (artigos 16.° a 20.°)[19].

A Secção III debruça-se sobre o solo e a segurança das superfícies de impacte.

De acordo com o artigo 24.°, o solo para implantação dos espaços de jogo e recreio deve possuir condições de drenagem adequadas.

Quanto às superfícies de impacte prevê o artigo 25.°, n.° 1, que elas devem ser concebidas de acordo com os requisitos estabelecidos nos documentos normativos aplicáveis, constantes de lista a publicar por portaria.

Contudo, e desde logo, não é permitida a utilização de superfícies de impacte constituídas por tijolo, pedra, betão, material betuminoso, macadame, madeira ou outro material rígido que impossibilite o amortecimento adequado do impacte (n.° 2).

20. O Capítulo IV trata da manutenção.

Dispõe o artigo 26.° que a entidade responsável pelo espaço de jogo e recreio deve assegurar uma manutenção regular e periódica de toda a área ocupada pelo espaço, bem como de todo o equipamento e superfícies de impacte, de modo que sejam permanentemente observadas as condições de segurança e de higiene e sanidade previstas no Regulamento.

O artigo 27.° ocupa-se da manutenção do espaço de jogo e recreio (onde se determina que devem ser efectuadas verificações de rotina) e o artigo 28.° da manutenção dos equipamentos e superfícies de impacte.

Por outro lado não são esquecidas as condições hígio-sanitárias (artigo 29.°).

Por último, registe-se a obrigatoriedade da existência de um Livro de Manutenção por parte da entidade responsável pelo espaço de jogo e recreio (artigo 30.°).

21. Temos depois o Capítulo V, sobre o seguro.

Estabelece o artigo 31.°, n.° 1, que a entidade responsável pelo espaço de jogo e recreio terá de celebrar obrigatoriamente um seguro de responsabilidade civil por danos corporais causados aos utilizadores em virtude de deficiente instalação e manutenção dos espaços de jogo e recreio, respectivo equipamento e superfícies de impacte.

---

[19] A Secção II respeita a requisitos de segurança de equipamentos específicos, tais como escorregas (artigo 21.°), equipamentos que incluam elementos rotativos (artigo 22.°), baloiços e outros equipamentos que incluam elementos de balanço (artigo 23.°).

Segurança Desportiva

22. O Capítulo VI vem estabelecer quem são as entidades com competência fiscalizadora e as sanções a aplicar em caso de violação das normas regulamentares. Transcreva-se, na íntegra, o artigo 32.° (Entidade competente):

1 – A fiscalização do cumprimento do disposto neste Regulamento compete às câmaras municipais.

2 – O Instituto Nacional do Desporto fiscaliza os espaços de jogo e recreio cuja entidade responsável seja a câmara municipal.

Sem prejuízo das acções de fiscalização realizadas na sequência de queixas ou reclamações, as câmaras municipais e o Instituto Nacional do Desporto devem promover pelo menos uma fiscalização anual a todos os espaços de jogo e recreio localizados na área da sua circunscrição (artigo 33.°, n.° 1)[20].

As sanções são de natureza contra-ordenacional (artigos 34.° e 35.°).

X. AS BALIZAS E AS TABELAS

23. Nos últimos anos Portugal foi brutalmente sacudido com acidentes ocorridos com balizas, alguns dos quais foram mortais para as crianças envolvidas[21].

Tornou-se necessário, pois, perante a crua realidade, que o Estado sai-se da sua atonia regulamentar.

Tal veio a ocorrer com a aprovação do Regulamento das Condições Técnicas e de Segurança a Observar na Concepção, Instalação e Manutenção das Balizas de Futebol, de Andebol, de Hóquei e de Pólo Aquático e dos Equipamentos de Basquetebol Existentes nas Instalações Desportivas de Uso Público, efectivada pelo Decreto-Lei n.° 100/2003, de 23 de Maio[22].

---

[20] A fiscalização pode inclusive conduzir ao seu encerramento.

Estabelece o n.° 5 do citado preceito: sempre que a entidade fiscalizadora detecte infracções cuja gravidade impeça o funcionamento seguro dos espaços de jogo e recreio, deve determinar o seu encerramento até que sejam repostas as respectivas condições de segurança.

[21] A este respeito dedicámos espaço no PÚBLICO. Vejam-se as nossas crónicas "Morte e segurança nas instalações desportivas", de 20 de Junho de 2001, "Morrer a brincar", de 28 de Julho de 2002 e "De novo as balizas", de 12 de Julho de 2003. As duas últimas encontram-se publicadas no nosso trabalho, *Desporto a Direito. As crónicas indignadas no PÚBLICO*, Coimbra, Coimbra Editora, 2006, respectivamente, pp. 103 e 104 e 107 e 108.

[22] Alterado pelo Decreto-Lei n.° 82/2004, de 14 de Abril e regulamentado pela Portaria n.° 1049/2004, de 19 de Agosto.

260   *Estudos de Direito e Segurança*

24. Mirando os preceitos do diploma legislativo, o artigo 2.° refere-se aos "documentos normativos aplicáveis": a lista dos documentos normativos aplicáveis à concepção, instalação e manutenção das balizas de futebol, de andebol, de hóquei e de pólo aquático e dos equipamentos de basquetebol a que o Regulamento se refere é publicada em anexo ao mesmo e dele faz parte integrante. Prevê-se uma verificação das condições de segurança (artigo 4.°).

25. O artigo 1.° estabelece o objecto do Regulamento: as disposições aplicam-se às balizas de futebol, de andebol, de hóquei e de pólo aquático e aos equipamentos de basquetebol existentes nas instalações desportivas de uso público, adiante designados, para os efeitos do Regulamento, por equipamentos desportivos.

Segue-se uma afirmação de uma *obrigação geral de segurança* (artigo 2.°): os equipamentos desportivos não podem ser susceptíveis de pôr em perigo a saúde e segurança do utilizador ou de terceiros, devendo, quando colocados no mercado e durante todo o período da sua utilização normal e previsível, obedecer aos requisitos de segurança do Regulamento.

De especial relevância para o funcionamento do Regulamento é a noção de entidade responsável (artigo 3.°):

26. Sobre a utilização destes equipamentos desportivos rege o artigo 4.°:

O artigo 5.°, por seu turno, vem estabelecer alguns requisitos de segurança, sem prejuízo dos requisitos estabelecidos nas *Normas.*

Depois contamos com normas de conteúdo semelhante às que já aludimos quando nos referimos aos espaços de jogo e recreio.

Assim, o artigo 6.° refere-se à menção «Conforme com os requisitos de segurança», o artigo 7.° determina a existência de um manual de instruções, o artigo 8.° estabelece a obrigação [da entidade responsável] de manutenção dos espaços e equipamentos desportivos, o artigo 9.° versa sobre o Livro de Manutenção e o artigo 10.°, sobre as informações úteis a existir nos espaços onde se encontrem instalados os equipamentos desportivos.

A matéria dos seguros é tratada no artigo 11.°[23]:

27. No que concerne à fiscalização e sanções, dispõe o artigo 12.°, que sem prejuízo do disposto no artigo seguinte – a ressalva respeita à falta de menções obrigatórias e de manual de instruções – as entidades competentes para a fiscalização do disposto no presente assim como o respectivo regime sanciona-

---

[23] Na redacção conferida pelo artigo 1.° do Decreto-Lei n.° 82/2004, de 14 de Abril.

tório são os definidos, respectivamente, nos artigos 19.º e 21.º do Decreto-Lei n.º 317/97, de 25 de Novembro[24].

Assim, nos termos do n.º 1, do artigo 13.º, a colocação no mercado de equipamentos desportivos em infracção ao disposto nos n.ºs 1, 2, 3 e 5 do artigo 6.º e no artigo 7.º constitui contra-ordenação punível com coima de (euro) 750 a (euro) 2990 ou de (euro) 2990 a (euro) 34915, consoante se trate, respectivamente, de pessoa singular ou de pessoa colectiva.

A fiscalização do cumprimento dessas obrigações, bem como a instrução dos respectivos processos por contra-ordenação competem à Inspecção-Geral das Actividades Económicas (n.º 2) e a aplicação das coimas compete à Comissão de Aplicação de Coimas em Matéria Económica e de Publicidade.

28. Assume especial relevo, neste contexto, a disciplina respeitante ao regime de intervenção das *entidades acreditadas* em acções ligadas ao processo de verificação das condições técnicas e de segurança.

Tal regime encontra-se plasmado na Portaria n.º 369/2004, de 12 de Abril.

Compete, designadamente, às entidades acreditadas (artigo 8.º):

a) *Proceder à verificação das condições técnicas e de segurança a observar na instalação e manutenção das balizas de futebol, de andebol, de hóquei e de pólo aquático e dos equipamentos de basquetebol existentes nas instalações desportivas de uso público, relativamente à sua compatibilização com os preceitos definidos na regulamentação em vigor;*

b) *Verificar a conformidade das balizas de futebol, de andebol, de hóquei e de pólo aquático e dos equipamentos de basquetebol com as normas técnicas aplicáveis a cada caso;*

c) *Proceder às inspecções inicial e periódicas das balizas de futebol, de andebol, de hóquei e de pólo aquático e dos equipamentos de basquetebol existentes nas instalações desportivas de uso público com a periodicidade que contratualmente for estabelecida, designadamente no que se refere à manutenção das condições que garantem a sua conformidade com os requisitos técnicos, legais e regulamentares aplicáveis.*

---

[24] Para as possíveis sanções acessórias determina-se a aplicação do disposto no artigo 22.º do Decreto-Lei n.º 317/97, de 25 de Novembro (artigo 14.º).

XI. OS GINÁSIOS (HEALTH CLUBS)

29. Os ginásios ou health clubs representam, na actualidade, um espaço em que um número considerável de pessoas faz exercício físico. Algumas dessas organizações possuem clientes habituais que ultrapassam, em muito, o número de praticantes filiados em algumas federações desportivas.

Esta realidade, não obstante a sua real importância, convive com um significativo espaço de incerteza jurídica[25].

A raiz da sua regulamentação parece ser o Decreto-Lei n.º 370/99, de 18 de Setembro, que estabelece o regime a que está sujeita a instalação dos estabelecimentos de comércio ou armazenagem de produtos alimentares, bem como dos estabelecimentos de comércio de produtos não alimentares e de *prestação de serviços cujo funcionamento envolve riscos para a saúde e segurança das pessoas.*

Ora, nesse diploma, prevê-se que a identificação dos referidos estabelecimentos conste de lista a aprovar por portaria conjunta dos Ministros Adjunto, da Administração Interna, da Economia, da Agricultura, do Desenvolvimento Rural e das Pescas e da Saúde.

Disso se ocupou a Portaria n.º 33/2000, de 28 de Janeiro, aí incluindo, ao lado, entre outros estabelecimentos, das clínicas veterinárias, das oficinas de manutenção e reparação de motociclos, dos hotéis e outros estabelecimentos de prestação de cuidados animais de estimação e das lavandarias e tinturarias, os *ginásios (health clubs).*

XII. O DESPORTO NA NATUREZA

30. Tem vindo a assumir uma importância crescente a prática desportiva na natureza. Por vezes tal prática surge identificada com um quase sinónimo, o "desporto aventura".

Hoje em dia essa actividade desportiva encontra-se regulamentada pelo menos no que concerne às áreas protegidas.

Bem se vê, pela localização das normas, que são fundamentalmente preocupações ambientais que norteiam esses dispositivos legais.

Reportamo-nos, desde logo, ao Decreto-Lei n.º 47/99, de 16 de Fevereiro[26], diploma que regula o turismo de natureza.

---

[25] Ver, a este respeito, FRANCISCO LANDEIRA, "Prestações de serviço de âmbito desportivo: os ginásios e *health clubs*", *Desporto & Direito. Revista Jurídica do Desporto*, Ano II, n.º 4, Setembro/ /Dezembro 2004, pp. 47-60.

[26] Este diploma foi alterado pelo Decreto-Lei n.º 56/2002, de 11 de Março.

Integram-se no turismo de natureza as actividades de animação ambiental nas modalidades de (artigo 2.º, n.º 2):

c) Animação;
d) Interpretação ambiental;
e) *Desporto de natureza.*

Consideram-se actividades de desporto de natureza todas as que sejam praticadas em contacto directo com a natureza e que, pelas suas características, possam ser praticadas de forma não nociva para a conservação da natureza (artigo 9.º, n.º 3).

31. É, contudo, o Decreto Regulamentar n.º 18/99, de 27 de Agosto[27] que nos adianta algo de mais palpável sobre essa espécie de animação ambiental.

A alínea l) do seu artigo 2.º volta a definir desporto natureza, agora como *aquele cuja prática aproxima o homem da natureza de uma forma saudável e seja enquadrável na gestão das áreas protegidas e numa política de desenvolvimento sustentável.*

De acordo com o artigo 3.º, n.º 3, constituem actividades e serviços de desporto de natureza as iniciativas ou projectos que integrem um conjunto bem alargado de modalidades desportiva, aí referidas.

Para além do preenchimento de requisitos gerais a todas as actividades de animação ambiental (artigo 4.º), as actividades, serviços e instalações de desporto de natureza têm ainda de preencher requisitos específicos (artigo 5.º, n.º 3).

32. Sem prejuízo de outras autorizações ou licenças exigíveis por lei, as iniciativas ou projectos que integrem as actividades, serviços e instalações de animação previstos no artigo 3.º carecem de licença, titulada por documento a emitir pelo Instituto de Conservação da Natureza (ICN), após parecer prévio da Direcção-Geral do Turismo (DGT) ou do Instituto do Desporto de Portugal (IDP), nas situações previstas no n.º 3 do mesmo artigo (artigo 8.º, n.º 1).

As empresas de animação turística (que abarcam, pelo objecto da actividade desenvolvida, as que se dedicam ao desporto natureza), por sua vez, encontram-se sujeitas a um específico processo de licenciamento[28].

33. Uma recorrente situação, que tarda em receber resposta adequada, é o alerta das próprias empresas deste sector desportivo (que são 294) quanto à omissão de normas relativas a exigências de ordem formativo-técnicas para aqueles que se

---

[27] Alterado pelo Decreto Regulamentar n.º 17/2003, de 10 de Outubro.
[28] Cf., o Decreto-Lei n.º 204/2000, de 1 de Setembro, já objecto de alterações.

264   *Estudos de Direito e Segurança*

ocupam, como monitores, do enquadramento e acompanhamento desta prática desportiva[29].

XIII. UM CASO ESPECIAL: A VIOLÊNCIA ASSOCIADA AO DESPORTO

34. Portugal dispõe desde há muito (para ser preciso desde 1980, com o Decreto-Lei n.º 339/80, de 30 de Agosto) de um arsenal normativo no domínio do combate à violência associada ao desporto[30].

Contudo, quanto mais normas, menos efectividade.

O que se tem assistido neste domínio, particularmente naquilo que tem a ver com as actividades das claques («grupos organizados de adeptos»), é um suceder de diplomas que, nunca sendo aplicados, se ultrapassam absurdamente, eliminando o anterior sem que o mesmo tivesse oportunidade de fazer carreira.

O Estado e ainda os organizadores e promotores de espectáculos desportivos, particularmente no âmbito da modalidade futebol, quedam-se por um laxismo e silêncio por vezes ensurdecedor.

Prova do que afirmamos é a já publicamente assumida nova iniciativa de reforma da lei vigente, a Lei n.º 16/2004, de 11 de Maio[31].

---

[29] Veja-se o nosso artigo, "Desporto aventura ou insegurança certa?", publicado no PÚBLICO a 18 de Setembro de 2005, in *Desporto a Direito. As crónicas indignadas no PÚBLICO*, Coimbra, Coimbra editora, 2006, pp. 307 e 308.

[30] Trata-se mesmo de um domínio onde não faltam registos bibliográficos. Cf, JOSÉ MANUEL MEIRIM, "A violência associada ao desporto (aproximação à legislação portuguesa)", *Boletim do Ministério da Justiça*, n.º 389,1989,Outubro, pp. 5-40, "Ética desportiva: a vertente sancionatória pública", *Revista Portuguesa de Ciência Criminal*, Ano 2, fascículo 1.º, Janeiro-Março de 1992, pp. 85--110, *A violência associada ao desporto (colectânea de textos)*, Lisboa, Ministério da Educação, 1994, "O Conselho Nacional contra a Violência no Desporto", *Painel Desportivo, Revista Trimestral do IDRAM*, Ano 3, 1999, n.º 9, pp. 9-14 e "A prevenção e punição das manifestações de violência associada ao desporto no ordenamento jurídico português", *Revista do Ministério Público*, Ano 21, Julho-Setembro, 2000, n.º 83, pp. 121-156, J. MOURAZ LOPES, "Violência associada ao desporto. Uma perspectiva jurídico-penal", *Sub Judice*, n.º 8, Janeiro/Março, 1994, pp. 34-36, MARIA FERNANDA PALMA, "O caso do very-light. Um problema de dolo eventual?", *Themis*, ano I, n.º 1, 2000, pp.173-180, José EDUARDO FANHA VIEIRA, *A violência associada ao desporto: as opções legislativas no contexto histórico e sociológico*, Lisboa, Instituto do Desporto de Portugal, 2003,TERESA ALMEIDA, "Violência associada ao desporto – As normas tipificadoras de ilícitos penais da Lei n.º 16/2004", na *Desporto & Direito. Revista Jurídica do Desporto*, Ano II, n.º 4, Setembro-Dezembro, 2004, pp. 37-45 e JORGE BAPTISTA GONÇALVES, "Os crimes na lei sobre a prevenção e punição da violência associada ao desporto (Algumas considerações)", no *I Congresso de Direito do Desporto. Estoril – Outubro de 2004, Memórias*, Coordenação de Ricardo Costa e Nuno Barbosa, Coimbra, Almedina, 2005, pp. 98-121.

[31] Aprova medidas preventivas e punitivas a adoptar em caso de manifestações de violência associadas ao desporto.

Quanto ao seu objecto, dispõe o artigo 1.º que a lei aprova medidas preventivas e punitivas

Segurança Desportiva 265

35. Como no passado, e por certo no futuro, se aqui e acolá se registam inovações, permanece, contudo, uma linha de continuidade.

Escolhemos focar o que, a cada operador, dirige o argumento legislativo.

Quanto ao palco, de acordo com o artigo 2.º, são todos os espectáculos desportivos que se realizem em recintos desportivos.

Há, no entanto, que operar algumas diferenciações quanto à "sala de espectáculos" onde se vai desenrolar o *drama*.

Para o que agora nos interessa destacar, produzimos o espectáculo preferencialmente – como, aliás, também o faz a lei – em recintos desportivos nos quais se realizem competições profissionais ou não profissionais consideradas de risco elevado, sejam nacionais ou internacionais.

Estes recintos devem ser dotados de lugares sentados, individuais e numerados, equipados com assentos (artigo 5.º, n.º 1). Tal não prejudica a instalação de sectores devidamente identificados que permitam separar fisicamente os espectadores e assegurar uma rápida e eficaz evacuação do recinto desportivo (n.º 2).

Devem dispor ainda de parques de estacionamento devidamente dimensionados para a sua lotação de espectadores (artigo 7.º).

36. Temos, então, os seguintes actores (artigo 3.º):

h) «Organizador da competição desportiva» a federação da respectiva modalidade, relativamente às competições não profissionais ou internacionais que se realizem sob a égide das federações internacionais, e as ligas profissionais de clubes ou entidades análogas, no que diz respeito às competições profissionais;

i) «Promotor do espectáculo desportivo» as associações, clubes, sociedades desportivas ou outras entidades como tal designadas pela respectiva federação, liga ou entidade análoga quando existam, bem como as próprias federações, ligas ou entidades análogas ou ainda outras entidades, públicas ou privadas, quando sejam simultaneamente organizadores de competições desportivas;

j) «Grupo organizado de adeptos» o conjunto de adeptos, usualmente denominado «claques», os quais se constituem como associação nos termos gerais de direito, tendo como objecto o apoio a clubes, associações ou sociedades desportivas nas competições desportivas em que os mesmos participarem;

---

a adoptar em caso de manifestações de violência associadas ao desporto, *com vista a garantir a existência de condições de segurança nos complexos desportivos, recintos desportivos e áreas do espectáculo desportivo,* bem como a possibilitar o decurso dos espectáculos desportivos de acordo com os princípios éticos inerentes à prática do desporto.

l) «Coordenador de segurança» a pessoa com formação adequada designada pelo promotor do espectáculo desportivo como responsável operacional pela segurança no recinto desportivo e anéis de segurança para, em cooperação com as forças de segurança, as entidades de saúde, o Serviço Nacional de Bombeiros e Protecção Civil (SNBPC) e o organizador da competição desportiva, coordenar a actividade dos assistentes de recinto desportivo e zelar pela segurança no decorrer do espectáculo desportivo;

m) «Assistente de recinto desportivo» o vigilante de segurança privada especializado, directa ou indirectamente contratado pelo promotor do espectáculo desportivo, com as funções, deveres e formação definidos nas portarias aprovadas pelo Ministro da Administração Interna e pelo membro do Governo que tutela a área do desporto.

37. A todos estes, enunciados nas alíneas do artigo 3.º, há que aditar um actor principal ou, melhor dizendo, um actor indicado como principal, mas que sempre exerceu um péssimo papel secundário.

A ele se refere o artigo 4.º, n.º 1, nos seguintes termos: o Conselho Nacional contra a Violência no Desporto, adiante designado abreviadamente por CNVD, é o órgão ao qual compete promover e coordenar a adopção de medidas de combate às manifestações de violência associadas ao desporto, bem como avaliar a sua execução[32].

Refira-se ainda que, como é natural, se conta ainda com a participação das forças policiais (ou de segurança) e, claro está, com espectadores.

38. Onde localizamos o Organizador da competição desportiva?

– O organizador da competição desportiva pode aceder às imagens gravadas pelo sistema de videovigilância, para efeitos exclusivamente disciplinares e no respeito pela lei de protecção de dados pessoais, devendo, sem prejuízo da aplicação do n.º 2, assegurar-se das condições integrais de reserva dos registos obtidos (artigo 6.º, n.º 6)

– Deve adoptar um regulamento desportivo de prevenção e controlo da violência, enunciando, entre outras, as seguintes matérias: procedimentos preventivos a observar na organização das competições desportivas; situações de violência e das correspondentes sanções a aplicar aos

---

[32] O CNVD funciona na dependência do membro do Governo que tutela a área do desporto.

agentes desportivos previstas na lei; tramitação legal do procedimento de aplicação das sanções; discriminação dos tipos de objectos e substâncias previstos na alínea d) do n.º 1 do artigo 10.º (artigo 13.º, n.ºs 1 e 2)

- O regulamento está sujeito a registo no CNVD; a não adopção do regulamento previsto no n.º 1 do artigo bem como a adopção de regulamento cujo registo seja recusado pelo CNVD implicam, enquanto a situação se mantiver, a impossibilidade de o organizador da competição desportiva em causa beneficiar de qualquer tipo de apoio público, e, caso se trate de entidade titular de estatuto de utilidade pública desportiva, a suspensão do mesmo (artigo 13.º, n.ºs 4 e 5)
- As federações dotadas do estatuto de utilidade pública desportiva estão obrigadas a contemplar, nos respectivos planos anuais de actividades que sejam submetidos a financiamento público, medidas e programas de promoção de boas práticas que salvaguardem a ética e o espírito desportivos, em particular no domínio da violência associada ao desporto (artigo 14.º)
- compete ao organizador da competição desportiva desenvolver e utilizar um sistema uniforme de emissão e venda de títulos de ingresso, controlado por meios informáticos (artigo 15.º, n.º 1)

39. Quanto ao Promotor do espectáculo desportivo as suas áreas de intervenção são as seguintes:

- O promotor do espectáculo desportivo no qual se realizem competições profissionais ou não profissionais consideradas de risco elevado, sejam nacionais ou internacionais, deve instalar um sistema de videovigilância que permita o controlo visual de todo o recinto, dotado de câmaras fixas ou móveis com gravação de imagem e som, as quais, no respeito pelos direitos e interesses constitucionalmente protegidos, devem possibilitar a protecção de pessoas e bens (artigo 6.º, n.º 1)
- A gravação de imagem e som, quando da ocorrência de um espectáculo desportivo, é obrigatória, desde a abertura até ao encerramento do recinto desportivo, devendo os respectivos registos ser conservados durante 90 dias, prazo findo o qual serão destruídos em caso de não utilização nos termos da legislação penal e processual penal aplicável (artigo 6.º, n.º 2)
- O promotor do espectáculo desportivo deve adoptar um *regulamento de segurança e de utilização dos espaços de acesso público* (artigo 16.º, n.º 1)

– O regulamento previsto no número anterior deve contemplar um conjunto de medidas[33] cuja execução deve ser precedida de concertação com as forças de segurança, o SNBPC, os serviços de emergência médica e o organizador da competição desportiva (artigo 16.°, n.° 2)

– O regulamento está sujeito a registo no CNVD; a não adopção, pelo promotor do espectáculo desportivo, do regulamento previsto no número anterior e a adopção de regulamento cujo registo seja recusado pelo CNVD implicam, enquanto a situação se mantiver, a não realização de espectáculos desportivos no recinto desportivo respectivo, bem como a impossibilidade de obtenção de licença de funcionamento ou a suspensão imediata de funcionamento, consoante os casos (artigos 16.°, n.os 4 e 5)

– os promotores do espectáculo desportivo estão sujeitos aos seguintes deveres (artigo 17.°, n.° 1):

a) *Assumir a responsabilidade pela segurança do recinto desportivo e anéis de segurança, sem prejuízo do estabelecido no artigo 20.°;*

b) *Incentivar o espírito ético e desportivo dos seus adeptos, especialmente dos constituídos em grupos organizados;*

---

[33] Entre outras, o regulamento deve contemplar as seguintes medidas:

a) Separação física dos adeptos, reservando-lhes zonas distintas;

b) Controlo da venda de títulos de ingresso, com recurso a meios mecânicos, electrónicos ou electromecânicos, a fim de assegurar o fluxo de entrada dos espectadores, impedindo a reutilização do título de ingresso e permitindo a detecção de títulos de ingresso falsos;

c) Vigilância e controlo destinados quer a impedir o excesso de lotação em qualquer zona do recinto quer a assegurar o desimpedimento das vias de acesso;

d) Adopção obrigatória de sistemas de controlo de acesso, de modo a impedir a introdução de objectos ou substâncias proibidos ou susceptíveis de possibilitar ou gerar actos de violência, nos termos previstos na presente lei;

e) Especificação da proibição de venda de bebidas alcoólicas, substâncias estupefacientes e substâncias psicotrópicas no interior do recinto desportivo, bem como da adopção de um sistema de controlo de estados de alcoolemia e de estupefacientes;

f) Acompanhamento e vigilância de grupos de adeptos, nomeadamente nas deslocações para assistir a espectáculos desportivos disputados fora do recinto próprio do promotor do espectáculo desportivo;

G) Definição das condições de trabalho e circulação a facultar aos meios de comunicação social;

h) Elaboração de um plano de emergência interno, prevendo e definindo, designadamente, a actuação dos assistentes de recinto desportivo, se os houver;

i) Reacção perante situações de violência, no quadro das correspondentes sanções a aplicar aos associados previstas na presente lei.

A execução destas medidas deve ser coordenada entre as forças de segurança, o SNBPC e entidades com atribuições na área da saúde.

Segurança Desportiva

c) *Aplicar medidas sancionatórias aos seus associados envolvidos em perturbações da ordem pública, impedindo o acesso aos recintos desportivos nos termos e condições do respectivo regulamento;*

d) *Proteger os indivíduos que sejam alvo de ameaças, designadamente facilitando a respectiva saída de forma segura do complexo desportivo, em coordenação com os elementos das forças de segurança;*

e) *Adoptar um regulamento de segurança e de utilização dos espaços de acesso ao público do recinto desportivo;*

f) *Designar o coordenador de segurança.*

– Os promotores de espectáculos desportivos, em articulação com os organizadores da competição desportiva, devem procurar impulsionar, desenvolver e reforçar as acções educativas e sociais dos espectadores (artigo 17.º, n.º 2)[34]

Por fim, mas não em último lugar, há que registar os deveres decorrentes do enquadramento dos grupos organizados de adeptos, que veremos já de seguida.

40. A lei vigente, à semelhança do diploma de 1998[35], giza um muito particular enquadramento dos denominados «Grupos organizados de adeptos».

A sua ineficácia é (como já era no âmbito de legislação anterior) total:

– Aos promotores do espectáculo desportivo é lícito apoiar exclusivamente grupos organizados de adeptos através da concessão de facilidades de utilização ou cedência de instalações, apoio técnico, financeiro ou material, desde que esses grupos estejam constituídos como associações, nos termos gerais de direito, e registados como tal no CNVD (artigo 18.º, n.º 1)

– Os grupos organizados de adeptos devem possuir um registo organizado e actualizado dos seus filiados (n.º 2)

---

[34] Designadamente através de:

a) Promoção de acções pedagógicas dirigidas à população em idade escolar;

b) Estímulo à presença paritária nas bancadas, assegurando a dimensão familiar do espectáculo desportivo através de meios apropriados, designadamente a redução tarifária;

c) Desenvolvimento de acções sócio-educativas que possibilitem o enquadramento e o convívio entre adeptos;

d) Impulso à criação de «embaixadas de adeptos», com a missão de em complemento com os competentes organismos de turismo e em articulação com a administração pública local, orientar soluções alternativas ou responder a situações com carácter de urgência, nomeadamente no âmbito do alojamento, da mobilidade dos adeptos e da realização de actividades de lazer culturais e desportivas.

[35] Lei n.º 38/98, de 4 de Agosto.

- O registo deve ser depositado junto do respectivo promotor do espectáculo desportivo e do CNVD, actualizado anualmente e suspenso ou anulado no caso de grupos organizados de adeptos que não cumpram o disposto no presente artigo (n.º 3)
- Os promotores de espectáculos desportivos devem reservar, nos recintos desportivos que lhes estão afectos, uma ou mais áreas específicas para os indivíduos enquadrados em grupos organizados de adeptos (n.º 4)
- Só é permitido o acesso e o ingresso nas áreas referidas no número anterior aos indivíduos portadores de um cartão especial emitido para o efeito pelo promotor do espectáculo desportivo (n.º 5)
- *É expressamente proibido o apoio, por parte dos promotores do espectáculo desportivo, a grupos organizados de adeptos que adoptem sinais, símbolos e expressões que incitem à violência, ao racismo e à xenofobia ou a qualquer outra forma de discriminação* (n.º 6)
- A concessão de facilidades de utilização ou cedência de instalações a grupos de adeptos que estejam constituídos como associações é da responsabilidade do promotor do espectáculo desportivo, cabendo-lhe, nesta medida, a respectiva fiscalização, a fim de assegurar que nelas não sejam depositados quaisquer objectos proibidos ou susceptíveis de possibilitar ou gerar actos de violência (n.º 7)
- *O incumprimento do disposto no presente artigo implica para o promotor do espectáculo desportivo, enquanto as situações indicadas nos números anteriores se mantiverem, a impossibilidade de promover qualquer espectáculo desportivo* (n.º 8)

41. Uma alusão ao «Coordenador de segurança»:

- Compete ao promotor do espectáculo desportivo designar um coordenador de segurança, o qual será o responsável operacional pela segurança no interior do recinto desportivo e anéis de segurança (artigo 19.º, n.º 1)
- Ao coordenador de segurança compete coordenar a actividade dos assistentes de recinto desportivo, com vista a, em cooperação com o organizador da competição desportiva, as forças de segurança, o SNBPC e as entidades de saúde, zelar pelo normal decurso do espectáculo desportivo (n.º 2).
- O coordenador de segurança deve reunir com as entidades referidas no número anterior antes e depois de cada espectáculo desportivo e elaborar um relatório final, o qual deve ser entregue junto do organizador da competição desportiva, com cópia ao CNVD (n.º 3).

Segurança Desportiva

42. Veremos adiante a novidade deste novo "agente desportivo", o «Assistente de recinto desportivo».

Por ora, dê-se conta do que a seu respeito estabelece esta específica lei:

— Nos termos da lei, os assistentes de recinto desportivo podem, na área definida para o controlo de acessos, efectuar revistas pessoais de prevenção e segurança aos espectadores, incluindo o tacteamento, com o objectivo de impedir a introdução no recinto desportivo de objectos ou substâncias proibidos, susceptíveis de possibilitar ou gerar actos de violência (artigo 12.º, n.º 1)[36]

43. O «CNVD» é entendido como o real motor desta engrenagem regulatória.

Já o advertimos, não desempenha e nunca desempenhou tal papel, sendo mais um órgão caracterizado por uma constrangedora e perversa passividade.

Façamos somente alguns registos de competência:

— O CNVD pode propor que os recintos desportivos nos quais se disputem competições profissionais ou não profissionais consideradas de risco elevado, nacionais ou internacionais, sejam objecto de medidas de beneficiação, tendo em vista o reforço da segurança e a melhoria das condições hígio-sanitárias (artigo 9.º)
— O regulamento desportivo de prevenção e controlo da violência, do organizador da competição desportivo está sujeito a registo no CNVD
— A não adopção do regulamento bem como a adopção de regulamento cujo registo seja recusado pelo CNVD implicam, enquanto a situação se mantiver, a impossibilidade de o organizador da competição desportiva em causa beneficiar de qualquer tipo de apoio público, e, caso se trate de entidade titular de estatuto de utilidade pública desportiva, a suspensão do mesmo (artigo 13.º, n.os 4 e 5)
— O regulamento de segurança e de utilização dos espaços de acesso público adoptado pelo promotor do espectáculo desportivo (artigo 16.º, n.º 1) está também sujeito a registo no CNVD
— A não adopção, pelo promotor do espectáculo desportivo, do regulamento e a adopção de regulamento cujo registo seja recusado pelo CNVD implicam, enquanto a situação se mantiver, a não realização de espec-

---

[36] Segundo PEDRO GONÇALVES, *Entidades privadas com poderes públicos*, Coimbra, Almedina, 2005, pp. 792-794, os assistentes de recinto desportivo são um bom exemplo, nesta precisa actividade de *revista pessoal*, do exercício, por particulares, de poderes públicos de autoridade.

táculos desportivos no recinto desportivo respectivo, bem como a impossibilidade de obtenção de licença de funcionamento ou a suspensão imediata de funcionamento, consoante os casos (artigos 16.º, n.ºs 4 e 5)

– Os «grupos organizados de adeptos» devem-se registar, como tal, no CNVD (artigo 18.º, n.º 1)

– Os grupos organizados de adeptos devem possuir um registo organizado e actualizado dos seus filiados (n.º 2), que deve ser depositado junto do CNVD, actualizado anualmente e suspenso ou anulado no caso de grupos organizados de adeptos que não cumpram o disposto no presente artigo (n.º 3)

– O coordenador de segurança deve elaborar um relatório final, o qual deve ser entregue junto do organizador da competição desportiva, com cópia ao CNVD

44. Quanto às «Forças policiais (ou de segurança)», destacamos o seguinte:

– O sistema de videovigilância pode, nos mesmos termos, ser utilizado por elementos das forças de segurança (artigo 6.º, n.º 5).

– As forças de segurança destacadas para o espectáculo desportivo, sempre que tal se mostre necessário, podem proceder a revistas aos espectadores, por forma a evitar a existência no recinto de objectos ou substâncias proibidos ou susceptíveis de possibilitar actos de violência (artigo 12.º, n.º 2).

– Quando o comandante da força de segurança considerar que não estão reunidas as condições para que o evento desportivo se realize em segurança comunica o facto ao director nacional da PSP ou ao comandante-geral da GNR, consoante o caso (artigo 20.º, n.º 1)

– O director nacional da PSP ou o comandante-geral da GNR, consoante os casos, informam o organizador da competição desportiva sobre as medidas de segurança a corrigir e a implementar pelo promotor do espectáculo desportivo, cuja inobservância implica a não realização desse espectáculo, determinada pelo organizador da competição (n.º 2).

– O comandante das forças de segurança presente no local pode, no decorrer do evento desportivo, assumir, a todo o tempo, a responsabilidade pela segurança no recinto desportivo sempre que a falta dela determine a existência de risco para pessoas e instalações (n.º 3).

– A decisão de evacuação, total ou parcial, do recinto desportivo cabe, exclusivamente, ao comandante das forças de segurança presente no local (n.º 4).

Segurança Desportiva 273

45. Um espaço para os «Os espectadores»:

— São condições de acesso dos espectadores ao recinto desportivo (artigo 10.°, n.° 1):

a) *A posse de título de ingresso válido;*
b) *A observância das normas do «regulamento de segurança e de utilização dos espaços de acesso público»;*
c) *Não estar sob a influência de álcool, estupefacientes, substâncias psicotrópicas ou produtos de efeito análogo, aceitando submeter-se a testes de controlo e despistagem, a efectuar sob a direcção das competentes autoridades de polícia;*
d) *Não transportar ou trazer consigo objectos ou substâncias proibidos ou susceptíveis de gerar ou possibilitar actos de violência;*
e) *Consentir na revista pessoal de prevenção e segurança, com o objectivo de detectar e impedir a entrada de objectos e substâncias proibidos ou susceptíveis de gerar ou possibilitar actos de violência;*
f) *Consentir na recolha de imagem e som, nos estritos termos da lei (artigo 10.°, n.° 1)*[37].

— São condições de permanência dos espectadores no recinto desportivo (artigo 11.°, n.° 1):

a) *Não ostentar cartazes, bandeiras, símbolos ou outros sinais com mensagens ofensivas, de carácter racista ou xenófobo;*
b) *Não obstruir as vias de acesso e evacuação, especialmente as vias de emergência, sem prejuízo do uso das mesmas por pessoas com deficiência;*
c) *Não praticar actos violentos, que incitem à violência, ao racismo ou à xenofobia;*
d) *Não entoar cânticos racistas ou xenófobos;*
e) *Não aceder às áreas de acesso reservado ou não destinadas ao público;*
f) *Não circular de um sector para outro;*
g) *Não arremessar quaisquer objectos no interior do recinto desportivo;*
h) *Não utilizar material produtor de fogo de artifício, quaisquer outros engenhos pirotécnicos ou produtores de efeitos análogos;*
i) *Cumprir os regulamentos do recinto desportivo;*
j) *Observar as condições de segurança previstas no artigo anterior*[38].

---

[37] É vedado o acesso ao recinto desportivo a todos os espectadores que não cumpram o previsto no n.° 1 do presente artigo, exceptuadas as condições constantes das alíneas b), d) e e) do mesmo número, quando se trate de objectos que sejam auxiliares das pessoas com deficiência (artigo 10.°, n.° 3).

[38] "O não cumprimento das condições previstas no número anterior, bem como nas alíneas a) a d) do n.° 1 do artigo 10.°, implica o afastamento imediato do recinto desportivo a efectuar

274 Estudos de Direito e Segurança

46. O regime sancionatório

A grande novidade desta Lei foi a criação de tipos de crimes nesta matéria[39].

Temos os seguintes crimes:

a) Distribuição irregular de títulos de ingresso (artigo 21.º)
b) Dano qualificado por deslocação para ou de espectáculo desportivo (artigo 22.º)
c) Participação em rixa na deslocação para ou de espectáculo desportivo (artigo 23.º)
d) Arremesso de objectos (artigo 24.º)
e) Invasão da área do espectáculo desportivo (artigo 25.º)
f) Tumultos (artigo 26.º)

De resto mantêm-se as sanções contra-ordenacionais[40] e disciplinares desportivas[41].

Destaque-se, a finalizar, a possibilidade legal de aplicação de uma medida de coacção de interdição de acesso a recintos desportivos (artigo 27.º) e a pena acessória de privação de direito de entrar em recintos desportivos (artigo 28.º)[42].

XIV. O POLICIAMENTO DOS ESPECTÁCULOS DESPORTIVOS

47. É o Decreto-Lei n.º 238/92, de 29 de Outubro, que contem as regras gerais sobre o policiamento de espectáculos desportivos[43].

---

pelas forças de segurança presentes no local, sem prejuízo de outras sanções eventualmente aplicáveis" (artigo 11.º, n.º 2).

[39] Sobre a criminalização da violência associada ao desporto presente na Lei n.º 16/2004, por via de regra em termos muito críticos, podem consultar-se os trabalhos de TERESA ALMEIDA e JORGE BAPTISTA GONÇALVES, como na nota 30.

[40] Artigos 31.º a 35.º.

[41] Artigos 37.º a 40.º.

[42] Conforme o disposto no artigo 29.º, n.º 1, compete ao Instituto do Desporto de Portugal (IDP) criar e manter actualizada uma base de dados nacional que centralize os registos das pessoas sujeitas à medida de interdição de acesso ao recinto desportivo prevista nos artigos 27.º e 28.º da lei, devendo, para tanto, os tribunais comunicar ao IDP as decisões de aplicação da referida medida.

[43] Este diploma foi rectificado, nos termos da Declaração de Rectificação n.º 189/92, publicada no DR, I-A, 2.º suplemento, n.º 277, de 30 de Novembro de 1992. As alíneas a) e b)

Nos termos do seu artigo 1.º, o seu objecto é o regime de policiamento e da satisfação dos encargos daí decorrentes no que se refere a espectáculos desportivos realizados em recintos desportivos.

Advirta-se, contudo, que a intervenção das forças de segurança no desporto não se fica por aqui.

O diploma funciona com conceito que torna bem restrita a aplicação das suas normas, a saber, o de recinto desportivo: o espaço criado exclusivamente para a prática do desporto, com carácter fixo e com estruturas de construção que lhe garantam essa afectação e afectação e funcionalidade, dotado de lugares permanentes e reservados a assistentes, sob controlo de entrada [artigo 1.º, n.º 2, alínea a)][44].

48. O regime assenta num princípio de não obrigatoriedade da requisição de forças de segurança.

Com efeito, dispõe o artigo 2.º, n.º 1, que a requisição da força policial é efectuada, sempre que considerada necessária, pelos organizadores dos espectáculos desportivos.

Quando não tenha lugar a solicitação, a *responsabilidade pela manutenção da ordem dentro do respectivo recinto* e pelos eventos resultantes da sua alteração cabe aos organizadores (n.º 2).

Porém, a requisição da força policial é obrigatória relativamente aos espectáculos que venham a ter lugar em recintos desportivos declarados interditos, a partir do momento da interdição e até final da época desportiva (n.º 3).

A responsabilidade pelos encargos com o policiamento de espectáculos desportivos realizados em recinto desportivos é suportada pelos respectivos organizadores (artigo 3.º).

O Estado participa nos encargos com o policiamento dos espectáculos desportivos que envolvam as selecções nacionais ou realizados no quadro dos campeonatos nacionais de escalões etários inferiores ao do escalão sénior e dos campeonatos distritais[45].

---

do artigo 9.º do Decreto-Lei n.º 238/92, de 29 de Outubro, foram revogadas pela Lei n.º 38/98, de 4 de Agosto, que estabeleceu medidas preventivas e punitivas a adoptar em caso de manifestações de violência associada ao desporto.

[44] O outro conceito utilizado é o de organizador de espectáculo desportivo (alínea b): as entidades que, nos termos da lei e dos regulamentos desportivos, promovam, coordenem ou realizem os espectáculos desportivos da modalidade.

[45] Salientem-se, ainda, as normas respeitantes à qualificação dos espectáculos – de risco elevado – (artigo 6.º), e à competência para determinar o número de efectivos a destacar para o policiamento (artigo 7.º).

XV. OS ASSISTENTES DE RECINTO DESPORTIVO

49. Foram as exigências de organizativas do EURO 2004 que ditaram o surgir desta modalidade de segurança privada no universo desportivo nacional.

Coube ao Decreto-Lei n.º 94/2002 de 12 de Abril, diploma que alterou o então vigente Decreto-Lei n.º 231/98, de 22 de Julho, que regulamentava o exercício da actividade de segurança privada, introduzir a figura do assistente de recinto desportivo.

De acordo com a nova redacção do artigo 5.º, n.º 3, relativo à obrigatoriedade de adopção do sistema de segurança privada, *a realização de espectáculos em recintos desportivos poderá depender, em termos e condições a fixar por portaria conjunta dos Ministros da Administração Interna e da Juventude e do Desporto, do cumprimento da obrigação de dispor de um sistema de segurança privada que inclua vigilantes, aqui designados de assistentes de recinto desportivo, bem como dos demais meios de vigilância previstos no presente diploma.*

50. A portaria em causa foi a n.º 1522-C/2002, de 20 de Dezembro[46].

Conforme o seu ponto 2.º, nas competições profissionais de futebol que decorram em recintos desportivos com lotação igual ou superior a 25 000 espectadores e cujas instalações obedeçam ao Regulamento das Condições Técnicas e de Segurança dos Estádios, aprovado pelo Decreto Regulamentar n.º 10/2001, de 7 de Junho, é obrigatório o recurso a assistentes de recinto desportivo.

O número de assistentes de recinto desportivo a exercer funções nos jogos considerados de risco elevado será de um assistente por cada 300 espectadores e, nos restantes jogos, será de um assistente para cada 400 espectadores (n.º 4)[47].

51. Como é bom de ver o essencial do normativo que baliza o estatuto do assistente de recinto desportivo localiza-se no regime jurídico da actividade de segurança privada, actualmente constante do Decreto-Lei n.º 35/2004, de 21 de Fevereiro.

---

[46] Rectificada nos termos da Declaração de Rectificação n.º 1-U/2003, publicada no DR, I-B, n.º 50, Suplemento, de 28 de Fevereiro de 2003.

[47] A Portaria n.º 1522-B/2002, de 20 de Dezembro, veio definir as funções específicas dos assistentes de recinto desportivo, bem como fixar a duração, conteúdo do curso de formação e sistema de avaliação.

Por sua vez, a Portaria n.º 734/2004, de 28 de Junho, aprovou os modelos dos cartões profissionais de vigilante de segurança privada, para a especialidade de protecção pessoal e para a especialidade de assistente de recinto desportivo.

Assim sendo, recuperemos apenas aquilo que de "específico" tal legislação oferece para o assistente de recinto desportivo.

Em primeiro lugar, destaque-se a norma sobre a obrigatoriedade de adopção de sistema de segurança privada (artigo 4.º, n.º 4): a realização de espectáculos em recintos desportivos depende, nos termos e condições fixados por portaria conjunta do Ministro da Administração Interna e do membro do Governo que tutela a área do desporto, do cumprimento da obrigação de disporem de um sistema de segurança que inclua assistentes de recinto desportivo e demais meios de vigilância previstos no diploma.

Em segundo lugar, retenha-se o disposto no artigo 6.º, sobre este especial pessoal de segurança privada:

> *4 – Os assistentes de recinto desportivo são vigilantes especializados que desempenham funções de segurança e protecção de pessoas e bens em recintos desportivos e anéis de segurança, nos termos previstos em portaria do Ministro da Administração Interna e do membro do Governo que tutela a área do desporto.*
>
> *5 – Os assistentes de recinto desportivo, no controlo de acesso aos recintos desportivos, podem efectuar revistas pessoais de prevenção e segurança com o estrito objectivo de impedir a entrada de objectos e substâncias proibidas ou susceptíveis de gerar ou possibilitar actos de violência.*

Por último, assinale-se que no Conselho de Segurança Privada[48], um representante do Conselho Nacional contra a Violência no Desporto pode ser convocado como membro não permanente [artigo 20.º, n.º 3, alínea a)].

XVI. A SEGURANÇA NUMA GRANDE COMPETIÇÃO DESPORTIVA INTERNACIONAL: O EURO 2004

52. Não será surpresa para ninguém que a realização de uma competição desportiva internacional acarreta específicas medidas de segurança, mais ou menos exigentes consoante a modalidade desportiva em causa.

Portugal teve uma recente experiência que segundo diversas fontes teve resultados bem positivos no domínio da segurança.

Façamos um breve registo de algumas das medidas adoptadas.

---

[48] Órgão de consulta do Ministro da Administração Interna.

53. A Resolução do Conselho de Ministros n.º 109/2002, de 23 de Agosto, veio criar a Comissão de Segurança para o EURO 2004[49].

A Comissão foi criada com o objectivo de coordenar a actuação dos diversos organismos e entidades que contribuem para a segurança global do evento, nas suas diferentes vertentes (n.º 1), competindo-lhe, em especial (n.º 2):

a) *Implementar as linhas de orientação genérica, em matéria de segurança, compatíveis com a legislação em vigor e as mais recentes posições sobre a mesma – nomeadamente as que decorrem de recomendações de organizações internacionais, designadamente o Conselho da Europa, e de eventos recentes, como o Euro 2000 – no sentido da aplicação de uma concepção em que o organizador deve ser responsável pela segurança no interior do perímetro de segurança do estádio;*

b) *Aprovar o plano global de segurança e o plano de segurança específico de cada instalação;*

c) *Pronunciar-se sobre os cenários operacionais;*

d) *Pronunciar-se sobre os planos de emergência interna e de emergência externa dos estádios e de outras instalações, elaborados, respectivamente, pelo organizador do evento e pelas autoridades de protecção civil, e assegurar a articulação eficiente entre ambos;*

e) *Aprovar, ouvidas as forças de segurança, os perímetros dos recintos periféricos de segurança dos estádios;*

f) *Apoiar e pronunciar-se sobre a selecção, recrutamento, formação, qualificação e avaliação do desempenho dos assistentes de estádio (stewards);*

g) *Assegurar uma estreita cooperação e uma adequada troca de informações com as forças policiais estrangeiras, em especial as dos países cujas selecções venham a apurar-se para a fase final do Campeonato Europeu de Futebol de 2004;*

h) *Assegurar a articulação entre o organizador, as diferentes forças e serviços de segurança envolvidos, o Serviço Nacional de Protecção Civil e as autarquias locais;*

i) *Solicitar, sempre que necessário, a informação referente à execução, nas vertentes de segurança e protecção civil, dos projectos de construção, reconstrução, remodelação ou beneficiação dos estádios onde decorrerão os jogos da fase final do Campeonato Europeu de Futebol de 2004, nos termos previstos na lei ou nas normas e recomendações da UEFA;*

j) *Pronunciar-se sobre a política de ingressos – bilheteria e acreditação;*

l) *Propor medidas legislativas adequadas à escala e objectivos do evento e pronunciar-se sobre outras iniciativas legislativas, no âmbito da sua competência;*

m) *Pronunciar-se, no âmbito da segurança, sobre as campanhas de divulgação do Euro 2004 e sobre a política de relacionamento com a comunicação social;*

---

[49] Alterada pela Resolução do Conselho de Ministros n.º 175/2003, de 7 de Novembro.

n) *Elaborar mensalmente relatórios de acompanhamento que permitam avaliar o grau de execução das suas atribuições, bem como a qualidade de todo o sistema, a fim de ser dado conhecimento às respectivas tutelas;*

o) *Elaborar um relatório final no qual seja acolhida toda a experiência relevante e evidenciados os resultados obtidos.*

54. Noutro plano de intervenção foi criada a Comissão de Acompanhamento Saúde do EURO 2004 (CASEURO)[50].

Conforme o seu n.º 2 competia à CASEURO 2004 proceder à definição e coordenação das acções necessárias à prossecução dos objectivos do Ministério da Saúde em situações de excepção, nomeadamente para as áreas da saúde pública, do transporte pré e inter-hospitalar de emergência, da urgência, da prestação de cuidados primários e de âmbito hospitalar, da política do medicamento e da política transfusional.

55. Contudo, assumiu maior relevo, pelo menos do ponto de vista normativo, a emanação da Lei Orgânica n.º 2/2004, de 12 de Maio.

Esta lei de valor reforçado estabeleceu o *regime temporário da organização da ordem pública e da justiça* no contexto extraordinário da fase final do Campeonato Europeu de Futebol – Euro 2004.

A lei estabeleceu o regime temporário que, no território do continente, vigorou de 1 de Junho a 11 de Julho de 2004, com vista à adequação da organização da ordem pública e da justiça ao contexto extraordinário da fase final do Campeonato Europeu de Futebol – Euro 2004 (artigo 1.º, n.º 1).

Tal regime contemplou a organização e funcionamento dos tribunais, a forma de processo penal sumário, a medida de coacção de interdição de acesso a recintos desportivos, o regime de afastamento de estrangeiros do território nacional, os meios de vigilância electrónica, a revista pessoal de prevenção e segurança e as condições de acesso aos recintos desportivos (n.º 2).

56. Façamos uma sumária resenha indicativa das suas principais normas:

– serviços de turno nos tribunais (artigos 2.º a 7.º);
– articulação do Ministério Público com as forças e serviços de segurança (artigo 8.º)
– exercício do direito de defesa durante os turnos, com a intervenção da Ordem dos Advogados (artigo 9.º)

---

[50] Despacho conjunto n.º 8/2004, de 3 de Novembro (PCM/MAI/MS), publicado no *DR*, IIª Série, n.º 7, de 9 de Janeiro de 2004.

280 *Estudos de Direito e Segurança*

– a aplicação de medidas de coacção (Proibição de permanência, de ausência e de contactos) podia ser decretada nos casos em que se verificassem a existência de fortes indícios da prática de crime doloso punível com pena de prisão (artigo 13.°)

– se houvesse fortes indícios de prática de crime previsto no artigo 1.° da Lei n.° 8/97, de 12 de Abril, o juiz podia impor ao arguido medida de coacção de interdição de acesso a recintos desportivos, pelo período de vigência da lei (artigo 14.°, n.° 1)[51]

– regime de afastamento de estrangeiros (artigos 15.° a 26.°)[52]

– utilização de meios de vigilância electrónica em locais públicos (artigos 27.° a 30.°)

– medidas cautelares de polícia – revistas de prevenção e segurança; podia-se ser inibido por autoridade de polícia criminal de aceder a determinados locais ou eventos públicos por período não superior a quarenta e oito horas – (artigos 31.° e 32.°)

57. Não se deixe sem registo o facto de Portugal ter reposto o controlo documental nas fronteiras portuguesas, entre 26 de Maio e 4 de Julho de 2004, medida de excepção prevista no artigo 2.°, n.° 1, da Convenção de Aplicação do Acordo de Schengen[53].

XVII. A INSEGURANÇA EM QUE VIVE A SEGURANÇA

58. Dizem os especialistas que a segurança na prática desportiva exige, entre outros elementos, o uso de equipamentos adequados, instalações desportivas apropriadas, a qualificação dos agentes desportivos profissionais, desde logo, os que exercem funções técnicas, a aquisição de conhecimentos sobre os exercícios em prática, seus benefícios e riscos, a presença ou pronta disponibilização de equipa técnica e clínica competentes e a realização de um exame médico.

Por outro lado, a *segurança desportiva*, como é fácil apreender do relato anterior, prende-se com os recintos desportivos – onde desembocam questões como as da acessibilidade, forças de segurança, bombeiros, paramédicos, serviços

---

[51] A aplicação da medida de coacção podia ser cumulada com a obrigação de o arguido se apresentar a uma entidade judiciária ou órgão de polícia criminal em dias e horas preestabelecidos, tomando em conta as exigências profissionais do arguido e o local em que habitasse (n.° 2).

[52] O Decreto-Lei n.° 141/2004, de 1 de Junho, criou e regulou os espaços equiparados aos centros de instalação temporária previstos no artigo 24.° da lei em causa.

[53] Resolução do Conselho de Ministros n.° 65/2004, de 21 de Maio.

médicos e planos de emergência –, com as instalações e equipamentos – onde se encontram os espectadores, os desportistas –, com a segurança dos próprios atletas – onde não se pode descurar a vertente da saúde.

Praticar desporto ou assistir a um espectáculo desportivo não é, pois, um momento de lazer fácil de alcançar, se o olharmos pelo prisma da obtenção das necessárias medidas de segurança.

59. Constatámos que Portugal possui uma vasta malha normativa sobre essa vital condição da actividade desportiva.

Por outro lado, e disso não nos ocupámos neste texto, para além desta malha normativa pública, há que estar atento às disposições regulamentares das organizações desportivas, em particular das federações desportivas.

Ora, chegados aqui, não nos dispensamos da nossa tarefa sem dar a possível conta de como a segurança vive na acção, isto é, para além do acertado – por vezes não tanto – do acervo legislativo.

60.1. Estabelecidos alguns contactos com responsáveis e profissionais que trabalham nesta área, confirmaram-se as suspeitas de que partimos.

Sabíamos, com efeito, que no domínio da violência associada ao desporto, continuamos a viver à margem do legislado, perante a passividade dos poderes públicos e das organizações desportivas.

Da lei à realidade cava-se um fosso de onde poucos podem escapar ilesos.

60.2. No que concerne à aplicação das normas relativas às infra-estruturas desportivas, como é o caso, desde logo, das constantes no Decreto-Lei n.º 317/97, de 25 de Novembro, os dados recolhidos são francamente preocupantes.

Adiante-se que estão em causa cerca de 12.000 infra-estruturas desportivas.

No âmbito do licenciamento da construção, o IDP vai elaborando os seus pareceres prévios, surgindo estes, por vezes, com a inclusão de condicionantes à licença.

No que respeita à licença de funcionamento, a emitir pelo IDP, tal não ocorre para a generalidade das infra-estruturas desportivas, com a única excepção dos estádios, uma vez que só para eles se dispõe de um regulamento próprio, o Decreto Regulamentar n.º 10/2001, de 7 de Junho.

Todas as outras infra-estruturas, ou seja, a maioria delas, não é objecto de licenciamento de utilização.

Por outro lado, o famigerado Regulamento de 1995, permanece válido na sua normação, mas no quadro restrito que se prende com os incêndios e evacuação de pessoas.

Tudo visto, continua a faltar a regulamentação técnica e de segurança específica de outras tipologias, como sucede com os estádios, normas essas que permitiriam obter normalidade na emissão de licenças de funcionamento.

60.3. Ligada a esta matéria encontra-se, como vimos, a da responsabilidade técnica das instalações desportivas.

Para um grosseiro número de 20.000 dessas infra-estruturas (de entre elas, cerca de 6.000 ginásios e alguns milhares de piscinas), o IDP vê o seu registo de responsáveis técnicos recolher o "impressionante" número de três centenas.

Por outro lado – dir-se-ia na mesma lógica –, não existe qualquer actividade fiscalizadora.

E, relembre-se, em bom rigor, uma infra-estrutura desportiva só se encontra em regular funcionamento quando, para além da licença de funcionamento (que já vimos que não é emitida pelo IDP) – tenha um responsável técnico.

60. 4. Quanto às "balizas e tabelas", o seu universo localiza-se algures entre os 15.000 a 16.000 equipamentos, dos quais se encontram inspeccionados e vistoriados cerca de 1.000.

O organismo nacional de acreditação é, por agora, o IPAC (Instituto Português de Acreditação). Entidades acreditadas são apenas 10. A base de dados do IDP encontra-se em construção.

Como as normas técnicas seguidas são dirigidas primacialmente aos fabricantes, muitas escolas acabam por ficar sem equipamento desportivo, uma vez que estes não resistem aos testes.

Umas balizas normalizadas para a prática de futsal e andebol custam cerca 3.5000 Euros.

Uma inspecção desse equipamento custa, no mínimo, 1.000 Euros.

60.5. O último registo fáctico vai para os espaços de jogo e recreio.

De novo uma estimativa grosseira aponta para uns bons milhares.

A sua fiscalização é bifurcada.

As câmaras municipais são as entidades fiscalizadoras por definição; contudo, para os espaços de sua propriedade, compete ao IDP a fiscalização.

Assim sendo, sabe-se que o IDP tem a seu cargo 3.325 espaços, incluindo os espaços das escolas do primeiro ciclo do ensino básico.

Lisboa possui 1.045 espaços, Faro 321 e o Porto 318.

Se considerarmos os números de 2004, as vistorias atingem 80% desses espaços, sem levar em linha de conta Lisboa, e 51% se contarmos com ela.

De acordo com outro registo relativo a 2004, as câmaras municipais realizaram 6 inspecções num universo estimado em alguns milhares.

61. A segurança desportiva – as seguranças desportivas – é, pois, contas bem feitas, uma realidade insegura.

DA SEGURANÇA PÚBLICA:
CONTRIBUTOS PARA UMA TIPOLOGIA

MANUEL MONTEIRO GUEDES VALENTE[1]

"Política de segurança pública não equivale a política policial, mas abrange também uma política criminal que, por sua vez, compreende não apenas o ponto de vista da eficiência policial, mas também as garantias penais e constitucionais. (...) uma política de segurança pública sem consideração pela juventude, o trabalho, a habitação, os problemas sociais e a educação, converte-se num espectáculo sem esperança e sem fim previsível. Portanto, **uma política de segurança só faz sentido no contexto de uma verdadeira política interna bem definida, sincronizada e coordenada**".

WINFRIED HASSEMER[2]

SUMÁRIO:

I – Introdução
§1.º Considerações gerais – Enquadramento do tema
§2.º Tipologias preliminares
II – A segurança pública no quadro da segurança nacional
§3.º Da segurança pública *versus* a segurança interna e externa (componentes da segurança nacional)
§4.º Do quadro de segurança pública (interna): a prevenção criminal;
§5.º Da Segurança Pública em um quadro de cooperação internacional;
§6.º Da construção de uma tipologia de segurança pública (interna) enleada na liberdade e na legalidade – respeito da dignidade da pessoa humana

---

[1] Director do Centro de Investigação e Docente do ISCPSI, Mestre em Ciências Jurídico-Criminais.

[2] WINFRIED HASSEMER, *A Segurança Pública no Estado de Direito*, AAFDL, Lisboa, 1995, pp. 109 e 110.

I. INTRODUÇÃO

§1.º Considerações gerais – Enquadramento do tema

I. O texto que preparamos para este curso tem como fundamento três pontos fulcrais e imperativos para a construção de uma tipologia de segurança pública (interna)[3] e, consequentemente, para a construção de uma teoria, que, como teoria que é, não pode ser olhada de modo restritivo – por se afigurar como meramente profissionalizante –, mas antes deve ser olhada no plano *lato* do pensar científico. Pontos estes que se interligam, interagem e se complementam, a saber:

α. a discursividade jurídica, de realçar a jurídico-constitucional e jurídico--criminal (substantiva e adjectiva);

β. a discursividade das ciências sociais e políticas face aos desafios que a segurança impõe perante a constante mutação dos bens jurídicos fundamentais do homem individual e da comunidade;

e

γ. a discursividade com que se pretende cimentar as ciências policiais no quadro restrito da segurança interna, *i. e.*, da segurança pública.

Trilogia que podemos aferir da construção de uma teoria SEGURANÇA PÚBLICA (INTERNA) face a uma sociedade dita de «Risco»[4] e que se propaga em constante «Risco» na viagem da descoberta da solução desconhecida, mas cuja construção *jus*-política se esfuma no mero encontro de soluções médicas céleres, mas inconsistentes, sem que se embrenhem na busca de uma cirurgia adequada, necessária e exigível e proporcional *stricto sensu* ao primado da liberdade, cuja afectação de bens jurídicos fundamentais não produza um mal maior do que se essa afectação não existisse.

---

[3] Não é nosso desejo abordar e aprofundar a segurança pública no espaço bilateral, regional e internacional, não obstante sabermos que, hoje, a segurança pública não se esgota dentro do Estado *Vestefaliano*, mas estende-se em um espaço comum denominado por ADRIANO MOREIRA de *Estado Fronteiras*. Quanto a este assunto e à base deste texto, o nosso "Contributos para uma tipologia de segurança interna", *in I Colóquio de Segurança Interna*, Almedina, Coimbra, 2005, pp. 69-98 (88). Quanto à problemática das fronteiras da Europa, ADRIANO MOREIRA, "As Fronteiras da Europa", *in Nação e Defesa*, n.º 112 – 3.ª Série, 2005, pp. 9-16.

[4] Quanto à sociedade de risco, JORGE DE FIGUEIREDO DIAS, "O direito penal entre a sociedade industrial e a sociedade do risco", *in Estudos em Homenagem ao Professor Doutor Rogério Soares*, Coimbra Editora, 2001, pp. 583-613.

Da Segurança Pública: Contributos para uma Tipologia

Claro é que uma boa política de segurança pública em um Estado isolado não se vislumbra suficiente perante a glocalização ou globalização dos «riscos», devendo aquela ser acompanhada de uma política de segurança pública, no mínimo, regional, como o espaço da união europeia. Qualquer tentativa de criação de uma política de segurança pública implica produzir uma política própria centrada ou no rosto do ser humano ou no rosto do Estado – como a causa e o fim de qualquer política –, podendo aquela ser fundamento ou consequência de uma política criminal e podendo, também, apresentar-se como corolário de uma política de segurança interna ou de segurança regional ou transnacional ou como instrumento de política de prossecução de interesses mais ou menos colectivos. Como exemplo de uma política criminal que influiu no quadro da política de segurança centrada no rosto do ser humano podemos referir a Lei n.º 30/2000, de 29 de Novembro, que descriminalizou em sentido técnico o consumo e a aquisição, a detenção e a posse para consumo de drogas – em que o consumidor deixou de ser punido com pena criminal e passou a estar sujeito a uma coima [consumidor não toxicodependente (artigos 15.º e 16.º da Lei n.º 30/2000] [ou a uma sanção alternativa – artigos 15.º e 17.º da Lei n.º 30/2000][5]. A humanização da intervenção do direito sancionatório, no âmbito do consumo de droga, apontamos a suspensão provisória do processo, a suspensão da determinação da sanção e a suspensão da execução da sanção, conforme artigos 11.º, 14.º e 19.º da Lei n.º 30/2000.

II. Importa, desde já, alinhavar a ideia de segurança pública como consequência e não fundamento da política criminal – pois, caso contrário, construiremos uma sociedade subjugada ao interesse absoluto do colectivo e do Estado, cujo rosto se hiperboliza e metaforiza em interesse público –, não podendo esta última e a sua obra principal – o direito penal – ser instrumento de segurança[6]. A política criminal – que deve reger as políticas de segurança e não o contrário, como acontece no maravilhoso mundo europeu da actualidade[7] –

---

[5] Quanto a este assunto RUI PEREIRA, "O novo regime sancionatório do consumo de droga em Portugal", *in Suplemento da Revista da Faculdade de Direito da Universidade de Lisboa* – Problemas Jurídicos da Droga e da Toxicodependência – Vol. I, Coimbra Editora, 2003, pp. 151-162 e MANUEL M. G. VALENTE, *Consumo de Drogas – Reflexões Sobre o Quadro Legal*, 3.ª Edição, Almedina, Coimbra, 2006.

[6] Quanto a este assunto ANABELA MIRANDA RODRIGUES, "Globalização, Democracia e Crime", *in II Congresso de Processo penal – Memórias*, (Coord. MANUEL M. G. VALENTE), Almedina, Coimbra, 2006 e AUGUSTO SILVA DIAS, "De que Direito Penal precisamos nós Europeus? Um olhar sobre algumas propostas recentes de constituição de um direito penal comunitário", *in RPCC*, Ano 14, n.º 3, Julho-Setembro, 2004, pp. 317-318.

[7] Veja-se o caso do *mandado de detenção europeu* que está carregado de uma simbologia e espectro puro de securitarismo para um espaço que se quer percursor da liberdade, da segurança e

centrada no rosto humano[8], quer no plano legiferante quer no plano da hermenêutica judiciária e policial, implica uma política (teoria) de segurança pública embrenhada na prossecução do interesse público (colectivo) de prevenção dos danos geradores de uma cognitiva e real insegurança.

HASSEMER, já há algum tempo, escreveu que "uma política criminal que, a longo prazo, disponha livremente da garantia da liberdade e da protecção dos direitos fundamentais com o propósito de ceder às exigências de um efectivo combate ao crime, coloca em jogo todas as nossas tradições de Estado de direito, não importando com que eficácia e quem deva ou possa proclamá-las e defendê--las"[9]. Pensamento que ainda se mantém aceso e vivo, cujos conteúdos partilhados face à construção de uma teoria de segurança pública (interna) que coloque no centro nevrálgico dessa edificação o **HOMEM** – ser fraco, pecador por natureza e permeável às tentações terrestres –, ser jurídico, ser económico, ser político, ser social e cultural – plano *lato* que absorve a segurança pública (interna)[10] – e não se centra, como acontecera ao longo de muitas décadas – diga-se, séculos – na protecção absoluta do **ESTADO**.

Uma segurança pública centrada na protecção absoluta do Estado – razão de ser da estrutura jurídica e da força colectiva (polícia) constitucional e legalmente instituída – aparta-se dos padrões comunitário e individualmente aceites e, por conseguinte, legitimamente defensáveis como garantia de uma estrutura humana democraticamente organizada. Partimos e queremos cortar a meta com a visão do **HOMEM** como centro nevrálgico das decisões orgânica, formal e materialmente consideradas.

§2.º Tipologias preliminares

I. O conceito de segurança é um conceito poliédrico, podendo diferenciar--se ou enroupar mais que um quadro físico-intelectual conforme o fim e o domí-

---

da justiça. Quanto ao mandado de detenção europeu, MANUEL MONTEIRO GUEDES VALENTE, *Do Mandado de Detenção Europeu,* Almedina, Coimbra, 2006.

[8] Quanto à política criminal centrada no *rosto dos homens,* ANABELA MIRANDA RODRIGUES, "Criminalidade Organizada – Que Política Criminal?", *in Themis* – Revista da Faculdade de Direito da UNL, Ano IV, n.º 6, 2003, p. 46.

[9] WINFRIED Hassemer , *A Segurança Pública no Estado de Direito,* AAFDL, Lisboa, 1995, p. 90.

[10] Quanto a esta visão lata de segurança que agrega em si mesma um discurso «orientado para a diferença cultural, étnica ou religiosa, com base na qual se perpetuam ou constróem identidades alternativas entendidas como potencialmente antagónicas", ISABEL FERREIRA NUNES, "Segurança internacional, os princípios idealistas e a lógica realista", *in Informações e Segurança,* Coordenação de ADRIANO MOREIRA, Prefácio, 2003, p. 277.

nio em que se desenvolve. A poliedricidade da segurança provoca uma análise que, por ser densa, pode ser confusa e trazer para a citada tripla discursividade um amalgama de considerações que, necessariamente, imbricam com o conceito de segurança pública, sendo que este ancora em um conceito mais amplo – o de segurança interna. Panóplia que se nos impõe como visão preliminar sobre as várias concepções possíveis e que se enleiam no conceito de segurança interna.

À *segurança física* – a que se promove e se sente através do usos de meios ou de recursos humanos e materiais [*p. e.*, agentes policiais, vigilantes, câmaras de vídeo, detectores de metais, sensores de intrusos, alarmes] adequados a criar e a fazer vigorar um sentimento de que aqueles são inquebráveis e de que se apresentam consentâneos e densificados para proteger e garantir o normal e regular funcionamento da comunidade – contrapõe-se a *segurança cognitiva*, designada muitas das vezes por psicológica ou psíquica[11] – que, longe de ser real, se afigura e apresenta como angariadora ou edificadora de um quadro cognitivo-sensitivo de vivência de segurança por meio de uma acção política, por um lado, ou por meio do quadro mental do próprio sujeito do sentimento, por outro, como se tratasse de uma neutralização axiológica *a contrario*. A segunda perspectiva de segurança no plano da insegurança cria o quadro do medo paneónico que asfixia a oxigenação normal dos quadros cognitivos e limita a visão e o controlo sobre o que se deve enquadrar em um plano de segurança – pois, a força motriz da insegurança cognitiva ou psíquica é de tal modo nefasta que afasta o discernimento na busca de um plano político de segurança imbuído em uma política criminal, cujo centro nevrálgico deve ser o **HOMEM** e não o Estado Pai protector de todos os males e enfermidades.

A par destas perspectivas de segurança podemos encontrar ou aferir a *segurança histórica* – que se constrói com o decurso normal da vida e quotidiano histórico, marcada por cada decisão jurídico-política ou estratégico-política inerente a uma sociedade em edificação contínua e, como tal, sujeita às mutações

---

[11] Como ensina W. HASSEMER, o medo distorce a visão real e faz com que compaginemos no mesmo cenário uma ideia de segurança – cognitiva e/ou psicológica disforme da segurança. W. HASSEMER, *A Segurança Pública....*, pp. 105 e ss. Quanto à questão do medo refira-se que, com ROCHA MACHADO, "o homem vive numa permanente angústia, ansiedade e insegurança decorrentes da dicotomia destruição-preservação e o medo é um estado permanente ao longo da existência como percepção de um perigo interno e externo, real e imaginário (Hacker, 1973; 143)". ROCHA MACHADO, *Poder – Da Estrutura Individual à Construção Mediática*, Autonomia 27, Lisboa 2003, p. 29. Quanto ao medo, promotor de insegurança, como "frequentemente correlativo de ausência de poder", cujo agudizar se marca mais pela "dita crise de valores das sociedades actuais", CARLA MACHADO, *Crime e Insegurança – Discursos do Medo, Imagens do «outro»*, Editorial Notícias, Lisboa, 2004, pp. 92 e ss..

quer erosivas quer concrecivas emergentes das permeabilizações fomentadas pelo mundo sócio-económico-político-cultural – e a *segurança jurídica* – que devemos situacioná-la em dois padrões distintos: um geral e outro específico. No que concerne ao padrão geral cuidamos em concentrar a segurança jurídica[12] como instrumento de certeza de legitimidade e legalidade na intervenção dos operadores do Estado no pleno exercício do *ius imperii, i. e.*, centramo-nos na visão de um Estado activo na prossecução das suas tarefas fundamentais sob a batuta do direito – positivado, princípios gerais, princípios do ramo específico, jurisprudência e doutrina –, em suma uma segurança que se encaixa no brocado «saber com o que contamos». Quanto à segurança jurídica em um quadro específico, concentramo-nos no plano do *ius puniendi* – que cumprindo o seu fundamento e razão de ser constrói uma segurança ou paz jurídica[13] quer no vector substantivo quer no vector adjectivo, *i. e.*, a segurança converte-se ou consubstancia a paz jurídica e, sequentemente, a paz pública. Clarifiquemos:

α. por um lado, se o direito penal (substantivo), cujo escopo se materializa com a protecção em *ultima ratio* de bens jurídicos fundamentais ao normal desenvolvimento e sobrevivência da comunidade – mesmo que essa protecção se resuma ao restabelecimento da norma violada [prevenção geral positiva] –, acoplando-se ou a si inerente a ressocialização do delinquente, se conseguir concretizar, poder-se-á afirmar que se alcança uma segurança jurídica no plano substantivo do direito penal – *p. e.*, se um elemento policial surpreender em flagrante delito um indivíduo a praticar um crime de furto simples, p. e p. pelo art. 203.º do CP, e o apresentar em tempo útil ao tribunal que o julga no sentido único e exclusivo da reposição do bem jurídico ofendido – património ou fruição do bem subtraído –, tutelando-o jurídico-criminalmente, e da ressocialização do agente do crime de furto, poder-se-á afirmar que o ofendido ou lesado individual e, simultaneamente, a comunidade constróem um quadro de segurança ou paz jurídica resultante da preocupação badalada pelo povo de que «fez-se justiça»;

β. por outro, quanto ao processo penal há a referir que, como instrumento objectivo e impessoal de realização do direito penal, é um motor, cujos pistões – sujeitos processuais – e quadro normativo promovem, a par da

---

[12] Quanto ao princípio da segurança jurídica, J. J. GOMES CANOTILHO, *Direito Constitucional e Teoria da Constituição*, 3.ª Edição, Almedina, Coimbra, 2000, pp. 105 e 252-261.

[13] Quanto à paz jurídica como fim do processo penal (e do direito penal), MANUEL M. G. VALENTE, *Processo Penal* – Tomo I, Almedina, Coimbra, 2004, p. 21.

Da Segurança Pública: Contributos para uma Tipologia

descoberta da verdade material, da realização da justiça, da protecção dos direitos fundamentais das pessoas – finalidades do processo penal[14] – do *restabelecimento da paz jurídica*[15] [comunitária] – que se alcança com a responsabilização dos culpados e com a absolvição dos inocentes, que irá consubstanciar a edificação de uma segurança jurídica sentida e vivida física e cognitivamente.

Esta segurança – paz – jurídica [geral e específica] enquadra a globalidade da segurança interna como um dos filhos desta missão ou tarefa fundamental do Estado.

II. Ancorada na encruzilhada da segurança interna, pode e deve-se, ainda, aferir a *segurança pública e a segurança privada*. No que concerne a *esta última*, poder--se-á dizer que encerra a segurança promovida – quer como actividade quer como sensação (sentida) –, física e cognitiva, pelo cidadão individualmente considerado no mundo do domínio próprio, cuja disponibilidade lhe pertence por ser titular e fruidor máximo e incontestável – desde que não afecte o direito de outrem –, *i. e.*, encontramo-nos no domínio privado restritivo – *p. e.*, habitação, quarto de hotel, escritório, gabinete médico –, no domínio privado condicionado – *p. e.*, autocarros de empresas privadas, os comboios "fertagus", restaurante, bar, discoteca –, e no domínio privado de livre acesso – *p. e.*, centro comercial – em que o titular do domí-nio procura, por meios humanos próprios ou contratados e materiais, promover uma segurança adequada à fruição do bem pelo próprio ou por outrem. A segurança privada – não confundir com actividade levada a cabo por empresas de segurança privada – pode-se encaixar no instituto da acção directa preventiva promovida pelo titular do direito de domínio para sua fruição ou para fruição de outrem.

No quadro da *segurança pública*, que se contrapõe quer em acção quer em omissão à segurança privada, apesar do escopo central ser o mesmo bem-estar do cidadão membro da comunidade organizada democraticamente ou como cliente/consumidor do bem a fruir, cujo *imperium* não se esgota na orla do domí-nio privado, mas se impõe a este quer como licenciador quer como fiscalizador e sancionador de actividades desenvolvidas por privados e em espaços de domínio

---

[14] Quanto às finalidades do processo penal, MANUEL M. G. VALENTE, *Processo Penal – Tomo I*, pp. 20-21, JORGE DE FIGUEIREDO DIAS, *Direito Processual Penal*, (Lições coligidas por MARIA JOÃO ANTUNES), Coimbra, 1988-9, pp. 20 e ss. e GEMANO MARQUES DA SILVA, *Curso de Processo Penal*, 4.ª Edição, Verbo, Lisboa/S. Paulo, 2000, pp. 23-25.

[15] Neste sentido TOMÁS VIVES ANTÓN afirma que «quando o processo termina, os factos desapareceram e o espelho já não reflecte nada". TOMÁS VIVES ANTÓN, "El Proceso Penal de la Presunción de Inocencia", *in Jornadas de Processo Penal e Direitos Fundamentais*, (Coordenação de FERNANDA PALMA), Almedina, 2004, p. 29.

privado que representam um risco para o cidadão em geral – *p. e.*, actividade de condução de veículos motorizados, o exercício da actividade de electricista, a realização de espectáculos, a promoção de um espectáculo piro-técnico – e se materializa e realiza *prima facie* com a acção de uma força colectiva, organizada jurídica e funcionalmente para realizar os "interesses gerais e os princípios socialmente aceites"[16] que compõem a garantia da "existência pacífica segundo as regras da justiça"[17] que a sociedade define e impõe[18], garantindo "a convivência pacífica de todos os cidadãos de tal modo que o exercício dos direitos de cada um não se transforme em abuso de direito, não impeça, não perturbe o exercício dos direitos alheios"[19] – *i. e.*, POLÍCIA (de ordem e tranquilidade públicas, administrativa e judiciária), cuja missão fora constitucionalizada em 1976 (art. 272.º da CRP).

Acresce referir que relativamente à segurança pública impõe-se-nos a abordagem de duas perspectivas:

α. a perspectiva *pragramático-cognitiva* – acrescente-se que, em primeiro lugar, "segurança pública não equivale a política policial, mas abrange uma política criminal que, por sua vez, compreende não apenas o ponto de vista da eficiência policial, mas também as garantias penais e constitucionais"[20], em segundo lugar, "uma política de segurança pública sem consideração pela juventude, o trabalho, a habitação, os problemas sociais e a educação, converte-se num espectáculo sem esperanças e sem fim

---

[16] MARCELLO CAETANO, *Manual de Ciência Política e de Direito Constitucional*, 6.ª edição (Reimpressão), Almedina, Coimbra, 1996, Tomo I, p. 145. No mesmo sentido e da mesma voz autorizada, *Princípios Fundamentais do Direito Administrativo*, 2.ª Reimpressão da Reimpressão da Edição Brasileira de 1977, Almedina, Coimbra, 2003, 267 e ss.

[17] *Idem*, p. 144.

[18] Como ensina ROCHA MACHADO «o percurso de integração no sistema normativo a que o indivíduo é sujeito, se por um lado o reprime e limita a sua expressão, também por outro lado lhe confere a partilha de um sistema que, por si, garante e reproduz a autoridade e a organização social". ROCHA MACHADO, *Poder...*, p. 24.

[19] MARCELLO CAETANO, *Princípios Fundamentais...*, p. 267. Quanto à natural convivência conflituosa – emergente das normas sociais – que faz nascer «um processo dialéctico no qual o indivíduo renuncia aos seus impulsos egoístas por troca para que a comunidade com os demais possibilite um melhor desenvolvimento da sua personalidade e dos meios necessários para a sua sobrevivência» – com o emergir das normas jurídicas –, FRANCISCO MUÑOZ CONDE, *Introducción al Derecho Penal*, 2.ª Edición, Editorial Montevideo, Buenos Aires, pp. 40 e ss.. Quanto à construção da comunidade na busca de normas de convivência, ROCHA MACHADO, "A ORDEM E O CAOS: Factores de Influência para a Construção de uma Tipologia de Segurança", in *I Colóquio de Segurança Interna*, Almedina, Coimbra, pp. 39-53.

[20] WINFRIED HASSEMER, *A Segurança Pública...*, p. 109.

previsível"[21], *i. e.*, **só podemos falar de uma política de segurança pública** se a enquadrarmos "no contexto de uma **verdadeira política interna bem definida, sincronizada e coordenada**"[22]. Partindo desta exegese hassemeriana[23], poder-se-á apontar como pêndulo decisório sem dogmatismo o princípio do pragmatismo embebido na ideia chave de que a decisão pode provocar êxito e fracasso quanto a efeitos desejados e efeitos colaterais que não houveram de ser desejados, mas que necessariamente se provocaram, *i. e.*, não é um pragmatismo verificacionista, mas antes falibilista[24]. Pois, como nos ensina POPPER: "as coisas revelam-se sempre um pouco diferentes do esperado. É muito raro produzirmos na vida social precisamente o efeito que desejávamos produzir, e vemo-nos habitualmente a braços com coisas que nunca fizeram parte dos nossos planos"[25]. Uma *segurança pública* terá de se prender, segundo uma visão pragmática de que nem tudo o que projectamos podemos alcançar com êxito, pois é passível de ser falível, com a *diferenciação da criminalidade* – de massa [aquela que promove o maior medo e insegurança junto da comunidade] ou organizada [aquela que é de tal ordem impenetrante que as normas jurídicas disponíveis para a sua prevenção e repressão se demonstram ineficazes quer no conteúdo quer na adjectividade operativa] – e com a *ideia base* de que «política social é a melhor política criminal»[26].

β. e a perspectiva da *falácia e do fracasso* – a entrega às empresas de segurança privada, cujo escopo se deve enraizar em um plano de subsidiariedade e nunca em plano de complementaridade, de tarefas ou missões de prevenção de criminalidade que mais atemoriza o cidadão – *p. e.*, protecção do direito de propriedade e da sua fruição – e que, desde os primórdios, se concebeu como o cerne do Estado, pode ter-se transformado em um escândalo de segurança pública e em um perigo para o Estado de direito, por, *ab initio*, fomentar a desigualdade entre pobres e ricos, a perda da sujeição ao direito. Impera o lucro, a consequente perda da protecção de direitos fundamentais pessoais e a perda por parte do Estado do controlo

---

[21] *Ibidem, idem*, pp. 109 e 110.

[22] *Idem*, p. 110. Negrito nosso.

[23] WINFRIED HASSEMER, *A Segurança Pública...*, p. 110.

[24] Quanto ao verificacionismo e ao falibilismo, KARL POPPER, *Conjecturas e Refutações*, (tradução de BENEDITA BETTENCOURT), Almedina, Coimbra, 2003, pp. 310 e ss..

[25] *Idem*, p. 173.

[26] WINFRIED HASSEMER, *A Segurança Pública...*, pp. 110 e 111.

na prevenção e repressão do crime. *Summo rigore*, cumpre-se a sociedade do medo – que corre a comprar câmaras de vídeo, sensores de alumes, trancas reforçadas, portas duplamente blindadas, como se o crime desaparecesse e se obtivesse segurança pública através de meios privados ou de segurança privada – e sequentemente a falácia e o fracasso de políticas se segurança só presas na eficácia, sem se basear ou apartando-se da justiça e da protecção dos direitos humanos que são a razão de ser da existência de uma comunidade organizada política, jurídica e democraticamente.

γ. a privatização da segurança (pública) emerge do medo paneónico e da incerteza da acção atempada e útil dos operadores estatais face ao crime de massa – furtos, roubos, danos, injúrias, ofensas à integridade física, burlas – que se absorvem com a grande preocupação das ameaças emergentes deste «Mundo Novo» que afectam o cidadão individual e colectivo – tráfico de droga, de armas, de seres humanos, de órgãos humanos, terrorismo, branqueamento de vantagens, corrupção internacional, falsificação de moeda, (...). Todavia, a defesa e garantia de direitos dos cidadãos de que se onera a POLÍCIA desaparece neste quadro contratualizante da promoção da segurança pública pelo sector privado, desenvolvido em geral por empresas de segurança privada que representam hoje uma fatia enorme da prossecução da segurança confiada ao Estado pelos seus cidadãos.

III. O exposto pode fundar-se na teoria de MUÑOZ CONDE do fundamento da norma ter por base «a conduta humana que pretende regular e a sua missão é a de possibilitar a convivência entre as diferentes pessoas que compõem a sociedade»[27], *i. e.*, o ser humano toma consciência do *ego* porque existe o *alter*, diga-se, «a existência humana supõe a **coexistência e a convivência**"[28], que é, por natureza, **conflituosa** e que, quando se **materializa** e, sequentemente, se realiza, não menos é do que **o fruto de um processo dialéctico de cedência de um determinado espaço próprio em detrimento de outro espaço – abstracto ou concreto – que compensa a renúncia face aos *alter* indivíduo ou ao *alter* comunidade**. Espaço esse que, em muitos momentos, se orna de um direito fundamental que é a *segurança*, *i. e.*, à *liberdade cedida* deve corresponder no mesmo âmbito contextual adjectivo e de conteúdo a *segurança* para a sobrevivência do *ego* e do *alter*[29].

---

[27] FRANCISCO MUÑOZ CONDE, *Introducción al Derecho...*, p. 39.

[28] *Idem*, p. 40 e MARCELLO CAETANO, *Princípios Fundamentais...*, pp. 267 e ss.

[29] Neste sentido FRANCISCO MUÑOZ CONDE, *Introducción al Derecho...*, p. 40 e ss.

Como ensina Beccaria[30], a cedência da liberdade de cada um não se processa de forma gratuita com o fim único da prossecução do bem público – segurança –, face ao estado de guerra entre indivíduos ter cambiado para as nações, porque "cada homem se coloca no centro de todas as combinações do globo" e se pudesse procuraria que as vinculações impostas aos outros não o vinculassem. O homem, perante a necessidade de ceder parte da liberdade – "o *quantum* mínimo" – ao poder público protectivo e garantístico, abre mão daquela parte que é imprescindível para a realização do seu bem-estar individual que se repercute no bem-estar colectivo.

Este fruto dialéctico produz, historicamente, a segurança física e cognitivo--psíquica, a segurança jurídica e histórica, a segurança pública e privada. Segurança que parte do princípio do *prazer* – «que impulsiona a pessoa a satisfazer-se por cima de todos os seus instintos»[31] – e se anicha no princípio da *realidade* – «representado pelas normas que os demais impõem, que obriga o indivíduo a sacrificar ou limitar esses instintos e ter em conta os demais»[32].

A segurança (pública) emergente de imposição normativa – aquela que se enraíza em normas que restringem gravemente os direitos fundamentais pessoais, dos quais se destacam a reserva da intimidade da vida privada, a inviolabilidade das telecomunicações e do domicílio, a imagem, a honra, a liberdade[33] – representa o fracasso da segurança, *prima facie*, própria de uma ordem social, preenchida pelas normas sociais que poderia garantir aquela através das sanções sociais: *p. e.*, segregação, isolamento, perda de prestígio social face às ofensas sucessivas à convivência que compreende bens jurídicos de mútuo e recíproco respeito, dando lugar à segurança prosseguida sob a batuta de normas jurídicas. *Secunda facie*, o

---

[30] Cesare Beccaria, *Dos Delitos e das Penas*, (Trad. José de Faria Costa), Fundação Calouste Gulbenkian, Lisboa, 1998, p. 65.

[31] *Ibidem.*

[32] *Ibidem.*

[33] Temos vindo a defender que devemos olhar para a liberdade não apenas como um direito fundamental, mas como um princípio norteador da actividade do Estado na prossecução de tarefas fundamentais. Pois, aliado a esta ideia podemos arguir o princípio da actividade da polícia defendido por Vieira de Andrade que consubstancia a liberdade como um valor, como um princípio próprio de um Estado de direito democrático: *in dúbio pro libertate* – prescrito no n.º 2 do art. 18.º da CRP e do qual se retira que "havendo dúvidas fundadas, deve optar-se pela solução que, em termos reais, seja menos restritiva ou menos onerosa para a esfera de livre actuação dos indivíduos – um imperativo de razão prática que não dispensa a procura da solução mais correcta, que não é necessariamente a que garante a maior liberdade", *i. e.*, o princípio não se pode valorar apenas em uma perspectiva abstracta, mas, como ensina Martín Kriele, temos de conceber a ideia de que «a liberdade é estabelecida e garantida pelo poder estadual». José Carlos Vieira de Andrade, *Os Direitos Fundamentais na Constituição Portuguesa de 1976*, 2.ª edição, Livraria Almedina, Coimbra, 2001, p. 299, nota 55.

fracasso da necessária ordem jurídica, preenchida por normas jurídicas dotadas, além da generalidade e da abstracção, de coercitividade e imperatividade, que visam "desenvolver ou modificar a ordem social"[34], titulada pelo Estado, e que, conjuntamente, consignam "o reflexo ou a superestrutura de uma determinada ordem social, incapaz de por si mesma regular a convivência de um modo organizado e pacífico"[35], respondendo e protegendo bens jurídicos fundamentais à coexistência e à sobrevivência daqueles de forma pacífica e na promoção da dignidade humana individual e colectivamente compreendida.

Neste campo dialéctico enleiam-se as tipologias preliminares de segurança – física e cognitiva, histórica e jurídica, privada e pública – que, como já afirmamos, ornamentam a tipologia abrangente de segurança interna, cuja concepção dogmática será seguidamente por nós discreteada.

II. A SEGURANÇA PÚBLICA NO QUADRO DA SEGURANÇA NACIONAL

§3.º Da segurança pública *versus* a segurança interna e externa (componentes da segurança nacional)

I. Falar de segurança pública implica que se fale de *segurança interna* e, como contraponto, em *segurança externa*, sem que queiramos fazer um grande aprofundamento do tema, e na visão dogmática face, por um lado, à *segurança nacional* e, por outro, à nova *concepção de Estado fronteiras*[36], afastando-nos da clássica utopia do Estado fronteira.

No que concerne à segurança interna, cuja escalpelização far-se-á em §.º próprio, apontamos, na esteira de GOMES CANOTILHO e VITAL MOREIRA[37], desde já três vectores de discussão que se nos afiguram de extrema importância para uma análise correlacionada com a segurança externa ou militar e segurança nacional:

---

[34] FRANCISCO MUÑOZ CONDE, *Introducción al Derecho...,* pp. 41 e 42.

[35] *Ibidem.*

[36] Designação do Professor ADRIANO MOREIRA no Seminário sobre *Terrorismo* que decorreu no dia 7 de Maio de 2004, no Instituto Superior de Ciências Policiais e Segurança Interna, em Lisboa.

[37] GOMES CANOTILHO e VITAL MOREIRA, *Constituição da República Portuguesa Anotada,* 3.ª Edição, Coimbra Editora, 1993, p. 955.

α. a segurança interna tem consagração constitucional em um preceito próprio – art. 272.º da CRP – e distinto do que consagra a segurança nacional, mas ter-se-á de conjugar analiticamente com o art. 273.º da CRP, cuja epígrafe é *defesa nacional*[38]. É no quadro da segurança interna que a segurança pública se projecta e ganha espaço de concreção, cujo escopo se prende com razões de interesse público, prosseguido por entes dotados de *ius imperii* ou fiscalizados por estes;

β. a atribuição da função – missão ou tarefa – de segurança interna à POLÍCIA – entendida como de segurança, tranquilidade e ordem pública, administrativa e judiciária – procura afastar, por regra, a intervenção das Forças Armadas – que apenas podem desenvolver esta função em caso de estado de sítio ou de emergência, consagrado constitucionalmente no art. 19.º, nos termos da lei – conforme se retira dos n.º 6 e 7 do art. 275.º da CRP. A segurança interna e, por conseguinte pública, prossegue-se também com a defesa da legalidade democrática e com a garantia dos direitos do cidadão;

γ. e a função de segurança interna cabe, originariamente, tão só às forças de segurança – afastando-se desta tipologia a actividade de polícia municipal, que, no seu desempenho funcional, apenas coopera localmente com as forças de segurança, como se retira do n.º 3 do art. 237.º da CRP[39] – *i. e.*, à POLÍCIA no sentido consagrado no art. 272.º da CRP.

A segurança interna, cuja concepção legal se encontra prevista no art. 1.º da Lei de Segurança Interna (LSI), como tarefa ou missão do Estado, deve ser vista não como um mero instrumento jurídico-constitucional e material da defesa ou segurança nacional, mas sim como parte integrante daquela e em uma missão específica face ao quadro geral de segurança nacional. No mesmo molde, consideramos que a segurança pública não pode ser esgrimida no quadro instrumental da segurança interna, mas deve ser discreteada e enquadrada como parte integrante desta e como causa e efeito de uma política de segurança interna de um espaço não exíguo às fronteiras de um Estado, mas de um espaço extensível às fronteiras de vários estados.

---

[38] Cumpre referir que as tipologias de Segurança Interna e Segurança Externa apresentam--se lado a lado no art. 268.º da CRP quanto à restrição de acesso a documentos que possam pôr em causa qualquer uma das tipologias.

[39] Quanto a este assunto, MANUEL M. G. VALENTE, "Enquadramento Jurídico das Polícias Municipais: do quadro constitucional ao quadro ordinária", *in Estudos de Homenagem ao Professor Doutor Germano Marques da Silva*, Almedina, Coimbra, 2004, pp. 249-278.

296 — Estudos de Direito e Segurança

II. A *segurança externa*, que se arreiga no conceito constitucional de defesa – segurança – nacional, deve ser entendida, como ensinam GOMES CANOTILHO e VITAL MOREIRA, como a segurança que está direccionada em exclusivo para a «segurança do país contra ameaças e agressões *externas*»[40], mas não se pode confundir com a *segurança interna*, nem se esgotar no plano da defesa militar – apesar desta ser a componente principal da defesa – segurança – nacional.

Ora clarifiquemos:

α. a garantia da *segurança externa* é tarefa da defesa nacional[41] – em especial das Forças Armadas –, que, sequentemente, se apresenta constitucional-mente como tarefa fundamental do Estado – n.º 1 do art. 273.º e al. *a)* do art. 9.º da CRP – consistindo "em defender a República (indepen-dência nacional, território, população) contra o exterior (n.º 2), nomea-damente por meios militares (art. 275.º)"[42];

β. a *defesa militar* não se esgota no quadro jurídico-constitucional de defesa nacional e, como componente principal daquela, cabe ser assegurada, como tarefa do Estado, pelas Forças Armadas que «estão ao serviço da defesa nacional (art. 273.º), tendo a seu cargo a componente militar desta, ou seja, a utilização de meios armados"[43];

i.e.,

γ. por um lado, as Forças Armadas não detêm a globalidade das tarefas da defesa nacional e, por outro, não desenvolvem uma intervenção fora do seu quadro jurídico-constitucionalmente concebido, ou seja, não lhes cabe originariamente intervir na segurança interna, excepto nos casos de estado de sítio ou de emergência – conforme se retira do n.º 7 (anterior n.º 6) do art. 275.º da CRP –, **tarefa que, face ao quadro jurídico--constitucional de 1933, podiam desenvolver – «manutenção da ordem e da paz pública»** – *ex vi* do art. 53.º;

δ. destaque-se que, por um lado, a par da defesa militar deve-se colocar a designada *defesa civil* – «mobilização civil, mobilização industrial» –, que

---

[40] GOMES CANOTILHO e VITAL MOREIRA, *Constituição da República...*, p. 958.

[41] Quanto à tipologia de Defesa Nacional, ANTÓNIO VITORINO, "Defesa Nacional", in 1.º Suplemento do *Dicionário Jurídico da Administração Pública*, Lisboa, 1996, pp. 89 a 102.

[42] *Ibidem.*

[43] *Idem*, pp. 961 e 962.

não cabe prosseguir às Forças Armadas, e, por outro, estas podem e devem participar e colaborar em tarefas de cariz social: missões de protecção civil, satisfação de necessidades básicas [*p. e.*, como fornecimento de água, de mantimentos, de roupas às populações, a melhoria da qualidade de vida das populações] [*p. e.*, construção de pontes, de saneamentos provisórios, de hospital de campanha – *ex vi* do n.º 6 (anterior n.º 5) do art. 275.º da CRP];

η. impõe-se, ainda, que nos debrucemos sobre os objectivos da *defesa nacional*, consagrados no n.º 2 do art. 273.º da CRP e de cuja textura se afere a perspectiva externa da segurança:

- garantir a *independência nacional*[44] – tarefa fundamental do Estado – al. *a)* do art. 9.º da CRP;
- garantir a *integridade do território*;
- garantir a *segurança das populações* contra quaisquer agressões ou ameaças *externas*.

Mas, os objectivos garantia consagrados constitucionalmente estão sujeitos a balizas de orientação que fundamentam e, automaticamente, limitam a prossecução daqueles, *i. e.*, ao respeito:

- pela ordem constitucional – a acção de defesa nacional está subordinada à constituição e à lei [1.ª parte do n.º 2 do art. 273.º, n.º 2 do art. 3.º e art. 18.º da CRP] –, o que nos induz obrigatoriamente olhar para a defesa nacional como peça integrante do Estado de direito democrático--constitucional[45];
- pelas instituições democráticas – principalmente as eleitas democraticamente, como o Parlamento, o Governo, o Presidente da República Portuguesa –, *i. e.*, a «condução da defesa nacional cabe aos órgãos a quem a Constituição atribui competência para o efeito, e deve ser efectuada no respeito dos demais princípios da Constituição»[46];
- pelas convenções internacionais – o plano externo da defesa nacional onera uma conduta que se paute pelo respeito das obrigações que decorrem das normas constantes de convenções internacionais – tais como a Carta da ONU, as que regulam a NATO, a UE, acordos bilaterais, sem olvidar-se a DUDH, o PIDCP, o PIDESC.

---

[44] Cfr. art. 2.º e art. 7.º, n.º 1 da CRP.

[45] G. CANOTILHO e V. MOREIRA, *Constituição da República...*, p. 959.

[46] *Ibidem* e art. 182.º, 133.º, al. *p*), 137.º al. *a)* e 274.º da CRP.

III. Do exposto e no que concerne à defesa nacional na qual imbrica a segurança externa, a estrutura dialéctica aqui apresentada por nós só faz sentido em uma visão tradicional do Estado – o designado Estado fronteira. Esta visão que muitos ainda defendem de que a soberania é um valor absoluto e que a independência e integridade do território nacional é uma realidade, cai por terra face a uma nova tipologia de que nos tem falado ADRIANO MOREIRA – hoje, não temos Estado fronteira, mas sim Estado fronteiras ou regional – o que nos faz repensar a concepção dogmático-constitucional de defesa nacional e de segurança interna, assim como a segurança pública, quer em um quadro espacial quer em um quadro temporal e, sequentemente, conceptual.

A consciência colectiva de que a ofensa a um bem jurídico pessoal afecta o todo comunitário – pois, se o *ego* é agredido, também o *alter* sofre a ofensa – estende-se à concepção de segurança interna, quando é ou deve ser, hoje, entendida como a ordem interna de um Estado fronteiras – vejam os acordos bilaterais no âmbito da investigação criminal, ou as equipas de investigação conjuntas –, sendo que o mesmo processo metalógico se escreve no plano da defesa ou segurança nacional.

Adite-se, ainda, que a Lei Quadro do Sistema de Informações da República Portuguesa (LQSIRP)[47] incumbe os serviços de informações de produzirem informações necessárias à salvaguarda da independência nacional – plano jurídico-constitucional da defesa nacional, *i. e.*, *segurança externa* – e informações necessárias à garantia da *segurança interna*, *ex vi* do n.º 2 do art. 2.º, cujo mote desenvolto se espraia no art. 20.º – que estipula que o Serviço de Informações Estratégicas de Defesa produzem «informações que contribuam para a salvaguarda da independência nacional, dos interesses nacionais e da segurança externa» – e no art. 21.º – que determina que ao Serviço de Informações de Segurança cabe produzir informações «que contribuam para a *salvaguarda da segurança interna* e a prevenção da sabotagem, do terrorismo, da espionagem e a prática de actos que, pela sua natureza, possam alterar ou destruir o Estado de direito constitucionalmente estabelecido». Pode-se aferir que a Lei Orgânica n.º 4/2004, que alterou os preceitos supracitados, faz e coloca em cada prato de atribuições e competências os quadros próprios do que se deve entender orgânica e funcionalmente e no âmbito do Serviço de Informações da República por segurança externa e segurança interna.

---

[47] Aprovada pela Lei n.º 30/84, de 5 de Setembro, alterada pela Lei n.º 4/95, de 21 Fevereiro, pela Lei n.º 15/96, de 30 de Abril, 75-A/97, de 2 de Julho, e pela Lei Orgânica n.º 4/2004, de 6 de Novembro.

§4.º Do quadro de segurança pública (interna): prevenção criminal

I. O cerne da segurança pública (interna) é a prevenção de danos sociais, em especial a prevenção criminal *lato sensu* – pois, não se esgota na actividade de POLÍCIA judiciária por depender, na nossa opinião e em muito, da actividade de POLÍCIA administrativa –, tradicionalmente, e mais vincada na função de vigilância – e de ordem, tranquilidade e segurança pública. A prevenção de danos sociais apresenta-se, tradicionalmente e assim, como o objecto próprio da actividade da POLÍCIA[48], que deve ser encarado em três planos distintos: evitar que o dano se verifique, impedindo a acção humana (ou natural, como evitar que a queda de uma árvore em cima de uma moradia faça vítimas humanas, dando ordem de saída às pessoas que residem na mesma) se produza em dano; limitar a ampliação do dano caso este se verifique; e investigar as causas e os autores dos danos para que se reponha a normalidade – *p. e.*, a norma violada – ou para que se possa prevenir danos da mesma natureza no futuro. Acresce referir que entendemos que a Polícia tem como função primeira a *prevenção do perigo* que antecede o dano e que, caso o dano se verifique, deveria estudar o fenómeno de modo a evitar que, no futuro, o perigo existisse e o dano se materializasse.

Claro está que os danos que geram um maior sentimento de insegurança ou mais afectam a segurança pública são os danos emergentes das condutas humanas que consignam a prática de crimes que directamente afectam a pessoa individualmente considerada e o colectivo – *p. e.*, crimes contra a vida, contra a integridade física, contra o património, crimes contra a paz pública. Todavia, há que reflectir sobre os crimes que agridem bens jurídicos supra-individuais que afectarão a *segurança pública* de forma directa – participação em motim armado, p. e p. pelo art. 303.º do CP.

A *prevenção de crimes*, "incluindo a dos crimes contra a segurança do Estado" – p. e p. pelos artigos 308.º e ss. do CP – é **função da POLÍCIA** – na triplica visão – e apresenta-se como **instrumento funcional para garantir a segurança pública (interna)**, ou seja, esta **apenas se garante eficiente e eficazmente se forem evitadas as violações** às normas jurídicas e, como já frisamos, às normas sociais subjacentes àquelas que compõem e sedimentam o Estado de direito democrático, e quando se verificarem as violações, poder-se-á afirmar que a segurança pública (interna) se restaurou com a descoberta dos seus agentes[49] e com

---

[48] Neste sentido GERMANO MARQUES DA SILVA, *Ética Policial e Sociedade Democrática*, Edição do ISCPSI, Lisboa, 2001, p. 71.

[49] Sobre este assunto, MANUEL M. G. VALENTE, *Dos Órgãos de Polícia Criminal – Natureza –Intervenção – Cooperação*, Almedina, Coimbra, 2004, pp. 18 e ss. e 80 e ss., "A Segurança como tarefa fundamental do Estado de Direito Democrático", *in Revista Polícia Portuguesa*, ano LXIII,

300 *Estudos de Direito e Segurança*

a sua responsabilização e reinserção na comunidade[50], com a qual se podem proteger e reintegrar o bem jurídico ofendido e, posteriormente, promover a reintegração do agente na sociedade[51].

Esta visão conduz-nos à interdisciplinaridade entre a natureza executiva e a natureza judicial – que se complementam na prossecução segurança pública (interna) – das medidas e dos actos praticados pela POLÍCIA[52]: ao prosseguir uma função de prevenção criminal em sentido estrito a POLÍCIA pratica actos que se enquadram no âmbito judicial, como a detenção do autor de um crime, mas, por um lado, esses actos dependem de uma orgânica hierarquizada e, por outro, a decisão de prossecução de determinado acto ou diligência subordina-se à natureza executiva originária da POLÍCIA. Acrescente-se que a actuação da POLÍCIA neste campo – como OPC – é uma actuação pré-processual, cuja inserção como acto processual depende da apreciação e da validação judicial.

II. Sufragando a posição de G. CANOTILHO e V. MOREIRA[53], consideramos que a *prevenção criminal* comporta duas funções distintas e interligadas:

α. a **função de vigilância** promovida pela POLÍCIA visa evitar que "as limitações impostas pelas normas e os actos das autoridades para a defesa da segurança interna, da legalidade democrática e dos direitos dos cidadãos"[54] sejam ofendidos por condutas que podem consignar quer a prática de um ilícito de mera ordenação social quer um ilícito criminal ou concursamente as duas realidades jurídicas. Todavia, a função desenvolvida não pode vez alguma deixar de respeitar esses mesmos direitos. A **função de vigilância** encerra em si uma **acção preventiva positiva** – impõe-se à POLÍCIA que pratique diligências e actos/ /medidas de polícia com fundamento na manutenção da ordem jurídica estabelecida constitucionalmente – que fomentará a materialização da segurança pública (interna) nas várias perspectivas física, cognitivo-psíquica, histórica, jurídica, privada e de domínio público, e encerra, também, uma **acção preven-**

II Série, n.º 125, SET/OUT 2002, pp. 27 e ss., *Consumo de Drogas – Reflexões sobre o Novo Quadro Legal*, Almedina, Coimbra, 2002 (1.ª Edição), pp. 66 e ss., *O Novo Regime Jurídico do Agente Infiltrado – Comentado e Anotado –* Legislação Complementar, (em co-autoria com FERNANDO GONÇALVES e M. JOÃO ALVES), Almedina, Coimbra, 2001, pp. 28 e ss..

[50] Cfr. art. 40.º do CP.

[51] Podemos afirmar que a segurança interna restaura-se com a concreção do art. 40.º do CP.

[52] Quanto a este assunto MANUEL M. G. VALENTE, *Teoria Geral do Direito Policial*, Tomo I, Almedina, Coimbra, 2005, pp. 60-74.

[53] GOMES CANOTILHO e VITAL MOREIRA, *Constituição da República...*, p. 956.

[54] *Ibidem.*

tiva negativa – que prescreve a não ingerência ilegítima, ilegal, desproporcional inadequada, desnecessária, não subsidiária e desproporcional *stricto sensu*, desleal e antidemocrática, *i. e.*, gravemente onerosa para os direitos, liberdades e garantias do cidadão, por parte das forças de segurança. Podemos, desta feita, afirmar que, no plano da função de vigilância, se cumpre a concreção máxima da função de polícia na prossecução de uma das necessidades colectivas cruciais que se transforma em uma das tarefas fundamentais do Estado – segurança interna –, *i. e.*, cumpre-se o desiderato na dupla visão ôntica da existência de uma força colectiva dotada de prerrogativas de autoridade[55]: prevenção criminal positiva pró-activa, na voz autorizada de EDGARDO ROTMAM, e negativa não ingerência inadmissível legal e comunitariamente. Vejamos em concreto: o direito de manifestação – consagrado no art. 45.º da CRP, cujo regime jurídico se encontra previsto no DL n.º 406/74, de 29 de Agosto – não pode funcionar como limite do direito de liberdade de circulação dos demais cidadãos, nem como limite do direito à imagem ou à fruição de um bem imóvel ou móbel. Este direito/dever implica uma acção de vigilância sobre os que desejam manifestar-se ou se manifestam de modo a que estes não ponham em causa as normas que regulamentam o direito de manifestação, a legalidade do próprio acto manifestação e os direitos de todos os demais cidadãos. Concretizemos:

◆ o exercício de um direito consagrado constitucionalmente não se verifica sem limites e sem pressupostos de respeito automático pelos demais direitos dos cidadãos que o circundam e da comunidade em geral, *i. e.*, só há exercício de um direito quando o mesmo se enquadra no plano de participação democrática – com respeito pela constituição e pela lei, vinculação a que todo o cidadão está sujeito por imperativo constitucional do art. 3.º e 18.º da CRP. Refira-se que o exercício de um direito implica a concretização da segurança pública;

◆ consciente de que o ser humano é um ser frágil e pecador por natureza, o legislador constituinte consagrou uma força colectiva – POLÍCIA –, dotada de *ius imperii*, cuja função é defender a legalidade democrática – regras próprias de um estado de *direito democrático*[56] – e garantir os direitos do cidadão – que se impõem como "obrigação de protecção pública dos direitos fundamentais"[57] que se deve articular com o *direito à segurança* consagrado

---

[55] Quanto a este assunto MANUEL M. G. VALENTE, *Dos Órgãos Polícia...*, pp. 77 e ss. e MARCELLO CAETANO, *Manual de Ciência Política e de Direito Constitucional*, 6.ª Edição (Reimpressão), Almedina, Coimbra, 1996, pp. 143 e ss..

[56] GOMES Canotilho e VITAL Moreira, *Constituição da República...*, p. 69.

[57] *Idem*, p. 956.

302 Estudos de Direito e Segurança

pelo n.º 1 do art. 27.º da CRP, fundamento da prossecução do princípio da liberdade e direito garantia dos demais direitos fundamentais;

♦ função que se pode concretizar se a força colectiva promover actos e diligências próprias da função de vigilância: proceder legal e proporcionalmente à recolha de informações adequadas ao exercício do direito de manifestação – de modo que se possa efectuar um planeamento operacional que se enquadre dentro do regime previsto na lei – e, simultaneamente, essas informações devem versar sobre a perigosidade ou possibilidade de existirem tumultos que afectem a regular vivência comunitária quer em uma perspectiva individual quer colectiva; proceder à identificação de questões de relevância prática que se prendem com o planeamento policial capaz de uma manifestação decorrer dentro da normalidade democrática.

♦ a prevenção de danos sociais ganha relevo na função de vigilância, sendo esta a função que permite uma maior concreção de uma política de segurança pública centrada no ser humano e não no Estado como razão de ser da comunidade organizada.

β. a **função de prevenção criminal** *stricto sensu* traduz a adopção "de medidas adequadas para certas infracções de natureza criminal", que visam proteger pessoas e bens, vigiar indivíduos e locais suspeitos, assim como promover todas as medidas cautelares e de polícia tipificadas e proporcionais para que se salvaguardem e se assegurarem os meios de prova – artigos 243.º a 253.º do CPP –, sem que, contudo, dessa prevenção criminal *stricto sensu* resulte ofensa grave ou limite ao exercício dos direitos, liberdades e garantias do cidadão[58], seja suspeito – arguido – seja vítima, seja um outro membro da comunidade. Face à existência de um crime de furto simples – p. e p. pelo art. 203.º do CP – típico crime de alarido social e que provoca alterações fortes da percepção de segurança no plano físico e cognitivo, impõe-se que a POLÍCIA desenvolva diligências ou medidas processuais investigatórias – cumpridos os pressupostos legais de competência e de atribuição – capazes de em tempo útil se poder descobrir, recolher, salvaguardar, analisar e interpretar as *provas reais* – objecto do crime ou objecto instrumento do crime ou vestígios e indícios probatórios – e localizar, contactar e apresentar as *provas pessoais* – agente do crime. Adite-se que, nesta função de prevenção criminal, a polícia não pode menosprezar a investigação criminológica por esta poder ser um vector de orientação não só ao julgador, como também à instituição que executará a sanção aplicada por

---

[58] *Idem*, pp. 956/957.

aquele[59]. Podemos, assim, afirmar sem repúdio e sem receio que a função de prevenção criminal *stricto sensu* preenche o ideário e conteúdo de Polícia judiciária consagrado no art. 272.º do CPP.

III. A POLÍCIA, na prossecução das **funções de vigilância** e de **prevenção criminal em sentido estrito**, promove e garante a ordem e a tranquilidade públicas, protege a vida, a integridade das pessoas e a sua propriedade, assegura não só o normal funcionamento das instituições e o respeito da legalidade democrática, mas também garante a materialização dos direitos e liberdades, sendo o bem-estar cultural e económico um dos mais reclamados numa sociedade organizada política, cultural, social e economicamente[60] – *i. e.*, **garante a segurança pública interna** e, concomitantemente, **em um quadro regional**.

A prevenção criminal materializa-se se a investigação policial/criminal se basear nos ensinamentos e, essencialmente, nos fundamentos das Ciências Jurídico-Criminais, percurso acompanhado com a cientificidade das Ciências Sociais. Sendo estes últimos, como sabemos, fulcrais para se promover uma prevenção criminal *stricto sensu*, que alcançará os seus objectivos materiais e adjectivos permitindo que se desenvolvam actos que consignam uma investigação criminal legal, científica e eticamente aceite e defendida pela colectividade.

§5.º Da Segurança Pública em um quadro de cooperação internacional

I. A segurança (pública) interna, hoje, como havíamos referido não se esgota na orla do Estado fronteira, mas embrenha-se na ideia de segurança interna do designado *Estado Fronteiras* de ADRIANO MOREIRA. Face a um quadro criminógeno local, regional, internacional e transnacional não podemos ser avestruzes e não olharmos os horizontes do crime regionalizado e do crime global ou transnacional. A abertura de fronteiras a pessoas e a serviços facilita o desenvolvimento de actividades ilícitas, principalmente quando são desencadeadas por organizações com recursos humanos e materiais superiores aos de quem fiscaliza, investiga e julga: polícia e tribunais. A globalização do crime imprimiu necessariamente a 'globalização' da legislação, da justiça e, por maioria de razão,

---

[59] Quanto a este assunto MANUEL M. G. VALENTE, *Teoria Geral do Direito Policial – Tomo I*, pp. 222-226.

[60] Cfr. artigos 2.º e 4.º da Lei n.º 5/99, de 27 de Janeiro, e artigos 1.º e 16.º da Lei n.º 20/87, de 12 de Junho.

da actuação policial – segurança[61]. Qualquer política de segurança pública de um Estado-Membro implica uma estratégia em um espaço supranacional, pois as causas e os efeitos não se esgotam dentro de um plano espacial nacional.

Como instrumento para fazer face à globalização do crime – que ataca as estruturas de uma sociedade democraticamente organizada – devemos seguir a **cooperação**[62] **material**[63] – vertical e horizontal interna e internacional – capaz de promover não só o intercâmbio de informações, mas de investigações no terreno com as designadas equipas conjuntas, o pedido de realização de meios de obtenção de prova por outras polícias congéneres, certificação de validade da prova em todos os Estados de uma dada região do globo, e, simultaneamente, a **cooperação formal**, ou seja, desenvolver a harmonização dos ordenamentos jurídicos internos face aos tratados bilaterais ou multilaterais ou convenções internacionais que vinculem os Estados aderentes a promover as medidas necessárias à prossecução de medidas atinentes à concretização da assinatura para que se **evite que a desarmonização seja a auto-estrada do crime**.

II. Na Conferência de Alto Nível Sobre a Prevenção da Criminalidade, que decorreu, em 2001, em Vilamoura, ANABELA MIRANDA RODRIGUES afirmava que «a cooperação no âmbito da prevenção do crime pode ser desenvolvida em ligação com a cooperação policial e judicial ao nível da aplicação da lei, devendo ir para além do estrito Âmbito da cooperação policial. (...) a cooperação pode ter um valor acrescentado, designadamente na recolha de dados relativos à criminalidade na UE ou no que se refere a certos tipos de crimes de carácter transnacional, tais como o crime financeiro ou ligado à alta tecnologia»[64/65]. Como afirmam ANABELA RODRIGUES e JOSÉ LOPES DA MOTA "frente à internacionalização do crime, urge responder com a internacionalização da política de

---

[61] NUNO SEVERIANO TEIXEIRA, *Contributos para a Política de Segurança Interna*, Edição do Ministério da Administração Interna, Lisboa, 2002, p. 15.

[62] Quanto à cooperação policial no âmbito da prevenção criminal, MANUEL M. G. VALENTE, *Dos Órgãos de Polícia...*, pp. 209 e ss.

[63] O Tratado que estabelece uma Constituição para a Europa prescreve no seu art. III-261.° a cooperação operacional em matéria de segurança interna. No sentido de uma cooperação policial e judicial mais vincada e marcante, VITALINO CANAS, "Crime de Organizado e Subversão das Estruturas Públicas", *in Colóquio O Terrorismo e Global e os Novos Desafios à Segurança Interna*, que decorreu na Universidade Autónoma de Lisboa, em 3 de Novembro de 2004.

[64] ANABELA MIRANDA RODRIGUES, "Que Política de Prevenção da Criminalidade para a Europa?", *in Conferência de Alto Nível Sobre a Prevenção da Criminalidade*, Edição do Ministério da Justiça, 2001, p. 106.

[65] Quanto à garantia de elevado nível de segurança na União, art. III-257.° e 258.° do Tratado que estabelece uma Constituição para a Europa.

combate ao crime", não sendo, desta feita, "mais possível conservar intactas as fronteiras jurídicas entre os Estados-Membros, quando os controles das fronteiras físicas desapareceram"[66].

A **cooperação**, que deve abarcar a área da **formação**, é um instrumento de que os povos do novo mundo se podem socorrer para fazer face a um tipo de crime cancerígeno com ramificações – em rede ou sem rede – por vários Estados fronteira, cuja prevenção só é possível em uma visão ulissiana de situar a segurança interna em um quadro internacional – do qual depende – e, por essa razão, em uma concepção nova de *Estado fronteiras,* para que não se concretize o vaticínio de ANTÓNIO SACCHETTI quando afirma que «a diversidade europeia é uma riqueza cultural, uma dificuldade política e um desastre estratégico»[67].

§6.° Da construção de uma tipologia de segurança pública (interna) enleada na liberdade e na legalidade – respeito da dignidade da pessoa humana

I. A segurança interna é concebida legalmente como sendo a **garantia** da ordem, da segurança e da tranquilidade públicas, a **protecção** de pessoas e bens, a **prevenção** da criminalidade e o **contributo** para assegurar o normal funcionamento das instituições democráticas, o regular exercício dos direitos e liberdades fundamentais dos cidadãos e o respeito pela legalidade democrática – nos termos do n.° 1 do art. 1.° da Lei n.° 20/87, que aprovou a Lei da Segurança Interna, que, nas palavras de AZEREDO LOPES[68], se encontra obsoleta e que necessita de ser alterada para que se adéque ao que, hoje, se sente quanto à formação das forças de segurança, encontrando-se estas dotadas de uma competência a anos luz da que estávamos habituados a viver. A segurança pública promovida pela polícia, como bem jurídico supra-individual (e individual) entronca no quadro da segurança interna, sendo que esta não se esgota na segurança pública quer nos sujeitos de acção – entes dotados de *ius imperii*, que são a face visível da lei e do Estado (*p. e.,*

---

[66] ANABELA MIRANDA RODRIGUES e JOSÉ LUÍS LOPES DA MOTA, *Para uma Política Criminal Europeia*, Coimbra Editora, Coimbra, 2002, p. 15 e pp. 41 e ss..

[67] ANTÓNIO EMÍLIO FERRAZ SACCHETTI, "A Conjuntura Estratégica Mundial", *in Informações e Segurança – Estudos em Honra do General PEDRO CARDOSO*, (coordenação de ADRIANO MOREIRA), Prefácio, Lisboa, 2003, p. 71.

[68] No I Colóquio de Segurança Interna, que decorreu nos dias 17 e 18 de Novembro de 2004, no Instituto Superior de Ciências Policiais e Segurança Interna, em Lisboa, cujos textos se encontram publicados em MANUEL MONTEIRO GUEDES VALENTE (coord.), *I Colóquio de Segurança Interna,* Almedina, Coimbra, 2005.

polícias, procuradores, juizes, vigilantes de empresas de segurança privada) – quer nas finalidades – toda a comunidade independentemente da cor, da raça, do sexo, da opção política (...) ou determinado grupo de pessoas ou determinado indivíduo isoladamente considerado.

Da lei e em conjugação com a Constituição podemos aferir que a segurança pública (interna) se enquadra como necessidade colectiva – cuja satisfação *regular e contínua* deve ser provida pela *actividade típica dos organismos e indivíduos* da Administração Pública, *nos termos estabelecidos pela legislação aplicável*, devendo aqueles obter para *o efeito os recursos mais adequados e utilizar as formas mais convenientes*, quer sob *direcção ou fiscalização* do poder político, quer sob o *controle dos tribunais*[69] – e, como tarefa fundamental do Estado, a segurança **impõe a organização de uma força capaz de servir os interesses vitais da comunidade política**, a **garantia da estabilidade dos bens**, a **durabilidade credível das normas e a irrevogabilidade das decisões do poder que respeitem interesses justos e comuns**.

A segurança deve ser concebida como *coacção jurídica* e *coacção material* e, primordial e consequentemente, como uma "garantia de exercício seguro e tranquilo de direitos, liberto de ameaças ou agressões"[70], quer na sua **dimensão negativa** – direito subjectivo à segurança que comporta a defesa face às agressões dos poderes públicos – quer na sua **dimensão positiva** – direito positivo à protecção exercida pelos poderes públicos contra quaisquer agressões ou ameaças de outrem[71]. Defendemos, assim, que foi neste sentido que o legislador Constitucional consagrou o direito à segurança no mesmo número do mesmo artigo – 27.º – da Constituição ao consagrar o direito à liberdade, funcionando os dois como corolários e fundamento da expressão de todos os demais direitos fundamentais pessoais, culturais, sociais e económicos[72].

II. Como se depreende da nossa exposição a segurança – interna e externa – deve ser em primeira linha encarada como um direito relativo e não absoluto face ao direito, ao valor, ao princípio da liberdade. Como já referimos, na esteira de GOMES CANOTILHO e VITAL MOREIRA[73], a segurança é, como direito

---

[69] DIOGO FREITAS DO AMARAL, *Curso de Direito Administrativo*, Almedina, Coimbra, 1996, Vol. I, págs. 32 e ss.

[70] GOMES CANOTILHO e VITAL MOREIRA, *Constituição da República...*, p. 184.

[71] *Ibidem.*

[72] Refira-se que a liberdade deve ser entendida como direito fundamental subjectivo quer como princípio. Quanto a este assunto, MANUEL M. G. VALENTE, *Processo Penal – Tomo I*, Almedina, Coimbra, 2004, pp. 237-255, *Teoria Geral do Direito Policial*, Almedina, Coimbra, 2005, pp. 124-136, e *Do Mandado de Detenção Europeu*, Almedina, Coimbra, 2006, pp. 311-320.

[73] GOMES CANOTILHO e VITAL MOREIRA *Constituição da República...*, p. 184.

fundamental, uma garantia do cidadão para que exerça segura e tranquilamente os demais direitos fundamentais – pessoais, sociais e políticos, económicos – exercício este apartado de qualquer ameaça ou agressão quer pelo concidadão quer pelos entes do Estado.

A tipologia de segurança, com o art. 3.º da Constituição de 1822 – no sentido de segurança pessoal: «protecção que o governo deve dar a todos os cidadãos para poderem conservar os seus direitos pessoais» –, ganha força mais de *garantia de direitos* do que força de *direito autónomo*[74]. Todavia, o **direito à segurança** seja na sua *dimensão negativa* (protecção contra *os poderes públicos*), seja na sua *dimensão positiva* (protecção contra *agressões de outrem*), **não pode**, como bem jurídico tutelado constitucionalmente, **ser promovido de forma que viole a prossecução dos direitos fundamentais pessoais**, cujo exercício limitam a sua amplitude baseada no pressuposto da realização do interesse público[75].

O **direito à segurança**, tarefa primordial do Estado, não pode nem **deve socorrer-se** de meios ou medidas de cariz de Estado de Polícia, mas **de meios que encontram, onticamente, o seu fundamento e a sua causa de existência nos próprios direitos pessoais enraizados na promoção do respeito da dignidade humana** – preocupante é saber se a videovigilancia é, nos nossos dias e tendo em conta a sofisticação que a prática de crimes está a ganhar, um instrumento de prossecução de segurança pública adequado, necessário e exigível, proporcional *stricto sensu* e subsidiário face a outros instrumentos e meios policiais menos onerosos para os direitos do cidadão[76].

A segurança como direito do cidadão surge como dever do Estado, que, além de ser responsável por esta garantia, compete-lhe constitucionalmente «garantir os direitos e liberdades fundamentais e o respeito pelos princípios do Estado de Direito Democrático», *ex vi* al. *b)* do art. 9.º da CRP. É nesta perspectiva que seguimos G. MARQUES DA SILVA quando nos ensina que as restrições devem-se limitar "ao mínimo indispensável, para se poder conciliar o aprofundamento das liberdades individuais com a segurança colectiva"[77]. Maior deve ser a limitação sempre que estejam em causa medidas que atentem contra "a esfera nuclear das

---

[74] *Ibidem.*

[75] Pensamos importante referir que o **interesse público deveria ser *o de que cada um tenha as melhores possibilidades de alcançar a satisfação dos seus interesses***. MANUEL FONTAINE CAMPOS, *O Direito e a Moral no Pensamento de Friedrich Hayek*, UCP – Porto, 2000, p. 106.

[76] Quanto a este assunto MANUEL M. G. VALENTE, *Teoria Geral do Direito Policial* – Tomo I, pp. 329-371.

[77] MARQUES DA SILVA *apud* ÉLIA CHAMBEL, *A Videovigilância em Locais de Domínio Público de Utilização Comum,* ISCPSI, Lisboa, 2000, p. 35.

pessoas e da sua vida"[78], cuja tutela não se esgota civilmente, mas alarga-se à tutela penal: como o direito à vida, à integridade física, à imagem, à reserva da vida privada, ao bom nome e reputação.

O **direito à segurança** – face ao grande valor ou ao valor supremo da justiça que é a liberdade[79] e tendo em conta o ensinamento de ALEXIS TOCQUEVILLE de que "o grande objectivo da justiça é o de substituir o uso da violência pela ideia de justiça..."[80] – **não pode nem deve ser encarado como um direito absoluto do cidadão**, nem como uma garantia absoluta de todos os outros direitos, porque estes podem ser garantidos não só através de uma acção activa do Estado, mas também através de medidas e acções preconizadas pelos próprios cidadãos, que devem ter um papel dinâmico e activo fundamental na prossecução e desenvolvimento de uma segurança própria inserida em um Estado que se quer de Direito e Democrático, incentivando a participação democrática na construção material e funcional de segurança interna.

A absolutização ou deificação do direito à segurança promoveria a nidificação dos demais direitos fundamentais pessoais consequência inaceitável em uma comunidade que se arroga de valores humanitários, ou seja, como nos ensina HASSEMER, as «restrições aos direitos fundamentais devem ser pesadas cautelosamente, devem ser aplicadas concentradamente e, em todo caso, ser guarnecidas com instrumentos que permitam o controlo"[81] e «de uma vez por todas, deixemos de acreditar na lenda, segundo a qual os meios de coerção pensados atingem apenas o "criminoso", como se houvesse uma linha de demarcação para tais coerções, capaz de excluir os bons cidadãos dos "outros"»[82].

A perspectiva securitarista do Estado não pode atar-se à defesa exacerbada e desnorteada de recurso de meios técnicos e tecnológicos que colocam em causa a onticidade do Homem, agravando-se esta perspectiva por esse recurso ser sistemático sem, por um lado, se avaliar, em primeiro lugar, se os meios técnicos e tecnológicos anteriores eram proporcionais *lato sensu* para o exercício da segurança interna e, por outro, sem se avaliar ou indagar onde falhou a inutilidade ou ineficiência do meio revogado por se considerar decrépito[83].

---

[78] GOMES CANOTILHO e VITAL MOREIRA, *Constituição da República...*, p. 179.

[79] HANS KELSEN, *A Justiça e o Direito Natural*, (tradução de JOÃO BAPTISTA MACHADO), Almedina, 2001, p. 81.

[80] ALEXIS TOCQUEVILLE, *Da Democracia na América*, (tradução de CARLOS CORREIA MONTEIRO DE OLIVEIRA), Principia, S. João do Estoril, 2002, p. 180.

[81] WINFRIED HASSEMER, *A Segurança Publica...*, pp. 116.

[82] *Idem*, p. 117.

[83] Neste sentido, WINFRIED HASSEMER, *A Segurança Pública...*, pp. 116 e ss.

O argumento da política securitária de que sem segurança não existe liberdade nem exercício dos demais direitos pessoais não é fundamento para defender a implementação meios técnicos de investigação de eficácia duvidosa para a prevenção e repressão da criminalidade, sob pena de darmos um carácter quase absoluto ao bem jurídico segurança – interna e externa – superiorizando-se face aos demais direitos pessoais, que, em uma sociedade democrática, deveriam ser intangíveis, quando queremos e defendemos uma estrutura social em crescimento assente nas premissas da independência e afirmação pessoal do indivíduo: liberdade e responsabilidade. Ao coarctarmos estes dois vectores estamos indirectamente a restringir o exercício pleno e concreto dos direitos fundamentais.

III. Cumpre-nos nesta praia de dúvidas incessantes, apresentar o nosso **contributo mínimo para um tipologia de segurança interna**. Contributo que não se autolimita no art. 272.º da CRP, mas que dele parte e a ele chega.

À tipologia legal – prevista no n.º 1 do art. 1.º da LSI – cuidamos em acrescentar a razão de ser da segurança pública (interna) – *i. e.,* a razão de ser prende-se com o estabelecimento do homem em comunidade organizada política e democraticamente em um território, cujo poder está vinculado a dois grandes princípios estruturantes e, por conseguinte, que moldam a ideia de segurança pública (interna): o respeito da dignidade da pessoa humana[84] e a vontade popular, cuja visão teleológica é a promoção de uma sociedade justa, livre e solidária. Ora vejamos:

A **segurança pública (interna)** deve ter como **fundamento nuclear** a **prossecução ou materialização e realização do respeito da dignidade da pessoa humana** – que confere, como ensina J. MIRANDA, "uma unidade de sentido, de valor e de concordância prática ao sistema de direitos fundamentais"[85] por fazer da *pessoa* "fundamento e fim da sociedade e do Estado"[86], sendo por isso que se deve reportar à "ideia de protecção e desenvolvimento das pessoas"[87] – com a promoção de uma ordem, de uma segurança e de uma tranquilidade públicas, que seja capaz e eficiente na protecção das pessoas contra quaisquer ameaças ou agressões de outrem ou

---

[84] A dignidade da pessoa humana, reconhecida pelo preâmbulo da DUDH como "fundamento da liberdade, da justiça e da paz no mundo", apresentando-se como princípio estruturante do nosso Estado e como fundamento do direito à vida, (à integridade física e moral) à liberdade e à segurança quer pessoal, quer colectiva.

[85] JORGE MIRANDA, *Manual de Direito Constitucional – Tomo IV – Direitos Fundamentais*, 3.ª Edição, Coimbra Editora, 2000, p. 180.

[86] *Ibidem.*

[87] *Idem*, p. 181.

dos próprios poderes públicos que ponham em causa a sua vida, a sua integridade física ou moral, que seja eficaz não só na protecção, como também na promoção do bem-estar material das pessoas[88].

A centralização **do respeito da dignidade da pessoa humana** – fundada na educação do povo no sentido da liberdade e da responsabilidade individual e colectiva, *i. e.*, do reconhecimento do *alter* – como cerne da segurança interna a promover pelo Estado – proteger a vida, a integridade e a propriedade das pessoas, promover a defesa dos demais direitos pessoais, culturais, sociais e económicos através da acção da POLÍCIA, à qual é cometida também função de prevenção da criminalidade, como estipula o n.º 3 do art. 272.º da CRP[89] – reforça-se com a força vinculativa que emerge do poder de **vedar a suspensão** [mesmo que estejamos *em estado de sítio*] **dos direitos fundamentais pessoais** vida, integridade pessoal, identidade pessoal, capacidade civil e de cidadania, irretroactividade da lei penal, defesa de arguido, liberdade de consciência e de religião – conforme n.º 6 do art. 19.º da CRP[90].

A segurança pública encontra-se onticamente no padrão dogmático de fundamento e fim no respeito da dignidade da pessoa humana, cujo olhar míope pode delatar o verdadeiro sentido jurídico-constitucional e jurídico-ordinário consubstanciado na ordem social. Uma política de segurança pública arrogante – que ofenda bens jurídicos fulcrais ao desenvolvimento do Homem em sociedade e ao desenvolvimento desta – está dotada de uma enorme ignorância e a desenfreada escolha pela privatização da segurança pública – tarefa fundamental do Estado – pode ser a evaporação do Estado. Perversão que não queremos que alcance a concreção plena, sob pena de nidificação do Homem face à divinização da segurança.

BIBLIOGRAFIA

AMARAL, DIOGO FREITAS DO, *Curso de Direito Administrativo*, Almedina, Coimbra, 1996, Vol. I.

---

[88] No sentido da dignidade da pessoa humana como raiz de melhoria da qualidade de vida, JORGE MIRANDA, *Manual de Direito...* – Tomo IV, p. 192 e 193.

[89] *Hoc sensu* G. CANOTILHO e V. MOREIRA, *Constituição da República...*, 3.ª Edição, p. 957.

[90] Quanto a este assunto JORGE MIRANDA, *Manual...*, p. 185 e 369.

Da Segurança Pública: Contributos para uma Tipologia

ANDRADE, JOSÉ CARLOS VIEIRA DE, *Os Direitos Fundamentais na Constituição Portuguesa de 1976*, 2.ª edição, Livraria Almedina, Coimbra, 2001.

ANTÓN, TOMÁS VIVES, "El Proceso Penal de la Presunción de Inocencia", *in Jornadas de Processo Penal e Direitos Fundamentais*, (Coordenação de FERNANDA PALMA), Almedina, 2004.

CAETANO, MARCELLO, *Manual de Ciência Política e de Direito Constitucional*, 6.ª Edição (Reimpressão), Almedina, Coimbra, 1996, Tomo I.

—, *Princípios Fundamentais do Direito Administrativo*, 2.ª Reimpressão da Edição Brasileira de 1977, Almedina, Coimbra, 2003.

CAMPOS, MANUEL FONTAINE, *O Direito e a Moral no Pensamento de Friedrrich Hayek*, UCP – Porto, 2000.

CANAS, VITALINO, "Crime de Organizado e Subversão das Estruturas Públicas", *in Colóquio O Terrorismo e Global e os Novos Desafios à Segurança Interna*, que decorreu na Universidade Autónoma de Lisboa, em 3 de Novembro de 2004.

CANOTILHO, J. J. GOMES, *Directo Constitucional e Teoria da Constituição*, 3.ª Edição, Coimbra, 2000.

—, *Constituição da República Portuguesa Anotada*, (co-autoria com VITAL MOREIRA), Coimbra Editora, 1993.

CONDE, FRANCISCO MUÑOS, *Introducción al Derecho Penal*, 2.ª Edición, Editorial Montevideo, Buenos Aires.

DIAS, JORGE DE FIGUEIREDO, "O direito penal entre a sociedade industrial e a sociedade do risco", *in Estudos em Homenagem ao Professor Doutor Rogério Soares*, Coimbra Editora, 2001.

—, *Direito Processual Penal*, (Lições coligidas por MARIA JOÃO ANTUNES), Coimbra, 1988-9.

GOUVEIA, JORGE BACELAR, *Manual de Direito Constitucional*, Almedina, Coimbra, Vols. I e II, 2005.

HASSEMER, WINFRIED, *A Segurança Pública no Estado de Direito*, AAFDL, Lisboa, 1995.

KELSEN, HANS, *A Justiça e o Direito Natural*, (tradução de JOÃO BAPTISTA MACHADO), Almedina, 2001.

MACHADO, CARLA, *Crime e Insegurança – Discursos do Medo, Imagens do «outro»*, Editorial Notícias, Lisboa, 2004.

MACHADO, ROCHA, *Poder – Da Estrutura Individual à Construção Mediática*, Autonomia 27, Lisboa 2003.

MIRANDA, JORGE, *Manual de Direito Constitucional – Tomo IV – Direitos Fundamentais*, 3.ª Edição, Coimbra Editora, 2000.

MOREIRA, ADRIANO, "As Fronteiras da Europa", *in Nação e Defesa*, n.º 112 – 3.ª Série, 2005.

NUNES, ISABEL FERREIRA, "Segurança internacional, os princípios idealistas e a lógica realista", *in Informações e Segurança* (Coordenação de ADRIANO MOREIRA), Prefácio, 2003.

PEREIRA, RUI, "O novo regime sancionatório do consumo de droga em Portugal", *in*

Suplemento da Revista da Faculdade de Direito da Universidade de Lisboa – Problemas Jurídicos da Droga e da Toxicodependência – Vol. I, Coimbra Editora, 2003.

POPPER, KARL, *Conjecturas e Refutações*, (tradução de BENEDITA BETTENCOURT), Almedina, Coimbra, 2003.

RODRIGUES, ANABELA MIRANDA, "Que Política de Prevenção da Criminalidade para a Europa?", *in Conferência de Alto Nível Sobre a Prevenção da Criminalidade*, Edição do Ministério da Justiça, 2001.

RODRIGUES, ANABELA MIRANDA e MOTA, JOSÉ LUÍS LOPES DA, *Para uma Política Criminal Europeia*, Coimbra Editora, Coimbra, 2002.

SACCHETTI, ANTÓNIO EMÍLIO FERRAZ, "A Conjuntura Estratégica Mundial", *in Informações e Segurança* – *Estudos em Honra do General* PEDRO CARDOSO, (coordenação de ADRIANO MOREIRA), Prefácio, Lisboa, 2003.

SILVA, GERMANO MARQUES DA, *Curso de Processo Penal*, 4.ª Edição, Verbo, Lisboa/ /S. Paulo, 2000.

—, *Ética Policial e Sociedade Democrática*, Edição do ISCPSI, Lisboa, 2001.

TEIXEIRA, NUNO SEVERIANO, *Contributos para a Política de Segurança Interna*, Edição do Ministério da Administração Interna, Lisboa, 2002.

TOCQUEVILLE, ALEXIS, *Da Democracia na América*, (tradução de CARLOS CORREIA MONTEIRO DE OLIVEIRA), Principia, S. João do Estoril, 2002.

VALENTE, MANUEL MONTEIRO GUEDES, "A Segurança como tarefa fundamental do Estado de Direito Democrático", *in Revista Polícia Portuguesa*, ano LXIII, II Série, n.º 125, SET/OUT 2002.

—, "Enquadramento Jurídico das Polícias Municipais: do quadro constitucional ao quadro ordinária", *in Estudos de Homenagem ao Professor Doutor Germano Marques da Silva*, Almedina, Coimbra, 2004.

—, *Consumo de Drogas* – *Reflexões sobre o Quadro Legal*, 2.ª Edição, Almedina, Coimbra, 2006.

—, *Dos Órgãos de Polícia Criminal* – *Natureza-Intervenção-Cooperação*, Almedina, Coimbra, 2004.

—, *Teoria Geral do Direito Policial* – Tomo I, Almedina, Coimbra, 2005.

—, *Processo Penal* – *Tomo I*, Livraria Almedina, 2004.

—, *O Novo Regime Jurídico do Agente Infiltrado* – *Comentado e Anotado* – Legislação Complementar, (em co-autoria com FERNANDO GONÇALVES e M. JOÃO ALVES), Almedina, Coimbra, 2001.

—, *Do Mandado de Detenção Europeu*, Almedina, Coimbra, 2006.

VITORINO, ANTÓNIO, "Defesa Nacional", *in 1.º Suplemento do Dicionário Jurídico da Administração Pública*, Lisboa, 1996.

O SISTEMA DE PLANEAMENTO CIVIL DE EMERGÊNCIA EM PORTUGAL – UMA COMPONENTE NÃO-MILITAR DE DEFESA NACIONAL

MIGUEL LUÍS FERREIRA SOARES*

INTRODUÇÃO

O Mundo de hoje é marcado por um conjunto de profundas alterações (iniciadas na última década do século XX) que marcam as vidas das sociedades, a suas organizações e as expectativas dos cidadãos.

Deste modo, das alterações referidas destaca-se o aparecimento de novos riscos e ameaças, nomeadamente, o Terrorismo transnacional, que atinge graus de violência que ultrapassam os limites, que até há bem pouco tempo eram impensáveis.

Por outro lado, este tipo de fenómenos vai aumentando de frequência, o que a juntar às sempre imprevisíveis situações de catástrofes ou calamidades naturais, criam um sentimento de incapacidade de resposta por parte das zonas e países atingidos.

Como tal, todas estas realidades obrigam a uma preparação por parte dos Estados, de forma a prevenir e minimizar as consequências de todos estes fenómenos de cariz humano ou natural, que podem assolar um determinada zona do globo e um determinado país, deixando marcas inimagináveis nas suas populações, nas suas principais infra-estruturas e no seu património histórico e natural.

---

* Sociólogo. Assessor do Director Municipal de Protecção Civil, Segurança e Tráfego da Câmara Municipal de Lisboa.

É neste contexto de incerteza que se enquadra uma das principais Componentes Não-militares da Defesa, que é o **Planeamento Civil de Emergência**. Estruturado num Sistema Nacional, o Planeamento Civil de Emergência é um importante instrumento do Estado para a preparação civil do nosso País, para situações de crise, tempo de guerra ou catástrofe natural, de forma a prevenir e minimizar as vulnerabilidades existentes, tentando assim afectar o menos possível o bem comum da sociedade portuguesa, a nível individual, colectivo e do funcionamento de infra-estruturas, órgãos de gestão e sistemas básicos do Estado português. No fundo, podemos afirmar que o Planeamento Civil de Emergência é uma actividade pública e privada que se organiza de forma a organizar e preparar os diferentes sectores estratégicos do País, garantindo a continuidade da acção governativa, a sobrevivência e a capacidade de resistência da Nação, o apoio às Forças Armadas, a protecção da população e a salvaguarda do património nacional.

Análise geral ao Sistema Nacional de Planeamento Civil de Emergência

Como atrás foi referido, o Sistema Nacional de Planeamento Civil de Emergência é um importante instrumento do Estado, no sentido de dotar o País de uma preparação civil adequada que previna e minimize vulnerabilidades, potenciando a capacidade de resposta e a actuação dos mecanismos adequados para enfrentar situações de guerra, crise ou catástrofe. Para que a capacidade nacional de resposta seja imediata e no âmbito do que está descrito no Decreto-Lei n.º 153/91 de 23 de Abril, o Sistema tem evoluído e tem tentado responder à necessidade de melhorar a capacidade nacional de resposta às crises, implicando para o Planeamento Civil de Emergência um acréscimo de competências e a ampliação do domínio de actuação das suas diferentes actividades.

Um sistema desta responsabilidade tem que se organizar da melhor forma possível, garantindo a máxima eficácia em todos os campos de actuação. Assim, o Sistema Nacional de Planeamento Civil de Emergência está organizado da seguinte forma:

– O Conselho Nacional de Planeamento Civil de Emergência (CNPCE);
– As Comissões de Planeamento de Emergência (CPE's).

O CNPCE é um órgão de coordenação e apoio, de natureza colegial, na dependência do Primeiro-Ministro, sendo presidido pelo Ministro da Defesa Nacional. O objectivo deste órgão é a definição e permanente actualização das políticas de Planeamento Civil de Emergência, nomeadamente, nas áreas da Agricultura, Pescas e Alimentação, das Comunicações, da Energia, da Indústria, da Saúde e dos Transportes (Aéreos, Marítimos e Terrestres), a fim de que, em situação de emergência, crise ou guerra, se garanta a continuidade da acção governativa, a sobrevivência e a capacidade de resistência da Nação, o apoio às Forças Armadas, a protecção das populações e a salvaguarda do património nacional. A nível da OTAN, o CNPCE deve contribuir para a definição das políticas e doutrinas adaptadas no âmbito do Alto Comité do Planeamento Civil de Emergência da OTAN (SPEPC) e assegurar a coordenação das actividades dos delegados portugueses nos organismos dele dependentes. Pela importância desta actividade interessa, também, mostrar a composição do CNPCE:

– É presidido pelo Ministro da Defesa Nacional e constituído por um Vice--Presidente, pelos presidentes das CPE's, um representante do Serviço Nacional de Bombeiros e Protecção Civil, um representante do Estado--Maior-General das Forças Armadas, um representante do Ministro da República para a Região Autónoma dos Açores, um representante do Ministro da República para a Região Autónoma da Madeira, um representante do Governo regional dos Açores, um representante do Governo Regional da Madeira. O Presidente do CNPCE poderá convidar nos trabalhos das reuniões do Conselho, representantes de outras entidades públicas ou privadas sempre que tal se justifique, sendo que estes representantes não têm direito a voto.

Por seu lado, as CPE's são comissões sectoriais e têm como responsabilidade a elaboração de estudos de situação, identificar vulnerabilidades sectoriais, propor às tutelas planos e medidas que minimizem as vulnerabilidades detectadas no sector que representam, traduzindo assim, as políticas de planeamento civil de emergência de que são responsáveis. As CPE's têm ainda a responsabilidade de representar Portugal nos comités da OTAN; EU e outros organismos internacionais congéneres, sob coordenação do CNPCE. Existem noves Comissões de Planeamento de Emergência. São elas: A Comissão de Planeamento da Alimentação de Emergência, a Comissão de Planeamento do Ambiente de Emergência, a Comissão de Planeamento das Comunicações de Emergência, a Comissão de Planeamento Energético de Emergência, A Comissão de Planeamento Industrial de Emergência, a Comissão de Planeamento de Saúde de Emergência, a Comissão de Planeamento de Transporte Aéreo de Emergência, a Comissão do Transporte Marítimo de Emergência e a Comissão dos Transportes Terrestres de Emergência. Todas estas comissões desenvolvem um importante trabalho para o funcionamento do Sistema de Planeamento Civil de Emergência.

Principais acções desenvolvidas pelo Sistema Nacional de Planeamento Civil de Emergência, coordenadas pelo CNPCE:

- Implementação de medidas na área do Planeamento Civil de Emergência relativas ao Sistema Nacional de Gestão de Crises;
- A elaboração da "Carta Nacional de Pontos Sensíveis", que visa a identificação, classificação e hierarquização dos pontos sensíveis, criando-se assim, um instrumento que permitirá localizar e atribuir prioridades do que é necessário proteger no País, contribuindo para um reforço da capacidade de Segurança e Defesa de Portugal;
- O "Plano de Regresso" (dependente da Presidência do Conselho de Ministros), que é um instrumento que cria as condições necessárias para reinserir na sociedade portuguesa, cidadãos nacionais radicados em países onde ocorram situações de instabilidade, de uma forma rápida, segura e organizada.
- O "Plano de Assistência Humanitária", que é accionado sempre que tal seja solicitado;
- Formação, treinos e exercícios, que conferem aos agentes do Planeamento Civil de Emergência (efectivos, potenciais e futuros) ensinamentos e contributos para a preparação civil da Nação, em situações de crise, guerra ou catástrofe.

Saber mais sobre o Planeamento Civil de Emergência:

a) Lei n.º 29/82, de 11 de Dezembro;
b) Decreto-Lei n.º 151/91, de 23 de Abril;
c) Dec. Reg. n.º 13/93, de 5 de Maio;
d) Decreto-Lei, n.º 128/02 de 11 de Maio;
e) Directiva Ministerial para o Planeamento Civil de Emergência da OTAN 2003/2004;
f) Directiva Ministerial de Defesa Militar (DMDM-2002), de 8 de Janeiro de 2002;
g) Despacho n.º 199/MEDN/2002, de 28 de Novembro;

Resolução do Conselho de Ministros n.º 6/2003 (Conceito Estratégico de Defesa Nacional)

A UNIÃO EUROPEIA ENQUANTO ESPAÇO DE LIBERDADE, SEGURANÇA E JUSTIÇA: ALGUNS DESENVOLVIMENTOS RECENTES

NUNO PIÇARRA*

1. O impacto do Espaço de Liberdade, Segurança e Justiça na identidade dos Estados-Membros

1.1. Pode dizer-se, sem risco de grande inexactidão, que a integração no Espaço de Liberdade, Segurança e Justiça (ELSJ) – cujo desenvolvimento constitui um dos objectivos da União Europeia (UE ou União), enunciados pelo artigo 2.º do Tratado em que ela se funda (TUE ou Tratado de Maastricht)[1] – é tão ou mais "revolucionária" para as identidades político-jurídicas tradicionais dos Estados-Membros do que a integração na "Moeda Única"[2]. Com efeito, tal integração tem introduzido nessas identidades mutações de monta que, sem pôr de modo algum em causa a sua qualidade de Estados, os tornou bem diferentes daquilo que eram antes de voluntariamente terem optado por ela. Tendo isso presente, há até

---

* Doutor em Direito e Professor da Faculdade de Direito da Universidade Nova de Lisboa.

[1] De acordo com o quarto travessão desse artigo, a União atribui-se o objectivo de manutenção e desenvolvimento "enquanto espaço de liberdade, segurança e justiça, em que seja assegurada a livre circulação de pessoas, em conjugação com medidas adequadas em matéria de controlos na fronteira externa, asilo e imigração, bem como de prevenção e combate à criminalidade".

[2] Como afirma António Vitorino", Liberdade, segurança e justiça como fundamentos da cidadania europeia" in *A Defesa e a Segurança dos Cidadãos na UE do Século XXI*, Lisboa, 2006, p. 55, "falar da perspectiva de aproximação de práticas ou mesmo de harmonização normativa em matérias atinentes ao funcionamento do sistema judicial, à configuração do próprio sistema jurídico, aparece como muito mais difícil de aceitar à luz das concepções tradicionais da soberania nacional do que propriamente quando se trata de substituir moedas nacionais por uma moeda única europeia".

318   *Estudos de Direito e Segurança*

quem os designe por "Estados comunitários", precisamente para dar conta da evolução sofrida pelos Estados-Nações de matriz ocidental-europeia que são membros da Comunidade/União Europeia[3].

Um dos traços estruturantes do ELSJ é a obrigação, decorrente para os Estados-Membros do artigo 62.°, ponto 1, do Tratado da Comunidade Europeia (TCE ou Tratado de Roma), de suprimirem os controlos de pessoas nas suas fronteiras comuns (fronteiras internas)[4], levando-os, nessa medida, a porem em comum os respectivos territórios e a renunciarem ao controlo da passagem de pessoas em tais fronteiras. É, de resto, essa obrigação que confere unidade de sentido ao conjunto tão díspar, à vista desarmada, dos componentes do ELSJ (políticas comuns de gestão das fronteiras externas, de vistos, de asilo e de imigração, cooperação policial e judiciária penal, sistemas informatizados de troca de informações sobre todas estas matérias, harmonização das legislações penais estaduais, etc.) – os quais surgem, com efeito, como "medidas de acompanhamento com ela directamente relacionadas" [artigo 61, alínea *a)*, do TCE], ou seja, como medidas compensatórias do défice de segurança decorrente da supressão dos controlos nas fronteiras internas.

Como se sabe, uma das prorrogativas clássicas do Estado soberano, para além da cunhagem da moeda e do *jus puniendi*, entre outras, é o *jus includendi et excludendi*, que lhe permite, em princípio, decidir sobre quem entra e quem não entra, quem permanece e quem sai do seu território. Ora, com o ELSJ, esta prerrogativa foi abandonada nas fronteiras internas. Não quer dizer que não possa ser recuperada, isto é, que os Estados-Membros não possam restaurar os controlos de pessoas nessas fronteiras, em determinadas condições, actualmente previstas pelo Código das Fronteiras Schengen, aprovado pelo Regulamento (CE) n.° 562/2006, do Parlamento Europeu e do Conselho, de 15 de Março de 2006, e entrado em vigor em 13 de Outubro seguinte. Mas, em tais fronteiras, o *jus includendi et excludendi* tornou-se uma prerrogativa excepcional dos Estados-Membros integrados no ELSJ. Em compensação, nas fronteiras externas (com Estados terceiros), o *jus includendi et excludendi* passou a ser exercido em termos reforçados e de acordo com normas não já aprovadas por cada Estado-Membro mas pela própria União, actualmente constantes do mesmo código.

---

[3] Assim Andrea Manzella, "Lo Stato «comunitario»" in *Quaderni Costituzionali*, vol. XXIII, 2003, p. 273 ss.

[4] Embora não para todos, tendo a Irlanda e o Reino Unido obtido a dispensa dessa obrigação, nos termos de um protocolo específico, anexado pelo Tratado de Amesterdão ao TCE e ao TUE, "relativo à aplicação de certos aspectos do artigo 14.°" àqueles dois Estados-Membros.

A União Europeia Enquanto Espaço de Liberdade, Segurança e Justiça

1.2. Esta considerável alteração na identidade dos Estados-Membros tê-los-á tornado mais fracos? A resposta é seguramente negativa. Com efeito, uma das contrapartidas da supressão dos controlos de pessoas nas fronteiras internas, para além do reforço dos controlos nas fronteiras externas, é o efeito extraterritorial que adquire uma série de decisões administrativas e judiciárias tomadas pelos competentes órgãos dos Estados-Membros, em virtude da sua integração no ELSJ.

Tradicionalmente, tais decisões viam os seus efeitos jurídicos circunscritos ao correspondente território, sem se projectarem para fora dele. Ao invés, no ELSJ, quando, por exemplo, um Estado-Membro concede um visto uniforme de curta duração (três meses) – elemento chave da política comum de vistos, cujas bases se encontram nos artigos 9.º e seguintes da Convenção de Schengen (CS)[5] – ao cidadão do Estado terceiro ("estrangeiro") que lho requereu, este acto administrativo deve, em princípio, ser reconhecido e executado por todos os restantes Estados-Membros. De igual modo, quando um Estado-Membro decide, por via administrativa ou judicial, ao abrigo do artigo 96.º da CS, indicar no Sistema de Informação Schengen (SIS) um estrangeiro para efeitos da sua não admissão ao ELSJ, as competentes autoridades de todos os outros Estados-Membros devem, em princípio, recusar-lhe a emissão de visto e vedar-lhe a passagem da respectiva fronteira externa[6].

Por outro lado, quando um tribunal de um Estado-Membro emite um mandado de detenção europeu, ao abrigo da Decisão-Quadro 2002/584/JAI

---

[5] Esta convenção, de 19 de Junho de 1990, foi, como se sabe, "transformada" em direito da União Europeia, através das Decisões do Conselho n.os 1999/435/CE e 1999/436/CE, de 20 de Maio, adoptadas em execução do artigo 2.º, n.º 1, do Protocolo que integra o Acervo de Schengen no âmbito da UE, anexado ao TCE e ao TUE pelo Tratado de Amesterdão. Actualmente está em negociação uma proposta de Código Comunitário de Vistos, a aprovar por regulamento do Parlamento Europeu e do Conselho, apresentada pela Comissão em 19 de Julho de 2006. Uma vez aprovado, tal código revogará e substituirá, entre outros, os artigos 9.º a 17.º da CS.

[6] A menos que esse estrangeiro tenha um vínculo de parentesco com um cidadão da UE, relevante para efeitos de reagrupamento familiar. Em tal hipótese, a sua indicação no SIS, constituindo embora indício da existência de um fundamento que justifica que lhe seja recusada a entrada no ELSJ, deve ser corroborada por informações que permitam ao Estado-Membro que consulte o SIS verificar, antes de recusar esse visto ou essa entrada "que a presença do interessado no referido espaço não constitui uma ameaça real, actual e suficientemente grave que afecte um interesse fundamental da sociedade". Tratando-se da passagem de uma fronteira externa, "é imperativo que as autoridades nacionais que, tendo constatado que um nacional de um Estado terceiro, cônjuge de um nacional de um Estado-Membro, estava indicado no SIS para efeitos de não admissão, pediram informações complementares ao Estado autor da indicação, recebam deste uma informação rápida"; cf. o acórdão do Tribunal de Justiça das Comunidades Europeias (TJ) de 31 de Janeiro de 2006, Comissão/Espanha, processo C-503/03, pontos 53 e 58.

do Conselho, de 13 de Junho, esse acto judicial é vinculativo no território de todos os outros Estados-Membros, só podendo não ser aqui executado pelas competentes autoridades nos termos expressamente previstos por aquele acto normativo, sem qualquer margem de discricionariedade política[7].

Este sistemático efeito extraterritorial de muitas decisões de autoridade dos Estados-Membros não pode obviamente deixar de se repercutir na natureza e a identidade dos mesmos – e decerto no sentido não do seu enfraquecimento, mas do seu reforço.

2. O Espaço de Liberdade, Segurança e Justiça como actual "motor" da União Europeia

Este processo de integração tão arrojado e ambicioso, mas também tão necessário à União e aos seus Estados-Membros, que dá pelo nome de ELSJ, tornou-se sem dúvida, desde o início do século XXI o "motor da construção europeia", para utilizar uma expressão bem conhecida.

Aquilo que se tem visto é que, passados quase doze anos – na realidade, pode dizer-se que o ELSJ arrancou entre sete Estados-Membros (Alemanha, França, Bélgica, Holanda e Luxemburgo, Espanha e Portugal) em 26 de Março de 1995, sob a designação de Espaço Schengen –, constam da agenda da União temas como o da criação de uma polícia europeia de fronteiras (só para dar o exemplo talvez mais marcante), uniformizada e "codificada" que está a gestão destas[8], os tribunais criminais e os ministérios públicos dos Estados-Membros estão em rede, designadamente no âmbito do mandado de detenção europeu, e estão consolidadas, na prática, formas de cooperação policial tão sofisticadas como a perseguição e a vigilância transfronteiriças – que nos Estados Unidos da América demoraram bem mais de um século a serem estabelecidas.

---

[7] Cf. as conclusões do advogado-geral Damaso Ruíz-Jarabo, de 12 de Setembro de 2006, Advocaten voor de Wereld, processo C-303/05, pontos 23 e 46.

[8] Pode dizer-se que o embrião de uma tal polícia é a Agência Europeia de Gestão da Cooperação Operacional nas Fronteiras Externas dos Estados-Membros da UE, com sede em Varsóvia (designada por FRONTEX), criada pelo Regulamento (CE) n.º 2007/2004 do Conselho de 26 de Outubro. Neste momento, encontra-se em negociação uma proposta, apresentada pela Comissão em 19 de Julho de 2006, de regulamento do Parlamento Europeu e do Conselho com vista a estabelecer um mecanismo para a criação de equipas de intervenção rápida nas fronteiras, alterando o Regulamento (CE) n.º 2007/2004, nomeadamente no sentido de vincar a competência operacional da FRONTEX.

Ora, em 1995, quando tal processo se iniciou, dificilmente se poderia antever que as coisas avançassem tão depressa. Doze anos é de facto muito pouco tempo para avanços tão significativos como os referidos[9].

Pode, por isso, concluir-se que, na última década, o grande impulso para o avanço da UE tem vindo do ELSJ. Talvez tudo isto tenha acontecido mais a título reactivo do que proactivo. Sabe-se bem o peso que tiveram nesta evolução o 11 de Setembro de 2001, o 11 de Março de 2004 e o 7 de Julho de 2005. Seja como for, o "motor da UE" está bem identificado e aparentemente também a "energia" que mais o tem alimentado nos últimos anos.

3. O regime jurídico dual do Espaço de Liberdade, Segurança e Justiça: desvantagens e impulsos unificadores

3.1. O enquadramento jurídico em que estes avanços se têm verificado está, no entanto, longe de ser o mais favorável. Dir-se-ia mesmo que ele tem atenuado, em parte, o impacto prático de tais avanços, tornando-os nalguns casos mais virtuais do que reais.

Pense-se, antes de mais, na dualidade de bases jurídicas em que assenta o ELSJ – e que relevam de lógicas contrastantes: por um lado, a supranacional ou comunitária, consagrada pelo Tratado de Roma para as políticas de fronteiras, vistos, asilo e imigração (constantes do Título IV da sua Parte III), e, por outro lado, a intergovernamental, consagrada pelo Título VI do Tratado de Maastricht para a cooperação policial, a cooperação judiciária penal e a harmonização das legislações penais dos Estados-Membros. Esta dualidade – que se estende ao sistema das fontes do direito – produz o seu cortejo de pequenas "monstruosidades jurídicas". Podem citar-se duas, sem entrar em demasiados pormenores técnicos.

Uma delas é o facto de determinadas matérias intrinsecamente unitárias carecerem, para o estabelecimento ou para a revisão da sua disciplina global, de dois actos em parte com o mesmo conteúdo, um baseado no Tratado de Roma (regulamento) e outro no Título VI do Tratado de Maastricht (decisão) – e isto por relevarem simultaneamente de ambos os tratados. O exemplo mais frisante é o SIS – que constitui uma "medida compensatória qualificada", uma vez que dele depende determinantemente a boa execução da maior parte das restantes medidas compensatórias, ou seja, por um lado, as políticas de fronteiras, vistos e imigração,

---

[9] Como nota António Vitorino, op. cit., p. 59, às vezes torna-se difícil acreditar como é que, apesar de todas as diferenças entre culturas jurídicas e práticas judiciárias, "foi possível fazer tanto e continuar a fazer neste domínio, nestes últimos anos".

baseadas no primeiro tratado, e, por outro lado, a cooperação policial e a cooperação judiciária em matéria penal, baseadas no último[10].

Uma tal duplicidade não passaria porventura de uma bizarria sem consequências práticas de maior, se os actos jurídicos em causa não dispusessem de eficácias jurídicas contrastantes (aplicabilidade directa no primeiro caso, ausência dela no segundo), não fossem aprovados através de procedimentos decisórios diferentes (codecisão nos termos do artigo 251.° do TCE, no primeiro caso, e unanimidade no Conselho com mera consulta prévia ao Parlamento Europeu, no segundo, nos termos das disposições conjugadas dos artigos 34.°, n.° 2, e 39.°, n.° 1, do TUE) e não estivessem sujeitos a uma dualidade de controlos e de garantias jurisdicionais do seu cumprimento pelos Estados-Membros, de intensidades diversas.

Assim, por exemplo, se um juiz nacional de cujas decisões caiba recurso de direito interno vier a deparar simultaneamente com dificuldades de interpretação do regulamento e da decisão sobre o SIS, para resolver um caso concreto perante si pendente, pode acontecer que o mesmo juiz só se encontre habilitado a reenviar ao TJ a questão prejudicial de interpretação relativa à "decisão SIS", mas não ao "regulamento SIS", por força das disposições conjugadas do artigo 35.°, n.os 1 a 3, do Tratado de Maastricht e do artigo 68.°, n.° 1, do Tratado de Roma. Mas também pode acontecer, ao abrigo das mesmas disposições do Tratado de Maastricht, que nem mesmo um juiz nacional de cujas decisões não caiba recurso de direito interno esteja habilitado a reenviar ao TJ a questão prejudicial relacionada com a "decisão SIS".

Por outro lado, se um Estado-Membro estiver a desrespeitar o "regulamento SIS", a Comissão poderá intentar contra ele uma acção por incumprimento, com tudo o que isso implica, se o incumprimento persistir. Mas já não o poderá fazer se um Estado-Membro estiver a incumprir a "decisão SIS". É o que resulta das disposições conjugadas dos artigos 226.° e 228.° do Tratado de Roma e do artigo 35.°, n.° 7, do Tratado de Maastricht.

3.2. Esta "esquizofrenia jurídica" – o termo foi utilizado pelo antigo comissário para a justiça e os assuntos internos – explica-se, no fundo, pela relutância de diversos Estados-Membros à generalização do método comunitário ou da integração supranacional no ELSJ, e à intervenção de decisores independentes deles e do órgão que os representa na UE, ou seja, o Parlamento Europeu, a Comissão Europeia e o TJ. Convém recordar que, inicialmente, todas

---

[10] De acordo como o artigo 93.° da CS, o SIS tem por objectivo não só a preservação da ordem e da segurança públicas, "incluindo a segurança do Estado", mas também "a aplicação das disposições da presente Convenção sobre a circulação das pessoas" nos territórios dos Estados-Membros.

A União Europeia Enquanto Espaço de Liberdade, Segurança e Justiça   323

as matérias que compõem o ELSJ (com uma única excepção) eram disciplinadas pelo Título VI do Tratado de Maastricht, de acordo com uma lógica de cooperação intergovernamental. Tal estado de coisas manteve-se, como se sabe, até 1 de Maio de 1999, data da entrada em vigor do Tratado de Amesterdão.

Desde então, só a cooperação policial, a cooperação judiciária em matéria penal e a harmonização das legislações penais dos Estados-Membros se regem por essa lógica – que impregna, com algumas atenuantes, o Título VI do TUE, profundamente revisto pelo Tratado de Amesterdão. Tais atenuantes, porém, deixando intocada a regra da unanimidade no que toca à aprovação de actos legislativos baseados naquele título, não evitam alguns bloqueios decisórios de monta no seio do Conselho. Assim como não bastam para evitar que o direito adoptado com base nele seja consideravelmente menos eficaz do que o direito comunitário.

Por seu lado, a extensão do método comunitário ao ELSJ, levada a cabo pelo Tratado de Amesterdão, apesar de incompleta, exigiu um preço bem elevado: para além da dualidade ou fragmentação assinaladas, acarretou o "direito de ficar fora" da Dinamarca, da Irlanda e do Reino Unido[11] e, portanto, a "geometria variável", ou as duas, para não dizer várias, "velocidades" entre os Estados-Membros neste domínio, para além de alguns desvios ao método comunitário – dos quais apenas subsistem os que se reportam ao TJ e encontram a sua expressão no supramencionado artigo 68.° do TCE.

A este propósito, é de saudar a comunicação apresentada pela Comissão no passado dia 28 de Junho de 2006, com vista à adaptação das disposições do Título IV da Parte III do TCE relativas às competências do TJ, para assegurar uma protecção jurisdicional mais efectiva [COM(2006) 346 final]. Em cumprimento daquilo que entende, a justo título, ser a obrigação jurídica resultante do artigo 67.°, n.° 2, segundo travessão, daquele tratado[12], a Comissão propõe que, a partir de 2007, o artigo 68.° do TCE deixe de se aplicar, passando o artigo 234.° a aplicar-se a qualquer pedido, dirigido ao TJ por um órgão jurisdicional nacional, de decisão prejudicial sobre a interpretação do Título IV da Parte III, ou sobre a validade e a interpretação dos actos adoptados pelas instituições da Comunidade com base nesse título.

Uma vez aprovada a proposta, todos e quaisquer tribunais dos Estados--Membros – e não apenas aqueles de cujas decisões não caiba recurso judicial de

---

[11] Cf. o artigo 69.° do TCE, que remete para os três protocolos através dos quais aqueles Estados-Membros obtiveram o direito de ficar fora.

[12] Nos termos do qual, findo o período transitório de cinco anos a contar da data de entrada em vigor do Tratado de Amesterdão, "o Conselho, deliberando por unanimidade, após consulta ao Parlamento Europeu, toma uma decisão destinada a (…) adaptar as disposições relativas à competência do Tribunal de Justiça".

324   *Estudos de Direito e Segurança*

direito interno – poderão reenviar ao TJ as questões prejudiciais suscitadas em tal âmbito. Para além disso, cessarão as limitações materiais à competência fiscalizadora do TJ previstas pelo artigo 68.º, n.º 2 (e também pelo artigo 2.º, n.º 1, terceiro parágrafo, última parte, do Protocolo de Schengen), e nenhum órgão não jurisdicional poderá colocar questões de interpretação prejudicial ao TJ, contrariamente ao que prevê o artigo 68.º, n.º 3 – disposição, aliás, nunca aplicada até à data.

A Comissão fundamenta a sua proposta de "alinhamento das disposições especiais existentes nos domínios cobertos pelo Título IV pelo regime comum do TCE", nomeadamente, no facto de ser traço caracterizador essencial deste regime o princípio segundo o qual qualquer órgão jurisdicional nacional pode dialogar com o TJ – em nome da interpretação e aplicação uniformes do direito comunitário, da protecção jurisdicional efectiva e da confiança no bom funcionamento daquele tribunal –, sem que portanto se imponha aos interessados o esgotamento das vias de recurso nacionais para conseguir a clarificação dos direitos que para eles decorrem do ordenamento comunitário através de um reenvio prejudicial[13]. Para além disso, a Comissão observa ser paradoxal que quaisquer tribunais da maioria dos Estados-Membros que, ao abrigo do artigo 35.º, n.º 3, alínea *b)*, do TUE fizeram uma declaração de aceitação da competência prejudicial do TJ, possam dialogar com este, ao passo que tal não é possível no âmbito do Título IV do TCE por força do artigo 68.º, n.º 1.

3.3. A "esquizofrenia jurídica" de que padece, nas suas actuais "fundações", o ELSJ tem sido de algum modo mitigada, por um lado, pela intervenção persistente e sistemática do Conselho Europeu – que se tem saldado por decisivos impulsos políticos "unificadores", como os programas de Tampere (1999) e da Haia (2004) – e, por outro lado, pela intervenção do TJ. Esta fez-se sobretudo sentir em 2005, saldando-se por dois significativos impulsos jurisdicionais

---

[13] O despacho de 31 de Março de 2004, Georgescu, processo C-51/03, em que o TJ, por força do artigo 68.º, n.º 1, do TCE, se viu obrigado a declarar-se manifestamente incompetente para responder à questão prejudicial que lhe remeteu um tribunal de primeira instância alemão, ilustra bem até que ponto tal disposição pode obstar à protecção jurisdicional efectiva dos particulares. A fim de determinar a responsabilidade penal do arguido no processo principal, tratava-se de saber se o Regulamento (CE) n.º 539/2001 devia, ou não, ser interpretado no sentido de que, a partir da sua entrada em vigor, os cidadãos romenos só durante um determinado período necessitavam de visto de entrada e estadia de curta duração num Estado-Membro da UE. Para o arguido ver definitivamente clarificada a sua responsabilidade penal, a correspondente questão prejudicial teria que chegar a um tribunal nacional de última instância, ao passo que, se se aplicasse o artigo 234.º, a sua situação ficaria logo clarificada na sequência do reenvio prejudicial feito pelo tribunal de primeira instância.

A *União Europeia Enquanto Espaço de Liberdade, Segurança e Justiça*

unificadores e racionalizadores do direito aplicável ao ELSJ, que vale a pena referir sumariamente neste contexto.

O primeiro é o acórdão de 16 de Junho de 2005, Pupino, processo C-105/03. Estava em causa a interpretação de uma decisão-quadro, tipificada pelo artigo 34.°, n.° 2, alínea *b)*, do Tratado de Maastricht – acto jurídico em relação ao qual o mesmo artigo, de acordo com uma obstinada lógica intergovernamentalista, exclui expressamente o efeito directo, ou seja, a susceptibilidade de as suas normas conferirem directamente direitos aos particulares, que os juízes nacionais devem salvaguardar. Com isto, o artigo em causa torna a decisão-quadro bem menos eficaz do que a directiva comunitária prevista pelo artigo 249.°, terceiro parágrafo, do Tratado de Roma, apesar de lhe atribuir finalidades e conteúdos idênticos (aproximação das disposições legislativas e regulamentares dos Estados-Membros, vinculando-os quanto ao resultado a alcançar, mas não quanto à forma e aos meios).

Dentro da mesma lógica intergovernamentalista, foi defendido junto do TJ que tal diferença entre a decisão-quadro e a directiva, expressamente imposta pelo artigo 34.°, n.° 2, alínea *b)*, do TUE arrastaria uma outra: da decisão-quadro não decorreria para os órgãos executivos e jurisdicionais dos Estados-Membros a obrigação de interpretar o direito nacional em conformidade com ela, contrariamente ao estabelecido para a directiva. O TJ porém rejeitou, a justo título, tal tese, declarando que o princípio da interpretação conforme também se impõe relativamente às decisões-quadro adoptadas ao abrigo do Tratado de Maastricht – e aí qualificadas como de carácter vinculativo. Atenuou assim, em última análise, a dualidade jurídica caracterizadora do ELSJ.

O segundo acórdão a mencionar data de 13 de Setembro de 2005, Comissão contra Conselho, processo C-176/03, em que o TJ anulou a Decisão-Quadro 2003/80/JAI, de 27 de Janeiro, baseada no Título VI do Tratado de Maastricht, relativa à protecção do ambiente através do direito penal, com o fundamento de que ela invadiu a esfera de competências da Comunidade, violando o artigo 47.° daquele tratado – de onde resulta que só poderá recorrer-se ao Título VI do TUE como base jurídica para a adopção de um acto, depois de comprovado que o TCE não contém nenhuma base jurídica expressa ou implícita para o efeito.

No caso concreto, tendo tal decisão-quadro por objecto principal a protecção do ambiente, as disposições jurídico-penais nela contidas deveriam, antes, constar de uma directiva adoptada com base no artigo 175.° do TCE. Com efeito, segundo o TJ, constituindo a aplicação de sanções penais efectivas, proporcionadas e dissuasivas pelas autoridades nacionais competentes uma medida indispensável para lutar contra os atentados graves ao ambiente, o legislador comunitário pode basear-se naquele artigo para tomar medidas relacionadas com o direito penal dos Estados-Membros "que considere necessárias para garantir a plena efectividade das normas que adopta em matéria de protecção do ambiente"[14].

Pode inferir-se deste acórdão de princípio que, quando a aplicação de sanções penais efectivas, proporcionadas e dissuasivas, pelas autoridades nacionais competentes, constitua uma medida indispensável para a execução eficaz de qualquer outra política comunitária, para além da política ambiental, e para garantir a plena efectividade do direito comunitário adoptado nesse domínio, a Comunidade deverá dispor, por isso mesmo – obviamente no estrito respeito dos princípios da subsidiariedade e da proporcionalidade –, da competência para "tomar medidas relacionadas com o direito penal dos Estados-Membros" e, concretamente, para definir infracções assim como as respectivas molduras penais no âmbito dessa política[15]. Do facto de o TUE ter atribuído expressamente à UE (III Pilar) uma competência penal materialmente delimitada nos termos que adiante se analisarão não pode, em boa lógica, extrair-se a conclusão de que, por isso mesmo, toda e qualquer competência penal está excluída do âmbito do seu I Pilar, ou seja, da Comunidade Europeia.

A regra jurisprudencialmente explicitada valerá, portanto, especificamente para a política de imigração, componente essencial do ELSJ, contemplada pelo Título IV da Parte III do Tratado de Roma e, mais concretamente, para a execução do disposto no seu artigo 63.º, ponto 3, alínea *b)*, na parte em que impõe ao Conselho a adopção de medidas de combate à imigração clandestina e à residência ilegal e, mais concretamente, a tipificação do crime de auxílio à entrada, ao trânsito e à residência irregulares. Em aplicação de tal regra, é de concluir que a Directiva 2002/90/CE do Conselho, de 28 de Novembro, que procedeu a essa tipificação, poderia e deveria ter estabelecido simultaneamente a correspondente moldura penal. Isto significa que a Decisão-Quadro 2002/946/JAI do Conselho, da mesma data, "relativa ao reforço do quadro penal para a prevenção do auxílio à entrada, ao trânsito e à residência irregulares" deverá ser considerada inválida, por violação das disposições conjugadas dos artigos 63.º, ponto 3, alínea *b)*, do TCE e 47.º do TUE, na parte em que estabelece as sanções penais para o crime tipificado por aquela directiva. A dualidade de instrumentos

---

[14] Cf. o ponto 48 do acórdão.

[15] Como observa o advogado-geral Damaso Ruíz-Jarabo, nas conclusões apresentadas em 26 de Maio de 2005, ponto 48, "não existe ninguém em melhor posição do que os poderes nacionais com competência normativa para apreciar a virtualidade, a adequação e a capacidade de uma reacção repressiva. (…) essa regra cede nos casos notórios nos quais, pela sua evidência, a Comunidade pode levar a cabo essa apreciação".

A *União Europeia Enquanto Espaço de Liberdade, Segurança e Justiça*   327

dotados de diferente eficácia jurídica que, deste modo, se evita, não pode senão ser vantajosa para o desenvolvimento do ELSJ, encarada agora a questão de um ponto de vista pragmático.

3.4. Do que precede resulta, em termos mais gerais, que a harmonização das legislações penais dos Estados-Membros não relevará do Título VI do TUE, mas sim do TCE, sempre que for julgada indispensável para a execução eficaz de uma política comunitária, relacionada com a integração negativa ou positiva[16], e para garantir a plena efectividade do direito comunitário já adoptado com esse objectivo. Em contrapartida, a aproximação das legislações penais dos Estados--Membros relevará do artigo 29.°, segundo parágrafo, terceiro travessão, conjugado com o artigo 31.°, n.° 1, alínea *e)*, do TUE, quando se enquadrar directamente na prevenção e no combate à "criminalidade, organizada ou não, em especial o terrorismo, o tráfico de seres humanos e os crimes contra as crianças, o tráfico ilícito de droga e o tráfico ilícito de armas, a corrupção e a fraude". Por outras palavras, tal aproximação só relevará daquelas disposições do TUE quando tiver por centro de gravidade o direito penal *per se*, não ligado à execução de políticas comunitárias na acepção acima mencionada[17].

Neste contexto, não pode deixar de referir-se que a delimitação deste elemento do ELSJ, ou seja, da competência do III Pilar da UE para uma tal aproximação ou harmonização das legislações penais dos Estados-Membros está longe de ser pacífica, face ao teor literal aparentemente incongruente daqueles dois preceitos. Com efeito, o primeiro remete expressamente para o segundo, o qual circunscreve literalmente tal aproximação ou harmonização – através da tipificação de condutas e da previsão de sanções – aos "domínios da criminalidade organizada, do terrorismo e do tráfico ilícito de droga".

A interpretar-se estritamente a remissão para o artigo 31.°, n.° 1, alínea *e)*, do TUE no sentido de que a competência harmonizadora em matéria penal da UE se limita àqueles três domínios, impor-se-ia a conclusão de que ambas as decisões-quadro supracitadas (2003/80/JAI e 2002/946/JAI) seriam inválidas por extravasarem o âmbito de tal competência. Apesar do suporte literal, a simples consideração do escopo do artigo 29.°, segundo parágrafo, é suficiente para pôr em causa o bem-fundado de uma tal interpretação. Na realidade, a prevenção e o

---

[16] Inclusive, como acaba de ver-se, relacionada com o ELSJ, como as políticas, de fronteiras, vistos, asilo e imigração, constantes do Título IV da Parte III do TCE.

[17] Assim, Martin Wasmeier e Nadine Thwaites, "The 'battle of the pillars': does the European Community have the power to approximate national criminal laws?" in *European Law Review*, vol. 29, 2004, p. 634.

combate da "criminalidade, organizada ou não", postos a cargo da UE, para serem efectivos, exigem manifestamente que a competência harmonizadora penal desta não se limite aos três domínios previstos pelo artigo 31.º, n.º 1, alínea *e)*, mas se estenda, pelo menos, a todos os outros mencionados na lista aberta do artigo 29.º, segundo parágrafo.

O próprio estreitamento da cooperação policial, aduaneira e judiciária, imposto respectivamente pelo primeiro e pelo segundo travessões do artigo 29.º, segundo parágrafo, depende em larga medida da aproximação das legislações penais dos Estados-Membros. O mesmo se diga, por maioria de razão, do princípio do reconhecimento mútuo das decisões judiciais, que o Conselho Europeu de Tampere elevou a "pedra angular da cooperação judiciária na União": a efectividade de um tal princípio exige, manifestamente, um grau de aproximação das legislações penais e processuais penais dos Estados-Membros na acepção supra-indicada, superior ao permitido pelo artigo 31.º, n.º 1, alínea *e)*, do TUE[18].

Por todas estas razões, o sentido útil desta disposição não pode ser o de delimitar a competência harmonizadora da UE em matéria penal, mas o de enumerar os "crimes contra a União", ou seja, aqueles comportamentos que, pela sua extrema gravidade e pelo seu carácter tipicamente transfronteiriço, atentam antes de mais contra os interesses superiores da própria UE e, por isso mesmo, devem ser tipificados e punidos nos termos do seu direito[19].

3.5. Voltando ao acórdão de 13 de Setembro de 2005, a propósito do qual a doutrina se tem fortemente dividido[20], é de concluir que a solução mate-

---

[18] E isto sem pôr em causa que, como nota o advogado-geral nas citadas conclusões de 26 de Maio de 2005, não há uma capacidade natural do III Pilar que, como uma força de gravidade, atraia todas as questões em matéria penal suscitadas na União e, designadamente, no pilar comunitário. Também por isso, o recurso aos "pares" de directivas/decisões-quadro, referidos infra na nota 22 (um dos quais, como se viu, no âmbito da política de imigração), é de legalidade duvidosa.

[19] Neste sentido, Anabela Miranda Rodrigues e J. L. Lopes da Mota, *Para uma Política Criminal Europeia*, Coimbra, 2002, p. 77; Damaso Ruíz Jarabo, nas já citadas conclusões de 26 de Maio de 2005, ponto 81.

[20] Em sentido crítico, ver Maria Luísa Duarte, "Tomemos a sério os limites de competência da União Europeia – a propósito do acórdão do Tribunal de Justiça de 13 de Setembro de 2005" in *Revista da Faculdade de Direito da Universidade de Lisboa*, Volume XLVI, n.º 1, 2005, p. 352 ss; Martin Heger, "Europarecht. Strafrecht" in *Juristenzeitung*, 2006/6, p. 310 ss. Em sentido favorável, embora com matizes, ver Henri Labayle, "Architecte ou spectatrice? La Cour de justice de l'Union dans l'Espace de liberté, sécurité et justice" in *Revue trimestrielle de droit européen*, 2006/1, p. 6 ss.; José Castillo Garcia, "The Power of the European Community to Impose Criminal Penalties" in *Eipascope*, 2005/3, p. 27 ss.

A União Europeia Enquanto Espaço de Liberdade, Segurança e Justiça 329

rial a que o TJ nele chegou, apesar das debilidades da sua fundamentação[21], afigura-se defensável e "conforme ao sistema". Além do mais, ao "comunitarizar" uma parcela da competência para harmonizar as legislações penais dos Estados-Membros, tal solução contribui, de algum modo, para mitigar a estranha e inconveniente dualidade jurídica que actualmente caracteriza o ELSJ, pondo nomeadamente fim à adopção de "pares" de directivas/decisões-quadro para efeitos da execução de políticas comunitárias, incluindo as que nele se enquadram, quando se conclua que tal execução implica a harmonização do direito penal dos Estados-Membros[22]. Quando assim for, bastará a adopção de uma directiva. onde se tipificará o comportamento punível e se estabelecerá simultaneamente a correspondente moldura penal.

Finalmente – e embora não se trate de um argumento de direito positivo –, a solução encontrada pelo acórdão mencionado, para o domínio específico da política do ambiente, mas susceptível de se estender a outros domínios do Tratado de Roma – e concretamente às vertentes do ELSJ que relevam do seu Título IV – é a que vem "codificada", em termos gerais, pelo artigo III-271.º, n.º 2, do Tratado que estabelece uma Constituição para a Europa (Tratado Constitucional). Aí se dispõe o seguinte: "Sempre que a aproximação de disposições legislativas e regulamentares dos Estados-Membros em matéria penal se afigure indispensável para assegurar a execução eficaz de uma política da União num domínio que tenha sido objecto de medidas de harmonização, a lei-quadro europeia [equivalente da actual directiva] pode estabelecer regras mínimas relativas à definição das infracções penais e das sanções no domínio em causa. A lei-quadro europeia é adoptada

---

[21] Mereceria, por exemplo, maiores desenvolvimentos a interpretação dos artigos 135.º e 280.º, n.º 4, do TCE, que reservam, nos domínios, respectivamente, da cooperação aduaneira e do combate às ofensas aos interesses financeiros da Comunidade, a aplicação do direito penal e a administração da justiça penal aos Estados-Membros. Seja como for, não parece que se possa interpretá-los no sentido de que, pelo facto de excluírem a competência comunitária no que toca à aplicação de normas, excluem necessariamente a mesma competência no que toca à criação e harmonização de normas, por força do princípio a minori ad maius. Com efeito, a harmonização de normas não se afigura um maius em relação à aplicação das mesmas, mas um aliud. A confirmá-lo neste contexto está o facto de as administrações públicas e os tribunais dos Estados-Membros serem respectivamente os executores e os aplicadores comuns do direito comunitário, ao passo que os parlamentos nacionais não são certamente os "legisladores comuns" da ordem jurídica comunitária.

[22] A lista dos três "pares" de directivas/decisões-quadro adoptadas neste contexto consta do anexo à Comunicação da Comissão ao Parlamento Europeu e ao Conselho, de 23 de Novembro de 2005, sobre as consequências do acórdão do TJ de 13 de Setembro de 2005 [COM(2005) 583 final]. Dela constam também as decisões-quadro que, na óptica da Comissão, devem ser convertidas em directivas por força da regra de repartição de competências em matéria de harmonização das legislações penais dos Estados-Membros entre o I e o III Pilares da UE, decorrente do acórdão em análise; cf. o ponto 33 deste e também Maria Luísa Duarte, op. cit., p. 352-353, nota 2.

de acordo como o mesmo processo utilizado para a adopção das medidas de harmonização em causa (...)".

Pode dizer-se que, desta vez, foram os autores do Tratado Constitucional que se anteciparam ao TJ na explicitação de uma regra que, em todo o caso, é susceptível de ser extraída do Tratado de Roma – e isto sem pôr em causa o âmbito de competência harmonizadora do *jus puniendi* dos Estados-Membros, próprio do III Pilar da UE, transversalmente orientado pela prevenção e pelo combate à "criminalidade, organizada ou não" (artigos 29.º, segundo parágrafo, do TUE), e não sectorialmente pela execução eficaz de uma política comunitária objecto de normação secundária. Esta clivagem fundamental continua, de resto, a constar do Tratado Constitucional, como o atesta o seu artigo III-271.º, n.º 1[23].

Assim sendo, a menos que seja de considerar que os representantes dos governos dos Estados-Membros assinaram o Tratado Constitucional com reserva mental, não se compreende nem parece de levar excessivamente a sério os protestos com que, menos de um ano depois, brindaram o TJ por, no respeito dos cânones hermenêuticos a que está vinculado, ter explicitado a mesma regra a partir dos tratados actualmente em vigor. Da parte dos governos cujos Estados já tinham ratificado o Tratado Constitucional à data da prolação do acórdão, tais protestos ainda se afiguram mais descabidos.

4. A dimensão externa do Espaço de Liberdade, Segurança e Justiça

4.1. Ao contrário do que poderia eventualmente parecer, tendo em conta tudo o que precede, o ELSJ não se configura exclusivamente como um assunto interno da UE. Muito pelo contrário, a experiência tem demonstrado que tal espaço se desdobra numa forte componente externa que vem, de resto, assumindo uma importância crescente. A afirmação pode ilustrar-se sem dificuldade.

Perante acontecimentos tão perturbantes como os que se verificaram, com um dramatismo inaudito, o ano passado, em Ceuta e Melilla, mas não têm deixado de repetir-se regularmente noutras fronteiras externas da União de então para cá, tornou-se meridianamente claro, se dúvidas ainda houvesse, que, no combate

---

[23] Nos termos do qual "a lei-quadro europeia pode estabelecer regras mínimas relativas à definição das infracções penais e das sanções em domínios de criminalidade particularmente grave com dimensão transfronteiriça que resulte da natureza ou das incidências dessas infracções, ou ainda da especial necessidade de as combater, assente em bases comuns. (...) São os seguintes os domínios da criminalidade em causa: terrorismo, tráfico de seres humanos e exploração sexual de mulheres e crianças, tráfico de droga e de armas, branqueamento de capitais, corrupção, contrafacção de meios de pagamento, criminalidade informática e criminalidade organizada". Pode pois dizer-se que estes preceitos complementam-se com os do citado n.º 2 do mesmo artigo do Tratado Constitucional.

à imigração clandestina induzida muito frequentemente por redes mafiosas, tal como no combate ao terrorismo, os Estados-Membros não podem ter a veleidade de actuar cada um por si. O alívio da pressão imigratória e a racionalização dos seus fluxos exigem, por definição, uma colaboração da UE com os países terceiros, sejam eles de origem ou de trânsito.

Foi, aliás, a propósito das questões imigratórias que a União passou a tomar em consideração a forte dimensão externa das matérias que relevam do ELSJ – embora, num primeiro momento, o carácter intergovernamental da cooperação JAI instituída pelo Tratado de Maastricht excluísse qualquer intervenção internacional da própria União enquanto parceiro, mas também qualquer intervenção comunitária directa, por falta de competência específica atribuída na matéria.

Passada essa fase, com a entrada em vigor do Tratado de Amesterdão, perceberam-se as dificuldades que coloca o prolongamento externo do ELSJ. A este propósito, constatam-se disfunções que devem ser ultrapassadas com vista a conferir ao ELSJ uma efectiva e autónoma componente externa, condição essencial para corresponder às expectativas dos Estados-Membros e dos seus cidadãos.

Em primeiro lugar, convém que o direito comunitário da imigração na sua vertente externa deixe de se focalizar de modo praticamente exclusivo nos acordos de readmissão[24], como instrumento de luta contra a imigração ilegal, para dar muito mais relevância aos instrumentos de cooperação internacional capazes de servir uma política equilibrada de ajuda ao desenvolvimento e também de imigração legal.

Em segundo lugar, convém que a UE reduza a panóplia de instrumentos de que habitualmente lança mão neste contexto (à margem da tipologia de actos prevista pelos Tratados), a saber, os "planos de acção" por vezes generalistas, por vezes centrados em determinado domínio, os "processos", "parcerias", "diálogos", "agendas", "task forces", e "plataformas". Esta panóplia algo caótica não serve a coerência do conjunto, não garante a sua clareza nem a sua eficácia e prejudica a sua visibilidade, tanto mais que frequentemente vários destes instrumentos concorrem directamente num mesmo dossier.

Em terceiro lugar, há uma excessiva diversidade de actores do ELSJ que podem prolongar a sua acção no plano exterior: para além naturalmente do Conselho e da Comissão, há a assinalar o chamado "senhor terrorismo" a Europol, a Eurojust, a Rede Judiciária Europeia e o OLAF (organismo de luta anti-fraude). O caso da Europol é particularmente ilustrativo: este organismo tem concluído acordos com parceiros tão díspares como a Interpol, os Estados Unidos, a Noruega, a Islândia, etc.

---

[24] Ver, entre tantos, o acordo entre a Comunidade Europeia e a República da Albânia, relativo à readmissão de pessoas que residam sem autorização, de 14 de Abril de 2005, in *Jornal Oficial da União Europeia*, L 124, p. 22 ss.

332   *Estudos de Direito e Segurança*

Não parece que a intervenção de tantos actores na vertente externa do ELSJ, ainda por cima agindo independentemente uns dos outros, seja susceptível de contribuir para a unidade de concepções indispensável a qualquer política coerente[25].

4.2. Ainda a propósito da dimensão externa do ELSJ, cabe referir que o seu âmbito foi recentemente precisado pelo importante acórdão do TJ de 30 de Maio de 2006, Parlamento/Conselho, processos apensos C-317/04 e 318/04. Estava, no essencial, em causa a base jurídica escolhida para a celebração do acordo entre a Comunidade Europeia e os Estados Unidos da América sobre o tratamento e a transferência de dados contidos nos registos de identificação dos passageiros (PNR), por parte das transportadoras aéreas, para o Serviço das Alfândegas e Protecção das Fronteiras do Departamento de Segurança Interna dos Estados Unidos. Como é sabido, a legislação norte-americana exige, sob pena de sanções, que todas as transportadoras aéreas que efectuam voos internacionais de passageiros com destino ou proveniência dos Estados Unidos facultem àquele serviço federal um acesso electrónico aos dados contidos em tais registos, compilados e arma-zenados nos respectivos sistemas informatizados de controlo de reservas/partidas.

Partindo do princípio de que os dados PNR são inicialmente recolhidos pelas companhias aéreas no âmbito de um actividade abrangida pelo direito comunitário, a saber, a venda de um bilhete de avião que confere o direito a uma prestação de serviços, o Conselho entendeu que tal acordo relevava do mercado interno. Salientando, ao invés, que o tratamento de dados em causa se destina a salvaguardar a segurança pública e a fins repressivos, o TJ entendeu que, nessa medida, ele se enquadra no Título VI do TUE e, por conseguinte, no ELSJ. Significa isso que um tal acordo deveria ter sido celebrado, por parte da UE, com base no artigo 24.º, para o qual remete o artigo 38.º daquele tratado, e não com base em disposições do TCE.

5. O ressurgimento da lógica originária dos Acordos de Schengen e os seus actuais inconvenientes

5.1. Apesar de todas as fraquezas e inconvenientes que revela, do ponto de vista jurídico, a aplicação da lógica puramente intergovernamental e jusinterna-cionalista ao ELSJ continua a ser tentadora para diversos Estados-Membros, de um ponto de vista político.

---

[25] Para maiores desenvolvimentos sobre o tema ver, por exemplo, Henri Labayle, "La politique extérieure de l'Union européenne en matière de justice et d'affaires intérieures: chimère ou réalité" in *Les dynamiques du droit européen en début du siècle – Etudes en l'honneur de Jean Claude Gautron*, Paris, 2004, p. 681 ss.

É verdade que foi o método intergovernamental, e não o método comunitário, que presidiu ao lançamento do Espaço Schengen – o antecedente mais directo e próximo do ELSJ. E não é menos verdade que o Espaço Schengen revelou um dinamismo e virtualidades atractivas e expansivas que, porventura, não podiam ser antevistos, nem em 1985, quando o primeiro Acordo de Schengen foi assinado, à margem do quadro institucional e normativo das Comunidades Europeias, por cinco Estados-Membros, nem sequer em 1995, quando o Espaço Schengen se tornou efectivo entre sete Estados-Membros. Mas também não é menos certo que, então, a UE não era o que é hoje, não tinha sido tomada a decisão fundamental de integrar o acervo de Schengen no âmbito dela, nem ela dispunha de uma base jurídica autorizando que determinados projectos de integração mais avançados sejam prosseguidos no seu quadro institucional e normativo, sem implicarem, pelo menos num primeiro momento, a participação de todos os Estados-Membros – a chamada cooperação reforçada, prevista, em termos gerais, pelo artigo 43.º do Tratado de Maastricht.

Por tudo isso, é de encarar com cepticismo a "ressurreição" da lógica puramente intergovernamental e jusinternacionalista dos originários acordos de Schengen, verificada com a assinatura do acordo de Prüm, Áustria, em 29 de Maio de 2005, à margem, mais uma vez, do quadro institucional e normativo da União, por sete Estados-Membros – com uma excepção, todos eles fundadores do Espaço Schengen. A excepção é a Áustria que, neste contexto, se substituiu a Portugal.

O chamado "Acordo de Schengen III" tem por objectivo o aprofundamento da cooperação transfronteiriça, em especial em matéria de luta contra o terrorismo, a criminalidade transnacional e a imigração ilegal. Versa, por isso, sobre matérias que integram o núcleo duro do ELSJ. Por essa mesma razão, é duvidosa a legalidade da celebração de tal acordo fora do quadro institucional e normativo da UE, face às disposições do Tratado de Roma e do Tratado Maastricht relativas à cooperação reforçada. Estas, como se disse, permitem que um grupo restrito de Estados-Membros prossiga tal objectivo no âmbito da UE como último recurso, quando se estabelecer no Conselho que ele não pode ser atingido, num prazo razoável, com a participação de todos os Estados-Membros.

5.2. Seria ocioso, para não dizer contraproducente, face aos dados da realidade política, prosseguir esta discussão. O que parece de salientar, numa perspectiva pragmática, é que Portugal, Estado-Membro fundador do Espaço Schengen, poderá e deverá ter um papel importante neste contexto. Com efeito, segundo o artigo 43.º do Tratado de Maastricht, uma cooperação reforçada no quadro da UE deve implicar a participação de, pelo menos, oito Estados-Membros. Ora, já que surpreendentemente se deixou ficar fora do grupo de signatários originários do acordo de Prüm – aberto, tal como os sua antecessores, à adesão de outros Estados –,

Portugal deveria ser o primeiro a requerer a adesão a ele. Para além do seu interesse político nisso parecer inquestionável, dado precisamente o seu estatuto de "pioneiro" do ELSJ, uma tal adesão terá o sentido útil de confrontar os restantes signatários com a necessidade e a conveniência de integrar o acordo de Prüm no âmbito da UE, iniciando eventualmente uma cooperação reforçada a oito, ao abrigo do artigo 43.°, alínea *g)*, do Tratado de Maastricht.

De resto, a primeira condição para que uma tal cooperação reforçada possa legalmente arrancar, prevista pelo artigo 40.°, n.° 1, daquele tratado, parece plenamente satisfeita: o acordo de Prüm, como o comprova o seu conteúdo, destina-se "a permitir à União tornar-se mais rapidamente um espaço de liberdade, segurança e justiça".

As vantagens da integração do acordo de Prüm no âmbito da UE a sua transformação numa cooperação reforçada respeitante ao ELSJ parecem evidentes. Para além de pôr fim às dúvidas quanto à legalidade desse acordo face ao ordenamento da UE, ter-se-á tornado claro para todos aqueles cujos horizontes não se confinam a uma lógica de imediatismo político, que o quadro institucional e jurídico da União, apesar de todas as deficiências conhecidas, é a sede própria para o aprofundamento do ELSJ. Isto podia não ser exactamente assim em 1985 ou 1995, numa União a dez e a 15 Estados-Membros e ainda sem qualquer experiência na matéria, mas é-o certamente em 2006, quando a União já dispõe de instrumentos jurídicos permitindo que alguns Estados-Membros avancem mais depressa do que outros, que não querem ou não podem fazê-lo, sem roturas, fragmentações e antagonismos excessivos entre eles.

Se o acordo de Prüm, pelo seu conteúdo, é susceptível de contribuir para o aprofundamento do ELSJ, na linha daquilo que sempre caracterizou a construção europeia – realizações concretas, susceptíveis de criarem ou aprofundarem solidariedades de facto – deve prová-lo no seio da própria UE e não fora dela. E isto também, ou sobretudo, em nome de valores como a democraticidade, a transparência, a legalidade, a eficácia, a solidariedade e a igualdade que a UE, apesar de tudo, salvaguarda melhor do que um quadro institucional meramente intergovernamental e jusinternacionalista[26].

6. A necessidade de reformas no Espaço de Liberdade, Segurança e Justiça e os modos de as levar a cabo

6.1. A conclusão a que acaba de chegar-se não escamoteia de modo nenhum a necessidade da reforma do quadro institucional e normativo do ELSJ,

---

[26] Admitindo a justeza desta posição, o Conselho JAI, na sua reunião de 15 de Fevereiro de 2007, deliberou a integração das disposições do acordo de Prüm relativas à cooperação policial e judiciária em matéria penal no quadro institucional e jurídico da UE.

A União Europeia Enquanto Espaço de Liberdade, Segurança e Justiça

antes a realça. A este propósito, a experiência de quase doze anos demonstra que o "método comunitário evoluído" é o que melhor se ajusta ao aprofundamento daquele espaço.

Os autores do Tratado que estabelece uma Constituição para a Europa tiveram bem a consciência disto, ao pôr fim à fragmentação que marca actualmente o ELSJ, do ponto de vista dos procedimentos decisórios, das fontes do direito e dos mecanismos de garantia do cumprimento das pesadas obrigações dele decorrentes. O Tratado Constitucional tem, entre outros, o mérito de tratar unitariamente o domínio em causa e de o submeter, no seu conjunto, ao método comunitário com as modulações que se conhecem, de sinal intergovernamentalista, que não cabe aqui aprofundar[27].

O facto de, mesmo em domínios tão sensíveis e tão directamente relacionados com a segurança comum, os Estados-Membros poderem ser muito complacentes com os seus próprios incumprimentos, na ausência de instâncias efectivamente imparciais com a função específica de lhes recordar eficazmente os seus compromissos, confirma que o método comunitário evoluído é o mais adequado para reger globalmente o ELSJ. Os últimos anos mostraram ser importante que, para além das avaliações mútuas ou fiscalizações pelos pares, instituídas para garantir que cada Estado-Membro cumpre devidamente as obrigações impostas pela sua integração no ELSJ, a Comissão possa realmente ser a guardiã dos tratados na sua acepção plena, e que o TJ possa exercer em todo o ELSJ as competências fiscalizadoras e sancionatórias que o actual quadro jurídico de base só lhe permite exercer em parte. O mesmo vale, *mutatis mutandis*, para o Parlamento Europeu.

6.2. Todavia, parece actualmente adquirido, após os resultados negativos dos referendos sobre a ratificação do Tratado Constitucional em França e na Holanda e perante as dúvidas que pairam acerca do êxito do correspondente processo nalguns dos Estados-Membros que ainda não o concluíram, que muito dificilmente aquele tratado, enquanto instrumento jurídico *a se*, entrará em vigor. Isto não significa, porém, que algumas ou muitas das boas soluções que o Tratado Constitucional consagra não possam vir a transformar-se em direito positivo e a integrar a constituição da UE.

---

27 Para maiores desenvolvimentos, ver Jörg Monar, "Justice and Home Affairs in the EU Constitutional Treaty. What Added Value for the 'Area of Freedom, Security and Justice?" in *European Constitutional Law Review*, 2005, p. 226 ss.; Miguel Prata Roque, "A derrocada do sistema de três pilares. Breve apontamento sobre a permanência do método intergovernamental na Constituição Europeia", in *O Direito*, ano 137.º, 2005, p. 908 ss.; Nuno Piçarra, "O espaço de liberdade, segurança e justiça no Tratado que estabelece uma Constituição para a Europa: simplificação e aprofundamento" in *O Direito*, ano 137.º, 2005, p. 982 ss.

Podê-lo-ão obviamente ao abrigo do artigo 48.º do Tratado de Maastricht, que contempla o "procedimento solene" de revisão dos Tratados em que se funda a União, centrado na intervenção decisiva de "uma conferência de representantes dos governos do Estados-Membros", convocada para "adoptar de comum acordo as alterações a introduzir nos referidos tratados". Foi, de resto, assim que diversas matérias que integram o ELSJ foram comunitarizadas isto é, transferidas do Título VI do Tratado de Maastricht para o Título IV da Parte III do Tratado de Roma e, portanto, sujeitas ao método comunitário, embora com algumas adaptações de sinal intergovernamental, umas temporárias e outras mais duráveis, como atrás se viu.

Mas há também um modo próprio de viabilizar, no quadro dos actuais tratados da União, a necessária unificação das "fundações jurídicas" do ELSJ – especificamente previsto, de resto, para o efeito. Ele encontra-se no artigo 42.º do Tratado de Maastricht, nos termos do qual o Conselho, deliberando por unanimidade, por iniciativa da Comissão ou de um Estado-Membro, pode decidir tornar aplicável o Título IV da Parte III do Tratado de Roma a acções nos domínios a que se refere o Título VI do primeiro, "determinando simultaneamente as correspondentes condições de votação". Tal decisão do Conselho deverá ser ulteriormente aprovada pelos Estados-Membros nos termos das respectivas normas constitucionais.

O artigo 42.º permite, pois, pôr fim à nociva dualidade/fragmentação do ELSJ, sujeitando todos os seus componentes ao Tratado de Roma e ao método comunitário, sem que isso implique necessariamente que, para as matérias mais sensíveis, a regra da unanimidade no Conselho seja substituída pela da maioria qualificada. Em aplicação dele pode alcançar-se a solução unitária prevista pelo Tratado Constitucional para o ELSJ.

Não parece irrealista pensar que é possível congregar a vontade política necessária dos Estados-Membros para uma aplicação, a curto prazo, do artigo 42.º – que mais não é do que um procedimento de revisão simplificado e materialmente bem delimitado dos actuais tratados da União. Uma vontade política de unificação e aprofundamento do ELSJ foi, aliás, claramente manifestada por ocasião da assinatura do próprio Tratado Constitucional e reiterada pelos dezoito Estados-Membrs que já o ratificaram.

De então para cá, os acontecimentos não têm senão confirmado o sério inconveniente que representa, para a União e para os seus Estados-Membros, um ELSJ fraco, parcialmente virtual e mais vulnerável, por isso mesmo, a um terrorismo e a uma criminalidade internacional que não dão sinais de decréscimo espontâneo, antes pelo contrário. Que razões mais válidas haverá para avançar por esta via, prosseguindo simultaneamente um objectivo essencial expressamente enunciado pelos actuais tratados da União?

O BRANQUEAMENTO DE CAPITAIS
E A CRIMINALIDADE ORGANIZADA[1]

PAULO DE SOUSA MENDES[2]

Introdução

O branqueamento de capitais é a operação através da qual dinheiro de origem ilícita é depositado, ocultado e finalmente recuperado para utilização no circuito económico legal.

O branqueamento de capitais é assim um processo que comporta normalmente três fases, a saber: (a) a *colocação* (*placement*), (b) a *camuflagem* (*layering*) e (c) a *integração* (*integration*).

Primeiro, o dinheiro é colocado nalgum ponto do sistema financeiro (por exemplo: bancos, casas de câmbio, intermediários financeiros, casinos, etc.). Segundo, a proveniência do dinheiro é camuflada através de sucessivas operações de transferência (por exemplo, de uma conta para outra, de uma instituição financeira para outra, de uma pessoa para outra, de um país para outro, etc.). Terceiro, o dinheiro já lavado é usado em actividades lícitas (por exemplo, a compra de bens de luxo, a compra de valores mobiliários, o investimento em actividades económicas, etc.). A fase essencial é a segunda, que pode atingir níveis muito complexos de sofisticação, por isso mesmo avessos à detecção. Daí que a

---

[1] Conferência proferida na Faculdade de Direito da Universidade Nova de Lisboa, em 7 de Março de 2006.

[2] Professor da Faculdade de Direito de Lisboa e jurista da Comissão do Mercado de Valores Mobiliários (CMVM). O presente texto expressa opiniões estritamente pessoais que, por isso mesmo, não podem ser vistas como manifestação do entendimento da CMVM acerca das matérias em causa.

338   *Estudos de Direito e Segurança*

prevenção e a perseguição penal do branqueamento de capitais se afigurem como legal tarefas muito difíceis para o Estado.

1. As ameaças decorrentes do branqueamento de capitais

As estimativas acerca da dimensão do branqueamento de capitais à escala mundial não são credíveis. Na literatura da especialidade são, no entanto, referidos valores na ordem dos 500 biliões de dólares por ano (2 a 5% do Produto Bruto mundial)[3].

Ao nível macro-económico, o fenómeno do branqueamento de capitais constitui uma ameaça às "políticas estabelecidas, dando sinais errados aos mercados e decisores e podendo afectar seriamente a estabilidade das vulneráveis economias dos chamados mercados emergentes. Com efeito, os pontos de passagem e os destinos, em termos de países e sectores de actividade, dos capitais objecto de branqueamento são determinados não em função das melhores expectativas de rendibilidade, mas sim da menor probabilidade de detecção da sua origem criminosa. Dados os enormes montantes normalmente envolvidos nas operações de reciclagem e a velocidade a que esses valores circulam, este critério de decisão confunde os operadores e pode originar situações de instabilidade monetária pelos efeitos que produz nas taxas de câmbio e de juro. Esse factor de decisão leva também a que os capitais deixem de ser aplicados nos sectores de actividade onde se verifica a procura do mercado ou que as políticas económicas definiram como sectores de investimento prioritário, o que acarreta distorções no mercado e põe em causa o respectivo desenvolvimento económico"[4].

Ao nível micro-económico, o branqueamento de capitais provoca situações de concorrência desleal e perturba a circulação dos bens no mercado, na medida em que "são frequentemente usadas empresas de fachada, as quais para manter uma aparência de legalidade acabam por entrar no mercado e concorrer com as outras empresas já instaladas. O desafogo financeiro em que vivem, fruto das regulares injecções de capitais, permite-lhes subverter as regras do jogo, praticando preços mais baixos e políticas comerciais, que a concorrência não consegue acompanhar"[5].

---

[3] Por todos, cf. NUNO BRANDÃO, *Branqueamento de capitais: o sistema comunitário de prevenção*, Coimbra: Coimbra Editora, 2002, p. 17, e VITALINO CANAS, *O crime de branqueamento: regime de prevenção e de repressão*, Coimbra: Almedina, 2004, p. 7.

[4] NUNO BRANDÃO, *Branqueamento de capitais*, cit., p. 21.

[5] *Idem*, p. 22.

O Branqueamento de Capitais e a Criminalidade Organizada

Ao nível político, o branqueamento de capitais ameaça a estabilidade e o funcionamento das instituições do Estado democrático, pois anda normalmente associado à criminalidade altamente organizada (quer dizer: os cartéis, as máfias, as tríades, a *Yakuza*, etc.), que usa o produto do branqueamento para a corrupção das estruturas de poder, o controlo dos *media*, etc.[6].

O branqueamento de capitais ameaça também a boa administração da justiça, na medida em que dificulta a investigação, a identificação e a punição dos autores dos crimes subjacentes, sejam quais forem[7].

Finalmente, o branqueamento de capitais aparece cada vez mais associado ao financiamento do terrorismo, não obstante este poder ser também financiado com capitais de proveniência inteiramente lícita[8]. Nessa medida, o branqueamento de capitais constitui uma das piores ameaças da nossa época.

2. Os países pioneiros da criminalização do branqueamento de capitais

Os Estados Unidos da América (EUA) criminalizaram pela primeira vez em todo o mundo o branqueamento de capitais, através do *Money Laundering Control Act* de 1986[9].

Alguns Autores referem, no entanto, que, antes disso (*i.e.*, em 1978), a Itália já tinha alargado, através de uma alteração ao Código Penal, o tipo legal da receptação de modo a abranger o que se autonomizaria depois como branqueamento de capitais[10]. Não obstante, coube à Inglaterra e à Suíça criar, à escala europeia, as primeiras normas penais especificamente dirigidas contra o branqueamento, já depois da entrada em vigor nos EUA das disposições sobre branqueamento de capitais[11].

---

[6] Cf. José de Oliveira Ascensão, "Branqueamento de capitais: reacção criminal", in AA.VV., *Estudos de Direito Bancário*, Coimbra: Coimbra Editora, 1999, (pp. 337-358) p. 338, e Vitalino Canas, *O crime de branqueamento*, cit., pp. 17-18.

[7] Cf. Vitalino Canas, *O crime de branqueamento*, cit., p. 17.

[8] Cf. Jimmy Gurulé, "Who is winning the war on terror financing?", *The Financial Regulator*, vol. X, n.º 2 (Setembro de 2005), pp. 25-34.

[9] A expressão *lavagem de dinheiro* (*money laundering*) foi inicialmente usada nos Estados Unidos da América, nos anos 20 e 30 do século passado, para caracterizar os esquemas das máfias americanas de aquisição e exploração de lavandarias, entre outros negócios legais, como forma de misturar o dinheiro de origem criminosa com o dinheiro adquirido licitamente. O fenómeno da lavagem de dinheiro nunca mais deixou de assumir novas formas e maiores proporções.

[10] Neste sentido, cf. Vitalino Canas, *O crime de branqueamento*, cit., p. 25, n. 47.

[11] Cf. Günter Stratenwerth, "A luta contra o branqueamento de capitais por meio do direito penal: o exemplo da Suíça", *Lusíada/Direito*, série II, n.º 3 (2005), (pp. 85-93) p. 86.

3. Marcos da cooperação e vinculação internacionais

A Recomendação do Conselho da Europa de 27 de Junho de 1980 continha disposições contra a transferência e dissimulação de fundos de origem ilícita.

A Convenção das Nações Unidas sobre tráfico ilícito de estupefacientes e de substâncias psicotrópicas, assinada em Viena em 20 de Dezembro de 1988 e ratificada por Portugal em 1991, foi a primeira convenção internacional a versar a matéria do branqueamento, obrigando à sua criminalização em caso de tráfico de drogas.

O Grupo de Acção Financeira sobre o Branqueamento de Capitais (GAFI)[12], instituído em 1989 por iniciativa do G7, foi criado com a missão de promover a luta contra o branqueamento de capitais à escala mundial. As suas 40 Recomendações de 1990, sucessivamente revistas e acrescentadas em 1996 e 2003, constituem os princípios unanimemente aceites do combate ao branqueamento. Estão divididas em quatro capítulos: o primeiro capítulo, que contém o quadro geral das Recomendações, sugere que o sigilo bancário não entrave a implementação das recomendações e destaca a necessidade de uma forte cooperação judiciária multilateral; o segundo capítulo enuncia as medidas para melhorar os sistemas jurídicos nacionais; o terceiro capítulo visa o reforço do papel do sistema financeiro na luta contra o branqueamento e, finalmente, o quarto capítulo trata do reforço da cooperação internacional.

A Convenção n.º 141 do Conselho da Europa relativa ao branqueamento, detecção, apreensão e perda dos produtos do crime, assinada em Estrasburgo em 8 de Novembro de 1990 pelos vários Países, incluindo Portugal, impôs a criminalização do branqueamento dos produtos de um número de crimes mais amplo do que os da Convenção de Viena.

A Convenção das Nações Unidas contra a criminalidade organizada transnacional, aprovada em 15 de Novembro de 2000 e em vigor na ordem jurídica internacional desde 29 de Setembro de 2003 (assinada por Portugal em 12 de Dezembro de 2000, mas só ratificada finalmente a 2 de Abril de 2004), impôs aos Países a obrigação de criminalizarem o branqueamento de bens resultantes de infracções principais definidas como graves, designadamente as puníveis com pena de prisão de máximo igual ou superior a 4 anos, e definiu medidas de controlo de bancos e de outras entidades expostas ao branqueamento, bem assim como defendeu a criação de mecanismos de cooperação nacional e internacional[13].

---

[12] Em inglês: *Finantial Action Task Force on Money Laundering* (FATF).

[13] Cf. VITALINO CANAS, *O crime de branqueamento*, cit., pp. 29-30.

4. O sistema comunitário de prevenção e repressão do branqueamento de capitais

Na base do sistema comunitário de prevenção e repressão do branqueamento de capitais começou por estar a Directiva 91/308/CEE, de 10 de Junho de 1991. O texto comunitário seguiu, no essencial, as 40 Recomendações do Grupo de Acção Financeira sobre o Branqueamento de Capitais (GAFI), na versão primitiva de 1990.

Essa Primeira Directiva (1991) criou a obrigação de os Estados-membros proibirem e punirem o branqueamento de capitais provenientes do tráfico de droga, além de que definiu como deveres das entidades financeiras a identificação dos clientes, a conservação de documentos, o exame das transacções suspeitas, a informação às autoridades ou a colaboração com elas, a abstenção de realização de operações suspeitas, o segredo acerca das informações transmitidas às autoridades e a criação de controlos internos e de mecanismos de formação dos funcionários[14].

Foram adoptadas a Acção Comum 98/699/JAI relativa ao branqueamento de capitais, identificação, detecção, congelamento, apreensão e perda de instrumentos e produtos do crime, de 3 de Dezembro de 1998, e a Decisão-Quadro do Conselho 2001/500/JAI relativa ao mesmo tema, de 26 de Junho de 2001.

A Primeira Directiva foi alterada pela Directiva 2001/97/CE, de 4 de Dezembro de 2001, que seguiu agora as 40 Recomendações do GAFI, na versão de 1996.

A Segunda Directiva (2001) criou um conjunto de infracções subjacentes ao branqueamento de capitais, tais como, para além do tráfico de droga, a associação criminosa, a fraude grave, a corrupção ou qualquer infracção punível com uma pesada pena de prisão (artigo 1.º, n.º 1, E). Além disso, a Segunda Directiva reforçou alguns deveres (por exemplo, o dever de identificação dos clientes que já recaía sobre as entidades financeiras) e alargou a lista das entidades e pessoas sujeitas a deveres de prevenção do branqueamento de capitais, designadamente passando a abranger os auditores técnicos, os técnicos de contas externos, os consultores fiscais, os agentes imobiliários, os notários e os outros profissionais forenses independentes (*i.e.*, os advogados e os solicitadores), os negociantes de bens de valor elevado, os leiloeiros e os casinos[15].

---

[14] *Idem*, p. 24.

[15] *Idem*, p. 47.

5. A Terceira Directiva (2005)

Já está aí a Directiva do Parlamento Europeu e do Conselho relativa à prevenção da utilização do sistema financeiro para efeitos de branqueamento de capitais e de financiamento do terrorismo, de 26 de Outubro de 2005[16]. Desta feita, a Terceira Directiva (2005) seguiu as 40 Recomendações do GAFI, na versão de Junho de 2003.

A Terceira Directiva reproduz muitos dos aspectos da anterior, mas é significativamente mais pormenorizada e aumenta o âmbito dos sectores regulados. As principais novidades consistem no seguinte:

- Abrange expressamente a questão do financiamento do terrorismo;
- Incorpora conceitos tais como "beneficiário efectivo", "pessoas politicamente expostas", "relações de negócio" e "banco de fachada";
- Estabelece exigências ainda mais rigorosas de *conhecimento dos clientes* (*customer due dilligence*);
- Relaciona todas essas exigências com critérios de risco (por exemplo, através da definição de tipologias);
- Determina a forma como as instituições devem lidar com terceiros;
- Introduz a exigência de agências de transferências de dinheiro, casas de câmbio, prestadores de serviços a sociedades e *fundos fiduciários* (*trusts*) e casinos se sujeitarem à avaliação de competência e idoneidade;
- Impõe a obrigatoriedade de monitorização de todos os sectores regulados;
- Introduz a comitologia como forma de a Comissão continuar a melhorar a adopção de medidas para certos dispositivos.

Noutros aspectos, a Terceira Directiva manteve tudo como na anterior, a saber:

- Os deveres de reporte às autoridades administrativas e judiciárias;
- A exigência de nomeação e treino de responsáveis pela prevenção do branqueamento nas entidades supervisionadas;
- A lista de factos ilícitos típicos subjacentes ao branqueamento de capitais.

---

[16] (Nota de actualização:) entretanto foi publicada no *Jornal Oficial da União Europeia* de 4.8.2006 a Directiva n.º 2006/70/CE da Comissão, de 1 de Agosto de 2006, uma directiva de *nível 2* que estabelece medidas de execução da Directiva n.º 2005/60/CE do Parlamento Europeu e do Conselho no que diz respeito à definição de "pessoa politicamente exposta" e aos critérios técnicos para os procedimentos simplificados de vigilância da clientela e para efeitos de isenção com base numa actividade financeira desenvolvida de forma ocasional ou muito limitada.

Note-se que o combate ao terrorismo através dos dispositivos da prevenção do branqueamento de capitais nunca conseguirá ser muito eficaz, sabendo-se que os actos de terrorismo podem ser praticados com poucos fundos, aliás virtualmente indetectáveis através das rotinas da prevenção do branqueamento. Não obstante, o reporte efectivo de fluxos financeiros estranhos pode contribuir para a descoberta de terroristas e para o congelamento dos respectivos fundos.

Na Segunda Directiva, a definição das pessoas politicamente expostas atingia as pessoas singulares que desempenhassem, ou tivessem desempenhado, funções públicas proeminentes, os seus familiares próximos e as pessoas reconhecidamente associadas a elas. Na Terceira Directiva, o conceito de "pessoa politicamente exposta" passou a abranger os diplomatas, as altas patentes militares e policiais, os magistrados judiciais e do Ministério Público de topo de carreira, os responsáveis máximos das entidades de supervisão financeira e outras pessoas que tenham a tutela de empresas públicas.

A Terceira Directiva terá de ser transposta para a ordem jurídica portuguesa até 15 de Dezembro de 2007.

6. A evolução do quadro legal português

O Estado português tem vindo a cumprir as suas obrigações nesta matéria, transpondo para a ordem jurídica interna os instrumentos jurídicos internacionais vinculativos.

O Decreto-Lei n.º 15/93, de 22 de Janeiro, que reviu a legislação de combate à droga, criminalizou o branqueamento de capitais pela primeira vez em Portugal (artigo 23.º). Na chamada lei da droga não se tratava ainda da transposição da Primeira Directiva (1991), mas de dar cumprimento à Convenção de Viena de 1988.

O Decreto-Lei n.º 313/93, de 15 de Setembro, transpôs para a ordem jurídica interna a Primeira Directiva (1991). Manteve a tipificação criminal do branqueamento que tivesse como crime subjacente o tráfico de estupefacientes. Não trouxe novidades em relação aos deveres definidos na Directiva, mas não criminalizou a violação desses deveres. Na verdade, criou antes contra-ordenações puníveis com pesadas coimas, que podiam atingir os dois milhões e meio de euros, acrescidas de severas sanções acessórias (por exemplo, a inibição por um período de 10 anos do exercício de certos cargos ou funções dentro das entidades financeiras).

Já em 1995 aconteceria uma evolução muito importante na legislação nacional, desta feita satisfazendo a sugestão da Primeira Directiva (1991) de

344 *Estudos de Direito e Segurança*

alargamento dos deveres a profissões e entidades não referidas nela, bem como de ampliação dos crimes subjacentes. Na verdade, o Decreto-Lei n.º 325/95, de 2 de Dezembro, passou a abranger os casinos, as actividades de mediação imobiliária, os comerciantes de bens de elevado valor unitário, etc. E acrescentou à lista de crimes subjacentes o terrorismo, o tráfico de armas, a extorsão de fundos, o rapto, o lenocínio, a corrupção e outras infracções previstas na Lei n.º 36/94, de 29 de Setembro (Medidas de combate à corrupção e criminalidade económica e financeira). Este diploma seria sucessivamente alterado pela lei n.º 65/98, de 2 de Setembro, pelo Decreto-Lei n.º 275-A/2000, de 9 de Novembro, pela Lei n.º 104/2001, de 25 de Agosto e pelo Decreto-Lei n.º 323/2001, de 17 de Dezembro. Finalmente, a Lei n.º 10/2002, de 11 de Fevereiro, transpôs para a ordem jurídica interna a Segunda Directiva (2001), embora não tenha havido uma transposição integral. As suas características principais eram as seguintes:

– Alargou a lista das pessoas obrigadas a comunicar operações suspeitas, passando a incluir alguns profissionais liberais (técnicos de contas, auditores externos, transportadores de fundos, notários e outras entidades que participem em certas operações de carácter imobiliário, financeiro e societário, etc.);
– Alargou os crimes subjacentes, que passam a incluir o tráfico de produtos nucleares, o tráfico de pessoas, o tráfico de órgãos ou tecidos humanos, a pornografia com menores, o tráfico de espécies protegidas e a fraude fiscal, bem como todos os crimes punidos com pena de prisão de limite máximo superior a 5 anos (critério misto qualitativo e quantitativo, segundo já resultava da Decisão-Quadro do Conselho, de 26 de Junho de 2001).

A Lei do Branqueamento em vigor é agora a Lei n.º 11/2004, de 27 de Março, que será seguidamente analisada nos seus aspectos essenciais.

7. A prevenção do branqueamento de capitais

As características intrínsecas do branqueamento de capitais exigem metodologias de abordagem inovadoras. Não bastam as metodologias normalmente utilizadas pelas autoridades administrativas (*i.e.*, o direito e o processo administrativo sancionatório) e judiciárias (*i.e.*, o direito e o processo penal), que visam geralmente só a avaliação *a posteriori* das situações desconformes com as leis e os regulamentos.

8. A implementação voluntária de sistemas de prevenção do branqueamento

Em especial, a prevenção do branqueamento de capitais implica uma atitude pró-activa por parte das autoridades administrativas e pressupõe o concurso das entidades reguladas na concepção e implementação das medidas adequadas.

O controlo dos resultados atingidos pelas entidades reguladas impõe que a matéria não seja apenas alvo das rotinas de supervisão, tais como questionários destinados a serem respondidos por escrito pelos próprios destinatários, mas seja também tratada ao nível da inspecção, implicando assim a verificação *in situ* dos sistemas de controlo interno utilizados por cada entidade, a análise dos resultados obtidos com esses sistemas e o incentivo ao melhoramento dos recursos instalados ou à implementação de mais e melhores recursos.

Em especial, a inspecção das condições de prevenção do branqueamento de capitais nas entidades financeiras deve passar pela realização de encontros regulares entre os representantes das autoridades de supervisão e os responsáveis dos departamentos de auditoria (ou estruturas similares) dessas entidades, em separado, tendo em vista os seguintes objectivos:

a) Informação sobre o sistema de prevenção de branqueamento de capitais implementado;

b) Descrição do controlo existente na abertura de contas de depósitos à ordem de novos clientes, em particular de pessoas colectivas com sede em *off-shores*;

c) Definição de regras consensuais entre as autoridades de supervisão e as entidades financeiras e aperfeiçoamento, numa base voluntária, dos sistemas de prestação de informação por parte das entidades financeiras, como é prática corrente noutros países;

d) Incorporação de nomes de pessoas politicamente expostas e informação individualizada (*e.g.*, números de contas);

e) Circulação de nomes;

f) Descoberta de lucros relevantes e especificação dos totais;

g) Congelamento de contas.

Os progressos registados na implementação do sistema de prevenção do branqueamento de capitais têm de ser regularmente avaliados.

9. O subsistema de direito administrativo sancionatório

São vários os deveres de prevenção a cargo das entidades financeiras e não financeiras, a saber:

- O dever de identificação;
- O dever de recusa de realização de operações;
- O dever de conservação de documentos;
- O dever de exame;
- O dever de comunicação;
- O dever de abstenção;
- O dever de colaboração;
- O dever de segredo;
- O dever de criação de mecanismos de controlo e de formação.

O incumprimento dos deveres da lei do branqueamento é tratado por lei como contra-ordenação.

10. Os deveres das autoridades administrativas

A lei do branqueamento impõe às autoridades de supervisão das entidades financeiras, nos termos do art. 19.°, n.° 2, que informem o Procurador-Geral da República – ou, vale o mesmo, o DCIAP, nos termos do art. 47.°, n.° 1, alínea e), da Lei n.° 60/98, de 27 de Agosto (Lei Orgânica do Ministério Público) – dos factos que indiciem a prática de crime de branqueamento de que tenham conhecimento ou fundada suspeita por via das inspecções por si efectuadas naquelas entidades. Trata-se de um dever de comunicação, assim denominado na epígrafe do art. 19.°.

Se as autoridades de supervisão têm o dever de comunicação ao Ministério Público das suspeitas da prática de crime de branqueamento obtidas *de motu proprio*, então têm também, necessariamente, o dever de colaboração quando confrontadas com um pedido feito nesse sentido por uma autoridade judiciária encarregue da direcção de um processo penal. Não faria sentido que as entidades privadas tivessem o dever de colaboração quer com as autoridades judiciárias, quer com as autoridades de supervisão (art. 9.°), se porventura estas últimas não tivessem por sua vez um dever de colaboração com as autoridades judiciárias nessa matéria. O dever de segredo profissional a cargo das autoridades de supervisão cede defronte do regime de prevenção e repressão do branqueamento.

11. Situações controversas

A lei do branqueamento exige a identificação da pessoa por conta da qual o titular da conta de depósito efectivamente actua (*i.e.*, o beneficiário económico), nos termos do artigo 3.º, n.º 2.

Mas a ordem jurídica portuguesa, ao não reconhecer a figura do *trust*, acaba transigindo com a falta de identificação do beneficiário económico por se presumir que os *trustees* e *nominees* actuam por conta própria. Por exemplo, as actuais regras de identificação dos titulares das contas de depósito são omissas quanto à indicação dos verdadeiros beneficiários económicos (vd. Aviso do Banco de Portugal n.º 11/2005).

12. A repressão do branqueamento de capitais

Entrando agora no subsistema de Direito Penal, importa abordar o crime de branqueamento:

Art. 368.º-A, n.º 2, CP:

"Quem converter, transferir, auxiliar ou facilitar alguma operação de conversão ou transferência de vantagens, obtidas por si ou por terceiro, directa ou indirectamente, com o fim de dissimular a sua origem ilícita, ou de evitar que o autor ou participante dessas infracções seja criminalmente perseguido ou submetido a uma reacção criminal, é punido com pena de prisão de 2 a 12 anos".

Art. 368.º-A, n.º 3, CP:

"Na mesma pena incorre quem ocultar ou dissimular a verdadeira natureza, origem, localização, disposição, movimentação ou titularidade das vantagens, ou os direitos a ela relativos".

O branqueamento de capitais constitui uma criminalidade derivada ou de segundo grau, no sentido de que tem como pressuposto a prévia concretização de um facto ilícito típico, de onde sejam provenientes as vantagens dissimuladas. A verificação desse facto funciona, pois, como condição objectiva de punibilidade do branqueamento. Mas o preenchimento do tipo de crime de branqueamento não exige que o facto ilícito típico subjacente tenha sido efectivamente punido, nem sequer supõe que tenha sido praticado em território nacional.

Como já sucedia na Lei n.º 10/2001, de 11 de Fevereiro, o legislador recorre a um método misto de definição dos factos ilícitos típicos subjacentes, quer

348   *Estudos de Direito e Segurança*

fornecendo um catálogo, quer estabelecendo complementarmente uma cláusula geral que abrange todos os factos puníveis com pena de prisão de duração mínima superior a 6 meses ou de duração máxima superior a 5 anos.

Pode ser verberada a extensa lista de crimes do catálogo, retomando uma crítica de Oliveira Ascensão à legislação pretérita: "O crime de branqueamento de capitais supõe uma situação excepcional, à qual seja necessário reagir com meios excepcionais também. Alargar o círculo, de maneira a fazer abranger crimes que não têm já nada que ver com a preocupação que está na origem da incriminação é confundir tudo, admitir reacções desproporcionadas e pôr afinal em causa os resultados que se pretendiam atingir. Quando se incluem tipos como a 'fraude na obtenção de subsídio', por exemplo, que são infracções de todo alheias à problemática financeira que está na base do branqueamento de capitais, o sistema repressivo perde sentido"[17].

No anteprojecto de Revisão do Código Penal, o sistema de combate ao branqueamento de capitais sai reforçado com a previsão da responsabilidade criminal das pessoas colectivas[18].

13. Balanço e perspectivas

No seminário sobre o "Sector Segurador e o Branqueamento de Capitais" promovido pela Associação Portuguesa de Seguradoras (APS) e realizado já no corrente ano de 2006, Fernando Jordão, coordenador da secção de informação da Unidade de Informação Financeira (UIF), o departamento da Polícia Judiciária (PJ) responsável pela informação relativa a branqueamento de capitais e criminalidade tributária, revelou que dos 200 crimes financeiros detectados no ano passado, 67,5% eram fraudes fiscais (135 casos), sendo as burlas o segundo crime mais frequente (13 casos) e o branqueamento o terceiro (12 casos)[19].

Obviamente, as notícias de operações suspeitas recebidas pela UIF foram em número muito superior aos referidos 12 casos. Essas notícias resultaram maioritariamente de comunicações feitas pela Inspecção-Geral de Jogos (IGJ), responsável por 90% das denúncias, e pela Inspecção-Geral das Actividades Económicas (IGAE), com 8%. O elevado número de operações denunciadas pela

---

[17] José de Oliveira Ascensão, *Estudos de Direito Bancário*, cit., p. 343.

[18] (Nota de actualização:) o anteprojecto de Revisão do Código Penal já foi aprovado pelo Conselho de Ministros, em reunião de 27 de Abril de 2006.

[19] Ver: http://dn.sapo.pt/tools/imprimir.html?file=/2006/01/27/economia/crime... financeiro–duplicou–portugal...u.html.

O Branqueamento de Capitais e a Criminalidade Organizada

IGJ resultou do facto de os casinos terem um sistema de comunicação automática, que lança o alerta quando os prémios de jogo ultrapassam um determinado valor. Também os bancos (360 operações), a Direcção-Geral das Alfândegas e dos Impostos Especiais sobre o Consumo (358), o Banco de Portugal (191), a Comissão do Mercado de Valores Mobiliários (31) e as Seguradoras (3) comunicaram transacções suspeitas à UIF.

No ano passado, o número de operações comunicadas aumentou cinco vezes face a 2004. A tendência de crescimento tem vindo a acentuar-se pelo menos desde 2002, ano em que foram denunciados apenas 289 movimentos suspeitos. Quase 40% das operações comunicadas disseram respeito a depósitos realizados em numerário. A troca de notas motivou um terço das comunicações, seguida das transferências de fundos com origem no estrangeiro, que motivaram 13% das suspeitas. Outros movimentos que suscitaram a atenção foram as operações realizadas ao abrigo do regime excepcional de regularização tributária (7%), transferências bancárias (4%) e transferências de fundos para o estrangeiro.

Há duas maneiras de olhar para estes números: a optimista e a céptica.

Os optimistas dirão que o combate ao branqueamento de capitais é dos mais complexos casos de prevenção e perseguição penal da actualidade. Num sistema com apenas 10 anos de existência e com sucessivas alterações legislativas é preciso dar tempo ao tempo para começar a ver frutos.

Os cépticos dirão que é estranho que um "quadro legal de emergência", que impõe a um número cada vez maior de entidades e de cidadãos deveres de colaboração com as polícias e as autoridades judiciárias, produza resultados tão escassos. Os cépticos dirão mesmo que, se isso acontece, é porque prevalece uma grande hipocrisia social nessa matéria.

Eu diria que essas duas perspectivas não são contraditórias. Aliás, ambas têm um grande fundo de verdade.

14. A avaliação de Portugal pelo GAFI

A avaliação pelo GAFI da forma como Portugal tem prevenido e perseguido o branqueamento de capitais será conhecida em Outubro de 2006. A equipa do GAFI já esteve no nosso país para recolher elementos e voltará de 6 a 17 de Março para visitar bancos, seguradoras, casinos e outras entidades normalmente usadas no branqueamento. O relatório do GAFI sobre o combate nacional ao branqueamento será depois aprovado no plenário anual da organização previsto para o próximo mês de Outubro. Depois dessa aprovação, o resultado da avaliação será público (neste momento, estão já disponíveis na Internet os resultados de avaliações a outros Países).

A CRIMINALIDADE ECONÓMICA: PERSPECTIVAS DOGMÁTICAS E DESAFIOS POLÍTICO-CRIMINAIS

RUI PEREIRA*

1. As infracções económicas estão intimamente associadas a duas das mais importantes tendências político-criminais que se desenvolveram na Europa após a segunda guerra mundial.

A primeira dessas tendências foi desencadeada, em termos normativos, em 1952, ano em que, por influência de Eberhard Schmidt[1], a República Federal Alemã promulgou a *Gesetz über Ordunungswidrigkeiten* (lei das contra-ordenações), que constituiu uma reacção contra o movimento hipercriminalizador. Na verdade, no período antecedente, o Direito Penal fora posto ao serviço dos mais variados fins económico-sociais, surgindo uma prolífera legislação extravagante de "Direito Penal Administrativo".

No fundo, a criação do Direito de Mera Ordenação Social pretendeu dar resposta a uma questão que se colocava à Alemanha, e também a outros Estados europeus, no pós-guerra: como assegurar a autoridade do Estado, em países devastados, sem criar um Direito Penal opressivo e totalitário, que evocasse os fantasmas do nazismo[2]? Como depurar o Direito Penal de incriminações de carácter político e de condutas destituídas de ressonância ética?

---

* Mestre em Direito e Professor Convidado da Faculdade de Direito da Universidade Nova de Lisboa.

[1] Cfr. Eberhard Schmidt, "Das neue Wirtschaftsstrafrecht", *Grundsätzliches zu einer Ausgestaltung und Anwendung*, 1950

[2] A esta antinomia se refere Costa Andrade, em "Contributo para o conceito de contra--ordenação (a experiência alemã)", *Revista de Direito e Economia*, 6/7 (1980-1981), pp. 81-121, e *Direito Penal Económico e Europeu: Textos Doutrinários*, vol. I, *Problemas Gerais*, pp. 75-107 (p. 93).

352 Estudos de Direito e Segurança

A criação deste novo ramo de direito sancionatório público veio dar uma resposta satisfatória ao problema. Não se tratando de Direito Penal, estaria afastada uma indesejável estigmatização e, sobretudo, a aplicação de sanções privativas da liberdade (pena de prisão), cujo efeito criminógeno é reconhecido. Além disso, o Direito de Mera Ordenação Social permitiria um certo descongestionamento dos tribunais, por as suas sanções – coimas e respectivas sanções acessórias – serem de aplicação extrajudicial, isto é, serem aplicadas por autoridades administrativas, apesar de se assegurar aos particulares o direito de recurso para os tribunais (genericamente decorrente, no caso português, do n.º 1 do artigo 20.º da Constituição).

Duas críticas essenciais se podem dirigir, no entanto, ao Direito de Mera Ordenação Social: a primeira indica que a diferença entre ele e o Direito Penal é apenas de forma. Nesta perspectiva, Michels afirma que existe uma unidade estrutural entre os crimes do direito penal secundário e as contra-ordenações, embora a unidade categorial se estabeleça entre os crimes clássicos (do chamado Direito Penal Primário ou de Justiça) e os crimes do Direito Penal Secundário[3]. A segunda crítica, mais incisiva, pretende que o Direito de Mera Ordenação Social é inconstitucional no seu todo, por violar a reserva da função jurisdicional dos tribunais e, em última instância, o princípio da separação e interdependência de poderes decorrente do Estado de direito democrático (artigos 202.º, n.º 1, e 2.º, respectivamente, da Constituição). Esta crítica sugere, no fundo, que o Direito de Mera Ordenação Social constitui uma forma de fugir à intervenção dos tribunais e excluir as garantias de defesa inerentes ao processo penal (artigo 32.º, n.º 1, da Constituição portuguesa)[4].

Todavia, ambas as críticas, que aliás estão conexionadas logicamente, podem ser rebatidas. Indispensável, para o efeito, é que se consiga estabelecer uma diferença material entre crimes e contra-ordenações, por um lado, e, por outro, entre as correspondentes sanções – penas e coimas.

Ora, na verdade, é possível formular um critério qualitativo de distinção entre crimes e contra-ordenações, como, com algumas variações, fazem Michels[5] e Amelung[6], na doutrina alemã, ou Eduardo Correia[7] e Figueiredo

---

[3] H. Michels, *Strafbare Handlung und Zuiderhandlung.Versuch einer materiellen Unterscheidung zwischen Kriminal- und Verwaltungstrafrecht*, 1963, p. 58. Ver, sobre isto, Costa Andrade, *texto cit.*, pp. 102-3.

[4] Cfr. H. Mattes, *Untersuchungen zur Lehre von den Ordnungswidrigkeiten*, I, *Geschichte und Rechtsvergleichung*, 1977, p. 85 e ss. (em especial, p. 91). Ver ainda, sobre esta questão de constitucionalidade, Fernanda Palma, *Direito Penal. Parte Geral*, 1994, p. 79 e ss.

[5] *Ibid.*, p.43. Michels procede à distinção através da carga ética das condutas.

[6] K. Amelung, *Rechtsgüterschutz und Schutz der Gesellschaft*, 1972, p. 291 e ss. O autor refere a existência de normas que as pessoas interiorizam, independentemente do conhecimento da lei,

A Criminalidade Económica: Perspectivas Dogmáticas e Desafios Político-Criminais

Dias[8], na doutrina portuguesa (nomeadamente através da ideia de ressonância ética). Uma tal distinção permite compreender aspectos de regime como, por exemplo, o sancionamento das pessoas colectivas e a consagração de infracções de perigo abstracto e de desobediência no Direito de Mera Ordenação Social, ao contrário do que, em regra, deve suceder num Direito Penal que erige como fim das penas a defesa de bens jurídicos e como princípio legitimador a subsidiariedade ou intervenção mínima (artigos 40.°, n.° 1, do Código Penal e 18.°, n.° 2, da Constituição).

No plano das sanções, a crítica segundo a qual a distinção entre penas e coimas é formal e contraria o senso comum (por se tratar de realidades materialmente idênticas) também não será decisiva desde que se consiga estabelecer um espaço de reserva do Direito Penal. Esse espaço, no que respeita às pessoas singulares, é fornecido pela pena de prisão. Com efeito, por mais desejável que seja criar alternativas a esta pena, ela ainda constitui hoje o *ex libris* do Direito Penal, explicando todo o conjunto de princípios restritivos e garantias de defesa que lhe estão associados. E até mesmo no âmbito da responsabilidade penal das pessoas colectivas se pode identificar uma pena que não deve ser admitida no Direito de Mera Ordenação Social: trata-se da pena de dissolução, verdadeira pena de morte da pessoa colectiva, não proibida pela Constituição que apenas proscreve a pena de morte propriamente dita (artigo 24.°, n.° 2). De facto, esta pena consubstancia uma limitação de tal maneira grave ao direito de associação (artigo 46.° da Constituição) que não se crê ser possível deixar a sua aplicação a autoridades administrativas.

Encarado de início como um fenómeno estritamente germânico, o Direito de Mera Ordenação Social foi acolhido em Portugal em 1979, por influência de Eduardo Correia, que, pela primeira vez, se referiu a ele na exposição de motivos do Anteprojecto de Parte Geral do Código Penal apresentado em 1963 e que desenvolveu as respectivas bases doutrinárias num artigo publicado em 1973, no

---

no processo de socialização, a par de normas de criação legal propriamente dita (que englobarão a mera ordenação social).

[7] Eduardo Correia, "Direito Penal e Direito de Mera Ordenação Social", *Boletim da Faculdade de Direito da Universidade de Coimbra*, XLIX (1973), pp. 257-281, e *Direito Penal Económico e Europeu...*, *op. cit.*, pp. 3-18 (pp. 8-9), ainda remete para a ideia de mínimo ético o campo de intervenção penal.

[8] F. Dias, "O movimento da descriminalização e o ilícito de mera ordenação social", *Jornadas de Direito Criminal: O Novo Código Penal Português e Legislação Complementar*, C.E.J., I, 1983, pp. 317- -336, e *Direito Penal Económico e Europeu...*, *op. cit.*, pp.19-33 (pp. 26-7), adverte que é a ausência de ressonância ética das condutas e não dos ilícitos de mera ordenação social que permite distinguir estes ilícitos dos crimes.

Boletim da Faculdade de Direito da Universidade de Coimbra[9]. No plano normativo, foi o Decreto-Lei n.º 232/79, de 24 de Julho, que instituiu o ilícito mera ordenação social. Presentemente, o regime geral deste ilícito, que se estende das infracções contra a economia e a saúde pública (Decreto-Lei 28/84, de 20 de Janeiro) até ao consumo de estupefacientes e substâncias psicotrópicas (Lei n.º 30/2000, de 29 de Novembro), passando pelo relevantíssimo domínio das infracções ao Código da Estrada, continua a estar previsto no Decreto-Lei n.º 433/82, de 27 de Outubro (embora tal diploma tenha sido sujeito a sucessivas revisões[10]).

O Direito Penal português, que se baseava numa tripartição de ilícitos penais semelhante à da lei penal francesa (com a distinção entre crimes, delitos e contravenções, por ordem de gravidade decrescente), quase erradicou, num processo paulatino que se estendeu por duas décadas, as contravenções. Por último, o actual Governo português comprometeu-se, no seu Programa, a substituir as contravenções residuais ainda vigentes por contra-ordenações, em homenagem a uma política de descriminalização das bagatelas penais e de descongestionamento dos tribunais.

2. A segunda grande tendência que se registou no pós-guerra, de sinal contrário ao movimento descriminalizador, conduziu à criação de um Direito Penal Secundário, de que é parte integrante e traço matricial o Direito Penal Económico.

Na realidade, o Direito Penal Secundário encontra as suas raízes profundas na doutrina do Direito Penal de Polícia de Feuerbach e na doutrina do Direito Penal Administrativo de Goldschmidt e Wolf, desenvolvidas ao longo dos séculos XVIII, XIX e XX. Mais recentemente, na Alemanha, foi a *Wirtschaftsstrafgesetz* de 1949 (lei penal da economia) que introduziu, no pós-guerra, o Direito Penal Secundário[11].

Em Portugal, foi o Decreto-Lei n.º 41204, de 24 de Julho de 1957, que, pela primeira vez, instituiu de forma sistemática o regime de infracções contra a saúde pública e economia nacional. Mas este diploma não impediu a proliferação legislativa nessa área, com especial incidência no período que se seguiu à revolução de 1974, durante o qual o poder político pretendeu a todo o custo evitar a fuga de capitais e a sabotagem económica. Esta lei viria a ser substituída pelo já citado

---

[9] Eduardo Correia, "Código Penal. Projecto da Parte Geral", Separata do *B.M.J.*, n.ºs 127 (1963), pp. 68-9, e *text. cit.*

[10] Cfr. Decretos-Leis n.ºs 356/89, de 17 de Outubro, e 244/95, de 14 de Setembro.

[11] Cfr., sobre toda esta evolução, Costa Andrade, *text. cit.*, p. 79 e ss.

A Criminalidade Económica: Perspectivas Dogmáticas e Desafios Político-Criminais 355

Decreto-Lei n.º 28/84 que, no essencial, ainda está em vigor e prevê, em paralelo, os crimes e as contra-ordenações contra a saúde pública e a economia. De resto, a distinção entre uns e outras é árdua: assim, por exemplo, o abate de animais em locais não destinados ao efeito constitui crime, mas o abate em locais próprios sem respeitar as regras estabelecidas corresponde já a uma contra-ordenação.

Hoje, o Direito Penal Económico estende-se, em Portugal, como na generalidade dos países europeus, por uma vastidão de domínios que englobam, entre outros, os incêndios florestais, as infracções tributárias, as infracções contra a propriedade industrial e a caça[12].

3. Uma pergunta legítima, que se segue à identificação das duas orientações de sinal oposto a que fiz referência, indaga se o Direito de Mera Ordenação Social não bastaria para responder às infracções económicas. Afinal, a criação de um Direito Penal Económico não derivará de um certo dogmatismo moral, por um lado, e, por outro, da instrumentalização do Direito Penal pelo Estado para prosseguir fins políticos, económicos e sociais que deveriam ser alcançados por outros meios? A própria diversidade de nomes a que se recorre para referir este sub-ramo do Direito Penal – que vai do sugestivo *white collar crime* da criminologia[13] ao respeitável *Droit pénal des affaires* de Delmas-Marty[14], passando pelo anódino Direito Penal Económico – não comprova o seu artificialismo?

A pergunta é reforçada, aliás, pela natureza liberal do nosso Direito Penal. Em termos sistemáticos, o Código Penal português prevê em primeiro lugar os crimes contra as pessoas, a começar pelo homicídio, e só depois, sucessivamente, os crimes contra o património, contra a paz, contra a sociedade e contra o Estado. Esta ordenação é quase a oposta à do Código Napoleão e ao Código Penal português de 1852/86, que apresentava, em relação ao referente francês, a

---

[12] Ver, em matéria de incêndios florestais, a Lei n.º 19/86, cuja vigência, aliás, é controversa (ante o disposto no artigo 272.º do Código Penal de 1995). O regime geral das infracções tributárias está contido na Lei n.º 15/2001, de 5 de Junho. As infracções contra a propriedade industrial estão tipificadas no Decreto-Lei n.º 36/2003, de 18 de Outubro. A Lei (da Caça) n.º 173/99, de 21 de Setembro, contempla, nos artigos 28.º e seguintes, um crime contra o ambiente (preservação da fauna e das espécies cinegéticas), mas também crimes de exercício perigoso da caça e de exercício da caça sob a influência do álcool, flagrantemente inspirados nos crimes de condução perigosa de veículo rodoviário (perigo concreto) e de condução de veículo em estado de embriaguez (perigo abstracto), previstos nos artigos 291.º e 292.º, respectivamente, do Código Penal, e crimes de falta de habilitação para o exercício da caça e de desobediência.

[13] Cfr. Figueiredo Dias e Costa Andrade, *Criminologia. O Homem Delinquente e a Sociedade Criminógena*, 1992 (reimp.), p. 76 e ss.

[14] Delmas-Marty, *Droit pénal des affaires*, 1973.

356   *Estudos de Direito e Segurança*

particularidade de consagrar à cabeça, antes ainda dos crimes contra o Estado, os crimes contra a religião.

Todavia, algumas infracções económicas, pela sua gravidade, dimensão e consequências, são susceptíveis de pôr em causa o próprio Estado de direito democrático. Na sua defesa da democracia através do pluralismo, Michael Walzer previne que a justiça é ameaçada quando o critério de distribuição de um determinado sistema (ou área, para utilizar uma linguagem não comprometida com o funcionalismo) invade outros sistemas[15]. Assim, a invasão dos circuitos de decisão política – ou desportiva, por exemplo – por critérios económicos, impostos por comportamentos desviantes, põe em causa a própria democracia.

Mas, para além da defesa do Estado de direito democrático – e, antes disso, da seriedade ou da confiança na Administração, que, abstraindo da natureza do regime político, explica o profundo lastro histórico de crimes como a corrupção[16] –, a consagração de crimes económicos é hoje reclamada com veemência pela necessidade de tutelar bens jurídicos supra-individuais da maior importância. O ambiente e a saúde pública, a justiça fiscal e a liberdade do mercado incluem-se nesse domínio, bastando recordar, para compreender a sua importância decisiva, as recentes catástrofes ambientais e epidemias como a SIDA, a BSE e a gripe das aves.

4. Reconhecendo a necessidade político-criminal de um Direito Penal Económico – que constitui parte importante do Direito Penal Secundário, embora não o esgote –, cabe perguntar quais são as características desse sub-ramo do Direito Penal.

É claro que ele se distingue, em primeiro lugar, pela natureza dos bens jurídicos protegidos. Depois, deve observar-se que ele costuma estar previsto na legislação avulsa. Mas esta regra comporta excepções: crimes como a corrupção, o peculato e próprio tráfico de influência estão tipificados no Código Penal, dada a sua sedimentação histórica, estabilidade dogmática ou gravidade relativa.

Porém, o que na verdade se pergunta é se é possível reconhecer ao Direito Penal Económico certos traços dogmáticos distintivos[17], que permitam até esbo-

---

[15] Michael Walzer, *Spheres of Justice. A Defence of Pluralism & Equality*, 1982, pp. 10-13.

[16] Sobre o crime de corrupção em geral, ver os comentários de A. M. Almeida Costa aos artigos 372.º a 374.º no *Comentário Conimbricense do Código Penal, Parte Especial*, tomo III, artigos 308.º a 386.º, p. 654 e ss.

[17] Ver Figueiredo Dias, "Para uma dogmática do direito penal secundário", *R.L.J.*, ano 116.º (1983-1984), pp. 263 e ss., e ano 117.º (1984-1985), p. 7 e ss., e *Direito Penal Económico e Europeu...*, *op. cit.*, pp. 35-74, e Faria Costa, *Direito Penal Económico*, 2003, p. 99 e ss.

A Criminalidade Económica: Perspectivas Dogmáticas e Desafios Político-Criminais

çar orientações político-criminais para o futuro. E é possível, com efeito, assinalar algumas características, por exemplo, em matéria de comparticipação criminosa, imputação objectiva, dolo e erro, causas de justificação e de desculpa e responsabilidade das pessoas colectivas.

Em matéria de comparticipação criminosa, o legislador consagra, no Direito Penal Económico e no Direito Penal Secundário em geral conceitos muito abrangentes de autoria e acção típica, que tendem a anular, na prática, as categorias de instigador e de cúmplice (ou seja, a autonomia dos participantes em sentido estrito). Um exemplo muito claro pode ser dado em matéria de tráfico de droga, no âmbito do qual o legislador prevê um leque tão vasto de condutas que não é fácil imaginar um instigador ou um cúmplice do crime[18].

No domínio da imputação objectiva, observa-se que é frequente recorrer a crimes de perigo, antecipando-se a tutela do bem jurídico e dispensando-se a verificação do dano. Mas, para além disso, a imputação sugere muitas vezes a substituição de critérios baseados ainda numa ideia de causalidade naturalística (próprios de muitos crimes do Direito Penal de Justiça, como o homicídio e as ofensas à integridade física) por critérios de tipo normativo, como o de risco[19].

No plano do dolo e do erro, os crimes económicos justificam duas reflexões especiais. A primeira resulta do recurso frequente a elementos normativos do tipo na descrição destes crimes. Assim, para que o agente actue com dolo, apenas se requer o conhecimento do significado, na sua esfera de leigo (e não um conhecimento exacto fundado em percepções sensoriais), de conceitos como "contrafacção ou depreciação de produto" ou "aditivo alimentar"[20]. A segunda assenta na ausência de ressonância ética de muitas condutas contempladas pelo Direito Penal Económico, a qual permite aplicar o regime de exclusão do dolo previsto no n.º 1 do artigo 16.º do Código Penal, que se refere a "proibições cujo conhecimento é razoavelmente indispensável à tomada de consciência da ilicitude"[21]. A consequência deste regime pode ser a impunidade, tendo em

---

[18] Cfr. o artigo 21.º, n.º 1, do Decreto-Lei n.º 15/93, de 22 de Janeiro.

[19] Vejam-se, por exemplo, os crimes previstos nos artigos 321.º e seguintes do já citado Decreto-Lei n.º 36/2003, os quais prevêem infracções contra a propriedade industrial que incluem a violação do exclusivo da patente, o uso ilegal de marca e a violação de denominação de origem.

[20] Cfr. artigos 23.º e 24.º do citado Decreto-Lei n.º 28/84 (Infracções contra a Economia e a Saúde Pública), que prevêem, respectivamente, os crimes de fraude sobre mercadorias e contra a genuinidade, qualidade ou composição de géneros alimentícios e aditivos alimentares.

[21] Norma cuja introdução na Ordem Jurídica portuguesa, em ruptura com o velho dogma da irrelevância do "erro de Direito", foi determinada pela obra de Figueiredo Dias, *O Problema da Consciência da Ilicitude em Direito Penal*, 2ª ed., 1978. Sobre a aplicabilidade do regime em Direito Penal Económico, ver Faria Costa, *ob. cit.*, pp. 123-125.

conta que os crimes do Direito Penal Económico não são, em regra, puníveis na forma negligente.

No contexto das causas de exclusão da ilicitude, é de sublinhar a renitência com que a jurisprudência encara a possibilidade de justificar a conduta do agente não apenas por legítima defesa mas ainda ao abrigo do direito de necessidade. Não tem tido sucesso, por exemplo, a invocação do direito de necessidade ou do conflito de deveres por empresários que cometem o crime de abuso de confiança fiscal ou contra a segurança social para, alegadamente, pagarem retribuições aos trabalhadores. Nem mesmo a tentativa de recorrer ao estado de necessidade desculpante para eximir estes agentes de responsabilidade penal se tem revelado proveitosa[22].

Por fim, ao contrário do que sucede no Direito Penal de Justiça, em que a responsabilidade penal das pessoas colectivas é considerada excepcional[23], por razões que encontram a sua origem em concepções de culpa de índole psicológica ou baseadas no livre arbítrio, no Direito Penal Secundário consagra-se com generosidade a responsabilidade penal das pessoas colectivas (sempre sem prejuízo, claro está, da concomitante responsabilidade penal das pessoas singulares[24]). Esta solução é imposta pela necessidade de evitar que o crime constitua uma actividade vantajosa, no âmbito da qual a punição de pessoas singulares surja como um risco empresarial suportável.

5. Se podemos aceitar, com relativa pacificidade, esta caracterização do Direito Penal Económico e do Direito Penal Secundário em geral, hoje coloca-se uma questão mais perturbante a propósito desses sub-ramos do Direito Penal: como é sabido, nas últimas décadas – a partir dos anos oitenta do século passado –, tem vindo a ser desenvolvido um "Direito Penal de primeira velocidade" (um "Direito Penal do inimigo", para utilizar a controversa expressão de Jakobs[25]), que engloba vários institutos de direito penal substantivo e adjectivo mais severos, eficazes e céleres do que aqueles que caracterizam o Direito Penal clássico.

---

22 Vejam-se, entre outros, os Acórdãos do S.T.J. de 13 de Dezembro de 2001 (proc. n.º 2448/01) e de 18 de Junho de 2003 (proc. n.º 3723/02), consultável em www.dgsi.pt, que recusam a justificação ou a desculpa do crime de abuso de confiança, por direito de necessidade, conflito de deveres ou estado de necessidade.

23 Cfr. artigo 11.º do Código Penal.

24 É o que determina, por exemplo, o n.º 3 do artigo 3.º do citado Decreto-Lei n.º 28/84 (Infracções contra a Economia e a Saúde Pública).

25 Cfr. G. Jakobs, "Das selbsverständnis der Strafrechtswissenschaft vor den Herausforderung der Gegenwart", *Die deutsche Strafrechtwissenschaft vor der Jahrtausende* (org. Eser e Hassemer), 2000, pp. 47-57.

A *Criminalidade Económica: Perspectivas Dogmáticas e Desafios Político-Criminais* 359

Os conceitos abrangentes de autoria e actos executivos, a previsão de crimes de perigo abstracto, a punição dos actos preparatórios, a responsabilidade penal das pessoas colectivas[26], as acções encobertas[27], a perda de bens cuja proveniência seja inexplicável[28], a protecção de testemunhas[29] e a quebra dos sigilos bancário e

---

[26] A responsabilidade penal das pessoas colectivas consagrada para o crime de terrorismo pela Lei n.º 52/2003, de 22 de Agosto, na sequência da aprovação da Decisão Quadro n.º 2002/475/JAI, do Conselho, de 13 de Junho.

[27] Tendo começado por ser autorizadas apenas para o tráfico de droga, as acções encobertas são hoje previstas, pela Lei n.º 101/2001, de 25 de Agosto, no âmbito do inquérito e do "pré--inquérito", em relação a um vasto elenco de crimes que inclui, para além de outros crimes graves, violentos ou "organizados", o branqueamento, a corrupção, o peculato, a participação económica em negócio, o tráfico de influência, a fraude na obtenção ou desvio de subsídio ou subvenção, as infracções económico-financeiras cometidas de forma organizada ou com recurso à tecnologia informática, as infracções económico-financeiras de dimensão internacional ou transnacional, a contrafacção de moeda ou títulos e os crimes relativos ao mercado de valores mobiliários. Ver, sobre o regime das acções encobertas, o que escrevi em "O ´agente encoberto ` na Ordem Jurídica portuguesa", *Medidas de Combate à Criminalidade Organizada e Económico-Financeira*, C.E.J., 2004, pp. 11-41.

[28] A Lei n.º 5/2002, de 11 de Janeiro, prevê que, no caso de condenação por crimes de tráfico de droga, terrorismo e organizações terroristas, tráfico de armas, corrupção passiva e peculato, branqueamento de capitais, associação criminosa, contrabando, tráfico e viciação de veículos furtados, lenocínio e lenocínio e tráfico de menores e contrafacção de moeda e de títulos equiparados, será perdida a favor do Estado, por se presumir resultante da actividade criminosa, a diferença entre o valor do património do arguido e aquele que seja congruente com o seu rendimento lícito. Este regime é ainda compatível com a presunção de inocência, consagrada no n.º 2 do artigo 32.º da Constituição, na medida em que a condenação penal não assenta em nenhuma presunção ou "inversão do ónus da prova". A perda de bens constitui apenas uma consequência da condenação assente numa presunção que cabe ao arguido afastar. É claro que uma presunção que fundamentasse a própria condenação penal seria materialmente inconstitucional. Por seu turno, uma solução como o crime de "riqueza injustificada", previsto no artigo 28.º da Lei n.º 11/2003, de 28 de Julho, na Região Administrativa Especial (da República Popular da China) de Macau, parece uma forma engenhosa de iludir a presunção de inocência, para além de se mostrar dificilmente conciliável com um Direito Penal do *facto*. Na verdade, a norma (apenas aplicável a titulares de cargos públicos e trabalhadores da Administração Pública, obrigados a apresentarem declarações de rendimentos e interesses patrimoniais) pune com pena de prisão até três anos e com multa até 360 dias quem, por si ou por interposta pessoa, esteja na posse de património ou rendimentos anormalmente superiores aos indicados nas declarações. Esta solução é orientada para o combate à corrupção e explica-se pela circunstância de este ser um "crime sem vítima", cuja prova é da maior dificuldade. Todavia, a única forma de conciliar o regime com os princípios constitucionais de direito penal será entender que ela tipifica uma espécie de crime de falsas declarações. Assim, na difícil luta contra o crime económico, seguir-se-á o método usado conta Al Capone, punindo um delito secundário de forma instrumental. De todo o modo, trata-se de uma solução restrita, que não abarca os casos em que não seja exigível declaração de rendimentos e interesses patrimoniais.

[29] A Lei n.º 93/99, de 14 de Julho, contempla os regimes de ocultação e teleconferência, reserva do conhecimento da identidade da testemunha, medidas e programas especiais de segurança

fiscal[30] constituem alguns dos meios privilegiados de que os Estados europeus, incluindo Portugal, se têm prevalecido para lutar contra o terrorismo e a criminalidade organizada (a que também se chama, com alguma fluidez terminológica, criminalidade altamente organizada ou criminalidade organizada transnacional).

Na Ordem Jurídica portuguesa, o Código de Processo Penal contém, logo ao nível de definições básicas, uma noção de terrorismo, criminalidade violenta ou altamente organizada[31]. Todavia essa noção é muito ampla, abrangendo, por exemplo, a trivial ofensa à integridade física simples. Por seu turno, a legislação extravagante consagra elencos de crimes que vão variando de caso para caso. Deste modo, no âmbito do combate à criminalidade económica e financeira, da protecção de testemunhas ou das acções encobertas, vai-se alterando, por vezes sem razão plausível, o rol de crimes considerados mais graves. Por fim, a própria Constituição, que já introduzira estes conceitos a propósito do tribunal do júri[32], acolheu-os para admitir, excepcionalmente, a extradição de cidadãos nacionais e as buscas domiciliárias nocturnas[33], mas nem por isso os delimita ou utiliza com uniformidade.

---

e o reconhecimento de testemunhas especialmente vulneráveis. A reserva do conhecimento da identidade, dada a sua conflitualidade com o princípio do contraditório, é aplicável apenas nos casos de tráfico de pessoas, associação criminosa, terrorismo e organizações terroristas e associações criminosas dedicadas ao tráfico de droga e não pode constituir fundamento exclusivo ou decisivo da condenação – o que há-de significar que não pode constituir, pelo menos no termo do julgamento, *conditio sine qua non* da condenação. A referida lei foi regulada pelo Decreto-lei n.º 190/2003, de 22 de Agosto.

[30] É a citada Lei n.º 5/2002 que prevê também a quebra do segredo bancário e fiscal nas fases de inquérito, instrução e julgamento, "se houver razões para crer que as respectivas informações têm interesse para a descoberta da verdade". Mas a quebra depende sempre de despacho fundamentado da autoridade judiciária competente (o Ministério Público, durante o inquérito; o juiz, nas restantes fases do processo) – cfr. artigo 2.º, n.os 1 e 2.

[31] Artigo 1.º, n.º 2.

[32] Na sequência da experiência terrorista "doméstica", que se estendeu até meados dos anos oitenta (quando cessou a actividade das F.P. 25 de Abril), a segunda revisão constitucional (Lei Constitucional n.º 1/89, de 8 de Junho) introduziu pela primeira vez o termo "terrorismo" no artigo 210.º, n.º 1 (actual artigo 207.º, n.º 1), afastando a possibilidade de o júri intervir no julgamento dos crimes de terrorismo. A quarta revisão constitucional (Lei Constitucional n.º 1/97, de 20 de Setembro) estendeu a proibição do júri à criminalidade altamente organizada. Em ambos os casos pretende evitar-se que cidadãos comuns sejam sujeitos a ameaças e coacções inerentes a estes crimes, o que poderia pôr em causa a realização de justiça e constituiria um risco injusto para pessoas que não são profissionais do foro.

[33] Cfr. os artigos 33.º, n.º 3, e 34.º, n.º 3, respectivamente. A primeira norma, introduzida pela quarta revisão constitucional (Lei Constitucional n.º 1/97, de 20 de Setembro), prescreve que "A extradição de cidadãos portugueses do território nacional só é admitida, em condições de

Mas, para além desta flutuação conceptual, questiona-se ainda se é legitimo aplicar a toda a criminalidade económica o regime do terrorismo e da criminalidade altamente organizada. Na verdade, o Direito Penal Económico e o Direito Penal Secundário no seu todo começaram por constituir um "Direito Penal de segunda velocidade", aparentemente menos grave do que o Direito Penal Primário ou de Justiça (o Direito Penal dos homicídios, violações, sequestros, roubos e todos aqueles crimes que contribuem para uma espécie de definição material, implícita na sistemática dos códigos penais e decorrente da exigência de correspondência material entre eles e a ordem axiológica constitucional). Ter-se-á tornado hoje o Direito Penal Primário ou de Justiça, pelo contrário, um Direito Penal de segunda classe?

Fenómenos terroristas como os que presenciámos, num passado recente, em Nova Iorque, Madrid ou Londres justificam cabalmente a criação de institutos mais severos, eficazes e expeditos para prevenir, investigar e sancionar certos crimes. No entanto, há um núcleo essencial de direitos, liberdades e garantias que não pode ser afectado nesta luta contra o crime, sob pena de descaracterização do Estado de direito democrático. A presunção de inocência, o direito de ser representado por advogado, o direito de recurso, a tortura e a proibição da pena de morte, para dar exemplo claros, inserem-se neste núcleo intangível.

A grande vantagem estratégica do Estado de direito democrático na luta contra o terrorismo e a criminalidade organizada advém da sua superioridade

---

reciprocidade estabelecidas em convenção internacional, nos casos de terrorismo e de criminalidade internacional organizada, e desde que a ordem jurídica do Estado requisitante consagre garantias de um processo justo e equitativo", abrindo uma brecha na proibição, até então absoluta, de extradição de cidadãos nacionais, em nome da cooperação internacional. A segunda norma, resultante da quinta revisão constitucional (Lei Constitucional n.º 1/2001, de 12 de Dezembro), foi ditada pela necessidade de reforçar os meios de combate ao crime, contemplando excepções à inviolabilidade do domicílio durante a noite: "Ninguém pode entrar durante a noite no domicílio de qualquer pessoa sem o seu consentimento, salvo em situação de flagrante delito ou mediante autorização judicial em casos de criminalidade especialmente violenta ou altamente organizada, incluindo o terrorismo e o tráfico de pessoas, de armas e de estupefacientes, nos termos previstos na lei". Antes, a Constituição proibia, sem excepção, a entrada não autorizada no domicílio de qualquer pessoa durante a noite, o que se explicava devido às buscas e detenções que a polícia política levava a cabo, antes de 1974, durante a noite. Neste caso, a revisão constitucional acolheu críticas que denunciavam o absurdo de não ser possível intervir mesmo em casos de flagrante delito. Todavia, estas críticas assentam numa imprecisão e suscitam um, reparo. A imprecisão deriva de ser sempre possível entrar no domicílio alheio, também durante a noite, nas situações de legítima defesa, direito de necessidade e consentimento presumido. O reparo assinala que a amplitude do conceito de flagrante delito – que abarca o quase flagrante delito e a presunção de flagrante delito e respeita a quaisquer crimes – não exclui abusos. De qualquer modo, é curioso assinalar que a necessidade político-criminal que conduziu à revisão constitucional não se concretizou de imediato numa alteração do Código de Processo Penal: ou seja, tratou-se, afinal, de uma modificação inscrita no plano do Direito Penal simbólico.

ético-política[34]. A necessidade de respeitar regras, que circunstancialmente é tida como desvantagem, acaba por se tornar um trunfo decisivo Como assinala Fernanda Palma, a ideia de um Direito Penal do inimigo é insustentável por pressupor que o Estado de direito tem legitimidade para punir aqueles que exclui do seu próprio âmbito e por admitir, tendencialmente, a ausência de limites na repressão de certos crimes[35].

6. Admitindo-se, todavia, que o terrorismo e a criminalidade altamente organizada requerem a aplicação de certos institutos especiais, pergunta-se se toda a criminalidade económica, só parte dela ou até nenhuma merece ser incluída nesse âmbito. A tal propósito, julgo que devemos fazer a distinção que me parece valer para todo o Direito Penal e permite distinguir três níveis de gravidade: o Direito Penal do terrorismo e da criminalidade organizada, o Direito Penal Primário ou de Justiça e o Direito Penal Secundário (entendendo-se que, neste último, a pena de prisão, por exemplo, deve ter uma aplicabilidade excepcional).

Desta sorte, há crimes económicos que devem ser incluídos no primeiro nível. É o que sucede, de forma notória, com crimes de financiamento do terrorismo, branqueamento ligado ao tráfico de droga ou corrupção no aparelho de Estado. Nestes exemplos, estão em causa condutas que põem em causa bens jurídicos de dignidade idêntica à dos protegidos pelas incriminações do terrorismo e da criminalidade organizada. Outros crimes económicos devem ser integrados no Direito Penal de Justiça. Será o caso, em geral, da corrupção e do peculato, sedimentados durante séculos na nossa consciência ético-jurídica e tradicionalmente inseridos nos códigos penais. Por fim, há situações que reclamam um tratamento menos severo e se enquadram no Direito Penal Secundário. Para recorrer a um exemplo expressivo, pense-se no abate de um porco, fora do matadouro, no decurso de uma festa de aldeia[36].

7. Todavia, quando agora se fala em Direito Penal Económico, sobretudo no contexto da União Europeia e da cooperação internacional, tem-se em mente

---

[34] Ver, sobre a resposta do Estado de direito democrático ao terrorismo, o que escrevi em "Terrorismo e insegurança. A resposta portuguesa", *R.M.P.*, n.º 98 (2004), p. 77 e ss.

[35] Afirma a autora, de modo incisivo, que "...qualquer Ordem Jurídica concreta, exactamente por pretender ser Direito, não pode conceber uma qualquer pessoa como seu inimigo, sob pena de deixar de ser, quanto a essa pessoa, Direito." Cfr. Fernanda Palma, *O Princípio da Desculpa em Direito Penal*, 2005, pp. 227/8.

[36] Abstraindo de uma eventual restrição típica em nome de um critério de adequação social ou de uma hipotética justificação, o facto corresponde a um crime tipificado na alínea b) do n.º 1 do artigo 22.º do citado Decreto-lei n.º 28/84.

a criminalidade mais grave, que reclama a aplicação dos instrumentos previstos para o terrorismo e a criminalidade organizada. Neste contexto, quais são os grandes desafios que se colocam hoje aos Estados democráticos?

Em primeiro lugar, à semelhança do que tem vindo a suceder em matéria de terrorismo, é desejável que a comunidade internacional tente elaborar um conceito de criminalidade organizada e, dentro deste, um conceito de criminalidade económica organizada. É obvio que não se trata de um simples esforço teorético, mas antes de um conceito funcional, orientado teleologicamente, que permita um combate à criminalidade mais grave à escala global.

Em segundo lugar, e afinal com o mesmo objectivo, parece necessário criar, sobretudo no plano processual, um conjunto de regimes aceites pela generalidade dos Estados, em matéria de intercepção de comunicações, acções encobertas, protecção de testemunhas e perda de bens, entre outros. Sem este denominador comum, para além de se correr o risco óbvio da ineficácia, as proibições de prova podem conduzir ao fracasso de processos da maior importância.

Em terceiro lugar, seria útil aprofundar um princípio de aproveitamento de actos e fases processuais na cooperação policial e judiciária internacional. Tem-se vindo a referir com insistência, a propósito do combate ao terrorismo, a necessidade de as provas serem transmitidas e aceites entre autoridades de diferentes Estados. Este impulso merece um enquadramento mais vasto no contexto do referido aproveitamento de actos ou faces processuais.

Em quarto lugar, deve ser sublinhada a importância da cooperação entre os serviços de informações e entre estes e os órgãos de polícia criminal. Situando-se a actividade dos serviços de informações numa fase prévia em relação à investigação criminal, tal actividade pode antecipar fenómenos especialmente ofensivos do Estado de direito democrático. Acresce que o fim da guerra fria criou na generalidade dos serviços de informações uma apetência para se dedicarem à prevenção do terrorismo e da criminalidade organizada, dado o decréscimo de importância relativa da espionagem. À escala da União Europeia, esta orientação deveria ser assumida por uma entidade cooperativa que não eliminasse a autonomia dos serviços de informações de cada Estado membro: uma "Eurintel" ou "Eurinfor" que funcione, no plano da "inteligência, como uma estrutura idêntica à Europol.

Em quinto e último lugar, os sistemas de investigação criminal e judicial têm de se reapetrechar para conseguirem investigar, perseguir e julgar crimes de elevada complexidade técnico-financeira. A preparação predominantemente jurídica dos magistrados não lhes permite compreender sempre os meandros de "megaprocessos" de elevada complexidade. Para além do reforço da formação e da contratação de assessores especializados, não é de excluir, neste domínio, a criação de tribunais especializados.

SISTEMA ORGÂNICO E FUNCIONAL DA SEGURANÇA NAS FORÇAS ARMADAS

SÉRGIO DIAS BRANCO*

I

SEGURANÇA:

O termo segurança pode significar:

- Uma condição
- Uma actividade
- Uma organização

1. A **CONDIÇÃO** corresponde ao grau de protecção em que determinado sujeito (pessoa, organismo, instituição, etc.) se encontra relativamente a tudo o que o possa prejudicar. Pode ser prejudicado por acções resultantes da concretização de ameaças concretas por parte de outro sujeito. Pode também sê-lo pelo facto de se encontrar, no tempo e no espaço, envolvido em situações perigosas, de origem natural, ou acidental, ou resultantes de acções de iniciativa humana mas que não lhe sejam dirigidas. São as outras situações de risco, para além das ameaças.

2. A **ACTIVIDADE** engloba todas as acções que visam prevenir e enfrentar acções ou situações prejudiciais à segurança e minimizar os efeitos da sua concretização ou manifestação. Incluem a obtenção de informações/ /conhecimento (informações de segurança), medidas activas e passivas de carácter prospectivo ou reactivo, fiscalização e avaliação das mesmas.

3. **ORGANIZAÇÃO** é todo e qualquer serviço ou órgão criado para levar a efeito a actividade de planeamento, coordenação, execução, fiscalização e avaliação das medidas de segurança.

---

* Major-General do Exército Português na Reforma.

II

AMEAÇAS E OUTRAS SITUAÇÕES DE RISCO

1. **AMEAÇA** é uma manifestação ou circunstância que exprime uma *vontade de fazer mal* a alguém.

Assenta numa *vontade* que, para ser realizada, tem de se apoiar numa *capacidade* de actuação. Ameaça é uma soma: *vontade+capacidade*

2. **VONTADE**, por sua vez, resulta de um *desejo* (querer que aconteça) e de uma *expectativa* (esperança de sucesso).

3. A **CAPACIDADE** é resultado da presença de dois factores:

- Disponibilidade de **RECURSOS** e
- **CONHECIMENTO/SABER** para os utilizar.

4. MATRIZ DA AMEAÇA

Combinando os diferentes graus de probabilidade de presença destes quatro factores de análise – *desejo, expectativa, recursos, conhecimento* – pode-se construir uma matriz, do tipo da que a seguir se apresenta e, através dela, tirar conclusões sobre o grau de ameaça que impende sobre um determinado sujeito.

VONTADE	DESEJO	CONHECIMENTO								
		G	G	■	■	■	■	F	F	G
		F	F	C	■	■	■	■	F	F
		E	E	C	C	■	■	■	■	F
		D	D	B	C	C	■	■	■	■
		C	C	B	B	C	C	■	■	■
		B	B	A	B	B	C	C	■	■
		A	A	A	A	B	B	C	C	■
			A	B	C	■	■	F	G	

RECURSOS
EXPECTATIVA
CAPACIDADE

Nesta matriz, que é adaptação de um caso concreto em uso num determinado país, atribuem-se, a cada factor, graus de probabilidade de presença, identificados por letras de A a G:

A – Negativo absoluto
B – Muito baixo
C – Baixo
D – Médio
E – Alto
F – Muito alto
G – Certeza absoluta

Exemplo de aplicação:

Em resultado da actividade de informações, atribui-se a cada um dos factores o seguinte grau de probabilidade de presença:

- RECURSOS – G
- CONHECIMENTO – B
- EXPECTATIVA – C
- DESEJO – D

Combinando RECURSOS (G) com CONHECIMENTO (B), obtém-se, na matriz, o grau D para a CAPACIDADE.

Combinando EXPECTATIVA (C) com DESEJO (D), obtém-se, na matriz, o grau C para a VONTADE.

Finalmente, combinando CAPACIDADE (D) com VONTADE (C), obtém-se, na matriz, que a ameaça existe em grau C – **BAIXO**

5. **MATRIZ DO RISCO**

Para avaliar o grau de risco correspondente a determinada ameaça ou a outra situação de risco, pode-se utilizar a mesma matriz, cruzando apenas dois factores:

- O grau de **AMEAÇA**, já avaliado e
- O volume/valor de **DANOS EXPECTÁVEIS**.

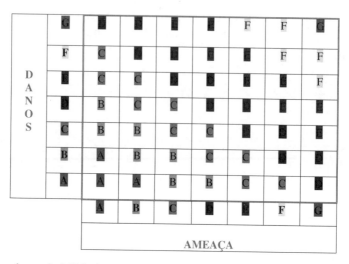

Graus de probabilidade (para os danos):

A – Zero absoluto
B – Muito baixo
C – Baixo
D – Médio
E – Alto
F – Muito alto
G – Extremo

Exemplo:

Entrando com o grau de AMEAÇA estimado (C), e estimando-se os danos que dela resultariam em MUITO ALTO (F), estaríamos perante uma situação de **RISCO MÉDIO (D)**

Esta avaliação serve de base à tomada de decisões sobre **O QUE ESTÁ EM CAUSA** (vital, primário ou secundário), **O QUE FAZER, QUANDO, COMO, QUEM** e **COM QUE MEIOS**.

Esta mesma matriz do risco pode ser usada para as designadas OUTRAS SITUAÇÕES, entrando, em abcissa com o grau de probabilidade de ocorrência e o valor dos danos expectáveis em ordenada, como no exemplo atrás apresentado.

III

SEGURANÇA NAS FORÇAS ARMADAS

Nas Forças Armadas, garantir o máximo grau de segurança é uma preocupação/actividade permanente (na guerra e na paz). Em operações militares, a segurança é essencial para o sucesso.

As ameaças com que, na paz e na guerra e com especial incidência durante a conduta de operações militares, as Forças Armadas se confrontam são de três tipos.

- **SUBVERSÃO** – O objectivo é o PESSOAL (o potencial humano)
- **SABOTAGEM** – Tem como objectivos o MATERIAL e as INSTALA-ÇÕES
- **PESQUISA DE NOTÍCIAS/ESPIONAGEM** – Tem como objectivo obter INFORMAÇÕES sobre as actividades, as possibilidades e as intenções do sujeito visado.

1. SUBVERSÃO – Acção desenvolvida pelo adversário/inimigo sobre a mente das pessoas com vista a afectar/anular a lealdade e a vontade de actuar/combater, tornando-o indiferente ou opositor da causa do seu país/coligação.

Formas de actividade subversiva: Propaganda, Informação orientada, Pressão psicológica, Terrorismo, etc. São especialmente sensíveis alguns pontos fracos como, por exemplo, as práticas sexuais, o uso de bebidas alcoólicas e de estupefacientes, a corrupção, etc.

Formas de actuar na contra subversão: – Informações/conhecimento para detectar agentes subversivos e os seus meios e formas de actuação, bem como sobre motivações positivas e negativas do próprio pessoal; Protecção física; Formação/ /Instrução/Treino/Acção psicológica; Informação com verdade; Justiça e disciplina; Ocupação do tempo; Férias, campos de férias e repouso/recuperação; Apoio/assistência familiar; Correspondência e outras formas de manter a ligação à família e aos amigos; Alimentação; Saúde; Assistência religiosa; Remuneração financeira; Contrapartidas sociais/profissionais; Etc.

2. SABOTAGEM – Acção desenvolvida pelo adversário/inimigo com vista a neutralizar/destruir meios – armamento, equipamento e munições –, instalações e infra-estruturas essenciais – vias de comunicação, portos, aeroportos, meios de transporte, comunicações, órgãos logísticos, etc.

A obtenção, colocação e o accionamento de engenhos explosivos é o modo de actuação principal para o adversário tentar atingir os seus objectivos.

Formas de contra sabotagem: – Informações/conhecimento sobre possibilidades e intenções do adversário; Localização e neutralização de "sabotadores" e de meios de sabotagem; Formação/Instrução/Treino em detecção e neutralização de engenhos explosivos; selecção dos pontos sensíveis; protecção adequada aos mesmos; dispersão e dissimulação de armamento e equipamento mais sensível; etc.

3. **PESQUISA DE NOTÍCIAS/ESPIONAGEM** – Tem por objectivo obter conhecimento sobre as possibilidades (efectivos, meios, instrução e treino, doutrina e organização, etc.), actividades e intenções do sujeito visado.

As técnicas de actuação são as habituais, designadamente: humint – fontes humanas, incluindo a espionagem; elint – emissões electrónicas; comint – comunicações por emissões electromagnéticas; Imint – imagens obtidas através de meios de superfície, aéreos e do espaço (satélites).

Formas de actuação na **CONTRA-INFORMAÇÃO**: – Instrução e criação de mentalidade e disciplina do segredo; Medidas passivas – protecção, dissimulação, simulação, etc; Medidas activas – Detecção e neutralização de agentes inimigos, incluindo acções de contra-espionagem; detecção e neutralização/ /destruição de meios de vigilância inimigos.

Tem relevância especial a segurança de matérias classificadas que inclui medidas criteriosas tanto no que respeita à produção de documentos em qualquer tipo de suporte, como à sua guarda e ao seu manuseamento. Na produção deve proceder-se a uma classificação de segurança criteriosa; Na aguarda, devem-se seguir normas restritas de qualificação de pessoas com acesso a tais matérias e de controlo do acesso aos locais de guarda, que devem obedecer a requisitos pré-definidos, de robustez física, de guarda pessoal e de vigilância electrónica e visual. No manuseamento, só podem ser usados meios suficientemente seguros. Na comunicação por voz, a técnica da distorção deve ser usada a partir da classificação de confidencial; Na comunicação por meios rádio assume relevância especial a utilização de sistemas de cifra eficazes. A documentação mais sensível, designadamente a que se refere a matérias do campo nuclear, só devem circular em mão e respeitando regras muito restritas.

Em situações de guerra, pode justificar-se a aplicação de medidas para além das de segurança militar, designadamente:

- SEGURANÇA CIVIL – Medidas impostas à população civil residente ou em passagem por uma determinada área, para procurar garantir a sua colaboração e impedir a colaboração com o adversário.
- SEGURANÇA das FRONTEIRAS, VIAJANTES e BAGAGENS – Medidas destinadas a garantir o controlo das fronteiras, incluindo os termi-

nais aéreos e marítimos, bem como os passageiros e bagagens que entram ou saem da área.
• CENSURA – Medidas para evitar que o adversário obtenha informações através de publicações, noticiários, correspondência, etc.

IV

SISTEMA ORGÂNICO E FUNCIONAL DA SEGURANÇA NAS FORÇAS ARMADAS

1. PRODUZIR INFORMAÇÕES/CONHECIMENTO

Aos órgãos de informações militares, em particular, e aos serviços do SIRP em geral, compete, em estreita ligação e com espírito de colaboração, pesquisar notícias e produzir informações sobre as possibilidades, intenções e actividades do adversário no que respeita à Subversão, Sabotagem e Pesquisa de notícias, incluindo Espionagem.

No seu conjunto, serviços do SIRP e órgãos de informações militares, constituem um sistema como se procura representar no quadro que segue.

SISTEMA DAS INFORMAÇÕES DE SEGURANÇA

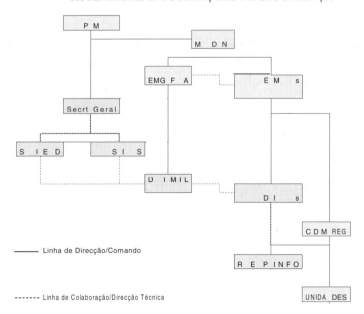

Este sistema produz conhecimento sobre o adversário: Que recursos tem e o que sabe fazer? O que deseja fazer e com que expectativas? Como actua? Onde já actuou, está a actuar ou tenciona fazê-lo? Que resultados já conseguiu? Etc.

2. DECIDIR E APLICAR MEDIDAS DE SEGURANÇA

A NATO e a UEO definem medidas que os respectivos membros devem aplicar relativamente às matérias classificadas no seu âmbito.

A responsabilidade pela aplicação rigorosa de tais medidas situa-se a nível governamental, na pessoa da Autoridade Nacional de Segurança, na dependência do Ministro da Presidência e que, para o efeito, é assistido pelo Gabinete Nacional de Segurança que dirige. Em acumulação, é da sua competência a definição das medidas a aplicar relativamente a matérias de âmbito nacional, mandar implementá-las e fiscalizar a sua execução.

Nas Forças Armadas, compete às respectivas chefias, em todos os escalões, garantir a aplicação do que é definido pelo Gabinete Nacional de Segurança, através do Ministério da tutela. Compete-lhes ainda definir as medidas específicas relativamente a matérias do seu âmbito, mandar implementá-las e fiscalizar a sua execução.

Ao logo de toda a estrutura das Forças Armadas existem, organicamente, órgãos ou pessoas responsáveis pelas respectivas medidas de segurança. Os órgãos do Sistema de Informações estão sempre envolvidos, pelo menos parcialmente e ao seu nível, na delicada tarefa de zelar pela segurança militar.

No quadro seguinte, procura-se esquematizar a estrutura das Forças Armadas e a localização e designação dos órgãos envolvidos nestas matérias. Enumeram-se, ainda, alguns meios especializados em informações e segurança que actuam em proveito de toda a estrutura.

SISTEMA DAS MEDIDAS DE SEGURANÇA

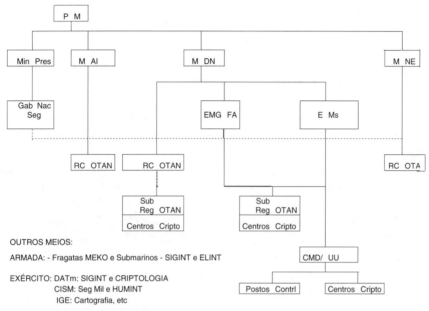

A CIBERGUERRA

Sem entrar no "clube" da alta tecnologia é impossível, aos países ou coligações menos desenvolvidos competir com os mais desenvolvidos. Esta verdade aplica-se também nas áreas da defesa e da segurança.

Em 1999, num livro que designaram de "Guerra Irrestrita", dois coronéis chineses propõem, para neutralizar um adversário altamente desenvolvido tecnologicamente (leia-se Estados Unidos da América) uma "guerra assimétrica" que possa conduzir à sua "paralisia estratégica". Isto é um sinal que a perspectiva de uma guerra "Não Convencional" está em estudo, se não já em andamento. O conceito básico é tão antigo como Sun Tzu que, na sua "Arte da Guerra", escreveu mais ou menos isto: "dominar o inimigo sem o combater, isso, sim, é o cúmulo da habilidade".

O fundamental daquela proposta pode sintetizar-se em:

- A guerra assimétrica **não tem regras**, (vale tudo)
- Atacar as **redes de computadores**

374 Estudos de Direito e Segurança

- Recorrer à **sabotagem económica**, ou mesmo liquidar grandes empresários.
- Financiar **grupos políticos** para influenciarem atitudes e opiniões
- Incentivar a **guerra urbana**
- Espalhar **rumores e escândalos**
- Utilizar o **terror**
- Vender **armas de destruição de massas** a organizações terroristas

Como resultado final advogam que é **melhor controlar que matar** mas crêem que o controlo só se consegue provocando mortes em massa de cidadãos do país atacado.

A ideia nova que surge deste conjunto de acções propostas é o ataque às redes de computadores – a "CIBERGUERRA?", a "GUERRA DA INFOR-MAÇÃO" A vulnerabilidade que as sociedades dependentes de redes de computadores para as suas actividades normais apresentam, face a um adversário que domine a alta tecnologia, parece inquestionável. Ataques sistemáticos a redes de comando e controlo de serviços vitais, públicos ou privados, podem criar o caos e a desmoralização em grau tal que conduza à desagregação moral, psicológica, e mesmo física, da sociedade atacada.

Pode-se assim definir a CIBERGUERRA como o conjunto de acções que, tendo como alvos os computadores, individualmente ou em rede, visam a paralisação de um adversário – país, bloco económico ou aliança militar –, enfraquecendo as defesas convencionais e criando condições para a actuação de grupos terroristas infiltrados ou recrutados internamente e para a divulgação de boatos e notícias falsas através dos meios de informação de massa, de modo a destruir a coesão e a capacidade de resistência, até ao colapso total – paralisação estratégica. E as armas fundamentais desta guerra não são as convencionais mas apenas o teclado e o modem.

Os sistemas informáticos que equipam uma entidade estratégica apresentam graus de sensibilidade diferentes, consoante a natureza das funções que deles dependem.

O sistema mais crítico é o da **LIDERANÇA.** Por isso, os sistemas de informação e de comunicações que garantem o exercício das funções de direcção e de controlo são prioritariamente visados.

Seguem-se todos os sistemas que suportam as operações de aquisição, armazenagem, transporte e distribuição de **RECURSOS ESSENCIAS**, bem como a prestação de **SERVIÇOS ESSENCIAS.**

Em terceiro lugar vêm os sistemas que garantem a funcionalidade das **INFRA-ESTRUTURAS**, com realce para as de transporte.

Os sistemas que, de algum modo, interferem com a vida das **POPU-LAÇÕES**, vêm a seguir. A assistência na saúde, a educação, a segurança social e os serviços públicos em geral estarão na mira da ciberguerra.

Por fim, temos os sistemas que garantem a administração, a logística, as informações e a actividade operacional da **FORÇAS ARMADAS.**

Esta é uma arrumação possível, não aplicável a todas as entidades estratégicas nem a todas as situações.

A protecção em grau adequado dos sistemas e redes de informação é vital para a sobrevivência das entidades estratégicas. Protecção do software e da informação que o mesmo guarda. Mas não basta a protecção contra virus ou intrusões, ou para evitar que as radiações que emitem sejam captadas. Há que fazer face a outras acções de caracter deliberado que podem colocar os sistemas fora de serviço, como sejam actos de sabotagem às instalações onde o hardware está instalado, aos sistemas de transmissão de dados por fios e aos sistemas de fornecimento de energia.

E, para além dos ataques deliberados aos sistemas, há que ter em atenção, ainda, situações ou eventualidades de risco, designadamente desastres naturais, erros de concepção, falhas dos sistemas e erros humanos.

O recente ensaio de mísseis anti-satélite é mais uma evolução preocupante em todos os aspectos da segurança incluindo a CIBERGUERRA.

SEGURANÇA E URBANISMO
– SEGURANÇA E GESTÃO URBANA

VASCO FRANCO e ARNALDO JOÃO*

1. Introdução

A abordagem da relação entre segurança e urbanismo – entendido como o desenho e as regras de ocupação e uso da cidade –, não deve ser desligada da análise mais ampla sobre os mecanismos da gestão urbana, em que o urbanismo se insere, na sua interacção com a segurança dos cidadãos.

Em boa verdade, não há em Portugal uma prática generalizada de consideração do factor "segurança pública" no desenvolvimento de um projecto urbanístico em qualquer das suas fases. A legislação estabelece regras em matéria de segurança do edificado (risco de incêndio, risco sísmico, ascensores), mas é omissa quanto à ponderação de elementos de prevenção da criminalidade[1]. Talvez resulte deste facto um total alheamento dos serviços que apreciam e das entidades que aprovam os instrumentos de suporte das intervenções urbanísticas, relativamente às preocupações com a segurança.

Aliás, até ao início da década de 90 do século passado, estava generalizada a ideia de que as matérias da segurança eram da exclusiva competência da administração central, não tendo as autarquias outra interferência que não fosse a de reclamar junto do governo a abertura de esquadras ou a presença de maior

---

* VASCO FRANCO, Deputado à Assembleia da República, Membro do Conselho Científico do OSCOT. ARNALDO JOÃO, Advogado e Gestor.

[1] Apenas nas Recomendações Técnicas de Habitação Social, aprovadas pelo Despacho n.º 41/MES/85, de 5 de Fevereiro de 1985, do Ministro do Equipamento Social, podemos encontrar uma norma (5.2.3.1) sugerindo que se contemple, na construção, "uma protecção adequada ... contra intrusões indesejáveis de pessoas, animais e objectos". V. Edição da Imprensa Nacional, de 1990.

efectivo policial nas ruas. Era um período em que prevalecia ainda a ideia de que a resposta à criminalidade tinha essencialmente uma natureza reactiva, actuando sobre os efeitos e ignorando as causas.

As cidades de Lisboa e Porto dispunham de Polícia Municipal constituída por agentes destacados da PSP, que se limitavam a exercer funções de polícia administrativa, controlando o cumprimento dos regulamentos municipais, fiscalizando mercados, feiras, venda ambulante, obras clandestinas, construção de barracas, deposição de entulhos na via pública, etc.

Em 1994 foi publicada legislação para regular os "serviços municipais de polícia" (Lei n.º 32/94, de 29 de Agosto) acentuando o seu carácter de polícia administrativa. "As competências dos serviços municipais de polícia restringem-se à mera fiscalização da legalidade e à elaboração de auto de notícia de infracção", estabelecia o n.º 1 do artigo 4.º.

Em 1999 (Lei n.º 140/99, de 18 de Agosto) foi revisto o regime das polícias municipais, produzindo-se uma alteração significativa na respectiva caracterização: "As polícias municipais cooperam com as forças de segurança na manutenção da tranquilidade pública e na protecção das comunidades locais", pode ler-se no n.º 2 do artigo 2.º. Passaram também a ter atribuições em matéria de "vigilância de espaços públicos ou abertos ao público, designadamente de áreas circundantes de escolas; guarda de edifícios e equipamentos públicos municipais; regulação e fiscalização de trânsito" (artigo 3.º), competindo-lhes ainda a "vigilância nos transportes urbanos locais" e a "detenção e entrega imediata, a autoridade judiciária ou entidade policial, de suspeitos de crime punível com pena de prisão, em caso de flagrante delito" (artigo 4.º).

O regime actualmente em vigor, aprovado através da Lei n.º 19/2004, de 20 de Maio, vai um pouco mais longe, nomeadamente ao admitir que a cooperação das polícias municipais com as forças de segurança passe pela "partilha de informação relevante e necessária para a prossecução das respectivas atribuições" (n.º 3 do artigo 2.º).

Em paralelo com esta evolução, assistimos a um envolvimento crescente dos municípios na prevenção da criminalidade e no combate aos factores sociais que a influenciam, designadamente através do desenvolvimento de programas de prevenção da toxicodependência, de intervenção junto de grupos de risco, de combate à exclusão social, de erradicação de barracas e de requalificação de áreas urbanas degradadas e desestruturadas. Algumas cidades têm vindo a estabelecer parcerias com a administração central com o objectivo expresso de combater a insegurança e os sentimentos de insegurança e participam em redes, nacionais e internacionais, de reflexão e troca de experiências em matérias relacionadas com a segurança. Num número ainda reduzido de municípios (Lisboa, Porto, Loures,

Almada) têm sido desenvolvidos estudos sobre a incidência da actividade delitiva e sobre os sentimentos de insegurança, preenchendo, a nível local, uma evidente lacuna nas abordagens que têm sido feitas nesta matéria.

Encontramo-nos actualmente num patamar de participação das autarquias nos sistemas de segurança ainda aquém do que é possível observar em muitos outros países, mas a noção de que tal participação é imprescindível está adquirida e a evolução tem sido gradual e constante.

É neste contexto que devemos aprofundar o conhecimento dos instrumentos e dos mecanismos que, no âmbito da gestão urbana, podem ser utilizados para intervir em matérias de segurança.

2. Conhecer as ocorrências geradoras de insegurança e os sentimentos de insegurança

A primeira necessidade para a definição de qualquer política passa pelo diagnóstico da situação sobre a qual se pretende intervir. No caso da segurança, importa conhecer, com a menor margem possível de incerteza, as ocorrências geradoras de insegurança, isto é, os delitos, sejam eles de que natureza forem, tentados ou consumados, num determinado período de tempo e no espaço territorial que nos interessa.

Esta informação pode ser obtida basicamente com recurso a dois tipos de instrumentos: as estatísticas administrativas e os inquéritos de vitimação. As estatísticas administrativas usadas para este fim são as que resultam das participações apresentadas às entidades competentes e são correntemente designadas "estatísticas policiais". São o meio mais comum para analisar a evolução da criminalidade, apesar de se saber que elas não reflectem mais do que a criminalidade participada. As "cifras negras", que podem corresponder a dois terços das ocorrências, ficam por contabilizar e não aparecem nos relatórios nem são consideradas para o estabelecimento de políticas de prevenção e de combate. Pior do que isso, frequentemente as estatísticas policiais são enganadoras. Elas são influenciáveis por vários factores e podem conduzir-nos a conclusões contrárias ao que efectivamente se está a passar. São conhecidas, por exemplo na Catalunha e no Reino Unido, situações em que as estatísticas sugeriam um crescimento da criminalidade sem que tal correspondesse à realidade, uma vez que o aumento das participações resultou, no primeiro caso, de uma campanha de sensibilização para o envolvimento dos cidadãos na prevenção e, no segundo caso, de uma simplificação processual que facilitou as participações.

Nada melhor do que a análise do "Relatório Anual de Segurança Interna" de 2005, apresentado pelo governo português, para ir um pouco mais longe nesta reflexão.

O Relatório inclui um quadro em que se procura comparar a criminalidade participada em diferentes países da União Europeia. Apesar das ressalvas em relação à análise de alguns dados (nomeadamente a referência ao facto de a Finlândia incluir todas as infracções de tráfego), não deixa de surpreender a diferença, por exemplo, entre Portugal e a Suécia: 36,2 crimes por 1.000 habitantes em Portugal, para 136,8 na Suécia... Quer isto dizer que este é um país com um nível de criminalidade quatro vezes superior a Portugal? Ou quererá dizer que, na Suécia, os cidadãos têm uma diferente postura cívica e participam todos os crimes de que são vítimas? (Salvaguardando eventuais divergência de critério, não mencionadas no relatório, que possam verificar-se também em relação à Suécia, quanto às participações incluídas nas estatísticas...).

GRÁFICO
Crimes por 1000 habitantes

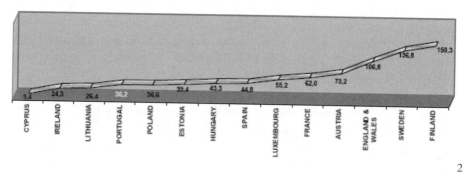

Continuando com o relatório de segurança de 2005, verificamos que o número de participações registadas diminuiu 5,5% em relação a 2004. A ideia que passou para a opinião pública foi a de que a criminalidade diminuiu... Mas será legítimo retirar tal conclusão? Não parece legítimo e muito menos prudente. O ano de 2005 registou altas taxas de desemprego e registou também episódios de alguma instabilidade no âmbito das forças de segurança, a par de uma controvérsia grande em relação ao sistema judicial, nomeadamente em torno das pendências processuais e das férias judiciais. Este conjunto de factores pode contribuir para a criação de um clima pouco propício a uma diminuição da criminalidade e, ao

---

[2] In "Relatório Anual de Segurança Interna – 2005".

mesmo tempo, favorável a uma descida das participações. Esta é uma afirmação não sustentada em evidência, mas o Relatório fornece-nos alguma base objectiva para questionar a propalada diminuição da criminalidade.

Vejamos:

– Regra geral, diminuíram as participações relativas a crimes como "ofensa à integridade física", "difamação, calúnia e injuria", "furto", "roubo por esticão", "roubo na via pública", ou seja, crimes em que a participação depende muito da vontade do ofendido e de este acreditar que vale a pena participar;

– De entre os crimes de participação incontornável, o crime de "homicídio voluntário consumado" diminuiu 13,9%, mas importaria conhecer minimamente a natureza das 161 participações registadas, para não retirarmos conclusões precipitadas. Muitos destes crimes corresponderão a situações passionais, de violência familiar ou similares, tão graves como as demais, mas merecedoras de uma abordagem diferente. A diminuição do crime de homicídio é muito relevante e é um dos poucos casos em que podemos afirmar que o número de participações corresponderá tendencialmente ao número de ocorrências, mas não é suficiente para sustentar uma tendência generalizada de baixa dos índices de criminalidade;

– Aumentaram crimes como "violação", "roubo a banco" (+53%), "agressões a agentes das forças de segurança" (+9,6%). Ou seja, crimes em que a participação é quase inevitável;

– A droga apreendida aumentou muito (144% a cocaína, 91% o ecstasy e 83% a heroína), o número de apreensões também cresceu bastante (30% em relação à cocaína, 28% para a heroína, 11% para o ecstasy e 9% para o haxixe) e o número de detidos por tráfico aumentou 7,5%. Isto pode querer dizer que a eficácia das forças de segurança no combate ao tráfico melhorou, mas também significa que o tráfico aumentou, como todos os especialistas sabem.

Que indicações podemos efectivamente retirar de umas estatísticas que nos dizem que o número total de participações baixou e, ao mesmo tempo, nos revelam que, com excepção do homicídio, essa baixa se deu nos crimes de participação menos imperativa? E isto, num ano em que o tráfico de droga registou um crescimento expressivo, em que o desemprego estava em alta e em que se questionou a eficácia do sistema judicial... A única conclusão segura é a de que baixaram as participações, mas não necessariamente a criminalidade.

Tratando de segurança urbana, não podemos ignorar também a sua "dupla dimensão", ou seja, a "dimensão objectiva" que as estatísticas policiais reflectem com as incertezas atrás evidenciadas e a "dimensão subjectiva" que elas não podem reflectir, uma vez que estas se situam no plano dos sentimentos e das vivências pessoais, habitualmente sintetizados na expressão "sentimentos de insegurança"[3].

Como podemos então aferir a evolução da criminalidade? O meio mais fiável e mais utilizado, nomeadamente na América do Norte e na Europa, é o "inquérito de vitimação"[4]. Um instrumento capaz de fornecer indicações quantitativas e qualitativas sobre as ocorrências verificadas, informações sobre os sentimentos de insegurança dos cidadãos e avaliações da forma de relacionamento destes com as forças policiais e as instituições judiciais.

Utilizando a metodologia das sondagens de opinião, a fiabilidade deste instrumento depende muito, naturalmente, da competência das entidades que o realizem, da composição da amostra, da qualidade do inquérito, dos meios empregues no tratamento e na análise dos dados... Mas é um método que tem sido testado desde há décadas, nos Estados Unidos, na Grã Bretanha, em França, em Espanha e noutros países, sendo as suas vantagens amplamente reconhecidas.

Tendo surgido nos Estados Unidos nos anos 60 do século passado, a sua utilização vulgarizou-se na América do Norte durante os anos 70 e foi introduzida na Europa na década seguinte.

Nos Estados Unidos a entidade que centraliza a informação sobre os inquéritos de vitimação é o gabinete de estatísticas da justiça, do Departamento de Justiça *(Bureau of Justice Statistics – U.S. Department of Justice · Office of Justice Programs)*[5]. Dispõe de informação comparada a partir de 1973. Em 2004 o inquérito nacional de vitimação baseou-se em 149.000 entrevistas a maiores de 12 anos.

No Reino Unido são realizados inquéritos regulares desde 1982. A partir de 2001 começou a ser feito um inquérito anual para Inglaterra e Gales, com uma amostra que actualmente alcança 50.000 entrevistas, sob responsabilidade do *Home*

---

[3] V. Aguado, Delgado e Maduell, Guàrdia, *Seguridad ciudadana y función policial – Una aproximación al análisis de entornos concretos*, UCCI, *"Colección de Estudios Municipales"*, Madrid 1994.

[4] V. *Instrumentos y metodología para el conocimiento del fenómeno delincuencial*, Diversos Autores, Institut d'Estudis Metropolitans de Barcelona, 1990 (ISBN 84-88068-10-7)

[5] http://www.ojp.usdoj.gov/bjs/cvict.htm

Office[6], o departamento governamental responsável pela segurança em Inglaterra e Gales. Irlanda do Norte e Escócia têm sistemas de inquérito autónomos.

Em Espanha, na Catalunha, os inquéritos iniciaram-se em 1984, em Barcelona. A entidade responsável pela realização é o *IERMB – Institut d'Estudis Regionals i Metropolitans de Barcelona*[7], um consórcio de investigação para a pesquisa nas áreas sociais, económicas e territoriais, criado em 1984, agrupando universidades, administrações públicas e instituições de promoção económica. Nos últimos 15 anos têm sido feitos dois inquéritos anuais, o da cidade de Barcelona e o da Área Metropolitana, somando-se a estes, a partir de 2002, um terceiro inquérito anual abrangendo toda a região autónoma.

Em França mais do que uma entidade realiza inquéritos, mas é o *CESDIP – Centre de recherches sociologiques sur le droit et les institutions pénales*[8], ligado ao Ministério da Justiça, que conduz os inquéritos mais sistemáticos. O primeiro de âmbito nacional teve lugar em 1982. Sem a regularidade verificada nos países anteriormente mencionados, os inquéritos em França evoluíram para um âmbito regional e local, como instrumentos de uma política descentralizada de parcerias para a segurança, que abordaremos mais à frente. Em 2001 foi realizado um inquérito com 10.000 entrevistas na região Ille de France. Em 2005 o *CESDIP* assinou um contrato com o Fórum Francês para a Segurança Urbana para a realização de cinco inquéritos urbanos, como primeiro passo de um plano plurianual que abrangerá várias cidades, devendo ser replicado regularmente para avaliar os progressos das políticas de prevenção.

Em Portugal são conhecidos inquéritos efectuados em 1990, 1992 e 1994 por iniciativa do Gabinete de Estudos e Planeamento do Ministério da Justiça[9], um inquérito realizado em 2000, no âmbito de um estudo a 17 países industrializados encomendado pelo Ministério da Justiça da Holanda, com 2.000 entrevistas no nosso país,[10] e um relatório co-financiado pela Comissão Europeia, no âmbito do Programa Hipócrates, intitulado "Projecto Cibeles – Estudos sobre prevenção de crime e vitimação urbana", com base num inquérito domiciliado

---

6 http://www.homeoffice.gov.uk/rds/bcs1.html

7 http://www.iermb.uab.es/index.asp

8 http://www.cesdip.com/

9 "Inquérito de vitimação – 1990", Gabinete de Estudos e Planeamento do Ministério da Justiça. – Lisboa 1991; "Inquérito de vitimação – 1992", relatório elaborado por Maria Rosa Crucho de Almeida. – GEPMJ, Lisboa, 1993; "Inquérito de vitimação – 1994", relatório elaborado por Maria Rosa Crucho de Almeida e Ana Paula Alão – GEPMJ, Lisboa, 1995.

10 *Criminal Victimisation in Seventeen Industrialised Countries – Key Findings from the 2000 International Crime Victims Survey (ICVS)*, NSCR – *Netherlands Institute for the Study of Crime and Law Enforcement* e Ministério da Justiça da Holanda.

com 1.190 entrevistas a residentes na Área Metropolitana de Lisboa e num outro inquérito junto de 209 unidades comerciais, referentes ao ano 2001[11].

A nível local, a Câmara Municipal de Lisboa, com a colaboração da Universidade Católica, manteve, entre 1998 e 2001, um "Observatório de Segurança" que desenvolveu os inquéritos de vitimação mais amplos que se realizaram em Portugal. O primeiro inquérito abrangeu o período de Outubro de 1998 a Setembro de 1999 e incluiu uma sondagem domiciliada com 3.037 entrevistas a residentes em Lisboa maiores de 18 anos e uma sondagem telefónica com 1.459 entrevistas a residentes nos demais concelhos da área metropolitana. Para análise da incidência dos delitos sobre o território, a cidade foi dividida em 9 zonas, tendo os questionários incidido sobre a vitimação, os comportamentos e os sentimentos de insegurança. O segundo inquérito, referente ao ano 2000, introduziu uma inovação muito importante em inquéritos de vitimação em Portugal: a técnica de *"crime mapping"*[12], assinalando o local exacto, na planta da cidade, onde cada ocorrência teve lugar. As sondagens incidiram sobre os residentes e passantes nas duas zonas de maior índice de criminalidade registado no inquérito anterior, a zona 3 (centro da cidade) e a zona 5 (Anjos / Graça). Foram validadas 1.512 entrevistas domiciliadas e 13.174 entrevistas de rua. No inquérito de 2001[13], abrangendo toda a cidade, a amostra foi ainda mais ampliada: 16.681 inquéritos de rua aos passantes, 3.505 inquéritos domiciliados aos residentes e 2.516 inquéritos telefónicos aos residentes nos restantes concelhos da área metropolitana. Foi realizada também uma sondagem ao comércio, com 1.119 inquéritos, para avaliar os delitos cometidos contra estabelecimentos comerciais.

---

[11] "Projecto Cibeles – Estudos sobre prevenção de crime e vitimação urbana", coordenado por Manuel António Ferreira Antunes, in http://www.apav.pt/pdf/cibele...portugues.pdf.

[12] V. http://www.ojp.usdoj.gov/nij/maps/

[13] V. Franco, Vasco, "Observatório de Segurança de Lisboa" in *Polícia Municipal de Lisboa*, editado pelo Comando da P.M. de Lisboa, 2001 (ISBN 972-98773-0-0).

TABELA 21
Vitimação por Sub-Tipos de Delito contra Pessoas

Vitimação

Tipo de Inquérito	Sub.Tipo de Delito	Vitimação em Lisboa	
		N.° Vítimas	%
Inquérito de Rua	Roubo por Esticão	186	1.1%
	Roubo Bolsa/Carteira	490	2.9%
	Assalto	463	2.8%
	Agressão	94	0.6%
	Total	1180*	7.1%
Inquérito Domiciliado	Roubo por Esticão	52	1.5%
	Roubo Bolsa/Carteira	97	2.8%
	Assalto	104	3.0%
	Agressão	17	0.5%
	Total	252*	7.2%

* Total é diferente da soma devido à multi-vitimação

Os inquéritos fornecem informação quantitativa e qualitativa sobre a vitimação: totalidade das ocorrências; agrupamento por tipo de delito (v. "tabela 21" atrás reproduzida), por região de um país ou zona de uma cidade e por período do dia; informação sobre os autores (sexo, nível etário, número); *modus operandi*; caracterização das vítimas (idade, sexo, nível de instrução, profissão, comportamentos em matéria de prevenção); taxa de participação; custos psicológicos. Permitem-nos também mapear as ocorrências, com recurso a sistemas de informação geográfica (SIG), desde que se trabalhe com uma amostra ampla, uma vez que o número de vítimas entre os cidadãos entrevistados é diminuto (cerca de 7% no inquérito de 2001, em Lisboa, em relação a crimes contra as pessoas) e o mapeamento só adquire expressão com um número razoável de ocorrências registadas, que permita, por exemplo, identificar "pontos quentes" (zonas de concentração de certos tipos de delitos).

Na reprodução seguinte podemos ver um dos mapas resultantes do inquérito de 2001.

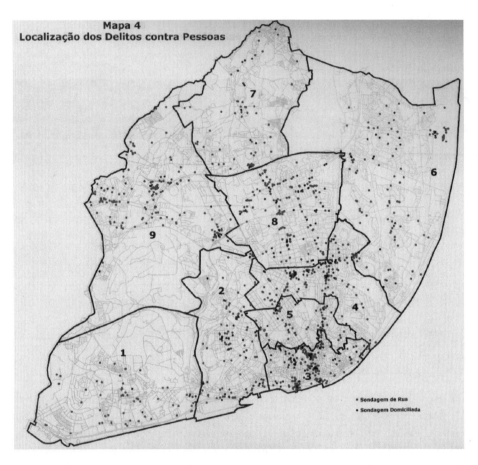

São muito perceptíveis no mapa os "pontos quentes", nomeadamente no Cais do Sodré, Baixa e eixo da Almirante Reis até aos Anjos (Zona 3), Marquês de Pombal (Zona 5), interface de Sete Rios, C. C. Colombo e Estrada de Benfica, entre o Mercado e as Portas de Benfica (Zona 9), Saldanha e Praça do Chile (Zona 4), Feira Popular (Zona 8) e Gare do Oriente, C. C. Vasco da Gama (Zona 6).

Um outro exemplo, retirado, como os demais que se apresentam neste capítulo, do inquérito de vitimação realizado em 2001 pelo Centro de Estudos e Sondagens de Opinião da Universidade Católica, para a Câmara Municipal de Lisboa, é o quadro que relaciona o sub-tipo de delito contra pessoas, com o período do dia em que ocorreu. Importa esclarecer que a terminologia adoptada ("roubo", "assalto"...) foi deliberadamente escolhida para facilitar a percepção rápida por parte dos inquiridos.

FIGURA 35
Distribuição dos Sub-Tipos de Delitos contra Pessoas por Período do dia (Rua)

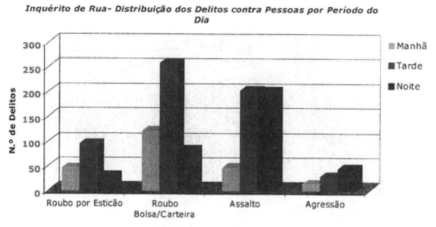

A idade dos autores ou a relação entre o sexo da vítima e o sub-tipo de delito são alguns dos elementos caracterizadores dos envolvidos a merecer análise no inquérito.

FIGURA 49
Idade dos Autores dos Delitos contra Pessoas (Rua)

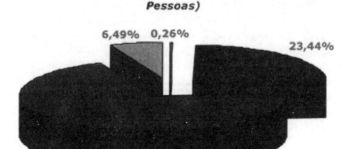

FIGURA 65
Delitos contra Pessoas por Sub-Tipos de Delito e sexo (Rua)

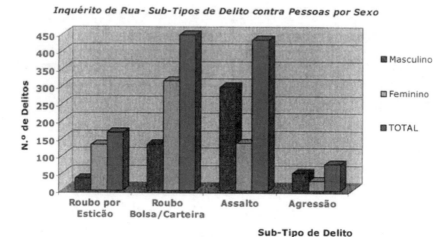

De referir ainda a possibilidade de associar ao questionário sobre a vitimação perguntas relativas a sentimentos de insegurança, comportamentos relacionados com a segurança ou opiniões sobre os sistemas de combate ao crime e a avaliação que os inquiridos fazem dos mesmos.

FIGURA 78
Horas de Televisão/dia e Classificação de Lisboa como Perigosa e Muito Perigosa

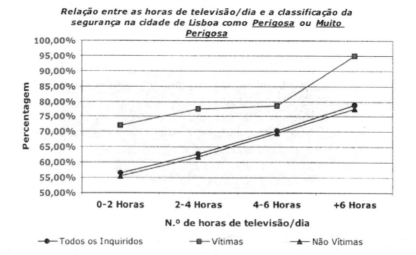

Um dos aspectos a destacar do inquérito 2001, na avaliação dos sentimentos de insegurança, resulta da figura 78 reproduzida atrás, relacionando os inquiridos que consideraram a cidade "perigosa" ou "muito perigosa" com o número de horas por dia passadas a ver televisão. Sendo previsível[14], não deixa de impressionar o absoluto paralelismo das duas variáveis.

Para o estabelecimento de outro tipo de parâmetros de diagnóstico é possível recorrer a diferentes instrumentos, como as estatísticas judiciais (número de indivíduos processados, julgados e condenados, duração dos processos, tipo de penas aplicadas, etc.), os inquéritos de delinquência auto-confessada (empregues em alguns países para avaliar os percursos pessoais e delitivos dos jovens condenados), as estatísticas das instituições de apoio à vítima, os estudos qualitativos com base em entrevistas a um painel de vítimas, a análise dos registos hospitalares para apuramento de crimes envolvendo violência, os observatórios que se debruçam sobre as noticias saídas nos media e procuram medir o seu impacto na geração de sentimentos de insegurança, etc.[15].

Encerrando este capítulo reproduzimos uma última tabela do inquérito de 2001, que refere a taxa de participação dos delitos contra as pessoas, correspondendo a cerca de um terço das ocorrências.

TABELA 24
Taxas de Participação à Polícia dos Delitos contra Pessoas

Participação à Polícia

| | Percentagem de Participação* | | | |
| Sub.Tipo de Delito | Inquérito de Rua | | Inquérito Domiciliado | |
	N.º	%	N.º	%
Roubo por Esticão	56	33.5%	15	32.6%
Roubo Bolsa/Carteira	191	41.5%	28	31.8%
Assalto	95	21.3%	39	39.4%
Agressão	29	36.3%	6	37.5%
Total	371	32.1%	88	35.3%

* Esta pergunta é feita apenas em relação ao DELITO MAIS RECENTE

---

[14] V. Esteves, Alina Isabel Pereira, *A Criminalidade na Cidade de Lisboa*, Edições Colibri, 1999, páginas 42 e seguintes, "Formação de sentimentos de receio e medo de vitimação".

[15] O Observatório Permanente da Justiça Portuguesa, do Centro de Estudos Sociais da Faculdade de Economia da Universidade de Coimbra, publicou, em Julho de 2002, um estudo

3. Algumas causas da insegurança urbana

Outro diagnóstico necessário é o das causas da insegurança. É um diagnóstico que deve ter em linha de conta a informação obtida a partir da análise dos inquéritos de vitimação ou de outros instrumentos atrás mencionados, mas que terá de juntar muito mais informação, nomeadamente de natureza urbanística e de natureza social.

Os "pontos quentes" de um *"crime map"* podem indiciar uma zona de grande concentração de pessoas a determinadas horas do dia, uma área abandonada ou deficientemente iluminada, um ponto de tráfico e consumo de drogas, ou simplesmente uma grave carência de policiamento. É preciso estudar cada um deles e procurar razões que justifiquem que, numa determinada rua, num gaveto específico, ocorra um número excepcional de delitos.

As causas sociais são as de mais difícil diagnóstico e mais complexo e demorado tratamento.

A desigualdade extrema na distribuição da riqueza é um factor que afecta de forma crescente todas as sociedades. A célebre frase de John Kenneth Galbraith, "se os muito ricos não cuidarem dos muito pobres, um dia os muito pobres cuidarão dos muito ricos", mantém-se latente, como uma profecia que pouco a pouco se vai concretizando em cidades como Caracas, São Paulo ou o Rio de Janeiro, em que os ricos vivem cada vez mais enclausurados em condomínios vigiados, deslocando-se em carros blindados e rodeados de guarda-costas. A Europa e os Estados Unidos confrontam-se com dificuldades crescentes para proteger as suas fronteiras das hordas de miseráveis que arriscam a vida, cada dia, para atravessar o Mediterrâneo ou o deserto do Arizona em busca dos recursos que não conseguem obter nos seus países. A economia globalizada não tem contribuído para atenuar os desequilíbrios chocantes que persistem e se acentuam. Mesmo na Europa e nos Estados Unidos as desigualdades são gritantes e os excluídos representam parcelas muito importantes da sociedade[16].

A exclusão social é geralmente apontada como a principal impulsionadora dos percursos delitivos. É um conceito amplo, onde cabe quase tudo, mas onde importa, sem dúvida, considerar o local onde se nasce, onde se cresce, onde se vive, a falta de estruturação do meio familiar, a crise dos modelos de referência, o desenraizamento socio-cultural, o insucesso escolar, a ausência de saídas profissionais, o desemprego prolongado, a pobreza, a toxicodependência...

---

intitulado "As reformas processuais e a criminalidade na década de 90", sob direcção do Professor Boaventura de Sousa Santos, cujo I Capítulo, "As tendências da criminalidade na década de 90", se baseia muito na análise de informação estatística de natureza judicial.

[16] V. Borja, Jordi – *La Ciudad Conquistada*, 2003, Madrid, Alianza Editorial, pág. 215 a 217

Os núcleos de barracas e de outras construções clandestinas que se concentravam nas áreas metropolitanas de Lisboa e Porto e que ainda subsistem em alguns municípios são um bom exemplo de ambientes marcados pela exclusão social. Tal como certos bairros de realojamento, periféricos e desligados da malha urbana mais consolidada e mais equilibrada socialmente, carentes de equipamentos e de programas de intervenção social, sem manutenção do edificado e dos espaços públicos.

As tradicionais redes de controlo social sobre as crianças e os jovens – os pais, os avós, os párocos, os vizinhos – perderam força devido à ocupação e dispersão das pessoas, depositando-se na escola uma responsabilidade quase exclusiva que esta não tem condições para assumir em pleno.

As segundas gerações de emigrantes ainda travam um confronto desigual em muitas escolas, face às dificuldades no uso do português, nem sempre compensadas com atitudes e programas pedagógicos compatíveis com a situação.

O insucesso escolar e a falta de capacitação para o emprego, consequência de um sistema de ensino desadequado, dificultam a normal inserção no mercado de trabalho.

A análise deste tipo de situações tem de ser feita de forma multidisciplinar, dada a diversidade de valências e entidades que deve envolver. É frequente encontrarmos um conjunto de instituições a estudar um mesmo território e uma mesma população, sem que a informação se cruze e se complemente e sem o menor cuidado em concertar políticas e projectos.

Os Conselhos Municipais de Segurança podem ser instâncias privilegiadas para a harmonização dos diagnósticos e para a convergência das intervenções. Criados em 1998, através da Lei n.º 33/98, de 18 de Julho, têm como objectivos:

- Contribuir para o aprofundamento do conhecimento das situações de segurança na área do município, através da consulta entre todas as entidades que o constituem;
- Formular propostas de solução para os problemas de marginalidade e segurança e participar em acções de prevenção;
- Promover a discussão de medidas de combate à criminalidade e à exclusão social;
- Aprovar pareceres sobre questões de segurança e inserção social.

Os conselhos são integrados por eleitos da câmara municipal, da assembleia municipal e das juntas de freguesia, por representantes do Ministério Público, das forças de segurança, protecção civil e bombeiros, dos organismos de assistência social, da entidade responsável pelo combate à toxicodependência, das associações económicas, patronais e sindicais e por um conjunto de cidadãos de reconhecida idoneidade.

A eficácia dos conselhos municipais de segurança tem sido frequentemente questionada, especialmente devido ao elevado número de membros que os constituem, mas a possibilidade de cada um se organizar com base em regulamento a aprovar pela assembleia municipal respectiva, permite a criação de comissões que tornem operacional o aprofundamento das matérias mais complexas e a elaboração de propostas de trabalho[17].

Outro mecanismo de articulação dos diagnósticos e das intervenções é a Rede Social regulada inicialmente na Resolução do Conselho de Ministros n.º 197/97, de 23 de Outubro (D. R. 1.ª Série B n.º 267, de 18.11.1997) e consolidada através do Decreto-Lei n.º 115/2006, de 14 de Junho. Trata-se de promover a congregação de esforços das entidades particulares sem fins lucrativos e dos organismos públicos que trabalham no domínio da acção social, com vista à erradicação ou atenuação da pobreza e exclusão social e à promoção do desenvolvimento social. A rede articula-se a nível local através das Comissões Sociais de Freguesia (presididas pelo presidente da junta e integrando representantes das instituições públicas e privadas com intervenção na freguesia) e dos Conselhos Locais de Acção Social (presididos pelo presidente da câmara e compostos por representantes das entidades que intervêm no concelho). A articulação de nível supra concelhio é assegurada por uma plataforma territorial equivalente às NUT III[18], cabendo ao Ministério do Trabalho e da Solidariedade Social a dinamização, o acompanhamento e a avaliação.

4. As políticas de prevenção e de combate às causas da insegurança

Carecendo de uma actuação concertada dos diferentes níveis da administração, as políticas com influência na prevenção da criminalidade e no combate às causas da insegurança urbana passam, em grande medida, pelas próprias cidades, incidindo, basicamente, em três frentes: o urbanismo, o desenvolvimento e a intervenção social.

---

[17] V. Regulamento do Conselho Municipal de Segurança de Lisboa, in *Boletim Municipal* n.º 283, de 1999/07/22, com alterações in *Boletim Municipal* n.º 463, de 2003/01/02.

[18] "NUT" – Nomenclatura de Unidades Territoriais, criada pelo Decreto-Lei n.º 46/89, de 15 de Fevereiro. As "NUT III" são sub-regiões dentro das "NUT II" que correspondem às áreas abrangidas pelas Comissões de Coordenação Regional, no Continente, e às Regiões Autónomas dos Açores e da Madeira.

4.1. *Políticas urbanísticas*

Os ciclos de gestão dos municípios portugueses desde as primeiras eleições autárquicas após o 25 de Abril, podem caracterizar-se em três fases, com uma evolução não uniforme no território nacional. Uma primeira fase foi a da satisfação das necessidades básicas em matéria de infra-estruturas e equipamentos – a "política dos tubos", como dizia Nuno Portas (os "tubos" da água, da luz, dos esgotos, das acessibilidades, dos transportes). Seguiu-se um período marcado pelo ordenamento do território, com a elaboração e aprovação dos "planos directores municipais". A terceira geração de políticas urbanas é dominada pelas preocupações ambientais e pela aposta no desenvolvimento económico. A intervenção social por parte das autarquias atravessou todas estas fases, consolidando-se gradualmente como uma das áreas de maior envolvimento político e, em certos momentos, de maior investimento, se tivermos em linha de conta a construção de equipamentos e de habitação social.

As questões do ordenamento do território readquirem importância com o lançamento do Programa Nacional da Política do Ordenamento do Território (PNPOT), aprovado para discussão pública pela Resolução do Conselho de Ministros n.° 41/2006, de 27 de Abril (D.R. 1ª série B, n.° 82, de 27.04.2006), que consagra as estratégias nacionais de ordenamento e de desenvolvimento, que deverão servir de referência aos Planos Regionais de Ordenamento do Território (PROT), os quais, por sua vez, facultam as linhas de força a que obedecerão os Planos Directores Municipais (PDM), em fase de revisão obrigatória dado o decurso do prazo de 10 anos previsto para esse efeito.

Espera-se que o PNPOT e os PROT possam desempenhar um importante papel nos futuros processos de desenvolvimento social e económico do país e, nessa medida, influenciar algumas das causas profundas que contribuem para a insegurança. Mas, sendo a cidade o principal foco da nossa análise, devemos deter-nos no PDM e nos demais instrumentos que determinam as condições de ocupação e uso do solo e o desenho urbano.

O Decreto-Lei n.° 380/99, de 22 de Setembro, com as alterações introduzidas pelo Decreto-Lei n.° 310/2003, de 10 de Dezembro, "desenvolve as políticas de ordenamento do território e de urbanismo, definindo o regime de coordenação dos âmbitos nacional, regional e municipal do sistema de gestão territorial, o regime geral do uso do solo e o regime de elaboração, aprovação, execução e avaliação dos instrumentos de gestão territorial". Estabelece três níveis de planos municipais de ordenamento do território: os planos directores municipais (PDM); os planos de urbanização (PU); os planos de pormenor (PP).

O plano director municipal define o modelo de estrutura espacial e de organização do território (redes urbanas e de transportes; equipamentos de educação, saúde, abastecimento público e segurança; referenciação espacial de usos e actividades; índices e parâmetros urbanísticos; unidades operativas de planeamento e gestão a abranger por planos de urbanização e de pormenor, etc.). As opções adoptadas no PDM podem ser determinantes em matéria de segurança urbana. Não propriamente pela previsão obrigatória dos equipamentos de segurança, uma vez que estes tenderão a evoluir em função das necessidades do dispositivo das forças de segurança e das opções políticas a elas inerentes. Mais relevante do que isso será o que se estabelecer em matéria de redes viárias e de transportes (a acessibilidade pode ser um forte factor de integração ou de exclusão), de equipamentos de educação (a rede de escolas e a sua inserção no meio envolvente e no tecido urbano pode influir, no imediato, na segurança das crianças e jovens e, a prazo, nos percursos de formação e de acesso ao mercado de trabalho) e de parâmetros de ocupação e uso do solo (que, segundo as mais recentes linhas de pensamento, devem garantir uma diversidade de actividades em todo o território, assegurando a ocupação regular do mesmo e evitando situações de desertificação em determinados períodos, bem como a optimização das infra-estruturas existentes, com a melhor ocupação do centro em alternativa à expansão para as periferias, e ainda a coesão social, com uma equilibrada afectação da componente residencial destinada aos diferentes estratos sócio-económicos[19]).

O plano de urbanização funciona como um *zoom* sobre uma parte do território, dentro da área do PDM, tendo em vista detalhar aspectos que não cabem na escala daquele. Define a rede viária estruturante interior ao PU, a localização aproximada dos equipamentos e das diversas funções urbanas, as áreas a recuperar e reconverter, as populações a realojar. A segurança reflecte-se nos mesmos aspectos referidos para o PDM, mas com maior minúcia, somando-se a localização de equipamentos que o PDM pode não prever (campos de jogos, parques infantis, equipamentos sociais, culturais e de ocupação de tempos livres, entre outros), os locais de realojamento de populações carenciadas (que devem contribuir para a sua integração), pequenos jardins, zonas e índices de estacionamento exigíveis (o estacionamento desordenado é factor de insegurança). A este nível, mais do que qualquer outro, é fundamental interagir com as comunidades instaladas na área do plano, entender as suas expectativas e necessidades, não esquecendo os grupos mais vulneráveis. Conseguir uma participação efectiva da comunidade nas fases de estudo e elaboração do plano pode permitir identificar

---

[19] V. Franco, Vasco, *"As Cidades Mundiais"*, in *Revista Povos e Culturas*, n.º 6, CEPCEP – Universidade Católica Portuguesa, 1998.

situações de conflito que o desenho urbano e a ocupação espacial podem ajudar a resolver. A lei prevê a submissão deste tipo de instrumentos a consulta pública, mas tal consulta é um acto formal a que só os mais informados acedem, na fase final do processo prévia à aprovação, não se tratando de um verdadeiro mecanismo de participação dinâmica e interactiva.

O plano de pormenor trata uma área ainda mais limitada do território, a uma escala que permite já um detalhe definitivo quanto ao desenho urbano, incluindo espaços públicos, circulações viárias e pedonais, estacionamento, modulação do terreno, implantação dos equipamentos, lotes de construção, número de pisos e cérceas, etc. Para além dos aspectos já referidos, importa acautelar em particular a modulação do terreno, a inserção e o desenho dos espaços públicos, potenciando um uso intensivo dos mesmos como centros de convívio[20], privilegiando a qualidade dos materiais e do mobiliário urbano, as zonas abertas e bem iluminadas[21] e uma relação entre os edifícios e o espaço exterior que evite barreiras, galerias e recantos esconsos.[22]

Chegamos, finalmente, aos últimos degraus desta escala que conduz à composição do desenho da cidade: o projecto de loteamento e os projectos de construção. Ambos estão regulados pelo Decreto-Lei n.º 555/99, de 16 de Dezembro, aplicando-se ainda aos projectos de construção as normas do velho Regulamento Geral das Edificações Urbanas (RGEU), aprovado pelo Decreto-Lei n.º 38.382, de 7 de Agosto de 1951, cuja revisão se arrasta há alguns anos. O projecto de loteamento visa a constituição de um ou mais lotes destinados a edificação, resultantes da divisão ou emparcelamento de um ou vários prédios. O projecto de construção, constituído, no caso dos edifícios, por projecto de arquitectura e projectos de especialidades (estrutura, redes de águas e esgotos, electricidade, gás, comunicações, climatização), visa a execução da obra, precedida do respectivo licenciamento. Em alguns destes projectos, as questões da segurança estão inevitavelmente presentes (edifícios destinados a fins especiais como a instalação de instituições de crédito, centros comerciais ou grandes equipamentos públicos), mas essa ainda não é a regra geral. Em edifícios de *standard* elevado encontramos com alguma frequência o recurso às novas tecnologias ao serviço da segurança, como a vídeo-vigilância ou sistemas de controlo automático de acesso,

---

[20] V. Franco, Vasco, *"Humanizar las Ciudades"* in *Las Ciudades: Territorios de Paz y Multiculturalidad*, Lima, Perú, 2002, *SIDEA – Seminario Interdisciplinario de Estudios Andinos*, com patrocínio da UNESCO.

[21] Barry Poyner defendeu, no seu livro *Design against crime – Beyond defensive space* (Butterworths, Londres, 1983), que o espaço devia ser organizado em função da visibilidade uma vez que esta é o garante da segurança no espaço público.

[22] V. Borja, Jordi – obra citada, pág. 208 a 214.

mas o mais corrente é a ausência de preocupações expressas com a segurança. Alguns aspectos que devem ser acautelados são evidentes: boa visibilidade e boa iluminação do espaço público envolvente dos edifícios e das zonas comuns do interior; evitar a inclusão de elementos arquitectónicos e de materiais ao nível das fachadas que facilitem o acesso aos vários pisos por escalamento; utilização preferencial dos pisos térreos para usos não habitacionais; organização dos acessos às áreas de estacionamento privativas de forma a não facilitar a intrusão; generalização do recurso às tecnologias disponíveis, nomeadamente para visionar quem toca à campainha no exterior do imóvel ou para manter a iluminação das áreas comuns automaticamente acesa sempre que alguém se encontre presente... Alguns investigadores dedicaram-se a estudar detalhadamente estas matérias, destacando--se entre eles o arquitecto britânico Barry Poyner, cuja obra mais recente se chama *Crime-free – Housing in the 21st Century*, editado em Dezembro de 2005[23].

A junção aos instrumentos de ordenamento do território de nível municipal (PDM, PU e PP) de um anexo versando especificamente as questões da segurança pública seria desejável, a todos os títulos. Quanto às operações de loteamento, faria sentido a inclusão de parâmetros referentes à segurança, a avaliar pela entidade licenciadora. Finalmente, o novo Regulamento Geral das Edificações Urbanas, em preparação, deveria fixar normas imperativas para a elaboração de projectos de construção de edifícios, contemplando aspectos como os atrás mencionados[24]. Não se trata de encarar a cidade como o campo de batalha que nos descreve Zygmunt Bauman em *Confiança e Medo na Cidade*[25], mas tão só de tentar evitar que se instale o medo e que acabemos a construir fortalezas internas que consolidem entre nós as mixofobias[26] que não se instalaram ainda em definitivo.

4.2. *Políticas de desenvolvimento*

Os instrumentos de ordenamento do território referidos no capítulo anterior, devem conter as opções estratégicas de desenvolvimento para o todo nacional (PNPOT), para cada região (PROT) e para cada município (PDM), mas a concretização das mesmas depende de um conjunto de acções posteriores.

---

[23] Willian Publishing (ISBN 0-95456-073-6).

[24] O código do urbanismo francês contém uma norma desta natureza, no seu artigo L-111--3-1 (introduzido pela Lei n.° 95-73).

[25] Relógio D'Água Editores, Lisboa, Julho de 2006 (ISBN 972-708-893-7).

[26] O medo da mistura com o desconhecido, que "impele à procura de um território isolado e homogéneo", segundo descreve Zygmund Bauman, na obra citada.

A condução das políticas urbanas de desenvolvimento social e económico pode recorrer a diferentes processos. Alguns municípios aguardam as propostas dos promotores privados e deixam que as tendências do mercado imobiliário, das indústrias e dos serviços marquem o ritmo do desenvolvimento. Outros, juntam a esta atitude algumas opções de investimento público coerentes com as opções estratégicas e procuram atrair investimentos de diferente origem, designadamente através de acções de promoção no exterior, com recurso a eventos com repercussão mediática, participação em feiras imobiliárias, organização de conferências especializadas, etc. Outros ainda, promovem a implantação de plataformas logísticas e parques industriais, esperando atrair quem neles se instale. Mas há exemplos melhor conseguidos de recurso a instrumentos que garantam um desenvolvimento continuado, assente em mecanismos de participação de todas as forças sociais relevantes e com um comando político claro por parte daqueles que têm a legitimidade confiada pelos cidadãos nas eleições. Felizmente, em algumas cidades, já não são predominantemente os agentes económicos que determinam as opções e os ritmos do desenvolvimento, mas sim o conjunto da sociedade, sob a liderança dos eleitos. O plano estratégico de desenvolvimento é um dos instrumentos que pode suportar este tipo de políticas[27].

Inspirado nas ciências militares, o planeamento estratégico começou por ser adoptado no mundo empresarial, passando à gestão das cidades na década de 70 do século XX, nos Estados Unidos da América. Nos anos 80 foi acolhido na Europa, fixando em Barcelona o seu mais importante pólo de experimentação, de teorização e de divulgação.

O plano estratégico é um compromisso programático de médio prazo, agregador de vontades e mobilizador de recursos, visando objectivos de desenvolvimento baseados numa rigorosa análise prospectiva, na identificação e atenuação de debilidades e na potenciação de vantagens competitivas.

É um compromisso programático porque, desde a fase de diagnóstico até ao processo de avaliação da execução, estabelece parcerias, envolve todas as entidades que podem e querem contribuir para alcançar os objectivos traçados, compromete os parceiros com as tarefas e os recursos com que cada um se propõe contribuir, assentando num conjunto de linhas estratégicas, programas e acções, estabelecidos por largo consenso.

O caso de Barcelona é o mais paradigmático para a análise dos mecanismos de elaboração e implementação de um plano estratégico de desenvolvimento.

A capital catalã arrancou com os trabalhos preliminares para a elaboração do seu primeiro plano em 1988, ano em que se constituiu a Associação do Plano

---

27 V. *Plano Estratégico de Lisboa*, 1992 – Editado pela Câmara Municipal de Lisboa.

Estratégico, como entidade privada sem fins lucrativos. Os associados fundadores foram o Município, a Associação de Municípios da área metropolitana, a Câmara de Comércio, Indústria e Navegação de Barcelona, o Círculo de Economia (prestigiada associação fundada em 1958, reunindo a nata dos empresários catalães, universidades, economistas, com o objectivo de contribuir para o desenvolvimento económico e a modernização da sociedade espanhola), as centrais sindicais (CC.OO e UGT), a confederação empresarial da Catalunha (FMT), a Universidade de Barcelona, o Porto de Barcelona, a Feira de Barcelona e o Consórcio da Zona Franca (entidade pública de desenvolvimento económico, associada à gestão de plataformas logísticas, polígonos industriais e feiras).

O principal objectivo era o de aproveitar o efeito do Jogos Olímpicos de 1992, criar as melhores condições para a integração europeia e promover as necessárias transformações económicas e sociais, após a crise industrial das últimas décadas do século XX.

O I Plano Estratégico de Barcelona foi aprovado em 1990, o II em 1994 e o III em 1999. Em 2002 a Associação do Plano Estratégico foi ampliada, passando a integrar 36 municípios da Área Metropolitana e a designar-se Associação do Plano Estratégico Metropolitano de Barcelona. Nesse mesmo ano arrancou o I Plano Estratégico Metropolitano, cuja revisão decorre actualmente.

Para melhor se entender esta progressão alucinante, importará comparar a primeira das três linhas estratégicas do Plano de 1990, com a primeira das cinco linhas estratégicas do Plano de 1999:

- Em 1990 o objectivo era: "Consolidar Barcelona como centro da sua região geográfica macro-europeia" (o que significava estender a sua influência, para além da Catalunha, às autonomias espanholas vizinhas, a Andorra e a uma área do território francês alargada até Toulouse);
- Em 1999 o objectivo passou a ser: "Assegurar o posicionamento de Barcelona como uma das áreas urbanas mais activas e sustentáveis da União Europeia".

Numa década, a ambição de Barcelona saltou da afirmação como um potente centro regional à disputa da primazia a nível continental. Ambição legitimada por todos os indicadores reportados pelas agências internacionais, pela informação estatística e pelos estudos de acompanhamento dos planos estratégicos. Na década de 90 Barcelona passou do 11.º para o 6.º lugar entre as melhores cidades europeias para criar negócios (atrás de Londres, Paris, Frankfurt, Bruxelas e Amesterdão). Em 2005 ultrapassou Amesterdão e fixou-se na 5.ª posição[28].

---

[28] *"European Cities Monitor 2005"*, da consultora Cushman & Wakefield, Healey & Baker.

Segurança e Urbanismo – Segurança e Gestão Urbana

Outros registos colocam a cidade entre o 1.º e o 3.º lugares na Europa em matéria de negócios e investimento[29]. Entre 1990 e 1999 o número de passageiros em voos comerciais no aeroporto de Barcelona duplicou, passando de 10 para 20 milhões, sendo que os voos provenientes de países terceiros transportaram cerca de 4 milhões de passageiros em 1990 e 11 milhões em 1999. Em 2005 o aeroporto movimentou 27 milhões de passageiros. Barcelona é o principal motor de crescimento da economia espanhola em matéria de exportações (22% do total nacional, alcançando a região da Catalunha os 27%). 70% das empresas japonesas e mais de 50% das alemãs, francesas e norte-americanas, com actividade em Espanha, estão instaladas em Barcelona.

Este *boom* de desenvolvimento teve como um dos factores chave, a par de um potentíssimo "marketing de cidade", a capacidade de transformação de uma economia baseada na decadente indústria de manufactura, numa economia baseada no conhecimento.

O exemplo mais actual deste processo é o projecto "22@", incluído num dos programas do III Plano Estratégico.

Trata-se de requalificar o antigo bairro de Poblenou, atravessado pela avenida Diagonal e situado muito perto do porto olímpico, até há pouco ocupado por antigas indústrias, armazéns e habitação degradada, com uma área de cerca de 200 hectares. O objectivo é criar 3,2 milhões de metros quadrados de novos espaços produtivos em que se instalará um grande centro de actividades @ (universidades, centros de inovação científica e tecnológica, laboratórios, departamentos de I + D, empresas ligadas aos sectores audiovisuais, às tecnologias da informação e da comunicação, à biociência, à criação e transferência de conhecimento, atracção de talento internacional e formação avançada).

---

[29] De acordo com o *"European Cities Monitor 2005"*, Barcelona ocupa a terceira posição na percepção dos empresários europeus como cidade ideal para as empresas (atrás de Londres e Paris). Segundo o Foreign Direct Investment (grupo Financial Times), Barcelona é a melhor cidade europeia para investir (2004). A Câmara de Comercio de Paris situa Barcelona como a região europea de maior interesse para o investimento estrangeiro (2003). Ernst & Young reconhece Barcelona como segunda cidade europea em implantação de projectos de investimento estrangeiro (2003). (Fonte: *Barcelona Negocios – Ayuntament de Barcelona*, in www.bcn.es).

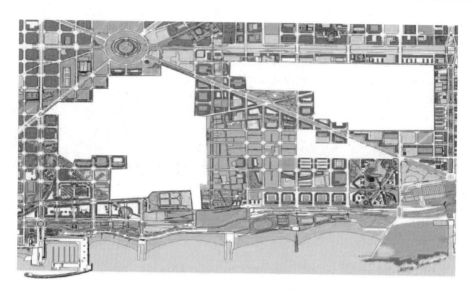

Zona abrangida pela intervenção, atravessada pela Diagonal, com o Porto Olímpico no canto inferior esquerdo

Actividades eminentemente urbanas, densas em emprego qualificado e adoptando o talento como o principal recurso, intensivas na utilização do espaço e das tecnologias da informação e da comunicação. A intervenção urbanística, actualmente em estado muito avançado, passa pela demolição de grande parte do edificado, salvaguardando os imóveis de habitação recuperáveis, construção de novas infra-estruturas de última geração e constituição de novos lotes para uma ocupação diversificada (tecnologia, indústria urbana, escritórios, habitação, hotéis, comércio, equipamentos). Os proprietários, para poderem beneficiar do aumento da capacidade construtiva previsto, são obrigados a garantir uma ocupação de 20% de cada empreendimento com "actividades @" e a ceder 10% do solo para o domínio municipal, para equipamentos de apoio a estas mesmas actividades. Prevê-se a criação de 130.000 novos postos de trabalho.

4.3. *Políticas sociais*

Tal como acontece com os estados, as cidades confrontam-se com a necessidade de reavaliar as políticas sociais e de repensar o paradigma que as conformou nas últimas décadas, considerando, nomeadamente:

— os modelos demográficos que afectam actualmente os centros urbanos (com destaque para o envelhecimento geral da população, para o aumento

das bolsas de pobreza em meio urbano e para o crescimento da população imigrante, incluindo as segundas gerações);
– a alteração da estrutura familiar tradicional (indivíduos isolados, famílias monoparentais, crescente participação da mulher no mercado de trabalho, reduzido número de filhos);
– o comportamento dos mercados laborais (desemprego, precariedade contratual, maior dificuldade de acesso a emprego cada vez mais qualificado);
– os factores de segregação urbanística (barracas, bairros marginalizados, acessibilidades, escassez de equipamentos).

O desenho das políticas deve obedecer a modelos integrados, articulados geograficamente e coordenados institucionalmente. Só assim se poderá evitar o desperdício de meios e recursos e a criação de mecanismos de exclusão dentro da própria exclusão (concentrando projectos em determinadas zonas ou grupos e abandonando outros).

Numa sociedade em que os recursos a canalizar para as políticas sociais também são escassos e estão dependentes do crescimento económico e da contenção da despesa pública, existem riscos muito perceptíveis de descontinuidades indesejáveis no desenvolvimento dos projectos. A origem dos acontecimentos de finais de 2005, que assolaram as cidades francesas com uma explosão de violência incontrolada envolvendo um número impressionante de adolescentes e jovens dos bairros periféricos, é atribuída por muitos ao desinvestimento dos últimos anos nos programas de intervenção social. O próprio primeiro-ministro, Dominique de Villepin, reconheceu que a eficácia das políticas de combate à exclusão estava irremediavelmente posta em causa.

A continuidade das políticas, com base em contratos de médio prazo com os parceiros que contribuem para a sua concretização, e uma monitorização rigorosa e independente dos resultados, são dois factores decisivos para o êxito dos programas de combate à exclusão, sabendo-se, à partida, que as hipóteses de insucesso são muito elevadas. Só a continuidade poderá permitir a consolidação dos avanços alcançados em cada momento e só a avaliação tornará compreensível o grau de eficácia dos programas, impondo os ajustes necessários.

Portugal dispõe actualmente de um conjunto de instrumentos com vista ao desenvolvimento económico e social, que poderão assegurar estabilidade dos programas e acções que contribuem para a inclusão. São eles, o Programa Nacional de Política de Ordenamento do Território (PNPOT)[30], a Estratégia

---

[30] V. http://www.territorioportugal.pt/

Nacional de Desenvolvimento Sustentável (ENDS)[31], o Plano Nacional para a Acção, Crescimento e Emprego (PNACE)[32], o Plano Nacional de Acção para a Inclusão (PNAI)[33], o Plano Nacional de Emprego (PNE)[34], o Plano Nacional para a Igualdade (PNI)[35], o Plano Nacional de Combate à Violência Doméstica (PNCVD)[36], o Plano de Acção e Integração para Pessoas com Deficiência e Incapacidades (PAIPDI)[37], o Plano Nacional de Saúde (PNS)[38] e, de alguma forma, também o Plano Tecnológico (PT)[39].

5. Urbanismo e segurança. Exemplos de intervenções urbanísticas com impacto directo na segurança

Centrando-nos na temática "Urbanismo e Segurança", passemos a analisar alguns exemplos de intervenções de carácter eminentemente urbanístico, de transformação física da cidade, que, associadas a programas específicos de intervenção social, contribuíram para combater a exclusão, para eliminar focos de insegurança notáveis e para reduzir os sentimentos de insegurança.

5.1. *A erradicação das barracas e o combate à exclusão social*

Em 1989 quase 10% da população de Lisboa, cerca de 60.000 pessoas, residia em bairros de barracas ou de construções precárias similares. As condições de vivência na maior parte destes núcleos eram indescritíveis e a estigmatização que afectava quem tinha que dar como morada a Musgueira ou o Bairro do Relógio[40] era imensa. As casas de madeira apodrecida pelo tempo, a inexistência de redes de saneamento e o consequente escoamento das águas de esgoto a céu

---

[31] V. http://www.desenvolvimentosustentavel.pt/

[32] V. http://www.cnel.gov.pt/index.php?page=124

[33] V. http://www.pnai.pt/

[34] V. http://www.dgeep.mtss.gov.pt/estudos/pne.php

[35] V. http://cidm.madbug.com/?TopLevelID=7

[36] V. http://www.cidm.pt

[37] V. http://redesolidaria.org.pt/noticias/paipdi

[38] V. http://www.portaldasaude.pt/portal/conteudos/a+saude+em+portugal/politica+a+saude/default.htm

[39] V. http://www.planotecnologico.pt/

[40] V. Revista *Lisboa – O outro Bairro*, n.º 1, de Dezembro de 1999, Cidades e Municípios Editora, Lda.

aberto pelas ruas estreitas enlameadas, a falta de luz e de água, o risco de incêndio provocado pelo uso de precárias lareiras e de velas, a chuva a penetrar pelas coberturas toscas de madeira e lata, constituíam o quotidiano de muitas famílias, de muitas crianças, de muitos jovens, de muitos adultos precocemente envelhecidos pelo reumático e pelo álcool. Junto às Olaias existia um bairro, o Casal do Pinto[41], com ruelas tão estreitas que quando alguém falecia "em casa" tinha que ser retirado num lençol porque não era possível fazer entrar o caixão... Muitos destes núcleos foram-se tornando locais preferenciais para instalação de actividades delitivas e de recrutamento fácil para os que a elas se dedicavam. A insegurança foi crescendo a partir de focos como o Bairro do Relógio, a Musgueira Norte, a Curraleira, transformados em mercados de droga, de receptação de produtos de roubos, de tráfico de armas. A partir de 1987 o município de Lisboa desencadeou, em parceria com o Governo, um processo visando a erradicação das barracas, que se consubstanciou em dois programas, o "PIMP – Plano de Intervenção a Médio Prazo"[42] e o "PER – Programa Especial de Realojamento"[43]. O investimento envolvido rondou os mil milhões de euros. Foram construídas cerca de 17.000 habitações[44] e centenas de equipamentos sociais, escolas, centros de saúde, bibliotecas, campos de jogos, piscinas, parques infantis, esquadras de polícia, gabinetes de gestão dos bairros, estabelecimentos comerciais, sedes sociais de instituições, etc.

Os factores de insegurança associados aos bairros de barracas foram fortemente atenuados, embora subsistam alguns problemas sociais graves num número reduzido dos cerca de 60 locais de realojamento[45]. Só o tempo e uma forte e persistente acção de intervenção social poderá ir atenuando esta situação, que não é comparável, em qualquer caso, àquela que se vivia ainda há uma década atrás.

Não cabe aqui analisar se teria sido possível efectuar o realojamento de outra forma, utilizando as habitações devolutas do centro da cidade e distribuindo as famílias por todo o tecido urbano. Tais habitações são privadas e o seu custo não era compatível com os recursos disponíveis (não mais do que 50.000 euros por família, na melhor das hipóteses).

---

[41] V. Revista *Lisboa – O outro Bairro*, n.º 4, de Outubro de 2001, Cidades e Municípios Editora.

[42] V. *Boletim DCH,* n.º 52, de 1990, editada pelo Departamento de Construção de Habitação da CML.

[43] V. *Boletim DGSPH,* n.º 1, de 1997, editado pelo Departamento de Gestão Social do Parque Habitacional da CML.

[44] V. *Boletim DCH* n.º 57, de 2001, editado pelo Departamento de Construção de Habitação da CML.

[45] V. idem

Os efeitos que a eliminação das barracas produziu na vida de uma parte tão expressiva dos cidadãos residentes em Lisboa e a influência que o desaparecimento de sítios como o Casal Ventoso, o Camboja (Bairro do Relógio) ou a Musgueira Norte, teve em relação aos sentimentos de insegurança, não foram ainda avaliados de forma objectiva e generalizada. Seria interessante analisar, por exemplo, os níveis de insucesso escolar, antes e depois do realojamento, o acesso ao ensino superior, os percursos profissionais, os parâmetros relativos à saúde das populações, a auto-estima...[46] Ainda assim, não será excessivo concluir que a vida dessas pessoas melhorou muito, sendo também uma obviedade que a paisagem urbana beneficiou enormemente com o desaparecimento dos núcleos de barracas.

5.2. *A lenta transformação de um "gueto" – o caso de Chelas*

Ao contrário dos Olivais, pensado segundo o modelo da "Carta de Atenas" de 1941, com amplos espaços verdes, uma malha urbana muito equilibrada e uma definição inter-classista das tipologias habitacionais capaz de garantir boas condições de integração social[47], a zona de Chelas foi desenvolvida como um conjunto de ilhas com elevada densidade de ocupação do solo, desligadas entre si e predominantemente ocupadas com habitação social. Não seria esta a vontade dos técnicos autores do plano de urbanização datado de 1964[48], mas as circunstâncias acabaram por conduzir a um resultado desastroso[49]. Em 1990, este vasto território com mais de 500 hectares, encontrava-se isolado do centro da cidade por obstáculos naturais, por uma mancha quase contínua de bairros precários e de núcleos de barracas e por uma linha-férrea. Ao longo da Avenida Almirante Gago Coutinho, Chelas estava literalmente cercada pelo Bairro do Relógio, pela escarpa intransponível do actual Parque da Bela Vista e por um contínuo de barracas que se estendia até às Olaias, por detrás dos prédios das Avenidas Gago Coutinho e Afonso Costa. Alguns desses núcleos integravam o roteiro dos maiores focos de

---

[46] Na década de 90 a CML manteve um Observatório da Habitação, baseado em protocolo com o Centro de Estudos Territoriais do ISCTE, que efectuou alguns estudos sobre a satisfação residencial nos bairros da Horta Nova e Casal dos Machados, os quais não podiam incidir sobre os aspectos referidos devido ao curto prazo de tempo decorrido desde o realojamento.

[47] V. *Olivais – Sul*, editado na década de 1960 pelo Gabinete Técnico da Habitação da CML.

[48] V. *Boletim GTH*, n.º 50/51, de 1986, editado pelo Gabinete Técnico da Habitação da Câmara Municipal de Lisboa e *Boletim DCH*, n.º 53, de 1991, editada pelo Departamento de Construção de Habitação da CML.

[49] V. Heitor, Teresa Valsassina, *A vulnerabilidade do espaço em Chelas: uma abordagem sintáctica* – Fundação Calouste Gulbenkian, Lisboa, 2001 (ISBN 972-31-0900-X).

insegurança de Lisboa, destacando-se o Bairro do Relógio e o Monte Coxo, junto ao Centro Comercial das Olaias. Do lado do rio, a zona estava também separada da cidade pela linha férrea, por mais barracas e por armazéns e fábricas da antiga malha urbana de Marvila, a que se ligava apenas por velhas e estreitas azinhagas cortadas por passagens de nível frequentemente fechadas para dar passagem ao comboio. As únicas acessibilidades francas eram as avenidas de saída para norte, na direcção dos Olivais.

Imagem aérea de Chelas no início da década de 90. Como pontos de referência, assinalam-se o aeroporto (1), a Av. dos Estados Unidos da América (2) e a Zona J (3).

Os conjuntos edificados existentes, designados por letras (com a "zona J" a simbolizar o estigma que representava ali viver), ocupados predominantemente por populações desfavorecidas, estavam rodeados por terrenos abandonados e encontravam-se num processo de absoluta desagregação social, espelhada nos medos que reinavam nas ruas, na degradação dos edifícios, na sujidade que inundava os espaços públicos. Encontravam-se reunidos todos os ingredientes que compõem a imagem de um "gueto"[50].

---

[50] V. Paugam, Serge, «L'habitat socialement disqualifié», in Le Logement en Questions – Éditions de l'Aube, 1995 (ISBN 2-87678-225-1).

As medidas adoptadas para inverter a situação incidiram em várias frentes e tiveram como objectivos: acabar com as barracas, garantir a acessibilidade ao centro da cidade, diversificar os usos e as classes habitacionais, dotar os bairros dos equipamentos necessários, combater as causas sociais da marginalização e da exclusão, transformar a imagem interna e externa da zona.

De entre essas medidas importa destacar as seguintes:[51]

– Construção de novas vias: prolongamento da Rua D. Rodrigo da Cunha, ligando a Alvalade; prolongamento da Av. dos Estados Unidos da América, como elemento estruturante da própria cidade; viaduto das Olaias, com ligação à Baixa, através da Alameda D. Afonso Henriques; abertura da Avenida do Santo Condestável ("Central de Chelas"), em direcção a Xabregas e Santa Apolónia; ligação da Avenida Infante D. Henrique, entre a Praça 25 de Abril e a rotunda de Cabo Ruivo, facilitando as saídas para a ponte Vasco da Gama e para a A1;

– Prolongamento da linha vermelha do metropolitano, com duas estações em Chelas;

– Construção de quatro novos bairros (Flamenga, Armador, Alfinetes e Marquês de Abrantes), que possibilitaram o realojamento das famílias que viviam nas barracas e em alojamentos precários;

– Alienação de terrenos para usos comerciais e terciários e para habitação cooperativa e de promoção privada;

– Construção e instalação de escolas, bibliotecas, parques desportivos, equipamentos sociais para as crianças, jovens e idosos, esquadras de polícia, etc.;

– Construção de um campo de golfe no local do antigo Bairro do Relógio e conclusão dos Parques do Vale Fundão e da Bela Vista, como elementos importantes da estrutura verde de Lisboa e factores de qualificação urbana da zona;

– Desenvolvimento de programas visando a inclusão social, com parceiros locais e exteriores, incidindo na prevenção e combate às toxicodependências, na atenção a adolescentes e jovens em risco, na capacitação para o emprego, no trabalho com famílias desestruturadas, no acompanhamento e socialização de idosos;

– Transformação da imagem de Chelas, dignificando a toponímia dos bairros (que passaram a ter uma designação inspirada no nome das antigas

---

[51] V. *Boletim DCH*, n.os 54, 55, 56 e 57, respectivamente de 1995, 1997, 2000 e 2001, editados pelo Departamento de Construção de Habitação da Câmara Municipal de Lisboa.

Segurança e Urbanismo – Segurança e Gestão Urbana

quintas, em vez das letras I, J, L, N1, N2, M, O), reabilitando os edifícios, requalificando o espaço público e, mais recentemente, promovendo grandes eventos como o "Rock in Rio".

Durante a década de 1990, Chelas foi a área de Lisboa que maior investimento público concentrou (juntamente com o Parque das Nações). O processo de requalificação está ainda em curso, mas já é perceptível que a cidade ganhou muito em coesão social e urbanística. Mais ganhará quando estiver construído o Hospital de Todos os Santos, que facilitará a ligação entre os bairros do Condado e das Amendoeiras, com um contínuo edificado, bem como os edifícios de escritórios a desenvolver entre o Armador e a Flamenga, cumprindo o mesmo objectivo. Além disso, estas novas valências contribuirão para reequilibrar com funções não habitacionais o uso do território, tal como aconteceu já com a instalação de alguns estabelecimentos de ensino superior, da RTP e RDP e de um centro comercial.

Atendendo à sua dimensão, ao número de pessoas envolvidas, à localização e ao investimento, este caso é talvez o exemplo mais complexo que podemos encontrar em Portugal da relação entre o urbanismo e a segurança. Na primeira fase, um exemplo pela negativa, de uma sucessão de decisões e de indecisões, ao longo das décadas de 70 e 80, que conduziram à formação do "gueto"; na segunda fase, as medidas que contribuíram para o desfazer, afastando o risco que ele constituía.

5.3. *Do Casal Ventoso à Quinta do Cabrinha*

As manchas desagradáveis são esquecidas num lapso de tempo muito reduzido. Com excepção dos que nelas viveram, a maior parte das pessoas que habitualmente circulam na capital do país só com algum esforço se recordará das barracas que estiveram espalhadas por toda a cidade durante décadas. Mas o Casal Ventoso não desaparecerá tão facilmente da memória colectiva. Os que por lá passaram alguma vez, os que entraram nos seus becos, os que apenas viram de longe, ou mesmo aqueles que só ouviram falar dele, manterão, por muito tempo, as impressões que esse contacto, directo ou indirecto, lhes produziu.

Entalado entre a Rua Maria Pia e a linha do comboio junto à Avenida de Ceuta, o bairro era o que de mais parecido tínhamos, entre nós, às favelas do Rio de Janeiro, pela sua configuração e pela actividade em que se afundou nos últimos anos de existência. Com excepção da frente que dava para Campo de Ourique, o conjunto era dominado por construções clandestinas, encavalitadas umas sobre as outras na encosta, intervaladas apenas por escadarias íngremes, ruelas estreitas e empinadas, becos sem saída. A entrada fazia-se pela Meia Laranja, na Rua Maria Pia, onde os primeiros miúdos visíveis eram sentinelas atentas a advertir a chegada de alguém suspeito. O pequeno tráfico e as agulhas espetadas começavam logo na curva imediata. À medida que entrávamos no bairro o ambiente adensava-se. As correrias, as discussões, a violência, os corpos cadavéricos, as seringas, as agulhas, os restos de limões, as "pratas", os panos ensanguentados, os olhares desconfiados ou desesperados ou apáticos, tudo nos caía em cima como uma sucessão de murros no estômago. O Casal foi-se deixando agarrar pela droga até se transformar no maior centro de venda e de consumo do país, no maior "asilo" e no maior cemitério dos que ali chegavam e já não conseguiam sair. Muitas casas tinham portas fortemente blindadas, para atrasar a intervenção da polícia. Muita gente vivia do tráfico, guardando pequenas ou grandes quantidades por conta dos traficantes, guardando o produto da venda, cedendo a casa, fazendo o papel de vigilante, participando mesmo na rede de tráfico. Muitos "filhos do bairro" caíram na dependência. O Centro Social era uma ilha tolerada e protegida, onde se esperava que os mais pequenos ficassem a salvo. A linha do comboio era a última estação para onde se arrastavam os que já não tinham forças nem meios para continuar a consumir, acabando por morrer à entrada do túnel.[52]

A primeira solução que foi estudada, durante o período em que a Câmara Municipal esteve sob a presidência do Dr. Jorge Sampaio, assentava num Plano Integrado de Reconversão que previa a demolição parcial do Casal Ventoso, criando infra-estruturas urbanas que permitissem a sua requalificação, o reforço dos equipamentos colectivos e o combate à exclusão social, à marginalização e à insegurança.[53] Foi apresentada uma candidatura a fundos comunitários, através do Programa Urban, estruturada em oito medidas: integração social e emprego, promoção da actividade económica, equipamento urbano, infra-estruturas gerais, requalificação da função residencial, ambiente urbano, dinamização local e gestão, acompanhamento e avaliação. O montante da candidatura era de cerca de 26 milhões de euros (17,5 milhões a financiar pelo FEDER, 1,9 milhões pelo FSE e o restante como contrapartida nacional). Os realojamentos necessários (previstos entre 158 e 231 famílias) seriam incluídos no PER.

Criado o Gabinete de Reconversão do Casal Ventoso, foi feito, em 1996, um levantamento exaustivo no terreno, concluindo-se que não era possível manter o bairro, face ao estado do edificado e à situação social (nessa altura abasteciam-se

---

[52] V. Chaves, Miguel – *Casal Ventoso: da gandaia ao narcotráfico...*, Instituto de Ciências Sociais da Universidade de Lisboa, 1999.

[53] V. *A Estratégia e a Prática do Planeamento Urbanístico em Lisboa*, Direcção Municipal de Planeamento Estratégico da Câmara Municipal de Lisboa, 1995.

ali, diariamente, 5.000 toxicodependentes, encontrando-se em permanência, sem abrigo, cerca de 300). Já sob a presidência de João Soares, que assumiu pessoalmente a coordenação das intervenções, foi decidida a demolição integral e a construção de aproximadamente 1.100 fogos de habitação social em cinco núcleos diferentes: Quinta do Cabrinha, Ceuta Sul, Quinta do Loureiro, Casal do Evaristo e Rua Maria Pia. Foram construídos também diversos equipamentos colectivos, incluindo um centro de saúde, uma piscina coberta, uma esquadra da PSP, duas capelas, equipamentos educativos, culturais, sociais e recreativos, uma delegação da junta de freguesia, vários estabelecimentos comerciais, estacionamento coberto, etc.[54].

De entre as acções com vista à inclusão social, importa salientar as seguintes:

- Acompanhamento de jovens em idade pré-escolar e em idade escolar, com base num Plano Integrado de Compensação Sócio-Educativa;
- Formação, apoio e acompanhamento para a reinserção activa;
- Apoio à integração social de idosos e acompanhamento específico das pessoas com problemas de conduta e deficit de aptidões sociais;
- Promoção da actividade económica.

O apoio à população toxicodependente foi articulado com as entidades públicas especializadas (Ministérios da Saúde e do Trabalho e Solidariedade Social, Projecto Vida, IPDT e Santa Casa da Misericórdia de Lisboa) e com algumas IPSS com intervenção nesta área. Foram constituídas equipas de rua e criados um Gabinete da Apoio à População Toxicodependente, com 150 camas, junto à Av. de Ceuta, um Centro de Acolhimento, na Rua de Cascais, com capacidade para 50 pessoas e um Centro de Abrigo, no Arco do Carvalhão, para 180 indivíduos. Gradualmente dezenas de toxicodependentes foram enviados para tratamento ou incluídos em programas de substituição[55].

Na madrugada de 27 de Fevereiro de 1998, com o envolvimento de psicólogos, técnicos de saúde, mediadores de rua, bombeiros, polícias e operários, foram retirados, sem nenhum sobressalto uma vez que todos estavam avisados e preparados, os últimos resistentes que permaneciam no acampamento precaríssimo montado entre a linha do comboio e a Avenida de Ceuta. O fim do Casal Ventoso começou nessa madrugada.

Na iniciativa comunitária Urban II (2000-2006) foi aprovada uma nova intervenção, com um investimento a rondar os 10 milhões de euros, para

---

[54] V. *Boletim do DCH*, n.º 57, 2001 – DCH – CML.

[55] V. Relatório Final da Iniciativa Comunitária Urban, in http://www.qca.pt/iniciativas/pdf/urban.pdf

410   *Estudos de Direito e Segurança*

prosseguimento da requalificação urbanística da zona e continuação dos programas de intervenção social e prevenção e combate à toxicodependência.

Com o desaparecimento do Casal Ventoso, o tráfico deslocou-se e fez tentativas de instalação noutras zonas de Lisboa e da área metropolitana. Os pontos de maior pressão foram a Curraleira e a Cruz Vermelha (Lumiar), mas também estes bairros foram demolidos logo a seguir. Nos últimos anos, os focos mais visíveis de tráfico e consumo dentro de Lisboa localizam-se na zona dos Anjos, até ao Martim Moniz, e no Alto do Lumiar, mas com uma expressão muito diminuta comparativamente ao que se passava no Casal Ventoso.

6. Reabilitação urbanística e segurança

Sem uma ligação tão imediata às políticas de combate à exclusão social, os programas de reabilitação dos centros históricos e de reconversão urbanística de áreas degradadas dos tecidos urbanos consolidados, podem também ter uma influência muito grande na melhoria das condições de segurança de uma cidade e na percepção de segurança ou de falta dela que os cidadãos adquirem. Em muitas cidades, os bairros antigos do centro foram deixados ao abandono durante décadas, enfrentando processos progressivos de perda das populações e das actividades económicas tradicionais, frequentemente substituídas por um sub-mundo marginal, gerador de ambientes propícios à ilicitude e à insegurança (tráfico de armas, de drogas e de seres humanos, exploração da prostituição, contrabando, contrafacção, etc.). Este quadro começou a inverter-se quando se descobriu o potencial económico das zonas históricas, que recuperaram vitalidade e atractividade, normalmente com um impulso inicial de investimento público a que rapidamente se associaram os investidores privados. Os exemplos que analisaremos não se resumem ao paradigma enunciado, embora convirjam no objectivo essencial: reabilitar, requalificar, para devolver a cidade aos que a querem usar em segurança.

6.1. *Recuperação do uso do centro histórico de Lima, "Património da Humanidade"*

Em 1991 a UNESCO atribuiu ao centro histórico da capital do Peru, fundada em 1535 por Francisco Pizarro, o título de "Património da Humanidade"[56]. Desenhado como um grande tabuleiro de xadrez, o centro de Lima

---

[56] V. http://whc.unesco.org/patrimonio.htm

é um dos mais harmoniosos conjuntos da arquitectura colonial espanhola, no qual se destacam os edifícios públicos cuja construção se iniciou no século XVII e os palacetes e moradias particulares, dos séculos XVII, XVIII e XIX, as famosas *"casonas limeñas"*, com dois pisos, pátio interior e umas notáveis varandas na fachada principal, em madeira talhada, com gelosias de batente que se fecham por forma a manter o interior protegido do sol[57]. Esta jóia urbanística e arquitectónica sofreu uma invasão quase fatal durante o final dos anos 80 e início dos anos 90. Pressionados pela situação económica que se vivia no interior do país e pelo medo da guerra suja entre o exército e a guerrilha do Sendero Luminoso, particularmente activa no final do governo de Alan Garcia e no início da presidência de Alberto Fujimori, milhares de camponeses, predominantemente indígenas, procuraram abrigo na capital. Muitos deles foram ocupando gradualmente as ruas do centro, instalando anarquicamente postos de venda ambulante e fazendo ali a sua vida, vinte e quatro horas por dia, perante a passividade do governo e do município. As ruas ficaram absolutamente intransitáveis e a vida tornou-se insuportável para as famílias da classe média alta que viviam no centro. Quase todas as casas das ruas mais importantes foram abandonadas pelos seus proprietários, que se mudaram para as novas urbanizações de Miraflores e San Isidro. Os edifícios desocupados passaram a ser utilizados como armazéns dos vendedores ambulantes e como abrigo para os que viviam na rua, entrando num processo de degradação que parecia irreversível.

Em 1996 foi eleito *alcalde* de Lima um advogado peruano, originário da democracia cristã, que formara um movimento cívico intitulado "Somos Lima", vencendo nas urnas o candidato apoiado por Fujimori. Uma das primeiras prioridades do eleito, Alberto Andrade Carmona, foi enfrentar o problema do centro histórico. O que parecia ser uma missão impossível transformou-se num sucesso apontado como exemplo um pouco por todo o mundo. Depois de muita persistência, o *alcalde* conseguiu convencer os ambulantes a organizarem-se, rua a rua, criando condições para um processo de diálogo que levou a uma transferência gradual da maior parte daqueles comerciantes informais para pequenos centros comerciais criados pelos próprios em edifícios e espaços que alugaram e transformaram com o apoio do município. Os poucos que persistiram em ficar de fora do processo de diálogo acabaram por ser removidos coercivamente. Durante os seis anos dos seus dois mandatos, Alberto Andrade não só desocupou as ruas do centro como também dinamizou a reabilitação dos edifícios históricos e a sua reocupação pelos anteriores moradores, sendo a sua família uma das primeiras a fixar ali

---

[57] V. *Lima – Centro Histórico* – Editado pela Municipalidad Metropolitana de Lima e Editora El Comercio, Lima, 1998.

residência. Para a recuperação das varandas, que são um *ex-libris* de Lima, lançou uma curiosa e bem sucedida campanha de "adopção de varandas" por personalidades e empresas, que viram o seu nome associado à varanda que ajudaram a reabilitar.

Com o fim da ocupação das ruas, o ordenamento do pequeno comércio e a reabilitação do edificado, o centro de Lima voltou a ser procurado por peruanos e turistas, recuperando um padrão de segurança aceitável para uma grande cidade latino-americana.

6.2. *"Ciutat Vella" – a notável transformação do centro antigo de Barcelona*

Ao ser eleito *alcalde* de Barcelona, nas primeiras eleições democráticas pós franquismo, em 1979, o socialista Narcis Serra encontrou o centro histórico da capital catalã num estado de acentuada degradação, que atingia as suas infra-estruturas, o edificado e o espaço público. Nesse mandato, Serra lançou a proposta de candidatura à organização dos Jogos Olímpicos de 1992, aprovada pelo Comité Olímpico Internacional em 1986, quando era *alcalde* o seu companheiro de partido Pasqual Maragall, que viria a ser eleito, depois, Presidente do governo regional da Catalunha. Nessa altura, Joan Clos, *alcalde* de Barcelona após a saída de Maragall, era regedor do distrito Ciutat Vella, a circunscrição administrativa correspondente ao centro da cidade[58].

O distrito Ciutat Vella abrange os bairros Gótico, Raval, Casco Antiguo (onde se insere a popular zona de La Ribera) e Barceloneta. Por aqui, de um lado e do outro das Ramblas, no Raval ou em La Ribera, as ruelas estreitas, em que se inseria o chamado *"barrio chino"*, albergavam uma vida pitoresca, cenário de deambulação do detective Pepe Carvallo, criado e imortalizado por Manuel Vázquez Montalbán. Um cenário onde crescia a degradação, a decadência das actividades tradicionais e a insegurança.

Ainda antes de se conhecer a decisão sobre a adjudicação a Barcelona da organização dos Jogos Olímpicos, já o governo municipal decidira considerar prioritária a requalificação de Ciutat Vella, a todos os títulos o cartão de visita da cidade e o seu centro histórico e político. Em 1986 foram aprovados os primeiros "Planos Especiais de Reforma Interior" com vista a uma intervenção sistemática e global. Em 1988 foi criada a empresa mista Promoció de Ciutat Vella, com capitais públicos e privados, a que sucedeu, em 1999, a empresa Foment

---

[58] V.: Febrés, Xavier e Rivière, Margarita, *Pasqual Maragall: Un rebelde en el poder,* Barcelona 1991, Plaza y Janes, Editores (ISBN 84-01-35178-2).

Ciutat Vella, ainda hoje activa[59]. Os principais objectivos da reabilitação eram os seguintes:

- Libertar 25.000 m^2 de terreno para novos espaços públicos e disponibilizar solo para a construção de habitação nova, pública e privada (o que passou pela demolição, sempre controversa, de quarteirões inteiros de edifícios dos séculos XVIII e XIX, sem qualidade, dando origem a novas praças e alamedas, de que o principal exemplo será a Rambla del Raval);
- Reabilitar edifícios antigos, adquiridos para realojar famílias a transferir das zonas a demolir;
- Promover a reabilitação de edifícios particulares;
- Lançar grandes obras públicas para facilitar a circulação das pessoas e disciplinar o trânsito de veículos e o estacionamento (circular litoral, parques de estacionamento subterrâneos, vias pedonais);
- Melhorar as condições de saneamento e iluminação pública e modernizar as redes das concessionárias de serviços públicos;
- Promover a reactivação da actividade económica, em função da centralidade da área e do seu valor histórico;
- Promover os "valores visitáveis" do distrito;
- Actuar como motor de reabilitação integral (urbanística, económica, social, cultural) junto de todos os agentes com capacidade de participação no processo.

Por altura dos Jogos Olímpicos, a Ciutat Vella apresentava já uma face que não envergonhava os catalães. Na viragem do século era uma das zonas mais visitadas da Europa, com uma pujança económica absolutamente surpreendente, de que são exemplos os muitos hotéis, restaurantes e áreas comerciais surgidos nesse período, bem como os novos museus e centros culturais (como o Museu de Arte Contemporânea, o Centro de Cultura Contemporânea de Barcelona – Casa de Caritat, ambos na zona do Raval, o Museu de História da Cidade, instalado no conjunto monumental da Plaza del Rey, no bairro Gótico, ou o oceanário, no Port Vell, todos inaugurados entre 1994 e 1999).

Tratando-se de um perímetro urbano que recebe milhões de visitantes por ano, a Ciutat Vella não deixa de ter os problemas de segurança típicos das zonas turísticas com grande aglomeração de pessoas, mas isto nada tem que ver com o tipo de marginalidade que algumas zonas do Raval ou de La Ribera albergavam há quinze anos atrás nem com os sentimentos de insegurança que daí decorriam.

---

[59] V. http://www.fomentciutatvella.net/esp/

6.3. *"Rio Cidade" – devolução do espaço público aos cidadãos do Rio de Janeiro*

Poderá parecer uma temeridade apresentar uma experiência de requalificação urbanística no Rio de Janeiro como exemplo de iniciativa capaz de melhorar a segurança. Aquela que, para muitos, é a cidade mais bela do mundo, vive condicionada pela actividade dos gangs que disputam o domínio das favelas espraiadas nos morros que por ela serpenteiam, batendo-se pelo controlo do tráfico de droga, do jogo clandestino, da prostituição. Ainda assim, o Rio não desiste de lutar para que os cidadãos possam sair à rua e desfrutar dos ambientes únicos dos seus bairros, das suas praias, das praças, do comércio... O programa "Rio Cidade" é o símbolo desse empenhamento e pode ser apresentado como um caso de sucesso, num quadro tão difícil como é o da "cidade maravilhosa".

Tudo começou com as eleições municipais de 1992. O Rio de Janeiro tinha tido como Prefeito, desde 1989, um político da velha guarda, Marcello Alencar, cujo governo, muito condicionado por uma conjuntura económica adversa, tinha deixado degradar os espaços públicos até um extremo difícil de imaginar numa cidade em que o turismo é um elemento fundamental. Eleito para governar no mandato de 1993 a 1997, César Maia, um economista pertencente a uma nova geração de políticos, estabeleceu como prioridade a reabilitação do espaço público, definindo como paradigma para essa intervenção o princípio de que o território usado e ocupado pelos cidadãos não fica disponível para a marginalidade.

Intitulado "Rio Cidade", o programa de requalificação do espaço público dos bairros do Rio de Janeiro coincidiu com um outro programa, "Favela Bairro"[60], de intervenção nas favelas, com o objectivo de criar algumas infra-estruturas e equipamentos, realojar as populações em risco grave devido à insegurança das construções clandestinas localizadas em leitos de cheia ou em encostas instáveis e regularizar a situação fundiária, permitindo aos ocupantes a posse do terreno e estimulando o investimento na melhoria das habitações.

O "Rio Cidade" visava os bairros do tecido urbano formal, refazendo as redes de infra-estruturas, requalificando os arruamentos, passeios e praças, introduzindo novo mobiliário urbano e dinamizando as actividades económicas das zonas adjacentes. Foram convidados para participar num primeiro concurso de ideias os melhores arquitectos do Rio de Janeiro, tendo, como referências comuns para os projectos, o respeito pelo carácter de cada bairro, o desenho de mobiliário urbano específico para cada intervenção – contribuindo para o reforço da

---

[60] V. http://www.armazemdedados.rio.rj.gov.br/

identidade do bairro –, a comodidade do espaço público – tornando-o convidativo – e o diálogo com os residentes e com os empresários. No primeiro ciclo de intervenções foram abrangidos bairros emblemáticos como Copacabana, Ipanema e Leblon e bairros populares e periféricos, como Penha ou Vila Isabel. Ao todo, terão sido beneficiados, até agora, cerca de vinte e cinco bairros[61]. Os objectivos propostos foram em grande medida alcançados. As soluções encontradas, das mais sóbrias como a do arquitecto Índio da Costa para o Leblon, às mais arrojadas, como a de Paulo Casé para Ipanema, acentuaram as diferenças e a natureza próprias de cada bairro, libertaram os passeios de objectos que incomodavam os transeuntes (por norma, um mesmo suporte passou a servir para a iluminação pública, para a toponímia, para as placas de sinalização, para as papeleiras e para os semáforos), fizeram desaparecer os inestéticos fios dos telefones e do transporte de energia que corriam num emaranhado caótico à altura do primeiro andar dos edifícios e refizeram as infra-estruturas do subsolo, criaram novas zonas de estar, facilitaram os percursos pedonais (passeios mais largos, construídos com materiais de maior qualidade e sem grande necessidade de manutenção, zonas de atravessamento inovadoras, como as passadeiras azuis e vermelhas criadas pelo arquitecto Casé em Ipanema, permitindo passagens em diagonal nos cruzamentos das ruas com maior movimento de peões enquanto um semáforo suspenso interrompe a circulação de veículos em todos os sentidos). As ruas readquiriram uma vida que há muito não tinham. O comércio local passou a estar aberto até mais tarde. A iluminação de algumas praias, como Copacabana e Ipanema, permitiu também a sua utilização durante a noite com melhores condições de segurança. O "Rio Cidade" é, de facto, um dos bons exemplos de intervenções urbanísticas que contribuem para a segurança. Mesmo numa cidade com tantos factores de insegurança como é o Rio de Janeiro, com quase seis milhões de habitantes, que registou 2.683 homicídios em 2004 (4,6 por 10.000 habitantes, contra 0,14 em Portugal)[62]...

7. Parcerias internacionais

A actividade de prevenção da insegurança urbana é, todos o reconhecem actualmente, uma actividade que reclama cooperação, coordenação, parceria.

Já referimos alguns mecanismos instituídos em Portugal para favorecer o estabelecimento de parcerias, como os Conselhos Municipais de Segurança e a

---

[61] V. http://obras.rio.rj.gov.br/index2.cfm?sqncl...publicacao=264

[62] V. http://www.isp.rj.gov.br/ e *Relatório Anual de Segurança Interna 2004*, MAI

Rede Social. Analisaremos outros, juntamente com duas experiências bem sucedidas no estrangeiro. Antes, porém, debrucemo-nos sobre as parcerias internacionais, ou seja, os *fora* de debate e de reflexão e os centros de investigação e de divulgação de boas práticas, a que podemos recorrer para trocar experiências e para conhecer as soluções mais avançadas que vão sendo pensadas e testadas. As duas redes mais importantes, envolvendo cidades e organizações municipalistas, são o *EFUS – European Forum for Urban Safety* e o *ICPC – International Centre for the Prevention of Crime.*

7.1. *EFUS – European Forum for Urban Safety*[63]

Constituído em 1987, por iniciativa de Gilbert Bonnemaison, ex-presidente de câmara e destacado deputado francês especialista em questões de segurança, o Fórum é uma associação internacional com sede em Paris e uma delegação em Bruxelas, que reúne cerca de três centenas de cidades europeias.

Os seus principais objectivos são:

– Constituir uma rede de autoridades locais que favoreça a troca de informações e de experiências, bem como a reflexão sobre as questões da segurança;
– Reforçar as políticas de redução da criminalidade e o papel das colectividades territoriais nas políticas nacionais e europeias.

O Fórum é dirigido por um Comité Executivo constituído por 21 cidades (da Alemanha, Bélgica, Espanha, França, Hungria, Itália, Portugal e Reino Unido), liderado presentemente pelo presidente do município de Bruxelas, Freddy Thielemans. Conta com um quadro de uma dezena de técnicos que preparam as iniciativas (seminários, colóquios, congressos), elaboram relatórios e organizam as publicações temáticas que a associação tem editado com grande regularidade. Recorre com frequência a uma vasta rede de peritos e investigadores europeus e de outros continentes que participam nas suas iniciativas e concedem apoio especializado no âmbito de parcerias com municípios, governos e Comissão Europeia.

Para fomentar a implementação dos seus propósitos nos diversos países europeus, o EFUS tem patrocinado a constituição de fóruns nacionais, encontrando-se actualmente constituídos e em actividade os fóruns belga, espanhol, francês, italiano, português e luxemburguês.

---

[63] V. http://www.fesu.org/fesu/home.aspx

Para além das dezenas de actividades que anualmente organiza e patrocina por toda a Europa, o Fórum realizou três grandes conferências internacionais que marcaram momentos importantes na dinamização da participação das cidades nas questões da segurança:

- Em 1987, em Barcelona, a Conferência Europeia sobre a Prevenção da Insegurança, sob patrocínio do Conselho da Europa, que legitimou a constituição do EFUS;
- Em 1991, em Paris, uma Conferência Mundial sobre o estado dos conhecimentos em matéria de prevenção da insegurança urbana;
- Em 2000, em Nápoles, uma Conferência Mundial que aprovou o "Manifesto das Cidades: Segurança e Democracia".

7.2. *ICPC – International Centre for the Prevention of Crime*[64]

O ICPC, com sede em Montreal, no Canadá, define-se como uma entidade vocacionada para o intercâmbio de experiências e conhecimentos emergentes, entre governos, autoridades locais, agências públicas, instituições especializadas e organizações não governamentais, com vista à melhoria das políticas e dos programas de prevenção da criminalidade e de defesa da segurança das comunidades.

Foi criado em 1994, por iniciativa conjunta dos governos do Canadá, de França e do Quebeque, do *EFUS – European Forum for Urban Safety*, da Comunidade Urbana de Montreal e da Federação Canadense de Municípios. Reunida nesse mesmo ano a primeira assembleia-geral, já com quinze instituições associadas, foi eleito Presidente do Conselho de Administração o fundador do EFUS, Gilbert Bonnemaison. Conta actualmente com vinte e dois membros, incluindo uma agência e três institutos das Nações Unidas *(Habitat, UN Office on Drugs and Crime, UN African Institute for the Prevention of Crime and the Treatment of Offenders* e *UN Latin American Institute for the Prevention of Crime and the Treatment of Offenders)*, centros de pesquisa e divulgação *(National Crime Prevention Council – USA, German Congress on Crime Prevention, Australian Crime Prevention Council)*, associações de municípios *(Federation of Canadian Municipalities, Latin American Forum for Urban Safety and Democracy, METROPOLIS – World Association of the Major Metropolises, EFUS)* e outras entidades internacionais, de vários continentes. Actualmente é presidido pela belga Raymonde Dury, ex-presidente de câmara e ex-deputada europeia. O seu quadro de pessoal técnico especializado é constituído por doze pessoas coordenadas por uma magistrada francesa.

---

[64] V. http://www.crime-prevention-intl.org/index.php

418 *Estudos de Direito e Segurança*

As principais actividades do ICPC centram-se na recolha, análise e difusão de informação sobre as tendências internacionais em matéria de criminalidade e prevenção, no apoio à definição de políticas e de programas nestas áreas e no desenvolvimento de uma rede internacional de instituições e peritos cada vez mais alargada. O seu programa de trabalho para 2006 prevê a elaboração de um relatório internacional sobre a prevenção da delinquência e a segurança urbana, que passará a ter uma periodicidade bianual. Realiza todos os anos um colóquio sobre prevenção da criminalidade, mantém um boletim electrónico mensal, divulgado na sua página web, e prepara um programa de formação em temas de segurança.

8. Parcerias para a prevenção

"100 Crime Prevention Programs to Inspire Action Across the World"[65] é uma publicação do ICPC em que é possível encontrar exemplos concretos de programas de prevenção da criminalidade baseados em parcerias, tal como em publicações do EFUS[66] ou do *UN Office on Drugs and Crime*[67]. Os exemplos que se seguem não estão referenciados em nenhuma das citadas obras, mas são suficientemente representativos, incidindo em realidades distintas na dimensão, na complexidade e nos recursos envolvidos.

8.1. *"L'Hospitalet por el civismo" – 170 parceiros pelo civismo em L'Hospitalet de Llobregat (Catalunha)*

L'Hospitalet de Llobregat é uma cidade satélite de Barcelona, situada na margem esquerda do rio Llobregat. Com uma área de $12,5km^2$ e 260.000 habitantes, é a segunda cidade da Catalunha em população e aquela que tem a maior densidade populacional em todo o território espanhol (quase 21.000 habitantes por quilómetro quadrado).

Para tentar combater um processo de gradual deterioração da imagem da cidade e das vivências urbanas, decorrente de actos de vandalismo cada vez mais

---

[65] Gauthier, Lily-Ann; Hicks, David; Sansfaçon, Daniel; Salel, Leanne – Canadá, 1999, ICPC (ISBN 2-921916-09-6), v. in http://www.crime-prevention-intl.org/publications/ pub...15...1.pdf

[66] *Urban Security Practises - Drug Abuse* – 1998 EFUS

[67] *Promoting the Prevention of Crime – Guidelines and Selected Projects* – UNODC, 2004, in http://www.unodc.org/pdf/crime/publications/promoting...prevention...crime.pdf

Segurança e Urbanismo – Segurança e Gestão Urbana 419

frequentes, o município lançou, em 1997, a iniciativa "Pelo Civismo – Um Projecto de Cidade", que acabou por envolver cerca de 170 entidades e 10.000 cidadãos, só no primeiro ano de implementação.

O projecto visava captar a participação dos cidadãos, reforçar a consciência cívica, criar mecanismos de vigilância e punição dos actos de vandalismo e aumentar o grau de exigência social em matéria de respeito pelos outros e de civismo no uso da cidade.

As acções desenvolvidas incluíram campanhas de sensibilização e consciencialização dos cidadãos em geral, planos de formação cívica nas escolas, criação de brigadas de reabilitação do espaço público, mobiliário urbano e fachadas dos edifícios, criação de uma "polícia cívica" e aprovação de um regulamento municipal sobre civismo e convivência no espaço público[68]. Aprovado em 2005, depois de um processo de participação muito envolvente e beneficiando da experiência das campanhas entretanto desenvolvidas, este regulamento é extremamente inovador nas matérias que regula e na abordagem, nem sempre isenta de controvérsia, que faz a cada uma delas. Começa por ser um repositório de princípios e de valores (solidariedade, fomento da conduta cívica, dignidade das pessoas), passando depois a regular com grande detalhe as condutas classificadas como incivilizadas e susceptíveis de punição (desde a ocupação não licenciada da via pública, ao tráfico e consumo de estupefacientes, passando por normas relativas à protecção de menores, mendicidade, posse de animais e protecção dos cidadãos em relação a animais potencialmente perigosos, uso de bens públicos e danos causados nos mesmos, deposição de resíduos na via pública, contaminação sonora e luminosa, etc.). Na parte sancionatória privilegia a substituição das coimas de natureza pecuniária por medidas de reparação do dano causado e de trabalho voluntário em favor da comunidade.

L'Hospitalet coordena o projecto "Cidades Cívicas e Seguras", lançado em 2005 no âmbito do Programa URB-AL, da União Europeia[69], que visa a cooperação e a troca de experiências entre cidades europeias e da América Latina.

8.2. **Contratos Locais de Segurança em França**

As políticas de segurança em França tiveram dois importantes momentos de inflexão nas últimas três décadas. O primeiro ocorreu em 1977 com o "Relatório Peyrefitte" que marca a transição de uma atitude centralista, reactiva e assente na

---

[68] V. http://www.l-h.es/42002...2.aspx
[69] V. http://ec.europa.eu/comm/europeaid/projects/urbal/index...es.htm

repressão, para uma postura de desconcentração de responsabilidades, de aproximação da polícia aos cidadãos e de valorização das medidas preventivas. O segundo momento teve lugar em 1983 e foi inspirado no "Relatório Bonnemaison", que acentua a importância da prevenção e coloca as autoridades locais na primeira linha das políticas de segurança, dando início a um processo de descentralização.

O "Relatório Peyrefitte" ficou assim conhecido por ter sido produzido por uma comissão de peritos, presidida pelo diplomata, político e ensaísta Alain Peyrefitte. Oficialmente é designado por *"Réponses a la Violence"*[70], tendo a sua preparação sido precedida de uma reflexão alargada que contou com a participação de personalidades como Pierre Mauroy e Gaston Deferre, então presidentes dos municípios de Lille e de Marselha e, anos mais tarde, Primeiro Ministro e Ministro do Interior, respectivamente, Raymond Aron e Edgar Morin, entre muitos outros políticos, académicos e responsáveis administrativos. A abolição da pena de morte terá sido a proposta mais emblemática deste relatório, mas as suas 105 recomendações continuam a ser uma notável sistematização das diferentes frentes de abordagem dos temas da segurança urbana, independentemente da falta de actualidade de algumas delas.

O "Relatório Bonnemaison" foi elaborado por uma comissão designada *Commission des Maires sur la Securité*, a que presidiu o deputado e *Maire* de Epinay--sur-Seine, Gilbert Bonnemaison, o qual, anos mais tarde, viria a ser o primeiro presidente do EFUS e do ICPC. *"Face à la Délinquance: Prévention, Répression, Solidarité"*[71] é o expressivo título deste relatório, concluído no final de 1982 e entregue ao primeiro-ministro, Pierre Mauroy, em Janeiro de 1983. Defendendo que uma reforma que tenha por base o aumento do número de polícias e de lugares nas prisões não será "nem suficiente, nem adequada, nem eficaz", o relatório preconiza uma responsabilidade "bipartida" entre o estado e as colectividades locais, bem como a coordenação e harmonização das actividades das entidades de natureza associativa. Propõe ainda a estrutura de um conselho nacional de segurança, que Pierre Mauroy tinha revelado intenção de constituir, e também a criação de conselhos departamentais e conselhos municipais de prevenção da delinquência. Em Julho de 1983 (Decreto n.º 83-459), foram criados os conselhos departamentais, os conselhos municipais (chamados *"comunaux"*) e o Conselho Nacional de Prevenção da Delinquência, do qual Bonnemaison seria designado vice-presidente (assumiria depois a presidência).

---

[70] V. http://lesrapports.ladocumentationfrancaise.fr/BRP/774023100/0000.pdf

[71] V. http://lesrapports.ladocumentationfrancaise.fr/BRP/834037801/0000.pdf

Sucessivas alterações governamentais foram provocando avanços e recuos na definição das políticas de segurança, mas o papel da prevenção e o envolvimento dos municípios passaram a ser referências obrigatórias.

Em 1985 foram lançados os "CAP's", "contratos de acções de prevenção para a segurança na cidade", substituídos, em 1997, pelos "contratos locais de segurança", nos termos de uma circular assinada pelos ministros responsáveis pelas pastas do interior, justiça, defesa, emprego e solidariedade e educação[72], do governo presidido por Lionel Jospin. Considerando que a segurança depende de factores como "coesão social, consciência cívica, qualidade de vida urbana", que relevam das competências das autoridades territoriais e das iniciativas da própria sociedade, a circular apontava a conveniência de "organizar um partenariado activo e permanente" com todos aqueles que, no plano local, estivessem em condições de dar um contributo para a segurança.

Entretanto, o quadro legal regulador dos conselhos departamentais e municipais de prevenção da delinquência veio a ser alterado, reforçando o respectivo papel. A primeira alteração ocorreu em 1992 e a mais recente em 2002, através do Decreto n.º 2002-999, actualmente em vigor, que estabeleceu um regime especial para a cidade de Paris, a qual passou a contar com o Conselho Parisiense de Segurança e de Prevenção da Delinquência, acumulando as competências que, no resto do território, estão repartidas pelos conselhos departamentais e municipais.

O contrato local de segurança para a capital francesa, designado *"Contrat Parisien de Sécurité"*, foi preparado em articulação entre a *Mairie*, a *Préfecture de Police* e a Procuradoria da República, começando por uma fase de diagnóstico que envolveu as referidas entidades, bem como os serviços estatais das áreas do emprego, formação, serviços sociais e protecção judiciária de menores, os operadores de transportes e as principais ONG's com intervenção social. A partir do diagnóstico, foi decidido adoptar duas grandes vias de intervenção, uma de base territorial e outra temática. Foi preparado um contrato global, definindo os objectivos a atingir, as linhas de actuação e os recursos a mobilizar, prevendo ainda a posterior celebração de convenções complementares, por áreas territoriais da cidade com problemas homogéneos (*arrondissement* ou conjuntos de *arrondissements* e bairros sensíveis) e por áreas temáticas (toxicodependência, segurança nos transportes públicos, segurança nas escolas, menores em risco e urbanizações de habitação social). Os principais objectivos do contrato eram os seguintes: desenvolver respostas de proximidade à delinquência; prevenir e tratar a delinquência dos menores; prevenir e tratar a delinquência relacionada com

---

[72] V. http://www.legifrance.gouv.fr/WAspad/UnTexteDeJorf?numjo=INTK9700174C

estupefacientes; lutar contra os sentimentos de insegurança e ajudar os públicos mais fragilizados; desenvolver o apoio às vítimas; reforçar as acções de partenariado. A direcção, avaliação e seguimento do contrato ficou a cargo do Conselho Parisiense de Segurança e de Prevenção da Delinquência, cujo comité executivo acompanha em permanência o seu desenvolvimento, sendo cada uma das convenções complementares avaliada por um grupo de seguimento. Assinado em Janeiro de 2000, o contrato tem vindo a ser implementado em todas as suas vertentes e tem evoluído, abrindo novas valências temáticas, como a luta contra a violência doméstica, a insegurança que afecta o turismo e o comércio e a segurança rodoviária.

Paralelamente e também em 2002, foi assinado um outro contrato programa, intitulado "Contrat de Ville de Paris 2000 − 2006", entre a *Mairie* de Paris, a Região Ille de France, a *Préfecture de Police* e o Fundo de Acção Social, com o objectivo geral de combater a exclusão, lutar contra a discriminação, acolher os imigrantes e facilitar a sua inserção social. A partir de 2007 um novo instrumento intitulado "contratos urbanos de coesão social" substituirá o regime de "contratos de cidade" em que se baseou este programa de Paris 2000 − 2006.

O contrato local de segurança de Paris pode ser apresentado como um dos modelos conhecidos com maior grau de complexidade, devido ao volume e qualidade dos recursos humanos e materiais envolvidos, à população potencialmente beneficiada e à diversidade temática e de parcerias estabelecidas no terreno.

A criminalidade participada tem vindo a diminuir na capital francesa desde os primeiros anos desta década, atingindo em 2005 os valores mais baixos dos últimos vinte anos[73].

8.3. *"Escolhas" e "Metrópoles Seguras"*

Em 1990 a Assembleia-Geral das Nações Unidas adoptou uma resolução contendo "directivas para a prevenção da delinquência juvenil"[74], que inspirou a decisão do governo português de criar um programa de prevenção da crimi-

---

[73] Conforme comunicação apresentada pelo *Préfet de Police* na sessão de 12 e 13 de Dezembro de 2005 do concelho departamental de Paris, in:
http://www.prefecture-police-paris.interieur.gouv.fr/documentation/discours /discours...20051212.htm

[74] *"United Nations Guidelines for the Prevention of Juvenile Delinquency (The Riyadh Guidelines)"*, adoptada na 68.ª sessão plenária, da 45.ª sessão da Assembleia-Geral, a 14 de Dezembro de 1990. In http://www.un.org/Depts/dhl/res/resa45.htm)

nalidade e inserção dos jovens, denominado "Escolhas", através da Resolução do Conselho de Ministros n.º 4/2001, de 6 de Dezembro de 2000 (publicada a 9 de Janeiro de 2001). Procurava-se basicamente assegurar um mecanismo transversal de articulação das actuações dos serviços públicos dependentes dos diversos ministérios e autarquias e das instituições privadas de intervenção social, no trabalho com os jovens dos bairros mais vulneráveis, para combater eficazmente a delinquência juvenil e garantir a inserção dos jovens.

Partindo de um trabalho prévio da Comissão Nacional de Protecção de Crianças e Jovens em Risco, em diálogo com a Associação Nacional de Municípios, a Associação Nacional de Freguesias, os municípios dos distritos de Lisboa, Porto e Setúbal e as comissões de protecção de menores, foram escolhidos cinquenta bairros dos referidos distritos, em que se considerou prioritária a intervenção.

Os objectivos essenciais do programa passavam pela "formação pessoal e social, escolar e profissional e parental" dos jovens dos 12 aos 18 anos, pela dinamização de parcerias de serviços públicos e das comunidades e pela articulação de todos os tipos de intervenção nos bairros, tendo como meta a prevenção da criminalidade e a inserção dos jovens. A metodologia de trabalho estruturava-se em três áreas estratégicas de intervenção: mediação social (muito dirigida à concepção e desenvolvimento de planos individuais de educação e de formação profissional); ocupação dos tempos livres (com recurso a mediadores jovens, animadores e voluntariado jovem); participação comunitária (envolvimento das comunidades, contratualizando as actividades a desenvolver).

Estavam expressamente mobilizados para o envolvimento no programa os serviços do Ministério da Educação, o Instituto de Emprego e Formação Profissional, o Instituto de Reinserção Social, o Instituto Português da Droga e Toxicodependência, o Instituto Português da Juventude, o Alto Comissariado para a Imigração e Minorias Étnicas, os serviços do Ministério da Saúde, a Segurança Social, a PSP e GNR ("Escola Segura"), o Ministério da Ciência e da Tecnologia (programas "Ciência Viva" e "Portugal Digital").

O "Escolhas" funcionava com base numa estrutura de projecto, dirigida por um encarregado de missão equiparado a director-geral, dependente dos Ministros da Administração Interna, do Trabalho e da Solidariedade, da Justiça, da Educação e da Juventude e Desporto.

Em 2004 o Governo introduziu alterações com algum significado no programa "Escolhas"[75], que passou a ser coordenado pelo Alto-Comissário para a

---

[75] Resolução do Conselho de Ministros n.º 60/2004, de 15 de Abril.

Imigração e Minorias Étnicas, na dependência do Ministro da Presidência. Prescindindo da capacidade mais interventiva da sua equipa técnica (que, no modelo original, avançava para os bairros escolhidos como prioritários e organizava a intervenção no terreno construindo as parcerias necessárias), o programa dirigiu-se ao financiamento de iniciativas que lhe são propostas, ficando a cobertura dos bairros mais vulneráveis dependente da existência ou não de dinâmicas locais capazes de formalizar candidaturas. O programa passou a ter âmbito nacional, mantendo sem grandes alterações os objectivos e linhas estratégicas iniciais. Como parceiros privilegiados foram indicados as escolas, os centros de formação, as associações juvenis, de imigrantes e desportivas e culturais e as instituições particulares de solidariedade social. As autarquias locais, que poderiam suprir a falta de iniciativas em relação a bairros considerados prioritários, não foram incluídas no rol dos "parceiros privilegiados". Naturalmente acabaram por ficar de fora alguns dos bairros mais problemáticos que estavam incluídos na primeira geração do "Escolhas", como o da Cova da Moura, na Amadora, ou o da Quinta da Serra, em Loures.

A terceira geração do programa foi aprovada através da Resolução do Conselho de Ministros n.º 80/2006, de 25 de Maio[76], para vigorar de 2007 a 2009. As áreas estratégicas foram actualizadas e foi alargado o respectivo âmbito: inclusão escolar e educação não formal; formação profissional e empregabilidade; participação cívica e comunitária; inclusão digital. O "Escolhas" continua a ser coordenado pelo Alto-Comissário para a Imigração e Minorias Étnicas, mas entre os parceiros privilegiados passaram a figurar, para além dos que já constavam, as "entidades públicas e pessoas colectivas de interesse público que prossigam os objectivos definidos no programa".

No preâmbulo desta última Resolução do Conselho de Ministros faz-se uma referência à articulação do "Escolhas" com as "iniciativas de reinserção social e de segurança a cargo do Ministério da Administração Interna e do Ministério da Justiça, designadamente no âmbito do Programa Metrópoles Seguras".

Anunciado pelo Ministro da Administração Interna, no início de 2006, o Programa "Metrópoles Seguras – Bases para uma intervenção multissectorial em áreas urbanas socialmente desfavorecidas" está a ser preparado pelo Núcleo de Ecologia Social do Laboratório Nacional de Engenharia Civil e deverá servir de base à futura celebração de "Contratos Locais de Segurança", prevendo-se o seu arranque para o final do ano 2006. Os objectivos, definidos de forma muito genérica, passam pela intervenção de uma equipa com "representantes de vários ministérios e das autarquias locais a que mais directamente respeite a problemática

---

[76] *Diário da República*, II Série – B, n.º 121, de 26 de Junho de 2006.

das áreas urbanas e suburbanas críticas", pelo desenvolvimento de um modelo integrado de informação georeferenciada que apoie as intervenções e pela proposição de linhas de orientação estratégica geral e recomendações específicas para cada uma das áreas[77].

O "Escolhas" já provou ser um bom suporte para uma intervenção de prevenção continuada em modelo de parceria, embora fosse desejável a divulgação dos relatórios de avaliação a que está obrigado[78], para melhor podermos percepcionar a eficácia alcançada. O programa "Metrópoles Seguras", caso siga os modelos conhecidos de outros países, nomeadamente o francês, deverá possibilitar uma intervenção muito mais alargada do que a do "Escolhas", conjugando prevenção, intervenção das forças de segurança e valorização social e ambiental das áreas abrangidas (recordando o título do "Relatório Bonnemaison": "Prevenção – Repressão – Solidariedade").

9. Conclusões

A relação entre segurança e urbanismo deve ser enquadrada numa abordagem mais ampla que podemos designar "gestão urbana e segurança". O urbanismo, *stricto sensu*, pode incorporar conceitos relativos à segurança dos cidadãos nas decisões sobre a configuração, ocupação e uso do espaço urbano, mas, sem a percepção das realidades sócio-económicas que neste coexistem, estaríamos perante um cenário vazio, estático, em que a segurança seria, por natureza, um dado irrelevante. É possível padronizar um conjunto de normas tendencialmente intemporais para que um ambiente urbano seja mais seguro do que outro, mas a sociedade pode sempre produzir contextos que surpreendam qualquer norma. Sendo a "visibilidade" apontada habitualmente como um elemento fundamental para a segurança do espaço público, a verdade é que ela não evita um "arrastão" numa praia super povoada...

O conhecimento dos riscos a que uma comunidade urbana está sujeita e dos sentimentos de insegurança que enfrenta é indispensável para a definição de

---

[77] V. "Um ano de Governo – Segurança Interna" in http://www.mai.gov.pt/media/pdf /1...ano...governo.pdf

[78] O Regulamento do Programa aprovado pelo Despacho Normativo n.º 7/2006 (*Diário da República*, 2.ª Série, n.º 154, de 10 de Agosto) fixa três níveis de avaliação: um de auto-avaliação por cada consórcio, outro de avaliação interna pela equipa técnica do "Escolhas" e outro de avaliação externa por entidade independente contratada para o efeito. Na primeira fase a avaliação estava a cargo da Comissão Nacional de Protecção de Crianças e Jovens em Risco e, no "Escolhas" de segunda geração, a avaliação era feita por entidade externa escolhida pelo Alto-Comissário.

qualquer política de prevenção de tais riscos e sentimentos. Diversos instrumentos podem permitir uma aproximação a essa realidade, sendo os inquéritos de vitimação e as estatísticas policiais os mais importantes. Reflectindo diferentes universos de análise (os primeiros, a totalidade das ocorrências e os sentimentos de insegurança; os segundos, apenas a criminalidade participada), não são documentos comparáveis, embora possam ser tratados em conjunto, facilitando um retrato mais completo do real[79]. Com a informação fornecida por estes dois instrumentos, é possível traçar *"crime maps"* e estabelecer *"hot spots"* que ajudam a compreender as tendências espaciais da actividade delitiva em meio urbano, favorecendo o combate e a adopção de medidas preventivas. Entramos, assim, na análise das causas da insegurança, indispensável para o estabelecimento de políticas consistentes. O diagnóstico das situações sociais é o mais complexo e exige uma abordagem multidisciplinar que deve escrutinar as origens mais precoces dos percursos de vida que conduziram à exclusão e aos comportamentos anti-sociais[80], bem como os contextos urbanos, demográficos, económicos, culturais, educativos, laborais, etc. A partir do diagnóstico é possível estabelecer políticas de prevenção e de combate à exclusão, nos planos do urbanismo, do desenvolvimento social e económico e da intervenção social.

Só uma mais justa distribuição da riqueza, a partir de políticas de desenvolvimento consistentes, poderá garantir uma inclusão social sustentável que contribua para melhores níveis de segurança. As cidades podem ter um protagonismo significativo na promoção do desenvolvimento económico e social, pela potenciação de valores como "território", "centralidade", "património", pela exploração das novas tendências nos domínios do conhecimento, das tecnologias da comunicação, das indústrias urbanas de última geração, pela mobilização dos agentes públicos e privados em torno de objectivos comumente estabelecidos.

A reabilitação dos centros históricos e a reconversão das zonas urbanas consolidadas em processo de obsolescência, contribuem para a melhoria das condições de segurança e podem servir para a modernização do tecido económico local e para a qualificação do emprego.

---

[79] V. Nicholas, Sian; Povey, David; Walker, Alison; Kershaw, Chris, *Crime in England and Wales 2004/2005*, in http://www.homeoffice.gov.uk/rds/crimeew0405.html

[80] O *"World report on violence and helth"*, da Organização Mundial de Saúde, divulgado em 2002, inclui, no âmbito da prevenção primária da violência, os cuidados de saúde pré e perinatais, o treino para as boas práticas parentais para melhoria do funcionamento da estrutura familiar e a educação pré-escolar. In http://www.who.int/violence...injury...prevention/violence/world...report/en/

Segurança e Urbanismo – Segurança e Gestão Urbana

Os instrumentos de planeamento urbanístico e os projectos das edificações não estão sujeitos, no ordenamento jurídico português, a normas que imponham a ponderação dos aspectos relacionados com a segurança pública. Tratando-se de documentos que podem influenciar as condições de segurança, em várias das suas vertentes, seria desejável a obrigatoriedade dessa ponderação em termos gerais, para além das medidas que são adoptadas por iniciativa de promotores e projectistas, nomeadamente em edifícios especiais e em empreendimentos de alto *standard*.

As palavras-chave do sucesso das políticas sociais são: "diagnóstico", "parceria", "projecto", "coordenação", "continuidade", "avaliação" e "persistência". O combate à exclusão social produz resultados a um ritmo lento, tem avanços e recuos, exige reajustamentos frequentes e compreensão dos insucessos relativos. Desistir desse combate, ou mantê-lo sem uma busca constante dos caminhos mais eficazes para atingir os objectivos, pode ter custos importantes para toda a comunidade, como os acontecimentos que abalaram as cidades francesas no final de 2005 ilustram.

A 'SEGURANÇA AMBIENTAL': INTRODUÇÃO E PERSPECTIVAS[1]

VIRIATO SOROMENHO MARQUES*

A literatura sobre temas de política ambiental tem ganho nas últimas duas décadas tonalidades crescentemente mais interdisciplinares. Embora nos encontremos ainda muito longe de uma representação efectiva da complexidade das realidades objectivas que estão em causa, a verdade é que muitas mudanças ocorreram no quadro epistemológico das ciências do ambiente, com consequências profundas e diversificadas no relacionamento destas com outras disciplinas de importância relevante para o traçar desse almejado horizonte mais amplo e adequado de conhecimento.

§1. As origens da 'segurança ambiental'

Uma das novas 'criaturas' emergentes ao longo da última década e meia é uma área disciplinar de contornos ainda algo sinuosos e imprecisos, cuja designação mais consensual é a de 'segurança ambiental' (*environmental security*).

Trata-se, como a própria nomenclatura sugere, da demanda por um compromisso metodológico e categorial entre as ciências do ambiente, por um lado, e uma combinação de disciplinas das áreas clássicas da segurança, nomeadamente, da estratégia e das relações internacionais.

Se a história de uma coisa nos ajuda a perceber qual a sua essência, então penso que não será inútil aprofundarmos algumas das razões e marcos históricos

---

* Doutor em Filosofia e Professor Catedrático da Faculdade de Letras da Universidade de Lisboa. ·

1 Este ensaio teve como base de partida o seguinte trabalho: "A 'Segurança Ambiental: Oportunidades e Limites", *Metamorfoses. Entre o Colapso e o Desenvolvimento Sustentável*, Mem Martins, Publicações Europa-América, 2005, pp. 63-81.

430 — Estudos de Direito e Segurança

mais relevantes desta curiosa aproximação entre pensadores estratégicos, ecologistas e ambientalistas.

Na primeira metade da década de 1980, era surpreendente verificar a distância abissal que separava, nessa época já distante, as duas comunidades científicas, estrategistas e ecologistas, uma da outra[2]. Nesses tempos, que, felizmente, se revelariam crepusculares para a guerra-fria, os estudos estratégicos continuavam a ser considerados como tendo preponderantemente a ver com a gestão das forças, tensões e ameaças militares. A luta dos dois blocos, a enorme pressão da corrida aos armamentos, a constante e mútua vigilância entre dois arsenais de destruição maciça como a história jamais tinha conhecido, acabavam por lançar para a periferia todos os outros aspectos que não se revestissem imediatamente de uma conotação de defesa, numa acepção acentuadamente militar. Por outro lado, os ecologistas, com a excepção dos estudos sobre os efeitos ambientais de uma eventual guerra termonuclear, tendiam para recusar, ou considerar com indiferença, as considerações de âmbito estratégico[3]. Na Europa, os ecologistas e ambientalistas apareciam inclusive na primeira linha de um movimento pacifista que não se caracterizava por uma particular subtileza analítica no tratamento das difíceis questões da diplomacia militar entre potências dispondo de armamento nuclear.

Do ponto de vista do pensamento estratégico de recorte mais convencional é possível vislumbrar alguns elementos de parentesco entre as questões da segurança nacional e a problemática ambiental. Com efeito, o debate despoletado a partir de 1972, com a publicação do relatório Meadows sobre 'Os limites do Crescimento' é uma ilustração evidente do que estamos a afirmar[4]. A perspectiva de uma próxima e relativamente súbita interrupção do abastecimento dos países ocidentais em recursos naturais vitais, como sejam os combustíveis fósseis e alguns minerais indispensáveis para a actividade industrial, colocava de imediato em risco a própria 'capacidade' (*capability*) defensiva do ocidente para fazer vencimento aos seus interesses na cena mundial. Podemos, pois, vislumbrar as implicações estratégicas que se abrigavam no pano de fundo da polémica que sobre a evolução dos principais *stocks* de recursos naturais essenciais se travou

---

[2] Viriato Soromenho-Marques, *Europa: O Risco do Futuro*, Lisboa, Publicações Dom Quixote, 1985.

[3] R.P. Turco, A.B. Toon, T.P.Ackerman, J.B. Pollack, C. Sagan [TTAPPS], "Nuclear Winter: Global Consequences of Multiple Nuclear Explosions", *Science*, n.º 222, .1983, pp. 1238--1297.

[4] Donella Meadows *et al.*, *The Limits to Growth*, New York, Universe Books, 1972.

entre 'optimistas' como John Maddox e Julian Simon, e 'pessimistas' como Paul Ehrlich[5].

Mais recentemente têm surgido outras vertentes, particularmente relevantes para uma perspectiva de segurança nacional, com uma classificação ostensivamente ecológica. Como é o caso dos 'refugiados ambientais' (*environmental refugees*). Esta questão, que de acordo com os cálculos de diversas agências do sistema das Nações Unidas e outras entidades abrange milhões de seres humanos em vários Continentes, coloca claramente em risco a estabilidade política dos países afectados pelos movimentos migratórios compulsivos, agitando os equilíbrios regionais em vastas zonas do globo, já sacudidas por outros problemas muito graves[6].

Nessa medida, alguns autores têm aproveitado o longo debate sobre a reforma das Nações Unidas para sugerir que a prioridade da Organização deveria ser deslocada da prevenção do risco de conflito para a prevenção da ocorrência de tragédias humanitárias em grande escala, sobretudo catástrofes naturais, induzidas ou não pela acção humana. Os dados estatísticos são, de facto, esmagadores: entre 1990 e 1999 foram afectadas anualmente 188 milhões de pessoas por desastres naturais. Isso equivale a seis vezes mais do que os 31 milhões de seres humanos que, no mesmo período, foram anualmente atingidos pelos efeitos de conflitos armados[7]. Por outro lado, todos os recordes de sinistralidade induzida pelas alterações climáticas foram batidos em 2005, em que o furacão Katrina ficará como trágico símbolo.

O movimento tendente à constituição de uma área de pesquisa em torno da segurança ambiental resultou de um processo complexo, cuja face de aceleração mais visível ocorreu na última década, mas cujas raízes podem ser encontradas na própria necessidade das concepções tradicionais de segurança integrarem a emergência de novos desafios, por um lado, e na inevitabilidade de a problemática ecológica, à medida que a sua visibilidade se torna incontornável, acabar por se impor nos aparelhos conceptuais de manutenção da segurança e da soberania a todos os seus diferentes níveis.

Numa síntese brevíssima poderíamos resumir da seguinte forma os principais factores que permitem compreender a génese das preocupações em torno da segurança ambiental:

---

5 John Maddox, *The Doomsday Syndrome*, New York, McGraw-Hill 1972; Julian L. Simon, *The Ultimate Resource 2*, , Princeton, NJ, Princeton University Press, 1996; P. R. Ehrlich et al., *Ecoscience, Population, Resources, Environment*, San Francisco, W.H.Freeman and Company, 1977.

6 Evan Vlachos, "Environmental Refugees: The Growing Challenge", edited by N. P. Gleditsch et al. (eds), Kluwer Academic Publishers, 1997.

7 Nigel Purvis e Joshua Busby, "The Security Implications of Climate Change for the UN System", *Environmental Change and Security Project Report*, Woodrow Wilson International Center, Issue 10, 2004, pp. 67-73.

1.1. O eclipse da guerra-fria, que permitiu, por um lado, a formação de novas ameaças e riscos e, por outro lado, a crescente focagem de ameaças e riscos já existentes, mas até aí considerados de importância subsidiária face ao perigo da conflagração atómica generalizada. A ruptura do quadro de referência da guerra-fria abriu o campo para novas grelhas de leitura no campo da geoestratégia e da geopolítica, nomeadamente, a "ecopolítica"[8].

1.2. A libertação de recursos, tanto em capital como em potencial científico, até aí investidos na corrida bélica e que passaram a ser dirigidos para outras áreas de pesquisa, nomeadamente, no domínio do estudo das vulnerabilidades do nosso ambiente, em particular, à escala global.

1.3. Incremento dos sintomas inquestionáveis da crise ambiental global, através do que designo como o efeito de 'pedagogia da catástrofe'. O acidente de Chernobyl, tornando impotentes as concepções tradicionais de soberania territorial, é a esse título exemplar. A acumulação de indicadores globais da crise ambiental, – por oposição aos indicadores meramente locais das décadas imediatamente posteriores ao segundo pós-guerra –, desde as chuvas ácidas até às alterações climáticas, vieram chamar a atenção para os perigos colocados à estabilidade de um já de si frágil e incerto sistema internacional, pela eventual acumulação sem resposta adequada de sintomas de degradação ambiental, com implicações e consequências não só transfronteiriças mas efectivamente pla-netárias.

1.4. Por outro lado, a própria fragmentação da ordem política internacional, na sequência da desarticulação dos sistemas de alianças da hegemonia bipolar, veio permitir uma maior capacidade de iniciativa a Estados até aí periféricos, ou totalmente contidos dentro do círculo disciplinador de lealdades da guerra fria. Nesse novo contexto, os factores da degradação ambiental ganharam não só maior nitidez como puderam ser até identificados como uma arma de guerra, como ocorreu com a decisão do governo iraquiano, em 1991, de incendiar os poços de petróleo do Kuwait, mesmo quando isso já nada poderia fazer para inverter a sorte das armas.

---

[8] Pedro de Pezarat Correia, *Manual de Geopolítica e Geoestratégia. Vol. I – Conceitos, Teorias e Doutrinas*, Coimbra, Quarteto 2002: 251-260.

A 'Segurança Ambiental' – Introdução e Perspectivas 433

§2. Mudança e Permanência na Génese de um Novo Sistema Internacional.

Se queremos exibir com mais nitidez o potencial de inovação dos estudos em matéria de segurança ambiental temos de os entender no quadro da perspectiva mais ampla permitida pela análise das múltiplas forças colocadas em marcha pela longa e turbulenta transição que tem afectado o sistema internacional depois da queda do muro de Berlim.

Na caracterização dos predicados do paradigma de Vestafália, que tem presidido às relações internacionais nos últimos 350 anos, tem prevalecido a tendência para alguma rigidez conceptual. Ao longo deste imenso período, os arquétipos dominantes de Vestfália, nomeadamente, o papel central do voluntarismo dos Estados e uma concepção essencialmente territorial da soberania, têm sofrido algumas mutações significativas. Apenas a título de exemplo: repare-se na substancial diferença introduzida no funcionamento do sistema internacional pela consolidação da base cultural, industrial e militar dos nacionalismos europeus durante o século XIX. Essas mutações, que realizaram, pelo menos a uma escala nacional, as esperanças educativas e de cidadania política que o iluminismo tinha propagado com um alcance mais cosmopolita, vieram não só interromper uma vasta série de projectos federalizadores que o século XVIII tinha sucessivamente alimentado, como vieram fornecer uma base de legitimação social completamente nova e alargada às aspirações imperiais das nações europeias dominantes.

Por outro lado, é legítimo considerar-se não se encontrarem ainda suficientemente estudados os impactos da gigantesca pressão exercida sobre a racionalidade estratégica clássica por parte das tensões inerentes à gestão, durante os quarenta anos da guerra-fria, de enormes arsenais bélicos que jamais poderiam ser usados numa guerra central visando uma derrota clara do inimigo, sob pena de conduzirem a uma destruição assegurada de todos os contendores e seus respectivos aliados. O estilhaçamento do modelo estratégico clausewitziano, introduzindo novas e estranhas modalidades de 'cooperação entre inimigos' não pode ter deixado de afectar os alicerces do próprio edifício de Vestfália. Com efeito, pela primeira na memória colectiva da humanidade, um conflito entre dois poderes hegemónicos rivais terminou pela implosão de um deles, e não pela habitual e catastrófica colisão[9].

O contributo da segurança ambiental para a compreensão dos conflitos internacionais e para a construção de regimes capazes de apoiar o esforço de construção de uma paz duradoura tem de ser integrado no quadro das mudanças

---

[9] Viriato Soromenho-Marques, "Violência e poder nas relações internacionais", *Janus 2005. Anuário de Relações Exteriores*, Lisboa, Público e Universidade Autónoma de Lisboa 2005: 122-123.

do sistema internacional. Por outras palavras: a segurança ambiental não só constitui um novo método para o estudo das tensões internacionais como é ela própria um sintoma da profunda alteração que se tem vindo a registar, num ritmo progressivamente acelerado, no sistema internacional.

Apesar da situação de aparente e ruidoso recuo que a gestão do pós-11 de Setembro de 2001, por parte da administração Bush, continua a provocar, a verdade é que o sistema de Vestfália encontra-se percorrido por um conflito de forças entre linhas de continuidade e linhas de mudança, eventualmente, portadoras de fracturas com uma significativa carga dinâmica. A entrada na cena das negociações internacionais conducentes à criação de novos regimes, particularmente na área ambiental, de novos actores não-governamentais, a aceitação, mesmo sob severa reserva da figura de uma 'herança comum da humanidade', como ocorreu com a Convenção das Nações Unidas sobre Direito do Mar, de 1982, o próprio potencial de subversão constitucional trazido pela Declaração Universal dos Direitos do Homem de 1948, contrariando uma visão absoluta da soberania dos Estados, são alguns sintomas de alterações ainda em curso e cujas consequências mais efectivas não podem ser desde já plenamente antecipadas[10].

A segurança ambiental pode, assim, ser entendida como um acontecimento conceptual e metodológico com implicações mais ambiciosas do que a simples modificação do sistema de agências destinadas à recolha e ao tratamento de informação estratégica relevante por parte dos EUA, na sua qualidade de potência dominante[11].

A segurança ambiental poderia ser integrada no interior de uma constelação de acontecimentos com um significativo potencial estruturante, emergindo de dentro do próprio sistema internacional, mas com relações mútuas ainda imprecisas.

Vejamos, sumariamente, apenas alguns desses complexos fenómenos inovadores:

2.1. O aparecimento, particularmente em virtude das dramáticas mudanças ocorridas nas ciências e tecnologias da informação, de uma quase sociedade civil global (e virtual), que não sendo alternativa ao sistema internacional ancorado nos Estados, não poderá ser por estes nem suprimido, nem ignorado[12].

---

[10] José Manuel Pureza, "Eternalizing Westphalia? International Law in a Period of Turbulence, International Law in a Period of Turbulence, *Nação e Defesa*, n.º 87-2ª série, Outono 1998: 31-48.

[11] Stacy D. VanDeveer, *Foreign Policy – In Focus*, vol. 4, n.º 2, January 1999.

[12] Paul Wapner, Governance in a Global Civil Society", *Global Governance. Drawing Insights from the Environmental Experience*, edited by Oran R. Young, Cambridge, MA-London, The MIT Press, 1997, pp. 65-84.

A '*Segurança Ambiental*' – *Introdução e Perspectivas* 435

2.2. A introdução de exigências de natureza ambiental em zonas tão sensíveis das relações internacionais, como é o caso do comércio mundial: os aspectos negativos da globalização e as próprias insuficiências da Organização Mundial do Comércio conduziriam à urgência de corrigir a lógica da especialização económica através de um princípio de racionalidade ecológica, fundado numa gestão sustentável dos ecossistemas tendente a minimizar os impactos catastróficos sobre o ambiente planetário provocados pelo funcionamento das regras de mera eficiência económica de curto prazo[13]. A fase de recuo em que a política internacional de ambiente entrou depois de 1998, que foi confirmada no insucesso da Cimeira de Joanesburgo (2002), prejudicou, todavia a eficácia desta tendência.

2.3. A generalização da intervenção de actores não governamentais em áreas da política internacional acabaria por conduzir à existência de regimes internacionais suportados no papel decisivo do que se poderia designar como uma "governância privada global" (*private global governance*). Um bom exemplo disso seria fornecido pela determinação, com o decisivo concurso dos principais agentes interessados, das regras do controlo de qualidade na gestão ambiental a nível internacional[14].

§3. Segurança Ambiental: As Dificuldades de uma Visão Alargada

O principal obstáculo ao contributo da segurança ambiental para a produção de uma visão alargada e integrada, capaz de contribuir para uma interpretação mais rica da evolução dos factores conducentes à paz ou ao conflito, reside na própria tendência de alguns cultores da nova disciplina para quererem obter resultados formalmente rigorosos, baseando-se na metodologia das ciências quantitativas, esquecendo algumas dificuldade qualitativas que têm mas a ver com os domínios da compreensão do que com os da explicação (Alcamo, 1999)[15].

---

[13] Fred Gale, "Sustainable Trade: Theoretical Framework, Guiding Principles and Operational Policies", Paper (draft) presented at *the Annual Meeting of the International Studies Association*, Minneapolis, March 18-21, 1998.

[14] Yu-che Chen, ""Private Global Governance: The Promise of International Environmental Management Standards — ISSO 14000 Series", Paper (draft) presented at *the Annual Meeting of the International Studies Association*, Minneapolis, March 18-21 1998.

[15] Joseph Alcamo e Marcel Endejan, "The Security Diagram: An Approach to Quantifying Global Environmental Security", *Contribution to NATO Advanced Research Workshop* (ARW), Budapest, 21-23 January 1999.

Os próprios trabalhos, considerados como de valor referencial na última década do século passado, nomeadamente do canadiano Homer-Dixon e do suíço Günther Bächler, não têm deixado de sofrer críticas (Homer-Dixon, 1991; Bächler, 1996)[16]. O primeiro foi, por exemplo, criticado em virtude da alegada utilização de um universo de estudos de caso que estaria percorrido por um vício metodológico, impedindo qualquer verificação rigorosa do efectivo grau de participação causal dos factores ambientais no desencadear de conflitos (Gleditsch, 1999)[17].

Thomas Homer-Dixon tem sido alvo de outras críticas, nomeadamente, de sectores neo-marxistas que o acusam de uma óptica neo-malthusiana[18]. Contudo, se seguirmos o percurso de investigação do professor canadiano, ao longo dos últimos anos veremos facilmente que a acusação de reducionismo contrasta frontalmente com um pensamento que atingiu um plano de autêntica filosofia da história, ao formular a sua teoria da "lacuna de engenho" (*the ingenuity gap*)[19].

Por outro lado, Gleditsch, não escapa à tendência redutora de que acusa Homer-Dixon. Na verdade, no texto citado, o investigador norueguês acaba por manifestar uma crença optimista dificilmente justificável. Ela concerne à afirmação de uma eventual relação causal entre o grau de desenvolvimento económico e a capacidade de combate efectivo aos problemas ambientais. Infelizmente, muitas das mais recentes investigações em matéria de ecologia económica estão longe de subscrever esse diagnóstico tranquilo. A melhoria de alguns indicadores ambientais seria sobretudo válida para algumas situações de poluição regionalmente críticas. Para o quadro global e agregado dos indicadores ambientais, contudo, essa equação entre aumento da riqueza e melhoria do estado do ambiente teria dificuldade em ser subscrita[20]. Por outro lado, Homer-Dixon proporia, ainda na década de 1990, uma concepção de 'escassez ambiental' (*environmental scarcity*) onde a abertura para a complexidade económica e social se viu consideravelmente refinada[21].

---

[16] Thomas Homer-Dixon, *International Security* 16 (2), 1991: 76-116; Günther Bächler *et al.*, *et al. Kriegursache Umweltzerstörung: Ökologische Konflikte in der Dritten Welt und Wege ihrer friedlichen Bearbeitung*, Zürich, Rüegger, 1996.

[17] Nils Peter Gleditsch, "Resource and Environmental Conflict: The State of the Art", *Contribution to NATO Advanced Research Workshop* (ARW), Budapest, 21-23 January 1999.

[18] Nancy Peluso e Michael Watts (eds.), *Violent Environments*, Ithaca-New York , Cornell University Press, 2001.

[19] Thomas Homer-Dixon, *The Ingenuity Gap*, New York, Alfred A. Knopf, 2000.

[20] Robert Costanza, *et al.*,"The Value of the World's Ecosystem Services and Natural Capital","The value of the world's ecosystem services and natural capital", *Nature*, vol. 387, 15 de Maio de 1997, pp. 253-269.

[21] Thomas Homer-Dixon., "Environmental Scarcities and Violent Conflict", *Theories of War and Peace*, edited by Michael E. Brown et al., Cambridge, MA-London, The MIT Press, 1998: 501-536.

A raiz das interpretações redutoras do que de essencial se joga nesta nova área de estudos prende-se, na perspectiva deste ensaio, essencialmente a uma subordinação das componentes ambientais à óptica da segurança, mesmo que o seu timbre militar clássico se encontre revestido por algum verniz de modernidade.

Pelo contrário, os ângulos de análise que permitem uma heurística mais diversificada e uma hermenêutica mais fina tanto dos acontecimentos como das tendências envolventes, são aqueles que consideram as questões da segurança ambiental como um sub-sistema de uma doutrina alargada do desenvolvimento sustentável. O mesmo é dizer, que os factores de insegurança ambiental seriam de procurar mais no plano dos sintomas disfuncionais de modelos de sociedade profundamente instáveis e ineficientes, tanto social como ambientalmente, do que no plano das causas aparentemente directas dessas anomalias.

Nesse sentido concorrem os esforços visando a determinação de uma grelha subtil e hierarquizada de indicadores de sustentabilidade, que permita antever quadros de insegurança em função da incapacidade de construir ou manter modelos sustentáveis, numa óptica capaz de integrar as dimensões sociais e políticas, ambientais e económicas envolvidas numa concepção suficientemente rica de sustentabilidade (Schultnik, 1999)[22].

Por seu turno, outros autores chamam a atenção para o facto de que tanto os patamares de (in) segurança como de (in) sustentabilidade se encontrarem dependentes do papel crucial desempenhado pelos horizontes culturais e éticos de percepção, elementos geralmente considerados 'subjectivos' e irrelevantes pelos apóstolos do 'realismo'. Dessa forma, quer numa óptica de herança cultural, quer no sentido prospectivo das apostas e projectos de futuro nenhuma análise das relações internacionais e da (in)segurança ambiental pode abdicar da necessidade de contar com a presença de 'valores' e posicionamentos éticos, muitas vezes na contracorrente que se pretende unívoca e objectiva dos 'interesses'[23].

---

[22] Gerhardus Schultnik, "Comparative Environmental Policy and Risk Assessment: Implications for Risk Communication and International Conflict Resolution", *Contribution to NATO Advanced Research Workshop* (ARW), Budapest, 21-23 January 1999.

[23] John N. Kinnas, "Ethics, Environment and International Security", *International Geneva Yearbook. Organization and Activities of International Institutions in Geneva*, Geneva, Georg Éditeur, 1997, pp. 42-48; Hugh C., Dyer, "Theoretical Aspects of Environmental Security" (draft paper), *Contribution to NATO Advanced Research Workshop* (ARW), Budapest, 21-23 January 1999.

§4. As Geografias da (In) segurança Ambiental

Apesar dos debates que atravessam as correntes de pesquisa e consultoria em torno da temática da (in)segurança ambiental, é possível traçar um perfil de algumas das linhas dominantes do estado da arte, que, por seu turno, nos permitem desenhar uma geografia da intranquilidade estratégica e ambiental. Essa geografia preditiva permitirá desenhar estratégias preventivas, ou pelo menos mitigadoras, nas quais se integram, entre medidas de teor mais económico e social, soluções jurídico-políticas, que passam frequentemente pelo recurso à negociação de novos regimes internacionais com uma fortíssima componente ambiental.

Uma das tendências mais comuns consiste em considerar que o problema crucial na raiz ambiental de alguns conflitos conjecturáveis para o futuro não reside tanto no problema da escassez ou do esgotamento físico, absoluto, de recursos naturais vitais, desde alimentos a matérias-primas, mas mais na ruptura das linhas e nos sistemas de abastecimento. O problema torna-se, assim, numa questão da (não) acessibilidade aos recursos, com toda a crispação social e política daí decorrentes[24].

Este diagnóstico faz deslocar o caudal dominante das expectativas de conflito para países e regiões do mundo em vias de desenvolvimento, onde essas rupturas no acesso aos abastecimentos assumem uma dimensão praticamente endémica.

Nesse sentido foi produzido, por exemplo, um importante relatório por uma equipa internacional financiada pela NATO, e sob coordenação alemã e norte-americana. Nesse relatório datado de 15 de Janeiro de 1999, identificam-se quatro tipos fundamentais de conflitos ambientais: a) conflitos de base étnica e política; b) conflitos enraizados em fortes e súbitos movimentos migratórios; c) conflitos originados pela disputa de recursos hídricos internacionais; d) conflitos relacionados com a evolução das mudanças climáticas globais[25].

Esta classificação transforma as zonas do planeta de menor desenvolvimento económico e, simultaneamente, maior pressão demográfica, entre as candidatas mais prováveis a conflitos com uma forte etiologia em factores ambientais. Contudo, será importante não descurar as implicações políticas na Europa de Leste e na Eurásia resultantes da desagregação sem controlo aparente do antigo império soviético. Ainda há escassos anos, as relações entre a Hungria e a Eslováquia

---

[24] Nils Peter Gledtisch, "Geography, Democracy and Peace", *International Interaction* 20 (4), 1999, pp.297-323.

[25] Kurt Lietzmann e Gary D. Vest, *NATO/CCMS Pilot Study: Environment and Security in an International Context (Executive Summary Report)*, Compiled by Ecologic and Evidence Based Research, Vancouver, 15 January 1999: 18.

A '*Segurança Ambiental*' – *Introdução e Perspectivas* 439

estiveram muito tensas em virtude da (não) construção de uma barragem comum no Danúbio[26]. Por outro lado, países como a Roménia e a Bulgária estão continuamente submetidos ao risco de terem de optar entre a catástrofe ecológica ou a destruição da base energética de uma sociedade civilizada moderna, dada a ameaça de colapso das suas obsoletas e inseguras instalações nucleares[27]. Mais ainda, o quadro comum a todos estes países é descrito por dois autores russos quando estabelecem o abissal contraste entre as primeiras medidas de política pública de ambiente, tomadas na década de 1990, e as profundas dificuldades sentidas na sua implementação, em virtude da ausência de condições estruturais para o florescimento de uma activa e participativa sociedade civil, na Rússia, o que continua a ser infelizmente válido para muitos outros países do antigo bloco soviético[28].

A questão da capacidade de resposta política aos fenómenos e sintomas de degradação ambiental é outro factor decisivo no traçar dos mapas da (in) segurança ambiental. Também aqui as escolas de pensamento se juntam, umas vezes em complemento, outras em colisão.

Para os defensores da 'teoria da paz democrática' (*democratic peace theory*) a existência de estrutura constitucionais democráticas, ou, pelos menos, a transição nesse sentido, surge como uma quase garantia de que os conflitos com raiz ambiental não escalarão até um patamar bélico, em virtude da forte improbabilidade de uso da violência entres Estado democráticos. Infelizmente, outros autores, recorrendo a múltiplos estudos de caso da história recente, alegam que a turbulência dos processos de transição para a democracia por parte de nações com uma história longa de regimes autoritários acaba, no curto prazo, por se sobrepor trágica e ruidosamente às vantagens estruturais da democracia, conduzindo muitos países para conflitos regionais e sangrentas guerras civis[29].

---

[26] Miklos Sukosd, "The Slowak-Hungarian Conflict over the Gabcikovo-Nagymaros Dam System on the Danube (draft paper), *Contribution to NATO Advanced Research Workshop* (ARW), Budapest, 21-23 January 1999.

[27] Bogadan Constantinescu e Roxana Bugoi, "Nuclear Power Plant Conflicts: Response Strategies Scenarios in Romania and Bulgaria", *Contribution to NATO Advanced Research Workshop* (ARW), Budapest, 21-23 January 1999.

[28] Vladimir Kotov e Elena Nikitina, "Environmental Security in Russia: Crisis of Protective Instruments", *Contribution to NATO Advanced Research Workshop* (ARW), Budapest, 21-23 January 1999.

[29] Edward D. Mansfield e Jack Snyder, "Democratization and the Danger of War", *Theories of War and Peace*, edited by Michael E. Brown et al., Cambridge, MA-London, The MIT Press, 1998, pp. 221-254; Christopher Layne, "Kant or Cant", *Theories of War and Peace*, edited by Michael E. Brown et al., Cambridge, MA-London, The MIT Press, 1998, pp. 176-220.

§5. A Segurança Ambiental e o Recuo da Política Internacional de Ambiente

Os efeitos negativos das duas vitórias eleitorais de George W. Bush são bem conhecidos tanto para a política internacional de ambiente como para a política doméstica dos EUA nesse domínio. Os efeitos colaterais desastrosos não poderiam deixar de ser sentidos também no que concerne à segurança ambiental.

A linha dominante de abordagem caracteriza-se pela securitização, ou mesmo militarização do tema. Com efeito, na nova visão do mundo da administração norte-americana a luta militar contra o terrorismo tornou-se a única prioridade. Os níveis de ajuda oficial ao desenvolvimento de Washington são os mais baixos de sempre da história desse país e estão na cauda da OCDE. O auge dessa ajuda foi atingido entre 1948 e 1951, com o Presidente Truman e o Plano Marshall. Nessa altura a ajuda à reconstrução das economias e sociedades devastadas pela II Guerra Mundial atingia quase 2% do Produto Interno Bruto (PIB) dos EUA. Hoje a ajuda dos EUA reduz-se a uns míseros 0,1% do PIB, sendo que a assistência aos países mais pobres é ainda muito mais irrisória, correspondendo apenas a 0,02% do PIB[30].

Paradoxalmente, em Outubro de 2003, o Pentágono encomendava a dois autores versados em estudos prospectivos um trabalho sobre as consequências para a segurança nacional de uma eventual Mudança Climática Abrupta (*Abrupt Climate Change*)[31]. Para um governo chefiado por um líder que publicamente desdenha dos milhares de cientistas que vêm advertindo para os perigos de radicais alterações climáticas nas próximas décadas, e que, em consequência, afastou os EUA do Protocolo de Quioto, não deixa de ser surpreendente a encomenda por parte do Departamento da Defesa de um estudo desta natureza.

A leitura do relatório é, duplamente, surpreendente. Primeiro pelo cenário catastrófico que é apresentado. Segundo, pela ausência de qualquer sugestão de alteração na política de clima da actual administração. Para os autores do estudo, as recomendações são vagas, genéricas e acabam por sugerir que, apesar de tudo, os EUA não se encontram numa posição tão desfavorável como, por exemplo os europeus, para enfrentar uma tão grande tragédia.

As bases científicas utilizadas são mais alarmantes do que aquelas contidas nos relatórios do Painel Intergovernamental para as Alterações Climáticas (IPCC), que

---

[30] Jeffrey D. Sachs, "The Strategic Significance of Global Inequality", *Environmental Change & Security Project Report*, Woodrow Wilson International Center, Issue no. 9, 2003, pp. 27-35.

[31] Peter Schwartz e Doug Randall, *An Abrupt Climate Change Scenario and its Implications for United States National Security*, Washington D.C., Environmental media Services, 2003 (acessível digitalmente em http: //www.ems.org/climate/pentagon...climate-change.html.).

A *'Segurança Ambiental' – Introdução e Perspectivas*   441

apesar de profundas, pressupõem uma certa mudança gradual até ao final do século XXI. Schwartz e Randall utilizam como ponto de partida a possibilidade de repetição de uma ocorrência como a do Younger Drias, que provocou, já em plena idade interglaciar, um período superior a mil anos de baixas temperaturas no hemisfério Norte, em virtude da interrupção da circulação da Corrente do Golfo.

As alternativas a estas visões redutoras da segurança ambiental, que oscilam entre a omissão e o alarmismo, passam por estratégias muito mais integradas, promovendo modalidades de "manutenção de paz ambiental" (*environmental peacekeeping*), ou mesmo de "imposição de paz ambiental" (*environmental peacemaking*)[32] Essas oportunidades de cooperação compulsiva, em torno de temas ambientais, tornam-se particularmente relevantes quando falamos em política da água, contribuindo para um amplo e alargado conceito de segurança no seu todo[33].

§6. A (In)segurança Ambiental e o Futuro dos Regimes Internacionais

Cabe-nos agora tentar formular uma resposta à pergunta fundamental que nos conduziu a esta investigação: em que medida introduzem as preocupações associadas aos estudos sobre segurança ambiental algo de novo na problemática da construção de regimes internacionais, em geral, e na área do ambiente, em particular?

O primeiro passo em direcção à resposta aconselha-nos a tomar uma atitude prudente. Seria errado considerarmos os fenómenos de eventual conflito, assumindo tanto as formas de confrontação entre Estados, como as de violência civil, como derivando exclusivamente de causas ambientais. Geralmente, é impossível estabelecer uma relação causal directa. O que ocorre são quase sempre conjuntos complexos e sinergéticos de factores que permitem, na sua mútua interacção, construir um horizonte estatisticamente explicativo para a ocorrência de acontecimentos violentos. Recentemente, a mudança da perspectiva dos

---

[32] Erika Weinthal, "From Environmental Peacemaking to Environmental Peacekeeping", *Environmental Change and Security Project Report*, Woodrow Wilson International Center, Issue 10, 2004, pp. 19-23.; Ken Conca et. al., "Building Peace Through Environmental Cooperation", *State of the World 2005. Redefining Global Security*, New York/London, W.W. Norton & Company, 2005, pp. 144-155.

[33] Viriato Soromenho-Marques (coordenador), *O Desafio da Água no Século XXI. Entre o Conflito e a Cooperação*, Lisboa, IPRIS/Editorial Notícias, 2003; Michael Renner, "Security Redefined", *State of the World 2005. Redefining Global Security*, New York/London, W.W. Norton & Company, 2005, pp. 3-19.

analistas e o próprio agravamento da pressão demográfica, ou do uso insustentável dos recursos naturais, exigindo aos ecossistemas a prestação de serviços que exorbitam em muito a sua 'capacidade de carga', tem contribuído para introduzir a questão ambiental entre os factores que podem coadjuvar na precipitação de crises com atrito bélico. Contudo, é prudente não querer ir muito mais longe.

De igual modo, considera-se necessário ter a precaução suficiente para não tombar numa das mais difíceis armadilhas que surgem no caminho de qualquer área epistémica nova: não confundir sintomas com causas. A verdade é que a degradação ambiental – mesmo que no futuro venham de facto a ocorrer guerras pela água ou por quaisquer outros recursos naturais vitais e escassos – não constitui uma causa num plano radical. Essa degradação é já um resultado, um efeito. Ora, tal como a melhor medicina é a preventiva, e não a que cura os doentes quando estes se encontram num estado lastimável, também os melhores regimes internacionais são os que atingem as zonas mais sensíveis e profundas, aquelas a que poderemos chamar, com propriedade, como causas primeiras da conflitualidade, e não meros epifenómenos. Não me parece, portanto, razoável a expectativa da criação de um 'regime global para a segurança ambiental' (*Global Environmental Security Regime*)[34].

Contudo, isto não significa que se considerem inúteis ou fúteis os estudos sobre segurança ambiental. Pelo contrário, eles podem e devem ser levados a cabo como instrumentos auxiliares no esforço conducente a determinar com alguma antecedência focos de instabilidade e insegurança para lá das vias habituais, que são cegas e indiferentes às varáveis ambientais. Mais do que isso, as investigações em torno da (in)segurança ambiental podem e devem proporcionar informações suplementares que caminhem no sentido de facilitar a formação de regimes internacionais nas áreas chave. Podem fornecer argumentos suplementares para, por exemplo, acelerar a resolução diplomática de um conflito em torno de rios internacionais, ou catalisar a formação de outros tipo de regimes de base regional, como os relativos a mares ou a certos tipos de poluição atmosférica[35].

As investigações sobre (in)segurança ambiental ajudam, igualmente, a iluminar o caminho da tão necessária quanto adiada, reforma do sistema

---

[34] Maria Julia Trombetta, ""A Global Environmental Security Regime: The Changes in International Environmental Politics from Stockholm to Kyoto", *Contribution to NATO Advanced Research Workshop* (ARW), Budapest, 21-23 January 1999.

[35] Stacy D. VanDeveer e Geoffrey D. Dabelko, "Debating Regional Security Around the Baltic: The Environmental Dimension", *Contribution to NATO Advanced Research Workshop* (ARW), Budapest, 21-23 January 1999; John McCormick, The Whole or the Parts? Comparing Regional and National Responses to Accid Pollution in Europe", Paper (draft) presented at *the Annual Meeting of the International Studies Association*, Minneapolis, March 18-21, 1998.

A *'Segurança Ambiental' – Introdução e Perspectivas*

institucional das Nações Unidas. Mas também aí, é conveniente não confundir o essencial com o acessório, nem os fins com os meios.

A utilidade de uma eventual futura Organização Global para o Ambiente (*Global Environment Organisation*), ou de um Conselho para a Segurança Ambiental (*Environment Security Council*) pertence à classe dos instrumentos e não dos fins[36].

No plano teleológico, das finalidades ecuménicas globais, que poderão mobilizar os recursos materiais, mas sobretudo as energias morais e criativas da humanidade, do que precisamos é de um regime global sobre desenvolvimento sustentável, capaz de desenhar um horizonte de justiça e equidade entre os seres humanos, de hoje e de manhã, no respeito pela integridade do ecossistema plane-tário de que todos dependemos. No Rio de Janeiro, em Junho de 1992, era isso que estava sobre a mesa no grande pacote estratégico designado por Agenda 21. Tratava-se de um grande pacto social de solidariedade para a sustentabilidade. Como se sabe, a promessa confinou-se ao sonho. A situação agravou-se ainda mais com o completo fracasso da Cimeira de Joanesburgo (2002), onde o bloqueio do governo norte-americano paralisou qualquer iniciativa digna de menção.

Apesar de todas as contrariedades, o que está em causa é demasiado importante para que seja sensato, para já não falar em moralmente lícito, qualquer gesto de desistência. Pelo contrário, e como disse Max Weber, na sua célebre conferência de 1919 sobre a "Política como Vocação" (*Politik als Beruf*), neste mundo só alcançam o possível, aqueles que não temem ousar o impossível...

---

[36] Sebastian Oberthür "Preventing Environmentally Induced Conflicts through International Environmental Policy", *Contribution to NATO Advanced Research Workshop* (ARW), Budapest, 21-23 January 1999; Marvin S. Soroos, "Global Institutions and the Environment: An Evolutionary Perspective", Paper (draft) presented at *the Annual Meeting of the International Studies Association*, Minneapolis, March 18-21 1998.

A ACTIVIDADE DE POLÍCIA
E A PROIBIÇÃO DO EXCESSO: AS FORÇAS
E SERVIÇOS DE SEGURANÇA EM PARTICULAR

VITALINO CANAS*

Constituição da República Portuguesa de 1976

Artigo 272.º
(Polícia)

1. A polícia tem por funções defender a legalidade democrática e garantir a segurança interna e os direitos dos cidadãos.
2. As medidas de polícia são as previstas na lei, não devendo ser utilizadas para além do estritamente necessário.
3. (...)
4. (...)

Código Deontológico do Serviço Policial, cuja aprovação foi "registada"
pela Resolução do Conselho de Ministros n.º 37/2002

«Artigo 8.º
Adequação, necessidade e proporcionalidade do uso da força

1. Os membros das forças de segurança usam os meios coercivos adequados à reposição da legalidade e da ordem, segurança e tranquilidade públicas só quando estes se mostrem indispensáveis, necessários e suficientes ao bom cumprimento das suas funções e estejam esgotados os meios de persuasão e de diálogo.

---

* Mestre em Direito e Assistente da Faculdade de Direito da Universidade de Lisboa. Deputado à Assembleia da República.

446   *Estudos de Direito e Segurança*

2. Os membros das forças de segurança evitam recorrer ao uso da força, salvo nos casos expressamente previstos na lei, quando este se revele legítimo, estritamente necessário, adequado e proporcional ao objectivo visado.

3. Em especial, só devem recorrer ao uso de armas de fogo, como medida extrema, quando tal se afigure absolutamente necessário, adequado, exista comprovadamente perigo para as suas vidas ou de terceiros e nos demais casos taxativamente previstos na lei.»[1]

---

[1] Conforme consta do preâmbulo da Resolução 37/2002, este Código Deontológico foi adoptado, no exercício de auto-regulação deontológica, pelos próprios agentes das forças de segurança, tendo resultado da iniciativa e autoria de várias associações representativas do pessoal das forças de segurança, em colaboração ulterior com representantes da Direcção Nacional da Polícia de Segurança Pública, do Comando-Geral da Guarda Nacional Republicana, da Inspecção-Geral da Administração Interna e dos Gabinetes dos membros do Governo. Vale a pena transcrever alguns dos considerandos:

«Considerando que a Constituição incumbe as forças de segurança de defender a legalidade democrática e garantir a segurança interna e os direitos dos cidadãos, bem como determina que as medidas de polícia prescritas na lei não devem ser utilizadas para além do estritamente necessário;

Considerando os princípios fundamentais, ínsitos no artigo 266.º da lei fundamental, que norteiam a actuação dos órgãos e agentes administrativos de prossecução do interesse público no respeito pelos direitos e interesses legalmente protegidos dos cidadãos;

Considerando as normas constitucionais e legais que consagram a responsabilidade dos funcionários e agentes da Administração Pública pelas acções ou omissões praticadas no exercício das suas funções e por causa desse exercício de que resulte a violação dos direitos ou interesses legalmente protegidos dos cidadãos, designadamente o artigo 271.º da lei fundamental, em especial os seus n.os 2 e 3, bem como a legislação que prescreve os direitos e deveres dos funcionários e agentes administrativos, geralmente aplicável aos agentes das forças de segurança, e os regulamentos disciplinares próprios da Guarda Nacional Republicana e da Polícia de Segurança Pública, aprovados pela Assembleia da República em razão da especificidade e dignidade da matéria;

Considerando que as normas que disciplinam a organização e o funcionamento da Guarda Nacional Republicana e da Polícia de Segurança Pública prescrevem a sujeição do uso de meios de coerção a critérios estritos de necessidade, adequação e proporcionalidade, com o respeito dos direitos, liberdades e garantias;

Considerando a recepção na ordem jurídica interna do acervo de normas internacionais de direitos humanos, com especial acuidade para as normas da Convenção Europeia dos Direitos do Homem e das Liberdades Fundamentais do Conselho da Europa;

Considerando a Resolução n.º 690, da Assembleia Parlamentar do Conselho da Europa, de 8 de Maio de 1979, e a Resolução n.º 34/169, da Assembleia Geral das Nações Unidas, de 17 de Dezembro de 1979;

Considerando que a consagração de padrões ético-profissionais de conduta, comuns a todos os agentes das forças de segurança, é, reconhecidamente, condição indispensável para um exercício credível e eficiente do serviço policial, enquanto parte integrante do Estado de direito democrático;

Considerando que a deontologia policial constitui matéria de inequívoco interesse formativo, no sentido de promover uma conduta profissional eticamente consonante com a dignidade das funções de polícia e limitadora da discricionariedade no exercício dos poderes de autoridade, com respeito dos direitos, liberdades e garantias dos cidadãos...».

Introdução e plano do trabalho

O princípio da proporcionalidade ou, como preferimos, da proibição do excesso, adquiriu popularidade ao longo das últimas décadas. Este princípio (ou, para alguns, regra, postulado, axioma, máxima, técnica, ideia) é em boa medida uma resposta à exigência de um direito *mite* e à procura de um direito subordinado a uma ideia de justiça. O direito *mite*[2], direito suave, flexível, plástico, é o direito que se molda como a plasticina à imprevisibilidade imaginativa de uma sociedade renitente a ver-se integralmente contemplada em todos as suas incidências pela a norma produzida pelo legislador. O Estado de Direito transforma-se num *Abwägungsstaat* (Leisner)[3], Estado de ponderação e de balanço de bens, interesses e valores. A proporcionalidade (e bem assim instrumentos como o princípio da concordância prática, a razoabilidade, etc.) é um dos instrumentos mais plásticos inventados nesse contexto[4]. A *phronésis* (prudência) aristotélica está de regresso[5].

Do mesmo modo que pretende plasticidade na aplicação do direito, de forma a que este possa ter sempre resposta para os problemas da vida em sociedade, pretende-se um *direito justo*, um direito que honre preceitos materiais de justiça no caso concreto, que não sacrifique o particular ao geral.

Sem prejuízo da função da proibição do excesso como limite à compressão dos direitos fundamentais dos cidadãos que exercem funções nas forças e serviços de segurança (cfr. art. 270.º da CRP), o princípio tem feito "carreira" sobretudo como *limite* à actuação da polícia. É nessa dimensão que o estudaremos aqui, deixando de parte por agora a primeira perspectiva[6].

---

[2] Cfr. G. Zagrebelsky, *Il diritto mite*, Turim, 1992.

[3] Cfr. Walter Leisner, *Der Abwägungsstaat. Verhältnismässikeit als Gerechtigkeit?*, Berlim, 1997.

[4] Sébastien Van Drooghenbroeck, *La proportionnalité dans le droit de Convention Européenne des drits de l'homme*, Bruxelas, 2001, 11, fala muito sugestivamente do "canivete suíço" da argumentação jurídica e do debate judiciário.

[5] Assim, Sébastien Van Drooghenbroeck, *La proportionnalité...*, 18.

[6] Sobre as restrições dos direitos de agentes de forças e serviços de segurança, veja-se Jorge Leite, «Liberdade sindical dos profissionais da PSP- Notas a um Acórdão», in *Revista do Ministério Público*, n.º 39, 9 e ss.; Francisco Liberal Fernandes, «As Forças Armadas e a PSP perante a liberdade sindical», in *Estudos em Homenagem ao Prof. Doutor A. Ferrer Correia*, Coimbra, 1991, 911 e ss.; idem, *Autonomia colectiva dos trabalhadores da Administração. Crise do modelo clássico de emprego público*, Coimbra, 1995; Alberto Esteves Remédio, «Forças Armadas e Forças de Segurança – Restrições aos Direitos Fundamentais», in *Estudos sobre a Jurisprudência do Tribunal Constitucional* (ob.col.), 371 e ss.; Catarina Sarmento e Castro, *A questão das polícias municipais*, Coimbra, 2003; Isabel Moreira, «Restrições ao exercício de direitos de associação e de greve dos agentes das forças de segurança»,

448   *Estudos de Direito e Segurança*

O relevo conferido aos dois enunciados normativos transcritos na abertura deste texto deve-se a que eles revelam um grande consenso sobre a sujeição da actividade de polícia ao princípio da proporcionalidade ou da proibição do excesso.

Por um lado, a Constituição, *lex maxima*, expressão suprema do pacto social ou comunitário, proclama no art. 272.°, n.° 2, que "as medidas de polícia são as previstas na lei, não devendo ser utilizadas para além do estritamente necessário." Apesar da ausência de uma referência textual ao princípio da proporcionalidade ou da proibição do excesso, ao invés do que sucede noutros lugares da Constituição, a doutrina tem vislumbrado aqui uma clara consagração desse princípio: por conseguinte, as medidas de polícia estão, por imposição constitucional, sujeitas na sua generalidade a tal princípio. Não há actividade de polícia *fora* ou *imune* à proibição do excesso.

Quanto ao Código Deontológico do Serviço Policial, a sua aprovação foi "registada" (noção algo bizarra que, se não esconder uma acto inútil, não se percebe bem o que significa e qual a respectiva eficácia jurídica) por Resolução do Conselho de Ministros. Mas o Código é antes de tudo resultado da vontade de auto-regulação dos profissionais das forças de segurança. Através desse código esses profissionais assumem o compromisso do cumprimento dos seus deveres com observância estrita de regras de conduta ditadas pela consciência e pelo brio profissional. Alguns desses deveres já resultariam da lei. Mas o compromisso autovinculante assumido pelos profissionais das forças de segurança dá-lhes força moral acrescida e proporciona aos cidadãos uma garantia suplementar de que as forças de segurança e os seus agentes interiorizam e adoptam por iniciativa e vontade próprias, como imperativo de consciência, os limites essenciais da função que desempenham e os deveres funcionais a que estão sujeitos. Um desses limites ou deveres é o do uso da força em termos adequados, necessários e proporcionais.

Por conseguinte, estes dois textos normativos proclamam inequivocamente um largo consenso, partilhado pela comunidade e pelos agentes das forças de segurança, sobre a sujeição da actividade da polícia ao princípio da proibição do excesso ou da proporcionalidade[7]. Não obstante esta aceitação do princípio, já se

---

in Autores Vários, *Estudos de Direito de Polícia*, 2.° vol., Lisboa, 2003, 267 e ss. Para uma perspectiva do quadro legal, Lei de Defesa Nacional e das Forças Armadas: Lei n.° 29/82, de 11 de Dezembro (alterada em 1983, 1991, 1995, 1999 e 2001, pela Lei Orgânica n.° 4/2001, de 30 de Agosto); exercício da liberdade sindical e os direitos de negociação colectiva e de participação do pessoal da Polícia de Segurança Pública (PSP): Lei n.° 14/2002, de 19 de Fevereiro; direito de associação dos militares da GNR: Lei n.° 39/2004, de 18 de Agosto.

[7] Especificamente sobre este tema pode ver-se António Francisco de Sousa, «Actuação policial e princípio da proporcionalidade», in *Polícia*, ano LXI, 1998, Set./Out., n.° 113, 15-20;

notou que muitas das críticas à actividade da polícia radicam na alegada inobservância deste princípio[8]. Paradoxalmente, o debate sobre a actuação de polícia é sobretudo um debate sobre *os excessos*, para alguns, ou os *défices*, para outros, dessa actuação.

O casamento entre *polícia* e *proporcionalidade* não é de agora, mas é hoje que ele assume um alcance maior. Para demonstrar esta afirmação começaremos por uma breve revisão da gradual construção do conceito de polícia, deixando algumas notas sobre o *processo histórico* de associação entre esse conceito e as ideias de necessidade e, ulteriormente, de proibição do excesso.

Depois, atendendo à condição polissémica ou plurisignificativa do conceito de polícia, fixaremos os conceitos de polícia em sentido *material* ou *funcional* e de polícia em sentido *orgânico*. No contexto da polícia em sentido orgânico recortaremos as *forças e serviços de segurança*.

De seguida enunciaremos os *traços essenciais* do princípio da proibição do excesso, identificando as várias expressões constitucionais da sua recepção no ordenamento jurídico-constitucional português.

Finalmente, estudaremos algumas das *refracções mais significativas* deste princípio como limite à actividade de polícia, com particular ênfase na actividade de polícia das forças e serviços de segurança.

A evolução histórica do conceito de polícia

O conceito de polícia que hoje empregamos resulta de um prolongado processo de evolução que foi da indiferenciação ao razoavelmente (embora não totalmente) diferenciado. Nos gregos, onde tem a sua origem etimológica (*polis, politeia*), polícia confunde-se com a organização da comunidade[9]. Bem mais tarde, desde o final da Idade Média e durante a estruturação do Estado Moderno na Europa, historicamente contemporâneo do poder monárquico absoluto, a palavra polícia vai assumindo um significado preciso que coincide com as áreas em que o soberano tem um poder de decisão próprio e não vinculado à lei, situação que atinge expoente máximo com o que se designa de *Estado de polícia* (*Polizeisstaat*)[10]. Na Alemanha, que podemos utilizar como paradigma de uma

---

Lúcia Maria de Figueiredo Ferraz Pereira Leite, «O princípio da proporcionalidade nas medidas de polícia», in *Estudos de direito de polícia*, ob. col., Lisboa, 2003, 361 e ss.

[8] António Francisco de Sousa, «Actuação policial e princípio da proporcionalidade», cit., 18.

[9] Assim, João Raposo, *Direito policial*, tomo I, Coimbra, 2006, 21.

[10] V. indicações sobre o Estado de Polícia em Maria da Glória Ferreira Pinto Dias Garcia, *Da Justiça Administrativa em Portugal*, Lisboa, 1994, 141 e ss.

evolução mais ou menos linear do conceito, *polícia* recobria, nos séculos XVII e XVIII, as áreas da administração em que o soberano absoluto exercia autoridade sem sujeição à lei e sem controlo por parte dos tribunais. Os actos de administração do príncipe, sobretudo ao nível da segurança e da ordem pública e até da promoção do bem estar dos súbditos[11], eram livres.

Com toda a dinâmica filosófica, institucional e política do Século das Luzes, e das revoluções americana e francesa, este conceito de *polícia* viria a sofrer uma dupla reavaliação.

Primeiro, porque a partir do último quarto do século XVIII e sobretudo ao longo de todo o século XIX a ideia de limitação do poder é um dos pilares do constitucionalismo e irrompe por todo o lado a partir da Constituição americana de 1787 e das constituições polaca e francesa de 1791. Como consequência, a possibilidade de um sector da actividade do poder político agir sem qualquer limitação, ou sem sujeição à Constituição ou à lei, é resolutamente rejeitada nessa altura. Os actos de polícia passam a estar sujeitos também à lei e ao controlo judicial.

Segundo, o conceito sofre igualmente uma precisão do ponto de vista teleológico. A actividade de polícia deixa de se referir à promoção positiva e activa do bem estar dos indivíduos, para se passar a referir apenas à manutenção da tranquilidade, da segurança e da ordem públicas.

O "encontro" entre a polícia e a ideia de necessidade

É nesta encruzilhada que a actividade de polícia e o que designamos hoje de princípio da proibição do excesso ou da proporcionalidade se encontram pela primeira vez. A ideia de limitação da polícia concretiza-se desde logo através da sua submissão a parâmetros de *necessidade* dos actos de polícia. Em paralelo – embora com ritmos diferenciados de Estado para Estado e com a continuação de amplos espaços de actuação mais ou menos livre – inicia-se também um lento processo de gradual submissão dessa actividade à lei e ao controlo judicial. Importa

---

[11] Que o conceito de polícia que vai até ao final do séc XVIII era mais abrangente do que o que se utiliza a partir do séc. XIX e muito mais amplo do que aquele que empregamos hoje é observado por exemplo por Marcello Caetano, *Direito Administrativo*, vol. II, 1146. E nessa época não se pode falar ainda de submissão da polícia à legalidade ou a um princípio de legalidade (Marcello Caetano, *idem*, 1147). V. também Rogério Guilherme Ehrhardt Soares, *Interesse público, legalidade e mérito*, Coimbra, 1955, 57, 63, etc., o qual se refere ao *arbítrio* geral vigente durante o chamado Estado de polícia. V. a mais recente recensão em Catarina Sarmento e Castro, *A questão das polícias municipais*, Coimbra, 2003, 21 e segs.

A Actividade da Política e a Proibição do Excesso: as Forças e Serviços de Segurança em Particular

reter, porém, que a construção de uma ideia de *necessidade* ou, por outras palavras mais abrangentes, de *proporção* dos actos do poder público, lança os seus primeiros alicerces justamente no território das actividades de polícia. Poderá conceber-se inclusive que em certos contextos esta ideia de necessidade antecedeu a ideia de legalidade forjada e aperfeiçoada no séc. XIX.

Por isso, a doutrina alemã detecta os primeiros rastos da exigência de necessidade, hoje central no princípio da proibição do excesso ou da proporcionalidade, no direito prussiano de polícia entre meados e final do século XVIII[12], coincidindo com um esforço de estabelecimento das bases fundamentais de uma ciência da legislação. Neste momento não triunfara ainda o constitucionalismo (que no espaço germânico só triunfará tardiamente), mas dão-se passos no sentido do estabelecimento – *avant la lettre*, porque ainda num contexto de absolutismo – dos futuros alicerces do Estado de Direito no que diz respeito à sujeição do poder do Estado a exigências de racionalidade nas relações com os cidadãos[13]. Em 1791, em cumprimento de uma ordem de 1780 de Frederico o Grande da Prússia (1740-1786), e já no tempo de Frederico Guilherme III, fica pronta a *Allgemeine Gesetzbuch für die Preussichen Staaten*, preparada com a participação de Carl Gotlieb Svarez (1746-1798) e de Ernst Ferdinand Klein (1744-1810). Esta *Allgemeine Gesetzbuch*, ensaia em alguns dos seus trechos o que certos autores classificam, porventura exageradamente, como uma espécie de catálogo sumário de direitos fundamentais[14]. No § 79 contém uma formulação que antecipa aquilo que mais tarde se designaria de princípio da proporcionalidade ou da proibição do excesso: "*Die Gesetze und Verordnungen des Staats dürfen die natürliche Freyheit und Rechte der Bürger nicht weiter einschränken, als es der gemeinschaftliche Endzweck erfordert.*"[15]

---

[12] Hans SCHNEIDER, «Zur Verhältnismässigkeits - Kontrolle insbesondere bei Gesetzen», in *Bundesverfassungsgericht und Grundgesetz*, Tubinga, J.C.B. Mohr, 1976, vol. II, 391/2; Albert BLECKMANN, «Begrundung und Anwendungsbereich des Verhältnismäßigkeitsprinzip», in *JuS*, 1994, 177, referencia numa obra de Scheidemantel, *Das allgemeine. Staatsrecht überhaupt und nach der Regierungsform*, 1775, 250 segs. alusões à proporcionalidade; Rainer DECHSLING, «Das Verhältnismäßigkeitsgebot», Munique, 1989, 7, secunda Krauss na referência a um *Handbuch des Teutschen Policeyrechts*, de 1799, que já aludiria a um pensamento de proporcionalidade; Marc d'Avoine, *Die entwicklung des Grundsatzes der verhältnismässigkeit insbesondere gegen ende des 18. jahrhunderts*, tese, Universidade de Trier, 1994, refere-se a instrumentos normativos precisos que vão nesse sentido.

[13] V. Marc d'Avoine, *Die entwicklung* ..., 73.

[14] Marc d'Avoine, *Die entwicklung...*, 74.

[15] Em tradução livre: "as leis e regulamentos do Estado não devem limitar as liberdades e os direitos naturais dos cidadãos mais do que aquilo que é exigido pelas finalidades comunitárias". O conceito de necessidade ou de exigibilidade (*erfordert, erfordertlichkeit*) é central neste comando.

Apesar deste comando da *Allgemeine Gesetzbuch* reivindicar textualmente um âmbito mais vasto, foi no âmbito da actividade de polícia (e em parte no contexto do direito penal) que se começou a afirmar no século XVIII o princípio da proibição do excesso.

Desde então, as exigências da *necessidade* ou *indispensabilidade* dos meios, isto é, a prescrição do emprego dos meios mais *suaves* para atingir um certo fim (exigência que pressupõe a adequação do meio à prossecução do fim eleito), não mais deixaria de estar ligada à actividade de polícia, embora verdadeiramente só na segunda metade do séc. XIX se tenham acabado de preencher as condições propícias para a afirmação da ideia de necessidade na jurisprudência e nos compêndios jurídicos. Entre essas condições cita-se a convicção de que a actividade do Estado está limitada quanto aos fins (contribuição liberal, em oposição à cosmovisão totalitária do Estado absolutista), a concepção de que a intervenção na esfera de liberdade dos cidadãos carece de uma autorização específica da lei, a controlabilidade jurisdicional dos actos de autoridade, o fortalecimento das bases do direito administrativo.

Em Portugal, é sintomático que as primeiras referências doutrinais a uma ideia de proporcionalidade surjam bastante tardiamente, mas surjam justamente no âmbito dos limites aos poderes de polícia tal como definidos por Marcello Caetano[16]. Este autor realçava que os poderes de polícia "*não devem ser exercidos de modo a impor restrições e a usar coacção além do estritamente necessário*" (itálico no original). E acrescentava que "tem de haver proporcionalidade entre os males a evitar e os meios a empregar para a sua prevenção".

Não é possível fazer aqui o estudo de todo o processo de desenvolvimento do princípio da proporcionalidade ou da proibição do excesso, nem tão pouco da noção e limites da actividade de polícia. Limitar-me-ei, por isso, a uma breve referência ao significado e alcance actuais dessas noções, privilegiando, no caso da polícia, o próprio quadro constitucional.

---

[16] *Manual de Direito Administrativo*, 1158/9. V. o que escrevemos em «O princípio da proibição do excesso na Constituição: arqueologia e aplicações», in *Perspectivas Constitucionais. Nos 20 anos da Constituição de 1976*, separata ao vol. II, Coimbra, 1997, 340.

Noções de polícia em sentido orgânico e de polícia em sentido material ou funcional

a) Polícia em sentido orgânico

A Constituição não fornece nenhuma definição de polícia em sentido orgânico. No entanto há referência parcelar a *polícias*: serviços e forças de segurança (sem os definir, como veremos); polícias municipais. Por isso a definição terá de ser essencialmente doutrinal: polícia em sentido orgânico é *toda a entidade administrativa que tenha a seu cargo predominante ou exclusivamente o exercício de uma actividade policial*[17].

Conforme se pode intuir do texto constitucional (arts. 163.º, i), 164.º, o) e u), 270.º e 272, n.º 4, as principais policias em sentido orgânico são as forças de segurança e, complementarmente, os serviços de segurança. No entanto, há polícias que *não integram* o grupo das forças e dos serviços de segurança: é paradigmaticamente o caso das polícias municipais (art. 237.º, n.º 3, da CRP).

A definição de polícia em sentido orgânico remete para o conceito de actividade administrativa de polícia ou *actividade policial* (polícia em sentido material ou funcional).

b) Polícia em sentido material ou funcional

A doutrina portuguesa clássica (Marcello Caetano, Afonso Queiró e até autores recentes, como Vital Moreira) definia ou define a actividade administrativa de polícia através do recurso a aspectos de natureza simultaneamente teleológica e funcional: essa actividade teria por fim a garantia da segurança e da ordem públicas através do controlo de condutas perigosas para os interesses sociais gerais, desenrolando-se através de actos de autoridade limitadores ou restritivos dos direitos e das liberdades dos cidadãos.

Esta doutrina clássica tem sido contestada por alguns autores, como Sérvulo Correia[18] e Catarina Sarmento e Castro, desde logo no que toca à utilização do efeito limitativo ou restritivo de direitos dos actos de polícia como elemento caracterizador do conceito de polícia. Alicerçada no artigo 272.º, n.º 1, da Constituição, a segunda autora contrapôs recentemente uma noção de polícia em

---

[17] Esta definição coincide com a de Sérvulo Correia, «Polícia», in *Dicionário Jurídico da Administração Pública*, vol. VI, 402 e ss, e a de João Raposo, *Direito policial*, cit., 35.

[18] Sérvulo Correia, «Polícia», 402 e ss.

que está presente não apenas um modo de agir ablativo de situações jurídicas subjectivas dos cidadãos, mas também prestações positivas *"em que se pretendem satisfazer verdadeiros direitos a prestações"*[19]. Antes, Sérvulo Correia defendera que "alguns actos de polícia podem ser considerados *administração de prestação* (...) a favor dos particulares"[20].

Se esta tese fosse correcta, isso forçar-nos-ia ou a reelaborar o próprio âmbito de aplicação do princípio da proibição do excesso ou a reavaliar a sujeição a este princípio da actividade de polícia, pelo menos na parte em que tal actividade se traduza nas referidas prestações positivas. Na verdade, não merece qualquer dúvida que o princípio da proibição do excesso tem aplicação quando uma determinada actividade implica a restrição ou a limitação de situações jurídicas subjectivas ou interesses de natureza mais geral. Mas já suscitará viva discussão a hipótese de tal princípio, na sua definição mais comum na doutrina e na jurisprudência, poder ser aplicado também nos casos em que a Administração satisfaz verdadeiros direitos a prestações. Por isso, se a actividade de polícia fosse também prestacional poderíamos ter de admitir uma de duas consequências: ou que o princípio da proibição do excesso também é aplicável quando o Estado actua na sua dimensão *prestacional*; ou que já não é verdadeiro o postulado de que a actividade de polícia *está toda sujeita* ao princípio da proibição do excesso, estando apenas *parcialmente sujeita*, isto é, apenas na parte em que continua a ser restritiva de situações jurídicas subjectivas.

Mas talvez não tenhamos de chegar tão longe. Na verdade, esta tentativa de superação do conceito tradicional de polícia é atraente, mas suscita reservas e não se sustenta em argumentos suficientemente persuasivos para abandonar a tese clássica.

O preceito constitucional apontado como alicerce para a vocação também *prestacional* da actividade de polícia não parece conclusivo. O artigo 272.º, n.º 2, é ambíguo porque a noção de polícia que incorpora não é clara: trata-se de polícia em sentido material ou funcional (actividade ou função de polícia, praticada pela Administração), ou polícia em sentido orgânico (os vários órgãos da Administração que desempenham dominantemente funções materiais de polícia)?

---

[19] Catarina Sarmento e Castro, *A questão das polícias...*, cit., 47.

[20] Sérvulo Correia, «Polícia», cit., 404. O autor discute e contesta também os outros elementos da noção clássica de polícia, designadamente os conceitos de segurança e ordem públicas, concluindo que o elemento específico da polícia é, afinal, "a prevenção ou afastamento de perigos gerados por comportamentos individuais para interesses públicos legalmente reconhecidos". Por não terem implicações no objecto deste trabalho – a aplicação da proibição do excesso à actividade de polícia – não apreciaremos a validade das críticas do autor, continuando, por mera comodidade, a utilizar os parâmetros e conceitos clássicos.

Uma versão textualista[21] poderia argumentar que quando se diz que "*A polícia* tem por *funções* defender a legalidade democrática e garantir a segurança interna e os direitos dos cidadãos" (itálico acrescentado), *polícia* adquire nesse enunciado um significado orgânico, respeitante às *forças* ou *corpos de polícia*. Só uma organização pode cumprir *funções*. Todavia, esta interpretação, para além de textualista, corre também o risco de ser restritiva, fazendo perder à disposição constitucional parte da sua utilidade. O preceito constitucional, pela sua ambiguidade, consente uma interpretação extensiva no sentido de abranger quer o conceito orgânico quer o conceito material ou funcional de polícia. A *actividade* de polícia tem como *finalidades* a defesa da legalidade democrática e a garantia da segurança interna e dos direitos dos cidadãos

Mas mesmo admitindo esta interpretação abrangente do artigo 272.º, n.º 1, não se vê como possa dela extrair-se indicação de que a polícia (em qualquer dos sentidos estudados) está sujeita a vocações *prestacionais*. O artigo 272.º, n.º 1, desempenha na sistemática constitucional uma função importantíssima. Ele é uma das expressões mais claras (a outra consta do art. 27.º, n.º 1, também da CRP, quando emparelha liberdade e segurança) do equilíbrio que a Constituição procura estabelecer entre lei, segurança e liberdade. Houve um tempo em que a segurança se sobrepunha sempre à liberdade. Houve outro em que, para certos sectores ideológicos, a segurança era vista como inimiga ou rival da liberdade, pelo que havia de preservar esta face àquela. Hoje sabe-se que não há liberdade sem segurança e é isso que a Constituição exprime quando fala da trilogia das funções da polícia: a defesa da legalidade, a garantia da segurança interna e a garantia dos direitos (da liberdade e outros) dos cidadãos. Esse é o "programa" que o art. 272.º, n.º 1, contém: à polícia, em sentido orgânico e, concomitantemente, à actividade da polícia, cabe não apenas a manutenção de um *status* objectivo, de segurança e de ordem públicas, prevenindo os riscos próprios da vida em sociedade, mas também a protecção dos direitos dos cidadãos. À polícia a Constituição indica o caminho do equilíbrio entre segurança e liberdade. Esta nota tem importância para o objecto do presente trabalho: se à polícia (sentido orgânico) e à actividade policial (sentido material) se exige que concilie segurança e liberdade, se há que proceder a operações de balanceamento e de ponderação entre esses dois valores, se em cada situação há que definir qual a medida em que cada um desses valores cede, tem de haver instrumentos adequados para essas operações de balanceamento e de ponderação. E o princípio da proibição do excesso ou da proporcionalidade na sua configuração mais recente e mais aperfeiçoada é o mais proeminente desses instrumentos.

---

[21] Como a que fizemos em «Princípio da proibição do excesso e a polícia», separata de *I Colóquio de Segurança Interna*, Coimbra, 2005, 194.

O facto de uma das funções ou finalidades prosseguidas pela polícia ser a garantia dos direitos dos cidadãos não implica que os cidadãos individualmente considerados tenham um direito individual a *certas* prestações de segurança. Aqui há que distinguir diferentes planos: o colectivo e o individual.

Os cidadãos podem exigir colectivamente que as forças de polícia e a actividade de polícia assegurem essencialmente no território português[22] a segurança interna *prevenindo a ocorrência ou o acréscimo de danos individuais ou sociais e promovendo a sua eliminação, caso se verifiquem, designadamente através da protecção de pessoas e bens e da prevenção da criminalidade.* Esta exigência traduz-se num *dever genérico* dos órgãos e agentes de polícia de tomarem as medidas de polícia adequadas àquele desiderato. Correlativamente, no dia a dia, órgãos e agentes de polícia concretos e individualizados vêm surgir na sua esfera individual *deveres concretos* de actuação, que devem cumprir sob pena de responsabilidade disciplinar e porventura até criminal (*omissão de deveres de acção ou de assistência*). O cumprimento destes deveres de actuação traduz-se na criação de um ambiente objectivo de legalidade democrática e de garantia da segurança interna e dos direitos dos cidadãos. Do ponto de vista da esfera subjectiva de certos cidadãos, a actuação policial pode traduzir-se ou não no *enforcement* de direitos individualmente detidos e usufruídos. Mas esta consequência subjectivada é um mero *reflexo* do cumprimento de deveres objectivos a cargo das entidades policiais. Por isso não se pode dizer que como correlato a tal dever objectivo de actuação da polícia existem direitos subjectivos individuais a *prestações de polícia*[23]. O cidadão individualmente considerado não tem um *direito* a uma determinada actuação da polícia[24] como seria, por exemplo, o direito individual a que um agente de polícia se oponha a um assaltante que violou a sua residência, ou o direito a que o agente de polícia enfrente um agressor que ameaça a sua integridade física, ou o direito a uma prestação de guarda individual da residência, ou ainda o direito a uma prestação de patrulha para evitar o tráfico de droga à porta da residência. Em todas essas circunstâncias o órgão ou agente de polícia tem certamente o dever de actuar, não lhe sendo permitida a simples omissão. Mas esse dever é densificado e medido de acordo com a lei, as orientações de

---

[22] No contexto actual de globalização dos riscos e das ameaças entendemos que as actividades que visam a garantia da segurança interna podem ter de ser desenvolvidas no exterior do território nacional (brigadas policiais mistas multinacionais, missões de investigação, *hot pursuit*, etc.).

[23] Discutimos e sustentámos a possibilidade de existência de verdadeiros deveres jurídicos sem a correspondente existência de direitos do lado activo em «Relação jurídico-pública», separata do *Dicionário Jurídico da Administração Pública*, vol. VII, 214, nota.

[24] Fala de um "direito a uma actuação de polícia", Catarina Sarmento e Castro, *A questão das polícias...*, cit., 62.

A Actividade da Política e a Proibição do Excesso: as Forças e Serviços de Segurança em Particular 457

polícia, as competências e o estatuto do agente, a avaliação concreta da situação e do risco, etc. Na ponderação da situação concreta e do risco devem ser avaliados os direitos individuais dos cidadãos em causa (direito à vida, direito à liberdade, direito à segurança, direito de propriedade, etc.). Mas a medida, extensão e conteúdo do dever policial não são determinados ou moldados por qualquer direito individual do cidadão a uma prestação policial.

Isto não impede que as forças e os agentes de polícia que desenvolvam predominantemente actividades de polícia – *polícia em sentido orgânico* – exerçam também actividades não policiais em sentido material, designadamente actividades de prestação positiva, como, por exemplo, formação cívica dos jovens nas escolas contra o uso de drogas, de divulgação das regras de trânsito, etc[25]. Por outro lado, é possível que os serviços ou agentes de polícia fiquem vinculados a certas prestações específicas a este ou aquele cidadão, no âmbito do exercício das suas funções materialmente policiais. Mas isso resulta ou da salvaguarda de interesses de carácter geral, como nas ocasiões em que é feita segurança pessoal a certos titulares de órgãos de soberania, ou de compromissos assumidos fora do quadro normal da prestação do serviço público de segurança à comunidade em geral. Por exemplo, quando os agentes de forças de segurança prestam os chamados serviços gratificados, em espectáculos musicais, acontecimentos desportivos e outros eventos semelhantes, essas prestações resultam de vínculos contratuais que se estabelecem com as entidades promotoras dos eventos e não directamente das obrigações gerais inerentes à actividade de polícia paga pela generalidade dos contribuintes.

O alargamento da noção de polícia, ou de actividade de polícia, de modo a recobrir uma actividade prestacional positiva ampliaria excessivamente o conceito e retirar-lhe-ia qualquer capacidade distintiva com outras actividades prestacionais, públicas e privadas. Se entendêssemos que a referida prestação de formação cívica a jovens é também uma actividade policial no sentido mais amplo, como poderíamos distingui-la da actividade do professor ou do formador, que pode ser materialmente idêntica?

Isto leva-nos a concluir que, apesar de tudo, a noção tradicional de actividade de polícia – actividade que se desenvolve através de actos de autoridade ablativos de situações jurídicas subjectivas[26] – ainda é a que maior capacidade distintiva e

---

[25] V. estes e outros exemplos em Catarina Sarmento e Castro, *A questão das polícias...*, cit., 56.

[26] Não se ignora a observação de Sérvulo Correia, «Polícia», in *Dicionário Jurídico da Administração Pública*, vol. VI, 395, de que há actos de polícia, como as autorizações de polícia, que são essencialmente ampliativos. Mas sempre se pode alegar que estes actos ampliativos estarão normalmente numa relação de dependência com opções de polícia anteriores que representaram

operacional apresenta. Por isso a noção de actividade de polícia que melhor se aproxima da concepção constitucional é a seguinte: *actividade da Administração Pública que consiste na emissão dentro limites legais de regulamentos e na prática de actos administrativos e materiais que controlam, através da ablação de situações jurídicas subjectivas, condutas perigosas dos particulares, com o fim de evitar que estes venham ou continuem a lesar a legalidade democrática, a segurança interna e os direitos dos cidadãos*[27].

Esta definição desenrola-se em 6 postulados básicos, amigos da Constituição:

- toda a actividade de polícia é uma actividade administrativa, com a consequência, por exemplo, de sujeição aos princípios gerais do art. 266.º da CRP;
- a actividade de polícia está sujeita a limites (previsão expressa na lei das medidas de polícia – art. 272.º n.º 2 da CRP –, direitos, liberdades e garantias dos cidadãos, regras gerais de polícia – art. 272.º, n.º 3, da CRP[28], princípio da proibição do excesso);
- rejeição de uma delimitação simplesmente negativa de polícia (actividade de limitação de direitos), embora a natureza limitativa ou restritiva de comportamentos continue presente;
- adopção de uma ideia positiva de polícia (actividade de defesa e de garantia da legalidade, da segurança e dos direitos dos cidadãos);
- adopção de uma concepção ampla de fins de polícia (todos os interesses gerais que possam ser colocados em risco são protegidos pela actividade de polícia);
- a actividade de polícia deve conciliar segurança com liberdade.

---

uma restrição da liberdade dos cidadãos, podendo por isso dizer-se que são actos de polícia *secundários*, no sentido de que não poderiam existir se não houvesse uma qualquer decisão de polícia restritiva anterior. Por exemplo, a necessidade de autorização de uso e porte arma só adquire sentido útil porque houve uma decisão (legislativa ou administrativa) de polícia anterior que introduziu a restrição à liberdade de uso e porte de arma. O acto ampliativo limita-se a anular o efeito de uma decisão anterior de polícia, tendo por isso a mesma natureza. Saliente-se, por outro lado, que tendo em conta o perigo que o uso e porte de arma pode representar para os direitos de terceiros, não se exclui que estes actos ampliativos tenham de passar pelo crivo da proibição do excesso. Mais difíceis de reconduzir à noção clássica de actos de polícia são os actos que não são directamente nem ampliativos nem ablativos, como é o caso da actividade de vigilância geral («Polícia», cit., 404).

[27] Como base de trabalho para esta definição utilizámos e reelaborámos, com a devida vénia, a proposta de Sérvulo Correia, «Polícia...», cit.

[28] Apesar das regras gerais de polícia e dos direitos, liberdades e garantias aflorarem apenas no art. 272, n.º 3, da CRP, respeitante à prevenção dos crimes, eles têm carácter geral.

A opção por esta noção de actividade de polícia não inviabiliza que *a polícia em sentido orgânico* desempenhe outras funções e tenha outras actividades que não apenas as de polícia. Aliás, numa sociedade moderna e democrática é certamente salutar aproximar os polícias dos cidadãos e suavizar a imagem por vezes agreste que estes têm daqueles.

Esta conclusão tem uma consequência no âmbito deste trabalho: pode continuar a afirmar-se que o princípio da proibição do excesso se aplica *a toda a actividade de polícia*, sem excepção, sem que isso implique qualquer reelaboração daquele princípio.

c) As diferentes manifestações da actividade de polícia em sentido material ou funcional

No contexto da actividade administrativa de polícia ou polícia administrativa em sentido material ou funcional, a Constituição e lei permitem a subdivisão em:

– polícia judiciária (auxiliar das autoridades judiciárias na prevenção, investigação e repressão da criminalidade);
– polícia administrativa geral de segurança interna pública;
– polícias administrativas especiais (sanitária, viária, ambiental, de saúde pública, venatória, etc.

Saliente-se que há várias polícias em sentido orgânico que acumulam vários tipos de actividade policial: por exemplo, a GNR e a PSP são simultaneamente polícias judiciária, administrativa geral de segurança interna pública e viária.

d) Em particular: «forças e serviços de segurança»

A denominação «forças e serviços de segurança» é despreocupadamente empregue na Constituição e na lei, em particular na Lei de Segurança Interna (LSI)[29], a qual contém inclusivamente uma lista de forças e serviços de segurança (art. 14.º, n.º 2). No entanto nenhuma daquelas fontes normativas define ou dá indicações precisas sobre como definir e distinguir «forças de segurança» e «serviços de segurança». Essa circunstância tem duas implicações: (i) não é inteiramente seguro quais são as forças e serviços de segurança; (ii) não se sabe o que distingue as «forças» dos «serviços» de segurança.

O primeiro problema não é resolvido pelo já referido art. 14.º, n.º 2, da LSI. Embora haja alguma tendência para considerar que a lista de forças e serviços de

---

[29] Lei n.º 20/87, de 12 de Junho, alterada em 1991.

segurança constante do preceito (GNR, Guarda Fiscal, PSP, PJ, SEF, órgãos dos sistemas de autoridade marítima e aeronáutica, SIS) constitui um elenco *taxativo*, basta confrontá-la com outras fontes normativas para verificar que tal lista está *desactualizada* (ainda menciona a Guarda Fiscal como força autónoma), está *incompleto* (faltam pelo menos a Polícia Marítima e a Polícia Judiciária Militar) e é *impreciso*, uma vez que remetendo para os órgãos do sistema de autoridade marítima, está a incluir no rol dos serviços e forças de segurança, por exemplo, a Direcção Geral de Saúde, o Instituto Marítimo Portuário e outros que manifestamente não o são à luz de nenhum critério razoável. Por outro lado, a lista não permite uma decisão sobre casos duvidosos: os guardas prisionais, a polícia florestal, as inspecções, as Polícias Militar, Aérea e Naval, a Agência para a Qualidade Alimentar.

O segundo problema também não tem resposta. Se o regime jurídico a que estão sujeitas essas duas categorias fosse idêntico[30], a distinção revestir-se-ia de interesse estritamente doutrinal. Porém, à luz da Constituição não se pode sustentar essa identidade de regime.

É certo que partilham aspectos de regime comuns: desempenham a título principal, embora não forçosamente exclusivo, funções de segurança interna pública; são estruturas através das quais o Estado cumpre os seus deveres de garantia da segurança interna pública; através de alguns dos seus órgãos que são autoridades de polícia, podem aplicar as medidas de polícia, gerais ou especiais, previstas no artigo 16.º da Lei de Segurança Interna; os seus agentes estão sujeitos às restrições do art. 270.º da CRP.

No entanto, não é lícito ignorar que a Constituição diferencia claramente forças e serviços de segurança: quanto ao tipo de organização, define a obrigatoriedade de organização nacional das primeiras nada dizendo sobre os segundos (art. 272.º, n.º 4); sobre a competência para a definição do regime, a Constituição esclarece que o regime das forças de segurança é objecto de reserva absoluta da AR (art. 164.º, u)), nada dizendo sobre os serviços de segurança, à excepção dos que integram o SIRP (Sistema de Informações, art. 164.º, q)); de acordo com o Tribunal Constitucional, pelo menos as forças de segurança têm de estar taxativamente enumeradas na lei; sobre o envolvimento no estrangeiro, a Constituição comete à Assembleia da República o acompanhamento da participação das forças de segurança em missões no exterior, nada dizendo sobre os serviços de segurança (art. 163.º, i, segunda parte)).

Qual então o critério distintivo entre forças e serviços de segurança?

---

[30] Como parece poder inferir-se de João Raposo, *Direito policial*, cit., 43.

A *Actividade da Política e a Proibição do Excesso: as Forças e Serviços de Segurança em Particular*   461

Poderíamos imaginar alguns critérios possíveis:

– forças de segurança são as expressamente designadas como tal no respectivo diploma orgânico (GNR. PSP); os outros são serviços de segurança (a Polícia Marítima poderia eventualmente ser um   *tertio genus*: força policial armada e uniformizada, composta por militares da Marinha e agentes militarizados), ou unidades não autónomas ou auxiliares de polícia – *critério formal*;
– as forças de segurança são as polícias em sentido próprio (PSP, GNR, PM, PJ, PJM), os serviços os restantes (SIS, SEF, órgãos de polícia aeronáutica) – *critério nominal*, art. 1.°, n.° 1, LSI;
– as forças de segurança organizam-se de acordo com uma lógica de comando de tipo militar, fortemente hierarquizadas e dotadas de meios de coerção e de um dispositivo que lhes permita intervenções directas em situações de violência de massas (PSP, GNR, PM), enquanto os serviços de segurança se estruturam de acordo com a lógica normal dos serviços da Administração Pública (PJ, SEF, SIS) – *critério estrutural*[31];
– as forças de segurança são compostas por agentes uniformizados e armados, enquanto nos serviços de segurança isso não é forçoso, embora os agentes possam usar arma nos termos da lei e de acordo com as circunstâncias – *critério material*.

Embora meramente formal, porque está dependente da opção mais ou menos arbitrária do legislador, o primeiro critério é o mais seguro e será o que consideraremos.

O princípio da proibição do excesso na sua configuração mais recente

Nas últimas cinco décadas na Europa[32] (particularmente na Alemanha) e nas instituições internacionais e nas últimas três décadas em Portugal, o princípio da

---

31 Este é o critério adoptado por João Raposo, *Direito policial*, cit., 49.

32 Na Europa restarão poucos ou nenhuns países resistentes ao princípio da proporcionalidade. Os próprios tribunais e juristas ingleses, usualmente pouco receptivos a institutos jurídicos importados do continente, parecem render-se gradualmente ao princípio. Mas até à pouco não se ia além do chamado *Wednesbury test*. Este *test* remonta ao caso *Associated Provincial Picture Houses Ltd. V. Wednesbury Corporation* (1948), onde se admitiu que uma decisão administrativa pode ser judicialmente contrariada se for tão desrazoável (*unreasonable*) que nenhum orgão público razoável a poderia ter tomado. Trata-se, por conseguinte, de um *teste de razoabilidade*. Numa formulação sintética, esta espécie de irracionalidade seria aplicável apenas à decisão que seja tão ultrajante no

proibição do excesso "cresceu": cresceu na clareza da sua delimitação[33]; cresceu no reconhecimento que lhe é conferido pelos operadores do direito; cresceu nas aplicações; cresceu nos domínios em que se aplica. Em consequência de uma "irresistível ascensão"[34] e da força da procura do "razoável", da "justiça do caso concreto", da "proporção", do "balanceamento", o princípio da proibição do excesso é hoje um princípio geral de direito que, continuando a vigorar nos domínios da actividade de polícia, onde deu os seus primeiros passos, tem uma ambição muito mais vasta, como pode ser visto se olharmos para a nossa Constituição, para a jurisprudência dos nossos tribunais superiores, ou para a legislação mais recente. O sucesso do princípio[35] gerou também os seus críticos que, preocupados com as ilusões que suscita e os seus "perigos" – a fluidez, a vacuidade, a oscilação das concepções judiciais sobre o seu alcance, a subjectividade, o governo dos juízes, a perda de segurança jurídica[36] –, sugerem a sujeição da aplicação do próprio princípio da proibição do excesso ou da proporcionalidade a uma ideia de... proporcionalidade!

---

seu desafio à lógica ou a padrões morais aceites que nenhuma pessoa sensível que reflita sobre a questão poderiater chegado a ela (Lord Diplock). Nas últimas duas ou três décadas tem-se admitido a aplicação do princípio da proporcionalidade em casos onde sejam aplicáveis pelos tribunais britânicos normas de direito da União Europeia ou normas da Convenção Europeia dos Direitos do Homem. E fora desse âmbito, embora a orientação mais persistente pareça ser a de que o teste da proporcionalidade não deve ser considerado um teste autonomamente utilizado pelos tribunais – os quais se devem cingir ao *Wednesbury test* ou teste de razoabilidade –, já se podem identificar, pelo menos desde 1976 (*Barnsley MBC, ex parte Hook,*) casos de puro direito doméstico onde se aplica o princípio. Sobre toda esta situação Paul Craig, «Unreasonableness and Proportionality in UK Law», in Paul Craig (ed.) *The Principle of Proportionality in the Laws of Europe*, Oxford, 1999, 85-115.

[33] Embora porventura alguns possam continuar a aderir à expressão empregue em 1978 por F. Delpérée, «Le príncipe de proportionnalité en droit public», *Rapports belges au Xéme Congrés international de droit compare*, Budapest, 1978, 503: o princípio da proporcionalidade seria *"uma falsa ideia clara"*.

[34] P. Martens, «L'irrésistible ascension du príncipe de proportionnalité», *Présence du droit public et des droits de l'Homme. Mélanges offerts à J. Velu*, Bruxelas, 1992, 49 ss.

[35] É interessante referir as razões do sucesso deste princípio identificadas por Sébastien Van Drooghenbroeck, *La proportionnalité...*, cit., 13: em primeiro lugar, a proporcionalidade assenta numa ideia simples, facilmente perceptível mesmo por não juristas. A ideia de proporcionalidade transmite-se facilmente com recurso a imagens correntes: trata-se de não matar as moscas com um canhão, ou de não partir nozes com o martelo pilão, etc. Em segundo lugar, a proporcionalidade permitiria realizar o velho sonho da equidade, até ao momento sempre esmagada por um direito duro e formal.

[36] V. por último o excelente trabalho de Sébastien Van Drooghenbroeck, *La proportionnalité...*, cit., o qual se propõe justamente realizar, no âmbito do estudo crítico do direito (de origem basicamente pretoriana) da Convenção Europeia dos Direitos do Homem, um esforço de *concordância prática* entre segurança jurídica e os traços de flexibilização normativa introduzidos por instrumentos como a proporcionalidade (v. pp. 19).

A Actividade da Política e a Proibição do Excesso: as Forças e Serviços de Segurança em Particular 463

De seguida apreciaremos sumariamente as aplicações constitucionais do princípio da proibição do excesso. Depois, Enunciaremos os sub-princípios em que se desdobra o princípio da proibição do excesso.

a) Aplicações constitucionais do princípio de acordo com a doutrina portuguesa

São poucas as Constituições estrangeiras que ostentam menções expressas ao princípio da proibição do excesso ou da proporcionalidade[37]. Em contrapartida, a doutrina tem descoberto na redacção actual da Constituição Portuguesa de 1976 numerosas manifestações, aplicações e formulações do princípio da proibição do excesso ou da proporcionalidade. As referências mais visitadas parecem ser as dos arts. 18, n.° 2, 19, n.° 4 e 8, 28, n.° 2, 30, n.° 5, 266, n.° 2, 270 e 272, n.° 2, todos da CRP. Os arts. 50.°, n.° 3, 65.°, n.° 4, 165, n.°s 2 e 3, 186.°, n.° 5, 227.°, n.° 1, alínea b e n.° 2, 267, n.° 4 e 282.°, n.° 4, são também mencionados.

Vale a pena isolar as fórmulas onde se detectam especificações do princípio da proibição do excesso ou da proporcionalidade:

- artigo 18.°, n.° 2, "(...) *limitar-se ao necessário* (...)"[38];
- art. 19.°, n.° 4, "(...) *respeitar o princípio da proporcionalidade e limitar-se* (...) *ao estritamente necessário*(...)"[39];

---

[37] V. por último a Constituição Suiça de 1999, art. 36.°, parágrafo 3: "Toute restriction d'un droit fondamental doit être proportionnée au but visé."

[38] J. Miranda, *Manual de Direito Constitucional*, tomo IV, 3.ª ed., Coimbra, 2003, 208; Freitas do Amaral, *Direito Administrativo*, vol. II, Lisboa, 1988, 203; G. Canotilho/V. Moreira, *Constituição da República Portuguesa anotada*, 3.ª ed., Coimbra, 1993, 152; Sérvulo Correia, *Legalidade e autonomia contratual nos contratos administrativos*, Coimbra, 1987, 668; Marcelo Rebelo de Sousa, Sousa, *Lições de Direito Administrativo*, Lisboa, 1994/5, 146; Maria Luisa Duarte, *A liberdade de circulação de pessoas e a ordem pública no direito comunitário*, Coimbra, 1992, 301; Nuno Sá Gomes, *Subsídios para a revisão da Constituição fiscal portuguesa*, Ciência e Técnica Fiscal, 381, Jan-Mar, 1996, 9 segs. (11); Vinício Ribeiro, *Constituição da República Portuguesa. Anotações, etc.*, Coimbra, 1993, 37; José Carlos Vieira de Andrade, *Os direitos fundamentais na Constituição Portuguesa de 1976*, 2.ª ed., Coimbra, 2001, 296, 299; Jorge Reis Novais, *As restrições aos direitos fundamentais não expressamente autorizadas pela Constituição*, Coimbra, 2003, 730. A expressão não constava da versão de 1976 do preceito, tendo sido introduzida na revisão constitucional de 1982. Mas antes disso já havia quem entendesse que do art. 18, n.° 3 (o qual entre a versão inicial e a actual só variou no ponto em que passou a conter uma proibição de retroactividade das leis restritivas de direitos, liberdades e garantias), se poderia extrair o princípio da proibição do excesso: Gomes Canotilho, *Constituição dirigente...*, 285.

[39] J. Miranda, *idem*; G. Canotilho/V. Moreira, *Constituição da República Portuguesa anotada*, 158; Marcelo Rebelo de Sousa, *Lições...*, 146; Maria Luisa Duarte, *idem*; Jorge Bacelar Gouveia, *O estadon de excepção no Direito Constitucional*, Coimbra, 1998, 825 e segs.; Jorge Reis Novais, *As restrições...*, cit., 730. Esta fórmula foi inovação da revisão constitucional de 1989.

- art. 19.º, n.º 8, "(...) *providências necessárias e adequadas* (...)"[40];
- art. 28.º, n.º 2, "(...)*outra medida mais favorável prevista* (...)"[41];
- art. 30.º, n.º 5, "(...) *exigências próprias da respectiva execução* (...)"[42];
- art. 50.º, n.º 3, "(...) estabelecer as inelegibilidades *necessárias* para garantir a liberdade (...)[43];
- art. 65.º, n.º 4, "(...) *procederão às expropriações dos solos que se revelem necessárias* (...)[44];
- art. 165.º, n.º 2, "*As leis de autorização legislativa devem definir o objecto, o sentido, a extensão e a duração da autorização, a qual pode ser prorrogada*"[45];
- art. 165.º, n.º 3: "*As autorizações legislativas não podem ser utilizadas mais de uma vez, sem prejuízo da sua execução parcelada*"[46];
- art. 186.º, n.º 5: "(...) *o Governo limitar-se-á à prática dos actos estritamente necessários para assegurar a gestão dos negócios públicos.*"[47];
- art. 266.º, n.º 2, "(...) *respeito pelos princípios...da proporcionalidade* (...)"[48];

---

[40] Gomes Canotilho, *Constituição dirigente e vinculação do legislador. Contributo para a compreensão das normas constitucionais programáticas*, Coimbra, 1982, 285; J. Miranda, *Manual...*, IV, 3.ª ed., 208; G. Canotilho/V. Moreira, *Constituição da República Portuguesa anotada*, 159. Na redacção inicial de 1976 era o art. 19.º, n.º 5. Em 1982 passou a 19.º, n.º 6 em 1989 a 19.º, n.º 8.

[41] G. Canotilho/V. Moreira, *Constituição da República Portuguesa anotada*, 190. O inciso foi introduzido pela revisão constitucional de 1989. Atente-se, porém, em que Germano Marques da Silva, *Direito Penal Português*, III vol., Lisboa, 24, recorre directamente aos artigos 18.º e 1.º para ancorar a aplicação do princípio da proporcionalidade (ou, nas suas palavras, da necessidade) às penas aplicáveis.

[42] J. Miranda, *Manual*, IV, 3.ª ed., 208. O n.º 5 do art. 30.º foi aditado pela revisão constitucional de 1989.

[43] J. Miranda, *Manual...*, IV, 3.ª ed., 208.

[44] J. Miranda, *Manual...*, IV, 3.ª ed., 208; Margarida M. O. Cabral, «Poder de expropriação e discricionariedade», in *RJUA*, n.º 2 (Dez. 1994), 125.

[45] J. Miranda, *Manual...*, IV, 2.ª ed., 218, 3.ª ed., 209, considerando "plausível a extensão do princípio" ao domínio das autorizações ao Governo e às assembleias legislativas regionais.

[46] J. Miranda, *idem*. Texto de 1982, mas com correspondência com o de 1976.

[47] J. Miranda, *idem*. O preceito foi aditado na revisão constitucional de 1982. Se bem entendemos a *ratio* haverá identidade de razões para mencionar o art. 195.º, n.º 2 (O Presidente da República só pode demitir o Governo *quando tal se torne necessário para assegurar o regular funcionamento das instituições democráticas...*), também aditado na revisão constitucional de 1982;

[48] Freitas do Amaral, *Direito Administrativo*, II, 200; G. Canotilho/V. Moreira, *Constituição da República Portuguesa anotada*, 922, 924; Sérvulo Correia, *Legalidade...*, 668; Marcelo Rebelo de Sousa, *Lições...*, 146; Maria Luisa Duarte, *idem*; Vinício Ribeiro, *Constituição...*, 267; Jorge Reis Novais, *As restrições...*, cit., 730; António Francisco de Sousa, «Actuação policial e princípio da proporcionalidade», 15. A menção ao princípio da proporcionalidade foi introduzida na revisão constitucional de 1989.

- art. 267.º, n.º 4, "(...) *satisfação de necessidades específicas* (...)"[49];
- art. 270.º, "(...)*na estrita medida das exigências*(...)"[50];
- art. 272.º, n.º 2, "(...)*estritamente necessário* (...)"[51];
- embora sem qualquer base textual, sujeitar-se-ia também ao princípio a decisão do Tribunal Constitucional de fixação dos efeitos das suas decisões com força obrigatória geral com alcance mais restritivo, nos termos do art. 282.º, n.º 4[52].

---

[49] J. Miranda, *idem.*, salientando que se trata de uma manifestação do princípio numa zona de fronteira com os direitos fundamentais. O art. 267.º, n.º 4, provém da revisão constitucional de 1982, sendo então o n.º 3 do art. 267.º

[50] J. Miranda, *idem*; G. Canotilho/V. Moreira, *Constituição da República Portuguesa anotada*, 951. O preceito foi aditado pela revisão constitucional de 1982.

[51] É importante registar que a expressão constava já da versão de 1976 e é muito próxima da fórmula acima transcrita do *Manual de Direito Administrativo* de Marcello Caetano. Gomes Canotilho, *Constituição dirigente...*, 258; J. Miranda, *idem*; Freitas do Amaral, *Direito Administrativo*, II, 203; G. Canotilho/V. Moreira, *Constituição da República Portuguesa anotada*, 956; Maria Luisa Duarte, *idem*; Vinício Ribeiro, *Constituição...*, 346; José Carlos Vieira de Andrade, *Os direitos...*, 233 e 346; António Francisco de Sousa, «Actuação policial e princípio da proporcionalidade», 15. Catarina Sarmento e Castro, *A questão das polícias...*, cit., 73, refere também o n.º 3 do art. 272.º

[52] Rui Medeiros, *A Decisão de Inconstitucionalidade. Os autores, o conteúdo e os efeitos da decisão de inconstitucionalidade da lei*, Lisboa, 1999, 716 e segs.; Jorge Miranda, *Manual...*, IV, 3.ª ed., 209.

TABELA I

Aplicações constitucionais do princípio da proibição do excesso ou da proporcionalidade de acordo com a doutrina portuguesa

Norma constitucional	Destinatário da directiva de proporcionalidade	Natureza dos actos sujeitos à directiva de proporcionalidade	Actuação sobre a qual incide a directiva de proporcionalidade	Bens, interesses ou valores prosseguidos pela actuação	Bens, interesses ou valores comprimidos pela actuação
18.º, n.º 2	Legislador, órgãos de controlo, juiz e entidades privadas	Actos normativos em geral, incluindo lei, actos dos particulares	Restrição de direitos, liberdades e garantias	Outros direitos ou interesses constitucionalmente potegidos	Direitos, liberdades e garantias
19.º, n.º 4	PR, legislador, administrador, juiz	Actos de declaração e de execução do estado de sítio, actos de controlo	Declaração e execução do estado de sítio e de emergência	Defesa nacional, independência, ordem constitucional democrática, saúde pública, direitos dos cidadãos, etc	Direitos, liberdades e garantias cujo exercício pode ser suspenso em estado de sítio ou de emergência
19.º, n.º 8	"autoridades"	Actos de administração, políticos e judiciais	Providências de restabelecimento da normalidade constitucional	Normalidade constitucional	Situações jurídicas subjectivas de natureza vária; outros interesses constitucionalmente protegidos
28.º, n.º 2	juízes	Decisões judiciais	Decisão de imposição de prisão preventiva	Interesses de investigação criminal, de protecção da vítima, de cessação da actividade criminosa, de segurança comunitária	Direito à liberdade
30.º, n.º 5	Juiz de execução, entidades administrativas de execução	Decisões judiciais e actos da Administração	Restrições dos direitos dos condenados a penas e medidas de segurança privativas da liberdade	Boa execução da pena ou medida de segurança	Direitos fundamentais dos condenados a penas e medidas de segurança
50.º, n.º 3	Legislador, órgãos de controlo	Lei, actos de controlo	Estabelecimento de inelegibilidades	Liberdade de escolha dos eleitores, isenção e independência do exercício dos cargos	Direito a ser eleito

65.º, n.º 4	Administrador (Estado, regiões autónomas, autarquias) juiz	Actos de expropriação, decisões judiciais	Compressões do direito à propriedade privada por via de expropriação	Satisfação de fins de utilidade pública urbanística	Direito à propriedade privada
165.º, n.º 2[53]	Legislador, órgãos de controlo	Leis de autorização legislativa	Autorizações legislativas do Parlamento ao Governo	Processo legislativo célere, legislação mais informada, mais coerente e identificada com o Governo	Processo mais participado, mais legitimado e mais plural
165.º, n.º 3	Legislador autorizado, órgãos de controlo	Decretos-Lei autorizados	Uso das autorizações legislativas	Não aplicável	Não há
186.º, n.º 5	Governo nas suas várias condições, órgãos de controlo	Decretos-Lei, actos administrativos, actos políticos	Actuação dos Governos de gestão	Repartição constitucional de competências; transparência e legiti- midade democráticas	Competências normais do Governo
266.º, n.º 2	Órgãos e agentes administrativos, juiz	Actos praticados pela Administração Pública, decisões judiciais	Actuação dos órgãos e agentes administrativos	Interesse público	Direitos e interesses legalmente protegidos dos cidadãos
267.º, n.º 4	Associações públicas, legislador, juízes, órgãos de controlo	Actos constitutivos de associações públicas, actos de controlo	Constituição de associações públicas	Adequado enquadramento de categorias profissionais ou entidades públicas, boa administração, boa repar- tição de competências, descentralização	Direito de livre escolha da profissão, liberdade de associação e direitos conexos, controlo directo do Estado sobre áreas de interesse público
270.º	Legislador, juízes, órgãos de controlo	Lei, actos de controlo	Restrições a direitos, liberdades e garantias de militares, militarizados agentes das forças de segurança	Bom exercício das funções próprias dos militares, militarizados e agentes das forças de segurança	Direitos, liberdades e garantias susceptíveis de restrição
272.º, n.º 2	Administrador, juízes	Actos administrativos de polícia	Medidas e acções de polícia	Defesa da legalidade demo- crática, da segurança interna e dos direitos dos cidadãos	Direitos dos cidadãos, em particular os direitos, liberdades e garantias
282.º, n.º 4	Tribunal Constitucional	Decisões do Tribunal Constitucional	Fixação dos efeitos das decisões com alcance mais restritivo	Segurança jurídica, razões de equidade ou interesse público de excepcional relevo	Situações jurídicas subjectivas de vária natureza, e bens, interesses ou valores objectivos

---

[53] O que se diz sobre o artigo 165.º, n.º 2 vale para o artigo 227.º, n.º 1, alínea b) e n.º 2, sobre autorizações legislativas às assembleias legislativas regionais.

b) *A proibição do excesso como parâmetro da prática do acto e do controlo do acto*

Há uma prevenção a fazer preliminarmente: o princípio da proibição do excesso tanto é um parâmetro da decisão do órgão de polícia, como é uma referência da actividade de controlo administrativo ou jurisdicional de um acto já praticado. Por outras palavras: quem tem o poder de tomar uma certa decisão está sujeito ao princípio da probição do excesso, devendo respeitá-lo na escolha de uma das alternativas que se lhe apresentem (o que pressupõe, desde logo que haja mais do que uma alternativa, ficando excluídas as situações em que o seu poder seja vinculado, restando-lhe apenas uma única possibilidade de acto devido); quem tem o poder de controlar *a posteriori* a validade desse acto tem o dever de aquilatar se o princípio foi rectamente aplicado. Ora, a informação disponível (designadamente sobre a situação de facto antes e depois da prática do acto) e a perspectiva variarão em cada uma das duas ocasiões.

Sendo assim, uma das questões essenciais da metódica do princípio da proibição do excesso é a de definir, no momento do *controlo* do acto, qual a informação e a perspectiva que vale: a do autor do acto e a do momento da sua prática, ou a do órgão de controlo e a do momento em que se efectua esse controlo? A orientação geral mais adequada é certamente a primeira: na medida do possível, o órgão de controlo deve procurar colocar-se do ponto de vista do autor do acto e ter em conta os dados da situação de facto tal como a este se apresentavam no momento em que fez a avaliação das alternativas e a prognose dos respectivos efeitos e praticou o acto.

Esta orientação geral quanto à metódica do princípio da proibição do excesso assume especial relevo no contexto da aplicação do princípio da proibição do excesso à actividade de polícia. Sendo muitos dos actos de polícia tomados em situações extremas, de grande urgência e em situações críticas de risco ou de perigo, assentando em opções baseadas em apreciações sumárias da situação de facto, às vezes com tensões perturbadoras de uma ponderação objectiva de todos os dados, é possível que uma acto que no momento da sua prática se afigura perfeitamente proporcionado apareça como intoleravelmente desproporcionado num momento posterior, de fria e serena reavaliação em sede de controlo administrativo ou jurisdicional. Por não se ter isto em conta e por se negligenciarem as diferenças entre as duas perspectivas, escolhendo a do momento do controlo, algumas vezes se fazem juízos ilegítimos sobre actos de polícia.

Por exemplo, uma operação policial envolvendo algumas centenas de agentes das forças de segurança, que isolam um bairro e procedem à revista de todas as suas habitações e pessoas pode aparecer como totalmente proporcionada a um decisor que antecipa uma situação de facto de grande perigosidade e risco, associada ao tráfico generalizado de armas em que estão supostamente envolvidas dezenas de pessoas e de famílias desse bairro, com cumplicidade da maior parte das restantes pessoas e famílias, mas parecer desproporcionada a quem conclui *a posteriori* que afinal não havia quaisquer armas ou indícios de tráfico.

Todavia, no caso específico da actividade de polícia esta orientação geral deve ser entendida *cum grano salis*. Embora no momento do controlo do acto este deva ser avaliado tendo em conta a perspectiva que prevaleceu no momento da sua prática, isto é, a perspectiva do autor do acto, essa perspectiva está sujeita a um limite de *razoabilidade*. Se porventura se concluir que o autor do acto negligenciou grosseiramente importantes dados de facto que deveria ter ponderado, ou que a avaliação das várias alternativas possíveis foi manifestamente deficiente, ou que a prognose das consequências e dos efeitos do acto praticado foram flagrantemente inconsistentes, mesmo à luz das circunstâncias do momento em que o acto foi praticado, o órgão de controlo deve efectuar um exercício de reconstrução de modo a definir *qual a perspectiva que o autor do acto deveria ter tido* nas condições de facto e de direito existentes no momento da prática do acto. O facto de a actividade de polícia ser uma daquelas em que a aplicação da proibição do excesso se deve fazer numa das suas modulações de maior intensidade justifica este *freio ou contrapeso* àquela orientação metodológica geral.

c) Os subprincípios da proibição do excesso[54]

Não podendo entrar aqui nas várias controvérsias que ainda rodeiam o princípio da proibição do excesso (a começar pela própria designação...), direi apenas, com a maior parte da doutrina, que o princípio da proibição do excesso se desdobra em três subprincípios: adequação, necessidade e proporcionalidade em sentido estrito. Como vimos, a aceitação destes 3 subprincípios não se restringe à doutrina. A epígrafe e o n.º 2 do artigo 8.º do código deontológico do serviço policial alude justa e certeiramente a adequação, necessidade e proporcionalidade. Resta saber qual o sentido de cada um destes três subprincípios.

O subprincípio da *adequação* exige que se responda a uma pergunta: a medida em projecto (ou sob escrutínio por uma instância de controlo) é (era) capaz de conduzir ao objectivo visado, tendo em conta a situação *concreta* fáctica e jurídica que é (era) representada e invocada como justificação ou razão para agir[55], e a prognose sobre como essa situação evoluirá (evoluiria)?

---

[54] Sobre isto, com maior desenvolvimento, Vitalino Canas, «Proporcionalidade (Princípio da)», in *DJAP*, VI, 1994, 591 ss.

[55] Seja essa situação de facto inteiramente delimitada - e pressuposta como condição para agir -- pela previsão, *Tatbestand* ou *facti species* de uma norma que atribui e delimita a competência

Utilizemos como referência a intervenção policial nos acontecimentos que envolveram os estudantes da academia de Coimbra que há dois anos pretendiam impedir o regular funcionamento de Senado da Universidade daquela cidade. Por exemplo, a utilização de gazes perturbadores do sistema nervoso era adequada para conter o ímpeto daquela multidão? Parece que, desse ponto de vista, nada haverá a observar, uma vez que tal opção se configuraria como eficaz no momento em que foi assumida.

O subprincípio da *necessidade* exige a resposta a uma outra pergunta: numa perspectiva concreta e nunca em abstracto, *é ou era necessário ou indispensável adoptar aquela medida ("tinha de ser"?), com aquele concreto conteúdo lesivo, para atingir um certo fim? Ou, ao invés, há ou havia uma alternativa igualmente ou menos lesiva que deva ou devesse ser preferida?* Sendo certo que a liberdade de definição dos meios pelo actor, que é pressuposto da aplicação/actuação do princípio da proibição do excesso, implica a possibilidade de opção entre várias alternativas, a intenção é avaliar se a opção escolhida não é "mais lesiva que as alternativas com eficiência igual ou superior"[56].

Assinale-se que o sopesamento deve tomar em conta as alternativas concretas *fáctica* e *juridicamente* possíveis. Sendo fácil encontrar exemplos de impossibilidade fáctica, vejamos um de impossibilidade jurídica: se, como sucede com a polícia municipal, o uso da força coactiva se pode fazer apenas através da utilização de arma de defesa ou de bastão e o polícia utiliza a arma porque na sua avaliação o bastão era insuficiente para enfrentar o perigo ou a ameaça existente, não se pode alegar em concreto que seria mais proporcional, por mais conforme com o subprincípio da proporcionalidade, o uso de um gás paralizante, porque este

---

e os termos materiais de actuação de quem age, ou seja essa situação mais ou menos livremente definida por quem age, como sucede quase sempre com o legislador e algumas vezes com o autor de actos administrativos. No caso deste último, embora tenha sempre de haver uma norma que fixe "um núcleo incomprimível de pressupostos e elementos do conteúdo do acto" (Sérvulo Correia, *Legalidade...*, 486), algumas vezes ele recebe um poder de autodeterminação, aquilo que este autor propõe que seja designado de *autonomia pública* em contraponto com a autonomia privada. Nesse âmbito, merecem realce as situações em que a lei lhe concede, através do uso de conceitos indeterminados ou da atribuição da faculdade de aditar aos pressupostos legalmente definidos outros da sua escolha, uma margem de livre apreciação que permite definir com autonomia alguns dos pressupostos da produção de um acto, da própria decisão de agir ou não agir, no caso de lhe ter sido atribuída a chamada "discricionaridade de decisão", ou da escolha entre várias condutas, fixadas por lei em termos optativos, no contexto de chamada "discricionaridade de escolha". Sobre tudo isto v. a exposição pormenorizada de Sérvulo Correia, *idem*, 318 e segs., 471 e segs.

[56] António Francisco de Sousa, «Actuação policial e princípio da proporcionalidade», cit., 16, considera que na prática o limite da necessidade (ou da exigibilidade ou indispensabilidade) constitui o limite mais importante da actuação administrativa no âmbito da aplicação do princípio da proporcionalidade.

A *Actividade da Política e a Proibição do Excesso: as Forças e Serviços de Segurança em Particular* 471

não está (talvez mal...) incluído nas medidas de coacção permitidas à polícia municipal.

Voltando ao caso de Coimbra, a questão que se coloca agora é se é ou era *necessário ou indispensável adoptar aquela medida ("tem de ser" ou "tinha de ser"?), com aquele concreto conteúdo lesivo, para atingir um certo fim? Ou, ao invés, há ou havia uma alternativa igualmente ou menos lesiva que deva ou devesse ser preferida?* Para decidir isso, tem de se conhecer bastante bem a situação no terreno e o contexto da intervenção, não devendo aqui arriscar-se uma resposta.

Finalmente, com a aplicação do subprincípio da proporcionalidade em sentido estrito pretende-se saber, à luz de parâmetros materiais ou axiológicos, se o sacrifício de um certo bem, interesse ou valor é ou era aceitável, tolerável. Para alguns, esta operação assemelha-se externamente à análise económica dos custos/benefícios de uma decisão. Se o custo (leia-se o sacrifício de certos bens, interesses ou valores) está numa proporção aceitável com o benefício (leia-se a satisfação de certos bens, interesses ou valores) então a medida é proporcional em sentido estrito.

Retomemos outra vez a intervenção policial de Coimbra. A aplicação do subprincípio da proporcionalidade em sentido estrito envolveu aí a ponderação do valor da segurança, da tranquilidade e do funcionamento das instituições universitárias, em confronto com o valor ou o direito de manifestação. A pergunta formula-se assim: naquele caso concreto de ponderação desses dois valores, era tolerável a limitação ou compressão do direito de manifestação a favor do funcionamento tranquilo do Senado Universitário? Esta ponderação envolve, naturalmente, o recurso a pautas valorativas intersubjectivas. Mas, mesmo assim, não imunes a controvérsia e debate, pelo que o resultado da sua aplicação pode variar, nisso residindo uma das mais complexas questões suscitadas pela aplicação do princípio da proibição do excesso. Em alguns ambientes a preferência pelo valor da tranquilidade e do funcionamento do órgão universitário, em detrimento (com sacrifício ou limitação) do direito de manifestação, seria questionada, alegando-se, eventualmente, que a restrição desse direito não seria em concreto tolerável, pelo que haveria violação do subprincípio da proporcionalidade em sentido estrito.

Resumindo os três subprincípios: a aferição da adequação centra o esforço de análise na apreciação de um nexo de causalidade entre um acto e um objectivo (relação meio-fim); a aferição da necessidade, desloca esse centro para uma comparação da dimensão da lesão provocada por várias alternativas competitivas (relação meio-meio); a aferição da proporcionalidade e.s.e. põe em confronto os bens, interesses ou valores sacrificados por esse acto e os bens, interesses ou valores perseguidos com o acto restritivo ou limitativo (relação meio-fim).

472 Estudos de Direito e Segurança

A sujeição da actividade de polícia, em particular das forças e serviços de segurança, ao princípio da proibição do excesso

a) *O princípio da proibição do excesso no contexto da teoria dos limites gerais da actividade de polícia*

A temática do princípio da proporcionalidade ou da proibição do excesso inscreve-se no âmbito mais geral da teoria dos limites de polícia. Entre estes limites contam-se o princípio da previsão na lei das medidas de polícia, os direitos liberdades e garantias e as regras gerais de polícia.

Ainda continua muito relevante o enunciado que Marcello Caetano propunha quanto a estas regras gerais de polícia: (i) a polícia não deve intervir no âmbito da vida privada dos indivíduos; (ii) a polícia não pode ocupar-se da resolução de conflitos de interesses particulares, tarefa que, no âmbito dos órgãos públicos, está constitucionalmente reservada aos tribunais; (iii) a polícia tem de respeitar a vida intima e o domicílio dos cidadãos, estando designadamente a violação deste último dependente de autorização judicial; (iv) a polícia deve actuar sobre o perturbador da ordem e não sobre aquele que legitimamente use o seu direito; (v) os poderes de polícia devem ser exercidos de modo a não impor restrições e a usar a coacção para além do estritamente necessário.

Esta última regra geral de polícia é a adaptação do princípio da proibição do excesso ou da proporcionalidade, às particulares circunstâncias da actividade de polícia. Como já se referenciou, é nos escritos de Marcelo Caetano que se encontram as primeiras referências da doutrina nacional ao princípio da proporcionalidade como limite geral à actividade de polícia[57]. A esta referência não deve ter sido alheia a influência da doutrina e da jurisprudência francesas no direito administrativo português[58].

---

[57] *Manual de Direito Administrativo*, 1158/9.

[58] Em França, o início do controlo da proporcionalidade no contencioso situa-se em geral no âmbito da polícia municipal, em particular com o *arrêt* Benjamin do Conselho de Estado, de 19 de Maio de 1933. V. Georges Xynopoulos, *Le controle de proportionnalité dans le contentieux de la constitutionnalité et de la légalité en France, Allemagne et Angleterre*, Paris, 1995. Este autor assinala que o contencioso das medidas de polícia é o primeiro domínio de aplicação do controlo de proporcionalidade, mas sobretudo é também aquele onde ele se efectua com maior intensidade. Isto não deve espantar uma vez que se trata de um domínio onde o poder público se manifesta tradicionalmente mais radicalmente (pp. 88).

b) Afloramentos na legislação ordinária respeitantes à actividade de polícia

Não ambicionando este trabalho analisar todas as aplicações do princípio da proibição do excesso no direito positivo, limitar-nos-emos a uma amostragem de exemplos paradigmáticos respeitantes à actividade de polícia ou actividades vizinhas (como a de protecção civil).

Preliminarmente, é de assinalar que na década de 1970 e 1980 são escassas as referências explícitas ao princípio da proporcionalidade em normas infraconstitucionais (tal como eram escassas, neste mesmo período, as alusões em normas constitucionais). As primeiras datam de meados da década de 1980. A Lei n.º 44/86, de 30 de Setembro (Regime do Estado de Sítio e do Estado de Emergência), utiliza na epígrafe do art. 3.º o conceito de proporcionalidade ("*(p)roporcionalidade e adequação das medidas*"), desenvolvido no n.º 1 do preceito ("a suspensão ou restrição de direitos... devem limitar-se...ao estritamente necessário"). O legislador ordinário antecipou-se, assim, ao próprio legislador constitucional que só na revisão constitucional de 1989 (2.ª revisão constitucional) receberia o termo princípio da proporcionalidade em dois preceitos, um deles justamente incidente sobre o estado de sítio e o estado de emergência. Em 1987, na Lei n.º 20/87, de 12 de Junho, Lei de Segurança Interna, o artigo 2.º, n.º 2, determina que "as medidas de polícia são as previstas nas leis, não devendo ser utilizadas para além do estritamente necessário". É também relevante a recepção do princípio no Código de Processo Penal de 1987, no art. 193 (princípio da "*adequação e proporcionalidade*"), referente à imposição de medidas de coacção e de garantia patrimonial, em particular à aplicação da medida de coacção de prisão preventiva.

A partir da década de 1990, o princípio da proibição do excesso ou da proporcionalidade passa a ser passageiro frequente de todo o tipo de legislação. O legislador não se coíbe inclusive de fazer, em preâmbulos, alguma doutrina sobre o princípio, por vezes com assinalável rigor e qualidade. Um bom exemplo é o preâmbulo do Decreto-Lei n.º 438/91, de 9 de Novembro, que continha o Código das Expropriações[59]. São também exemplos os preâmbulos dos Decretos-

---

[59] Este diploma foi já revogado e substituido pela Lei n.º 168/99, de 18 de Setembro. Lê-se naquele preâmbulo, designadamente, que "no nosso ordenamento jurídico-constitucional, a restrição dos direitos dos cidadãos deve obedecer ao chamado princípio da proporcionalidade, princípio esse que se encontra consagrado no artigo 18.º, n.º 2, da Constituição. Tal princípio, em matéria de expropriações, corresponde inequivocamente ao que já atrás foi dito, ou seja, sempre que a realização do interesse público implique a ablação, restrição ou qualquer outra limitação ao direito de propriedade, a Administração, mesmo que disponha de discricionariedade para escolher a medida a tomar, deve optar por aquela que menos lese a esfera jurídica dos particulares. Assim, como se

474   *Estudos de Direito e Segurança*

Lei: n.º 15/93, de Janeiro, vulgarmente conhecido por "Lei da Droga"[60]; n.º 244/95, de 14 de Setembro, sobre ilícito de mera ordenação social, já referido anteriormente; n.º 94-B/98, de 17 de Abril, sobre o acesso e o exercício da actividade seguradora; n.º 48/95, Código Penal[61]; n.º 124/96, de 10 de Agosto, sobre operações de recuperação dos créditos fiscais; e n.º 457/99, de 5 de Novembro, sobre utilização de armas de fogo e explosivos pelas forças e serviços de segurança[62].

Incidindo sobre os domínios da actividade de polícia em sentido amplo, encontramos referências à proporcionalidade nos seguintes locais (sem pretensões de ser exaustivo e admitindo que aqui e ali pode haver dúvidas sobre se verdadeiramente se trata de actividade de polícia):

    a. artigo 2.º, alínea a), da Lei n.º 104/99, de 26 de Julho, autorização legislativa sobre utilização de armas de fogo e explosivos pelas forças de segurança[63];

---

verá, e em obediência ao disposto na Constituição, o acolhimento do princípio da proporcionalidade do novo regime jurídico das expropriações por utilidade pública impede que, no futuro, a Administração recorra desde logo à expropriação sem que, previamente, tenha tentado realizar o interesse público através do recurso a outras vias legais menos gravosas para o direito de propriedade privada dos particulares." Mais adiante, depois de mostrar bom conhecimento da jurisprudência do Tribunal Constitucional, fazia-se referência ao subprincípio da *exigibilidade*, nos termos da qual deveria evitar-se "uma expropriação por utilidade pública quando fosse possível alcançar os mesmos resultados por uma outra via legal que não passasse pela supressão do direito de propriedade dos particulares".

[60] Onde se diz que "a gradação das penas aplicáveis ao tráfico tendo em conta a real perigosidade das respectivas drogas afigura-se ser a posição mais compatível com a ideia de proporcionalidade".

[61] "Necessidade, proporcionalidade e adequação são os princípios orientadores que devem presidir à determinação da pena aplicável à violação de um bem jurídico fundamental." E mais adiante: "outro domínio particularmente carecido de intervenção, por imperativos constitucionais de legalidade e proporcionalidade, é o das medidas de segurança."

[62] Decreto-Lei n.º 457/99, preâmbulo: "é pacificamente aceite que também os agentes da função policial só podem empregar a força quando tal se afigure estritamente necessário e na medida exigida para o cumprimento do seu dever. Se os princípios mencionados, designadamente os da necessidade e da proporcionalidade, são as balizas de qualquer intervenção pela força, são-no, ainda com maior premência de acatamento, quando está em causa a utilização de um dos instrumentos mais sensíveis da força, a arma de fogo."

[63] Artigo 2.º (Sentido e extensão): «Fica o Governo autorizado a definir (...) para valer como lei geral da República, o regime de utilização de armas de fogo ou explosivos, tendo em vista: (...) b) A atribuição do devido ênfase às garantias constitucionais do direito à vida e o direito à integridade física e aos respectivos princípios, designadamente da necessidade e proporcionalidade, como enformando o recurso a arma de fogo, que é qualificado expressamente como medida extrema...».

b. artigo 4.º da Lei n.º 147/99, de 1 de Setembro, sobre protecção de crianças e jovens em risco[64];

c. artigo 2.º do Decreto-Lei n.º 457/99, de 5 de Novembro, regime de utilização de armas de fogo e explosivos pelas forças e serviços de segurança[65];

d. artigo 14.º, n.º 3, do Decreto-Lei n.º 189/2000, de 12 de Agosto, dispositivos médicos para diagnóstico *in vitro*[66];

e. artigo 13.º, alínea e), do Decreto-Lei n.º 275-A/2000, de 9 de Novembro, Lei Orgânica da Polícia Judiciária[67];

f. artigo 12.º, alínea e), do Decreto-Lei n.º 200/2001, de 28 de Junho, Estatuto da Polícia Judiciária Militar[68];

g. artigo 6.º, n.º 1, da Lei n.º 101/2001, de 25 de Agosto, regime jurídico das acções encobertas para fins de prevenção e investigação criminal[69];

---

[64] Artigo 4.º (Princípios orientadores da intervenção): « A intervenção para a promoção dos direitos e protecção da criança e do jovem em perigo obedece aos seguintes princípios: (...) e) Proporcionalidade e actualidade – a intervenção deve ser a necessária e a adequada à situação de perigo em que a criança ou o jovem se encontram no momento em que a decisão é tomada e só pode interferir na sua vida e na da sua família na medida do que for estritamente necessário a essa finalidade...».

[65] Artigo 2.º (Princípios da necessidade e da proporcionalidade): «1 – O recurso a arma de fogo só é permitido em caso de absoluta necessidade, como medida extrema, quando outros meios menos perigosos se mostrem ineficazes, e desde que proporcionado às circunstâncias. 2 – Em tal caso, o agente deve esforçar-se por reduzir ao mínimo as lesões e danos e respeitar e preservar a vida humana.».

[66] Artigo 14.º (Obrigação do organismo notificado): «3 – O organismo notificado poderá, segundo o princípio da proporcionalidade, suspender, retirar ou impor qualquer restrição ao certificado emitido, se verificar que um fabricante não cumpre ou deixou de cumprir os requisitos estabelecidos no presente diploma, ou que o certificado não devesse ter sido emitido, a não ser que o fabricante garanta o cumprimento desses requisitos através da aplicação de medidas correctoras adequadas.».

[67] Artigo 13.º (Deveres especiais): «São deveres especiais do pessoal da Polícia Judiciária: (...) e) Actuar com a decisão e a prontidão necessárias, quando da sua actuação dependa impedir a prática de um dano grave, imediato e irreparável, observando os princípios da adequação, da oportunidade e da proporcionalidade na utilização dos meios disponíveis...».

[68] Artigo 12.º (Deveres especiais): «São deveres especiais do pessoal da Polícia Judiciária Militar, sem prejuízo dos decorrentes da condição militar, se for o caso: (...) e) Actuar com a decisão e a prontidão necessárias, quando da sua actuação dependa impedir a prática de um dano grave, imediato e irreparável, observando os princípios da adequação, da oportunidade e da proporcionalidade na utilização dos meios disponíveis...».

[69] Artigo 6.º, n.º 1: "Não é punível a conduta do agente encoberto que, no âmbito de uma acção encoberta, consubstancie a prática de actos preparatórios ou de execução de uma infracção em qualquer forma de comparticipação diversa da instigação e da autoria mediata, sempre que guarde a devida proporcionalidade com a finalidade da mesma.".

476   *Estudos de Direito e Segurança*

h. artigo 8.º- E do Decreto-Lei n.º 30/2003, de 14 de Fevereiro, relativo aos dispositivos médicos[70];

i. artigo 16.º, n.º 1, da Lei n.º 19/2004, de 20 de Maio, Lei quadro que define o regime e forma de criação das polícias municipais[71]

j. artigo 10.º da Lei n.º 41/2004, de 18 de Agosto, relativa ao tratamento de dados pessoais e à protecção da privacidade no sector das comunicações electrónicas[72];

k. artigos 5.º, n.º 1, alínea h) e 7.º, n.os 1 e 2 (tendo também interesse o n.º 3), da Lei n.º 1/2005, de 10 de Janeiro, que regula a utilização das câmaras de vídeo pelas forças e serviços de segurança em locais públicos de utilização comum[73].

---

[70] Artigo 8.º-E: «Organismo notificado

10 - O organismo notificado deve, segundo o princípio da proporcionalidade, suspender, retirar ou impor qualquer restrição ao certificado emitido, se verificar que um fabricante não cumpre ou deixou de cumprir os requisitos estabelecidos no presente diploma, ou que o certificado não deveria ter sido emitido, a não ser que o fabricante garanta o cumprimento desses requisitos através da aplicação de medidas correctivas adequadas.»

[71] Artigo 16.º: «Meios coercivos

1 – Os agentes de polícia municipal só podem utilizar os meios coercivos previstos na lei que tenham sido superiormente colocados à sua disposição, na estrita medida das necessidades decorrentes do exercício das suas funções, da sua legítima defesa ou de terceiros.»

[72] Artigo 10.º: «Excepções

1 - As empresas que oferecem redes e ou serviços de comunicações electrónicas acessíveis ao público devem, quando tal for compatível com os princípios da necessidade, da adequação e da proporcionalidade, anular por um período de tempo não superior a 30 dias a eliminação da apresentação da linha chamadora, a pedido, feito por escrito e devidamente fundamentado, de um assinante que pretenda determinar a origem de chamadas não identificadas perturbadoras da paz familiar ou da intimidade da vida privada, caso em que o número de telefone dos assinantes chamadores que tenham eliminado a identificação da linha é registado e comunicado ao assinante chamado.»

[73] Artigo 5.º: «Pedido de autorização

1- O pedido de autorização de instalação de câmaras fixas é requerido pelo dirigente máximo da força ou serviço de segurança respectivo e deve ser instruído com os seguintes elementos:

h) O período de conservação dos dados, com respeito pelos princípios da adequação e da proporcionalidade, face ao fim que os mesmos se destinam.»

Artigo 7.º: «Princípios de utilização de câmaras de vídeo

1 – A utilização de câmaras de vídeo rege-se pelo princípio da proporcionalidade.

2 – Só é autorizada a utilização de câmaras de vídeo quando tal meio se mostre concretamente o mais adequado para a manutenção da segurança e ordem públicas e para a prevenção da prática de crimes, tendo em conta as circunstâncias concretas do local a vigiar.»

Alguns comentários

Primeiro. O facto de o número de referências crescer progressivamente a partir da década de 1990 do século passado e com maior intensidade a partir de 2000 não é resultado acidental de uma escolha aleatória, antes patenteia uma tendência de crescente adesão à consagração expressa do princípio da proibição do excesso por parte do legislador. A preocupação de um direito *mite* (Zagrebelsky) é partilhada e desenvolvida pelo próprio legislador, e não apenas pela doutrina ou pelos juízes.

Segundo. Verifica-se que ainda não se conseguiu a estabilização terminológica que habitualmente encontramos em outros princípios menos "jovens". Considerando estes diplomas e outros não referentes à actividade de polícia, observa-se que nas epígrafes, na parte dispositiva dos preceitos ou em ambos em simultâneo, a designação "princípio da proporcionalidade" ou, simplesmente, "proporcionalidade" é a preferida pelo legislador. Segue-se "adequação e proporcionalidade". Mas são também utilizadas as expressões "necessidade, adequação e proporcionalidade", "necessidade e proporcionalidade" e "proporcionalidade, intervenção mínima e adequação", "razoabilidade e proporcionalidade". A estatística não autoriza nenhuma conclusão de natureza dogmática, mas é um indicador relevante sobre as grandes tendências.

Não é possível vislumbrar uma explicação racional para as divergências terminológicas. Não resultam de as manifestações terem visto a luz do dia em diferentes épocas históricas: fala-se de "proporcionalidade e adequação em 1986 e em 2001; alude-se a "necessidade, proporcionalidade e adequação" em 1991 e em 1998, embora por uma ordem diferente.

Terceiro. Também não pode dizer-se que as diferenças terminológicas correspondem a diferenças de essência, de regime ou de extensão. Poderá porventura sustentar-se com toda a segurança que nos casos em que o legislador emprega as expressões princípio da proporcionalidade, ou simplesmente proporcionalidade, se refere indiscutivelmente ao princípio globalmente considerado, não havendo qualquer argumento dedutível da lei que faça pensar que se está a referir apenas a uma – designadamente a proporcionalidade em sentido estrito – ou a duas das máximas da proporcionalidade, mesmo quando a expressão surge só na epígrafe. Com a mesma segurança se poderá afirmar que sempre que a lei se refere a "necessidade, adequação e proporcionalidade" se pode concluir que pretende a aplicação do princípio da proibição do excesso ou da proporcionalidade – com as respectivas três máximas ou sub-princípios – *globalmente considerado.*

478   *Estudos de Direito e Segurança*

Quarto. O princípio incide quer sobre a actividade da *polícia adminis-trativa geral de segurança interna pública* quer sobre *a da polícia judiciária*, embora os segmentos normativos acima citados, extraídos dos estatutos da Polícia Judiciária e da Polícia Judiciária Militar, pareçam referir-se apenas à actividade *preventiva* destas polícias, isto é, de impedimento da prática de um dano grave, imediato e irreparável. Há também exemplos de normas referentes às *polícias adminis-trativas especiais* e a serviços que não são de polícia mas exercem poderes de polícia[74]/[75].

Quinto. Os destinatários do princípio nos afloramentos legislativos são, no essencial, as entidades que exercem funções de polícia e, indirectamente, a instância de controlo dos seus actos, uma vez que a sujeição de uma certa actuação ao princípio da proporcionalidade, no panorama actual, supõe *sempre* a possibili-dade de controlo *a posteriori* do respeito desse princípio.

Sexto. É de presumir que quando alude explicitamente a proporcionalidade, princípio da proporcionalidade, proporcionalidade, adequação e necessidade, etc., o legislador pretenda efectivamente submeter certas actuações ao princípio da proibição do excesso. Em caso de dúvida, vale esse entendimento, mesmo que melhor observada se afigure que se trata de uma aplicação no mínimo *atípica* ou de difícil enquadramento no esquema de funcionamento próprio do princípio. É que o princípio parece ter adquirido uma aura legitimadora que o torna atractivo

---

[74] Sobre todos estes conceitos de polícia em sentido material ou funcional, v. supra.

[75] Uma questão que coloca é a de saber se a actividade da chamada segurança privada está sujeita ao princípio da proibição do excesso. Como nota Pedro Clemente, «O paradigma da polícia privada», in *Estudos de Homenagem ao Professor Doutor Germano Marques da Silva*, Coimbra, 2004, 358, as empresas de segurança não possuem estatuto de autoridade pública. Os seus empregados não são agentes de *autoridade* e possuem direitos iguais aos dos restantes cidadãos. Na pureza dos princípios, a proibição do excesso não seria aplicável à actividade de segurança privada, sendo certo que a lei não contém nenhum comando explícito de aplicação. Sucede porém que o novo regime sobre o exercício da actividade de segurança privada, contido no Decreto-Lei n.º 35/2004, de 21 de Fevereiro admite que tal exercício possa "ameaçar, inibir ou restringir o exercício de direitos, liberdades e garantias ou outros direitos fundamentais" (art. 5.º, alínea b)), designadamente através da actividade dos *assistentes de recinto desportivo* e do *pessoal de vigilância no controlo de acesso a instalações aeroportuárias*, que pode efectuar revistas pessoais de prevenção e segurança (art. 6.º, n.os 5 e 6 do Decreto-Lei n.º 35/2004, de 21 de Fevereiro; identicamente, art. 12.º, n.º 1, da Lei n.º 16/2004, de 11 de Maio). Ora, pelo menos nessa dimensão, esta actividade de segurança privada está certamente sujeita à observância do princípio da proibição do excesso, não sendo de excluir, em qualquer caso, que outras actividades do art. 6.º da Lei 16/2004 também o estejam.

e de fácil invocação, mesmo em contextos que lhe são estranhos e com formulações dúbias. A análise, caso a caso, de muitos exemplos revela que há situações em que, apesar de o legislador se referir a proporcionalidade ou a princípio da proporcionalidade não é, manifestamente, a directiva de proibição do excesso garantístico-optimizadora que está em causa.

Uma nota derradeira, neste domínio das aplicações legislativas vai para o registo de que hoje é raro o diploma incidente sobre actividade de polícia que não insira qualquer aplicação do princípio da proporcionalidade. O último exemplo conhecido é o do diploma da video-vigilância em locais públicos promovida por forças e serviços de segurança, o qual contém uma norma de submissão desses instrumentos ao princípio da proporcionalidade. Utilizá-lo-emos já de seguida como *case study*.

d) Em particular: a Lei n.º 1/2005, de 10 de Janeiro, que regula a utilização das câmaras de vídeo pelas forças e serviços de segurança em locais públicos de utilização comum

Este exemplo de aplicação do princípio da proporcionalidade é interessante a vários títulos. Primeiro, trata-se de um dos últimos casos de consagração legal conhecidos. Depois, porque, embora com terminologia ainda de certa forma incoerente, as aplicações do princípio surgem em contextos de aplicação correctamente valorados. Finalmente, o legislador, particularmente numa das situações, foi mais longe na elucidação do alcance que dá ao princípio do que é habitual.

A Lei n.º 1/2005, de 10 de Janeiro, permite que as forças ou serviços de segurança instalem câmaras fixas de vídeo-vigilância, em locais de utilização comum, ou utilizem câmaras portáteis, para captação e gravação de imagem e de som e seu posterior tratamento. A instalação depende de autorização de um membro do Governo, precedendo parecer da Comissão Nacional de Protecção de Dados. Os fins da instalação (os bens, interesses ou valores que se visa proteger) são de três tipos: (i) protecção de edifícios e instalações públicas e respectivos acessos; (ii) a protecção de instalações com interesse para a defesa nacional; (iii) a protecção da segurança das pessoas e bens, públicos ou privados, e prevenção da prática de crimes em locais em que exista razoável risco da sua ocorrência.

Logo no pedido de autorização, efectuado pelo dirigente máximo da força ou serviço de segurança interessado, um dos elementos que deve instruir o processo é a indicação do período de conservação dos dados. Mas a proposta de período de conservação dos dados deve respeitar os "princípios da adequação e da proporcionalidade, face ao fim que os mesmos se destinam" (convencionaremos designar esta aplicação do princípio por "aplicação 1".

Por outro lado, a *utilização* das câmaras de vídeo "rege-se pelo princípio da proporcionalidade", só sendo autorizada (pelo membro do Governo) quando tal meio se mostre o mais adequado para a manutenção da segurança e ordem públicas e para a prevenção da prática de crimes, tendo em conta as circunstâncias concretas do local a vigiar" (aplicação 2).

A aplicação 1 não acrescenta muito a outras aplicações que encontramos em leis que regulam o exercício de poderes e medidas de polícia. Refere-se a princípios da *proporcionalidade* e da *adequação* como se fossem princípios distintos, o que poderia querer indicar que neste campo estaria apenas em causa o sub-princípio da adequação e o sub-princípio da proporcionalidade em sentido estrito, ou que o legislador estaria a pensar num princípio da adequação distinto do princípio da proporcionalidade *tout court* (isto é, com os três componentes que estudámos). Mas qualquer dessas duas explicações é inviável.

Por um lado, é absurdo que uma medida restritiva de bens, interesses ou valores, para ser admitida, tenha de ser adequada à prossecução de certas finalidades e não deva ferir intoleravelmente esses bens, interesses ou valores, mas possa ser desnecessária, podendo ser, por isso mais gravosa do que outras alternativas. No caso concreto, por exemplo, a autoridade requerente poderia pedir a conservação dos dados por 50 anos, mesmo que para a prossecução das finalidades da conservação dos dados fosse apenas necessária a conservação por um ou dois anos. Mesmo sendo absurdamente desnecessária a conservação por tanto tempo, se a medida de conservação por 50 anos mostrasse adequação (e certamente assim aconteceria) e não fosse intoleravelmente restritiva dos direitos das pessoas sobre as quais incidissem os dados (e poderiam não o ser se os dados fossem totalmente inócuos do ponto de vista da sua privacidade ou intimidade, ou da sua imagem) poderia ser considerada lícita. Por outro lado, não se vê qual possa ser o sentido e alcance de um princípio autónomo de adequação, quando o princípio da proporcionalidade em sentido amplo já contém uma ideia de *adequação*. Consequentemente, a aplicação 1 revela apenas uma deficiência técnica recorrente do legislador quando alude ao princípio da proporcionalidade em sentido amplo: em vez de se referir simplesmente a princípio da propor-cionalidade, utiliza a fórmula *redundante* de princípios da proporcionalidade e da adequação.

Já a aplicação 2, embora constante do mesmo texto normativo, não padece dessa deficiência. Aí, como se pode observar, o legislador limitou-se a estatuir que a utilização se rege pelo princípio da proporcionalidade, fórmula singela e suficiente. Esta estatuição implica que o Governo deve verificar, antes da auto-

A Actividade da Política e a Proibição do Excesso: as Forças e Serviços de Segurança em Particular   481

rização da utilização, o respeito pelo princípio da proporcionalidade, isso é se aquela medida de polícia é adequada, necessária e proporcional em sentido estrito, tendo em conta os bens, interesses e valores prosseguidos e os bens, interesses e valores por ela ofendidos, restringidos ou comprimidos. Mas também obriga as próprias forças e serviços de segurança a uma avaliação permanente sobre se a execução da medida respeita o princípio da proporcionalidade. Se a utilização da câmara de vídeo obteve autorização, mas se verifica, no decurso do tempo, que ela afinal se mostra excessivamente intrusiva, por se verificar, por exemplo, que inadvertidamente capta imagens de situações ou acontecimentos que deveriam estar recatados, ou é desnecessária, ou afinal não é adequada para ajudar a salvaguardar os bens, interesses ou valores que se pretende proteger, então o responsável pela força ou serviço de segurança tem o dever de fazer cessar a utilização daquela câmara de vídeo-vigilância.

AS INFORMAÇÕES EM PORTUGAL
(RESENHA HISTÓRICA)

Vizela Cardoso*

1. Generalidades

Na era da informação, a maioria dos países já usufrui das conquistas do progresso e mantém as suas populações bem informadas sobre os acontecimentos nacionais e internacionais que, pelo som e pela imagem, entram na intimidade das suas casas.

Há alguns anos, tal privilégio estava reservado a um grupo restrito de pessoas – homens de estado, diplomatas, militares – que tinham acesso às notícias sobre tais acontecimentos, na maioria dos casos antes de os mesmos virem a público. Ainda que presentemente seja possível guardar alguns segredos e reservar algumas notícias, o homem de estado perdeu quase por completo o privilégio da primazia da informação embora seja, como qualquer cidadão vulgar, igualmente sobrecarregado pela avalancha de notícias sobre acontecimentos com que, instantânea e simultaneamente, é confrontado.

Por isso, os governantes têm que ser hábeis, dominantes e objectivos nas análises, previsões e estudos prospectivos, procurando reduzir ao mínimo a surpresa e a impreparação do aparelho do estado para fazer face aos acontecimentos, em especial os que poderão originar riscos para a segurança e para o progresso e bem-estar das populações.

Para tanto, começaram a sentir a necessidade de dispor de órgãos que lhes proporcionassem as bases para a elaboração daquelas análises, previsões e estudos prospectivos indispensáveis à tarefa de governar. Surgiram assim serviços com estruturas próprias, missões definidas e enquadramento no aparelho do Estado,

---

* Tenente-General do Exército Português, na Reserva.

com o objectivo de tratar uma matéria que desde sempre esteve ligada à condução dos Estados e dos exércitos – as informações.

Em todas as épocas da história da humanidade podem encontrar-se situações reveladoras da importância das informações nos vários sectores da administração e da política, quer em tempo de paz, quer nos constantes conflitos que as relações entre os povos originaram ao longo dos séculos.

Já a Bíblia (Génesis, 8, 6-12) nos fala da necessidade de Noé saber se, após o dilúvio, haveria terra seca onde pudesse aportar a sua arca; para o efeito, enviou uma pomba numa missão que em muito se assemelha à de um reconhecimento típico das informações.

Sun Tzu (Séc. VI a.C.) em "A Arte da Guerra" referia-se deste modo à importância das informações:

"A chamada presciência ou previsão não pode ser deduzida dos espíritos, nem dos deuses, nem por analogia com os acontecimentos passados, nem por cálculos. Ela deve ser obtida por homens que conhecem a situação do inimigo. Portanto, somente um soberano iluminado e um general vitorioso é que são capazes de empregar as pessoas mais inteligentes como agentes e estarem certos de alcançar grandes resultados".

Cipião, o "Africano" (235-183 a.C.), nos preparativos da batalha de Ilipa[1], cuidou de obter informações que lhe dessem a conhecer melhor as vulnerabilidades do exército de Asdrúbal, com o propósito de compensar a superioridade de efectivos que tornava o potencial de combate em confronto, bastante desfavorável para o exército de Roma.

2. As informações em Portugal até à criação do Sistema de Informações da República Portuguesa – SIRP (1984)

Em Portugal, para além do verso com que Camões, em "Os Lusíadas", adverte para a necessidade de "adivinhar perigos e evitá-los", as primeiras referências às actividades de informações remontam ao período da fundação da nacionalidade.

Embora sem estrutura própria, as informações começaram por apoiar as campanhas da conquista da Estremadura e parte do Alentejo e a contenção do poder de Leão e Castela, a Norte.

---

[1] Batalha de Ilipa (206 a.C.). Travada nas proximidades da actual Sevilha, entre Cipião, o "Africano", procônsul romano da Hispânia e o exército cartaginês de Asdrúbal, no decorrer da Segunda Guerra Púnica.

As ordens militares, a quem, em tempo de paz, cabia a obtenção de informações e a vigilância das fronteiras, formavam a mais sólida e a melhor preparada força das hostes do rei, constituindo também a primeira resistência na defesa contra os invasores ou a vanguarda na guerra ofensiva.

Supõe-se que D. Afonso Henriques tenha usado as boas relações com a Ordem de Cister, para pedir a intervenção dos Cruzados no apoio à luta que travava contra os mouros e cuja materialização teve o seu epílogo na conquista de Lisboa (1147).

As acções militares desenvolvidas por D. Afonso Henriques demonstram grande perícia no uso das informações e do segredo, como se pode comprovar no plano da conquista de Santarém que foi preparado "metendo em confidência apenas alguns dos seus homens mais fieis" e se concretizou "numa operação de surpresa e de noite"

Durante a primeira dinastia e até D. Afonso III (1248-1279), os responsáveis do reino e os seus conselheiros foram obrigados a conduzir complexas relações com a Cúria Romana, a travar lentas e difíceis conversações com os reinos de Castela, de Leão e de Aragão, a manter a pressão da guerra sobre os muçulmanos até à conquista do Algarve, a decidir com diplomacia e previsão estratégica os casamentos de príncipes e de princesas.

Esta complexa, permanente e diversificada acção militar e diplomática não teria sido possível sem o apoio de uma intensa e eficiente actividade de informações que se pode considerar notável.

D. Diniz (1279-1325) deu forma e concretizou as alterações introduzidas na organização militar por D. Afonso III, tendo definido a missão do cargo do Adail-Mor, a quem cabia organizar e dirigir as tarefas de segurança do exército, em marcha ou durante os estacionamentos, bem como garantir a produção de informações sobre o adversário, real ou potencial, quer em tempo de paz, quer em tempo de guerra.

O Guarda-Mor era outro cargo relacionado com a actividade das informações, cabendo-lhe a responsabilidade pela segurança pessoal do rei, garantida pelos acostados que formavam a sua escolta pessoal permanente.

Também no reinado de D. Diniz foram nacionalizadas as Ordens Militares (excepto a do Hospital), tendo a Ordem dos Templários sido transformada na Ordem de Cristo que passou a ter a sua sede em Tomar (1356).

As Ordens Militares, orientadas superiormente pelos seus mestres, apoiaram de forma decisiva a governação dos reis e tiveram um papel determinante nas campanhas da conquista e consolidação do País e na expansão marítima (Ordem de Cristo) que viria a ter como epílogo a descoberta do caminho marítimo para a Índia.

A crise da sucessão do trono que se seguiu à morte de D. Fernando (1383) sem herdeiro e que se arrastou até 1385, revelou historicamente a existência de um verdadeiro serviço de informações, apoiado por um serviço de ligações para garantir a coordenação entre as hostes do Mestre de Aviz, que se posicionara em Abrantes numa situação de expectativa estratégica que lhe permitisse balancear forças para a zona de operações do Alentejo e as de Nuno Álvares, que pelejava na região de Estremoz.

Colheram-se informações através de "patrulhas de descoberta e de parlamentários" e de "prisioneiros de guerra" que revelaram o efectivo do inimigo, o que permitiu estabelecer um plano para deter a invasão e destruir o exército de Castela antes que atingisse o seu objectivo decisivo – Lisboa.

O movimento das tropas castelhanas foi controlado por informações e pela actuação de um destacamento de exploração (unidade típica de reconhecimento) de 100 cavaleiros, enviado de Porto de Mós em direcção a Leiria.

Toda esta actividade militar, apoiada pelas informações e pelo serviço de ligações, culminaria na derrota do exército de D. João de Castela na Batalha de Aljubarrota (1385) e na salvaguarda da independência do reino de Portugal.

As negociações de paz que se seguiram e que viriam a terminar com o estabelecimento, em Monção (1387), de tréguas com Castela e, em especial, o início da política de expansão marítima, de que a conquista de Ceuta (1415) foi o primeiro acto, foram igualmente rodeadas de uma intensa actividade de informações e de contra-informação.

Na realidade, todos os planos das conquistas e dos descobrimentos marítimos foram acompanhados por um sistema de informações e de contra-informação que, embora sem uma estrutura própria e individualizada, permitiram a indispensável política de segredo e a pesquisa de informações que atingiram o seu mais elevado aperfeiçoamento e eficiência no reinado de D. João II (1481-1495), salientando-se as seguintes medidas:

- Elaboração de leis para salvaguardar o uso exclusivo da utilização da caravela, não permitindo a sua venda e a sua construção fora do território nacional;
- Proibição de os pilotos, mestres e marinheiros servirem outras nações;
- Considerar património secreto do Estado as cartas de marear e os mapas mundo, os livros de marinharia, de astrologia e de viagem, os roteiros e as relações dos escrivães de bordo.

Tais medidas permitiram manter em segredo o objectivo supremo de todo o esforço náutico dos portugueses: o descobrimento do caminho marítimo para a Índia.

As *Informações em Portugal*

Para além desta actividade do âmbito das informações, foram desenvolvidas outras acções de grande relevância e utilidade, como:

- A expedição de Afonso de Paiva e Pêro da Covilhã com a finalidade de procurar o Prestes João e obter informações sobre a navegação e o comércio do Indico (1487);
- A expedição de Gonçalo Eanes e Pêro de Évora ao interior africano (Tucurol e Tombuctu) (1487);
- Viagens secretas na costa oriental de África, até à descoberta formal do caminho marítimo para a Índia.

Além das medidas de protecção impostas através de legislação e dos procedimentos de segurança no manuseamento e arquivo dos documentos náuticos, o segredo geográfico em relação às cartas de marear revestiu-se também de outro modo muito característico dos portugueses que foi a "fraude cartográfica" que terá induzido Cristovão Colombo no erro de tentar descobrir a Índia pelo Ocidente[2].

Ao longo da história de Portugal, foi no tempo de D. João II que se atingiu o auge de uma política de segredo e de informações. Os planos desse empreendimento, que conduziu à descoberta do caminho marítimo para a Índia e do Brasil, foram apoiados por um sistema de informações que, ainda sem estrutura própria e individualizada, foi orientado por uma hábil política de informações e de segredo de que D. João II foi o obreiro insigne, merecendo, por isso, ser considerado o patrono do serviço de informações português. No seu reinado e na defesa dos superiores interesses nacionais, tal política atingiu o mais alto grau de aperfeiçoamento e eficiência, que culminaria com o Tratado de Tordesilhas.

Na altura da assinatura do Tratado (2 de Julho de 1494), só os portugueses tinham ideias concretas e muito aproximadas sobre a situação e sobre a realidade geográfica da Índia e do mundo em geral, tendo sido garantido para a coroa portuguesa a posse do caminho marítimo para a Índia, bem como de grande parte dos territórios do actual Brasil, como resultado da mais notável política de segredo, de informações e de desinformação de toda a história portuguesa.

Terá sido a primeira e, porventura, a última vez que Portugal conduziu negociações desfrutando de nítida superioridade em relação à outra parte. Logo a

---

[2] A "fraude cartográfica" foi praticada até meados do século XVIII, com desvios que iam dos 4 aos 30 graus, tanto na latitude como em longitude, criando erros, por excesso, de cerca de 20 milhas em cada grau terrestre no equador.

488   *Estudos de Direito e Segurança*

seguir vem a decadência, com a intolerância e o fanatismo religioso que arruínam o País, fazendo-o atravessar um dos períodos mais críticos da sua existência:

- Os problemas nacionais passaram a ser estudados com pouca profundidade;
- Consequentemente, as decisões eram tomadas tardiamente e executadas com meios escassos e inadequados;
- Os portugueses tomaram para si a parte mais arriscada e dispendiosa do comércio com o Oriente, deixando a outros a parte segura e lucrativa da distribuição nos mercados consumidores e da produção dos bens de troca.

D. João III (1521-1557) toma duas decisões muito importantes que viriam a mudar o panorama estratégico nacional:

- Com base em estudos profundos, elaborados ainda no reinado de D. João II, manter apenas o possível no norte de África e transferir para o Brasil o esforço que até então era exercido no Indico;
- Ditado pelo fanatismo religioso e pelo ódio aos judeus, estabelecer o Santo Ofício, afugentando e perseguindo os judeus que emigram para a Flandres e para Inglaterra, levando consigo os lucros do comércio do Oriente que continuavam a controlar.

A união com a Espanha que se seguiu ao desastre de Alcácer-Quibir, arruinou-nos ainda mais e atraiu sobre nós a cobiça dos seus adversários históricos – holandeses e ingleses.

A restauração de 1640 não alterou em nada a precária situação económica em que Portugal se encontrava e introduziu um estreito controlo da vida nacional pelos países que nos ajudaram a readquirir a independência: primeiro os franceses e depois, durante largos anos, pelos ingleses.

Pode dizer-se que, sob o ponto de vista das informações, a Inglaterra considerava o território nacional como se de território inglês se tratasse, mantendo sobre ele um domínio quase total.

Durante este longo período de cerca de dois séculos, apenas o Marquês de Pombal fez uma tentativa séria para libertar o país da tutela inglesa, não tendo tido grande sucesso.

As invasões francesas dão-nos, de novo, a prova da importância das actividades de informações que os ingleses já dominavam[3] e que lhes permitiu,

---

[3] O serviço de informações inglês foi criado por Henrique VII (1.º Tudor) e reorganizado no reinado de Isabel I, no século XVI, por Sir Francis Walsingham (1530-1590).

As *Informações em Portugal*

durante meio século, exercer uma pesada tutela sobre os nossos negócios de Estado.

Para agravar a situação, quando Junot invadiu Portugal (1807), a Inglaterra aconselha o Príncipe Regente D. João VI a transferir a capital para o Rio de Janeiro.

O sacrifício de alguns "mártires da Pátria" e a revolução de 1820, pretendem libertar Portugal de uma situação colonial em relação à Inglaterra e até em relação ao Brasil e levou o rei a regressar à Europa para jurar a Constituição, extinguir o Tribunal do Santo Ofício e abolir a censura prévia.

Apesar das disposições constitucionais que acautelavam os interesses do Estado, respeitando contudo os direitos individuais dos cidadãos, nada foi feito para organizar um serviço de informações, continuando o país a ser controlado pelo estrangeiro.

O último quartel do Séc. XIX em Portugal foi cenário de uma política esclarecida, apoiada por uma administração mais moralizada e dinâmica, mas a atávica incapacidade de trabalhar em informações não permitiu defender da melhor maneira os interesses nacionais que foram aviltados na Conferência de Berlim (1884/85), onde se volta a discutir a nossa posição no mundo. Em Tordesilhas éramos a delegação melhor apetrechada para negociar. Em Berlim fomos a pior, por não dispormos de informações.

No final daquele século, com o intuito de deter a escalada da agitação republicana, assistiu-se à desastrosa tentativa de criação de uma polícia preventiva "encarregada de tomar conhecimento de todos os factos que pudessem ter influência na ordem e tranquilidade públicas e na administração e segurança do Estado" e que restaura as actividades repressivas, abandonadas desde a extinção do Tribunal do Santo Ofício (1821).

Após a implantação da República e com a legislação de 1911, instaurou-se pela primeira vez em Portugal, mas apenas nas Forças Armadas, uma estrutura especializada e individualizada com a missão exclusiva de trabalhar informações. Esta estrutura foi-se desenvolvendo e aperfeiçoando e pôde consolidar um corpo de doutrina, generalizado a todos os ramos das Forças Armadas, que seria aproveitado em algumas organizações civis.

O período de ditadura de 1918 fez reviver a Polícia Preventiva com o carácter de polícia política e, mais tarde, é criada em 1933 a Polícia de Defesa Política e Social, antecessora da Polícia Internacional de Defesa do Estado (1945) e da Direcção Geral de Segurança (1969), sendo a actividade de informações civis conotada com acções repressivas de uma polícia política com capacidade para investigar e instruir processos de crimes contra a segurança do Estado, no âmbito da luta contra o comunismo que o regime de então considerava como principal adversário.

490 *Estudos de Direito e Segurança*

A integração de Portugal na NATO (1949) teve profundas repercussões na organização, doutrina, equipamento, métodos e programas de instrução das Forças Armadas portuguesas. No campo das informações, estabeleceu-se e desenvolveu--se uma nova técnica de estado – maior que, incluída nos programas das escolas militares e por elas difundido, rapidamente atingiu todos os escalões dos três ramos, uniformizando a doutrina, a documentação, os procedimentos e a organização dos órgãos de informações (secções, repartições, divisões).

A guerra do ultramar iniciada em 1961, conduziu à criação dos Serviços de Centralização e Coordenação de Informações em cada um dos teatros de operações africanos os quais, realizando trabalho útil e isento, serviram de suporte às decisões políticas dos responsáveis pela governação ultramarina e contribuíram para a conduta das operações militares durante treze anos.

A situação em Portugal, no tocante a informações e imediatamente antes do 25 de Abril de 1974, pode considerar-se como sendo a seguinte:

- No Ministério da Defesa Nacional existia a 2ª Divisão do Secretariado Geral que centralizava e coordenava, com regular eficiência, a actividade do Serviço de Informações Militares (SIM);
- No Ministério do Ultramar, o Gabinete de Negócios Políticos centralizava e coordenava as informações recebidas dos Serviços de Centralização e Coordenação de Informações das Províncias Ultramarinas em que decorriam operações militares;
- No Ministério dos Negócios Estrangeiros, a Direcção-Geral dos Negócios Políticos centralizava e coordenava as informações obtidas por via diplomática e consular;
- No Ministério do Interior havia: a Direcção-Geral de Segurança que centralizava e coordenava as informações que interessavam à segurança interna e externa do Estado; a Legião Portuguesa que nessa altura já não tinha qualquer eficiência e as forças militarizadas – GNR, GF (dependente do Ministério das Finanças) e PSP – que, numa ligação não muito eficaz, centralizavam e coordenavam as informações de interesse para a ordem pública.

Daqui se pode concluir que, ao nível do Governo central, não existia qualquer serviço que centralizasse ou coordenasse todas as informações de interesse para a administração, para a defesa e para a política do País.

Após a revolução de Abril foram extintas a DGS e a Legião Portuguesa, sendo criados os serviços da 2ª Divisão do Estado-Maior General das Forças Armadas (EMGFA), constituído a partir de Agosto de 1974 como um Estado

As *Informações em Portugal* 491

Maior Coordenador em substituição do Secretariado Geral da Defesa Nacional. À 2ª Divisão do EMGFA foi, provisoriamente, atribuída a responsabilidade de produzir informações internas e externas, incluindo as de contra – informação.

Deveria centralizar e coordenar as informações, desenvolver medidas e acções de contra – informação com vista a constituir o necessário suporte ao período de transição para a democracia e a garantir a credibilidade externa no relacionamento com a comunidade internacional, designadamente a NATO.

O ambiente de indisciplina, desconfiança e anarquia que resultava da instabilidade política que então se vivia, levaram à tentativa, sem êxito, de criação de um Departamento Nacional de Informações (DNI) com a missão de centralizar e coordenar as informações estratégicas.

Após os acontecimentos de 11 de Março de 1975, o Conselho da Revolução extinguiu a 2ª Divisão do EMGFA, tendo criado, na sua dependência, em Maio desse ano, o Serviço Director e Coordenador de Informações (SDCI), com estrutura e métodos de actuação semelhantes ao modelo dos serviços de informações soviéticos (KGB) em que se baseava.

Face à evolução do processo revolucionário, este serviço durou apenas 6 meses, tendo deixado uma imagem muito negativa devido à sua conotação política e às práticas arbitrárias de detenção e interrogatório que se verificaram.

A 2ª Divisão do EMGFA é reactivada em 1976, altura em que surge uma tentativa de criação de um Serviço de Informações da República (SIR) que aglutinaria todas as matérias de informações internas e externas, de âmbito militar e civil.

Não obstante o grande impulso que este projecto recebeu do então Presidente da República e da variedade de versões que o enformaram, todas assentes num serviço de informações "civil" coexistindo com a 2ª Divisão do EMGFA, que entretanto (1977) passara a designar-se por Divisão de Informações (DINFO), nenhuma delas foi aprovada.

Apesar do reconhecimento generalizado da necessidade da sua implementação, havia fortes divergências quanto à dependência do serviço a criar e à coordenação das actividades dos vários organismos a ele ligados. Estes aspectos, aliados à instabilidade política ainda existente na época e à falta de vontade política para criar o SIR, por receio e complexos em relação ao anterior sistema policial, explicam parcialmente a não aprovação deste projecto.

O desenvolvimento seguinte teve lugar em 1982, com a aprovação da Lei de Defesa Nacional e das Forças Armadas (Lei n.º 29/82, de 11 de Dezembro) que definiu o âmbito, as competências e as entidades responsáveis pela coordenação e fiscalização dos serviços de informações militares, constituindo, dessa forma, a base

492   *Estudos de Direito e Segurança*

para a criação de um quadro legal para as informações, colmatando o vazio que a falta de entendimento entre as forças políticas e a falta de vontade política em legislar nesta área, originavam.

A criação do Sistema de Informações da República Portuguesa (SIRP) só viria a ganhar novo fôlego em 1983, após uma série de atentados terroristas ocorridos em Portugal, com relevo para o assassinato do dirigente da OLP em Montechoro e o assalto à embaixada da Turquia em Lisboa por um comando arménio.

Em 1984, a Assembleia da República aprova finalmente a Lei-Quadro do Sistema de Informações da República Portuguesa.

3. O Sistema de Informações da República Portuguesa (SIRP)

O Sistema de Informações da República Portuguesa (SIRP) foi criado pela Lei n.° 30/84, de 05 de Setembro (Lei Quadro do SIRP), entretanto alterada pelas Leis n.° 4/95, de 21 de Fevereiro, n.° 15/96, de 30 de Abril, n.° 75-A/97, de 22 de Julho e, recentemente, pela Lei orgânica n.° 4/2004, de 06 de Novembro, que estabeleceu a actual estrutura organizativa.

A organização inicial do sistema de informações previa a existência de um órgão coordenador (Conselho Superior de Informações), uma comissão fiscalizadora parlamentar, eleita pela Assembleia da República, e três serviços autónomos: o Serviço de Informações Estratégicas de Defesa (SIED); o Serviço de Informações Militares (SIM) e o Serviço de Informações de Segurança (SIS). Aqueles serviços de informações foram incumbidos de assegurar, no respeito da Constituição e da lei, a produção de informações necessárias à salvaguarda da independência nacional e à garantia da segurança interna.

Em 1985 foi publicada a legislação complementar (Decreto-Lei n.° 223/85, de 04 de Julho) que regulamentava a matéria comum aos três serviços, bem como a que dizia respeito ao Conselho Superior de Informações (órgão coordenador) e à respectiva comissão técnica.

Figuras genéricas como o segredo de estado, o dever de sigilo e o regime de fiscalização dos centros de dados dos serviços foram também incluídos neste diploma.

Foram igualmente publicados na mesma altura os decretos regulamentares relativos à organização, funcionamento, quadros de pessoal e respectivos estatutos do SIED (Dec-lei n.° 224/85, de 04 de Julho), do SIS (Dec-lei n.° 225/85, de 04 de Julho), bem como do Serviço de Informações Militares (Dec-lei n.° 226/85, de 04 de Julho).

As atribuições cometidas aos serviços de informações naqueles diplomas, eram as seguintes:

- O SIED foi incumbido da produção de informações necessárias para garantir a independência nacional e a segurança externa do Estado Português;
- O SIS seria o único organismo incumbido da produção de informações destinadas a garantir a segurança interna e necessárias a prevenir a sabotagem, o terrorismo, a espionagem e a prática de actos que, pela sua natureza, pudessem alterar ou destruir o estado de direito constitucionalmente estabelecido;
- Ao Serviço de Informações Militares (SIM), englobando elementos dispostos ao longo de toda a estrutura das Forças Armadas, incumbia a aquisição, processamento e a difusão das notícias e informações, no âmbito de informações e contra-informações, necessárias:
  - ao funcionamento do Departamento da Defesa Nacional e ao cumprimento das tarefas cometidas por lei às Forças Armadas;
  - à garantia da segurança militar.

O SIM, que desde 1974 assumira a produção das informações internas e externas que cabiam à extinta DGS, deveria transferir parte dessas atribuições para os novos serviços criados no âmbito do SIRP, como aconteceu a partir de 1987 com as informações de segurança interna, na altura em que o SIS entrou em funcionamento. Institucionalizado pela lei como um serviço de informações das Forças Armadas, o SIM continuaria, por determinação do governo, a produzir as informações estratégicas necessárias ao Estado, enquanto não fosse criado o SIED.

A Lei 4/95, de 21 de Fevereiro, alterando a lei orgânica do SIRP, extinguiu o SIM, passando o sistema de informações a considerar apenas a existência de dois serviços: o SIS já a funcionar desde 1987 e o SIEDM, agora criado pelo Decreto--lei n.º 254/95, de 30 de Setembro e resultante da fusão do SIM e do SIED, o qual foi incumbido da produção de informações que contribuissem para a salvaguarda da independência nacional, dos interesses nacionais, da segurança externa do Estado Português, para o cumprimento das missões das Forças Armadas e para a segurança militar.

A tutela dos serviços continuava a ser do Primeiro-Ministro através do Ministro da Administração Interna para o SIS e do Ministro da Defesa Nacional no que se refere ao SIEDM.

O Serviço de Informações Militares que durante mais de 20 anos, com grande empenhamento dos seus quadros, produzira as informações estratégicas necessárias à defesa do Estado, foi extinto e o seu órgão externamente mais conhecido, a Divisão de Informações (DINFO) do EMGFA, foi igualmente extinta pelo Decreto-lei n.º 158/98, de 24 de Junho.

A Lei-orgânica n.º 04/2004, de 06 de Novembro, veio introduzir novas alterações à Lei n.º 30/84, de 05 de Setembro e criar um novo modelo de estrutura orgânica do SIRP, baseado em dois serviços de informações – o SIS e o SIED regressado à sua forma original – do que resultou como consequências imediatas, deixarem as informações militares de integrar o Sistema de Informações da República Portuguesa.

4. Entidades que concorrem para o SIRP

Um sistema de informações deve ser alimentado por todas as entidades que trabalham com informações e que se constituem como seus produtores ou simples utilizadores.

No caso do SIRP, consideram-se as seguintes entidades como as que mais se relacionam com os serviços de informações:

- a. Entidades que integram o Gabinete Coordenador de Segurança:
  - Guarda Nacional Republicana (GNR);
  - Polícia de Segurança Pública (PSP);
  - Polícia Judiciária (PJ);
  - Serviço de Informações de Segurança (SIS);
  - Serviço de Estrangeiros e Fronteiras (SEF);
  - Polícia Marítima;
  - Instituto Nacional de Aviação Civil.
- b. As Forças Armadas
- c. As Embaixadas e entidades consulares
- d. O Instituto do Investimento, Comércio e Turismo de Portugal (ICEP)

Todas estas entidades e instituições dispõem de órgãos cuja função tem a ver com a pesquisa, processamento, análise e difusão de informações. Grande parte da informação ali tratada, poderá não concorrer para as informações estratégicas, mas tal não justifica que não existam mecanismos de coordenação que possibilitem um fluxo de informações entre si e os órgãos do SIRP, por forma a que as informações pertinentes possam chegar, em tempo oportuno, aos serviços competentes e aos utilizadores.

A PJ tem competência exclusiva para a execução do controlo de comunicações, vulgarmente designado por "escutas", sendo também a entidade que pode levar a cabo ou controlar acções encobertas[4] para fins de prevenção ou de investigação criminal, situações que só podem ocorrer com autorização do Juiz de Instrução Criminal.

As Forças Armadas, pela natureza específica da sua missão, desenvolvem um conjunto de actividades que têm por finalidade o conhecimento do inimigo provável ou actual e da área de operações, obtido através da pesquisa, estudo e interpretação de notícias, abrangendo a informação táctica, operacional e estratégica e a contra-informação, pelo que sempre as informações constituíram uma das componentes fundamentais da instituição militar, a quem cabe garantir a independência nacional, a unidade do Estado e a integridade territorial.

Também sobre as Forças Armadas impende especial dever de colaboração com os serviços de informações do SIRP, nos termos das orientações superiormente definidas pela entidade competente, obrigando-se a comunicar-lhes pontualmente as notícias e os elementos de informação de que tenham conhecimento e estejam directa ou indirectamente relacionados com as matérias que dizem respeito às missões daqueles serviços.

As Embaixadas e as entidades consulares nacionais desenvolvem actividade diplomática fundamental no âmbito das informações, cobrindo muitas vezes algumas das necessidades dos serviços de informações.

O ICEP, para o cumprimento das suas atribuições, possui um órgão (Direcção de Mercados e Articulação Estratégica) que efectua o acompanhamento dos mercados externos numa perspectiva global e um planeamento estratégico nas áreas do investimento, comércio e turismo. Para o apoio a este órgão, o ICEP possui uma Direcção de Informação, cujo funcionamento cai muitas vezes no domínio das informações, uma vez que lhe cabe sistematizar e produzir informação consistente, direccionada para a visão internacional dos negócios e relevante para o processo de tomada de decisões dos diferentes clientes – alvo no país e no estrangeiro.

Para além destas entidades, os serviços da Administração Pública central, regional e local, os institutos públicos e as empresas públicas e concessionárias de serviços públicos têm, por imperativo legal, o dever de prestar aos serviços de informações do SIRP, a colaboração que, justificadamente, lhes for solicitada, em especial facultando, nos termos da lei, os elementos de informação que à missão daqueles serviços sejam tidos como essenciais.

---

4 "Consideram-se acções encobertas aquelas que sejam desenvolvidas por funcionários de investigação criminal ou por terceiros, actuando sob o controlo da Polícia Judiciária para prevenção ou repressão dos crimes indicados na lei, com ocultação da sua qualidade e identidade" (Lei n.º 101/2001, de 25 de Agosto).

5. As informações militares

A acção militar pressupõe o emprego dos recursos disponíveis da forma mais adequada e eficiente, de modo a atingir os objectivos fixados com sucesso, para o que é imprescindível conhecer profundamente as características da área de operações (terreno, clima, condições meteorológicas e população) e o inimigo potencial ou real, reduzindo ao mínimo as incertezas e os imprevistos inerentes a qualquer conflito.

Deste estudo se encarregam os órgãos de informações, a quem cabe fornecer uma avaliação da situação e apresentar aos responsáveis pelo planeamento das operações (Estado-Maior) e aos decisores (comandantes), informações úteis e oportunas que habilitem à elaboração dos planos e ordens que integram o processo de decisão.

Ainda que as actividades de informações sejam tão antigas como a própria história dos conflitos armados, as primeiras referências relativas a esta matéria que se possam considerar como doutrinárias são publicadas em Portugal em 1852, nas "Noções Gerais de Guerra", da autoria do Capitão Cunha Salgado, cujo capítulo intitulado "Espiões, notícias e indícios importantes" continha refinamentos e detalhes de técnica que ainda hoje têm total aplicação e são considerados como actuais nos regulamentos sobre este assunto.

No entanto, o primeiro regulamento oficial em que se define o que são informações e quais os meios para as obter, só viria a ser publicado no Exército Português em 1890, sob o título de "Regulamento Provisório para o Serviço do Exército em Campanha".

Neste regulamento definia-se nomeadamente:

– a obrigatoriedade de preparar, em tempo de paz, as informações que é necessário reunir para serem entregues aos comandantes das operações e seus subordinados em tempo de guerra;
– a orientação da atitude dos quadros e das tropas na exploração das origens das informações, em caso de guerra;
– a obrigatoriedade de as autoridades, funcionários e habitantes comunicarem informações importantes aos quartéis-generais mais próximos.

Desde então, as sucessivas reorganizações do Exército passaram a incluir órgãos que dividem entre si as funções que tradicionalmente estão cometidas ás repartições e divisões de informações militares, ou seja, adquirir, processar e difundir notícias e informações necessárias ao cumprimento das missões cometidas às Forças Armadas.

A implantação do regime republicano levou a profundas alterações na organização militar, desde logo libertando o Exército das tarefas de ordem pública no meio rural, as quais passaram a estar cometidas à Guarda Nacional Republicana.

No âmbito das informações militares, a criação no Estado-Maior do Exército de uma estrutura diferenciada e especializada para tratar, entre outros, o serviço de informações, os assuntos diplomáticos de interesse militar e as relações com os adidos e com as missões militares no estrangeiro, foi um passo igualmente importante para o tratamento desta matéria.

A fraca consolidação desta estrutura recém criada e a reduzida experiência que fora possível acumular, não permitiram um eficaz apoio às operações militares que houve que desenvolver de seguida em África, no início da 1ª Guerra Mundial. As informações portuguesas, ao nível estratégico, funcionaram ali bastante mal, em confronto com os serviços rivais alemães, organizados desde o tempo de paz e que cobriam as nossas regiões vitais com agentes informadores (missionários, comerciantes, técnicos, etc.).

Quando a guerra acabou, o Exército Português dispunha de regulamentos e de uma dura experiência que lhe permitiriam organizar um serviço de informações militares e acreditar na sua necessidade. No entanto, a crise económica e social que se seguiu e a instabilidade que se gerou no seio das Forças Armadas portuguesas, não criaram as condições propícias para a sua organização.

Apesar do ambiente desfavorável a reestruturações, foi possível observar uma evolução das informações militares no período entre as duas guerras mundiais, a ponto de a organização criada permitir a realização de operações militares de apreciável envergadura, dirigidas e coordenadas a partir de Lisboa e comandadas superiormente através de três quartéis-generais de nível comando chefe que viriam a conduzir em África, operações em três teatros distintos.

Logo na reorganização do Exército de 1929 (Decreto n.° 16407, de 19 de Janeiro) o Estado-Maior passa a ter uma nova estrutura, especificamente orientada para a área das informações, com a criação de uma secção destinada, entre outras tarefas, a garantir as relações com os adidos e missões diplomáticas no estrangeiro, manter actualizadas as informações sobre os exércitos estrangeiros e produzir a cartografia militar.

Na mesma reorganização foi criado em cada Região Militar e no Governo Militar de Lisboa, o serviço de informações militares, integrado nos respectivos quartéis-generais com as missões inerentes àquele serviço e das relações com a imprensa e com as autoridades civis (Dec n.° 16718, de 12 de Abril de 1929).

Em 1938 foi constituída uma missão militar às colónias para estudar o conjunto de medidas necessárias para assegurar a defesa das duas maiores possessões ultramarinas – Angola e Moçambique – e estudar a contribuição que as mesmas poderiam vir a prestar à Metrópole, na hipótese de a guerra que se avizinhava, vir a ocorrer na Europa. Esta missão procedeu ainda ao estudo dos países confinantes com Angola e Moçambique, para permitir avaliar o potencial relativo a nível estratégico e militar.

Em Julho de 1939, em presença de factos ameaçadores para a segurança nacional – a 2ª Guerra Mundial iniciar-se-ia em 03 de Setembro – foi decidido reorganizar o serviço de informações militares (SIM) com base nos conceitos que vinham a ser regulamentados há cerca de dez anos.

O SIM, orientado superiormente pelo Vice-Chefe do Estado-Maior do Exército, tinha como órgão de trabalho a nível mais elevado, a 2ª repartição do EME e como órgãos subordinados, as repartições de informações dos QG das Regiões Militares, os oficiais de informações das unidades e os oficiais isolados em situações específicas. O SIM beneficiava ainda da colaboração da Guarda Fiscal (como força de vigilância das fronteiras), de missões portuguesas no estrangeiro e de voluntários civis e militares, havendo referência a grandes dificuldades na obtenção da cooperação de alguns organismos do Estado que estavam em excelentes condições para fornecerem informações.

Para além das medidas estruturais adoptadas na época, foi desenvolvido um notável esforço na formação de oficiais para o trabalho de informações, de que o Instituto de Altos Estudos Militares (IAEM) assumiu papel de realce, tendo sido produzidas várias publicações sobre esta matéria, recorrendo não só a bibliografia portuguesa, como a doutrinas e conceitos estrangeiros (franceses, espanhóis, ingleses e americanos) alguns dos quais contendo já novos meios ensaiados e aplicados na guerra de 1939-45 que ainda decorria.

Numa destas publicações, concluía o seu autor – General Silva Freire, na altura capitão e professor do IAEM – que "quer os processos de combate variem constantemente, quer mudem os órgãos de colheita de informações, os princípios hão-de se manter sempre os mesmos. O que se torna necessário é que, desde o tempo de paz, se crie numa mentalidade especial: o hábito de contar com o inimigo e de informar o comando, em todas as situações criadas em tempo de paz, com vista à preparação para a guerra".

A seguir ao final da 2ª Guerra Mundial viveu-se um período em que foi feito um notável esforço, muito bem orientado, para divulgar nos quadros do Exército, ensinamentos sobre as experiências colhidas no conflito que terminara, nomeadamente sobre interpretação da fotografia aérea e de cartografia, o que foi conseguido através de cursos ministrados tanto no EME como nas Escolas Práticas das Armas.

Em 1950 é criado o Ministério da Defesa Nacional a quem incumbia a coordenação dos problemas da política militar da Nação e as altas questões relativas à defesa do País que corriam pelo Ministério do Exército e da Marinha e pelo Secretariado de Estado da Aeronáutica, cabendo-lhe assim orientar e coordenar os três ramos das Forças Armadas e submeter ao Conselho Superior de Defesa Nacional todos os assuntos que envolviam a definição de uma política de defesa, incluindo a política de informações (Decreto n.º 37909, de 01 de Agosto de 1950).

Para estudar e dar execução à política de informações, o Secretariado Geral de Defesa Nacional, funcionando como um verdadeiro Estado-Maior General das Forças Armadas, dispunha de uma 2ª repartição para superintender no serviço de informações, sobretudo no que se referia à contra-espionagem e à segurança interna e externa da Nação. Cabia-lhe ainda emitir pareceres sobre questões relativas a convenções militares, leis e usos da guerra, procedendo ao estudo e elaboração dos trabalhos daqueles decorrentes, estabelecer e fazer funcionar o serviço de informações estratégicas, manter relação com os adidos militares, navais e aéreos e restantes oficiais em missão militar no estrangeiro e com os adidos das missões militares estrangeiras em Portugal; manter relações com o Ministério dos Negócios Estrangeiros e dar parecer sobre quaisquer assuntos de natureza diplomática que pudessem interessar à defesa da Nação; tomar a seu cargo os serviços relativos à cifra e à distribuição e arquivo da correspondência secreta do Secretariado.

Em 1952 foi criada a chefia do serviço de cifra do Exército que, sendo inicialmente um simples gabinete de cifra e contracifra para apoio criptográfico aos comandos nos vários escalões, cedo se verificou a necessidade de criar um serviço independente que passou a designar-se por Serviço de Reconhecimento das Transmissões (CHERET). Dispondo de órgãos de execução orgânicos – Destacamentos de Ligação e Reconhecimento das Transmissões; um Batalhão de Reconhecimento das Transmissões; um centro cripto e outros órgãos especiais a organizar de acordo com as exigências das situações – a CHERET desempenhou um papel de relevo no âmbito das informações militares, através da intercepção electrónica dos sistemas de comunicações (COMINT).

Em 1954 foi aprovado e posto em execução o "Regulamento de Campanha – Informações" que passou a constituir a base doutrinária de todo o trabalho de informações de campanha das Forças Armadas.

A Lei da Organização da Nação para a Guerra (Lei n.º 2084, de 16 de Agosto de 1956) estabelecia que, "em tempo de guerra, competiria ao Governo orientar tudo quanto respeitasse à segurança interna e às actividades de carácter informativo que interessassem à defesa nacional, designadamente no que se referia à prevenção de actos subversivos, à repressão da espionagem e dos actos de entendimento com o inimigo, à manutenção da ordem pública, aos refugiados e à guarda de elementos e serviços vitais da economia nacional".

Fixava ainda que, em caso de guerra ou de emergência, todas as forças de segurança, militares e militarizadas, bem como os organismos policiais, salvo os da policia judiciária civil, passariam a estar subordinados a um comando geral de segurança interna, cujo titular seria designado pelo Conselho Superior de Defesa Nacional.

Em Outubro desse mesmo ano (1956) foi apresentado um projecto de organização de um serviço de informações do Secretariado Geral da Defesa Nacional com a estrutura e a eficiência adequadas para dar execução ao fixado na Lei da Organização da Nação para a Guerra e, ao mesmo tempo fazer face às responsabilidades que Portugal assumira como membro da NATO.

Este projecto mereceu algum apoio mas, na execução, não atingiu a dimensão que se impunha, embora a actividade de informações tenha conseguido uma eficiência que se pode considerar como notável.

As exigências de segurança que a NATO impunha, levaram a que fossem aprovadas e postas em execução as instruções para "Protecção do Segredo nas Empresas Privadas, Públicas e de Economia Mista trabalhando para a Defesa Nacional" (Portaria n.º 16637, de 22 de Março de 1958) que ficaram conhecidas por SEGMIL 2 e que foram o primeiro documento nacional que fixou a aprovação de instruções a título reservado. Também em Abril de 1959 viriam a ser aprovadas as instruções para a "Salvaguarda de Matérias Classificadas" designadas por SEGMIL 1 e baseadas nas regras e normas mais avançadas na época e que eram adoptadas na generalidade dos países da Aliança.

Na mesma altura, foi produzida a legislação necessária para enquadrar a Autoridade Nacional de Segurança NATO na estrutura do Estado, atribuindo-lhe as principais funções que ainda hoje detém, não obstante as alterações relativas à tutela e à designação que o Decreto-Lei 217/97, de 20 de Agosto entretanto veio introduzir neste serviço.

Em Outubro de 1959 foi iniciada uma profunda reorganização do Exército que incluía uma nova estrutura do Estado-Maior do Exército, das Regiões Militares e dos Comandos Territoriais Independentes que passaram a dispor nos respectivos Quartéis Generais de repartições e secções que constituíam, no seu conjunto, o Serviço de Informações Militares do Exército. Na dependência directa do Vice-Chefe do Estado-Maior do Exército, competia-lhe planear a pesquisa, obtenção, estudo e difusão das informações com interesse para o Exército, designadamente as relativas ao ultramar, de acordo com as orientações estabelecidas pelo Secretariado Geral da Defesa Nacional. Para além desta actividade, cabia ainda ao SIM: planear, coordenar e accionar as actividades de contra-informação dentro do Exército, de acordo com as directrizes estabelecidas superiormente; planear, em colaboração com as repartições de instrução, a formação do pessoal especializado do SIM; orientar a acção dos adidos e missões do Exército no estrangeiro e estabelecer a ligação dos organismos do Exército com os adidos e missões estrangeiras em Portugal; cooperar na orientação superior sobre os assuntos de cartografia, guerra psicológica, criptografia, através dos respectivos serviços.

Em 1960 foi considerado conveniente actualizar a organização e as atribuições do Secretariado Geral da Defesa Nacional que, entre outras e no campo externo, passou a ser responsável pelo estabelecimento da colaboração ou da coordenação para a organização da defesa militar, da defesa civil, com os comandos ou serviços congéneres de nações amigas ou aliadas, enquanto no âmbito interno assumiu a responsabilidade de estabelecer a coordenação técnico-militar entre a GNR, PSP e GF e o Departamento da Defesa Nacional, no que respeitava ao emprego táctico e outros fins que se relacionassem com a defesa interna da Nação.

O Chefe do Estado-Maior General das Forças Armadas, que era por inerência de funções o Secretário Geral da Defesa Nacional, passou a ser o responsável perante o Chefe do Governo e o ministro da Defesa Nacional, pela preparação e conduta militar do conjunto das operações estabelecendo, para os convenientes efeitos operacionais e de informações, ligações com os comandos subordinados.

A 2ª Repartição do Secretariad Geral passou a superintender nos serviços de informações militares, sobretudo no que se referia à contra-espionagem e à segurança interna e externa da Nação, cabendo-lhe ainda: organizar e manter em funcionamento os serviços de informações estratégicas; manter relações com os adidos militares, navais e aéreos, com os restantes oficiais em missão militar no estrangeiro e com os adidos ou missões estrangeiras em Portugal; estudar os problemas relativos à segurança das comunicações, documentos, instalações e actividades e elaborar as correspondentes directivas técnicas e fiscalizar o seu cumprimento.

Estas novas funções passaram assim a impor a organização e a manutenção em funcionamento do serviço de informações estratégicas que competia ao escalão da Defesa Nacional.

Com o início da guerra em África em 1961, as actividades de informações militares nos Quartéis Generais dos três teatros de operações foram-se desenvolvendo e atingiram durante aquele conflito um apreciável nível de eficiência que serviu, da melhor maneira, o planeamento e a conduta operacional e as acções de apoio às populações que se enquadravam na manobra de contra-subversão delineada.

Para além das notícias que as unidades obtinham na sua actividade operacional, as 2ᵃˢ Repartições dos QG contavam com o apoio dos destacamentos da Chefia do Reconhecimento das Transmissões na intercepção e escuta das comunicações inimigas, da Direcção Geral de Segurança e dos Serviços de Centralização e Coordenação de Informações dos governos das Províncias. Tal tornou possível uma larga e importante produção de informações, a elaboração de estudos da situação oportunos e a realização de trabalhos de fundo que em muito contribuíram para o cumprimento das missões cometidas às Forças Armadas.

A par desta actividade operacional, foram aprovadas e difundidas várias publicações doutrinárias, normalmente resultantes de trabalhos dos cursos ministrados no IAEM, que normalizaram conceitos e procedimentos relativos às informações e à segurança, que a experiência obtida nos diferentes teatros de operações ia consolidando.

Foi o caso de:

– Normas de Execução Permanente das 2as Repartições de cada QG;
– Manuais técnicos de identificação de material de guerra capturado ou apreendido;
– "Técnica de interrogatório em guerra subversiva" que adaptava os princípios internacionalmente aceites no interrogatório dos prisioneiros de guerra, aos condicionalismos daquele conflito em que não fora declarado o estado de guerra;
– "Reconhecimento aéreo visual das forças terrestres em guerra subversiva" que procurava transmitir aos oficiais do Exército um certo número de procedimentos que permitiam explorar melhor as possibilidades do reconhecimento aéreo para o planeamento e conduta das operações terrestres.

Em 1966 foi aprovado e posto em execução um novo "Regulamento de Campanha de Informações" para orientar todo o pessoal do serviço de informações militares (SIM), até ao escalão Divisão, no conhecimento do inimigo e da área de operações, passando a definir a missão do SIM como sendo "a aquisição, o processamento e a difusão de todos os dados que garantissem aquele conhecimento e a adopção de medidas de segurança tendentes a evitar ou neutralizar iguais propósitos dos serviços de informações inimigos", dividindo a actividade em dois ramos de carácter distinto, embora interdependentes: as informações e a contra-informação.

Após o 25 de Abril de 1974 foi criado o Comando Operacional do Continente, na dependência do Chefe do Estado-Maior General das Forças Armadas, tendo-lhe sido atribuído o comando operacional de todas as forças militares e militarizadas quando ocorressem situações internas de ameaça à paz e à ordem pública. Este Comando passou a ter no seu Estado-Maior uma 2ª Repartição que deveria funcionar em estreita colaboração com as 2as Repartições dos Estados-Maiores dos Ramos e com a 2ª Divisão do EMGFA. Em Agosto de 1974 foi publicado o Decreto-Lei n.° 200/74 que integrou o Secretariado Geral da Defesa Nacional no EMGFA e atribuiu ao CEMGFA a orientação e coordenação das actividades de informações das Forças Armadas, passando a dispor de uma 2ª Divisão no EMGFA, herdeira da 2ª Repartição do SGDN e que, através de sucessivas alterações na organização da estrutura superior das Forças Armadas, deu origem à Divisão de Informações Militares (Decreto-Lei n.° 48/93, de 26 de Fevereiro).

As alterações à Lei Quadro do Sistema de Informações da República Portuguesa (SIRP) introduzidas pela Lei Orgânica n.° 4/2004, de 06 de Novembro, implicaram que as Forças Armadas reassumissem as actividades de informações militares, de natureza estratégica e operacional, indispensáveis ao cumprimento das suas missões específicas, para além da das actividades de contra-informação necessárias à salvaguarda da segurança militar, devendo ainda constituir um instrumento de apoio à decisão política, no âmbito do planeamento e execução da componente militar da política de defesa nacional.

Com a finalidade de se proceder a uma revisão do enquadramento das actividades de informações levadas a cabo pelas Forças Armadas e a estudar soluções organizativas que permitam cumprir as suas missões nesta área, foi determinado, por despacho ministerial[5], a realização de um estudo para a reforma das informações militares, cujas conclusões (propostas) serão ponderadas na reorganização da estrutura superior da Defesa Nacional e das Forças Armadas que está em curso na actual legislatura (2005/2009).

6. Conclusões

Desta resenha histórica pode constatar-se que, em todas as épocas da história da humanidade, a obtenção do conhecimento sobre os factores influenciadores da decisão foi uma preocupação permanente de quem tinha a responsabilidade de decidir, em especial quando estava em causa a independência e a soberania dos Estados e a segurança das nações.

Através de um ciclo que foi sendo racionalizado e agilizado com o decorrer do tempo e da experiência, os factos e as notícias foram sendo pesquisados, estudados e avaliados, integrados e interpretados por forma a produzirem as informações necessárias ao processo de decisão em curso.

Daqui resulta evidente o papel fundamental que se atribui ao decisor – "utente das informações" – porque só ele sabe o que pretende conhecer. Se não houver da

---

5 Despacho n.° 26599/2004, de 07Dez, do MEDNAM. (DR – 2ª série – n.° 299, de 23 de Dezembro de 2004).

sua parte uma orientação bem definida sobre as suas necessidades de informações, prioridades na pesquisa do que é mais importante e indicação de prazos que tornem a informação obtida ainda oportuna, os "produtores das informações" (serviços) dispersar-se-ão à procura do que julgam que os utilizadores precisam.

Esta será porventura a explicação para o êxito da política desenvolvida no tempo de D. João II e que, com objectivos estratégicos bem definidos e apoiada por uma intensa e esclarecida actividade de informações, permitiu alcançar os novos mundos e dividi-los em situação de vantagem para Portugal.

Foi, no entanto, um período efémero.

A um vazio quase total da actividade de informações seguiu-se a criação nos finais do século XIX de organizações policiais de carácter preventivo e repressivo, a quem foi atribuída a missão de garantir a segurança interna contra a agitação política que o final da monarquia e a primeira república experimentaram.

Esta actividade promíscua entre informações e "repressão" parece ter criado na opinião pública um complexo e um estado de desconfiança em relação à necessidade de se criar um sistema de informações nacional que tardou, por isso, em organizar-se.

Resta aguardar que se consolide na sociedade dos "utilizadores", a cultura das informações e a perspicácia na sua utilização.

As Informações em Portugal

Anexo A: Evolução histórica do SIRP

EVOLUÇÃO HISTÓRICA DO SIRP

TIPO DE INFORMAÇÕES (1) / CRONOLOGIA (2)	1974	1982	1984<>85	1987	1995	1997 1998	2004
INFO MIL		SIM					DIMIL
INFO EXT	PIDE / DGS	SIM		SIED (3)		SIEDM	SIED
INFO INT		SIM			SIS		

Observações:

(1) Tipo de informações: informações estratégicas militares; informações estratégicas de defesa (externas); informações de segurança (internas).
(2) Cronologia:
  1974 – Revolução militar (25Abr);
   Extinção da DGS (DL Nº 171/74, de 25Abr);
   A 2ª Div/SGDN assume a responsabilidade de produzir as informações internas e externas, incluindo as de contra-informação.
  1982 – Lei nº 29/82, de 11Dez (Lei da Defesa Nacional e das FA) – Artº 67º. Primeira disposição sobre as informações militares: "os serviços de informações das FA ocupar-se-ão exclusivamente de informações militares, no âmbito das missões atribuídas pela Constituição da República e pela actual Lei".
  1984 – Lei nº 30/84, de 05 Set. Criação do SIRP com três serviços de informações (SIED, SIS e SIM).

  1985 – Regulamentação orgânica dos serviços de informações (SIED: DL 224/85, de 04Jul; SIS: DL 225/85, de 04Jul; SIM: DL 226/85, de 04Jul).
  1987 – Início de actividade do SIS.
  1995 – Lei nº4/95, de 21Fev. Altera a estrutura orgânica do SIRP, extinguindo o SIM e criando o SIEDM (DL 254/95, de 30Set). Enquanto não foi criado o SIEDM, a DINFO/EMGFA manteve as suas actividades como serviço de informações estratégicas de defesa (externas) e militares.
  1998 – Extinção da DINFO/EMGFA (DL 158/98, de 34Jun) entretanto substituída pela DIMIL/EMGFA (DL nº 48/93, de 26Fev).
  2004 – Lei orgânica nº 4/2004, de 06Nov, altera a estrutura do SIRP.
(3) SIED: criado em 1985, nunca chegou a funcionar.

Anexo B – O Sistema de Informações da República Portuguesa (Lei Nº 30/84)

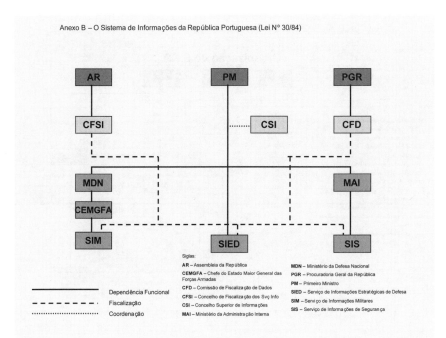

Siglas:
AR – Assembleia da República
CEMGFA – Chefe do Estado Maior General das Forças Armadas
CFD – Comissão de Fiscalização de Dados
CFSI – Concelho de Fiscalização dos Svç Info
CSI – Concelho Superior de Informações
MAI – Ministério da Administração Interna
MDN – Ministério da Defesa Nacional
PGR – Procuradoria Geral da República
PM – Primeiro Ministro
SIED – Serviço de Informações Estratégicas de Defesa
SIM – Serviço de Informações Militares
SIS – Serviço de Informações de Segurança

——— Dependência Funcional
- - - - Fiscalização
.... Coordenação

Anexo C – O Sistema de Informações da República Portuguesa (Lei Nº 04/95)

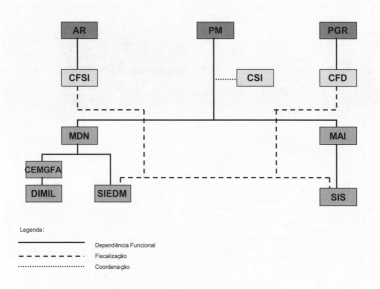

Anexo D – Organização do SIRP (Lei Nº 4/2004)

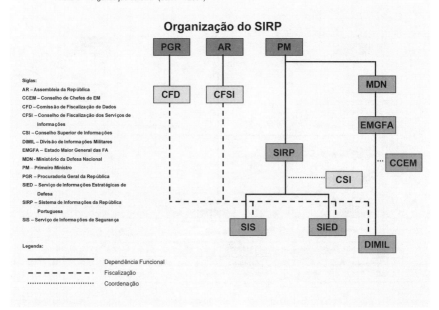

Anexo E – Serviços e Órgãos do Estado relacionados com as informações (SIRP)

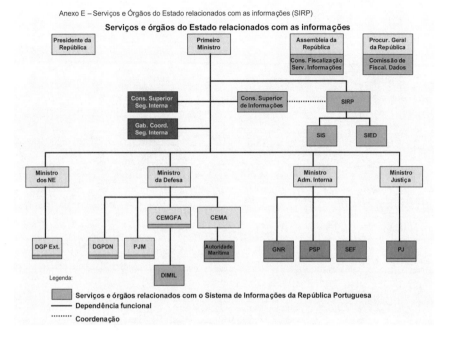

BIBLIOGRAFIA

1. "As Informações em Portugal"
General Pedro Cardoso
"Nação e Defesa" N.º 78/80. IDN
2. "Informações e Segurança" (Estudos em honra do General Pedro Cardoso), Coordenação do Prof. Adriano Moreira,
Edições Prefácio, 2004

ÍNDICE GERAL

Nota Prévia 5

O Crime Organizado e o seu Papel no Incremento do Terrorismo Salafista
    ANDRÉ INÁCIO 7

Política de Desenvolvimento e Sistemas de Informações
    ANTÓNIO REBELO DE SOUSA 23

Planeamento Estratégico e de Forças
    ANTÓNIO SILVA RIBEIRO 49

O Sistema de Informações da República Portuguesa
    ARMÉNIO MARQUES FERREIRA 67

Segurança Alimentar e Consumidores
    BEJA SANTOS 95

O Risco da Informação em Ambiente Electrónico
    CARLOS GAMEIRO 129

Polícias Municipais: Passado Recente, Presente e Futuro
    CATARINA SARMENTO E CASTRO 137

Responsabilidade Jurídico-Penal dos Jornalistas por Violação do Segredo de Estado: Contributo
para o Estudo do Tema Segurança e Comunicação Social
    HELENA MORÃO 157

Os Serviços de Informações de Portugal: Organização e Fiscalização
    JORGE BACELAR GOUVEIA 171

Modelos de Sistemas de Informações: Cooperação entre Sistemas de Informações (Apontamentos para Apoio)
  JORGE SILVA CARVALHO 193

Segurança Desportiva – Alguns tópicos normativos
  JOSÉ MANUEL MEIRIM 243

Da Segurança Pública: Contributos para uma Tipologia
  MANUEL MONTEIRO GUEDES VALENTE 283

O Sistema de Planeamento Civil de Emergência em Portugal – uma Componente Não-Militar de Defesa Nacional
  MIGUEL LUÍS FERREIRA SOARES 313

A União Europeia Enquanto Espaço de Liberdade, Segurança e Justiça: Alguns Desenvolvimentos Recentes
  NUNO PIÇARRA 317

O Branqueamento de Capitais e a Criminalidade Organizada
  PAULO DE SOUSA MENDES 337

A Criminalidade Económica: Perspectivas Dogmáticas e Desafios Político-Criminais
  RUI PEREIRA 351

Sistema Orgânico e Funcional da Segurança nas Forças Armadas
  SÉRGIO DIAS BRANCO 365

Segurança e Urbanismo – Segurança e Gestão Urbana
  VASCO FRANCO E ARNALDO JOÃO 377

A 'Segurança Ambiental': Introdução e Perspectivas
  VIRIATO SOROMENHO MARQUES 429

A Actividade de Polícia e a Proibição do Excesso: as Forças e Serviços de Segurança em Particular
  VITALINO CANAS 445

As Informações em Portugal (Resenha Histórica)
  VIZELA CARDOSO 483

Índice Geral 509